OBRAS SELECTAS DE PREMIOS NOBEL

OBRAS SELECTAS DE PREMIOS NOBEL

ERNEST HEMINGWAY 1954

Prólogo de
Carlos Pujol

Editorial Planeta

Edición especial para Club Planeta

Editorial Planeta, S. A.
Córcega, 273-277, 08008 Barcelona (España)
Cuarta edición: noviembre de 1985
Depósito legal: B. 34.719-1985
ISBN 84-320-2351-5
Printed in Spain - Impreso en España
T. G. Soler, Enric Morera, 15, Esplugues de Llobregat (Barcelona)

Ernest Hemingway nació en Oak Park, una pequeña población próxima a Chicago, el 21 de julio de 1899, hijo de un médico muy conocido de la localidad. Desde el año 1900 la familia veraneó en la región del norte del lago Michigan, lugar agreste que representó para el futuro escritor una inolvidable experiencia de la vida natural; más tarde, en la escuela de Oak Park, destacaba más por sus aficiones deportivas que por los estudios: sobresalía en natación, rugby, atletismo y boxeo, y en verano no dejaba de seguir practicando la caza y la pesca. Hacia 1915 empieza a escribir en las revistas de la High School y sus relatos serán ya una exaltación del peligro y de la violencia, pruebas máximas en las que se forja la virilidad.

Cuando los Estados Unidos entran en la primera guerra mundial, en 1917, decide que no cursará estudios superiores: quiere ser escritor y alistarse para ir a luchar en Europa; ambos deseos van a cumplirse, aunque a medias, en los años siguientes: se iniciará en la literatura, pero como periodista, y vestirá el uniforme, pero solamente como teniente honorario de la Cruz Roja. Destinado a Italia, fue chófer de una ambulancia en el frente, y en julio de 1918 el estallido de un obús le ocasionó numerosas heridas en ambas piernas. Durante la convalecencia en Milán, se enamoró de una enfermera norteamericana con la que quería casarse; la boda se frustró, pero este episodio daría origen al personaje de Catherine en Adiós a las armas.

La naturaleza salvaje, la pesca y la caza, los deportes violentos, la guerra y el amor fracasado, todos los grandes temas de Hemingway –a los que sólo habrá que añadir alguna variante más colorista de la vida peligrosa, como los toros–, están ya en la experiencia de estos primeros años. El destino del hombre es la tensión heroica, pero el héroe, por lo común frustrado del triunfo y de la felicidad, no se limita a vivir, sino que además tiene que contar lo vivido con palabras claras, exigentes y precisas, ha de ser también un artista, camuflado bajo las engañosas apariencias del simple hombre de acción.

Concluida la guerra, tiene que volver a su vocación por la vía indirecta del periodismo, que ejerce en Chicago, y empieza a escribir sus característicos cuentos, de expresión sobria y concisa; en Chicago se casa también por vez primera y con su mujer se lanza también a la aventura de conquistar Europa. En París (y en recorridos por diversos países, entre ellos España, donde se apasiona por los toros) conoce las penas y alegrías de la bohemia; tiempos de constantes apuros económicos, «cuando éramos muy pobres y muy felices», cuando, según el título de su libro de recuerdos, París era una fiesta. *En este París de la «generación perdida», conviviendo con los escritores norteamericanos que han acudido a Europa después de la guerra, lee mucho y madura como escritor.*

Sus primeras publicaciones son modestas y pasan inadvertidas, pero en 1925, cuando en unión de un grupo de amigos los Hemingway van a Pamplona para los sanfermines, las emociones de la fiesta española le darán materia para revelarse como novelista; aquella historia vivida de toros, borracheras, peleas, celos y amores imposibles va a convertirse en Fiesta, *que se publica en 1926 con un enorme éxito. La tumultuosa vida se ha transformado en literatura, el principiante en maestro. Y en seguida confirma su naciente prestigio con un volumen de cuentos,* Hombres sin mujeres, *que hace honor a su título con la pintura de un universo únicamente masculino, en el que sólo hay lugar para el riesgo y para la tragedia de los hombres.*

Después del divorcio y de un nuevo matrimonio con una católica, Pauline Pfeiffer (aunque de un modo un poco extraño y peculiar, desde entonces hasta su muerte Hemingway va a considerarse siempre como católico), hay un nuevo intermedio americano, durante el cual descubre los alicientes de la pesca en el Caribe, otro de sus temas favoritos. Su padre, arruinado por una inversión desafortunada, se suicida de un tiro de revólver. Ahora trabaja en Adiós a las armas, *publicada en 1929, que elabora novelescamente sus recuerdos de la primera guerra mundial. Es el Hemingway más exigente y depurado, el gran artista de la narración que teje con realidades y con símbolos una peripecia de amor y de muerte que admira y conmueve a todos sus lectores.*

En los años que siguen a la gran crisis de 1929, parece volver la espalda a las feas realidades del momento y buscar caminos de evasión; escribe Muerte en la tarde, *extenso y personalísimo manual de tauromaquia, sigue pescando en el Caribe y cazando en Wyoming, y en 1934 puede realizar por fin uno de los mayores deseos de su vida, el safari africano. De su estancia en Kenya saldrá el reportaje titulado* Verdes colinas de África *y una novela corta destinada a la celebridad,* Las nieves del Kilimanjaro.

Al iniciarse la guerra civil española acepta una propuesta para ser corresponsal en España, con unas condiciones económicas fastuosísimas, un dólar por palabra. Vive en Madrid, visita los frentes de batalla y su cazadora, sus gafas, su boina y su whisky se hacen populares en la España republicana, a donde vuelve en dos ocasiones más, la última poco antes de terminar la contienda. De este período es una obra teatral, La quinta columna, *cuya acción transcurre en el mismo lugar donde la está escribiendo, el Madrid asediado.*

Tener y no tener, *su novela siguiente, de ambiente cubano, es el mayor fracaso de su carrera; llueven las críticas sobre esta obra desconcertante en la que intenta un compromiso entre su irreductible individualismo trágico y su voluntad de hacer una novela social. La mala acogida irrita al escritor, quien por esta época rompe con su segunda esposa para contraer un tercer matrimonio. Se ha instalado en Cuba y escribe un libro muy ambicioso que será* Por quién doblan las campanas *(1940). El público esperaba una novela política, una apología de la derrotada República española, pero la novela, aunque se sitúa en la guerra civil, es sobre todo, en la tradición del mejor Hemingway, una atormentada pregunta vital sobre el sentido de la vida y de la muerte.*

La segunda gran guerra interrumpe de nuevo su labor novelística, y otra vez resurge en él el periodista que casi se confunde con el hombre de acción, el corresponsal capaz de las mayores temeridades para estar antes que nadie en el centro de los acontecimientos. Pasa a Inglaterra, donde conoce a Mary Welsh, que no tardará en convertirse en la cuarta señora Hemingway, sigue muy de cerca el avance de las tropas aliadas en Francia, y es el primer periodista extranjero que entra en el París recién liberado.

Con la paz regresa a su finca de Cuba, Quinta Vigía. No ha cumplido aún cincuenta años, pero la impresión más generalizada es la de que ya no es capaz de repetir los grandes logros de tiempo atrás. En 1948, durante un viaje a Europa, visita Italia y conoce a una joven llamada Ivana, cuyos padres poseen un palacio en Venecia. De este nuevo episodio sentimental, quizá con más melancolía que amor, va a nacer una novela de ambiente veneciano, Al otro lado del río y entre los árboles, *un relato tal vez imperfecto, pero bellamente otoñal, que tiene páginas admirables. La mayoría de los lectores se sienten decepcionados, el comentario casi unánime es el de que Hemingway está acabado.*

Su desquite va a consistir en El viejo y el mar *(1952), uno de los libros más famosos del siglo XX. La lucha del hombre y el pez, solos, mar adentro, como una parábola del individualismo que extrae de su derrota ante las fuerzas de la naturaleza, del destino, la íntima convicción de que su esfuerzo denodado y su negativa a darse por vencido a pesar de todo, constituyen ya una victoria. Si un hombre hace frente con valor a su destino y lo acepta con entereza, luchando hasta el límite de sus fuerzas, nunca podrá llamarse derrotado; porque «el hombre no está hecho para la derrota; un hombre puede ser destruido, pero no derrotado».*

El éxito es fulminante y universal, y en 1954 El viejo y el mar *va a influir decisivamente en que se le conceda el Premio Nobel de Literatura. Hace nuevos safaris por África y viene a España en varias ocasiones, siempre siguiendo a sus toreros preferidos, como Antonio Ordóñez. En 1956 visitará en Madrid a don Pío Baroja cuando éste se encuentra muy enfermo, y el 30 de octubre asiste muy emocionado a su entierro. Su salud está muy quebrantada, pero sigue trabajando en un reportaje taurino para* Life, *«El verano peligroso».*

Su último verano español, el de 1960, fue catastrófico, su estado era alarmante, ya no podía escribir y sufría manías obsesivas. A su vuelta a los Estados Unidos ingresó en una clínica, de la que salió para refugiarse en su casa de Ketchum, en Idaho. Allí se suicidó, disparándose en la boca los dos cañones de una carabina, en la madrugada del día 2 de julio de 1961. Después de su muerte se publicaron varios libros inéditos, entre ellos la crónica de sus años parisienses de juventud, París era una fiesta *(1964), y la novela* Islas a la deriva *(1970), que constituye como un mosaico de los temas más característicos del gran maestro de la prosa narrativa norteamericana.*

CARLOS PUJOL

FIESTA

Título original:
FIESTA
Traducción:
M. SOLÁ

NINGUNO DE LOS PERSONAJES DE ESTE LIBRO ESTÁ TOMADO DE LA REALIDAD

Este libro está dedicado a Hadley
y a John Hadley Nicanor.

LIBRO PRIMERO

CAPÍTULO PRIMERO

Robert Cohn había sido en un tiempo campeón de pesos medios en Princeton. No vayáis a creer que un título de boxeo me impresione en gran manera; pero, para Cohn, significaba muchísimo. No le gustaba nada el boxeo; a decir verdad, lo detestaba. Si lo había aprendido a fondo, después de arduo esfuerzo, había sido para contrarrestar el sentimiento de inferioridad y timidez que sintió al ser tratado como judío en Princeton. Le procuraba cierto consuelo íntimo saber que podía tumbar a cualquiera que fuese insolente con él, aunque, como era muy tímido y una buena persona por naturaleza, no peleó nunca excepto en el gimnasio. Era el discípulo más brillante de Spider Kelly. Spider Kelly enseñaba a todos sus jóvenes caballeros a boxear como pesos pluma, tanto si pesaban ciento cinco libras como doscientas cinco; pero, por lo que parece, a Cohn el método le sentó como un guante. Era tan bueno que Spider pronto le hizo competir con gente que lo aventajaba; la consecuencia fue que le quedó la nariz aplastada para toda la vida. Esto acentuó la aversión de Cohn por el boxeo, pero le proporcionó al mismo tiempo una extraña satisfacción y, desde luego, mejoró su nariz. En su último año en Princeton leyó demasiado y se acostumbró a llevar gafas. No encontré nunca a nadie de su promoción que se acordase de él, ni siquiera de que había sido campeón de pesos medios.

Desconfío de todas las personas francas y sencillas, especialmente cuando sus historias parecen tener lógica, y siempre me quedé con la sospecha de que tal vez Robert Cohn no había sido nunca campeón de pesos medios; quizás un caballo le había pisado la cara, o quizá su madre había tenido un susto o había visto algo, o quizás él, de niño, se había dado un porrazo. Pero al fin encontré a alguien que consiguió comprobar aquella historia preguntándosela al mismo Spider Kelly. Spider Kelly no sólo recordaba a Cohn, sino que se había preguntado a menudo qué se había hecho de él.

Robert Cohn pertenecía a una de las familias judías más ricas de Nueva York, por parte de su padre, y a una de las más antiguas, por parte de su madre. En la escuela militar donde se preparó para entrar en Princeton y fue al mismo tiempo un excelente extremo del equipo de fútbol, nadie le había hecho tomar conciencia de su raza. Nadie le había hecho sentir que era judío y distinto, por tanto, a todos los demás, hasta que fue a Princeton. Era un muchacho amable, afectuoso y muy tímido, y ese asunto le amargó la vida. Se desahogó boxeando, y salió de Princeton con un penoso complejo de inferioridad y con la nariz aplastada. Se casó con la primera chica que fue amable con él. Estuvo casado durante cinco años, tuvo tres hijos, perdió la mayor parte de los cincuenta mil dólares que su padre le había dejado –el resto de los bienes había ido a parar a su madre– y se templó en el poco atractivo molde de la infelicidad doméstica con una mujer rica. Y, precisamente cuando hubo tomado la resolución de dejar a su mujer, fue ella quien le dejó a él, largándose con un miniaturista. Como había estado pensando meses y meses en dejarla y no lo había hecho por considerar demasiado cruel privarla de su compañía, su partida le ocasionó un shock muy saludable.

Se tramitó el divorcio y Robert Cohn se marchó a la costa. En California fue a parar en un grupo de gente de letras y, como le quedaba todavía algo de los cincuenta mil que heredó, al cabo de poco tiempo estaba subvencionando una revista artística, que empezó a publicarse en Carmel, California, y acabó en Provincetown, Massachusets. Por aquella época, Cohn, que hasta entonces había sido considerado sólo como un mecenas y cuyo nombre había aparecido únicamente en la primera página, en calidad de miembro de la junta consultiva, se había convertido en redactor único. El dinero era suyo, y descubrió que le gustaba la autoridad que confería el ser redactor. Cuando la revista resultó demasiado cara y tuvo que renunciar a ella, lo sintió.

En aquellos momentos, sin embargo, eran otras las cosas que le preocupaban. Una dama, que esperaba ascender con la revista, le había echado el lazo; era muy enérgica y Cohn no tenía ni una sola posibilidad de evitar que le manejara. Además, estaba seguro de que la quería. Cuando la dama en cuestión vio que la revista no se levantaría, se disgustó un poco con Cohn y decidió que más valía obtener lo que fuera posible mientras quedara todavía algo por adquirir. De modo que insistió para que se marcharan a Europa; allí Cohn podría escribir. Fueron a Europa, donde la dama había sido educada, y se quedaron tres años, de los cuales pasaron uno viajando y los dos restantes en París. Durante este tiempo Cohn tuvo dos amigos, Braddocks y yo: Braddocks era su amigo literario, yo su amigo de tenis.

La dama que lo tenía en sus manos, y que se llamaba Frances, descubrió, a fines del segundo año, que su belleza se iba marchitando, y su actitud para con Robert pasó de una despreocupada posesión y explotación a la decisión irrevocable de que él tenía que casarse con ella. Por esta época la madre de Robert Cohn le había fijado una asignación mensual de unos trescientos dólares. Durante dos años y medio, no creo que Robert Cohn mirara a otra mujer. Era razonablemente feliz, con la excepción de que, al igual que muchos que viven en Europa, hubiera preferido estar en América, y había descubierto el arte de escribir. Compuso una novela que, en realidad, no era tan mala como dijeron más tarde los críticos, aunque sí muy pobre. Leía mucho, jugaba al bridge y boxeaba en un gimnasio local.

Me di cuenta por primera vez de la actitud de su dama para con él una noche en que, tras haber cenado los tres juntos en el Avenue, fuimos al Café Versailles a tomar café y, después de unas cuantas *fines,* dije que iba a marcharme. Cohn había hablado de irnos los dos de viaje a algún sitio un fin de semana. Quería salir de la ciudad y dar una buena caminata. Sugerí que podíamos ir en avión hasta Estrasburgo y desde allí llegar andando hasta Sainte Odile o cualquier otro lugar de Alsacia.

–En Estrasburgo conozco a una chica que nos puede enseñar la ciudad –dije.

Alguien me dio un puntapié por debajo de la mesa. Creí que había sido sin querer y continué:

–Hace dos años que está allí y sabe todo lo que hay que saber sobre la ciudad. Es una chica estupenda.

Me dieron otro puntapié por debajo de la mesa; miré y vi a Frances, la dama de Robert, con la barbilla levantada y el rostro endurecido.

–En fin –dije–, ¿por qué ir a Estrasburgo? Podemos ir a Brujas o a las Árdenas.

Cohn pareció quitarse un peso de encima y yo no volví a recibir ningún puntapié. Di las buenas noches y salí. Cohn dijo que quería comprar un periódico y que me acompañaría hasta la esquina.

–¡Por Dios! –dijo–, ¿a santo de qué has dicho lo de la chica de Estrasburgo? ¿Es que no te has fijado en Frances?

–No. ¿Por qué razón tenía que ocurrírseme? Si conozco a una chica americana que vive en Estrasburgo, ¿qué caray tiene que ver eso con Frances?

–Tanto da una como otra. Cualquier chica. No podré venir, eso es todo.

–No seas imbécil.

–Tú no conoces a Frances. Absolutamente todas las chicas. ¿No viste qué cara ponía?

–¡Oh, está bien! –dije–. Vayamos a Senlis, pues.

–No te enfades.

–No estoy enfadado. Senlis es un buen sitio; podemos hospedarnos en el Grand Cerf, dar una caminata por los bosques y volver a casa.

–Bueno, eso estará bien.

–En fin, te veré mañana en el campo.

–Buenas noches, Jake –dijo, y echó a andar hacia el café.

–Te has olvidado del periódico.

–Es verdad.

Anduvo conmigo hasta el quiosco de la esquina.

–No te has molestado, ¿verdad, Jake? –preguntó volviéndose con el periódico en la mano.

–No, ¿por qué iba a hacerlo?

–Nos veremos en el tenis –dijo.

Le observé mientras volvía al café con su periódico. Le tenía bastante simpatía, y era evidente que la vida que ella le proporcionaba no era lo que se dice una delicia.

CAPÍTULO II

Aquel invierno Robert Cohn se fue a América con su novela que le fue aceptada por un buen editor. Su marcha originó, al parecer, una terrible pelea. Creo que fue entonces cuando Frances lo perdió, pues en Nueva York varias mujeres fueron amables con él y regresó muy cambiado. Estaba más entusiasmado que nunca con los Estados Unidos, y no era ya ni tan sencillo ni tan amable. Los editores habían alabado en gran manera su novela, y eso se le había subido a la cabeza. Además, diversas mujeres se habían desvivido por serle agradables, cosa que trastocó todos sus horizontes. Durante cuatro años se había limitado exclusivamente a su mujer, y durante tres más, o casi tres, no había visto más allá de Frances. Estoy seguro de que jamás en su vida se había enamorado.

Se había casado de rechazo, como reacción contra el cochino tiempo que había pasado en la Universidad, y Frances lo pescó también de rechazo, cuando él se dio cuenta de que no lo había sido todo para su primera mujer. No es que estuviera enamorado todavía, pero comprobaba que era un polo de atracción para las mujeres y que el hecho de que una se preocupara con él y quisiera vivir con él no era sencillamente un milagro del cielo. Eso le hizo cambiar de tal forma que ya no resultaba tan agradable estar a su lado. Por otra parte, en una serie de partidas de bridge con sus amistades de Nueva York, en las que se jugaban cantidades algo superiores a lo que le permitían sus medios económicos, hizo apuestas y la cosa le salió bien, por lo que se embolsó unos cuantos centenares de dólares. Desde entonces se envanecía de su bridge y decía a menudo que un hombre puede siempre ganarse la vida con él, en caso de que se vea forzado a hacerlo.

Además, había otra cosa: se había dedicado a leer a W. H. Hudson. Eso parece a simple vista una ocupación inocente. Pero es que Cohn había leído y releído *The purple land. The purple land* es un libro sumamente funesto si uno lo lee demasiado tarde en la vida. Narra los espléndidos amores imaginarios de un intachable *gentleman* inglés en un país extraordinariamente romántico, de paisajes muy bien descritos. Que un hombre lo adopte a los treinta y cuatro años como guía para todos los aspectos de la vida, resulta aproximadamente tan peligroso como lo sería para un hombre de la misma edad pasar directamente de un convento francés a Wall Street, equipado con una colección completa de los más prácticos libros de Alger. Creo que Cohn se tomó cada una de las palabras de *The purple land* en sentido tan literal como si se tratara de un informe de R. G. Dun. Entendámonos bien; hizo algunas salvedades, pero, en conjunto, el libro le pareció intachable. Era todo lo que se necesitaba para dispararlo. No me di cuenta del grado en que lo había excitado hasta un día en que se me presentó en el despacho.

–Hola, Robert –dije–. ¿Has venido a darme ánimos?

–¿Te gustaría ir a Sudamérica, Jake? –me preguntó.

–No.

–¿Por qué no?

–No lo sé. Nunca he tenido ganas de ir. Demasiado caro. Además, en París uno puede ver a todos los sudamericanos que quiera.

–No son los auténticos sudamericanos.

–Pues a mí me parecen terriblemente auténticos.

Tenía que llevar al barco correo un paquete con las narraciones de aquella semana y había escrito sólo la mitad.

–¿Sabes algo sucio? –pregunté.

–No.

–¿No se divorcia ninguna de tus amistades de alto copete?

–No. Oye, Jake, si yo pagase los gastos de los dos, ¿querrías venir conmigo a Sudamérica?

–¿Por qué precisamente yo?

–Porque hablas español. Y juntos nos divertiríamos más.

–No. Me gusta esta ciudad, y en verano me voy a España.

–Toda mi vida he querido hacer un viaje como éste –dijo Cohn sentándose–. Y, cuando pueda, ya seré demasiado viejo.

–No seas estúpido –repliqué–. Puedes ir adonde quieras. Tienes dinero de sobra.

–Ya lo sé. Pero no soy capaz de ponerme en marcha.

–No te lo tomes tan a pecho –dije–. Ver países es lo mismo que ir al cine.

Pero me dio lástima. Se le presentaban mal las cosas.

–No puedo soportar la idea de que mi vida se va con tanta rapidez y yo no la vivo realmente.

–Nadie vive su vida hasta apurarla, excepto los toreros.

–No me interesan los toreros. Es una vida anormal. Quiero volver a la vida en contacto con la naturaleza, en Sudamérica. Podríamos hacer un gran viaje.

–¿No has pensado nunca en ir a cazar al África Oriental Inglesa?

–No, no me gustaría.

–Ahí sí que te acompañaría.

–No, no me interesa.

–Es porque nunca has leído libros sobre eso. Anda; coge alguno que esté lleno de amores con hermosas y deslumbrantes princesas negras.

–Yo quiero ir a Sudamérica.

Tenía una inflexibilidad y testarudez muy judías.

–Bajemos a beber algo.

–¿No estás trabajando?

–No –dije.

Bajamos al café que había en la planta baja de la casa. Había descubierto que era la mejor manera de zafarme de los amigos. Después de beber algo, no tenía más que decir: «Bueno, tengo que volver arriba a enviar unos cablegramas», y ya estaba. En el oficio de periodista, en cuya ética tiene tanta importancia que uno no dé nunca la impresión de estar trabajando, es muy importante encontrar salidas decorosas como ésta. En fin, bajamos al bar y tomamos un whisky con soda. Cohn miraba las botellas colocadas en sus nichos por todas las paredes.

–Es un buen sitio –dijo.

–Hay una buena cantidad de alcohol –admití.

–Oye, Jake –dijo inclinándose hacia delante para apoyarse en la barra–, ¿no has tenido nunca la impresión de que tu vida se te escurre sin que tú le saques el jugo? ¿Te das cuenta de que has vivido ya casi la mitad de lo que durará tu vida?

–Sí, de vez en cuando.

–¿Sabes que dentro de treinta y cinco años habremos muerto?

–Pero, ¿qué sandeces estás diciendo, Robert? –exclamé.

–Hablo en serio.

–Es algo que no me preocupa.

–Pues tendría que preocuparte.

–Siempre he tenido quebraderos de cabeza en un momento u otro. He terminado con las preocupaciones.

–Pues yo quiero ir a Sudamérica.

Oye, Robert, ir a otro país no cambia en absoluto las cosas. Yo lo he probado. No puedes huir de ti mismo por el mero hecho de trasladarte de un sitio a otro. No se logra nada así.

–Pero tú nunca has estado en Sudamérica.

–¡Al infierno Sudamérica! Si fueras allí en tu actual estado de ánimo sería exactamente lo mismo. Ésta es una buena ciudad. ¿Por qué no empiezas a vivir tu vida en París?

–Estoy harto de París y estoy harto del Quartier.

–Pues no te acerques por el Quartier. Dedícate a dar vueltas por ahí tú solo y ya verás lo que ocurre.

–Lo que es a mí, no me ocurre nada. Estuve andando solo durante toda una noche y no pasó nada, si no es que un guardia en bicicleta me detuvo y me pidió la documentación.

–¿Y no era bonita, de noche, la ciudad?

–No me interesa París.

Y no le pude sacar de ahí. Lo sentía por él, pero era imposible hacer nada, porque uno chocaba con una doble obstinación: Sudamérica podía arreglar las cosas, y no le gustaba París. La primera idea la había sacado de un libro, y supongo que con la segunda había ocurrido otro tanto.

–Bueno –dije–, tengo que ir arriba a enviar unos cables.

–¿De verdad tienes que irte?

–Sí, he de despachar estos cables.

–¿Te importa que suba y me siente en el despacho?

–No. Sube.

Se sentó en la habitación que daba al exterior y leyó los periódicos, mientras el redactor, el editor y yo trabajábamos de firme durante dos horas. Al terminar, separé las copias, las sellé y coloqué todo el material en un par de sobres grandes de papel de embalaje y llamé a un chico para que los llevara a la Gare Saint-Lazare. Entré en la otra habitación. Robert Cohn estaba dormido en el sillón, con la cabeza apoyada en los brazos. No me gustaba tener que despertarlo, pero quería cerrar el despacho y largarme. Le puse la mano en el hombro y sacudió la cabeza: «No puedo hacerlo», dijo, y hundió todavía más la cabeza entre los brazos. «No puedo hacerlo. Nada me obligará a hacerlo.»

–Robert –dije, cogiéndolo por los hombros y zarandeándolo.

Levantó la vista, sonrió y parpadeó.

–¿He hablado en voz alta?

–Algo decías. Pero no quedaba claro.

–¡Dios mío, qué sueño más inmundo!

–¿Fue la máquina de escribir la que te hizo dormir?

–Creo que sí. No he pegado ojo en toda la noche.

–¿Qué te pasaba?

–Estuve hablando.

Me imaginé la escena. Tengo la vergonzosa costumbre de imaginarme las escenas de alcoba de mis amigos. Fuimos al Café Napolitain a tomar el aperitivo y a contemplar el gentío vespertino que pasaba por el Boulevard.

CAPÍTULO III

Era una tibia noche de primavera. Robert se había ido y yo seguía sentado a una mesa en la terraza del Napolitain, contemplando la caída de la noche, la aparición de los anuncios luminosos, las señales rojas y verdes del tránsito, la multitud que pasaba, los coches de caballos que marchaban con su clop-clop por el borde de las compactas filas de taxis, y las *poules* que, solas o en parejas, iban en busca de su comida vespertina. Me fijé en una chica bien parecida; pasó por delante de mi mesa, siguió calle arriba y la perdí de vista. Mientras observaba a otra, vi que la primera volvía a acercarse. Pasó ante mí otra vez, se cruzaron nuestras miradas, y entonces vino y se sentó a la mesa. Apareció el camarero.

–¿Qué vas a tomar? –le pregunté.

–Pernod.

–Eso no es bueno para chiquillas.

–Chiquilla lo serás tú. *Dites, garçon, un pernod.*

–Un pernod para mí, también.

–¿Qué? –preguntó–, ¿estamos de fiesta?

–Claro. ¿Tú no?

–No lo sé. En esta ciudad, una nunca lo sabe.

–¿No te gusta París?

–No.

–¿Por qué no te vas a otro sitio?

–No hay otro sitio.

–¡Ah, muy bien, estás satisfecha!

–¡Satisfecha! ¡y un cuerno!

El pernod es una especie de absenta de tono verdoso. Cuando se le añade agua, se vuelve lechoso. Sabe a regaliz y levanta mucho los ánimos, pero la resaca que sigue es todavía más considerable. Estuvimos allí sentados, bebiendo. La chica parecía hosca.

–Bueno –pregunté–, ¿me vas a pagar la cena?

Sonrió, y comprendí por qué tenía por principio no reírse. Con la boca cerrada era una chica bastante bonita. Pagué las consumiciones y salimos a la calle. Hice señas a un fiacre y el cochero detuvo el caballo al borde de la acera. Instalados en el fiacre, de lento y suave andar, recorrimos la Avenue de l'Opéra, ancha, resplandeciente y casi desierta, y pasamos ante las tiendas de puertas cerradas y escaparates iluminados. El fiacre pasó por delante del despacho del *New York Herald,* con su escaparate lleno de relojes.

–¿Para qué sirven todos esos relojes? –preguntó ella.

–Indican la hora que es en toda América.

–No me tomes el pelo.

Doblamos la Avenue para tomar la Rue des Pyramides y, después de sortear el tránsito de la Rue de Rivoli, entramos en las Tuileries por un oscuro portal. Ella se apretó contra mí y yo la rodeé con el brazo. Levantó la cara para que la besara. Me tocó con la mano y yo se la retiré.

–No, no te molestes.

–¿Qué te pasa? ¿Estás enfermo?

–Sí.

–Todo el mundo está enfermo. Yo también lo estoy.

Dejamos las Tuileries y salimos de nuevo a la luz, cruzamos el Sena y subimos por la Rue des Saints Pères.

–No deberías beber pernod, si estás enfermo.

–Tú tampoco.

–Conmigo no importa. Para una mujer no tiene importancia.

–¿Cómo te llamas?

–Georgette. ¿Y tú?

–Jacob.

–Es un nombre flamenco.

–También americano.

–¿No eres flamenco?

–No, americano.

–Mejor; detesto a los flamencos.

Estábamos ya ante el restaurante. Dije al *cocher* que parara. Bajamos, y Georgette no se mostró muy complacida con el aspecto del local:

–Como restaurante no es gran cosa.

–No –dije yo–. Quizá preferirías ir al Foyot. ¿Por qué no retienes el fiacre y continúas?

Me la había llevado movido por la vaga sentimental idea de que sería bonito comer con alguien. Hacía mucho tiempo que no había cenado con una *poule,* y había olvidado hasta qué punto puede resultar aburrido. Entramos en el restaurante, pasamos junto a Madame Lavigne, que estaba en la caja, y nos metimos en una salita. Georgette se animó un poco a la vista de la comida.

–No se está mal aquí –dijo–. No es chic, pero la comida está bien.

–Mejor que la que comes en Lieja.

–Bruselas, querrás decir.

Tomamos otra botella de vino y Georgette hizo una broma. Esbozó una sonrisa, que puso al descubierto toda su mala dentadura, y brindamos.

–No eres mal tipo –dijo–. Es un fastidio que estés enfermo. Nos llevamos bien. Por cierto, ¿qué es lo que te pasa?

–Me hirieron en la guerra.

–¡Oh, esa cochina guerra!

Probablemente hubiéramos continuado discutiendo acerca de la guerra y hubiéramos estado de acuerdo en que era, realmente, una calamidad para la civilización y que tal vez hubiese sido mejor evitarla. Yo estaba bastante aburrido. Justamente en aquel momento, alguien llamó desde la otra habitación:

–¡Barnes! ¡Eh, Barnes! ¡Jacob Barnes!

–Es un amigo que me llama –expliqué, y salí.

Allí estaba Braddocks, ante una gran mesa, con toda una pandilla: Cohn, Frances Clyne, Mrs. Braddocks y unos cuantos más que no conocía.

–Viene usted a bailar, ¿verdad? –preguntó Braddocks.

–¿A bailar?

–Sí, hombre, los *dancings,* los bailes públicos. ¿No se ha enterado de que los hemos resucitado? –intervino Mistress Braddocks.

–Tiene usted que venir, Jake. Vamos todos –dijo Frances desde el otro extremo de la mesa.

Era alta y sonreía.

–Claro que viene –dijo Braddocks–. Entre a tomar café con nosotros, Barnes.

–Bueno.

–Y tráigase a su amiga –dijo Mrs. Braddocks riendo.

Era canadiense, y poseía toda la llaneza e indulgencia en el trato social que caracteriza a la gente de su país.

–Gracias; en seguida venimos –dije, y volví a la salita.

–¿Quiénes son tus amigos? –preguntó Georgette.

–Escritores y artistas.

–Los hay a montones en este lado del río.

–Demasiados.

–Yo también lo creo así. Sin embargo, hay algunos que ganan dinero.

–¡Oh, sí!

Terminamos la comida y el vino.

–Anda –dije–, vamos a tomar café con los demás.

Georgette abrió el bolso, se retocó la cara mirándose en el pequeño espejo, se repintó los labios con el lápiz y se enderezó el sombrero.

–Bueno –dijo.

Entramos en la habitación llena de gente. Braddocks y los demás hombres que estaban sentados a la mesa se pusieron en pie.

–Permítanme que les presente a mi novia, mademoiselle Georgette Leblanc –dije.

Georgette sonrió con aquella maravillosa sonrisa suya, y repartimos apretones de manos por todos lados.

–¿Es usted pariente de Georgette Leblanc, la cantante? –preguntó Mrs. Braddocks.

–*Connais pas* –contestó Georgette.

–Pues tiene usted el mismo apellido –insistió cordialmente Mrs. Braddocks.

–No –dijo Georgette–, nada eso. Mi apellido es Hobin.

–Pero el señor Barnes la presentó como mademoiselle Georgette Leblanc. Seguro que lo hizo –insistió Mrs. Braddocks a quien la excitación de hablar francés hacía propensa a no tener ni idea de lo que estaba diciendo.

–Es un imbécil –dijo Georgette.

–¡Ah, entonces era una broma! –dijo Mrs. Braddocks.

–Sí –dijo Georgette–. Era para reírse.

–Has oído eso, Henry –gritó Mrs. Braddocks a su marido, que estaba al otro extremo de la mesa–. El señor Barnes presentó a su novia como mademoiselle Leblanc, cuando, en realidad, su nombre es Hobin.

–Claro que sí, querida: mademoiselle Hobin. Hace mucho tiempo que la conozco.

–Mademoiselle Hobin –dijo Frances Clyne, hablando en francés con mucha rapidez, pero sin parecer ni tan ufana ni tan estupefacta como Mrs. Braddocks de que le saliera de veras francés–, ¿hace mucho tiempo que está usted en París? ¿Le gusta todo eso? Adora usted París, ¿verdad?

–¿Quién es? –preguntó Georgette volviéndose hacia mí–. ¿Tengo que contestarle?

Se volvió hacia Frances que, sentada, sonriente, y con las manos cruzadas y la cabeza en equilibrio sobre su largo cuello tenía ya los labios fruncidos para empezar a hablar de nuevo, y dijo:

–No, no me gusta París. Es caro y sucio.

–¿Sí? ¡Yo lo encuentro tan extraordinariamente limpio! Una de las ciudades más limpias de toda Europa.

–Yo la encuentro sucia.

–¡Qué raro! Tal vez es porque no hace mucho que está usted aquí.

–Hace el tiempo suficiente.

–Pero, eso sí, tiene gente encantadora; eso no se puede negar.

Georgette se volvió hacia mí:

–Tienes unos amigos muy agradables.

Frances estaba algo bebida y le hubiera gustado continuar con el tema, pero llegó el café y Lavigne trajo los licores, tras lo cual salimos todos y nos pusimos en camino hacia el *dancing* de Braddocks.

El *dancing* era un *bal musette,* situado en la Rue de la Montagne Sainte Geneviève. Durante cinco noches por semana iba allí a bailar la clase trabajadora del barrio del Panthéon. Una noche por semana era un *dancing club.* Y los domingos por la noche estaba cerrado. Cuando llegamos estaba casi vacío, excepción hecha de un guardia sentado junto a la puerta, de la mujer del propietario, que estaba en la barra, y del propietario mismo. La hija de la casa bajaba en el instante en que entramos nosotros. Había bancos largos, mesas que iban a través de la sala y, al final de todo, una pista de baile.

—Me gustaría que la gente llegara más pronto —dijo Braddocks.

La hija vino a enterarse de qué íbamos a beber. El propietario se subió a un taburete alto, al lado de la pista de baile, y empezó a tocar el acordeón. Llevaba una hilera de cascabeles alrededor de uno de los tobillos y marcaba el ritmo con el pie al mismo tiempo que tocaba. Todo el mundo se puso a bailar. Hacía calor y salimos de la pista sudando.

—¡Dios mío! —dijo Georgette—. ¡Cómo se suda en este antro!

—Hace calor, sí.

—¡Calor, Dios mío!

—Quítate el sombrero.

—Es una buena idea.

Alguien sacó a bailar a Georgette y yo me fui al bar. Hacía realmente mucho calor y la música del acordeón resultaba agradable en aquella noche bochornosa. De pie en el umbral de la puerta, recibiendo el soplo de aire fresco de la calle, me bebí una cerveza. Por la empinada calle bajaban dos coches; se pararon ambos frente al *bal* y saltó de ellos un tropel de jóvenes, unos cuantos con jerseys, otros en mangas de camisa. A la luz que venía de la puerta, veía sus manos y su pelo recién lavado y ondulado. El guardia que estaba junto a la puerta me miró sonriente. Entraron y, al pasar bajo la luz, vi manos blancas, pelo ondulado y caras también blancas que hacían muecas, gesticulaban, hablaban. Con ellos iba Brett. Estaba muy atractiva y encajaba a la perfección en el grupo.

—Uno de ellos vio a Georgette y dijo:

—Eso sí que es una auténtica fulana, lo juro. Voy a bailar con ella, Lett. Tú mírame bien.

El alto y moreno llamado Lett dijo:

—No hagas tonterías.

El rubio de pelo ondulado contestó:

—No te preocupes, querido.

Y con esa gente iba Brett...

Yo estaba muy irritado. Fuera en las circunstancias que fuera, aquella clase de gente me ponía siempre de mal humor. Ya sabía que se les considera divertidos, y que uno ha de ser tolerante, pero tenía ganas de sacudir a uno, no importaba cuál, de hacer cualquier cosa para acabar con aquel airecillo de superioridad y aquella afectación acompañada de una sonrisa bobalicona. Pero me fui calle abajo y tomé una cerveza en la barra del *bal* siguiente. La cerveza no era nada buena y, para quitarme el mal gusto de boca, me bebí un coñac todavía peor. Cuando volví al *bal,* había una aglomeración en la pista y Georgette estaba con el mozalbete alto y rubio, que bailaba con gran meneo de caderas, la cabeza inclinada hacia un lado y los ojos en blanco. Tan pronto como cesó la música, otro chico pidió a Georgette que bailara con él. La habían acaparado. Adiviné entonces que todos iban a bailar con ella; son así.

Me senté a una mesa en la que estaba Cohn. Frances bailaba. La señora Braddocks trajo a un individuo al que presentó con el nombre de Robert Prentis. Era de Nueva York, pasando por Chicago. Era un novelista nuevo que empezaba a hacer carrera. Tenía una especie de acento inglés.

Le dije que tomara un trago.

–Muchas gracias –dijo–; acabo de hacerlo.

–Tome otro.

–Bueno; gracias, pues.

Hicimos acercar a la hija de la casa y pedimos un *fine à l'eau* para cada uno.

–Me han dicho que es usted de Kansas City –dijo él.

–Sí.

–¿Se divierte en París?

–Sí.

–¿De veras?

Yo estaba un poco achispado. No borracho en el pleno sentido de la palabra, pero sí lo suficiente para mostrarme descortés.

–¡Por el amor de Dios! –dije–. ¡Sí! ¿Usted no?

–¡Oh, con qué gracia se enfada usted! –dijo él–. Desearía tener este don.

Me levanté y fui hacia la pista. La señora Braddocks me siguió:

–No se enfade con Robert –dijo–; es todavía un chiquillo.

–No estaba enfadado –respondí–. Lo que pasó fue que creí por un momento que iba a vomitar.

La señora Braddocks miró hacia la pista, donde Georgette bailaba con el individuo alto y moreno llamado Lett.

–Su novia tiene un gran éxito.

–¿Verdad que sí?

–¡Y tanto! –dijo la señora Braddocks.

Apareció Cohn:

–¡Anda, Jake, toma un trago!

Nos dirigimos al bar.

–¿Qué te pasa? –preguntó–. Parece que algo te haya agitado tremendamente.

–No me pasa nada. Todo ese espectáculo me pone enfermo, eso es todo.

Brett se acercó a la barra.

–Hola, chicos.

–¡Hola, Brett! –dije yo–. ¿Cómo es que no estás trompa?

–No me volveré a emborrachar nunca más. Oye, ¿es que no invitas a una amiga a un brandy con soda?

Se quedó de pie, con el vaso en la mano, y observé que Robert Cohn la miraba. Seguramente era aquélla la cara que debió de poner su compatriota al contemplar la tierra prometida. Cohn era, por supuesto, mucho más joven, pero tenía la misma mirada de ávida y merecida esperanza.

Brett estaba endiabladamente atractiva. Llevaba un suéter, una falda de tweed y el pelo cepillado hacia atrás, como un chico. Era de las que pusieron eso de moda. Estaba toda hecha de curvas, como el casco de un yate de carreras, y con aquel jersey de lana no pasaba inadvertida ni una sola de ellas.

–Estás con un rebaño verdaderamente selecto, Brett –dije.

–¿Verdad que son encantadores? Pues tú no te quedas corto, querido. ¿Dónde has encontrado eso?

–En el Napolitain.

–¿No has pasado una noche agradable?

–¡Oh, no tiene precio! –contesté.

Brett se echó a reír.

–Eso no está bien de tu parte, Jake. Es un insulto para todos nosotros. Mira a Frances, y a Jo.

Lo último iba dirigido a Cohn.

–Es algo perjudicial para el negocio –continuó Brett riéndose de nuevo.

–Estás admirablemente serena –dije.

–¿Verdad que sí? Además, cuando se está con el rebaño con el que voy, ¡puede una beber con tanta tranquilidad!

Volvió a empezar la música y Robert Cohn dijo:

–¿Quiere bailar éste conmigo, lady Brett?

Brett le sonrió:

–He prometido bailarlo con Jakob.

Se rió.

–Tienes un condenado nombre bíblico, Jake.

–¿Y qué hay del próximo? –preguntó Cohn.

–Nos vamos –contestó Brett–. Tenemos una cita en Montmartre.

Mientras bailábamos miré por encima del hombro de Brett y vi que Cohn la miraba todavía desde la barra.

–Has hecho otra conquista –le dije.

–No me hables de eso. ¡Pobre tipo! No me he dado cuenta hasta este mismo instante.

–¡Oh, vamos! –dije–. Supongo que te gusta hacer colección.

–No digas idioteces.

–¡Pero si es la verdad!

–Bueno, ¿y si lo es, qué?

–Nada –dije.

Bailábamos al son del acordeón, y alguien tocaba el banjo. Hacía calor y me sentía feliz. Pasamos cerca de Georgette, que bailaba con otro de aquellos individuos.

–¿Qué mosca te ha picado para traerla aquí?

–No lo sé. La he traído, y nada más.

–Te estás volviendo un buen romántico.

–No, un aburrido.

–¿Ahora?

–No, ahora no.

–Salgamos de ahí. Ella está bien acompañada.

–¿Te apetece a ti?

–¿Es que te lo pediría si no tuviera ganas?

Abandonamos la pista. Cogí la chaqueta del colgador de la pared y me la puse. Brett estaba junto a la barra y Cohn hablaba con ella. Me paré en la barra y pedí un sobre. La patrona encontró uno. Me saqué del bolsillo un billete de cincuenta francos, lo puse dentro del sobre, lo cerré y se lo entregué.

–Si la chica con la que vine pregunta por mí, le da esto –dije–. Si se va con uno de estos caballeros, ¿querrá usted guardármelo?

–C'est entendu, monsieur –dijo la patrona–. ¿Se marcha ya?

–Sí –dije.

Nos encaminamos hacia la puerta. Cohn estaba todavía hablando con Brett. Ella le dijo buenas noches y se colgó de mi brazo.

–Buenas noches, Cohn –dije yo.

Ya en la calle, buscamos un taxi.

–Vas a perder tus cincuenta francos –dijo Brett.

–Oh, ya lo sé.

–No hay taxis.

–Podemos ir andando hasta el Panthéon y tomar uno.

–Vamos a tomar un trago en la taberna de al lado y enviemos por uno.

–¿No quieres ni atravesar la calle?

–Si puedo evitarlo, no.

Entramos en el bar de al lado y mandé a un camarero por un taxi.

–Bueno –dije–, ya estamos lejos de ellos.

Permanecimos de pie junto a la alta barra de cinc, sin hablar, mirándonos el uno al otro. El camarero vino a decir que el coche estaba fuera. Brett me apretó la mano con fuerza. Di un franco al camarero y salimos.

–¿Adónde le digo? –pregunté.

–Dile que vaya por ahí, es igual.

Dije al conductor que fuera al Parc Montsouris, entré y cerré la puerta. Brett estaba recostada en la esquina, con los ojos cerrados. Entré y me senté junto a ella. El coche se puso en marcha con una sacudida.

–¡Oh, querido, he sido tan desgraciada! –dijo Brett.

CAPÍTULO IV

El coche subió colina arriba, atravesó la plaza iluminada y, siempre ascendiendo, volvió a la oscuridad; luego, ya en terreno plano, se metió por una calle oscura, detrás de St. Étienne du Mont; bajó suavemente por el asfalto, pasó entre los árboles y el autobús parado de la Place de la Contrescarpe y giró por la empedrada Rue Mouffetard. A cada lado de la calle había bares iluminados y tiendas abiertas todavía. Íbamos separados y, al descender por la vieja calle, una sacudida nos hizo acercar. A Brett se le había caído el sombrero y tenía la cabeza echada hacia atrás. Veía su rostro a la luz de las tiendas abiertas, luego se hizo la oscuridad, y después, al desembocar en la Avenue des Gobelins, volví a verlo con claridad. El piso de la calle estaba levantado y había hombres que trabajaban a la luz de las lámparas de acetileno. La cara de Brett era blanca y la esbelta línea de su cuello se perfilaba al fulgor de las lámparas. La calle se hizo nuevamente oscura y la besé. Nuestros labios se unieron con fuerza y luego ella se soltó y se acurrucó en un ángulo, tan lejos como pudo, con la cabeza baja.

–No me toques –dijo–. Por favor, no me toques.

–¿Qué te ocurre?

–No puedo soportarlo.

–¡Oh, Brett!

–No debes hacerlo. Vale más que lo sepas. No lo puedo soportar. ¡Querido, compréndelo, por favor!

–¿Es que no me quieres?

–¿Quererte? ¡Si toda yo me vuelvo gelatina cuando me tocas!

–¿No podríamos hacer nada?

Se había vuelto a incorporar. Le había rodeado los hombros con el brazo y tenía la cabeza apoyada contra mí. Ahora estábamos completamente serenos. Ella me miraba a los ojos con aquella manera de mirar que a uno le hacía preguntarse si veía realmente algo de lo que estaba ante ella. Sus ojos podían continuar mirando y mirando cuando todos los demás ojos hubiesen dejado de mirar. Miraba como si no hubiera nada en la tierra a lo que no se atreviera a mirar así; pero, en realidad, ¡tenía miedo de tantas cosas!

–¿Y no podemos hacer nada, absolutamente nada?

–No lo sé –dijo ella–. No quiero pasar de nuevo por aquel infierno.

–Sería mejor que nos mantuviésemos a distancia uno de otro.

–¡Pero, querido, tengo necesidad de verte! Ya sabes que no es sólo por eso.

–No, pero siempre acaba por serlo.

–Es culpa mía. Pero, ¿acaso no pagamos todo lo que hacemos?

Había estado mirándome a los ojos todo el rato. Los suyos tenían profundidades diferentes; a veces resultaban completamente inexpresivos; ahora, en cambio, se podía llegar hasta su fondo.

–Cuando pienso en el infierno por el que he hecho pasar a tantos chicos... Ahora estoy pagándolo con creces.

–No digas necedades –dije–. Además, lo que me pasó a mí más parece gracioso que otra cosa. Nunca pienso en ello.

–¡Ya, ya! ¡Pondría la mano en el fuego!

–Bueno, terminemos con ese asunto.

–Yo misma me reí de eso una vez –dijo ella sin mirarme–. Un amigo de mi hermano volvió así de Mons. Me pareció un chiste siniestro. Tus compañeros no saben nada de eso, ¿verdad?

–No –dije–. Nadie sabe nada.

En realidad, casi había agotado el tema. En una u otra ocasión, lo había considerado probablemente desde casi todos los ángulos posibles, incluyendo el de que ciertos daños o imperfecciones que, para la persona que los tiene, resultan serios, son motivo de risa.

–Es divertido –dije–. Es muy divertido. Y también es muy divertido estar enamorado.

–¿Lo crees así? –sus ojos eran de nuevo inexpresivos.

–No me refiero a divertido en este sentido. Quiero decir que es un sentimiento agradable.

–¡Oh, no! Yo pienso que es el infierno en la tierra.

–Es agradable volverse a ver.

–No, yo no opino así.

–¿No lo deseas?

–Me veo obligada a hacerlo.

Ahora íbamos como dos extraños. A la derecha se hallaba el Parc Montsouris. El restaurante del vivero de truchas, en el que uno puede sentarse y contemplar el parque, estaba cerrado y oscuro. El taxista volvió la cabeza.

–¿Adónde quieres que vayamos? –pregunté.

Desviando la cabeza, Brett contestó:

–Vamos al Select.

–Café Select –dije al chófer–. Boulevard Montparnasse.

Bajamos directamente, dando la vuelta al Lion de Belfort, que vigila el paso de los tranvías de Montrouge. Brett tenía la vista fija hacia delante. En el Boulevard Raspail, ya a la vista de las luces de Montparnasse, dijo:

–¿Te importa mucho que te pida que hagas una cosa?

–¡No seas tonta!

–Bésame una vez más antes de llegar allí.

Cuando el taxi llegó, salí y pagué. Brett salió arreglándose el sombrero y me dio la mano para bajar; estaba temblando.

–Oye, ¿no estoy demasiado hecha un adefesio?

Se inclinó hacia abajo su masculino sombrero de fieltro y echó a andar hacia la barra. En el interior, recostados contra la barra y las mesas, se hallaba la mayor parte de la gente que había estado bailando.

–Hola, chicos –dijo Brett–. Voy a tomar un trago.

–¡Brett! ¡Brett! –dijo el pequeño griego pintor de retratos que se llamaba a sí mismo duque y a quien todos llamaban Zizi dirigiéndose hacia ella–. Tengo algo muy bueno que contarle.

–Hola, Zizi –dijo Brett.

–Quiero que conozca a un amigo –dijo Zizi.

Un hombre gordo se aproximó.

–Conde Mippipopolous, le presento a mi amiga lady Ashley.

–¿Cómo está usted? –dijo Brett.

–Pues..., ¿lo pasa bien su señoría en París? –preguntó el conde Mippipopolous, que llevaba un colmillo de alce en la cadena de su reloj.

—Bastante.
—París es realmente una buena ciudad —dijo el conde—. Pero me imagino que usted tendrá también muchas cosas que hacer en Londres.
—Oh, sí —respondió Brett—, muchísimas.
Braddocks me llamó desde una mesa.
—Barnes —dijo—, tome una copa. Aquella chica de usted ha armado una camorra tremenda.
—¿Acerca de qué?
—De algo que dijo la hija de la patrona. Un zipizape descomunal. Estuvo magnífica. Enseñó su tarjeta amarilla y dijo a la hija de la patrona que hiciera lo mismo. Fue lo que se dice un buen escándalo, vaya.
—¿Cómo ha terminado el asunto?
—Alguien la ha acompañado a su casa. No era mal parecida la chica. ¡Y qué maravilloso dominio del idioma! Quédese a tomar una copa.
—No —dije—, tengo que irme. ¿Ha visto a Cohn?
—Se fue a casa, con Frances —intervino la señora Braddocks.
—¡Pobre tipo! Parece horriblemente deprimido.
—Apuesto a que lo está —dijo la señora Braddocks.
—Tengo que irme —repetí—. Buenas noches.
Dije buenas noches a Brett, que estaba en la barra. El conde estaba comprando champaña.
—¿Quiere usted tomar una copa con nosotros, señor? —preguntó.
—No. Muchísimas gracias. Tengo que irme.
—¿Te vas de verdad? —preguntó Brett.
—Sí —respondí—. He cogido una jaqueca terrible.
—¿Nos veremos mañana?
—Ven al despacho.
—Lo veo muy difícil.
—Bueno, ¿dónde nos vemos, pues?
—En cualquier sitio, hacia las cinco.
—Entonces que sea al otro lado de la ciudad.
—Bueno. Estaré en el Crillon a las cinco.

–Trata de estar allí.

–No te preocupes –dijo Brett–. Nunca te he dejado plantado, ¿verdad?

–¿Has tenido noticias de Mike?

–Una carta, hoy.

–Buenas noches, señor –dijo el conde.

Salí y bajé andando por la acera en dirección al Boulevard Saint Michel; pasé por delante de las mesas de la Rotonde, todavía abarrotadas, y miré hacia el Dôme, al otro lado de calle, con sus mesas esparcidas hasta el borde de la acera. Alguien me hizo señas con la mano desde una mesa; no vi quién era y continué andando. Quería llegar a casa. El Boulevard Montparnasse estaba desierto. El Lavigne estaba totalmente cerrado y, delante de la Cloiserie des Lilas, estaban amontonando las mesas. Pasé ante la estatua de Ney, que se erguía por entre las hojas nuevas de los castaños, a la luz de los arcos voltaicos. Apoyada en la base, había una marchita corona de color púrpura. Me paré a leer la inscripción: *de los grupos bonapartistas,* y una fecha que no recuerdo. Estaba muy bien el mariscal Ney, con sus botas altas y haciendo un pomposo gesto con la espada, por entre las verdes hojas nuevas de los castaños de Indias. Mi apartamento estaba exactamente al otro lado de la calle, bajando un poco por el Boulevard Saint Michel.

Había luz en la portería; llamé con los nudillos y la portera me dio el correo. Le deseé las buenas noches y subí. Había dos cartas y algunos periódicos; los miré a la luz de gas del comedor. Las cartas eran de los Estados Unidos. Una era un informe bancario; indicaba un balance de 2.432,60 dólares. Saqué mi carnet de cheques y desconté cuatro que había extendido desde principios de mes; descubrí que me quedaban 1.832,60 dólares, y lo escribí al dorso del informe. La otra carta era una participación de boda. El señor y la señora Aloysius Kirby anunciaban la boda de su hija Katherine. No conocía ni a la chica ni al hombre con el que se casaba. Debían de haber mandado circulares a toda la ciudad. Era un nombre curioso, de buen católico, y estaba seguro de acordarme de cualquiera que lo llevara. Encima del encabezamiento había un blasón. Igual que Zizi, el duque griego. Igual que el conde; era divertido el conde. Brett también tenía un título: lady Ashley. Al infierno Brett. ¡Vete al infierno, lady Ashley!

Encendí la lámpara que estaba junto a la cama, cerré el gas y abrí las espaciosas ventanas. La cama estaba atrás, lejos de las ventanas; me senté junto a ella y me desnudé, con las ventanas abiertas. Afuera, por los rieles del tranvía, pasó corriendo un tren nocturno que llevaba verduras a los mercados. Cuando uno no podía dormir por la noche, resultaban muy ruidosos. Mientras me desnudaba, me miré al espejo del gran armario que estaba al lado de la cama. Era una manera típicamente francesa de arreglar una habitación. Y supongo que también era práctica: fuese como fuese, uno se lastimaba. Me puse el pijama y me metí en la cama. Cogí los dos periódicos taurinos y saqué sus envolturas; una era naranja y la otra amarilla. Ambos llevarían las mismas noticias; por lo tanto, cualquiera que fuese el primero que leyera, el segundo estaba echado a perder. *Le Toril* era el mejor y empecé por él. Lo leí de cabo a rabo, incluida la *Petite correspondance* y los *Cornigrammes.* Apagué la lámpara. Tal vez conseguiría dormir.

Mi cabeza empezó a trabajar. La vieja injusticia. Porque fue una cochina manera de ser herido, y más volando sobre un frente de risa, como era el italiano. En el hospital italiano íbamos a formar una sociedad. En italiano tenía un nombre divertido. Me pregunté qué se había hecho de los demás, de los italianos. Era en el Ospedale Maggiore de Milán, Padiglione Ponte. El edificio siguiente era el Padiglione Zonda. Había una estatua de Ponte; o tal vez era de Zonda. Ahí fue donde el coronel vino a visitarme. Fue cómico; fue la primera cosa cómica. Yo estaba vendado de arriba abajo, pero le habían explicado el caso. Entonces él pronunció esta maravillosa frase: «Usted, extranjero, inglés (cualquier extranjero era un inglés), ha dado más que su vida.» ¡Qué sentencia! Hubiese querido tenerla grabada para colgarla en el despacho. No se rió en absoluto. Supongo que se ponía en mi lugar: *Che mala fortuna! Che mala fortuna!*

Creo que nunca me hice plenamente a la idea de ello. Trataba de tomármelo a broma y de no causar molestias a la gente. Probablemente no hubiera tenido nunca ningún problema de no haberme tropezado con Brett cuando me enviaron en barco a Inglaterra. Supongo que ella sólo quería lo que no podía tener; la gente es así. ¡Al infierno la gente! La Iglesia católica tenía una fórmula genial para manipular aquellos asuntos. Fuera como fuera, era un buen consejo: no pensar en ello. ¡Oh, sí, era un buen consejo! Tratad de seguirlo alguna vez; tratad de seguirlo...

Estaba desvelado; pensaba, y mi cabeza saltaba de una cosa a otra. Luego ya no pude sacarme aquello de la cabeza, empecé a pensar en Brett y todo el resto desapareció. Pensando en Brett, mi cerebro dejó de dar saltos y empezó a marchar a un ritmo de ondas suaves, para decirlo de algún modo. Y, de repente, me puse a llorar. Al cabo de un rato, me sentí mejor. Acostado en la cama, oí los pesados tranvías que pasaban calle abajo; luego me dormí.

Me desperté al oír las voces de una pelea que se estaba desarrollando fuera. Escuché y creí reconocer una de las voces. Me puse el batín y fui hacia la puerta. La portera estaba hablando abajo, muy enojada. Oí mi nombre y llamé por la escalera.

–¿Es usted, señor Barnes? –preguntó la portera.

–Sí, soy yo.

–Está ahí una especie de mujer que ha despertado a toda la calle. ¡Vaya una hora de venir con asuntos sucios! Dice que tiene que verle a usted. Le he dicho que estaba durmiendo.

Entonces oí la voz de Brett. Medio dormido, hubiese jurado que era Georgette. No sé por qué, ya que no era posible que tuviera mi dirección.

–¿Quiere decirle que suba, por favor?

Brett subió. Vi que estaba borracha.

–¡Qué cosa más estúpida he hecho! –dijo–. He organizado un horrible escándalo. Oye, ¿tú no estarías durmiendo, verdad?

–¿Pues qué te crees que hacía?

–No lo sé. ¿Qué hora es?

Miré el reloj. Eran las cuatro y media.

–No tenía ni idea de la hora que era –dijo Brett–. Oye, ¿puede una sentarse? No te enfades, querido. Acabo de dejar al conde; él me trajo hasta aquí.

–¿Cómo es? –pregunté, mientras traía brandy, soda y vasos.

–Sólo un poco –dijo Brett–. No intentes emborracharme. ¿El conde? No está mal. Como uno de nosotros.

–¿Es conde?

–Ahí está el busilis. Yo me inclino a creer que sí, ¿sabes? Sea como sea, merece serlo. Sabe tantas cosas acerca de la gente como el mismísimo diablo. No sé de dónde lo ha sacado todo. Tiene una cadena de confiterías en los Estados Unidos.

Bebió un sorbo de su vaso.

–Creo que dijo una cadena o algo parecido. Todas enlazadas. Me habló un poco de ello. Endiabladamente interesante. Pero es uno de los nuestros. ¡Oh, sí, por completo! Seguro. Uno puede siempre decirlo.

Tomó otro trago.

–Estoy charlando como una cotorra. A ti todo eso no te interesa, ¿verdad? ¿Sabes que está gastando mucho dinero en Zizi?

–¿Es también Zizi un duque de verdad?

–No me extrañaría. Es griego, ¿sabes? Un pintor muy mediocre. Me gustaba más el conde.

–¿Adónde has ido con él?

–A todas partes. Me ha traído aquí hace sólo un instante. Me ha ofrecido diez mil dolares si iba con él a Biarritz. ¿Cuántas libras son?

–Unas dos mil.

–Mucho dinero. Le dije que no podía y se lo tomó muy bien. Le dije que conocía a demasiada gente en Biarritz.

Brett rió.

–Oye, eres muy lento en eso de empinar el codo –dijo.

Sólo había bebido unos sorbos de mi brandy con soda. Bebí un largo trago.

–Eso está mejor. Muy divertido –dijo Brett–. Entonces quiso que fuera a Cannes con él. Le dije que conocía a demasiada gente en Cannes. Montecarlo. Le dije que conocía a demasiada gente en Montecarlo. Le dije que conocía demasiada gente en todas partes. Además, es cierto. De forma que le dije que me trajera aquí.

Me miró, con la mano en la mesa y el vaso en alto.

–No mires así –dijo–. Le conté que estaba enamorada de ti.

También es verdad. No me mires así. Cuando lo supo, se mostró terriblemente amable. Quiere llevarnos a cenar mañana por la noche. ¿Te gustaría ir?

–¿Por qué no?

–Ahora es mejor que me vaya.

–¿Por qué?

–Sólo quería verte. Una maldita y estúpida idea. ¿Quieres vestirte y bajar? Tiene el coche ahí mismo, en esta calle, un poco más arriba.

–¿El conde?

–Él en persona. Y un chófer con librea. Va a llevarme a dar una vuelta y a desayunar al Bois. Cestas de comida. Las compró en la casa Zelli. Una docena de botellas de Mumms. ¿Te tienta el plan?

–Tengo que trabajar por la mañana –dije–. Además, te llevo demasiado retraso para atraparte y ser un poco divertido.

–No seas asno.

–No puedo.

–Está bien. ¿Le mando un afectuoso saludo de tu parte?

–Todo lo que quieras.

–Buenas noches, querido.

–No seas sentimental.

–Me pones enferma.

Nos dimos las buenas noches con un beso. Brett temblaba.

–Es mejor que me vaya –dijo–. Buenas noches, querido.

–No tienes por qué irte.

–Sí...

Nos besamos de nuevo en la escalera. Llamé para pedir el cordón y la portera murmuró algo desde detrás de la puerta. Volví arriba y, por la ventana abierta, contemplé a Brett que subía calle arriba hacia la gran limousine parada al borde de la acera, bajo la luz del farol. Subió y el coche se puso en marcha. Me volví. Sobre la mesa había un vaso vacío y otro lleno a medias de brandy con soda. Los llevé a la cocina y vacié el que estaba a medio llenar en el fregadero. Apagué la luz del comedor, me saqué las zapatillas de un puntapié, sentado en la cama, y me acosté. Ésta era la Brett por quien yo había estado llorando. Luego la recordé mientras iba calle arriba y subía al coche, tal como la había visto por última vez y, por supuesto, al cabo de unos momentos volvía a estar en el infierno. Durante el día es extraordinariamente fácil dárselas de duro sobre cualquier asunto, pero por la noche es otro cantar.

CAPÍTULO V

Por la mañana bajé por el boulevard hacia la Rue Soufflot, para tomar café y un brioche. Era una hermosa mañana. Los castaños de Indias de los jardines del Luxembourg estaban en flor, y se sentía la agradable impresión que proporcionan las primeras horas de un día caluroso. Con el café, leí los periódicos, y luego fumé un cigarrillo. Las floristas iban llegando del mercado y ponían en orden el surtido del día. Los estudiantes pasaban, hacia arriba, en dirección a la Facultad de Derecho, o hacia abajo, a la Sorbona. El Boulevard bullía de tranvías y de gente que iba a trabajar. Subí a un autobús de la línea S y, de pie en la plataforma trasera, bajé hasta la Madeleine. Desde allí recorrí andando el Boulevard des Capucines hasta la Ópera, en dirección a mi despacho. Pasé por delante del hombre de las ranas saltarinas y del de los muñecos boxeadores. Me desvié para no tropezar con el hilo con el que la chica que ayudaba a este último manipulaba los muñecos. Estaba de pie, mirando a otro sitio, con el hilo entre las manos enlazadas. El hombre instaba a dos turistas a que compraran, y tres turistas más se habían parado a mirar. Continué andando detrás de un hombre que empujaba un rodillo que imprimía sobre la acera el nombre CINZANO, con húmedas letras. Por todas partes, gente que iba a trabajar. Era una sensación agradable ir a trabajar. Atravesé la avenida y me metí en mi oficina.

Al llegar arriba, después de leer los periódicos franceses de la mañana y fumar, me senté ante la máquina de escribir y me quité de encima una buena cantidad de trabajo. A las once, fui en taxi al Quai d'Orsay, entré y me senté con una docena más de corresponsales, mientras que el portavoz del Ministerio de Asuntos Exteriores, un joven diplomático de la *Nouvelle Revue Française* con gafas de montura de concha, hablaba y respondía a las preguntas que se le hacían durante media hora. El Presidente del Consejo estaba en Lyon, dando una conferencia; mejor dicho, estaba en el viaje de regreso. Unos cuantos individuos hicieron preguntas para escucharse a sí mismos, y unos agentes de servicios de información preguntaron un par de cosas con la intención de conocer las respuestas. No había información. Para volver del Quai d'Orsay tomé un taxi con Woolsey y Krum.

–¿Qué haces por las noches, Jake? –preguntó Krum–. No te veo nunca por ahí.

–Es que estoy al otro lado, en el Quartier.

–Voy a venir cualquier noche. Al Dingo. Es el gran sitio, ¿no?

–Sí. O él o este nuevo antro, el Select.

–Siempre me propongo venir –dijo Krum–. Pero ya sabes lo que pasa cuando se tiene mujer e hijos.

–¿Juegas al tenis? –preguntó Woolsey.

–No –respondió Krum–. No puedo decir que haya jugado nada este año. He tratado de escaparme, pero los domingos ha llovido siempre, y las pistas están condenadamente abarrotadas.

–Todos los ingleses tienen el sábado libre –dijo Woolsey.

–¡Afortunados mortales! –dijo Krum–. Bueno, te diré: algún día dejaré de trabajar, para una agencia, y tendré todo el tiempo que quiera para salir al campo.

–Eso es lo que hay que hacer. Vivir en el campo y tener un cochecito.

–He estado pensando un poco en comprar un coche el año que viene.

Golpeé en el cristal y el chófer se paró.

–Ésta es mi calle –dije–. Venid a tomar un trago.

–Gracias, viejo –dijo Krum.

Woolsey sacudió la cabeza:

–Tengo que hilvanar el discurso que soltó aquel individuo esta mañana.

Puse una moneda de dos francos en la mano de Krum.

–Estás loco, Jake –dijo–. De esto me encargo yo.

–De todas formas es a cuenta de la oficina...

–¡Que no! Quiero encargarme yo.

Dije adiós con la mano. Krum sacó la cabeza:

–Te veré el miércoles, en el *lunch.*

–Claro que sí.

Subí a la oficina en el ascensor. Robert Cohn me estaba esperando.

–Hola, Jake –dijo–. ¿Sales a comer?

–Sí. Déjame ver si hay alguna novedad.

–¿Adónde vamos a comer?

–A cualquier parte –dije, mientras echaba una ojeada a mi mesa escritorio–. ¿Dónde quieres comer tú?

–¿Qué te parece el Wetzel? Tienen buenos *hors d'oeuvres.*

En el restaurante encargamos *hors d'oeuvres* y cerveza. El *sommelier* trajo la cerveza, fría, en altas jarras llenas de gotitas por el exterior. Había doce platos distintos de *hors d'oeuvres.*

–¿Te divertiste anoche?

–No, no mucho.

–¿Cómo va esa obra?

–Un desastre. No puedo lograr que este segundo libro marche.

–Eso le pasa a todo el mundo.

–Sí, ya lo sé. Pero, de todas formas, me pone de mal humor.

–¿Has seguido pensando en ir a Sudamérica?

–Estoy decidido.

–Entonces, ¿por qué no te pones en marcha?

–Frances.

–Bueno –dije–, llévala contigo.

–No le gustaría. No es el tipo de cosa que le agrada. Le gusta tener un montón de gente a su alrededor.

–Dile que se vaya al cuerno.

–No puedo. He contraído ciertas obligaciones con respecto a ella.

Echó a un lado los pepinos cortados a rodajas y cogió un arenque en escabeche.

–¿Qué sabes de lady Brett Ashley, Jake?

–Su título es lady Ashley. Brett es su propio nombre. Es una chica simpática –dije–. Está tramitando el divorcio y va a casarse con Mike Campbell. Él está ahora en Escocia. ¿Por qué?

–Es una mujer de un atractivo notable.

–¿Verdad que sí?

–Hay en ella cierta clase, cierta distinción. Parece poseer una elegancia y rectitud absolutas.

–Es muy agradable.

–No sé cómo definir esta cualidad –dijo Cohn–. Creo que es buena educación.

–Da la impresión de que te gusta mucho.

–Así es. No me extrañaría enamorarme de ella.

–Es una borrachina –dije–. Está enamorada de Mike Campbell, y va a casarse con él. Va a ser fabulosamente rico, algún día.

–No creo que ella llegue a casarse con él.

–¿Por qué no?

–No lo sé. Sencillamente, no lo creo. ¿Hace mucho tiempo que la conoces?

–Sí –respondí–. Era una V. A. D. en un hospital en el que yo estuve durante la guerra.

–Debía de ser casi una niña entonces.

–Ahora tiene treinta y cuatro años.

–¿Cuándo se casó con Ashley?

–Durante la guerra. Su único amor acababa de estirar la pata a causa de una disentería.

–Hablas de una manera mordaz.

–Lo siento. No era mi intención. Sólo estaba tratando de contarte los hechos.

–No creo que se casara con alguien a quien no quisiera.

–Pues lo ha hecho dos veces –repuse yo.

–No lo creo.

–Está bien; no me hagas preguntas estúpidas, si no te gustan las respuestas –dije.

–No te pregunté eso.

–Me preguntaste qué sabía yo sobre Brett Ashley.

–No te pedí que la insultaras.

–¡Vete al infierno!

Se levantó de la mesa con la cara pálida y permaneció así, pálido e irritado, detrás de los platitos de *hors d'oeuvres.*

–Siéntate –dije–. No seas idiota.

–Has de retirar lo que has dicho.

–¡Oh! ¡Acaba de una vez con estas ridiculeces de colegial!

–Retíralo.

–Sí, hombre, todo lo que quieras. Nunca oí hablar de Brett Ashley. ¿Qué te parece así?

–No, no se trata de eso. Es sobre lo de que yo me fuera al infierno.

–¡Ah, sí! Pues no te vayas al infierno –dije–. Cuídate. No hemos hecho más que empezar a comer...

Cohn volvió de nuevo a sonreír y se sentó. Pareció alegrarse de sentarse. ¿Qué diablos hubiera hecho en el caso de no sentarse?

–¡Dices cosas tan horriblemente insultantes, Jake!

–Lo siento. Tengo una lengua indecente. Cuando digo cosas ofensivas no las pienso nunca de veras.

–Ya lo sé –respondió Cohn–. En realidad, seguramente eres el mejor amigo que tengo, Jake.

«Que Dios te asista», pensé; y añadí en voz alta:

–Olvida lo que he dicho. Lo siento.

–Está bien. Todo está olvidado. Sólo he estado enfadado durante un minuto.

–Bueno. Comamos algo más.

Después del almuerzo subimos andando hacia el Café de la Paix y tomamos café. Me daba cuenta de que Cohn quería sacar de nuevo a colación a Brett, pero le mantuve apartado del tema. Hablamos de otras cosas y le dejé para irme a la oficina.

CAPÍTULO VI

A las cinco estaba en el Hotel Crillon esperando a Brett. Como ella no estaba, me senté y escribí unas cartas. No eran muy buenas, pero esperaba que el hecho de estar escritas con membretes del

Crillon las ayudaría. Como Brett no se presentaba, hacia las seis menos cuarto bajé al bar y tomé un *Jack Rose* con George, el barman. Tampoco habían visto a Brett en el bar. Al salir, volví a mirar si estaba arriba, y luego tomé un taxi para ir al Café Select. Al cruzar el Sena vi una hilera de barcazas vacías, remolcadas río abajo, deslizándose sin casi tocar el agua. Cuando llegaron ante el puente, los bateleros cogieron las pértigas. El río tenía un aspecto delicioso. En París, siempre era agradable cruzar puentes.

El taxi dio la vuelta a la estatua del inventor del semáforo, que estaba ocupado precisamente en inventar, y subió por el Boulevard Raspail. Me recosté para dejar que pasara esta parte del trayecto. El Boulevard Raspail constituía siempre para mí un trozo monótono, al igual como cierto trecho del PLM (1), entre Fontainebleau y Montereau que me hacía sentir embotado, melancólico y sin ánimos hasta que había pasado. Supongo que la existencia de esos puntos sin vida en un viaje se debe a una asociación de ideas. En París hay otras calles igual de feas que el Boulevard Raspail. No me importa en absoluto bajar andando por ella, pero no puedo soportar recorrerla en coche. Acaso haya leído algo acerca de eso alguna vez. Era la sensación que causaba a Robert Cohn París en bloque. Me pregunté de dónde le venía aquella incapacidad para disfrutar de París. Posiblemente de Mencken; creo que Mencken odia París, y hay muchos jóvenes que sacan de él sus preferencias y aversiones.

El taxi paró frente a la Rotonde. Sea cual sea el café de Montparnasse al que pedís al taxista que os lleve, desde la orilla derecha, él siempre os deja en la Rotonde. Dentro de diez años será probablemente el Dôme. De todas formas, estaba cerca; atravesé las tristes mesas de la Rotonde en dirección al Select. Dentro, en el bar, había unas pocas personas; afuera sólo estaba sentado Harvey Stone. Tenía ante él una hilera de platitos, y necesitaba un buen afeitado.

–Siéntate –dijo Harvey–. Te he estado buscando.

–¿Qué pasa?

(1) La línea de ferrocarril París-Lyon-Marsella. *(N. del T.)*

–Nada. Te he estado buscando, eso es todo.

–¿Fuiste a las carreras?

–No. Desde el domingo, no.

–¿Qué sabes de Estados Unidos?

–Nada. Absolutamente nada.

–¿Qué pasa?

–No lo sé. He terminado con ellos. He terminado para siempre con todos ellos.

–Se inclinó hacia delante y me miró a los ojos:

–¿Quieres saber una cosa, Jake?

–Sí.

–No he comido nada desde hace cinco días.

Hice un rápido cálculo mental retrospectivo. Hacía tres días que Harvey me había ganado doscientos francos jugando al póquer con dados en el New York Bar.

–¿Qué te pasa?

–No tengo dinero. El dinero no ha llegado –hizo una pausa–. Te digo que es raro, Jake. Cuando me encuentro así, lo único que quiero es estar solo. Quiero quedarme en mi cuarto. Soy como un gato.

Me palpé el bolsillo.

–¿Te servirían de algo cien, Harvey?

–Sí.

–Venga, pues. Vamos a comer.

–No hay prisa. Toma un trago.

–Es mejor comer.

–No. Cuando estoy así, no me importa comer o no comer.

Tomamos un trago y Harvey añadió mi platito a su hilera.

–¿Conoces a Mencken, Harvey?

–Sí. ¿Por qué?

–¿Cómo es?

–Todo un tipo. Dice algunas cosas muy divertidas. La última vez que cené con él hablamos de Hoffenheimer: «Por desgracia –dijo–, no se dedica más que a correr tras las jarreteras». No está mal la frase.

–No, no está mal.

–Ahora se le ha terminado el filón –continuó Harvey–. Ha escrito acerca de todas las cosas que sabe, y ahora se halla metido con todas las cosas que no sabe.

–Yo creo que el tipo lo hace bien –dije–. Lo único que pasa es que no soporto leerlo.

–Oh, ahora no lo lee nadie, a no ser la gente que leía el Alexander Hamilton Institute.

–Ésa era otra cosa buena, también –dije.

–Sí, es verdad –contestó Harvey, y nos quedamos sumidos en profundas meditaciones durante un rato.

–¿Tomamos otro oporto?

–Bueno –contestó Harvey.

–Ahí viene Cohn –dije al ver a Robert Cohn atravesando la calle.

–¡Ese atontado!

Cohn se acercó a nuestra mesa.

–Hola, desgracias –dijo.

–Hola, Robert –dijo Harvey–. Precisamente ahora le estaba diciendo a Jake que es usted un atontado.

–¿Qué quiere decir?

–Responda al instante, sin pensar: ¿qué le gustaría más hacer, en el caso de poder hacer todo lo que quisiera?

Cohn se paró a reflexionar.

–No piense. Suelte algo al instante.

–No sé –dijo Cohn–. Además, ¿qué significa todo eso?

–Me refiero a lo que le gustaría más hacer. Lo que le venga primero a la cabeza, por estúpido que sea.

–No sé –dijo Cohn–. Creo que me gustaría jugar de nuevo al fútbol, con el dominio que tengo ahora de mí mismo.

–Le había juzgado mal –dijo Harvey–. No es un atontado. Es sólo un caso típico de retrasado mental.

–Es usted terriblemente gracioso, Harvey –dijo Cohn–. Algún día le van a romper la cara.

Harvey Stone se rió.

–Eso se cree usted. Pero nadie me lo va a hacer, porque eso no me importaría en absoluto. Yo no soy un luchador.

–¡Ya lo creo que le importaría, si alguien se lo hiciera!

–No, no me importaría. Es ahí donde se equivoca lamentablemente, porque no es usted inteligente.

–Deje de meterse conmigo.

–Sí, hombre –dijo Harvey–. Me es absolutamente igual. Usted no me interesa en absoluto.

–Anda, Harvey –intervine yo–. Toma otro oporto.

–No –contestó–. Voy a ir un poco más arriba de la calle a comer. Hasta luego, Jake.

Salió y subió calle arriba. Pequeño y rechoncho, le vi cruzar la calzada y sortear el tránsito con toda calma.

–Siempre me pone de mal humor –dijo Cohn–. No lo puedo soportar.

–A mí me gusta –repuse–. Le aprecio. Uno no puede enfadarse realmente con él.

–Ya lo sé –contestó Cohn–. Lo que pasa es que me crispa los nervios.

–¿Has escrito esta tarde?

–No. No logré que la cosa marchara. Resulta más difícil que mi primer libro. Estoy pasando una mala época intentando sacarlo adelante.

Aquel saludable amor propio que tenía cuando volvió de América a principios de primavera había desaparecido. Entonces estaba seguro de su trabajo; lo único que le torturaba eran sus deseos personales de aventura. Ahora la seguridad se había esfumado. En cierta manera, me doy cuenta de que no he presentado a Robert Cohn con claridad. Ello se debe a que, hasta que se enamoró de Brett, no le oí jamás hacer una observación que le distinguiera, en el sentido que fuese, del resto de la gente. Era agradable verlo en el campo de tenis: tenía un buen cuerpo y lo mantenía en forma; sabía manejar bien las cartas en el bridge; y conservaba unos curiosos andares de estudiante no graduado todavía. Si se encontraba en el grupo, nada de lo que decía destacaba. Llevaba lo que en el colegio llamábamos camisas de polo, y que tal vez se llaman todavía así; pero no era juvenil de profesión, y no creo que se preocupara mucho de su ropa. En lo exterior, se había formado en Princeton; en lo interno, había sido moldeado por las dos mujeres que lo habían formado. Había en él una simpática y pueril alegría, que al educarle no habían conseguido sacarle de encima y que yo tal vez no he sabido hacer resaltar suficientemente. Le gustaba ganar en el tenis, seguramente tanto como a Lenglen, por ejemplo; pero, por otra parte, no se enfadaba cuando le derrotaban. Cuando se enamoró de Brett, todo su tenis se hizo pedazos. Gente que jamás había tenido ni una sola ocasión de ganarle, le ganaba; y él se lo tomaba muy bien.

En fin, estábamos sentados en la terraza del Café Select y Harvey Stone acababa de cruzar la calle.

–Vamos al Lilas –propuse.

–Tengo una cita.

–¿A qué hora?

–Frances va a venir aquí a las siete y cuarto.

–Aquí está.

Frances Clyne se acercaba a nosotros desde el otro lado de la calle. Era una chica muy alta y que andaba meneándose mucho. Hizo señas con la mano y sonrió. La miramos mientras cruzaba la calle.

–Hola –dijo–. Estoy muy contenta de verte aquí, Jake. Quería hablar contigo.

–Hola, Frances –dijo Cohn sonriendo.

–¡Ah, hola, Robert! ¿Estás aquí?

Continuó hablando con rapidez:

–He pasado un día horrible. Este tipo –dijo, haciendo con la cabeza un ademán para indicar a Cohn– no vino a casa a comer.

–No habíamos quedado en eso.

–Oh, ya lo sé, pero no dijiste nada a la cocinera. Por mi parte, yo también tenía una cita con Paula, y no estaba en su oficina. Fui al Ritz y la esperé, pero no vino y yo, por supuesto, no tenía suficiente dinero para almorzar en el Ritz.

–¿Qué hiciste?

–Salí, naturalmente –hablaba con fingida animación–. Yo siempre cumplo mis compromisos. Hoy en día nadie lo hace; ya sería hora de que me enterara. En fin, ¿cómo estás, Jake?

–Bien.

–En el baile ibas con una chica muy atractiva, y luego te largaste con aquella tal Brett.

–¿No te cae simpática? –preguntó Cohn.

–Opino que es totalmente encantadora. ¿No lo crees tú así?

Cohn no dijo nada.

–Oye, Jake, quiero hablar contigo. ¿Quieres venir conmigo hasta el Dôme? Tú te quedarás aquí, ¿eh, Robert? Vamos, Jake.

Cruzamos el Boulevard Montparnasse y nos sentamos a una mesa. Se acercó un chico con el *Paris Times;* le compré un ejemplar y lo abrí.

–¿Qué ocurre, Frances?

–Oh, nada –contestó ella–; sólo que quiere dejarme.

–¿Qué quieres decir?

–Dijo a todo el mundo que íbamos a casarnos, y yo también se lo dije a mi madre y a todos; y ahora no quiere hacerlo.

–¿Por qué razón?

–Ha llegado a la conclusión de que no ha vivido lo suficiente. Me di cuenta de que ocurriría cuando se marchó a Nueva York.

Levantó la vista, con los ojos muy brillantes; trataba de hablar con tono despreocupado.

–No voy a casarme con él si él no quiere. Por supuesto que no. No me casaría con él por nada, ahora. Pero me parece que ya es un poco tarde, cuando hemos esperado tres años y yo he obtenido mi divorcio.

Yo no decía nada.

–Íbamos a celebrarlo, y en lugar de eso sólo nos hemos hecho escenas. ¡Qué cosa más infantil! Nos hacemos escenas horribles: él llora y me pide que sea razonable, pero dice que no puede hacerlo.

–Ya es mala suerte...

–Ya lo creo que es mala suerte. He desperdiciado con él dos años y medio, y no sé si ahora habrá algún hombre que quiera todavía casarse conmigo. Hace dos años, hubiera podido casarme con quien hubiera querido, allí en Cannes. Todos los viejos que querían casarse con alguien chic y sentar la cabeza estaban locos por mí. Ahora no creo que pueda pescar a nadie.

–Claro que sí; puedes casarte con quien quieras.

–No, no lo creo. Y, además, le tengo cariño a él. Y querría tener hijos; siempre pensé que tendríamos niños.

Me miró con ojos muy brillantes:

–Nunca me han gustado mucho los niños, pero no quiero pensar que nunca los tendré. Siempre pensé que, una vez los tuviera, me gustarían.

–Él tiene hijos.

–Oh, sí. Tiene hijos, y tiene dinero, y tiene una madre rica, y ha escrito un libro, y en cambio nadie quiere publicar mi obra, nadie en absoluto. No es que sea mala, pero no tengo nada de dinero. Hubiera podido conseguir una pensión, pero preferí obtener el divorcio por el procedimiento más rápido.

Me miró de nuevo con ojos muy brillantes.

–No es justo. La culpa es mía y al mismo tiempo no lo es. Hubiera debido tener más vista. Y cuando le hablo se limita a llorar y a decir que no puede casarse. ¿Por qué no puede casarse? Yo sería una buena esposa. Es fácil vivir conmigo. Le dejo hacer lo que quiere. Pero no sirve de nada.

–Es realmente vergonzoso.

–Sí, es realmente vergonzoso. Pero no se saca nada hablando de ello, ¿verdad? Venga, volvamos al café.

–Y, desde luego, yo no puedo hacer nada.

–No. Únicamente no dejar que se entere de que te he hablado. Sé lo que quiere.

Se desprendió ahora por primera vez de su horrible disfraz de animación y jovialidad.

–Quiere volver solo a Nueva York y estar allí cuando salga su libro. Eso es lo que quiere.

–Tal vez no gustará. No creo que él sea así. De veras.

–No le conoces como yo, Jake. Es eso lo que quiere hacer. Lo sé. Lo sé. Es por eso por lo que no quiere casarse. Quiere tener un gran triunfo este otoño, y quiere que sea todo para él y nadie más.

–¿Quieres que volvamos al café?

–Sí, vamos.

Nos levantamos de la mesa sin que en todo el rato nos hubieran traído nada de beber. Atravesamos la calle en dirección al Select, donde se hallaba sentado Cohn; nos sonrió desde detrás de la mesa de mármol.

–Vaya, ¿qué es lo que te hace sonreír? –preguntó Frances–. ¿Te sientes muy feliz?

–Erais tú y Jake con vuestros secretos quienes me hacían sonreír.

–Oh, lo que le he contado a Jake no es ningún secreto. Todo el mundo se enterará bastante pronto. Lo único que quería era dar a Jake una versión decente.

–¿De qué se trataba? ¿De tu viaje a Inglaterra?

–Sí, de mi viaje a Inglaterra. ¡Ah, Jake, olvidaba decírtelo: me voy a Inglaterra!

–¡Eso es estupendo!

–Sí; así es como se hace en las familias de categoría. Robert me despacha: me va a dar doscientas libras y yo me iré a visitar a las amistades. ¿Verdad que es algo encantador? Las amistades no saben nada de ello, sin embargo.

Se volvió hacia Cohn y le sonrió. Ahora él no sonreía.

–Tú sólo ibas a darme cien libras, ¿verdad, Robert? Pero logré que me diera doscientas. Realmente, es muy generoso, ¿eh, Robert?

No sé cómo la gente era capaz de decir cosas tan horribles a Robert Cohn. Hay personas a quienes no se puede insultar; le hacen experimentar a uno la sensación de que el mundo será destruido, realmente destruido ante sus propios ojos, si dice ciertas cosas. Pero ahí estaba Cohn, tragándoselo todo. Allí, en mi presencia, se estaba desarrollando todo el asunto, y yo no sentía ni siquiera el impulso de intentar pararlo. Y esto no era más que una broma amistosa en comparación con lo que siguió luego.

–¿Cómo puedes decir tales cosas, Frances? –dijo Cohn interrumpiéndola.

–Escúchenme. Me voy a Inglaterra. Voy a visitar a las amistades. ¿Han visitado ustedes alguna vez a unos amigos que no les quieren? Oh, claro está, tendrán que acogerme: «¿Cómo está, querida? ¡Cuánto tiempo sin verla! ¿Cómo está tu querida madre?» Sí, ¿cómo está mi querida madre? Depositó todo su dinero en Francia, en bonos de la Defensa Nacional. Sí, eso hizo; probablemente fue la única persona en el mundo que lo hizo. «¿Y qué hay de Robert?», u otra frase llena de prudencia sobre Robert. «Debes tener muchísimo cuidado en no mencionarlo, querida. La pobre Frances ha tenido una experiencia extremadamente desafortunada.» ¿Verdad que va a ser divertido, Robert? ¿No crees que va a ser divertido, Jake?

Se volvió hacia mí con aquella horrible sonrisa resplandeciente. Era para ella una satisfacción tener un auditorio.

–Y tú, Robert, ¿adónde vas? Muy bien, yo tengo la culpa; perfectamente, yo tengo la culpa. Cuando hice que te sacaras de encima a tu pequeña secretaria de la revista hubiese tenido que darme cuenta de que te librarías de mí de la misma forma. Jake no sabe eso. ¿Se lo cuento?

–¡Cállate, Frances, por Dios!

–Sí, se lo voy a contar. Robert tenía una pequeña secretaria para la revista. Era la cosita más deliciosa del mundo; él opinaba que era maravillosa. Y entonces vine yo y él pensó que también era maravillosa. De modo que hice que se desembarazara de ella: se la había traído de Carmel a Provincetown cuando trasladó la revista, y ni siquiera le pagó el billete de vuelta a la costa. Todo para complacerme. Entonces pensaba que yo era bastante agraciada, ¿verdad, Robert?

»No debes entender mal las cosas, Jake. El asunto con la secretaria fue absolutamente platónico. Ni siquiera platónico, en realidad: no fue nada de nada. Lo único que ocurría es que era muy guapa, y él lo hizo únicamente para complacerme. Bueno, supongo que los que vivimos de la espada pereceremos por la espada. Oye, ¿verdad que eso que acabo de decir resulta muy literario? ¿Quieres apuntarlo para tu próximo libro, Robert? Ya sabes que Robert está recogiendo material para un nuevo libro, ¿verdad, Robert? Por eso me deja plantada. Ha decidido que yo no le proporciono película que valga la pena. Fíjate bien: durante todo el tiempo que estuvimos viviendo juntos se hallaba tan atareado escribiendo su libro, que no recuerda nada de nosotros dos, de manera que ahora ha de marcharse para obtener material nuevo. En fin, espero que obtenga algo tremendamente bueno. Oye, Robert, querido: déjame decirte algo. No te vas a molestar, ¿verdad? No hagas escenas a tus señoras. No puede haber escena sin que te pongas a llorar, y entonces te compadeces tanto a ti mismo que no recuerdas lo que dijo la otra persona; de esta manera no serás nunca capaz de recordar ni una conversación. Trata de permanecer sereno; ya sé que es terriblemente difícil, pero recuerda que es en beneficio de la literatura, y que todos debemos sacrificarnos por ella. Fíjate en mí: me voy a Inglaterra sin una sola protesta; todo por la literatura. Tenemos que ayudar a los escritores jóvenes. ¿No opinas así, Jake? Aunque tú ya no eres un escritor joven, ¿verdad, Robert no le considera bueno; se lo dijo alguno de sus amigos que para un gran escritor eso es ser joven. Fíjate en Hardy. Y en Anatole France: hace muy poco tiempo que murió. Sin embargo, Robert no le consideraba bueno; se lo dijo alguno de sus amigos franceses, y como él no lee muy bien el francés... No era escritor tan bueno como tú, ¿verdad, Robert? ¿Crees tú que tuvo que ir alguna vez en busca de material? ¿Qué supones que les decía a sus amantes cuando se negaba a casarse con ellas? Me pregunto si también él lloraba. ¡Oh! ¡Se me acaba de ocurrir una cosa! –Se llevó la enguantada mano a los labios–. Conozco la verdadera razón por la que Robert no quiere casarse conmigo, Jake. Me ha venido la idea de repente; es una visión que tuve en el Café Select. ¿Verdad que queda muy místico? Algún día colocarán una lápida allí, como en Lourdes. ¿Quieres oírlo, Robert? Te lo voy a contar. Es muy sencillo; no entiendo cómo no se me había ocurrido antes. Se trata de lo siguiente: Robert siempre quiso tener una amante y, si no se casa conmigo, ya ha tenido una. Fue su amante durante más de dos años. ¿Entiendes cómo se plantea la cosa? Y si se casa conmigo, como ha prometido siempre hacer, eso significa el fin de todo el romance. ¿No crees que el imaginarme esto demuestra una gran agudeza por mi parte? Pero, además, es cierto. Mírale y te convencerás. ¿Adónde vas, Jake?

–Tengo que ir a ver a Harvey Stone un minuto.

Cohn levantó la vista cuando yo entré en el café. Tenía el rostro blanco. ¿Por qué continuaba sentado allí? ¿Por qué se lo tomaba de aquella manera?

Como estaba de pie apoyado en la barra y mirando hacia fuera, los veía a través de la ventana. Frances continuaba hablándole con sonrisa radiante y mirándole a la cara cada vez que preguntaba: «¿No es así, Robert?» O quizás ahora no hacía esta pregunta; tal vez decía otra cosa. Dije al barman que no quería nada para beber y salí por la puerta lateral. Al franquear la puerta, miré hacia atrás y, a través del cristal de doble espesor, vi que seguían sentados allí. Ella seguía hablándole. Bajé por una calle de segundo orden hacia el Boulevard Raspail. Venía un taxi; subí a él y di al chófer la dirección de mi piso.

CAPÍTULO VII

Cuando empezaba a subir la escalera, la portera golpeó con los nudillos en el cristal de la puerta de su garita; me detuve y ella salió. Tenía unas cuantas cartas y un telegrama.

–Aquí está el correo. Vino a verle una señora.

–¿Dejó tarjeta?

–No. Iba con un caballero. Era la que estuvo ahí la noche pasada. En resumidas cuentas, la encuentro muy simpática.

–¿Iba con un amigo mío?

–No lo sé. No había estado nunca aquí anteriormente. Era muy alto; muy, pero que muy alto. Ella estuvo muy simpática; muy, muy simpática. La noche pasada estaba tal vez un poco... –apoyó la cabeza en una mano, balanceándola de un lado a otro–. Voy a hablarle con toda franqueza, señor Barnes. La noche pasada no la encontré tan *gentille;* me formé otra idea de ella. Pero, se lo digo yo: es muy *gentille,* y de muy buena familia; es algo que una puede ver.

–¿No dijeron nada?

–Sí. Dijeron que volverían dentro de una hora.

–Hágales subir cuando lleguen.

–Sí, señor Barnes. Esta dama, la dama en cuestión, es alguien. Tal vez una excéntrica, pero... *quelqu'un, quelqu'un.*

La portera, antes de convertirse en portera, había tenido una concesión de venta de bebidas en las carreras de caballos de París. Aunque realizaba su trabajo en la *pelouse,* no perdía de vista a la gente del *pesage.* Se enorgullecía de poder decirme cuáles de mis invitados eran bien educados, cuáles procedían de una buena familia y cuáles eran *sportsmen,* palabra que pronunciaba con el acento en el *men.* El único problema era que la gente que no encajaba en ninguna de esas tres categorías estaba muy expuesta a que se le dijera que *chez* Barnes no había nadie. Uno de mis amigos, un pintor con un extraordinario aspecto de desnutrición y que, como es obvio, no era para madame Duzinell ni bien educado, ni de buena familia, ni deportista, me escribió una carta preguntándome si podía conseguirle un pase para la portera, a fin de poder subir a verme de vez en cuando por la noche.

Subí al piso preguntándome qué le había hecho Brett a la portera. El cable era de Bill Gorton y decía que llegaba en el *France.* Puse la correspondencia sobre la mesa, entré en el dormitorio, me desnudé y me duché. Mientras me secaba, oí sonar el timbre de la puerta. Me puse el albornoz y las zapatillas y me dirigí hacia la puerta. Era Brett. Detrás de ella estaba el conde, con un gran ramo de rosas.

–Hola, querido –dijo Brett–. ¿Es que no nos vas a dejar pasar?

–Entrad. Me estaba bañando.

–¡Qué hombre tan afortunado! Estaba bañándose.

–Sólo una ducha. Siéntese, conde Mippipopolous. ¿Qué quiere usted beber?

–No sé si le gustan las flores, señor –dijo el conde–, pero me tomé la libertad de traer estas rosas.

–Démelas a mí –dijo Brett cogiéndolas–. Ponme agua ahí dentro, Jake.

En la cocina llené de agua el gran jarro de loza; Brett metió dentro de él las rosas y las puso en el centro de la mesa del comedor.

–¡Caramba! ¡Qué día hemos pasado!

–¿No recuerdas nada de una cita conmigo, en el Crillon?

–No. ¿Teníamos una? Debía de estar en las nubes.

–Estaba usted bastante borracha, querida –dijo el conde.

–¿Verdad que sí? El conde se ha portado de una forma verdaderamente fenomenal.

–Te has metido a la portera en el bolsillo.

–No es para menos. Le di doscientos francos.

–¡Estás loca!

–Eran suyos –dijo señalando al conde con un ademán de cabeza.

–Creí que debíamos darle alguna cosilla por lo de anoche. Era muy tarde.

–Es maravilloso –dijo Brett refiriéndose al conde–. Recuerda todo lo que ocurrió.

–Usted también, querida.

–¿Ah, sí? –dijo Brett–. ¿Y para qué querría acordarme? Oye, Jake, ¿sería posible tomar un trago?

–Tomadlo mientras voy a vestirme. Ya sabes dónde están las cosas.

–Más o menos.

Mientras me vestía oí que Brett colocaba los vasos; luego oí un sifón y a ellos que hablaban. Me vestía lentamente, sentado en la cama. Me sentía cansado y hecho un asco. Brett entró en la habitación con un vaso en la mano y se sentó en la cama.

–¿Qué te ocurre, querido? ¿Te sientes mareado?

Me besó serenamente en la frente.

–¡Oh, Brett, te quiero tanto!

–¡Querido! –contestó ella. Y añadió luego:

–¿Quieres que lo despida?

–No. Es simpático.

–Lo voy a despedir.

–No, no lo hagas.

–Sí, lo voy a despedir.

–No puedes hacerlo así, por las buenas.

–¿Que no puedo? Quédate aquí. Está loco por mí, te lo digo yo.

Salió de la habitación. Me eché en la cama, boca abajo. Estaba pasando un mal momento. Les oí hablar, pero no escuché. Brett entró y se sentó en la cama.

–Pobre querido mío –dijo acariciándome la cabeza.

–¿Qué le has dicho?

Estaba echado con la cabeza vuelta. No quería verla.

–Le envié a por champán. Le encanta ir a buscar champán. –Luego añadió–: ¿Te sientes mejor, querido? ¿Está un poco mejor tu cabeza?

–Sí, está mejor.

–Descansa. Ha ido al otro lado de la ciudad.

–¿No podríamos vivir juntos, Brett? Sólo eso, vivir juntos.

–Creo que no. Te tendría que *tromper* con todo el mundo, y no podrías soportarlo.

–Ahora lo soporto.

–Sería distinto. Es culpa mía, Jake. Estoy hecha así.

–¿No podríamos largarnos al campo por un tiempo?

–No serviría de nada. Iré, si tú quieres. Pero no podría vivir sosegadamente en el campo con el hombre al que quiero de verdad.

–Lo sé.

–¿No es un asco? No sirve de nada que te diga que te quiero.

-Tú sabes que te quiero.

–No hablemos. No decimos más que tonterías. Voy a irme lejos de ti y, además, Michael vuelve ya.

–¿Por qué te marchas?

–Es mejor para ti. Y para mí.

–¿Cuándo te vas?

–Tan pronto como pueda.

–¿Adónde?

–A San Sebastián.

–¿No podemos ir juntos?

–No. Sería una idea infernal, después de la conversación que acabamos de tener.

–Nunca estamos de acuerdo.

–Lo entiendes tan bien como yo. No seas obstinado, querido.

–Oh, claro que lo entiendo –dije–. Ya sé que tienes razón. Lo que pasa es que estoy abatido, y cuando me encuentro así digo estupideces.

Me senté en la cama y me incliné para buscar los zapatos. Me los puse y me levanté.

–No pongas esa cara, querido.

–¿Qué cara quieres que ponga?

–Oh, no seas imbécil. Voy a irme mañana.

–¿Mañana?

–Sí. ¿No lo dije así? Mañana.

–Tomemos un trago, pues. El conde está por regresar.

–Sí. Tendría que estar de vuelta. Oye, es algo extraordinario comprando champán. El champán tiene una importancia bárbara para él.

Entramos en el comedor. Tomé la botella de brandy y preparé un trago para Brett y otro para mí. Sonó el timbre y acudí a la puerta: era el conde. Detrás de él, con una canasta de botellas de champán, estaba el chófer.

–¿Dónde puedo decir que lo ponga, señor? –preguntó el conde.

–En la cocina –contestó Brett.

–Póngalo allí, Henry –dijo el conde indicándole el sitio–. Ahora baje y traiga el hielo.

Se quedó velando por la canasta, que estaba en la cocina:

–Me parece que opinará usted que es un buen vino. Ya sé que en los Estados Unidos no tenemos ahora demasiadas oportunidades para juzgar un buen vino, pero éste lo conseguí por medio de un amigo que está metido en el negocio.

–Usted conoce siempre a alguien en el mundo del comercio –dijo Brett.

–Este amigo se dedica al cultivo de la vid. Tiene miles de acres de viñedos.

–¿Cuál es su nombre? –preguntó Brett–. ¿Veuve Cliquot?

–No –respondió el conde–. Mumms. Es un barón.

–¿No es algo maravilloso? –dijo Brett–. Todos nosotros tenemos títulos. ¿Cómo es que no tienes tú ninguno, Jake?

–Le aseguro a usted, señor –dijo el conde poniéndome la mano en el brazo–, que eso nunca reporta ningún beneficio. En la mayoría de los casos le cuesta dinero a uno.

–Oh, no lo sé... A veces es tremendamente útil –dijo Brett.

–Yo no he observado que nunca me proporcionara el menor beneficio.

–Porque no lo ha empleado de forma adecuada. Con el mío yo he obtenido un prestigio fabuloso.

–Siéntese, conde –dije yo–. Permítame que le coja su bastón.

El conde estaba mirando a Brett, que se hallaba al otro lado de la mesa, bajo la luz, fumando un cigarrillo y arrojando la ceniza sobre la alfombra. Vio que yo me daba cuenta de ello:

–Oye, Jake, no quiero echar a perder tus alfombras. ¿No puedes proporcionarme un cenicero?

Hallé algunos ceniceros y los distribuí por allí. Apareció el chófer con un cubo lleno de hielo con sal.

–Ponga dos botellas dentro, Henry –dijo el conde.

–¿Algo más, señor?

–No. Aguarde en el coche.

Se dirigió a Brett y a mí:

–¿Qué tal si fuéramos a cenar al Bois?

–Si usted quiere... –contestó Brett–. Yo no sería capaz de comer nada.

–A mí siempre me gusta una buena comida –dijo el conde.

–¿Puedo traer el vino, señor? –preguntó el chófer.

–Sí, tráigalo, Henry –contestó el conde. Sacó una gran petaca de piel de cerdo y me la acercó:

–¿Quiere usted probar un auténtico puro americano?

–Gracias –contesté–. Voy a terminar mi cigarrillo.

Cortó la punta de su cigarro con el artefacto que llevaba colgado de uno de los extremos de su cadena de reloj.

–Me gusta que un cigarro tire de verdad –dijo el conde–. La mitad de puros que uno fuma no tiran.

Encendió el cigarro y dio unas chupadas mirando a Brett que estaba al otro lado de la mesa:

–Y cuando esté divorciada, Lady Ashley, ya no tendrá título.

–No. Es una lástima.

–No –contestó el conde–. Usted no necesita título. Respira clase por todos sus poros.

–Gracias. Muy amable de su parte.

–No me burlo de usted –dijo el conde arrojando una nube de humo–. Es usted la persona con más clase de todas cuantas he conocido. La tiene, eso es todo.

–Es usted muy amable –dijo Brett–. Mamá estaría complacida. ¿Por qué no lo escribe? Se lo mandaría por carta.

–También se lo diría a ella –dijo el conde–. No me burlo de usted; nunca me burlo de la gente. Búrlate de la gente y te harás enemigos: eso es lo que yo digo siempre.

–Tiene usted razón –dijo Brett–. Tiene usted muchísima razón. Yo me burlo siempre de la gente y no tengo ni un amigo en todo el mundo. Excepto Jake.

–Porque no se burla usted de él.

–Eso es.

–¿Y ahora? –preguntó el conde–. ¿Se está burlando de él?

Brett me miró y se le marcaron arrugas en las comisuras de los ojos:

–No –dijo–. No podría burlarme de él.

–¿Lo ve? –dijo el conde–. De él no se burla.

–¡Qué conversación más aburrida, demonios! –dijo Brett–. ¿Qué pasaría si tomáramos un poco de ese champán?

El conde se inclinó hasta alcanzar el cubo resplandeciente e hizo girar las botellas:

–Todavía no está frío. Está usted siempre bebiendo, querida. ¿Por qué no se contenta sólo con hablar?

–Ya he hablado demasiado. Me he quedado totalmente vacía después de hablar con Jake.

–Me gustaría oírla hablar realmente, querida. Cuando habla conmigo jamás termina del todo las frases.

–Dejo para usted el trabajo de terminarlas. Dejo que cada cual las termine como quiera.

–Es un sistema interesante –el conde alcanzó las botellas y les dio la vuelta–. Sin embargo, me gustaría oírla hablar alguna vez.

–¿Verdad que parece tonto? –preguntó Brett.

–Creo que ahora está ya frío –dijo el conde sacando una botella.

Traje una toalla y él secó la botella y la levantó en alto:

–Me gusta beber champán de botellas de dos litros. El vino es mejor, pero habría sido demasiado difícil enfriarlo.

Sostenía la botella, contemplándola. Yo coloqué las copas.

–¡Venga! ¡Ya podría usted abrirla! –sugirió Brett.

–Sí, querida. Ahora la abriré.

Era un champán fuera de serie.

–¡Caramba! ¡Eso sí que es vino! –dijo Brett levantando en alto su copa–. Debemos brindar por algo. ¡Un brindis por la realeza!

–Este vino es demasiado bueno para brindar con él, querida. No hay que mezclar las emociones con un vino como ése: uno se pierde su sabor.

El vaso de Brett estaba vacío.

–Debería usted escribir un libro sobre vinos, conde –dije yo.

–Señor Barnes –repuso el conde–, lo único que quiero de los vinos es saborearlos.

–Saboreemos un poco más de éste –dijo Brett presentando su copa.

El conde lo vertió con mucho cuidado:

–Tome, querida. Saboréelo lentamente; luego ya puede emborracharse.

–¿Emborracharme? ¿Emborracharme?

–Querida, es usted encantadora cuando está borracha.

–Oigan a ese hombre.

–Señor Barnes –dijo el conde llenándome la copa–, es la única de las damas que he conocido que resulta tan encantadora cuando está bebida como cuando está serena.

–Pues no debe de haber visto mucho mundo, ¿verdad?

–Sí, querida. He dado muchas vueltas, muchísimas.

–Bébase su champán –dijo Brett–. Todos hemos dado vueltas. Me atrevo a decir que Jake ha visto tantas cosas como usted.

–Querida, estoy seguro de que ha visto un montón. No piense que no me lo creo, señor. Yo también he visto muchísimas.

–Claro que sí, querido –dijo Brett–. Sólo quería hacerle rabiar.

–He estado en siete guerras y en cuatro revoluciones –dijo el conde.

–¿Como soldado? –preguntó Brett.

–A veces sí, querida. Y tengo heridas de flecha. ¿Han visto alguna vez heridas de flecha?

–Déjenos echar una mirada.

El conde se levantó; se desabrochó chaleco y camisa y se levantó la camiseta, mostrando el negro pecho y los fuertes músculos de su estómago, que se combaban bajo la luz.

–¿Las ven?

Bajo la línea en que terminaban las costillas había dos costurones de tono blanco.

–Miren en la espalda, por donde salieron.

Encima de los riñones había otras dos cicatrices iguales, del grosor de un dedo.

–¡Caramba! ¡Ahí es nada!

–Pasaron limpiamente de parte a parte.

Mientras el conde se ponía bien la camiseta le pregunté:

–¿Dónde se las hicieron?

–En Abisinia, cuando tenía veintiún años.

–¿Qué hacía usted? –preguntó Brett–. ¿Estaba en el ejército?

–Hacía un viaje de negocios, querida.

–Ya te dije que era de los nuestros, ¿verdad? –dijo Brett dirigiéndose hacia mí–. Le quiero, conde; es usted un encanto.

–Me hace muy dichoso, querida. Pero no es verdad.

–No sea asno.

–Mire, señor Barnes, es precisamente porque he vivido mucho por lo que ahora disfruto tanto de todo. ¿No lo ve usted así?

–Sí, exactamente igual.

–Lo sé. Ése es el secreto –dijo el conde–. Uno debe llegar a conocer los valores.

–¿No les puede ocurrir nada a sus valores alguna vez? –preguntó Brett.

–No, ya no.

–¿No se ha enamorado nunca?

–Siempre –contestó el conde–. Siempre estoy enamorado.

–¿Y qué significa eso para sus valores?

–Eso tiene también un buen lugar entre mis valores.

–Usted no tiene valores; está muerto, eso es todo.

–No, querida, no tiene usted razón. Yo no estoy muerto en absoluto.

Bebimos tres botellas de champán y el conde dejó la canasta en mi cocina. Cenamos en un restaurante del Bois. Fue una buena cena. La comida ocupaba un lugar de excelencia en la escala de valores del conde, al igual que el vino.

Durante la cena el conde se mantuvo en perfecta forma, y Brett también. Fue una buena velada.

–¿Adónde les gustaría ir? –preguntó el conde después de la cena.

Éramos los únicos que quedábamos en el restaurante. Los dos camareros estaban de pie frente a la puerta: querían irse a casa.

–Podemos subir a la colina –propuso Brett–. ¿Verdad que hemos pasado una espléndida velada?

El conde resplandecía de dicha.

–Son ustedes realmente encantadores –dijo fumando otro cigarro–. ¿Por qué no se casan los dos?

–Queremos ser dueños de nuestras propias vidas –dije yo.

–Tenemos nuestras carreras –dijo Brett–. Vamos; salgamos de aquí.

–Tomemos otro coñac –propuso el conde.

–Tomémoslo en la colina.

–No, tomémoslo aquí: hay tranquilidad.

–¡Ustedes y su tranquilidad! –dijo Brett–. ¿Qué es lo que sienten los hombres por la tranquilidad?

–Nos gusta –contestó el conde–. Nos gusta; lo mismo que a usted le gusta el ruido, querida.

–Está bien –accedió Brett–. Tomemos uno.

–*¡Sommelier!* –dijo el conde.

–Sí, señor.

–¿Cuál es el coñac más viejo que tienen?

–Mil ochocientos once, señor.

–Tráiganos una botella.

–Vaya, no haga ahora un alarde. Hazle cambiar de idea, Jake.

–Escúcheme querida: para gastarme el dinero, doy más valor al coñac añejo que a cualquiera otra antigüedad.

–¿Tiene muchas antigüedades?

–Una casa llena.

Al fin subimos a Montmartre. El Zelli estaba abarrotado y lleno de humo y ruido; la música, al entrar, le causaba a uno un sobresalto. Brett y yo bailamos. La gente estaba tan apiñada que casi no podíamos movernos. El negro de la batería saludó a Brett con la mano; estrujados por la multitud, bailábamos frente a él.

–¿Qué tal?

–Perfectamente.

–Eso está bien.

Era todo labios y dientes.

–Es un gran amigo mío –dijo Brett–; y un batería formidable.

La música paró y nos dirigimos hacia la mesa en que se hallaba sentado el conde. La música empezó otra vez y bailamos. Miré al conde; estaba sentado y fumaba un cigarro. La música paró de nuevo.

–Volvamos –dijo Brett dirigiéndose hacia la mesa.

La música empezó de nuevo y volvimos a bailar apretujados entre la multitud.

–Eres un asco bailando, Jake. Michael es el mejor bailarín que conozco.

–Es un chico magnífico.

–Tiene sus buenas cualidades.

–Me gusta mucho –dije–. Le aprecio terriblemente.

–Voy a casarme con él –dijo Brett–. Es curioso, no he pensado en él en una semana.

–¿No le escribes?

–No, yo no. Nunca escribo cartas.

–Apuesto a que él te escribe.

–Sí, un poco más que yo. Y cartas realmente buenas.

–¿Cuándo vais a casaros?

–¿Cómo voy a saberlo? Tan pronto como podamos obtener el divorcio. Michael está intentando conseguir que su madre ponga el dinero.

–¿No te podría ayudar yo?

–No seas necio. La familia de Michael tiene carretadas de dinero.

La música paró y nos dirigimos hacia la mesa. El conde se puso en pie.

–Encantadores –dijo el conde–. Estaban ustedes realmente deliciosos.

–¿Usted no baila, conde? –pregunté.

–No. Soy demasiado viejo.

–¡Oh, déjese de tonterías! –dijo Brett.

–Querida, lo haría si me divirtiera. Pero lo que me divierte es verla bailar a usted.

–Estupendo –dijo Brett–. Volveré a bailar para usted alguna vez. Oiga, ¿qué sabe de su amiguito Zizi?

–Permítame que le diga una cosa: soporto a ese muchacho, pero no quiero tenerlo a mi lado.

–Es un poco pesado.

–Mire usted, creo que es un chico con porvenir. Pero, personalmente, no lo quiero a mi alrededor.

–Jake piensa más o menos lo mismo.

–Me crispa los nervios.

–En fin –dijo el conde encogiéndose de hombros–, acerca de su futuro uno no puede decir nada. De todas formas, su padre era un gran amigo del mío.

–Venga, vamos a bailar –dijo Brett.

Bailamos. Estaba abarrotado y el ambiente era sofocante.

–Querido –dijo Brett–, ¡soy tan desgraciada!

Tuve la sensación de repetir una escena que ya había tenido lugar en otra ocasión.

–Hace un minuto resplandecías de felicidad.

El batería voceaba:

–No puedes dos veces...

–Pues se me ha ido como por encanto.

–¿Qué te ocurre?

–No lo sé. Sólo sé que me siento horriblemente.

–... –cantaba el batería. Luego volvió a sus palillos.

–¿Quieres irte?

Como en una pesadilla, tenía la sensación de que todo se repetía, de que era algo por lo que ya había pasado y por lo que ahora tenía que volver a pasar.

–... –cantó suavemente el batería.

–Vámonos –dijo Brett–. No te sabe mal, ¿verdad?

–... –cantó a gritos el batería, sonriendo a Brett.

–Está bien –dije. Salimos de entre el gentío y Brett fue al tocador.

–Brett quiere irse –dije al conde. Éste inclinó la cabeza en señal de asentimiento:

–¿Ah, sí? Muy bien, cojan el coche. Yo voy a quedarme aquí un rato, señor Barnes.

Nos dimos un apretón de manos.

–Ha sido una velada maravillosa –dije–. Desearía que me dejara pagar esto.

–Señor Barnes, no sea usted ridículo –dijo el conde.

Brett se acercó con su abrigo puesto. Besó al conde y le puso la mano en el hombro para impedir que se levantara. Al salir me volví: había tres chicas a su mesa. Subimos al imponente coche y Brett dio al chófer la dirección de su hotel.

–No, no subas –dijo al llegar al hotel. Había tocado el timbre y la puerta estaba con el cerrojo descorrido.

–¿De veras?

–No, por favor.

–Buenas noches, Brett –dije–. Me sabe mal que te sientas deprimida.

–Buenas noches, Jake. Buenas noches, querido. No quiero volver a verte.

De pie ante la puerta, nos besamos. Me rechazó y volvimos a besarnos.

–¡Oh, no lo hagas! –dijo Brett.

Se volvió rápidamente y entró en el hotel. El chófer me llevó a mi piso. Le di veinte francos.

–Gracias, señor –dijo él, tocándose la gorra, y se marchó.

La puerta se abrió; subí por la escalera y me metí en la cama.

LIBRO SEGUNDO

CAPÍTULO VIII

No volví a ver a Brett hasta que regresó de San Sebastián. Desde allí me envió una postal. Era una vista de la Concha y decía: «Querido, estoy muy tranquila y rebosante de salud. Recuerdos a todos los amigos. Brett.»

Tampoco volví a ver a Robert Cohn. Oí decir que Frances se había ido a Inglaterra y recibí una nota de Cohn. Éste me decía que se iba a pasar un par de semanas al campo, no sabía dónde; pero esperaba que no iba a desdecirme de aquel viajecito por España para pescar del que habíamos hablado el pasado invierno. Lo podría localizar siempre, escribía, a través de su banco.

Brett se había ido, las preocupaciones de Cohn ya no me molestaban, y más bien me alegraba de no tener que jugar al tenis. Había mucho trabajo por hacer; fui con frecuencia a las carreras, cené con amigos e invertí en la oficina algunas horas extra, adelantando las cosas para poder dejarlas a cargo de mi secretaria cuando Bill Gorton y yo nos largáramos a España a fines de junio. Bill Gorton llegó, se alojó en mi piso durante un par de días y se marchó a Viena. Estaba muy animado y decía que los Estados Unidos eran maravillosos. Nueva York, maravillosa: había habido una magnífica temporada teatral y toda una cosecha de estupendos pesos medios jóvenes; cada uno de ellos le hacía esperar a uno que, al madurar y ganar peso, podría batir a Dempsey. Bill era muy feliz. Había ganado un montón de dinero con su último libro, e iba a ganar mucho más. Lo pasamos bien mientras estuvo en París. Luego se marchó a Viena. Iba a volver dentro de tres semanas, y entonces nos marcharíamos a España a pescar un poco y a ver la *fiesta* de Pamplona. Escribió que Viena era fabulosa. Luego recibí una postal de Budapest: «Jake, Budapest es fabuloso.» Al final me llegó un cable: «Vuelvo el lunes.»

El lunes al atardecer reapareció. Oí como su taxi se detenía, fui hacia la ventana y le llamé: él agitó la mano y empezó a subir la escalera cargado con las maletas; fui a su encuentro en la escalera y le cogí una de las maletas.

–Vaya –dije–, parece que has tenido un viaje maravilloso.

–Maravilloso –contestó–. Budapest es fabuloso.

–¿Y Viena?

–No tan extraordinaria, Jake, no tan extraordinaria. Parecía mejor de lo que era en realidad.

–¿Qué quieres decir? –pregunté mientras traía vasos y un sifón.

–Estaba borracho, Jake; borracho.

–Qué raro. Será mejor que tomes un trago.

Bill se restregó la frente:

–Es una cosa curiosa: no sé cómo ocurrió; fue de repente.

–¿Duró mucho?

–Cuatro días, Jake. Duró cuatro días exactamente.

–¿Adónde fuiste?

–No me acuerdo. Te escribí una postal; eso lo recuerdo perfectamente.

–¿Algo más?

–No estoy seguro. Es posible.

–Continúa. Háblame de ello.

–No consigo acordarme. Te cuento todo lo que soy capaz de recordar.

–Continúa. Tómate este trago y recuerda.

–Puedo acordarme un poco –dijo Bill–. Recuerdo algo sobre un combate de boxeo. Un enorme combate de boxeo en Viena. Había un negro. Recuerdo perfectamente al negro.

–Continúa.

–Un negro maravilloso. Se parecía a Tiger Flowers, pero era cuatro veces más fuerte. De repente todo el mundo empezó a arrojar cosas. Yo no. Lo único que había hecho el negro era derribar al tipo local. El negro levantó el guante; quería hablar. ¡Qué aspecto más noble el de aquel negro! Empezó a hablar, pero entonces el tipo blanco local le golpeó; él, a su vez le dio un porrazo que lo dejó seco. Entonces todo el mundo empezó a arrojar sillas. El negro se fue a casa con nosotros, en nuestro coche. No pudo recuperar su ropa y llevaba mi abrigo. Ahora recuerdo todo el asunto. Una jornada deportiva muy cargada.

–¿Qué ocurrió?

–Prestamos algo de ropa al negro y fuimos con él de un lado para otro, tratando de cobrar su dinero. Se excusaron diciendo que era el negro quien les debía dinero a ellos por los desperfectos de la sala. Me pregunto quién hacía de traductor. ¿Era yo?

–Seguramente no eras tú,

–Tienes razón. No era yo, de ninguna manera. Era otro compañero. Creo que le llamábamos el «oriundo de Harvard». Ahora me acuerdo de él. Estaba estudiando música.

–¿Cómo terminó la cosa para vosotros?

–No muy bien, Jake. Injusticias en todas partes. El agente dijo que el negro prometió dejar en pie al chico local; se quejó de que el negro había violado el contrato. «Dios mío, señor Gorton –dijo el negro–, durante cuarenta minutos no hice nada más que tratar de mantenerlo de pie. Ese muchacho blanco debió de reventar por sus propios esfuerzos, mientras intentaba zumbarme. Yo no le di ni un golpe en todo el rato.»

–¿Conseguisteis algo de dinero?

–Nada de dinero, Jake. Todo lo que pudimos obtener fueron las ropas del negro. Además, alguien le robó el reloj. Un negro espléndido. Fue un gran error haber ido a Viena. No estuvo muy bien, Jake; no estuvo muy bien.

–¿Qué fue del negro?

–Regresó a Colonia. Vive allí; está casado y tiene familia. Va a escribirme una carta y a enviarme el dinero que le presté. Un negro magnífico. Espero que le di la dirección bien dada.

–Seguramente sí.

–En fin... De todas formas, vayamos a comer –dijo Bill–; a no ser que quieras que te cuente algunas anécdotas más del viaje.

–Continúa.

–Vayamos a comer.

Bajamos y salimos hacia el Boulevard Saint Michel, en el tibio atardecer de junio.

–¿Adónde vamos a ir?

–¿Quieres comer en la Isla?

–Claro que sí.

Bajamos por el Boulevard. En el cruce de la Rue Denfert-Rochereau con el Boulevard hay una estatua de dos hombres con túnicas ondulantes.

–Ya sé quiénes son –dijo Bill echando una mirada al monumento–. Son los dos señores que inventaron la farmacia. No trates de engañarme acerca de París.

Seguimos adelante.

–Aquí hay un taxidermista –dijo Bill–. ¿Quieres comprar algo? ¿Un encantador perro relleno?

–Continuemos –dije yo–. Te enamoras de todo lo que ves.

–Son unos perros disecados lindísimos –insistió Bill–. Con toda seguridad alegrarían tu piso.

–Sigamos.

–Sólo un perro disecado. Es aquello de «lo toma o lo deja». Pero oye, Jake: sólo un perro disecado.

–Vamos.

–Una vez lo has comprado, lo significa todo para ti. Es un simple intercambio de valores. Tú les das dinero y ellos te dan un perro disecado.

–Compraremos uno al volver.

–Está bien, hazlo a tu manera. El camino al infierno está empedrado de perros disecados no comprados, pero no es mía la culpa.

Continuamos andando.

–¿Cómo es que has sentido tan de repente ese cariño por los perros?

–Siempre he sentido eso por los perros. Siempre he experimentado una pasión por los animales disecados.

Nos detuvimos a tomar una copa.

–Realmente me gusta beber –dijo Bill–. Deberías probarlo tú también de vez en cuando, Jake.

–Me llevas unas ciento cuarenta y cuatro copas de ventaja.

–No has de desanimarte. Nunca hay que desanimarse. Es el secreto de mi éxito: no desanimarse nunca; no desanimarse nunca en público.

–¿Dónde estuviste bebiendo?

–Me detuve en el Crillon y George me preparó un par de Jack Roses. George es un gran hombre. ¿Sabes el secreto de su éxito? No haberse desanimado nunca.

–Tú vas a desanimarte si tomas tres pernods más.

–No en público. Si empiezo a sentirme desanimado, me largaré por mi propia cuenta. En eso soy como un gato.

–¿Cuándo viste a Harvey Stone?

–En el Crillon. Harvey estaba ligeramente desanimado. No había comido desde hacía tres días. Ya no come. Desaparece, sencillamente, como un gato. Es muy triste.

–Está perfectamente bien.

–Espléndido. Sin embargo, desearía que no continuara con eso de escabullirse como un gato. Me pone nervioso.

–¿Qué haremos esta noche?

–Tanto me da. La única cosa esencial es no desanimarse. ¿Crees que aquí tendrían huevos duros? En este caso no tendríamos que bajar hasta la Isla a comer.

–Nada de eso –dije–. Vamos a comer de una manera normal.

–Era sólo una idea –dijo Bill–. ¿Quieres que nos pongamos en marcha ahora?

–Vamos.

Nos pusimos de nuevo en marcha Boulevard abajo. Un coche de caballos pasó por delante de nosotros. Bill lo miró.

–¿Has visto ese coche de caballos? Te voy a regalar ese caballo de coche disecado para Navidad. Voy a regalar animales disecados a todos mis amigos. Soy un escritor amante de la naturaleza.

Pasó un taxi; alguien que iba en él saludó con la mano y golpeó en los cristales para que el chófer parara. El taxi se detuvo al borde de la acera. Era Brett.

–¡Qué señora tan guapa! –dijo Bill–. ¿Va a raptarnos?

–¡Hola! –dijo Brett–. ¡Hola!

–Éste es Bill Gorton. Lady Ashley.

Brett sonrió a Bill.

–Acabo de regresar. Ni siquiera he tomado un baño. Michael llega esta noche.

–Estupendo. Ven a comer con nosotros; iremos todos a recibirle.

–Tengo que asearme.

–¡Tonterías! Ven.

–Tengo que tomar un baño. No llega hasta las nueve.

–Entonces ven a tomar un trago antes de bañarte.

–Eso sí que puedo hacerlo. Ahora hablas con sensatez.

Subimos al taxi. El chófer nos echó una ojeada.

–Pare en el *bistrot* más próximo –dije.

–Sería mejor ir a la Closerie –dijo Brett–. No puedo beber estos asquerosos coñacs.

–A la Closerie des Lilas.

Brett se volvió hacia Bill.

–¿Hace mucho tiempo que está en esta pestilente ciudad?

–Acabo de llegar hoy de Budapest.

–¿Cómo es Budapest?

–Maravillosa. Budapest es maravillosa.

–Pregúntale acerca de Viena.

–Viena es una ciudad extraña –dijo Bill.

–Se parece mucho a París –dijo Brett dirigiéndole una sonrisa que le hizo arrugar las comisuras de los ojos.

–Exactamente –contestó Bill–. Muy parecida a París en este momento.

–Me parece que está usted bien embalado.

Nos sentamos en la terraza del Lilas. Brett y yo pedimos whisky con soda, y Bill otro pernod.

–¿Cómo estás, Jake?

–Muy bien –contesté–. He pasado una buena temporada.

Brett me miró.

–Fui una imbécil al marcharme –dijo–. El que deja París es un tonto.

–¿Lo has pasado bien?
–Oh, sí. Fue interesante, aunque no tremendamente divertido.
–¿Viste a alguien?
–No, casi a nadie. No salía nunca.
–¿No nadaste?
–No. No hice nada en absoluto.
–Eso me suena a Viena –dijo Bill.
Brett se dirigió a él arrugando las comisuras de los ojos:
–De modo que es de esta forma como se siente uno en Viena.
–En Viena todo es así.
Brett le sonrió de nuevo.
–Tienes un amigo muy simpático, Jake.
–Sí, está muy bien –dije–. Es taxidermista.
–Eso era en otro país –dijo Bill–. Y, además, todos los animales estaban muertos.
–Otro más y me marcho –dijo Brett–. Manda al camarero por un taxi.
–Hay una hilera afuera, ahí delante.
–Bueno.
Tomamos el trago y luego metimos a Brett en el taxi.
–Acuérdate de estar hacia las diez en el Select. Y hazle venir también a él. Michael estará allí.
–Estaremos allí –respondió Bill.
El taxi se puso en marcha y Brett dijo adiós con la mano.
–¡Qué chica! –dijo Bill–. Es tremendamente simpática. ¿Quién es Michael?
–El hombre con quien se va a casar.
–Bueno, bueno –dijo Bill–. Siempre me encuentro a alguien que se halla exactamente en esta situación. ¿Qué voy a regalarles? ¿Crees que les gustaría un par de caballos de carrera disecados?
–Es mejor que comamos.
–¿Es verdaderamente lady Tal o Cual? –preguntó Bill dentro del taxi, cuando bajábamos hacia la Île Saint Louis.
–Oh, sí. Con su nombre en el registro genealógico y todo eso.
–Bueno, bueno.
Cenamos en el restaurante de Madame Lecomte, al otro extre-

mo de la Isla. Estaba abarrotado de americanos, y tuvimos que quedarnos de pie y esperar para encontrar sitio. Alguien lo había puesto en la lista del American Women's Club como un restaurante curioso, en los *quais* de París y todavía no contaminado por los americanos. De modo que tuvimos que esperar cuarenta y cinco minutos por una mesa. Bill había comido en el restaurante en 1918 e inmediatamente después del armisticio, y Madame Lecomte armó un gran alboroto al verle.

–Pero no nos consigue una mesa –dijo Bill–. De todas formas, es una mujer estupenda.

Nos dieron una buena comida: pollo asado, habas tiernas, puré de patatas, ensalada, pastel de manzana y queso.

–Tiene usted aquí a todo el mundo –dijo Bill a Madame Lecomte.

Ella levantó la mano:

–¡Oh Dios mío!

–Va a hacerse rica.

–Así lo espero.

Después del café y el coñac recibimos la nota, escrita como siempre con tiza en una pizarra; era sin duda uno de los rasgos «curiosos» mencionados en la guía. Pagamos, nos dimos un apretón de manos y salimos.

–Ya no viene por aquí, señor Barnes –dijo Madame Lecomte.

–Demasiados compatriotas.

–Venga a la hora de comer. Entonces no está tan lleno.

–Bueno. Volveré pronto.

Anduvimos bajo los árboles que se inclinaban sobre el río, por el lado del Quai d'Orléans. Al otro lado del río aparecían las paredes desvencijadas de las viejas casas que se estaban derribando.

–Van a abrir una calle a través de ellas.

–Sí –dijo Bill.

Continuamos andando hasta dar la vuelta a la isla. El río era negro. Pasó río arriba un *bateau mouche*, resplandeciente de luz, rápido y silencioso, y desapareció de nuestra vista bajo el puente. Río abajo estaba Notre Dame, acurrucada contra el cielo nocturno. Cruzamos hacia la orilla izquierda del Sena por el puente de madera sólo para peatones que sale del Quai de Bethune; nos detuvimos en el puente y miramos río abajo, hacia Notre Dame. Desde el puente, la isla parecía negra; las casas que se perfilaban contra el cielo daban la impresión de ser altas, y los árboles eran sombras.

–Es algo realmente grande –dijo Bill–. ¡Dios mío, estoy encantado de estar de vuelta!

Inclinados sobre el parapeto de madera del puente, miramos río arriba, en dirección a las luces de los grandes puentes. Abajo, el agua era negra y silenciosa; no hacía ningún ruido al chocar contra los pilares del puente. Un hombre y una chica pasaron junto a nosotros, abrazados.

Atravesamos el puente y subimos por la Rue du Cardinal Lemoine. Era un trayecto empinado, pero lo seguimos hasta el final, hasta la Place Contrescarpe. La luz de los arcos voltaicos brillaba a través de las hojas de los árboles, bajo los cuales un autobús de la línea S se disponía a ponerse en marcha. Por la puerta del Nègre Joyeux salía música. A través de la ventana del Café aux Amateurs, vi la larga barra de cinc. Afuera, en la terraza, había obreros que bebían y en la cocina abierta, una chica estaba friendo patatas. Había una cacerola de hierro con estofado. La chica puso un poco en un plato, para un viejo que aguardaba de pie, con una botella de vino tinto en una mano.

–¿Quieres tomar una copa?

–No –dijo Bill–. No la necesito.

Abandonamos la Place Contrescarpe doblando a la derecha, y anduvimos por calles tranquilas y estrechas, con casas viejas y altas a ambos lados. Algunas de ellas sobresalían, se comían la calle; otras, que parecían cortadas, se retiraban hacia atrás. Nos dirigimos hacia la Rue du Pot de Fer y la seguimos hasta que nos dejó ante el recto norte y sur de la Rue Saint-Jacques. Tomamos la dirección sur para ir hacia el Boulevard du Port Royal, y pasamos por delante del Val-de-Grâce, allá al fondo, detrás del patio y la reja de hierro.

–¿Qué quieres que hagamos? –pregunté–. ¿Vamos al café a ver a Brett y Mike?

–¿Por qué no?

Anduvimos por el Boulevard Port Royal hasta que se convierte en Montparnasse y seguimos luego por éste; pasamos por delante del Lilas, del Lavigne, de todos los pequeños cafés, del Damoy, y cruzamos la calle en dirección al Rotonde, por delante de cuyas luces y mesas pasamos hasta llegar al Select.

Michael vino a nuestro encuentro desde una mesa. Estaba bronceado y parecía lleno de salud.

–¡Hola, Jake! –dijo–. ¡Hola! ¡Hola! ¿Cómo estás, muchacho?

–Tú pareces estar en muy buena forma. Mike.

–Lo estoy. Estoy tremendamente en forma. No he hecho otra cosa que andar; andaba durante todo el día. Sólo tomaba una copa a la hora del té, con mi madre.

Bill había entrado en el bar y estaba de pie hablando con Brett, sentada en un taburete alto, con las piernas cruzadas y sin medias.

–¡Cuánto me alegro de verte, Jake! –dijo Mike–. Estoy un poco bebido. Es extraño, ¿verdad? ¿Has visto mi nariz?

En el caballete de la nariz tenía un parche de sangre seca.

–Me lo hice con las maletas de una señora vieja –dijo Mike–. Me levanté para alcanzárselas y se me cayeron encima.

Desde el bar Brett le hizo señas con la boquilla del cigarrillo, mientras fruncía las comisuras de los ojos.

–Una señora vieja –dijo Mike–. Sus maletas se me cayeron encima.

–Entremos a ver a Brett. Dye, es algo único. Eres una lady encantadora, Brett. ¿De dónde has sacado ese sombrero?

–Un amigo me lo compró. ¿Es que no te gusta?

–Es un sombrero horrible. Compra un sombrero que esté bien.

–¡Oh, sí! Ahora que tenemos tanto dinero... –dijo Brett–. Oye, ¿no conoces todavía a Bill? Eres un anfitrión adorable, Jake.

Y volviéndose a Mike dijo:

–Éste es Bill Gorton. Este borrachín es Mike Campbell. El señor Campbell está acusado de insolvencia, y todavía no ha sido absuelto.

–Eso mismo. ¿Sabes que ayer en Londres encontré a mi ex socio? El tipo que me metió en ese lío.

–¿Qué dijo?

–Me pagó una copa. Pensé que no había razón para no tomarla. Oye, Brett, eres algo encantador. ¿No opinan ustedes que es hermosa?

–¿Hermosa, con esta nariz?

–Es una nariz adorable. Anda, apúntala hacia mí. ¿Verdad que es algo adorable?

–¿No hubiera sido posible hacer quedar a este tipo en Escocia?

–Oye, Brett, vayámonos temprano a retiro.

–No seas indecente, Michael. Recuerda que en esta barra hay damas.

–¿Verdad que es una cosa adorable? ¿No lo crees tú así, Jake?

–Hay un combate de boxeo hoy –dijo Bill–. ¿Os gustaría ir?

–¡Boxeo! –dijo Mike–. ¿Quién lucha?

–Ledoux y alguien más.

–Es muy bueno Ledoux. No es que no me hubiera gustado verlo –dijo haciendo un esfuerzo para mantener el dominio de sí mismo–, pero no puedo ir. Tengo una cita con esta cosa de ahí. Oye, Brett, cómprate un sombrero nuevo.

Brett se caló el sombrero de fieltro hasta casi taparle un ojo y sonrió por debajo del ala:

–Ustedes dos váyanse al boxeo. Yo tendré que llevar al señor Campbell directamente a casa.

–No estoy borracho –dijo Mike–. Sólo un poco, quizás. Oye, Brett, eres algo encantador.

–Váyanse al boxeo –dijo Brett–. El señor Campbell se está poniendo difícil. ¿Qué son estas explosiones de afecto, Michael?

–Oye, eres algo encantador.

Nos dimos las buenas noches.

–Siento no poder ir –dijo Mike.

Brett se rió. Cuando llegamos a la puerta me volví a mirar. Mike, con una mano en la barra, se inclinaba hacia Brett y le hablaba. Ella le miraba con bastante frialdad, aunque las comisuras de sus ojos sonreían.

Afuera en la calle dije:

–¿Quieres que vayamos al boxeo?

–Claro que sí –dijo Bill–, mientras no tengamos que andar.
–¡No estaba Mike poco excitado con su amiga! –dije en el taxi.
–¡Caray! –contestó Bill–. Uno no puede realmente echárselo en cara.

CAPÍTULO IX

El combate de boxeo entre Ledoux y Kid Francis fue la noche del veinte de junio. Fue un buen combate. El día siguiente por la mañana, recibí una carta de Robert Cohn, escrita desde Hendaya. Decía que estaba pasando una temporada muy tranquila: se bañaba, jugaba un poco al golf y mucho al bridge. Hendaya era una playa estupenda, pero estaba ansioso de empezar la excursión de pesca. ¿Cuándo iría yo? Si le compraba un sedal de dos hebras me lo pagaría cuando llegara.

Aquella misma mañana, desde la oficina, escribí a Cohn que Bill y yo nos marcharíamos de París el 25, a no ser que le telegrafiara volviéndome atrás, y que nos encontraríamos en Bayona; allí tomaríamos un autobús que cruzaba las montañas y que nos llevaría hasta Pamplona. El mismo día por la tarde, hacia las siete, me detuve en el Select para ver a Michael y a Brett. Como no estaban allí, me fui al Dingo, donde los encontré sentados a la barra.

–Hola, querido –dijo Brett.

–Hola, Jake –dijo Mike–. Ya me doy cuenta de que ayer por la noche estaba borracho.

–¡Vaya si lo estabas! –dijo Brett–. ¡Qué asunto tan vergonzoso!

–Oye, ¿cuándo te vas a España? –preguntó Mike–. ¿Te importaría que viniéramos contigo?

–Sería estupendo.

–¿De veras no te importaría? Yo ya he estado en Pamplona, pero Brett tiene unas ganas locas de ir. ¿Seguro que no seríamos un estorbo?

–No digas estupideces.

–Estoy un poco bebido, ¿sabes? No te lo preguntaría de esta forma si no lo estuviera. ¿Seguro que no te importa?

–¡Oh, cállate, Michael! –dijo Brett–. ¿Cómo va el hombre a decir ahora que le molesta? Pregúntaselo más adelante.

–Pero a ti no te importa, ¿verdad?

–No me lo preguntes otra vez si no quieres hacerme poner de mal humor. Bill y yo marchamos el 25 por la mañana.

–Por cierto, ¿dónde está Bill? –preguntó Brett.

–Cena con una gente en Chantilly.

–Es un buen chico.

–Un chico espléndido –dijo Mike–. Vaya si lo es.

–Tú no te acuerdas de él.

–Sí que me acuerdo. Le recuerdo perfectamente. Oye, Jake, nosotros nos iremos el 25 por la noche. Brett no es capaz de levantarse por la mañana.

–¡Por supuesto que no!

–Si nuestro dinero llega, y si es seguro que a ti no te importa.

–Sí que va a llegar. Yo me ocuparé de eso.

–Dime qué equipo tengo que enviar a buscar.

–Compra dos o tres cañas con carretes, sedales y algunas moscas.

–Yo no voy a pescar –dijo Brett interviniendo.

–Entonces compra dos cañas; así Bill no tendrá que comprar ninguna.

–Bueno –dijo Mike–, enviaré un telegrama al administrador.

–¿Verdad que será magnífico? –dijo Brett–. ¡España! ¡Qué bien lo vamos a pasar!

–¿En qué cae el 25?

–En sábado.

–Tendremos que prepararnos ya.

–Oye –dijo Mike–, voy a la barbería.

–Yo tengo que bañarme –dijo Brett–. Ven conmigo hasta el hotel, Jake. Sé buen chico.

–Tenemos el más adorable de los hoteles –dijo Mike–. Creo que es un burdel.

–Cuando llegamos, dejamos las maletas aquí, en el Dingo, y en el hotel nos preguntaron si queríamos una habitación sólo para la tarde. Parecieron tremendamente complacidos cuando dijimos que íbamos a quedarnos durante toda la noche.

–Yo creo que es un burdel –dijo Mike–. Y tendría que saberlo con exactitud.

–¡Oh, calla y ve a cortarte el pelo!

Mike se fue y Brett y yo seguimos sentados a la barra.

–¿Tomamos otro?

–Bueno...

–Lo necesitaba –dijo Brett.

Subimos andando por la Rue Delambre.

–No te había visto desde mi regreso –dijo Brett.

–No.

–¿Cómo estás, Jake?

–Bien.

Brett me miró y dijo:

–Oye, ¿va a venir Robert Cohn a esta excursión?

–Sí. ¿Por qué?

–¿No crees que será un poco duro para él?

–¿Por qué va a serlo?

–¿Con quién crees que me fui a San Sebastián?

–Mi enhorabuena –dije.

Seguimos andando.

–¿Por qué has dicho eso?

–No lo sé. ¿Qué querías que dijera?

Seguimos andando y doblamos una esquina.

–Y se portó bastante bien. Está un poco desanimado.

–¿Sí?

–Pensé que eso le haría bien.

–Podrías ocuparte en la asistencia social.

–No te pongas desagradable.

–No tengo ninguna intención de serlo.

–¿De veras no lo sabías?

–No –contesté–. Supongo que es porque no se me ocurrió la idea.

–¿Crees que será demasiado duro para él?

–Eso es cosa suya –dije–. Dile que vas. Siempre le queda la posibilidad de no ir.

–Le escribiré para darle una oportunidad de librarse de este asunto.

No volví a ver a Brett hasta la noche del 24 de junio.

–¿Has tenido noticias de Cohn?

–¡Y tanto! Está loco con el plan.

–¡Dios mío!

–Sí, yo también lo he encontrado un poco raro. Dice que no va a ser capaz de resistir la espera.

–¿Piensa que vas a ir sola?

–No. Le conté que iríamos todos juntos. Michael y todos los demás.

–Es un chico estupendo.

–¿Verdad que sí?

Esperaban su dinero para el día siguiente. Quedamos en que nos encontraríamos en Pamplona. Ellos iban a ir directamente a San Sebastián, y allí tomarían el tren. En Pamplona, nos encontraríamos todos en el Montoya. Si no habían aparecido el lunes a más tardar, nosotros continuaríamos hacia Burguete, en las montañas, para empezar la pesca. Había un autocar que iba a Burguete. Les hice un itinerario para que pudieran seguirnos.

Bill y yo tomamos el tren de la mañana en la Gare d'Orsay. Hacía un día espléndido sin excesivo calor, y desde el momento de la salida el paisaje era precioso. Fuimos al vagón restaurante y desayunamos. Al marcharnos le pedí al encargado tickets para el primer servicio.

–No queda nada hasta el quinto.

–¿Qué quiere decir esto?

Había sólo dos turnos para almorzar en ese tren, y siempre se encontraba en ambos todo el sitio que se quería.

–Están todas las plazas reservadas –dijo el encargado del restaurante–. Habrá un quinto servicio a las tres treinta.

–Eso se pone feo –le dije a Bill.

–Dale diez francos.

–Oiga –dije–, queremos comer en el primer turno.

El empleado se metió los diez francos en el bolsillo.

–Gracias –dijo–. Yo aconsejaría a los señores que tomaran unos bocadillos. Todas las plazas para los cuatro primeros turnos fueron reservadas en la oficina de la compañía.

–Tú harás carrera, hermano –le dijo Bill en inglés–. Supongo que si te hubiéramos dado cinco francos nos hubieras aconsejado que saliéramos del tren.

–*Comment?*

–¡Vete al diablo! –dijo Bill–. Haz que preparen los bocadillos y una botella de vino. Díselo tú, Jake.

–Y mándelos al vagón de al lado –dije yo explicándole dónde estábamos.

En nuestro compartimiento había un hombre con su mujer y un hijo pequeño.

–Supongo que son ustedes americanos, ¿verdad? –preguntó el hombre–. ¿Va bien el viaje?

–Magníficamente –dijo Bill.

–Eso es lo que uno ha de hacer; viajar mientras es joven. Mamá y yo queríamos siempre pasar el océano, pero hemos tenido que esperar un poco.

–Hubieras podido venir hace diez años, si hubieras querido –dijo su mujer–. Pero siempre decías: «¡Hay que conocer América, primero!» Y hay que decir que hemos visto muchas cosas, se tome en el sentido que se tome.

–Este tren está lleno de americanos –dijo el marido–. Hay siete vagones. Vienen de Dayton, en Ohio; han ido en peregrinación a Roma y ahora van a Biarritz y a Lourdes.

–¡Vaya, de modo que son peregrinos! ¡Condenados puritanos...! –dijo Bill.

–¿De qué parte de Estados Unidos son ustedes?

–Yo de Kansas City –dije–. Él es de Chicago.

–¿Van los dos a Biarritz?

–No. Vamos a España a pescar.

–Por lo que a mí respecta, nunca me ha gustado la pesca. Sin embargo, en la región de donde yo procedo hay muchos que se dedican a ello. En el estado de Montana tenemos algunos lugares estupendos. Yo he salido a pescar con los amigos, pero nunca me interesé.

–¡Sí! ¡Vaya pesca hiciste en esas excursiones!

Él nos guiñó un ojo.

–Ya saben cómo son las señoras. Si vamos acompañados de un botijo o de una caja de cervezas, ya piensan en el infierno y la condenación.

–Así son los hombres –nos dijo su mujer alisándose la cómoda falda–. Voté contra la prohibición para complacerle a él y porque a mí me gusta tener un poco de cerveza en casa; y ahora habla de esa forma. Lo extraño es que encuentren siempre a alguien que se case con ellos.

–Oigan –dijo Bill–, ¿saben que esta pandilla de peregrinos han acaparado el vagón restaurante hasta las tres y media de la tarde?

–¿Qué quiere usted decir? ¡No pueden hacer una cosa asi...!

–Pues traten de conseguir plazas.

–Bueno, mamá; por lo que parece, es mejor que vayamos a tomar otro desayuno.

Ella se levantó y se arregló el traje.

–¿Querrán echar una ojeada a nuestras cosas, chicos? Vamos, Hubert.

Se fueron los tres al vagón restaurante. Al cabo de poco rato de haberse marchado, pasó un camarero anunciando el primer turno, y los peregrinos, acompañados de sus curas, empezaron a avanzar en fila india por el corredor. Nuestro amigo y su familia no volvieron. Un camarero pasó por el corredor con nuestros bocadillos y una botella de Chablis; le llamamos.

–Va a tener que trabajar hoy –dije.

Hizo con la cabeza un gesto afirmativo:

–Empiezan ahora, a las diez treinta.

–¿Cuándo vamos a comer nosotros?

–¿Y yo, cuándo?

Dejó dos vasos para el vino; le pagamos los bocadillos y le dimos propina.

–Vendré a recoger las bandejas –dijo–; o, si no, las traen ustedes.

Comimos los bocadillos, bebimos el Chablis y contemplamos el paisaje por la ventanilla. El trigo empezaba justamente a madurar, los campos estaban llenos de amapolas, los pastos eran verdes; de vez en cuando, nos encontrábamos con grandes ríos y aparecía a lo lejos, en medio de los hermosos árboles, algún *château*.

En Tours nos apeamos y compramos otra botella de vino; cuando volvimos al compartimiento, encontramos al caballero de Montana, a su mujer y a su hijo Hubert cómodamente sentados.

–¿Se puede nadar bien en Biarritz? –preguntó Hubert.

–Ese chico no va a sosegar hasta que se meta en el agua. Para las criaturas es pesado viajar.

–Sí, se puede nadar bien –dije yo–. Pero es peligroso cuando hay mala mar.

–¿Consiguieron ustedes comer? –preguntó Bill.

–¡Vaya si lo hicimos! Nos plantamos allí precisamente cuando ellos empezaban a entrar y debieron de pensar simplemente que éramos del grupo. Uno de los camareros nos dijo algo en francés y luego se limitaron a mandar fuera a tres de los que habían entrado.

–Pensaron que éramos unos frescos, señores –dijo el hombre–. Eso demuestra el poder de la Iglesia Católica. Es una lástima que no sean católicos, chicos. Hubieran podido conseguir fácilmente el almuerzo.

–Es que yo lo soy –dije–. Eso es lo que me pone de mal humor.

Al fin, a las cuatro y cuarto, almorzamos. En los últimos momentos Bill se había puesto bastante difícil, e importunó a un cura que regresaba con una de las riadas de peregrinos:

–¿Cuándo nos tocará comer a los protestantes, padre?

–No sé nada de eso. ¿No tienen ustedes tickets?

–Eso es suficiente para impulsar a un hombre a afiliarse al Ku-Klux-Klan –dijo Bill.

El cura le miró otra vez.

En el vagón restaurante, los camareros servían la quinta comida consecutiva. El camarero que nos atendió estaba completamente empapado de sudor. Debajo de los brazos, su chaqueta era de color púrpura.

–Debe de beber mucho vino.

–O llevar camisetas de color púrpura.

–Vamos a preguntárselo.

–No. Está demasiado cansado.

El tren se detuvo media hora en Burdeos y salimos a estirar las piernas por la estación; no había tiempo para entrar en la ciudad. Luego atravesamos las Landas y vimos cómo el sol se ponía. Surcando los pinares había grandes claros ocasionados por el fuego, que parecían caminos, y mirando hacia arriba, al final de ellos, se veían colinas boscosas; hacia las siete y media cenamos, contemplando el paisaje por la ventana abierta del comedor. Era un país de pinares, arenoso y lleno de brezos. Había pequeños claros con casas, y de vez en cuando pasábamos ante un aserradero. Se hizo de noche, pero notábamos la tierra caliente, arenosa y oscura que estaba afuera, tras la ventana, a pesar de no verla. Hacia las nueve, entramos en Bayona. Estrechamos las manos de todos: el hombre, la mujer y Hubert. Ellos continuaban hasta La Negresse, donde cambiarían de tren para Biarritz.

–Bueno, espero que tengan ustedes mucha suerte.

–Tengan cuidado con esas corridas de toros.

–A lo mejor nos veremos en Biarritz –dijo Hubert.

Nos apeamos con las maletas y los estuches de las cañas de pescar, atravesamos la oscura estación y nos dirigimos hacia las luces y la hilera de cupés y autocares de los hoteles. Allí, con los agentes del hotel, estaba Robert Cohn. Al principio no nos veía; luego avanzó hacia nosotros.

–Hola, Jake. ¿Habéis tenido buen viaje?

–Excelente –contesté–. Éste es Bill Gorton.

–¿Qué tal?

–Vamos –dijo Robert–, tengo un coche.

No me había dado cuenta de que era un poco corto de vista hasta aquel momento; estaba mirando a Bill y trataba de hacerse una idea de él. Además, estaba cohibido.

–Iremos a mi hotel. Está muy bien. Es muy agradable.

Subimos al coche. El cochero colocó las maletas en el pescante, trepó, hizo restallar el látigo y, después de pasar el oscuro puente, entramos en la ciudad.

–Me alegro muchísimo de conocerle –dijo Robert a Bill–. Jake me ha hablado mucho de usted, y he leído sus libros ¿Me has comprado el sedal, Jake?

El coche paró frente al hotel; bajamos todos y entramos. Era un hotel acogedor, y la gente del mostrador era muy simpática. Nos dieron a cada uno de nosotros una habitación pequeña y cómoda.

CAPÍTULO X

A la mañana siguiente hacía un día radiante, estaban regando las calles y desayunamos los tres en un café. Bayona es una ciudad muy bonita; es como una ciudad española muy limpia, y está junto a un gran río. A pesar de ser tan temprano, en el puente que cruza el río hacía ya mucho calor. Fuimos hasta el otro lado del puente y luego dimos un paseo por la ciudad.

Como no era nada seguro que las cañas de Mike llegaran de Escocia a tiempo, fuimos en busca de una tienda de material deportivo, y al final compramos una caña para Bill, en un primer piso, encima de una tienda de lencería. El hombre que se ocupaba de la tienda había salido y tuvimos que esperar a que volviera. Por fin se presentó y compramos una caña barata y muy buena y dos redes.

Al salir de nuevo a la calle, echamos un vistazo a la catedral. Cohn observó que era una muestra excelente de eso o lo de más allá, no recuerdo qué. Me pareció una bonita catedral; bonita y oscura, como las iglesias españolas. Luego subimos hasta más allá del viejo fuerte y seguimos hasta la oficina local del Syndicat d'Initiative, de donde suponíamos que salía el autocar. Nos dijeron que el servicio de autocares no empezaba hasta el primero de julio. En la oficina de turismo averiguamos cuánto deberíamos pagar por un coche que nos llevara hasta Pamplona, y alquilamos uno por cuatrocientos francos, en un gran garaje situado en la misma esquina del Teatro Municipal. El coche iba a pasar a recogernos al hotel dentro de cuarenta minutos, y nos paramos a beber una cerveza en la plaza, en el mismo café en el que habíamos desayunado. Hacía calor, pero la ciudad tenía la fragancia, frescor y lozanía de las primeras horas matinales y resultaba agradable estar sentado en el café. Empezó a soplar la brisa; se notaba que venía del mar. En la plaza había palomas y las casas eran de color amarillo, desecado por el sol. Hubiese querido quedarme en el café. Pero teníamos que ir al hotel para hacer las maletas y pagar la cuenta. Decidimos a suertes quién pagaría las cervezas y creo que le tocó a Cohn; pagamos y nos fuimos al hotel. A Bill y a mí nos costó sólo dieciséis francos por cabeza, incluido el diez por ciento del servicio. Encargamos que nos llevaran las maletas abajo y esperamos a Robert Cohn. Mientras aguardábamos, vi en el parquet una cucaracha que debía de tener por lo menos tres pulgadas de largo. Se la mostré a Bill y luego le puse el zapato encima. Estuvimos de acuerdo en que, seguramente acababa de entrar del jardín; el hotel, era en realidad, terriblemente limpio.

Cohn bajó al fin y nos dirigimos todos al coche. Era un gran coche cerrado. El chófer llevaba un guardapolvo blanco con cuello y puños azules. Le dijimos que bajara la capota. Apiló las maletas y nos pusimos en marcha, calle arriba, hasta salir de la ciudad. Después de pasar por algunos jardines preciosos y de contemplar una buen panorámica de la ciudad al volver la vista atrás, salimos a campo abierto. El paisaje era verde y ondulante la carretera siempre cuesta arriba. Dejamos atrás a muchos vascos que iban carretera adelante con carros arrastrados por bueyes u otros animales, y pasamos junto a hermosas granjas de techo bajo, totalmente enjalbegadas. En el País Vasco toda la tierra parecía muy rica y muy verde, y las casas y aldeas acomodadas y limpias. Cada aldea tenía su frontón, y en algunos de ellos había chiquillos que jugaban a pleno sol. En las paredes de las iglesias había letreros con la prohibición de utilizarlas para jugar a pelota, y las casas de los pueblos tenían tejados de tejas rojas. Luego la carretera se desvió, y empezó a ascender y nos encaramamos por la ladera de un cerro, con un valle abajo y colinas que se extendían por detrás, alejándose en dirección al mar. El mar no llegaba a divisarse; estaba demasiado lejos. Uno sabía dónde se hallaba, pero lo único que veía eran colinas y más colinas.

Cruzamos la frontera española. Había un riachuelo y un puente, con carabineros españoles con tricornio de charol y fusil corto a la espalda, a un lado, y franceses gordos con quepis y bigotes, al otro. Sólo abrieron una maleta: nos cogieron los pasaportes y los miraron. A cada lado de la línea fronteriza había una tienda donde se vendía de todo y una posada. El chófer tuvo que entrar a llenar unos papeles acerca del coche y nosotros salimos y nos acercamos al arroyo para ver si había alguna trucha. Bill intentó hablar español con uno de los carabineros, pero la cosa no salió muy bien. Robert Cohn, señalando con el dedo, preguntó si había truchas en el río y el carabinero dijo que alguna sí, pero no muchas.

Le pregunté si había pescado alguna vez y respondió que no, que no le interesaba.

En aquel momento, un viejo de pelo y barba largos y quemados por el sol, vestido con ropas que parecían hechas de saco, avanzó a grandes zancadas hacia el puente. Iba con un largo bastón y llevaba a la espalda un cabrito atado por las cuatro patas y con la cabeza colgando.

El carabinero le hizo señas de que volviera atrás con la espada. El hombre dio media vuelta sin decir nada y emprendió de nuevo la marcha por la blanca carretera de España.

–¿Qué ocurre con el viejo?

–No tiene pasaporte.

Ofrecí un cigarrillo al guardia. Lo cogió y me dio las gracias.

–¿Qué va a hacer? –pregunté.

El guardia escupió en el polvo.

–Oh, no tiene más que vadear el torrente.

–¿Hay mucho contrabando?

–Oh, ya consiguen pasar, ya...

El chófer salió: dobló los papeles y se los metió en el bolsillo interior de la chaqueta. Subimos todos al coche y éste se puso en marcha por la carretera española, blanca de polvo. Durante un rato, el paisaje fue casi el mismo de antes; luego, siempre subiendo por una carretera que se enroscaba sobre sí misma, llegamos a lo más alto de un paso, y nos encontramos realmente en España. Había hileras de montañas pardas con algunos pinos, y, a lo lejos, en algunas de las laderas, bosques de hayas. La carretera recorrió la cima del paso y luego descendió; el chófer tuvo que tocar la bocina, aminorar la marcha y desviarse para no atropellar a dos asnos que dormían en medio de la carretera. Siempre bajando, salimos de las montañas y atravesamos un encinar en el que pastaba ganado blanco. Más abajo había llanos cubiertos de hierba y arroyos de agua transparente; cruzamos uno, atravesamos un pueblecito sombrío y empezamos a trepar otra vez. Sube que subirás, franqueamos otro alto paso, lo atravesamos y la carretera volvió a bajar hacia la derecha; a lo lejos, al sur, apareció una nueva alineación de montañas, todas pardas, que parecían calcinadas y tenían surcos de formas raras.

Después de un rato salimos de las montañas; la carretera estaba bordeada de árboles y había un riachuelo y campos de trigo maduro; la carretera, muy blanca, siguió un rato en línea recta y luego, al subir una pequeña elevación del terreno, apareció a lo lejos, a mano izquierda, una colina con un viejo castillo rodeado de construcciones casi pegadas a él, y un campo de trigo que llegaba hasta los mismos muros y ondeaba al viento. Yo iba en el asiento delantero, al lado del chófer, y me volví; Robert Cohn dormía, pero Bill miró y asintió con la cabeza. Atravesamos una extensa llanura; a cierta distancia, a mano derecha, había un gran río que brillaba al sol por entre las dos hileras de árboles que lo bordeaban, y a lo lejos, levantándose sobre el llano, se divisaba la altiplanicie de Pamplona, con las murallas de la ciudad vieja, la gran catedral parda y la escarpada silueta de las otras iglesias recortándose contra el cielo. Detrás de la altiplanicie había montañas; las había por todos lados, adondequiera que uno mirara.

Ante nosotros, la carretera se extendía, blanca, a través de la llanura, en dirección a Pamplona.

Entramos en la ciudad por el otro lado de la meseta. La carretera era empinada y polvorienta, con dos hileras de árboles para dar sombra; luego, al entrar en la parte nueva de la ciudad, construida fuera de las viejas murallas, se aplanó. Pasamos por delante de la plaza de toros, alta y blanca; a la luz del sol, parecía hecha de hormigón. Luego tomamos una calle secundaria que nos dejó en la gran plaza, y paramos delante del Hotel Montoya.

El chófer nos ayudó a bajar las maletas. Había una turba de chiquillos que contemplaban el coche; hacía calor, los árboles eran verdes, las banderas colgaban de sus astas, y resultaba agradable apartarse del sol para refugiarse a la sombra de las arcadas que daban la vuelta a la plaza. Montoya se alegró de vernos, nos estrechó la mano y nos dio unas buenas habitaciones con vistas a la plaza. Nos lavamos, nos arreglamos y bajamos al comedor. El chófer también se quedó a comer; después le pagamos y emprendió el regreso a Bayona.

En el Montoya hay dos comedores. Uno está en el primer piso y da a la plaza. El otro está abajo, a un nivel inferior al de la plaza, y da a la calle de atrás, por la cual pasan los toros cuando, a primera hora de la mañana, recorren la ciudad, camino de la plaza. En el comedor de abajo se está siempre fresco, y nos sirvieron un estupendo almuerzo. La primera comida que hacía en España me cogía siempre de sorpresa, con sus entremeses, su plato a base de huevos, sus dos platos de carne, legumbres, ensalada, postre y fruta. Se tenía que beber mucho vino para poder tragárselo todo. Robert Cohn trató de decir que no quería el segundo plato de carne, pero nosotros no quisimos servirle de intérpretes y el camarero le trajo en su lugar otra cosa, un plato de carne fría, me parece. Cohn estaba bastante nervioso desde que nos habíamos encontrado en Bayona. No sabía si nosotros estábamos enterados de que Brett había estado con él en San Sebastián, y eso le ponía en una situación un poco embarazosa.

–Bueno –dije–, Brett y Mike tendrían que llegar esta noche.

–No estoy seguro de que vengan –dijo Cohn.

–¿Por qué no? –dijo Bill–. Claro que van a venir.

–Siempre llegan tarde –dije.

–Yo más bien creo que no van a venir –dijo Robert Cohn.

Lo dijo con un aire de superioridad que nos irritó a ambos.

–Apuesto cincuenta pesetas a que estarán aquí esta noche –dijo Bill.

Siempre apuesta cuando está encolerizado y, por lo tanto, suele hacer apuestas que son una locura.

–Acepto –dijo Cohn–. Bueno, recuérdalo, Jake: cincuenta pesetas.

–Me acordaré yo mismo –dijo Bill.

Vi que estaba sulfurado y quise calmarlo.

–Es seguro que van a llegar –dije–. Pero tal vez no esta noche.

–¿Quieres retirar la apuesta? –dijo Cohn.

–No. ¿Por qué iba a hacerlo? Puedes subir a cien, si quieres.

–Está bien. Acepto.

–Ya es bastante –intervine yo–. En otro caso tendrás que hacer un libro de apuestas y darme a mí parte de lo que ganas.

–Ya estoy satisfecho –dijo Cohn sonriendo–. Además, seguramente lo recuperarás jugando al bridge.

–Todavía no lo tiene –advirtió Bill.

Salimos y dimos la vuelta a las arcadas hasta el Iruña, para tomar café. Cohn dijo que iba a hacerse afeitar al otro lado de la plaza.

–Oye –me preguntó Bill–, ¿tengo alguna posibilidad de ganar la apuesta?

–Ni la más mínima. Jamás han llegado a ninguna parte a la hora convenida. Si el dinero no les llega, es absolutamente seguro que no estarán aquí esta noche.

–Me arrepentí nada más abrir la boca. Pero tenía que echárselo a la cara. Supongo que tenía razón, pero, ¿de dónde saca esta seguridad de quien está metido en el ajo? Mike y Brett quedaron con nosotros en venir aquí.

Vi que Cohn se acercaba atravesando la plaza.

–Ahí viene.

–Sí; no le dejemos adoptar su aire judío de superioridad.

–La barbería está cerrada –dijo Cohn–. No abren hasta las cuatro.

Tomamos café en el Iruña, sentados en cómodas sillas de mimbre mirando la gran plaza desde la fresca sombra de las arcadas. Un rato después Bill se fue a escribir unas cartas y Cohn volvió a la barbería. Como estaba todavía cerrada, decidió ir al hotel a tomar un baño; yo seguí un rato sentado delante del café y luego fui a dar un paseo por la ciudad. Hacía mucho calor, pero iba por el lado sombreado de las calles. Atravesé el mercado y pasé un buen rato visitando de nuevo la ciudad. Fui al Ayuntamiento a ver al caballero anciano que cada año me sacaba un abono para las corridas; había recibido el dinero que le envié desde París y había renovado mi suscripción, de modo que todo estaba en orden. Era el archivero, y todos los archivos de la ciudad se hallaban en su despacho. Eso no tiene nada que ver con la historia. Me contentaré con decir que su despacho tenía una puerta de bayeta verde y otra muy grande de madera, que me retiré cerrando detrás de mí ambas puertas y dejándole sentado entre los archivos que cubrían todas las paredes, y que, al salir a la calle, el portero me detuvo para cepillarme la chaqueta.

–Usted ha ido en coche –dijo.

La parte de detrás del cuello y la porción superior de los hombros estaban grises de polvo.

–Desde Bayona.

–Ya, ya –dijo–. He notado que había ido en coche al ver la forma en que estaba dispuesto el polvo.

Le di dos monedas de cobre por su amabilidad.

Al final de la calle, descubrí la catedral y me acerqué a ella. La primera vez que la vi pensé que la fachada era horrible, pero ahora me gustaba. Entré. El interior era oscuro, sombrío, con pilares que subían hasta lo más alto, y había gente que rezaba, olor a incienso y vitrales maravillosos. Me arrodillé y me puse a rezar; recé por todos aquellos que me vinieron a la memoria: por Brett, por Mike, por Bill, por Robert Cohn, por mí mismo y por todos los toreros, separadamente por los que me gustaban y luego por todos los restantes juntos; luego volví a rezar por mí y mientras lo hacía noté que me entraba sueño. entonces rogué para que las corridas fueran buenas, para que la fiesta resultara bonita y para que pescáramos algo. Me pregunté si quedaba alguna otra cosa por la que pudiera rezar y se me ocurrió que me gustaría tener dinero, de modo que me puse a rezar para que ganara mucho dinero, y luego empecé a imaginar la forma de ganarlo y, mientras pensaba en la forma de hacer dinero, me acordé del conde, me pregunté dónde podría estar y lamenté no haberlo visto más desde aquella noche en Montmartre, mientras recordaba algo divertido que Brett me había contado acerca de él. Como durante todo este tiempo estaba de rodillas y con la frente apoyada en el respaldo del banco anterior, con la intención de estar rezando, me sentí un poco avergonzado y lamenté ser tan mal católico; pero me daba cuenta de que no podía hacer nada para remediarlo, al menos por un tiempo, y tal vez nunca, aunque, de todas formas fuera una hermosa religión y yo no deseaba otra cosa que sentirme religioso; tal vez sucedería la próxima vez. Luego salí a la escalera de la catedral, de nuevo bajo el ardiente sol; el pulgar y el índice de la mano derecha estaban todavía húmedos y se secaron con el calor. El sol era ardiente y fuerte; crucé la plaza arrimándome a los edificios para tener sombra y volví al hotel por una serie de calles de segundo orden.

A la hora de la cena Robert Cohn parecía otro: había tomado un baño y se había hecho afeitar y lavar y cortar el pelo, poniéndose luego algún fijapelo para que no se le levantara. Estaba nervioso, y yo, por mi parte, no traté en absoluto de ayudarle. El tren de San Sebastián tenía que llegar a las nueve y, en el caso de que Brett y Mike vinieran, llegarían en él. A las nueve menos veinte no estábamos ni a media cena. Robert Cohn se levantó de la mesa y dijo que iba a ir a la estación. Yo dije que le acompañaría, con el único propósito de hacerle la pascua. Bill exclamó que malditas las ganas que tenía de dejar su cena. Le dije que estaríamos de vuelta en seguida.

Fuimos hacia la estación. Yo gozaba con el nerviosismo de Cohn. Esperaba que Brett estaría en el tren. Al llegar a la estación, el tren llevaba retraso; nos sentamos en una carretilla para equipajes y esperamos fuera, en la oscuridad. No había visto nunca en la vida civil un hombre tan nervioso como Robert Cohn..., ni tampoco tan impaciente. Yo disfrutaba con ello. Era algo ruin alegrarse de una cosa así, pero es que me sentía ruin. Cohn tenía la maravillosa cualidad de sacar a la luz lo peor de cada persona.

Al cabo de un rato oímos el silbido del tren, abajo, a lo lejos, al otro lado de la meseta, y luego vimos la luz delantera mientras subía cuesta arriba. Entramos en la estación y aguardamos de pie detrás de la reja, junto con un montón de gente; el tren entró, se paró y todos los que bajaban empezaron a cruzar la reja para salir.

No estaban entre la gente que llegó. Esperamos hasta que todo el mundo hubo pasado y salido de la estación para meterse en los autocares, coger un coche de caballos o ir andando por la oscuridad hasta la ciudad, en compañía de amigos o familiares.

–Sabía que no iban a venir –dijo Robert mientras volvíamos hacia el hotel.

–Yo pensaba que tal vez sí.

Cuando llegamos, Bill estaba comiendo la fruta y acabando una botella de vino.

–No han llegado, ¿eh?

–No.

–¿Te importa que te dé esas cien pesetas por la mañana, Cohn? –preguntó Bill–. Todavía no he cambiado el dinero.

–Oh, olvídate de eso –dijo Robert Cohn–. Apostemos sobre otra cosa. ¿Se pueden hacer apuestas con las corridas de toros?

–Sí –dijo Bill–, pero no es necesario.

–Sería como apostar acerca de la guerra –dije yo–. No es necesario que haya un interés económico.

–Tengo curiosidad por verlas –dijo Robert.

Montoya se acercó a nuestra mesa. Tenía un telegrama en la mano.

–Es para usted –me dijo mientras me lo entregaba.

Decía:

PASAMOS NOCHE SAN SEBASTIÁN

–Es de ellos –dije.

Me lo puse en el bolsillo. Ordinariamente se lo hubiera tendido.

–Se han detenido en San Sebastián. Os envían recuerdos.

No sé qué me impulsaba a pincharlo de aquella forma. O, mejor dicho, sí que lo sabía. Estaba ciega e imperdonablemente celoso de lo que le había ocurrido. Que lo tomara como algo de cajón, no alteraba en nada el hecho. Realmente, le odiaba de veras. Creo que no lo había odiado hasta que, durante la comida, adoptó por un momento aquel tonillo de superioridad. Sí, entonces y cuando pasó por todas aquellas sesiones de barbería. De modo que me metí el telegrama en el bolsillo. De todas formas, iba dirigido a mi nombre.

–En fin –dije–, tenemos que salir en el autobús de mediodía para Burguete. Si llegan mañana por la noche, pueden seguirnos.

Llegaban sólo dos trenes de San Sebastián, uno a primera hora de la mañana y el que acabábamos de ir a esperar.

–Parece una buena idea –dijo Cohn.

–Cuanto más pronto lleguemos al torrente, mejor.

Nos sentamos un rato en el Iruña a tomar café y luego dimos un paseo hasta la plaza de toros, atravesamos el descampado, llegamos hasta los árboles que hay al borde del risco y miramos hacia abajo, en dirección al río, en la oscuridad. Yo me retiré temprano. Bill y Cohn se quedaron en el café hasta bastante tarde, me parece, puesto que ya dormía cuando regresaron.

Por la mañana compré tres billetes para el autocar que iba a Burguete. En el horario ponía que partía a las dos. No había ninguno más temprano. Estaba sentado en el Iruña leyendo los periódicos cuando vi que Robert Cohn atravesaba la plaza. Se acercó a la mesa y se sentó en una de las sillas de mimbre.

–Se está cómodo en este café –dijo–. ¿Has pasado buena noche, Jake?

–He dormido como un tronco.

–Yo no he dormido muy bien. Además, Bill y yo estuvimos fuera hasta muy tarde.

–¿Dónde estuvisteis?

–Aquí. Y cuando cerraron fuimos a ese café del otro lado de la plaza. El viejo que hay allí habla alemán e inglés.

–El Café Suizo.

–Eso es. Parecía un tipo muy simpático. Creo que es un café mejor que éste.

–De día no es tan bueno –dije–. Hace demasiado calor. Por cierto, he cogido los billetes para el autocar.

–Yo no voy a ir hoy. Bill y tú podéis ir delante.

–Pero tengo tu billete.

–Dámelo. Me devolverán el dinero.

–Son cinco pesetas.

Robert Cohn sacó una moneda de plata de cinco pesetas y me la entregó.

–Tengo que quedarme –dijo–. Mira, tengo miedo de que haya habido algún malentendido.

–Vaya –dije–, pues si empiezan a asistir a fiestas en San Sebastián no llegarán aquí hasta dentro de tres o cuatro días.

–Se trata de eso, precisamente –dijo Robert–. Tengo miedo de que me esperaran en San Sebastián y de que éste fuera el motivo por el que se quedaron allí.

–¿Y por qué crees eso?

–Bueno, es que escribí a Brett para sugerírselo.

–¿Por qué diablos no te quedaste allí a esperarlos, entonces? –empecé a decir yo.

Pero me interrumpí. Creí que esta idea se le ocurriría a él mismo; sin embargo, me parece que no le pasó nunca por la cabeza. Ahora se ponía en plan confidencial y estaba contento de poder hablar, con la seguridad de que yo sabía que había algo entre él y Brett.

–Bueno, Bill y yo vamos a irnos inmediatamente después de la comida –dije.

–Me gustaría poder. Hemos estado esperando esta partida de pesca durante todo el invierno –se estaba poniendo sentimental con el tema–. Pero debo quedarme. Realmente, debo quedarme. Cuando lleguen, los llevaré en seguida allí arriba.

–Vamos a buscar a Bill.

–Quiero ir a la barbería.

–Nos veremos a la hora de comer.

Encontré a Bill en su habitación. Se estaba afeitando.

–¡Ah, sí! Me habló de todo eso la noche pasada –dijo Bill–. Estuvo estupendo con sus pequeñas confidencias. Me dijo que tenía una cita con Brett en San Sebastián.

–¡Ese mentiroso hijo de p...!

–¡No, por favor! –dijo Bill–. No te irrites. No te irrites en esta etapa del viaje. Por cierto, ¿cómo pudiste llegar a conocer a este tipo?

–No sigas machacando con el tema.

Bill, a medio afeitar, me echó una mirada y luego continuó hablando ante el espejo, mientras se enjabonaba la cara.

–¿Verdad que el invierno pasado, en Nueva York, me lo enviaste con una carta de recomendación? A Dios gracias, soy un hombre que viaja. ¿No tienes más amigos judíos para traértelos adonde vayas?

Se frotó la barbilla con el pulgar, se la miró y se puso de nuevo a afeitarse.

–Pues lo que es tú, tienes algunos que son una delicia.

–Oh, sí. Tengo algunas alhajas. Pero no hay ninguno de la categoría de este Robert Cohn. Lo curioso es que, por otra parte, es simpático. Me cae bien. Sólo que es tan horrible...

–Puede ser tremendamente simpático.

–Ya lo sé. Eso es lo más terrible.

Reí.

–Sí, tú ve riendo –dijo Bill–. No estuviste con él hasta las dos de la madrugada.

–¿Estuvo muy insoportable?

–Estuvo horrible. Por cierto, ¿qué es toda esa historia de él y Brett? ¿Ha tenido algo que ver con él?

Levantó la barbilla y tiró de ella hacia un lado y hacia el otro.

–Por supuesto que sí. Se fue con él a San Sebastián.

–¡Qué locura! ¿Por qué hizo eso?

–Quería marcharse de la ciudad y no podía ir a ningún sitio sola. Dijo que creía que a él le haría bien.

–¡Qué locuras llega a hacer la gente! ¿Por qué no se largó con alguien de su ambiente? ¿O contigo? –pasó rápidamente sobre esta insinuación–, ¿o conmigo? ¿Por qué no conmigo?

–Se miró atentamente la cara en el espejo, se untó bien de jabón los dos pómulos y continuó:

–Es una cara honrada. Una cara en compañía de la cual cualquier mujer estaría segura.

–Ella no la había visto nunca.

–Pues debería haberla visto. Todas las mujeres deberían verla. Es una cara que debería ser proyectada en todas las pantallas del país. Todas las mujeres tendrían que recibir una copia de esta cara al volver del altar. Todas las madres tendrían que hablar de esta cara a sus hijas. Hijo mío –dijo apuntando hacia mí con la navaja–, ve al Oeste con esta cara y te harás rico al mismo tiempo que el país.

Metió la cara dentro de la palangana, se la enjuagó con agua fría, se pasó un poco de alcohol y se miró atentamente al espejo, tirando de su largo labio superior.

–¡Señor! –dijo–, ¡qué cara tan horrible!

Miró al espejo.

–Por lo que se refiere a Robert Cohn –dijo Bill–, me da náuseas, se puede ir al infierno, y estoy muy contento de que se quede aquí; así no lo tendremos pescando con nosotros.

–Tienes toda la razón.

–Vamos a pescar truchas. Vamos a pescar truchas en el río Irati, y ahora vamos a emborracharnos con vino del país a la hora de comer y luego haremos un delicioso paseo en autocar.

–Anda, vamos al Iruña para empezar –propuse.

CAPÍTULO XI

Cuando, después del desayuno, salimos con las maletas y el estuche de las cañas de pescar para ir a Burguete, la plaza era un horno. Había gente en el techo del autocar, y otros estaban trepando por una escalera. Bill subió y Robert se sentó a su lado para guardarme sitio, mientras yo volvía al hotel a comprar un par de botellas de vino para llevárnoslas con nosotros. Cuando salí, vi el autocar abarrotado. Hombres y mujeres estaban sentados encima de las maletas y cajas de la cubierta, y los abanicos de todas las mujeres se agitaban al sol. Realmente, hacía calor. Robert descendió y yo me metí en el sitio que me había guardado en el banco de madera que corría a través de la cubierta.

Robert Cohn permaneció a la sombra de la arcada esperando a que nos fuéramos. Un vasco con un gran pellejo de vino sobre las rodillas estaba atravesado en la cubierta del autocar, frente a nuestro asiento, y se apoyaba contra nuestras piernas. Nos ofreció el pellejo a Bill y a mí; en el momento en que yo lo levantaba para beber, imitó el sonido de un claxon, de forma tan súbita y con tal perfección que derramé parte del vino y todo el mundo se rió. Él se disculpó y me hizo tomar otro trago. Un poco más tarde volvió a imitar el claxon, y de nuevo me engañó. Lo hacía muy bien, y a los vascos les gustaba. El hombre que iba al lado de Bill le estaba hablando en español; Bill no lo entendía, y lo que hizo fue ofrecerle una de las botellas de vino. El hombre rechazó el ofrecimiento por señas; dijo que hacía demasiado calor y que había bebido más de la cuenta durante la comida. Cuando Bill le ofreció la botella por segunda vez, echó un largo trago; a continuación la botella circuló por toda aquella parte del autocar. Todo el mundo, con gran cortesía, tomó un trago; luego nos obligaron a tapar la botella y ponerla a un lado: querían todos que bebiéramos de sus botas. Eran campesinos que subían a las colinas.

Al fin, después de otro par de falsos bocinazos, el autocar se puso en marcha; Robert Cohn nos dijo adiós con la mano, y todos los vascos le devolvieron el saludo de igual forma. Tan pronto como salimos de la ciudad y nos metimos en la carretera, empezó a hacer fresco. Era agradable viajar allá arriba, tan cerca de los árboles. El autocar iba bastante aprisa, corría un buen airecillo y, en tanto que avanzábamos colina abajo, por aquella carretera con árboles llenos de polvo, vimos allá atrás, entre el follaje, una hermosa panorámica de la ciudad, elevándose sobre el río, encima del risco. El vasco que estaba apoyado en mis rodillas señaló el panorama con el cuello de su pellejo y nos hizo un guiño.

–Bonito, ¿eh? –dijo haciendo con la cabeza una seña afirmativa.

–Esos vascos son una gente extraordinaria –dijo Bill.

La piel del vasco que se apoyaba en mis piernas era del color del cuero curtido. Como todos los restantes, llevaba una blusa negra y tenía el cuello moreno y lleno de arrugas. Se volvió y ofreció su pellejo a Bill, quien, a su vez, le alargó una de nuestras botellas. El vasco sacudió negativamente el índice y le devolvió la botella, dando una palmada al corcho con la palma de la mano para taparla mejor. Luego empujó el pellejo hacia arriba.

–*¡Arriba! ¡Arriba!* –dijo–. Levántelo.

Bill levantó el pellejo y, con la cabeza echada hacia atrás, dejó que le entrara en la boca el chorro de vino. Cuando paró de beber y bajó el pellejo, se le derramaron unas cuantas gotas por la barbilla.

–¡No! ¡No! –dijeron varios vascos–. No se hace así.

Uno de ellos arrebató la bota al propietario, que se disponía a hacer también una demostración. Era un tipo joven. Levantó el pellejo sosteniéndolo alzado al extremo de sus brazos y apretó el cuero con la mano, de forma que el chorro de vino le entrara susurrando en la boca. En aquella posición, el vino le llegaba a los labios siguiendo una trayectoria firme y muelle al mismo tiempo, y él tragaba sin interrupción, con calma y regularidad.

–¡Eh! –gritó el propietario del pellejo–. ¿De quién es el vino?

El que bebía agitó el dedo meñique como única respuesta, mientras nos sonreía con la mirada. Luego cortó el chorro de golpe, levantó con rapidez la bota y se la tendió a su propietario, haciéndonos un guiño. El propietario sacudió el pellejo con tristeza.

Pasamos por un pueblo y el conductor paró frente a la *posada* para recoger unos cuantos paquetes. Nos pusimos de nuevo en marcha y, al salir de la aldea, la carretera empezó a ascender. Atravesábamos una tierra de labranza, con colinas rocosas que descendían suavemente hasta llegar a los terrenos cultivados. Los campos de cereales ascendían por las laderas de las colinas. Ahora que estábamos más arriba, el viento agitaba el trigo. La carretera era blanca y polvorienta, y el polvo levantado por las ruedas se mantenía como suspendido en el aire detrás de nosotros. La carretera se metió por entre las colinas y dejó abajo los ricos campos de cereales. Ahora sólo había manchas de grano en las laderas de las colinas desnudas y a los lados de los cursos de agua. Nos echamos bruscamente hacia la cuneta para dejar sitio a una larga recua de seis mulas que, puestas en fila india, tiraban de un carro lleno de carga y cubierto de un toldo. El carro y las mulas estaban blancos de polvo. Detrás, a muy poca distancia, había otra recua de mulas y otro carro. Este último llevaba un cargamento de tablas, y el arriero que lo conducía se inclinó hacia atrás para poner los gruesos frenos de madera cuando nosotros pasamos. Más arriba de aquella zona, el paisaje era completamente árido, con colinas rocosas, de áspera arcilla calcinada y llena de surcos hechos por la lluvia.

Tras doblar una curva, entramos en una aldea, a ambos lados de la cual se abría un imprevisto valle verde. Un arroyo atravesaba el centro del pueblo y los viñedos llegaban hasta el borde de las casas.

El autocar se detuvo frente a una *posada* y muchos de los pasajeros se apearon. Una gran parte del equipaje que iba en el techo, cubierto por los grandes toldos protectores, se desató y se bajó. Bill y yo descendimos y entramos en la posada. Era una habitación oscura y baja, con sillas de montar y otros arreos y horcas de madera blanca para el heno; del techo pendían racimos de alpargatas, jamones, lonchas de tocino, blancos ajos y largos embutidos. Se estaba fresco en aquella semioscuridad. Nos paramos ante un largo mostrador de madera, tras el cual había dos mujeres que servían bebidas. Detrás de ellas había estantes cargados de provisiones.

Pagamos cuarenta céntimos por los dos *aguardientes* que tomamos. Di a la mujer cincuenta céntimos para que se quedara con una propina, pero me devolvió la moneda, creyendo que no había entendido bien el precio.

Entraron dos vascos e insistieron en pagarnos una copa; luego fuimos nosotros quienes invitamos. Nos dieron unas palmadas en la espalda y nos pagaron otra copa, y nosotros les pagamos otra a ellos. Luego salimos todos a la luz del día y el calor y volvimos a subir al techo del autocar. Ahora había sitio de sobra para todo el mundo en el banco; el vasco que antes había estado echado sobre el techo de cinc iba sentado entre nosotros. La mujer que había servido las bebidas salió secándose las manos con el delantal y habló con alguien que iba dentro del autocar. Entonces salió el conductor haciendo balancear las dos bolsas de cuero casi vacías de la correspondencia. Subió todo el mundo, agitó los brazos en señal de despedida y nos pusimos en marcha.

La carretera abandonó al instante el verde valle y nos encontramos de nuevo entre las colinas. Bill y el vasco de la bota de vino mantenían una conversación. Desde el otro extremo del asiento, un hombre se inclinó hacia delante y nos preguntó en inglés:

–¿Son ustedes americanos?

–Sí.

–Yo estuve allí hace cuarenta años –dijo.

Era un viejo bronceado como los otros, con una barba blanca que parecía un rastrojo.

–¿Cómo era?

–¿Qué dice?

–¿Cómo era América?

–Yo estuve en California. Era bonito.

–¿Por qué se marcho?

–¿Qué dice?

–¿Por qué volvió aquí?

–¡Ah! Volví para casarme. Iba a marcharme otra vez, pero a mi mujer no le gusta viajar. ¿De dónde es usted?

–De Kansas City.

–He estado allí –dijo–. He estado en Chicago, en San Louis, en Kansas City, en Denver, en Los Ángeles, en Salt Lake City...

Las iba nombrando con atención.

–¿Cuánto tiempo estuvo allí?

–Quince años. Luego volví y me casé.

–¿Tomamos un trago?

–Bueno –contestó–. Eso no lo tienen en América, ¿eh?

–Lo hay en abundancia, pero sólo si uno tiene dinero para pagarlo.

–¿Para qué han venido aquí?

–Vamos a ir a la *fiesta* de Pamplona.

–¿Les gustan las corridas de toros?

–Claro que sí. ¿A usted no?

–Sí –respondió sin demasiada convicción–, me gustan.

Luego, tras una pausa, siguió:

–¿Adónde van ahora?

–A Burguete, a pescar.

–Bueno –dijo–, espero que cojan algo.

Nos estrechó la mano y volvió a sentarse en la parte de atrás del banco. Los otros vascos estaban impresionados. Él se repantigó en su asiento y me sonrió cuando me volví para contemplar el paisaje. Pero el esfuerzo hecho para hablar americano le había cansado, al parecer, y no volvió a decir nada más.

El autocar seguía trepando carretera arriba. El terreno era árido, con peñascos clavados por entre la arcilla. No había ni rastro de hierba junto a la carretera. Al mirar hacia atrás, veíamos el paisaje extendido a nuestros pies. A lo lejos, los campos eran unos cuadrados verdes y castaños en las laderas de las colinas, y unas montañas pardas y de formas raras formaban el horizonte. A medida que subíamos el horizonte iba cambiando. El autocar trepaba chirriando penosamente, y vimos aparecer al Sur otras montañas. Luego la carretera llegó a la cima de la colina, se hizo llana y se metió en un bosque. Era un bosque de alcornoques. El sol pasaba a retazos a través del follaje y había ganado que pastaba por entre los árboles. Atravesamos el bosque, dimos la vuelta a una elevación de terreno y ante nosotros apareció una llanura verde y ondulada, con oscuras montañas a lo lejos. No eran como las montañas pardas y resecas por el calor que habíamos dejado atrás; eran boscosas y había nubes que bajaban de ellas. La llanura verde se extendía ante nuestros ojos. Estaba cortada por cercas, y el blanco de la carretera aparecía por entre los troncos de una doble hilera de árboles que atravesaban el llano en dirección hacia el Norte. Al llegar al extremo de la cuesta, divisamos los tejados rojos y las casas blancas de Burguete, desparramadas por el llano; a lo lejos, sobre la primera de las montañas negras, se veía el tejado gris metálico del monasterio de Roncesvalles.

–Ahí está Roncesvalles –dije.

–¿Dónde?

–Allá a lo lejos, donde empiezan las montañas.

–Hace frío aquí arriba –dijo Bill.

–Es alto –contesté–. Debemos estar a mil doscientos metros.

–Hace un frío terrible.

El autocar volvió a la posición horizontal en la recta carretera que conducía a Burguete. Pasamos un cruce de carreteras y atravesamos un puente tendido sobre un arroyo. Las casas de Burguete se extendían a uno y otro lado de la carretera; no había calles laterales. Pasamos por delante de la iglesia y del patio de la escuela, y luego el autocar se paró. Bajamos y el chófer nos alargó las maletas y el estuche con las cañas. Apareció un carabinero con su tricornio y sus correas amarillas cruzadas.

–¿Qué hay ahí dentro? –preguntó señalando la funda de las cañas.

La abrí y se lo mostré. Nos pidió nuestros permisos de pesca. Se los entregué. Miró la fecha y nos hizo señas de que podíamos continuar.

–¿Está todo en orden? –pregunté.

–Sí, por supuesto.

Anduvimos calle adelante en dirección a la posada, pasando ante las casas de piedra blanqueadas a la cal, desde cuyas puertas las familias nos observaban.

La mujer gorda que llevaba la posada salió de la cocina y nos estrechó la mano. Se sacó las gafas, las limpió y se las volvió a poner. En la posada hacía frío, y afuera el viento empezaba a soplar. La mujer mandó a una chica arriba con nosotros para que nos enseñara la habitación. Había dos camas, un palanganero, una cómoda y un gran grabado en acero, enmarcado, de Nuestra Señora de Roncesvalles. El viento azotaba los postigos. La habitación estaba en el lado norte de la posada. Nos lavamos, nos pusimos un jersey y bajamos al comedor. El suelo era de piedra, el techo bajo, y el artesonado de madera de roble. Todos los postigos estaban abiertos y hacía tanto frío que se veía el aliento que uno echaba al respirar.

–¡Dios mío! –dijo Bill–. No es posible que mañana haga este frío. Con este tiempo yo no voy a vadear un arroyo.

Al otro extremo de la habitación, más allá de las mesas de madera, había un piano pequeño; Bill se acercó y empezó a tocar:

–Tengo que entrar en calor.

Salí a buscar a la mujer para preguntarle cuánto costaba la habitación y la comida. Ella se puso las manos bajo el delantal y desvió la vista.

–Doce pesetas.

–¡Cómo! Sólo en Pamplona pagamos eso.

No contestó nada; se limitó a sacarse las gafas y a limpiarlas con el delantal.

–Es demasiado –dije–. Es lo que nos cobraron en un gran hotel.

–Hemos instalado un cuarto de baño.

–¿No tiene algo más barato?

–En verano, no. Estamos en plena temporada.

Éramos las únicas personas que había en la posada. «Bueno –pensé–, es sólo por pocos días.»

–¿Va incluido el vino?

–Oh, sí.

–Bueno –dije–, está bien.

Volví junto a Bill. Me echó el aliento para mostrarme el frío que hacía, y siguió tocando. Me senté a una mesa y miré los cuadros de la pared. Había uno de conejos, muertos; otro de faisanes, también muertos; y un tercero de patos muertos. Todos eran oscuros y parecían ahumados. Había un aparador lleno de botellas de bebidas alcohólicas. Las miré todas. Bill seguía tocando.

–¿Qué te parece un ponche de ron caliente? –propuso–. Esto no va a mantenerme en calor indefinidamente.

Salí y expliqué a la mujer qué era un ponche de ron y cómo se hacía. A los pocos minutos entró una chica con un jarro de tierra que humeaba. Bill abandonó el piano, se acercó, y bebimos el ponche caliente mientras oíamos el viento.

–No hay suficiente ron.

Me dirigí al aparador, traje la botella de ron y eché medio vaso en el jarro.

–Acción directa –dijo Bill–. Es mejor que seguir la ley.

Entró la chica y puso la mesa para la cena.

–Sopla un viento infernal aquí arriba –dijo Bill.

La chica trajo sopa, una gran fuente de verdura caliente y el vino. Luego nos dieron truchas fritas, una especie de estofado y un gran cuenco lleno de fresas silvestres. No perdimos dinero con el vino; la chica, aunque tímida, a la hora de servírnoslo fue muy amable. La vieja miró una vez hacia dentro y contó las botellas vacías.

Después de cenar subimos, fumamos y leímos metidos dentro de la cama para mantenernos calientes. Por la noche me desperté una vez y oí soplar el viento; era una sensación agradable estar calentito y en la cama.

CAPÍTULO XII

Por la mañana, cuando me desperté, fui a la ventana y miré hacia afuera. Había aclarado y no quedaban nubes en las montañas. Bajo la ventana había algunos carros y una vieja diligencia, con un techo de madera resquebrajado y cuarteado por la intemperie. Debía de ser un resto de los tiempos anteriores a los autocares. Una cabra se subió de un brinco sobre uno de los carros y de allí al techo de la diligencia, sacudiendo la cabeza en dirección a las otras cabras que estaban abajo; yo le hice señas con la mano y entonces saltó al suelo.

Como Bill estaba todavía durmiendo, me vestí, me puse los zapatos en el pasillo y bajé. En la planta baja no había nadie que diera señales de vida. Abrí el cerrojo de la puerta y salí. Eran las primeras horas de la mañana, y afuera hacía frío; el sol no había secado aún el rocío que se había depositado cuando amainó el viento. Inspeccionando en el cobertizo que estaba detrás de la posada, encontré una especie de piqueta y bajé hacia el arroyo a ver si, escarbando, encontraba gusanos que sirvieran de cebo. El arroyo era claro y poco profundo, pero no parecía prometedor por lo que se refería a las truchas. En la orilla, húmeda y llena de césped, hundí la piqueta en el suelo, de forma que se desprendiera un pedazo de tierra. Al levantarlo, los gusanos que estaban debajo se deslizaron hasta ponerse fuera del alcance de la vista, pero escarbé con cuidado y cogí una buena cantidad. Cavando así en el borde de la tierra húmeda llené dos latas de tabaco vacías con gusanos y les eché tierra encima. Las cabras me miraban mientras cavaba.

Cuando volví a la posada, la mujer estaba en la cocina; le pedí que nos hiciera café y le dije que queríamos un almuerzo. Bill estaba despierto y sentado al borde de la cama.

–Te he visto desde la ventana –dijo–, pero no quise estorbarte. ¿Qué hacías? ¿Estabas enterrando tu dinero?

–¡Gandul!

–¿Trabajando para el bien común? Magnífico. Quiero que hagas eso todas las mañanas.

–Vamos, levántate –dije.

–¿Qué? ¿Levantarme? Yo nunca me levanto.

Se metió en la cama, subiéndose la sábana hasta la barbilla.

–Intenta encontrar razones para que me levante.

Seguí buscando los aparejos y los metí todos juntos en su bolsa, como si no oyera nada.

–¿No te interesa mi proposición? –preguntó Bill.

–Voy a bajar a comer.

–¿Comer? ¿Por qué no hablaste de comer? Pensé que querías hacerme levantar sólo para divertirte. ¿Comer? Perfecto. Ahora sí que eres razonable. Ve a coger algunos gusanos más; en seguida estaré abajo.

–¡Vete al infierno!

–Trabaja para el bien común –dijo Bill mientras se ponía la ropa interior–. Da muestras de ironía y piedad.

Cogí la bolsa de los aparejos, las redes y la caja de cañas y salí de la habitación.

–¡Eh, vuelve!

Asomé la cabeza por la puerta.

–¿No vas a manifestar un poco de ironía y piedad?

Le saqué la lengua.

–Eso no es ironía.

Mientras bajaba, oí cantar a Bill: «Ironía y piedad. Cuando uno siente... ¡Ah, dales ironía, dales piedad! ¡Ah, dales ironía! Cuando sientan... Sólo una pizca de ironía. Sólo una pizca de piedad...» Y así siguió cantando hasta que bajó. La melodía era la de *Las campanas repican por mí y por mi novia.*

Yo leía un periódico español de hacía una semana:

–¿Qué es todo este cuento de ironía y piedad?

–¿Qué? ¿No sabes lo de «Ironía y Piedad»?

–No. ¿A quién se le ocurrió?

–A todos. En Nueva York andan locos con eso. Como con los Fratellinis en otro tiempo.

Entró la muchacha trayendo café y tostadas con mantequilla, o, mejor dicho, pan tostado con mantequilla.

–Pregúntale si tiene un poco de mermelada –dijo Bill–. Háblale con ironía.

–¿Tiene usted un poco de mermelada?

–Eso no es ironía. Me gustaría poder hablar en español.

Bebimos el café en grandes tazones; estaba bueno. La muchacha trajo un plato de vidrio con mermelada de frambuesa.

–Gracias.

–¡Eh, no es esa la manera! –dijo Bill–. Di algo con ironía. Haz algún chiste sobre Primo de Rivera.

–Puedo preguntar a la chica qué clase de mermelada creen tener en el Rif.

–Pobre –dijo Bill–, muy pobre. No puedes con ello. Eso es todo. No comprendes lo que es ironía. No tienes compasión. Di algo compasivo.

–Robert Cohn.

–No está del todo mal. Eso está mejor. Ahora, ¿por qué es Cohn digno de compasión? Sé irónico.

Se bebió un gran sorbo de café.

–¡Al infierno! –repliqué–. es demasiado temprano.

–Así estás tú. ¡Y luego proclamas que quiere ser escritor! Eres sólo un reportero; un reportero expatriado. Tendrías que ser irónico desde el instante en que te levantas de la cama. Tendrías que despertar con la boca llena de compasión.

–Continúa –dije–. ¿De quién has sacado estas bobadas?

–De todo el mundo. ¿Es que no lees? ¿Es que no ves nunca a nadie? ¿Sabes lo que eres? Un expatriado. ¿Por qué no vives en Nueva York? Entonces sabrías estas cosas. ¿Qué quieres que haga yo?, ¿que venga a contártelas cada año?

–Toma más café –dije.

–Está bien. El café es bueno para ti. Contiene cafeína. Cafeína, *nous voilà!*, la cafeína hace subir a un hombre a caballo y bajar a una mujer a la tumba. ¿Sabes cuál es tu problema? Eres un expatriado. Y de la peor especie. ¿No has oído hablar de eso? Nadie que haya abandonado su país ha escrito jamás algo digno de imprimirse, ni siquiera en los periódicos. –Se bebió el café–. Eres un expatriado. Has perdido contacto con la tierra. Te has vuelto preciosista. Los engañosos esquemas de vida europeos te han destruido. Bebes hasta caer muerto. Te obsesionas por el sexo. Pierdes todo el tiempo en lugar de trabajar. ¿Te das cuenta? Eres un expatriado, Vas haraganeando por los cafés.

–Da la impresión de ser una vida despampanante –dije–. ¿Cuándo trabajo?

–Tú no trabajas. Unos opinan que las mujeres te mantienen; otros, que eres impotente.

–No –contesté–; tuve un accidente, eso es todo.

–No lo menciones nunca –dijo Bill–. Es una de las cosas de las que no se puede hablar. Es algo que tienes que convertir en un misterio. Como la bicicleta de Henry.

Había estado hablando estupendamente, pero al llegar aquí se paró. Me temí que pensara haberme herido con su chanza sobre la impotencia y quise encarrilarle de nuevo.

–No era una bicicleta –dije–. Lo que hacía era montar a caballo.

–Oí decir que era un triciclo.

–Bueno –contesté–, un avión se parece algo a un triciclo. La palanca de elevación se mueve de la misma forma.

–Pero uno no peladea.

–No, creo que no –contesté.

–Dejemos eso –dijo Bill.

–Muy bien. Lo único que hacía era defender el triciclo.

–Opino que también él es un buen escritor –dijo Bill–. Y tú eres un tipo estupendo. ¿No te dijo nunca nadie que eras un tipo estupendo?

–No soy un tipo estupendo.

–Oye. Eres un tipo realmente estupendo, y te aprecio más que a nadie en el mundo. En Nueva York no te podía decir eso; hubiera sido como afirmar que era un marica. Eso fue lo que pasó con la guerra civil. Abraham Lincoln era un marica. Estaba enamorado del general Grant. Y lo mismo Jefferson Davis. Lincoln liberó a los esclavos únicamente a causa de una apuesta. El caso Dred Scott fue provocado por la liga antialcohólica. El sexo lo explica todo. La señora del coronel y Judy O'Grady son lesbianas a pesar de su apariencia honorable. –Calló–. ¿Quieres oír algo más?

–Dispara –contesté.

–Ya no sé más. Te contaré algo más a la hora del almuerzo.

–Mi buen Bill... –dije.

–¡Holgazán!

Metimos el almuerzo y dos botellas de vino en la mochila y Bill se la cargó a la espalda. Yo llevaba la caja de las cañas y las redes colgadas al hombro. Nos pusimos en marcha, carretera adelante; luego atravesamos un prado y encontramos un sendero que cruzaba las praderas y se dirigía a los bosques que estaban en la falda de la primera colina. Por el sendero arenoso, atravesamos las praderas, ondulantes y jugosas; la hierba era corta, porque servía de pasto a las ovejas. Las vacas estaban arriba, en las colinas. Oíamos sus cencerros en los bosques

El sendero cruzaba por encima de un arroyo por medio de un tronco descortezado y con un vástago doblegado que servía de barandilla. En el charco poco profundo que se formaba junto al arroyo había renacuajos que moteaban la arena del fondo. Subimos por una orilla empinada y cruzamos las onduladas praderas. Al mirar hacia atrás, vimos Burguete, con sus blancas casas de tejados rojos y la blanca carretera, por la que avanzaba un camión que levantaba una nube de polvo.

Más allá de las praderas, cruzamos otro arroyo más rápido. Un camino arenoso conducía primero al vado y continuaba luego hasta los bosques. El sendero, después de cruzar el arroyo por medio de otro tronco, más abajo del vado, se juntaba con el camino. Entramos en el bosque.

Era un bosque de hayas muy viejas, con raíces que abultaban por encima del suelo, y ramas retorcidas. Anduvimos por el camino trazado por entre los gruesos troncos de las viejas encinas, mientras la luz del sol se filtraba a través de las hojas y formaba tenues manchas en la hierba. Los árboles eran gruesos y el follaje espeso, pero no sombrío. No había maleza, sino sólo hierba suave, verde y tierna, y los grandes árboles grises se hallaban separados con acierto, como si se tratara de un parque.

–¡Eso sí que es realmente el campo! –dijo Bill.

Subiendo por una colina, entramos en un espeso bosque. El camino continuaba ascendiendo; a veces se hundía, pero volvía a salir y empinarse. Durante todo el rato oíamos al ganado que pastaba en los bosques. Al final, el camino desembocó en lo más alto de las colinas. Estábamos en la cima del más alto de todos aquellos montículos boscosos que habíamos visto desde Burguete. Las fresas salvajes crecían en el lado soleado de la loma, en un pequeño claro que había en medio de los árboles.

Más adelante, la carretera salió del bosque y siguió por la cresta de la cadena de colinas. Las que se hallaban ante nosotros no tenían bosque, sino extensos campos de aulaga amarilla. A lo lejos, veíamos los riscos abruptos, que señalaban el curso del río Irati, con sus árboles que formaban manchas negras y sus salientes de piedra gris.

–Tenemos que seguir este camino que corre a lo largo de la cadena, cruzar esas colinas, atravesar los bosques que pueblan las más lejanas y bajar al valle del Irati –dije a Bill señalándole el trayecto.

–Es una caminata infernal.

–Está demasiado lejos para ir, pescar y volver en un mismo día cómodamente.

–Cómodamente. ¡Qué palabra más bonita! Tendremos que caminar de una forma endiablada para ir, volver y pescar todavía algo.

Era una excursión larga. El camino era muy hermoso, pero cuando descendimos por el empinado camino que llevaba de las colinas boscosas al valle del río de la Fábrica estábamos cansados.

La carretera salió de la sombra de los árboles al ardiente sol. Ante nosotros estaba el valle de un río, y más allá de éste una empinada colina, cubierta por un campo de alforfón. En la ladera de la colina, bajo unos cuantos árboles, se divisaba una casa blanca. Hacía mucho calor. Nos detuvimos bajo unos árboles, junto a un dique que cruzaba el río.

Bill dejó apoyada la mochila junto a uno de los árboles; articulamos las cañas, enganchamos los carretes, anudamos los sedales y nos dispusimos a pescar.

–¿Estás seguro de que eso contiene truchas? –preguntó Bill.

–Está lleno.

–Voy a pescar con mosca. ¿Tienes McGintys?

–Hay algunos ahí.

–¿Vas a pescar con cebo?

–Sí. Voy a pescar allí, en la presa.

–Bueno, entonces yo cogeré la caja de moscas –dijo Bill sujetando una–. ¿Adónde es preferible que vaya: hacia arriba o hacia abajo?

–Hacia abajo. Pero arriba también está lleno.

Bill echó a andar orilla abajo.

–Coge una lata de gusanos.

–No, no quiero ninguna. Si no pican con mosca, agitaré la caña por ahí.

Bill estaba abajo, observando la corriente.

–Oye –gritó luchando contra el ruido de la presa–. ¿Qué te parece si metiéramos el vino en esa fuente de ahí arriba, junto al camino?

–¡Está bien! –grité yo.

Bill agitó la mano y empezó a andar río abajo. En la mochila encontré las dos botellas de vino y las subí hasta la carretera, al lugar en que el agua de un manantial manaba de un tubo de hierro. Encima de la fuente había una tabla; la levanté, apreté bien los tapones de las botellas y las sumergí en el agua. Era tan fría que la mano y la muñeca se me quedaron entumecidas. Volví a colocar la tabla de madera, esperando que nadie encontraría el vino.

Cogí la caña, que estaba apoyada en un árbol, la lata de cebo y la red y me dirigí a la presa, construida con la finalidad de dar al agua la presión suficiente para arrastrar troncos. Las compuertas estaban abiertas; me senté sobre uno de los maderos cuadrados y contemplé el liso mantel formado por el río antes de llegar a los saltos. Al pie de la presa, donde el agua se volvía de color blanco, había bastante profundidad. En el momento en que ponía el cebo, una trucha saltó del agua blanca al interior de la cascada, por la que fue arrastrada. Antes de que terminara de poner el cebo, otra trucha dio un brinco junto a la cascada, describió la misma graciosa curva de la anterior y desapareció en el agua, que se desplomaba con un ruido de trueno. Puse una plomada de peso respetable y arrojé la caña en el agua blanca, al borde de los maderos de la presa. No noté como picaba la primera trucha. Cuando empecé a tirar del hilo, me di cuenta de que tenía una y la saqué del agua que hervía al pie de la cascada. Se debatía hasta el punto de doblar casi la caña en dos. Mientras se balanceaba, la icé hasta arriba de la presa. Era una buena trucha. Le golpeé la cabeza contra el madero, para que cesara de agitarse lo más pronto posible, y la metí dentro de mi bolsa.

Mientras la cogía, habían saltado varias truchas junto a la cascada. Tan pronto como puse el cebo y arrojé de nuevo la caña, atrapé otra, que saqué de la misma forma. En pocos momentos tuve seis, todas más o menos del mismo tamaño. Las saqué y las tendí una al lado de la otra, con las cabezas mirando hacia el mismo lado, y las contemplé. Eran de bonitos colores y estaban tiesas y duras a causa de la frialdad del agua. Como el día era muy caluroso, las abrí, las destripé, les saqué las agallas y todo eso y arrojé los desperdicios al río. Llevé las truchas a la orilla, las lave en el agua fría, plácida y pesada al mismo tiempo, que corría arriba de la presa; cogí unos cuantos helechos y los puse dentro de la bolsa, de modo que formaban un lecho encima del cual coloqué tres truchas; luego otra capa de helechos con tres truchas más encima, cubiertas a su vez por helechos. En medio de los helechos, presentaban un bonito aspecto. Ahora la bolsa hacía un buen bulto, y la puse a la sombra de un árbol.

En la presa hacía mucho calor; coloqué la lata de gusanos a la sombra, junto a la bolsa, saqué un libro de la mochila y me acomodé bajo el árbol para leer hasta que Bill llegara para el almuerzo.

Era poco más de mediodía y no había mucha sombra, pero me senté apoyándome contra el tronco de dos de los árboles que crecían juntos y leí. Era un libro de A. E. W. Mason: estaba leyendo una maravillosa historia acerca de un hombre que, tras quedar helado en los Alpes, se había caído en un glaciar y había desaparecido; su prometida iba a tener que esperar veinticuatro años, ni más ni menos, hasta que su cuerpo apareciera en la morrena, en tanto que el hombre al que amaba aguardaba también; estaban todavía esperando cuando Bill llegó.

–¿Cogisté alguna? –preguntó.

Lo llevaba todo, caña, bolsa y red, en una mano, y estaba sudando. No le había oído acercarse a causa del ruido de la presa.

–Seis. ¿Y tú, qué cogiste?

Bill se sentó, abrió su bolsa y puso una gran trucha encima de la hierba. Sacó tres más, cada una un poco mayor que la anterior, y las colocó una al lado de otra, a la sombra del árbol. Su cara sudorosa denotaba alegría.

–¿Cómo son las tuyas?

–Más pequeñas.

–Déjamelas ver.

–Están empaquetadas.

–En serio, ¿cómo son de grandes?

–Son todas más o menos del tamaño de las más pequeñas de las tuyas.

–¿No me estás tomando el pelo?

–¡Qué más quisiera yo!

–¿Las pescastes todas con gusanos?

–Sí.

–¡Especie de gandul!

Bill puso las truchas en la bolsa, que dejó abierta, y se dirigió hacia el río haciéndola balancear. De cintura para abajo estaba todo mojado, y comprendí que había tenido que meterse en el vado.

Subí a la carretera y saqué las dos botellas de vino. Estaban frías. Mientras volvía hacia los árboles, la humedad causada por el calor llenaba de perlas su superficie exterior. Extendí el almuerzo encima de un periódico, descorché una de las botellas y dejé la otra apoyada a un árbol. Bill se acercó secándose las manos, con la bolsa repleta de helechos.

–Vamos a ver qué tal es esa botella –dijo. Sacó el corcho, la inclinó y bebió–. ¡Caray! Eso me hace hasta daño en los ojos.

–Déjame probarlo.

El vino estaba helado y tenía un sabor ligeramente herrumbroso.

–No está del todo mal ese vino –dijo Bill.

–El frío lo vuelve mejor –dije.

Deshicimos los pequeños paquetes del almuerzo.

–Pollo.

–Aquí hay huevos duros.

–¿Has encontrado sal?

–Primero el huevo –dijo Bill–, luego el pollo. Es algo que hasta Bryan vería.

–Ha muerto. Lo leí ayer en el periódico.

–¡No! ¿Lo dices en serio?

–Sí. Bryan ha muerto.

Bill dejó a un lado el huevo que estaba pelando.

–Señores –dijo mientras sacaba un muslo de pollo de su envoltura de periódico–, invierto el orden. En honor de Bryan. En homenaje al Great Commoner, primero el pollo y luego el huevo.

–Me pregunto en qué día creó Dios al pollo.

–¿Y cómo vamos nosotros a saberlo? –dijo Bill mientras daba los últimos mordiscos a su muslo de pollo–. No debemos hacernos preguntas. Nuestra estancia en la tierra no dura mucho. Alegrémonos, creamos y demos gracias.

–Come un huevo.

Bill gesticuló con la pata de pollo en una mano y la botella de vino en la otra.

–Alegrémonos con las mercedes que se nos han concedido. Utilicemos las aves de corral, el producto de la viña. ¿Quieres utilizarlo un poco, hermano?

–Cuando lo hayas hecho tú, hermano.

Bill bebió un largo trago.

–Utiliza tú un poco, hermano –dijo alargándome la botella–. No dejemos que la duda haga presa de nosotros, hermano. No fisguemos con nuestros dedos simiescos en los sagrados misterios del gallinero. Aceptemos las cosas con la credulidad que da la fe y digamos simplemente (quiero que tú lo digas conmigo...) ¿Qué vamos a decir, hermano?

Y apuntándome con el hueso de pollo prosiguió:

–Déjame que te lo diga. Diremos..., yo, por mi parte, estoy orgulloso de decirlo y quiero que tú lo digas conmigo... De rodillas, hermano. Que ningún hombre se avergüence de postrarse de rodillas aquí, en el grandioso marco del aire libre. Acuérdate de que los bosques fueron los primeros templos de Dios. Arrodillémonos y digamos: «No os comáis a esta Lady..., podría ser Mencken».

–Anda –dije–, utiliza un poco de esto.

Descorchamos la otra botella.

–¿Qué te ocurre? –dije–. ¿No te gustaba Bryan?

–Adoraba a Bryan –contestó–. Éramos como hermanos.

–¿Dónde le conociste?

–Él, Mencken y yo fuimos juntos al Holy Cross.

–Sí, con Frankie Fritsch.

–Eso es mentira. Frankie Fritsch fue al Fordham.

–Bueno, yo fui al Loyola con el obispo Manning –dije.

–Mentira –repuso Bill–, fui yo el que estuvo en el Loyola con el obispo Manning.

–Estás completamente borracho.

–No será por el vino, ¿eh?

–¿Y por qué no?

–Es la humedad –dijo Bill–. Deberían acabar con esta maldita humedad.

–Toma otro trago.

–¿Es todo lo que tenemos?

–Sólo las dos botellas.

–¿Sabes lo que eres? –dijo Bill mirando con afecto la botella.

–No –contesté.

–Eres un tipo pagado por la liga contra el alcoholismo.

–Fui al Notre Dame con Wayne B. Wheeler.

–¡Mentira! –contestó Bill–. Fui yo quien estuvo en el Austin Business College con Wayne B. Wheeler. Era el presidente de su clase.

–Bueno –dije yo–, las tabernas tienen que desaparecer.

–En eso tienes razón, viejo condiscípulo –dijo Bill–. La taberna tiene que desaparecer; yo me la llevaré conmigo.

–Estás trompa.

–¿De vino?

–De vino.

–Bueno, tal vez sí.

–¿Quieres hacer la siesta?

–Bueno.

Nos tendimos con la cabeza a la sombra y la mirada dirigida hacia la copa de los árboles.

–¿Duermes?

–No –contestó Bill–. Estaba pensando.

Cerré los ojos. Se estaba bien echado en el suelo.

–Oye –preguntó Bill–, ¿qué significa este asunto de Brett?

–¿Qué quieres decir?

–¿Estuviste enamorado de ella alguna vez?

–¡Y tanto!

–¿Durante cuánto tiempo?

–A intervalos, durante un período larguísimo.

–¡Diablos! –dijo Bill–. Lo siento, chico.

–No te preocupes –contesté–. Ahora me importa un bledo.

–¿De veras?

–Sí, de veras. Pero desearía con toda mi alma que no habláramos de ello.

–¿No te sabe mal que te lo haya preguntado?

–¿Por qué demonios tendría que saberme mal?

–Voy a dormir –dijo Bill poniéndose un periódico en la cara.

–Oye, Jake –preguntó–, ¿eres de veras católico?

–Técnicamente, sí.

–¿Qué significa eso?

–No lo sé.

–Bueno, ahora voy a dormir –dijo–. No me quites el sueño con tu charla.

También yo me dormí. Cuando desperté, Bill estaba haciendo la mochila. La tarde era ya avanzada y la sombra de los árboles, muy alargada, llegaba hasta encima de la presa. El haber dormido en el suelo me había dejado envarado.

–Pero, ¿qué has hecho? ¿Te has despertado? ¿Por qué no te has quedado a pasar la noche aquí? –preguntó Bill, mientras yo me estiraba y me frotaba los ojos.

–He tenido un sueño precioso –dijo Bill–. No recuerdo de qué trataba, pero era precioso.

–Yo no creo haber soñado.

–Pues deberías soñar –repuso Bill–. Todos nuestros más grandes hombres de negocios han sido soñadores. Fíjate en Ford. Y en el presidente Coolidge, y en Rockefeller, y en Jo Davidson.

Desarticulé mi caña y la de Bill y las puse en su estuche; luego metí los carretes en la bolsa de los aparejos. Bill había hecho la mochila. Metimos dentro de ella una de las bolsas de truchas y yo cargué con la otra.

–Bueno –dijo Bill–, ¿lo tenemos todo?

–¡Los gusanos!

–¡Tus gusanos! Ponlos ahí.

Puse la lata de gusanos en una de las bolsas laterales de la mochila, que él llevaba colgada a la espalda.

–¿Lo tenemos todo ahora?

Eché una ojeada a la hierba, al pie de los olmos.

–Sí.

Nos pusimos en marcha camino arriba, por entre los árboles. Había una larga caminata hasta Burguete, y era ya oscuro cuando, bajando a través de los prados, llegamos a la carretera, que seguimos hasta llegar a la posada, por entre las casas de ventanas iluminadas.

Estuvimos en Burguete cinco días y tuvimos buena pesca. Las noches eran frescas y los días calurosos, pero soplaba siempre la brisa, incluso en las horas más bochornosas.

Hacía el calor suficiente para que uno encontrara agradable vadear una corriente fría, pues el sol nos secaba nada más salir y sentarse a la orilla. Encontramos un arroyo con una hoya lo suficientemente honda para poder nadar en ella. Al atardecer, jugábamos al bridge de tres con un inglés llamado Harris, que había llegado andando desde Saint Jean Pied de Port y se alojaba en la posada para pescar. Era muy agradable y fue dos veces con nosotros al río Irati. No sabíamos ni una palabra de Robert Cohn, ni tampoco de Brett y Mike.

CAPÍTULO XIII

Una mañana, cuando bajé a desayunar, Harris, el inglés, estaba ya a la mesa. Leía el periódico, con la ayuda de unas gafas.

Levantó la cabeza y sonrió.

–Buenos días –dijo–. Un carta para usted. He pasado por correos y me la dieron junto con las mías.

La carta estaba en el sitio que ocupaba yo en la mesa, apoyada en una taza de café. Harris volvía a leer el periódico.

Abrí la carta, que había sido reexpedida desde Pamplona y llevaba como fecha San Sebastián, domingo.

Querido Jake:

Llegamos aquí el viernes. Brett se mareó en el tren y tuvimos que traerla aquí para que descansara tres días con unos viejos amigos nuestros. Llegamos al Hotel Montoya de Pamplona el martes, no sé a qué hora. Haz el favor de enviarnos una nota por autocar para decirnos cómo reunirnos con vosotros el miércoles. Recuerdos de nuestra parte. Sentimos llegar con retraso, pero es que Brett estaba realmente para el arrastre; el miércoles estará perfectamente; en realidad, ya casi lo está ahora. La conozco bien e intento velar por ella, pero no es nada fácil... Recuerdos a todos los chicos.

MICHAEL.

–¿Qué día de la semana es hoy? –pregunté a Harris.

–Me parece que miércoles. sí, eso es, miércoles. Es asombroso cómo pierde uno la noción del tiempo aquí en la montaña.

–Sí. Hemos estado aquí casi una semana.

–Espero que no estarán pensando en marcharse, ¿eh?

–Sí. Me temo que nos iremos en el autocar de la tarde.

–¡Qué mala jugada! Esperaba que haríamos todos juntos otra visita al Irati.

–Tenemos que ir a Pamplona. Hemos de encontrarnos allí con unos amigos.

–¡Ya es mala suerte para mí! Hemos pasado buenos momentos juntos aquí en Burguete.

–Venga a Pamplona. Allí podemos jugar algunas partidas de bridge y, además, la *fiesta* que se prepara es algo genial.

–Me gustaría. Es muy amable de su parte el invitarme. Pero es mejor que me quede aquí. Ya no tengo mucho tiempo para pescar.

–Quiere usted coger esas grandes que hay en el Irati, ¿eh?

–Oh, pues creo que sí, ¿sabe? Hay truchas enormes allí.

–Me hubiera gustado intentar pescarlas una vez más.

–Hágalo. Quédese otro día. Sea buen chico.

–No, tenemos que ir a la ciudad, de veras.

–¡Qué lástima!

Después del desayuno, estábamos Bill y yo sentados en un banco calentándonos al sol y hablando del asunto, cuando vi a una muchacha que subía por la carretera. Venía del centro del pueblo. Se paró frente a nosotros y sacó un telegrama de un bolso de cuero que le colgaba y se le apoyaba en la falda.

–*¿Para ustedes?*

Lo miré. La dirección era: Barnes, Burguete.

–Sí, es para nosotros.

Me presentó un cuaderno para que firmara y yo le di un par de monedas de propina. El telegrama estaba en castellano: «Vengo jueves. Cohn.»

Se lo pasé a Bill.

–¿Qué significa la palabra Cohn? –preguntó.

–¡Qué asco de telegrama! –dije–. Hubiese podido enviar diez palabras por el mismo precio. «Llego el jueves.» Eso le proporciona a uno información en abundancia, ¿no te parcce?

–Le proporciona a uno toda la información que a Cohn le interesa dar.

–De todas formas, vamos a irnos. No vale la pena tratar de hacer venir a Brett y a Mike aquí para volver a marcharse antes de la *fiesta.* ¿Vamos a responder?

–¿Por qué no? –dijo Bill–. No hay ninguna necesidad de ser mal educado.

Fuimos hasta la oficina de correos y pedimos un impreso para telegramas.

–¿Qué vamos a decir? –preguntó Bill.

–«Llegamos esta noche.» Es suficiente.

Pagamos el telegrama y volvimos a la posada. Harris estaba allí. Anduvimos los tres hasta Roncesvalles y recorrimos el monasterio.

–Es un sitio interesante –dijo Harris al salir–. Pero, les diré, esa clase de lugares no son lo mío.

–Lo mío tampoco –dijo Bill.

–De todas formas, es un sitio interesante. No me hubiera gustado marcharme sin verlo. Cada día me hacía el propósito de subir.

–Sea como sea, no es lo mismo que pescar, ¿eh? –dijo Bill. Harris le caía bien.

–¡Caramba, no!

Estábamos parados frente a la antigua capilla del monasterio.

–¿Eso que hay al otro lado del camino no es una taberna? –dijo Harris–. ¿O es que mis ojos me engañan?

–Tiene el aspecto de una taberna –dijo Bill.

–A mí me parece que lo es –dije yo.

–Venga, utilicémosla, pues –dijo Harris.

Había cogido de Bill el verbo utilizar.

Nos tomamos una botella de vino cada uno. Harris no nos dejó pagar. En un castellano bastante bueno habló con el tabernero y éste rechazó nuestro dinero.

–No saben lo que ha significado para mí encontrarlos a ustedes aquí, chicos.

–Hemos pasado juntos unos días estupendos, Harris.

Harris estaba ligeramente borracho.

–Realmente, no pueden comprender lo que significa para mí. No me había divertido tanto desde la guerra.

–Volveremos a pescar juntos alguna vez. No lo olvide, Harris.

–Tenemos que hacerlo. Hemos pasado unos días realmente magníficos.

–¿Qué les parece otra botella entre los tres?

–Es una idea estupenda –dijo Harris.

–Pero ésta corre de mi cuenta, o no nos la bebemos –dijo Bill.

–Desearía que me la dejara pagar a mí. Me gusta hacerlo.

–Esta vez soy yo el que va a tener ese gusto –contestó Bill.

El tabernero trajo la cuarta botella. Nos habíamos quedado con los mismos vasos. Harris levantó el suyo.

–¡Esto sí que se utiliza bien!; se lo digo yo.

Bill le dio una palmada en la espalda.

–¡El bueno de Harris!

–Oigan, mi nombre no es realmente Harris, sino Wilson-Harris, todo junto; con un guión en medio, ¿saben?

–Querido Wilson-Harris –dijo Bill–. Le llamamos Harris por el mucho aprecio que le tenemos.

–Le digo, Barnes, que no saben ustedes lo que todo esto significa para mí.

–Vamos, utilice otro vaso –dije.

–Barnes... Realmente, Barnes, ustedes no pueden comprenderlo. Eso es todo.

–Beba, Harris.

Hicimos el camino de vuelta de Roncesvalles con Harris entre los dos. Comimos en la posada y Harris nos acompañó al autocar. Nos dio su tarjeta con la dirección de su domicilio en Londres, su club y la dirección de su oficina. Cuando subíamos al autocar, nos entregó un sobre a cada uno. Abrí el mío y encontré dentro una docena de moscas, que el propio Harris había enganchado. Él mismo se enganchaba sus moscas.

–Oiga, Harris... –empecé a decir.

–¡Nada, nada! –me cortó él, mientras se apeaba del autocar–. No son moscas de primera categoría, en absoluto. Pero pensé que, si alguna vez pescaban con ellas, se acordarían de los buenos días que habíamos pasado juntos.

El autocar arrancó. Harris parado ante la oficina de correos, nos dijo adiós con la mano. Cuando entramos en la carretera, se volvió y se dirigió otra vez hacia la posada.

–Oye, ¿verdad que ese Harris era muy simpático? –dijo Bill.

–Creo que realmente ha pasado unos días estupendos.

–¿Harris? Ya puedes apostar a que sí.

–Me hubiera gustado que viniera a Pamplona.

–Quería pescar.

–Sí. Y, además, uno nunca puede prever lo que va a pasar cuando varios ingleses se juntan.

–No, supongo que no.

Entramos en Pamplona avanzada ya la tarde. El autocar se paró frente al hotel Montoya. Estaban poniendo hileras de cable eléctrico en la plaza a fin de que estuviera iluminada para la fiesta. Al parar el autocar, se acercaron algunos chiquillos. Un funcionario de aduanas obligó a toda la gente que bajara del autocar a que abriera en la acera los paquetes que llevaba. Entramos en el hotel; en la escalera encontré a Montoya, que nos estrechó la mano sonriendo con aquella especie de turbación que le era peculiar.

–Sus amigos están aquí –dijo.

–¿El señor Campbell?

–Sí. El señor Cohn, el señor Campbell y lady Ashley. Sonrió como si hubiera algo que yo tuviera que saber.

–¿Cuándo llegaron?

–Ayer. Les he reservado a ustedes las habitaciones que tenían.

–Muy bien. ¿Le ha dado al señor Campbell la habitación que da a la plaza?

–Sí. Todas las habitaciones que habíamos visto.

–¿Dónde están ahora nuestros amigos?

–Creo que fueron a ver jugar a pelota.

–¿Qué hay de los toros?

Montoya sonrió.

–Esta noche –dijo–; esta noche a las siete, traen los toros de Villar y mañana llegan los miuras. ¿Van a ir a verlo todos ustedes?

–¡Oh, sí! No han visto nunca una desencajonada.

Montoya me puso la mano en el hombro.

–Nos veremos allí.

Volvió a sonreír. Sonreía siempre como si las corridas de toros fueran un secreto especialísimo entre nosotros dos; un secreto más bien desagradable, pero realmente muy profundo y del que ambos estábamos enterados. Sonreía siempre como si el secreto tuviera para los extraños algo de obsceno, algo que, sin embargo, nosotros dos comprendíamos. Un secreto que no podía explicarse a gente que no iba a comprenderlo.

–¿Su amigo es *aficionado,* también? –preguntó Montoya sonriendo a Bill.

–Sí. Ha venido expresamente desde Nueva York para ver los sanfermines.

–¿Sí? –dijo Montoya con una cortés expresión de duda–. Pero no tan *aficionado* como usted.

Me puso de nuevo la mano en el hombro con aire de turbación.

–Sí –dije–. Es un verdadero *aficionado.*

–Pero no tan *aficionado* como usted.

Afición significa pasión. Un *aficionado* es alguien que se apasiona por las corridas de toros. Todos los buenos toreros se alojaban en el hotel de Montoya; es decir, todos los que tenían *afición* se alojaban allí. Los toreros comerciales se alojaban allí una vez, quizás, y luego no volvían más. Los buenos volvían cada año. En la habitación de Montoya estaban sus fotografías, dedicadas a Juanito Montoya o a su hermana. Las fotografías de los toreros en quienes Montoya había creído realmente estaban enmarcadas. Las de los toreros que no habían poseído el don de la *afición,* Montoya las guardaba en un cajón de su escritorio. Con frecuencia llevaban dedicatorias de lo más halagador, pero no significaban nada. Un día Montoya las sacó todas y las echó a la papelera. No las quería tener cerca de él.

Hablábamos con frecuencia de toros y de corridas. Me había

hospedado en el Montoya durante varios años. En ninguna ocasión hablábamos durante mucho rato; teníamos bastante con el placer de descubrir nuestras emociones recíprocas. Había hombres que venían de ciudades lejanas y, antes de marcharse de Pamplona, se paraban a hablar unos minutos de toros con Montoya. Estos hombres eran *aficionados*. Los *aficionados* encontraban siempre habitaciones, incluso cuando el hotel estaba lleno. Montoya me presentó a unos cuantos. Al principio eran siempre muy educados y les hacía mucha gracia que fuera americano. Sea por lo que sea, daban por supuesto que un americano no podía sentir *afición*. Podía fingirla o confundirla con la excitación, pero no sentirla realmente. Cuando veían que yo sentía *afición* –y para descubrirlo no había santo y seña ni preguntas preparadas de antemano, sino más bien una especie de examen oral espiritual, con preguntas que nunca parecían tales, y siempre un poco a la defensiva–, se repetía siempre este gesto de ponerme la mano en el hombro con aire de incomodidad, o un *bueno, hombre*. Pero casi siempre había el contacto físico; parecía que tuvieran que tocarle a uno para estar seguros.

Montoya podía perdonárselo todo a un torero con *afición*. Podía perdonarle crisis nerviosas, pánico, malas actuaciones inexplicables, toda clase de errores. Por uno que sintiera *afición* podía perdonar cualquier cosa. Me perdonó al instante a todos mis amigos, y no dijo nunca nada. Eran simplemente algo un poco vergonzoso que había entre los dos, como el que a los caballos les salieran las entrañas en una corrida de toros.

Bill había subido arriba cuando llegamos; lo encontré lavándose y cambiándose en su habitación.

–Bueno –dijo–, ¿has hecho mucha práctica de castellano?

–Montoya me estaba contando que los toros llegan esta noche.

–Trataremos de encontrar a los demás y vamos a verlo.

–Bueno. Seguramente estarán en el café.

–¿Tienes entradas?

–Sí. Cogí para todas las desencajonadas.

–¿Cómo es una desencajonada?

Estaba delante del espejo estirándose la mejilla para ver si había quedado algún lugar sin afeitar bajo la línea de la mandíbula.

–Es muy bonito –dije–. Hacen salir a los toros de los cajones, uno a uno; en el *corral* hay bueyes que los reciben y les impiden pelear; los toros arremeten contra los bueyes y éstos corren a su alrededor como solteronas, tratando de calmarlos.

–¿Y no cornean nunca a los bueyes?

–Claro que sí. A veces corren disparados tras ellos y los matan.

–¿Y los bueyes no pueden hacer nada?

–No. Intentan hacer amistad.

–¿Para qué los meten dentro?

–Para aplacar a los toros e impedir que se rompan los cuernos contra las paredes de piedra, o luchando entre sí.

–Ha de resultar fantástico ser un buey.

Bajamos la escalera, salimos y atravesamos la plaza en dirección al café Iruña. En la plaza había dos taquillas de aspecto solitario. Sus ventanillas, en las que había escrito SOL, SOL Y SOMBRA y SOMBRA, estaban cerradas; no iban a abrir hasta el día antes de la *fiesta*.

Al otro lado de la plaza, las blancas mesas y sillas de mimbre del Iruña se desparramaban y se salían fuera de la arcada, hasta el borde de la acera. Busqué a Brett y a Mike en las mesas. Allí estaban Brett, Mike y Robert Cohn. Brett llevaba una boina vasca, y Mike también; Robert Cohn iba con la cabeza descubierta y llevaba puestas sus gafas. Brett nos vio venir y agitó la mano; sus ojos se llenaron de arruguillas cuando llegamos a la mesa.

–¡Hola, chicos! –gritó.

Brett era feliz. Mike tenía una manera especial de demostrar la intensidad de sus sentimientos con un apretón de manos. Robert Cohn nos estrechó la mano porque estábamos de vuelta.

–¿Dónde diablos habéis estado? –pregunté.

–Fui yo quien los trajo hasta aquí –dijo Cohn.

–¡Vaya una sandez! –contestó Brett–. Hubiéramos llegado antes si no te hubieses presentado.

–No habrían llegado nunca aquí.

–¡Menuda tontería! ¡Qué morenos estáis, chicos! Mirad a Bill.

–¿Tuvisteis buena pesca? –preguntó Mike–. Queríamos venir a reunirnos con vosotros.

–No estuvo mal. Os echamos de menos.

–Yo quería –dijo Cohn–, pero pensé que tenía que traerlos a ellos.

–¡Que tú nos trajiste! ¡Vaya una trola!

–¿La pesca estuvo bien de veras? –preguntó Mike–. ¿Cogisteis mucha cosa?

–Algunos días cogimos una docena cada uno. Había un inglés.

–Se llamaba Harris –intervino Bill–. Acaso tú le conociste, Mike. Estuvo también en la guerra.

–¡Vaya tipo con suerte! –dijo Mike–. ¡Qué días pasamos! ¡Cómo me gustaría que volvieran aquellos añorados días!

–No seas imbécil.

–¿Estuviste en la guerra, Mike? –preguntó Cohn.

–¿Cómo no iba a estar?

–Fue un soldado muy distinguido –dijo Brett–. Cuéntales lo de aquella vez en que el caballo se te encabritó en Piccadilly.

–No voy a hacerlo. Ya lo he contado cuatro veces.

–A mí nunca me lo has contado –dijo Robert Cohn.

–No voy a contar este suceso. Me desacredita.

–Háblales de tus condecoraciones.

–No lo haré. Es una historia que me desacredita en gran manera.

–¿Qué historia es ésa?

–Brett os la va a contar. Cuenta todas las anécdotas que me desacreditan.

–Vamos, Brett, cuéntala.

–¿He de hacerlo?

–Voy a contarla yo mismo.

–¿Qué condecoraciones tienes, Mike?

–No tengo condecoraciones.

–Has de tener algunas.

–Supongo que las que tiene todo el mundo, pero nunca las he reclamado. En una ocasión tenía que celebrarse una cena por todo lo alto, a la que iba a asistir el príncipe de Gales. Las invitaciones decían que se llevaran condecoraciones. Yo, naturalmente, no tenía ninguna. Me presenté en casa de mi sastre y éste se mostró muy impresionado por la invitación. Pensé que era una buena ocasión y le dije: «Tiene que proporcionarme usted algunas condecoraciones.» Él dijo: «¿Qué condecoraciones, señor?» Y yo repuse: «Oh, las que sean. Lo único que ha de hacer es darme unas cuantas.» y entonces preguntó: «¿Qué condecoraciones tiene usted, señor?» Y yo contesté: «¿Cómo voy a saberlo?» ¿Es que creía que yo perdía el tiempo leyendo la condenada Gaceta? «Lo único que quiero es que me dé un buen montón. Escójalas usted mismo.» En fin, me procuró varias condecoraciones en miniatura; me dio el estuche, me lo metí en el bolsillo y me olvidé de él. Para terminar, fui al banquete; era la noche en que habían asesinado a Henry Wilson, por lo que no asistió el príncipe de Gales, ni asistió el rey, y nadie llevaba condecoraciones. Todos aquellos ridículos pavos reales estaban atareados quitándose sus condecoraciones, mientras que yo tenía las mías en el bolsillo.

Se detuvo para que nos riéramos.

–¿Eso es todo?

–Eso es todo. Tal vez no he sabido contarlo bien.

–No, no has sabido –dijo Brett–. Pero es igual.

Todos nos reíamos.

–¡Ah, sí! –dijo Mike–. Ahora ya lo sé. Era una cena tan infernalmente aburrida que no la pude soportar y me fui. Un rato después encontré el estuche en el bolsillo. «¿Qué es eso?», me dije «¿Condecoraciones?, ¿asquerosas condecoraciones militares?» Y bien, las arranqué de su soporte (ya saben ustedes que las ponen siempre encima de una cinta) y me dediqué a repartirlas. Regalé una a cada chica, como *souvenir*. Creyeron que era el mismísimo diablo convertido en soldado. ¡Regalar condecoraciones en un night club! ¡Vaya un tipo fachendoso!

–Cuenta lo que falta –dijo Brett.

–¿No os parece que tuvo gracia la cosa? –pregunto Bill, en tanto que todos nosotros nos reíamos–. La tuvo. Juro que la tuvo. En fin, mi sastre me escribió pidiéndome que le devolviera las condecoraciones. Me envió a un empleado con el recado, y siguió escribiéndome meses y meses. Al parecer, se las había dejado un individuo para que las limpiaran. Se ve que era un horrible pavo real del ejército. Organizó un escándalo infernal a causa de ellas –Mike hizo una pausa–. El sastre tuvo una suerte perra –terminó.

–¿De veras lo crees así? –dijo Bill–. Yo diría que fue una gran ocasión para el sastre.

–Era un sastre extraordinariamente bueno. Al verme hoy, nadie lo creería –dijo Mike–. Solía pagarle cien libras al año para que estuviera tranquilo y no me enviara facturas. Fue para él un golpe horrible que yo quebrara. Sucedió precisamente después de lo de las condecoraciones. Eso dio a sus cartas un tono más bien áspero.

–¿Cómo llegaste a la quiebra? –preguntó Bill.

–De dos maneras –contestó Mike–. Primero poco a poco y luego de golpe.

–¿Y cuál fue el motivo?

–Los amigos –contestó Mike–. Tenía un montón de amigos. De falsos amigos. Y, además, tenía también acreedores. Seguramente tenía más acreedores que cualquier otra persona en Inglaterra.

–Cuéntales lo del tribunal –dijo Brett.

–No me acuerdo –dijo Mike–. Estaba un poquito bebido.

–¡Bebido! –exclamó Brett–. Querrás decir que estabas como una cuba...

–Es una cosa extraordinaria –dijo Mike–. El otro día encontré a mi antiguo socio y me invitó a una copa.

–Háblales de tu docto abogado asesor –dijo Brett.

–No quiero –replicó Mike–. Mi docto abogado también estaba ciego. ¡Vaya, qué conversación más tétrica! ¿Vamos o no vamos a ver cómo descargan a esos toros?

–Vamos.

Llamamos al camarero, pagamos y empezamos nuestra peregrinación por la ciudad. Al principio íbamos Brett y yo, pero vino Robert Cohn y se puso al lado de ella. Seguimos andando los tres. Pasamos ante el Ayuntamiento, de cuyo balcón ondeaban las banderas, y bajamos luego por el mercado y por la empinada calle que lleva al puente tendido sobre el Arga. Por la calle transitaba mucha gente que iba a ver los toros; los coches corrían colina abajo y cruzaban el puente, cocheros, caballos y látigos destacándose por encima de la masa de peatones. Al otro lado del puente, doblamos por una calle en dirección a los corrales. Pasamos por delante de una taberna que tenía en la ventana el anuncio siguiente: Buen vino a 30 céntimos el litro.

–Es ahí donde vamos a ir cuando estemos mal de fondos –dijo Brett.

La mujer que estaba parada a la puerta de la taberna nos observó cuando pasamos. Llamó a alguien de dentro de la casa y tres chicas salieron a la ventana a mirar algo. Miraban a Brett.

A la puerta de los *corrales* dos hombres recogían las entradas de la gente. Pasamos la puerta. Dentro había árboles y una casa baja de piedra. Al otro extremo estaba el muro de piedra de los *corrales*. Todos ellos tenían practicadas en la piedra unas aberturas que corrían a lo largo de su superficie como si fueran aspilleras. Una escalera llevaba hasta arriba del muro; la gente trepaba por ella y se desparramaba luego por los muros que separaban los dos *corrales*. Subimos por la escalera, después de cruzar la hierba que crecía bajo los árboles, pasamos junto a los grandes cajones pintados de gris dentro de los cuales se hallaban los toros. Para viajar, se ponía un toro en cada uno. Habían llegado en tren desde un criadero de toros de Castilla; en la estación los habían descargado de los vagones de plataforma y los habían traído hasta aquí para sacarlos de sus cajones y meterlos en los corrales. Cada jaula llevaba una marca con el nombre y la marca del ganadero correspondiente.

Trepamos y encontramos sitio en el muro que daba al corral. Las paredes de piedra estaban enjalbegadas; había paja en el suelo y pesebres de madera y artesas para el agua contra la pared.

–Fijaos en eso –dije.

Más allá del río se levantaba la meseta con la ciudad encima. A todo lo largo de las antiguas paredes y murallas había gente parada. Las tres hileras de fortificaciones daban tres negras hileras de gente. Por encima de los muros, las cabezas se asomaban a las ventanas de las casas, y en el borde más alejado de la altiplanicie los chicos habían trepado a los árboles.

–Deben de creer que va a ocurrir algo –dijo Brett.

–Quieren ver los toros.

Mike y Bill estaban en el otro muro, el que se hallaba al otro lado del foso del *corral.* Nos dijeros hola con la mano. Detrás de nosotros, los que habían llegado tarde nos empujaban cada vez que recibían de los otros un empellón.

–¿Por qué no empiezan? –dijo Robert Cohn.

Una mula fue enganchada a uno de los cajones y lo arrastró hasta el portillo practicado en el muro del *corral.* Los hombres lo empujaban y levantaban con palancas de hierro, hasta que quedó arrimado contra el portillo. En la pared había hombres preparados para abrir la puerta del *corral* y luego la del cajón. Al otro extremo del *corral,* se abrió una puerta y entraron dos bueyes, meneando la cabeza y haciendo balancear sus escuálidos flancos con el trote. Permanecieron juntos en el extremo más alejado con las cabezas dirigidas hacia la puerta por la que iba a entrar el toro.

–No parecen muy satisfechos –dijo Brett.

Los hombres que estaban sobre el muro se echaron para atrás y levantaron la puerta del *corral.* Luego levantaron la del cajón.

Me incliné por encima de la pared con la intención de ver el interior del cajón. Estaba todo a oscuras. Alguien dio un golpe en el cajón con una de las palancas de hierro y entonces pareció que algo estallaba en su interior. El toro iba de un lado a otro aporreando la madera con sus cuernos y armaba un gran ruido. Vi un morro oscuro y la sombra de unos cuernos; luego, tras un martilleo de cascos que resonó en la madera de la caja, el toro salió disparado al corral, patinando en la paja con sus patas delanteras al frenar. Llevaba la cabeza erguida, el gran bulto musculoso que tenía sobre el cuello estaba tirante de tan hinchado, y los músculos de su cuerpo palpitaban, en tanto que miraba a la multitud reunida sobre los muros de piedra. Los dos bueyes retrocedieron hasta tocar la pared, con las cabezas hundidas y vigilando con los ojos al toro.

El toro los vio y se lanzó al ataque. Desde detrás de una de las cajas un hombre gritó y golpeó con su sombrero contra las tablas; el toro, que aún no había llegado hasta los bueyes, se volvió, se recogió sobre sí mismo y cargó contra el punto donde estaba antes el hombre, tratando de llegar hasta él, detrás de los tablones, con una media docena de rápidas embestidas indagatorias con el cuerno derecho.

–¡Dios mío, qué hermoso es! –dijo Brett.

Estábamos ambos mirando fijamente al toro.

–Fíjate en lo bien que sabe servirse de sus cuernos –dije–. Tiene una derecha y una izquierda, exactamente igual que un boxeador.

–¿De veras?

–Fíjate bien.

–Va demasiado aprisa.

–Espera. Dentro de un minuto llegará otro.

Habían arrimado otra caja en la entrada. En el extremo opuesto, un hombre llamó la atención al toro desde detrás de uno de los refugios de tablones y, mientras el toro miraba a otro lado, levantaron la puerta y entró en el corral un segundo toro.

Éste se lanzó directamente contra los bueyes. De detrás de las tablas salieron dos hombres corriendo y gritando para hacerlo girar; pero él no cambió de dirección a pesar de que los hombres gritaban: *¡Eh, eh, toro!*, y agitaban los brazos. Los dos bueyes se pusieron de través para recibir la embestida y el toro hundió los cuernos en uno de ellos.

–No mires –le dije a Brett.

Estaba observando atentamente, fascinada.

–Estupendo –dije–. Si eso no te revuelve el estómago...

–Lo he visto –dijo ella–. He visto como pasaba del cuerno izquierdo al derecho.

–¡Muy bien!

–El buey yacía ahora en el suelo, con el cuello estirado y la cabeza torcida, tal como había caído. De repente, el toro lo dejó y se encaminó hacia el otro buey, que había permanecido en el extremo más alejado, balanceando la cabeza y observando todo el espectáculo. El buey corrió torpemente y el toro lo cogió, le dio una ligera cornada en el flanco y se volvió hacia otro lado, contemplando a la multitud que se hallaba en los muros, mientras levantaba su joroba musculosa. El buey se le acercó e hizo acción de tocarle con el hocico. El toro le dio una cornada para guardar las apariencias y luego fue él quien, a su vez, acercó el morro al buey; después se dirigieron los dos trotando hacia el otro toro.

Cuando salió el tercer toro, estaban los tres juntos, los dos toros y el buey, con las cabezas pegadas la una a la otra y los cuernos dirigidos hacia el recién llegado. El buey cogió por su cuenta al nuevo toro y en pocos minutos lo amansó y lo incorporó al grupo. Soltaron los dos últimos toros y al final todos estaban reunidos.

El buey corneado había logrado levantarse y estaba apoyado contra la pared. Ninguno de los toros se le acercó y él por su parte, no hizo tampoco ningún intento para unirse al grupo.

Bajamos del muro con la gente y, a través de las aberturas de la pared del corral, echamos una última mirada a los toros. Estaban todos tranquilos y con la cabeza baja. Al salir cogimos un coche y nos dirigimos al café. Mike y Bill llegaron media hora después. Por el camino se habían detenido a tomar unos cuantos tragos.

Estábamos sentados en el café.

–Es un espectáculo extraordinario –dijo Brett.

–¿Van a luchar estos últimos tan bien como el primero? –preguntó Robert Cohn–. Pareció que se calmaban terriblemente aprisa.

–Se conocen todos –dije–. Sólo son peligrosos cuando están solos o en grupos de dos o tres únicamente.

–¿Peligrosos? ¿Qué quieres decir? –preguntó Bill–. A mí todos me parecieron peligrosos.

–Sólo quieren matar cuando están solos. Por supuesto, si tú entraras allí seguramente lograrías que uno de ellos se separara de la manada, y éste sería peligroso.

–Es demasiado complicado –dijo Bill–. No dejes que me separe nunca del rebaño, Mike.

–Oíd –dijo Mike–, eran unos buenos toros, ¿verdad? ¿Habéis visto los cuernos?

–¿Cómo no iba a verlos? –contestó Brett–. No tenía ni idea de cómo eran.

–¿Habéis visto el que hirió al buey? –preguntó Mike–. Era extraordinario.

–La vida de un buey no es vida –dijo Robert Cohn.

–¿De verdad opinas eso? –dijo Mike–. Yo hubiera creído que te encantaría ser un buey, Robert.

–¿Qué quieres decir, Mike?

–¡Llevan una vida tan tranquila! No dicen nunca nada; están siempre haraganeando por ahí.

Todos nos sentíamos incómodos. Bill se rió. Robert Cohn estaba enfadado. Mike siguió hablando.

–Hubiera creído que te encantaría. No tendrías que decir jamás ni una sola palabra. Vamos, Robert, di algo. No te limites a estar ahí sentado.

–Ya he dicho algo, Mike. ¿No te acuerdas? Sobre los bueyes.

–Di algo más. Algo divertido. ¿No ves lo bien que lo estamos pasando todos?

–Acaba ya con eso, Michael. Estás borracho –dijo Brett.

–No estoy borracho. Hablo completamente en serio. ¿Es que Robert Cohn va a seguir siempre a Brett a todas partes como un buey?

–Basta ya, Michael. Trata de ser un poco educado.

–¡Al infierno la educación! Después de todo, ¿quién tiene educación, a excepción de los toros? ¿Verdad que son maravillosos? ¿No te gustan, Bill? ¿Por qué no dices algo, Robert? No estés ahí sentado como si asistieras a un condenado funeral. ¿Qué importa que Brett se haya acostado contigo? Lo ha hecho con montones de gente mejor que tú.

–¡Basta! –dijo Cohn poniéndose en pie–. ¡Basta, Mike!

–No te quedes de pie, no hagas como si fueras a pegarme. No me importaría en absoluto. Dime, Robert, ¿por qué sigues a Brett a todas partes como un asqueroso buey? ¿No te das cuenta de que estorbas? Cuando estorbo, yo lo noto. ¿Cómo es que no lo notas tú? Fuiste a San Sebastián adonde nadie te había llamado, y te dedicaste a seguir a Brett como un asqueroso buey. ¿Crees que eso está bien?

–Cállate, estás borracho.

–Tal vez sí. ¿Por qué no estás borracho tú? ¿Por qué no te emborrachas nunca, Robert? Has de reconocer que no pasaste unos días muy divertidos en San Sebastián, porque ni uno solo de nuestros amigos te invitó a ninguna de las fiestas. No puedes reprochárselo demasiado, ¿no te parece? Fui yo quien se lo pedí. Y ellos no te invitaron. No puedes reprochárselo, pues, ¿eh? Vamos, contéstame. ¿puedes reprochárselo?

–Vete al infierno, Mike.

–Yo no se lo reprocho. ¿Se lo vas a reprochar tú? ¿Por qué sigues a Brett a todas partes? ¿Es que no tienes modales? ¿Qué impresión crees que me hace eso a mí?

–Tú eres el más apropiado para hablar de modales –dijo Brett–. Los tuyos son encantadores.

–Vamos, Robert –dijo Bill.

–¿Para qué la sigues a todas partes?

Bill se levantó y agarró a Cohn.

–No te vayas –dijo Mike–. Robert Cohn va a pagarnos un trago.

Bill salió con Cohn. Éste estaba lívido. Mike siguió hablando y yo le escuché durante un rato. Brett parecía disgustada.

–Oye, Michael, no puedes hacer el asno de esta manera –dijo interrumpiéndole.

Y volviéndose hacia mí añadió:

–Aunque eso no quiera decir que no tenga razón, ¿sabes?

La excitación había desaparecido de la voz de Mike. Los que estábamos allí éramos amigos.

–No estoy tan borracho como parece –dijo Mike.

–Ya lo sé que no –dijo Brett.

–Ninguno de nosotros está del todo sereno –dije yo.

–No dije nada que no pensara.

–Pero lo dijiste con tan poca gracia... –dijo Brett riendo.

–De todas formas, fue un imbécil. Vino a San Sebastián, donde malditas las ganas que teníamos de verle, y se dedicó a rondar a Brett sin hacer nada más que mirarla. Me ponía enfermo de veras.

–Se portó muy mal –dijo Brett.

–Fíjate en eso. Brett ha tenido líos con otros hombres antes de Cohn. Me lo cuenta todo. Me dio las cartas de Cohn para que las leyera y yo no quise.

–Muy elegante de tu parte.

–No, Jake, óyeme bien. Brett ha hecho sus escapadas con otros hombres. Pero no eran nunca judíos, ni se quedaban pegados a uno cuando el asunto estaba liquidado.

–Unos chicos estupendos –dijo Brett–. Pero no tiene ningún interés hablar de ello. Michael y yo nos comprendemos.

–Me dio las cartas de Robert Cohn, pero yo no quise leerlas.

–No serías capaz de leer ninguna, querido. Ni siquiera las mías.

–No puedo leer las cartas –dijo Mike–. ¿Es curioso, verdad?

–No puedes leer nada.

–No, en eso estás equivocada. Leo un poco. Leo cuando estoy en casa.

–Sí, y dentro de poco hasta escribirás –dijo Brett–. Vamos, Michael, tienes que hacer un esfuerzo. Tienes que sobreponerte. Él ya está aquí, ahora. No nos eches a perder la *fiesta.*

–Bueno, pues que se comporte como es debido.

–Lo hará. Yo se lo diré.

–Díselo tú, Jake. Dile que o se porta bien o se larga.

–Sí –dije–. Me resultaría muy agradable decírselo.

–Oye, Brett, di a Jake cómo te llama Robert. Es perfecto.

–Oh, no, no puedo hacerlo.

–Venga, mujer, somos amigos. ¿No es verdad que somos amigos, Jake?

–No puedo decirlo. Es demasiado ridículo.

–Se lo diré yo.

–No, Michael; no seas imbécil.

–La llama Circe –dijo Mike–. Sostiene que convierte a los hombres en cerdos. ¿No está mal, eh? Quisiera ser uno de estos tipos que saben literatura.

–Podría ser bueno, ¿sabes? –dijo Brett refiriéndose a Mike–. Escribe unas cartas muy bonitas.

–Ya lo sé –dije–. Me escribió desde San Sebastián.

–Aquello no era nada –dijo Brett–. Es capaz de escribir cartas tremendamente divertidas.

–Fue ella quien me lo hizo escribir, haciéndose pasar por enferma.

—Y además lo estaba de verdad, y mucho.

—Vamos —dije—, debemos regresar para la cena.

—¿Qué he de hacer cuando me encuentre con Cohn? —preguntó Mike.

—Pórtate como si no hubiera sucedido nada.

—Por lo que a mí se refiere, estupendo —dijo Mike—. No estoy nada violento.

—Si él dice algo, responde sólo que estabas borracho.

—Perfectamente. Lo curioso del caso es que creo que estaba efectivamente borracho.

—Vamos —dijo Brett—. ¿Están pagados estos venenos? Tengo que bañarme antes de la cena.

Atravesamos la plaza. Había oscurecido y su contorno se hallaba iluminado por las luces de los cafés que había debajo de las arcadas. Luego caminamos por la grava, bajo los árboles, hasta el hotel.

Ellos dos subieron arriba y yo me detuve a hablar con Montoya.

—Bueno, ¿qué le parecieron los toros? —me preguntó.

—Buenos. Eran unos toros muy bonitos.

—No eran nada malos —dijo Montoya moviendo la cabeza—, pero tampoco eran buenos.

—¿Qué es lo que les echa en cara?

—No lo sé. No me dio la impresión de que fueran realmente buenos, eso es todo.

—Ya sé lo que quiere decir.

—No estaban mal.

—No, no estaban mal.

—¿Cómo los encontraron sus amigos?

—Les gustaron mucho.

—Eso está bien —dijo Montoya.

Subí a mi cuarto. Bill estaba en el balcón de su habitación, mirando a la plaza. Me paré junto a él.

—¿Dónde está Cohn?

—Arriba, en su habitación.

—¿Cómo está?

–Fatal, como es lógico. Mike estuvo espantoso. Se pone terrible cuando está borracho.

No estaba tan borracho como eso.

–¡Vaya si lo estaba! Yo sé lo que bebimos antes de llegar al café.

–Luego se le pasó totalmente la borrachera.

–Mejor. Se puso terrible. Sabe Dios que no siento ninguna simpatía por Cohn, y que pienso que ir a San Sebastián fue por su parte una estupidez, pero nadie tiene derecho a hablar como lo hizo Mike.

–¿Qué te parecieron los toros?

–Magníficos. Es extraordinaria la forma que tienen de sacarlos.

–Mañana llegan los miuras.

–¿Cuándo empieza la *fiesta?*

–Pasado mañana.

–Tenemos que evitar que Mike se emborrache hasta ese punto. Ese tipo de incidentes resultan terriblemente desagradables.

–Es mejor que nos arreglemos para la cena.

–Sí. Va a ser una cena muy agradable.

–¡Y que lo digas!

Y, en efecto, la cena resultó de veras muy agradable. Brett llevaba un vestido de noche negro y sin mangas, y estaba muy guapa. Mike actuaba como si no hubiese pasado nada. Tuve que subir a buscar a Cohn. Se comportaba de forma reservada y ceremoniosa, y su rostro estaba aún tirante y pálido; pero al final se animó. No podía apartar la vista de Brett, como si el mirarla le hiciera feliz. Debía de resultarle agradable, al verla tan encantadora, pensar que había tenido una aventura con ella y que todo el mundo lo sabía. Eso no podía quitárselo nadie. Bill estuvo muy divertido, y Michael también; formaban una buena pareja.

Me acordé de ciertas cenas de durante la guerra: mucho vino, una tensión latente y la sensación de que se aproximaban cosas que uno no podría evitar que ocurrieran. Bajo los efectos del vino, desapareció aquella sensación desagradable y me sentí feliz. Todos ellos parecían encantadores.

CAPÍTULO XIV

No sé a qué hora me fui a la cama. Recuerdo que me desnudé, me puse una bata y salí al balcón. Me daba cuenta de que estaba completamente borracho, por lo que cuando entré encendí la lamparilla de la cabecera de la cama y me puse a leer. Leía un libro de Turgueniev. Seguramente leí el mismo par de páginas varias veces. Era una de las historias de los *Relatos de un cazador*. Ya lo había leído antes, pero me pareció completamente nuevo. El paisaje descrito se me apareció con claridad, al mismo tiempo que se aligeraba el peso que sentía en la cabeza. Estaba muy borracho y no quería cerrar los ojos porque entonces la habitación empezaría a dar vueltas y más vueltas, mientras que, si seguía leyendo, aquella sensación desaparecería.

Oí subir a Brett y a Robert Cohn. Éste le dio las buenas noches a la puerta de su habitación y continuó subiendo hasta la suya. Oí como Brett entraba en la habitación de al lado. Mike estaba ya en la cama; se había retirado conmigo una hora antes. Cuando ella entró, se despertó y se pusieron a hablar. Les oí reír. Apagué la luz y traté de dormir. Ya no necesitaba seguir leyendo: podía cerrar los ojos sin que todo se pusiera a dar vueltas. Pero no podía dormir. No hay razón alguna para que las cosas le parezcan a uno distintas a oscuras y cuando hay luz. ¡Qué tontería! ¡Vaya si no la hay!

De golpe, me di cuenta de eso, y durante seis meses no dormí nunca con la luz apagada. Fue una gran idea. ¡Al diablo las mujeres! ¡Vete al infierno, Brett Ashley!

Tener amistad con una mujer es una cosa estupenda. Realmente estupenda. En primer lugar, uno tiene que estar enamorado de una mujer para que la amistad tenga una base. Había considerado a Brett como una amiga, sin tener en cuenta su opinión sobre el caso. Había obtenido algo sin dar nada a cambio, con lo que sólo había logrado retrasar la presentación de la factura. Pero la factura llegaba siempre; era una de aquellas cosas estupendas con las que uno podía siempre contar.

Pensé que lo había pagado todo de una vez, al revés de las mujeres, que pagan y pagan y vuelven a pagar. Ninguna noción de premio o castigo; simplemente, un intercambio de valores. Uno daba una cosa y recibía otra, o bien tenía que trabajar para obtenerla. De una forma u otra, uno pagaba por todas las cosas que tenían algún valor. También yo pagaba por las cosas que me habían gustado; había pasado buenos momentos. Se podía pagar de varias maneras: o enterándose de las cosas por otros, o por propia experiencia, o arriesgándose, o con dinero. Disfrutar de la vida no era más que aprender a sacar todo el partido posible del dinero que se tenía, y darse cuenta de cuando se había logrado. Uno podía aprovechar al máximo su dinero. El mundo era un buen sitio para estos intercambios. Tenía todo el aspecto de ser una filosofía inteligente. Dentro de cinco años, pensé, me parecerá tan estúpida como cualquiera de las otras filosofías inteligentes por las que he pasado.

Sin embargo, tal vez no era cierto. Tal vez uno aprendía algo a medida que pasaban los años. No me importaba el sentido de la vida. Lo único que quería era saber cómo vivir. Tal vez si uno descubría cómo vivir podría deducir de ahí el sentido de la vida.

De todas formas, hubiese deseado que Mike no tratara a Cohn de una forma tan terrible. A Mike le sentaba mal emborracharse. En cambio a Brett le sentaba bien. Y a Bill también. Cohn no estaba nunca borracho. Cuando pasaba de cierto límite, Mike se ponía desagradable. Me gustaba ver cómo zahería a Cohn y, sin embargo, hubiese deseado que no lo hiciera, porque luego me sentía asqueado de mí mismo. La moralidad consistía en eso: en las cosas que le hacían sentirse asqueado a uno después. No, eso debía de ser la inmoralidad. Era una opinión muy amplia. ¡Qué cúmulo de idioteces podía llegar a pensar por la noche! ¡Qué asco! (Me parecía oírselo decir a Brett.) ¡Qué asco! Cuando uno estaba con ingleses adquiría el hábito de usar expresiones inglesas al pensar. El inglés hablado –al menos el de las clases altas– debía de tener menos palabras que el esquimal. Claro que yo no sabía nada del esquimal; tal vez es una lengua muy interesante. Bueno, pongamos el cherokee, aunque tampoco sabía nada sobre el cherokee. Los ingleses declinaban las frases; una misma frase podía significar cualquier cosa. Pero me gustaba, y me gustaba también su forma de hablar. Harris, por ejemplo. Aunque Harris no pertenecía a las clases altas.

Volví a encender la luz para leer. Cogí el volumen de Turguenief. Sabía que si lo leía entonces, en el estado de hipersensibilidad mental producido por el exceso de coñac, algún día, más adelante, recordaría las aventuras con la sensación de que era a mí a quien le habían ocurrido. Nadie podría quitármelo nunca. Era otra de las cosas buenas por las que uno tenía que pagar y que luego conservaba siempre. Un poco después, al amanecer, me dormí.

Los dos días que siguieron fueron tranquilos; no hubo más peleas. La ciudad se preparaba para la *fiesta.* Unos obreros colocaban las vallas que cerrarían las calles laterales cuando, por la mañana, los toros, puestos en libertad, salieran de los *corrales* y corrieran por las calles, camino de la plaza. Los obreros cavaban hoyos y metían en ellos los maderos, cada uno de los cuales llevaba un número que indicaba su sitio. En la altiplanicie, más allá de la ciudad, unos empleados de la plaza de toros entrenaban a los caballos de los picadores: cabalgando con las piernas envaradas, los hacían galopar por los campos ásperos y calcinados por el sol que se hallaban detrás de la plaza de toros. La gran puerta de la plaza de toros estaba abierta y adentro barrían las gradas. El ruedo había sido alisado con rodillo y regado, y unos carpinteros cambiaban por otras las tablas resentidas o quebradas de la *barrera.* Desde el borde de la arena alisada por el rodillo, mirando hacia arriba, se veían las gradas vacías y los palcos, que unas viejas estaban barriendo.

Al exterior, las empalizadas que iban de la última calle de la ciudad a la entrada de la plaza de toros estaban ya en su sitio, formando un largo corredor por el que la multitud, perseguida por los toros, correría la mañana del día de la primera corrida de toros. Al otro lado del llano, en el lugar donde iba a celebrarse la feria de caballos y ganado, unos gitanos habían acampado bajo los árboles.

Los vendedores de vino y de *aguardiente* estaban montando sus barracas. En una de ellas, en un letrero de tela que pendía de los tablones bajo el sol ardoroso, se anunciaba el ANÍS DEL TORO. En la gran plaza que constituía el centro de la ciudad no había aún ningún cambio. Nos sentamos en las blancas sillas de mimbre de la terraza del café y contemplamos el movimiento de los autocares: llegaban, soltaban la carga de campesinos que, procedentes de los alrededores, venían al mercado, se llenaban y partían con una remesa de campesinos con las alforjas repletas de los productos que habían comprado en la ciudad. Los altos autocares grises eran lo único que daba vida a la plaza, si se exceptúan las palomas y el hombre que regaba la gravilla de la plaza y lavaba las calles.

Al atardecer, la gente salía a pasear. Después de cenar, durante una hora, todo el mundo (las chicas guapas, los oficiales de la guarnición, toda la gente bien de la ciudad) se paseaba por la calle que formaba uno de los lados de la plaza, en tanto que las mesas de los cafés se llenaban de los parroquianos habituales.

Por las mañanas, solía sentarme en el café a leer la prensa madrileña y luego andaba por la ciudad o salía al campo. A veces Bill venía conmigo; otras, se quedaba a escribir en su habitación. Robert Cohn se pasaba la mañana estudiando castellano o tratando de conseguir que le afeitaran en la barbería. Brett y Mike no se levantaban nunca hasta mediodía. Todos juntos tomábamos el vermut en el café. Era una vida tranquila, sin borracheras. Fui un par de veces a la iglesia, una de ellas con Brett. Quería oír cómo me confesaba. Le expliqué que, además de ser imposible, no resultaba tan interesante como parecía; además, iba a ser en una lengua que ella no conocía. Cuando salimos de la iglesia encontramos a Cohn que, evidentemente, nos había seguido; sin embargo, estuvo muy ocurrente y simpático. Los tres juntos salimos a dar un paseo por el campamento de gitanos y Brett quiso que le dijeran la buenaventura.

Era una hermosa mañana, con altas nubes blancas encima de las montañas. La noche anterior había llovido un poco y en la planicie hacía fresco y se podía contemplar, además, desde ella un panorama maravilloso. Todos nos sentíamos buenos y llenos de salud; hasta llegué a sentir simpatía por Cohn. No había nada que le pudiera echar a perder a uno en un día como aquél.

Ese fue el último día antes de la *fiesta.*

CAPÍTULO XV

El domingo 6 de julio al mediodía la *fiesta* estalló. No hay otra forma de expresar lo que quiero decir. Durante todo el día había estado llegando gente de las afueras, pero uno no se daba cuenta porque la ciudad los asimilaba. Bajo el sol ardiente, la plaza aparecía tan tranquila como otro día cualquiera. Los campesinos estaban en las tabernas de las calles alejadas del centro, bebiendo y preparándose para la *fiesta.* Hacía tan poco que habían llegado de los llanos y las colinas, que tenían que acostumbrarse al cambio de valores paulatinamente. No podían pagar desde el principio los precios de los cafés. En las tabernas se daba a su dinero su justo valor. El dinero representaba todavía un determinado número de horas de trabajo o de fanegas de trigo vendidas. Luego, cuando la fiesta estuviera avanzada, no importaría el precio que pagaran ni el sitio donde compraran.

Aquel día empezaban las fiestas de San Fermín, y estaban en las tabernas de las callejuelas de segundo orden desde las primeras horas del día. Por la mañana, al dirigirme a misa a la catedral, los oí cantar a través de las puertas abiertas de las tabernas. Se estaban poniendo en forma. A misa de once había mucha gente; San Fermín es también una festividad religiosa.

Saliendo de la catedral, que estaba en la parte alta de la ciudad, bajé por una calle y subí luego por otra hasta llegar al café de la plaza. Faltaba poco para mediodía. Robert Cohn y Bill estaban sentados a una de las mesas. Las mesas de mármol y las sillas blancas de mimbre habían desaparecido, y en su lugar había mesas de hierro y sillas plegables. El café parecía un buque de guerra desmantelado tras un combate. Aquel día los camareros no le dejaban leer tranquilamente a uno toda la mañana, sin acordarse de preguntarle si quería tomar algo. Tan pronto me senté apareció uno.

–¿Qué vais a tomar? –pregunté a Bill y a Cohn.

–Jerez –dijo Cohn.

–*Jerez* –dije yo en castellano al camarero.

Antes que el camarero llegara con el jerez el cohete que anunciaba el comienzo de la *fiesta* se elevó en la plaza. Al estallar allá en lo alto, formó un gran balón de humo encima del Teatro Gayarre, que estaba al otro lado de la plaza. Mientras contemplaba la bola de humo, que flotaba en el cielo como una granada que hubiera estallado, otro cohete subió a juntársele, esparciendo humo en medio de la radiante luz del sol. Vi el destello luminoso que produjo al estallar y apareció otra nubecilla de humo. Hacia el momento en que estalló el segundo cohete, la arcada, vacía un minuto antes, estaba tan llena de gente que al camarero, que sostenía la botella por encima de su cabeza, le fue difícil atravesar la multitud y llegar hasta nuestra mesa. La gente llegaba a la plaza de todas parte, y calle abajo oímos acercarse los caramillos, los pífanos y los tambores, tocando el *riau-riau*. Los caramillos chillaban, redoblaban los tambores, y detrás iban grandes y chicos bailando. Cuando los que tocaban el caramillo se paraban, todos ellos se agachaban en la calle, y cuando se volvían a oír los gritos agudos de caramillos y pífanos y los golpes sordos, secos y huecos de los tambores, todos ellos saltaban por el aire bailando. En aquella masa compacta, lo único que se distinguía era el subir y bajar de las cabezas y los hombros de los que bailaban.

En la plaza un hombre, casi doblado en dos, tocaba el caramillo. Le seguía una riada de chiquillos que gritaba y le tiraban del traje. Con la chiquillería detrás, siguiendo al son de la música, pasó por delante del café y luego salió de la plaza, perdiéndose por una de las calles laterales. Al pasar ante nosotros seguido de cerca por los niños que gritaban y le tiraban del traje, vimos su cara pálida y marcada por la viruela.

–Debe de ser el idiota del pueblo –dijo Bill–. ¡Dios mío! ¡Fíjate en eso!

Calle abajo, llegaban los bailarines, todos ellos hombres, formando una masa compacta que abarrotaba la calle. Bailaban todos siguiendo el compás, detrás de sus respectivas bandas de pífanos y timbales. Formaban una especie de club. Todos ellos iban con blusas azules de trabajo y pañuelos rojos anudados al cuello, y llevaban una gran bandera atada a dos pértigas, que subía y bajaba bailando a la par que ellos, mientras iban acercándose, rodeados de la multitud.

«¡Viva el vino! ¡Vivan los extranjeros!», ponía en el letrero.

–¿Dónde están los extranjeros? –preguntó Robert Cohn.

–Somos nosotros –contestó Bill.

Durante todo ese tiempo habían seguido subiendo cohetes. Las mesas de los cafés estaban ahora todas ocupadas. La plaza se vaciaba y la multitud iba llenando los cafés.

–¿Dónde están Brett y Mike? –preguntó Bill.

–Voy a ir a buscarlos –dijo Cohn.

–Tráelos aquí.

La *fiesta* había empezado de veras, y durante siete días no paró, ni de día ni de noche. No se paraba de bailar, ni de beber, el barullo era constante. Ocurrieron cosas que sólo podían haber ocurrido durante una *fiesta.*

Al final, todo se volvió irreal: parecía como si nada pudiera tener consecuencias, como si pensar en consecuencias durante la *fiesta* estuviera fuera de lugar. Uno experimentaba siempre, incluso en los momentos de calma, la sensación de que tenía que gritar para que se oyeran sus palabras. Y lo mismo ocurría con cualquier otra cosa que se hiciera. Fue una *fiesta* que duró siete días.

Por la tarde tuvo lugar la gran procesión. Se trasladaba a San Fermín de una iglesia a otra. Todas las autoridades civiles y religiosas iban a la procesión, pero no pudimos verlas a causa del gentío. Delante de la procesión y detrás de ella iban los que bailaban el *riau-riau,* formando una masa de camisas amarillas que subían y bajaban entre la multitud. A través de la apretujada muchedumbre que abarrotaba todas las calles laterales y las aceras, lo único que pudimos ver de la procesión fueron los grandes gigantes: indios de cajas de puros, de treinta pies de alto, moros, un rey y una reina girando y valsando solemnemente a los sones del *riau-riau.*

Estaban todos parados en el exterior de la capilla en la que habían entrado San Fermín y las autoridades, dejando fuera una guardia de soldados. Los hombres que habían estado bailando dentro de los gigantes estaban de pie junto a sus respectivos armazones en reposo, y los cabezudos circulaban con sus enormes cabezotas por entre el gentío. Empezamos a entrar; en la parte de atrás de la iglesia había un ligero olor a incienso y gente colocada en hileras. Pero como, nada más entrar, impidieron el paso a Brett porque no llevaba sombrero, salimos de nuevo afuera y tomamos la calle que llevaba de la capilla al centro de la ciudad. A ambos lados de la calle se alineaba gente conservando el sitio que tenía en la acera en espera del retorno de la procesión. Algunos bailarines formaron corro alrededor de Brett y empezaron a bailar. Llevaban grandes guirnaldas de ajos alrededor del cuello. Nos cogieron a Bill y a mí por los brazos y nos metieron en el círculo. Bill también se puso a bailar. Todos cantaban. Brett quería bailar, pero ellos no se lo permitieron. La querían para bailar a su alrededor, como si fuera una imagen. Cuando terminó la canción con el agudo *riau-riau* final nos empujaron en avalancha al interior de una taberna.

Nos quedamos de pie junto al mostrador, con Brett sentada sobre un tonel de vino. La taberna estaba a oscuras y llena de hombres que cantaban con voces roncas. Detrás del mostrador, sacaban directamente el vino de los toneles. Puse dinero sobre el mostrador para pagar el vino, pero uno de los hombres lo cogió y me lo volvió a meter en el bolsillo.

–Quiero una bota para el vino –dijo Bill.

–Las hay en un sitio calle abajo. Voy a buscar un par –dije.

Los bailarines no querían dejarme salir. Tres de ellos estaban sentados sobre altos toneles al lado de Brett y le enseñaban a beber directamente de los pellejos. Le habían colgado del cuello una ristra de ajos. Alguien insistía en que le dieran un vaso. Otro enseñaba una canción a Bill; se la cantaba pegándosela a la oreja y golpeándole la espalda para marcar el compás.

Les expliqué que iba a volver. Cuando estuve afuera, me dirigí calle abajo buscando la tienda en la que hacían botas. La gente se apretujaba en las aceras y muchas de las tiendas estaban cerradas, de modo que no fui capaz de encontrarla. Anduve hasta la iglesia, mirando a ambos lados de la calle, y entonces pregunté por ella a un hombre, que me cogió del brazo y me condujo hasta allí. Los postigos estaban cerrados, pero la puerta estaba abierta.

En el interior olía a cuero curtido de fresco y a brea caliente. Un hombre esta marcando los pellejos terminados, que pendían en manojos del techo. Descolgó uno, lo hinchó y atornilló fuertemente el gollete; luego se subió encima.

–Fíjese. No pierde.

–Quiero otro más. Uno grande.

Descolgó del techo una bota muy grande, que debía de tener un galón o más de capacidad. La hinchó, soplando una y otra vez con los carrillos y se subió encima de ella, apoyándose en una silla.

–¿Qué va a hacer? ¿Venderlos en Bayona?

–No. Las quiero para beber.

Me dio una palmada en la espalda.

–Bueno, hombre. Ocho pesetas por las dos. Es el precio más bajo que hago.

El hombre que marcaba y arrojaba a una pila las botas nuevas se detuvo.

–Es verdad –dijo–. Ocho pesetas es barato.

Pagué y salí a la calle para volver a la taberna. Adentro estaba más oscuro que nunca y abarrotado de gente. No vi a Brett ni a Bill; alguien me dijo que estaban en la pieza de atrás. En el mostrador, la muchacha me llenó las dos botas. En una cabían dos litros, en la otra cinco. Llenar las dos me costó tres pesetas con sesenta céntimos. En el mostrador alguien a quien no había visto jamás intentó pagar el vino, pero al final lo pude pagar yo. Entonces el hombre que había querido pagar me invitó a un trago. No permitió que yo a mi vez lo invitara, pero dijo que tomaría un trago de la bota nueva para limpiarse la boca. Levantó el gran pellejo de cinco litros y lo apretó de forma que el vino le bajara siseando hasta el fondo de la garganta.

–Ya está bien –dijo devolviéndome el pellejo.

En la trastienda estaban Brett y Bill sentados en barriles y rodeados de los bailarines. Todos ellos tenían los brazos pasados alrededor de los hombros de los otros y cantaban. Mike estaba sentado a una mesa en compañía de unos cuantos hombres en mangas de camisa, comiendo de una fuente de atún y cebolla picada con vinagre. Todos bebían vino y mojaban trozos de pan en el aceite y vinagre.

–¡Hola, Jake! ¡Hola! –gritó Mike–. Ven aquí. Quiero presentarte a mis amigos. Estamos tomando entre todos un *hors-d'oeuvre.*

Fui presentado a la gente de la mesa. Dieron sus nombres a Mike y enviaron por un tenedor para mí.

–Deja ya de comerte su cena, Michael –gritó Brett desde los toneles de vino.

–No quiero comerme su cena –dije a uno que me alargaba un tenedor.

–Coma –me contestó–. ¿Para qué cree usted que la tenemos aquí?

Desenrosqué el tapón de la gran bota de vino y la pasé para que circulase. Todos tomaron un trago manteniendo alzado el pellejo al extremo del brazo extendido.

Afuera, destacándose de los cantos, se oía la música de la procesión que pasaba.

–¿No es la procesión? –preguntó Mike.

–*Nada* dijo alguien–, no es *nada.* Beba. Levante la bota.

–¿Cómo te encontraron? –pregunté a Mike.

–Alguien me trajo –contestó–. Dijeron que estabais aquí.

–¿Dónde está Cohn?

–Ha perdido el sentido de tanto beber –gritó Brett–. Lo han echado por ahí.

–¿Dónde está?

–No lo sé.

–¿Cómo vamos a saberlo? –dijo Bill–. Creo que ha muerto.

–No ha muerto –dijo Mike–. Lo único que pasa es que con el Anís del Mono está como una cuba.

Al oír decir Anís del Mono, uno de los hombres de la mesa miró, se sacó una botella de debajo de la blusa y me la tendió.

–No –dije–. No, gracias.

–Sí, sí. *¡Arriba!* ¡A empinar el codo!

Tomé un trago. Sabía a regaliz y le abrasaba a uno hasta las entrañas. Noté como me calentaba el estómago.

–¿Dónde diablos está Cohn?

–No lo sé –contestó Mike–. Voy a preguntarlo. ¿Dónde está nuestro compañero? Aquel que se emborrachó –preguntó en castellano.

–¿Quieren ustedes verlo?

–Sí –contesté yo.

–Yo no –contestó Mike–. Es este señor el que quiere.

El hombre del Anís del Mono se secó la boca y se levantó.

–Vamos.

En una habitación de atrás Robert Cohn dormía pacíficamente encima de unos cuantos toneles de vino. Estaba oscuro y casi no se le distinguía la cara. Lo habían tapado con una chaqueta y tenía otra doblada debajo de la cabeza. Alrededor del cuello y sobre el pecho tenía una gran guirnalda de ajos trenzados.

–Dejémosle que duerma –susurró el hombre–. Está perfectamente.

Dos horas más tarde apareció Cohn. Entró en la sala llevando todavía la guirnalda de ajos alrededor del cuello. Los españoles se pusieron a gritar cuando entró. Cohn se frotó los ojos y sonrió.

–Debo de haber estado durmiendo –dijo.

–¡Oh, no, de ninguna manera!

–Sólo estaba muerto.

–¿No vamos a ir a tomar algo para cenar? –preguntó Cohn.

–¿Quieres comer?

–Sí. ¿Por qué no? Estoy hambriento.

–Cómete esos ajos, Robert –dijo Mike–. ¡Eh! Te digo que te comas esos ajos.

Cohn se mantenía erguido. El sueño le había puesto perfectamente.

–Vamos a comer –dijo Brett–. Tengo que tomar un baño.

Después de decir adiós y de estrechar la mano a mucha gente salimos. Afuera estaba oscuro.

–¿Cuánto tiempo creéis que he dormido?

–Es mañana –contestó Mike–. Has estado dos días dormido.

–No, quiero decir qué hora es –dijo Cohn.

–Son las diez.

–¡Cuánto hemos bebido!

–Querrás decir cuánto bebimos *nosotros*. Tú te dormiste.

Bajando por las oscuras calles en dirección al hotel veíamos en el cielo los cohetes que se elevaban en la plaza. Al desembocar en la plaza, la vimos repleta de una compacta multitud; todos los que estaban en el centro bailaban.

En el hotel nos dieron una gran cena. Era la primera comida con el precio doblado a causa de la fiesta, y había unos cuantos platos nuevos. Después de la cena salimos por la ciudad. Recuerdo que tomé la decisión de quedarme levantado toda la noche para poder ver cómo los toros corrían por las calles a las seis de la mañana; pero tenía tanto sueño que me fui a dormir a las cuatro. Los otros no se acostaron.

Como mi habitación estaba cerrada y no pude encontrar la llave, subí a dormir a una de las camas del cuarto de Cohn. Afuera, en la noche, la fiesta continuaba, pero yo tenía demasiado sueño para que eso me mantuviera desvelado. Al despertar oí el estallido del cohete que anunciaba la salida de los toros sueltos de los corrales situados al lado de la ciudad. Iban a correr por las calles hasta la plaza de toros. Había tenido un sueño pesado y me desperté con la sensación de que lo hacía demasiado tarde. Me puse una de las chaquetas de Cohn y salí al balcón. La callejuela de debajo estaba vacía, pero todos los balcones estaban abarrotados. De repente, apareció en la calle un tropel de gente; iban todos corriendo, formando una masa compacta, en dirección a la plaza de toros. Detrás de ellos pasaron más hombres, que corrían más aprisa, y al final de todo unos cuantos rezagados: ésos sí que corrían de veras. Detrás de ellos quedaba un reducido espacio vacío y luego venían los toros, galopando y agitando la cabeza arriba y abajo. Un hombre cayó, rodó hasta el borde de la acera y se quedó quieto. Los otros pasaron de largo sin reparar en él; corrían todos juntos.

Los perdimos de vista. Poco después llegó de la plaza de toros una gran gritería continuada, y al fin, la detonación de un cohete que indicaba que los toros habían pasado a través de la gente que estaba en el ruedo y habían entrado en los *corrales*. Volví a la habitación y me metí en la cama. Había permanecido descalzo sobre la piedra del balcón. Sabía que seguramente todos los demás del grupo habían salido y habían estado en la plaza de toros. Al meterme de nuevo en la cama, me dormí.

Cohn me despertó al llegar. Empezó a desnudarse y se acercó a cerrar la ventana, porque la gente que estaba al balcón de la casa de enfrente estaba mirando.

–¿Has visto el espectáculo? –le pregunté.

–Sí, estábamos todos allí.

–¿No hubo ningún herido?

–En el ruedo uno de los toros se metió por entre la multitud y sacudió a seis u ocho personas.

–¿Cómo se lo tomó Brett?

–Fue todo tan rápido que a la gente no le quedó tiempo para preocuparse.

–Me hubiese gustado estar levantado.

–No sabíamos dónde estabas. Fuimos a tu habitación, pero estaba cerrada con llave.

–¿Dónde pasasteis el tiempo?

–Estuvimos bailando en un night-club.

–Me caía de sueño –dije.

–¡Dios mío! –dijo Cohn–. Yo me estoy cayendo de sueño ahora. ¿Este cuento no para nunca?

–Durante una semana, no.

Bill abrió la puerta y asomó la cabeza.

–¿Dónde te metiste, Jake?

–Los vi pasar desde el balcón. ¿Qué tal la cosa?

–Fabuloso.

–¿Adónde vas?

–A dormir.

Hasta mediodía, nadie se levantó. Comimos en mesas colocadas afuera, bajo los pórticos. La ciudad estaba llena de gente y tuvimos que esperar para conseguir una mesa. Después de comer fuimos al Iruña. Estaba completamente lleno, y a medida que se acercaba la hora de la corrida se llenaba más y más, y la gente tenía que apretarse más alrededor de las mesas. La multitud apiñada segregaba un rumor que se repetía cada día, antes de la corrida, y que el café no producía en ninguna otra ocasión, por abarrotado que estuviera. Era un zumbido continuado, dentro del cual, y formando parte de él, nos hallábamos nosotros.

Había cogido seis asientos para cada una de las corridas. Tres de ellos eran *barreras,* es decir, de la primera fila, inmediata al ruedo; los otros tres eran *sobrepuertas;* asientos con respaldo de madera situados hacia la mitad del tendido. Mike pensó que, siendo la primera vez, sería mejor que Brett se sentara arriba, a distancia, y Cohn quiso sentarse con ellos. Bill y yo nos sentaríamos en las *barreras.* Di la entrada que sobraba a un camarero para que la vendiera. Bill explicó a Cohn lo que tenía que hacer para que no le impresionara lo que les ocurría a los caballos. Bill había visto una serie de corridas.

–No estoy preocupado por si podré resistirlo o no. De lo único que tengo miedo es de aburrirme –dijo Cohn.

–¿De veras?

–No mires a los caballos después que el toro los haya golpeado –le dije a Brett–. Fíjate en cómo el toro ataca y el picador trata de mantenerlo a distancia, pero luego, si el caballo recibe cornadas, no vuelvas a mirar hasta que haya muerto.

–Estoy un poco nerviosa –dijo ella–. Me preocupa saber si seré capaz de soportarlo bien.

–Lo soportarás perfectamente. Lo único que puede serte desagradable es la parte de los caballos, y están sólo unos cuantos minutos en el ruedo, con cada toro. Cuando las cosas vayan mal no mires, eso es todo.

–Todo irá bien –dijo Mike–. Yo velaré por ella.

–No creo que te aburras –decía Bill a Cohn.

–Voy a ir al hotel a buscar los prismáticos y el pellejo de vino –dije–. Hasta luego. No os volváis bizcos.

–Te acompaño –dijo Bill. Brett nos sonrió.

Dimos la vuelta a los pórticos para evitar el calor de la plaza.

–Ese Cohn me tiene frito –dijo Bill–. Tiene el sentimiento de superioridad de los judíos tan desarrollado que cree que la única sensación que puede sacar de la corrida es la de aburrimiento.

–Lo vigilaremos con los prismáticos –dije.

–¡Que se vaya al infierno!

–Se pasa en él la mayor parte del tiempo.

–Me gustaría que se quedara para siempre.

En la escalcra del hotel encontramos a Montoya.

–Vengan –nos dijo–. ¿Quieren conocer a Pedro Romero?

–Estupendo –contestó Bill–. Vamos a verlo.

Siguiendo a Montoya, subimos un tramo de escalera y recorrimos el pasillo.

–Está en la habitación número ocho –explicó Montoya–. Se está vistiendo para la corrida.

Montoya llamó con los nudillos a la puerta y la abrió. Era una habitación oscura; por la ventana que daba a la callejuela entraba muy poca luz. Había dos camas, separadas por un tabique monástico. La luz eléctrica estaba encendida. El muchacho estaba de pie, muy erguido y serio en su traje de luces. La chaquetilla estaba colgada del respaldo de una silla. En aquel momento estaban acabando de enrollarle la faja. Bajo la luz, su pelo negro brillaba. Llevaba una camisa blanca de lino. El mozo de estoques terminó con la faja, se levantó y se hizo a un lado. Pedro Romero saludó con una inclinación de cabeza y nos estrechó la mano; parecía muy distante y lleno de dignidad. Montoya le dijo que éramos unos grandes *aficionados* y que queríamos desearle suerte. Romero escuchaba con gran seriedad. Luego se volvió hacia mí. Era el muchacho más guapo que jamás hubiera visto.

–¿Van ustedes a ir a la corrida? –preguntó en inglés.

–¿Sabe usted inglés? –dije con la sensación de ser un imbécil.

–No –contestó sonriendo.

Uno de los tres hombres que habían permanecido sentados en las camas se acercó y nos preguntó si hablábamos francés:

–¿Quieren que les sirva de intérprete? ¿Hay algo que deseen preguntar a Pedro Romero?

Le dimos las gracias. ¿Qué íbamos a preguntarle? El chico tenía diecinueve años y estaba solo, si se exceptuaba a su mozo de estoques y a aquellos tres parásitos, y la corrida iba a empezar dentro de veinte minutos. Le deseamos *mucha suerte,* le estrechamos la mano y salimos. Mientras cerrábamos la puerta lo vimos allí de pie erguido y hermoso, totalmente ensimismado, solo en la habitación, a pesar de los parásitos.

–Es un gran chico, ¿no les parece? –dijo Montoya.

–Es un buen mozo –dije.

–Tiene todo el tipo de un torero –dijo Montoya.

–Es un chico muy agradable.

–Ya veremos cómo se porta en el ruedo –dijo Montoya.

Encontramos la gran bota de vino apoyada en la pared de mi habitación; la cogimos, cogimos además los prismáticos, cerramos la puerta con llave y bajamos.

Fue una buena corrida. Bill y yo estábamos llenos de curiosidad por ver a Pedro Romero. Montoya estaba sentado a unos diez sitios de distancia. Cuando Romero hubo matado su primer toro, mi mirada y la de Montoya se encontraron y él hizo con la cabeza un ademán afirmativo. ¡Éste sí que era un auténtico torero! No había habido un auténtico torero desde hacía mucho tiempo. De los restantes matadores, uno era muy bueno y el otro podía pasar. Pero no se podían comparar con Romero, a pesar de que ninguno de los toros que le tocaron era gran cosa.

Durante la corrida miré repetidas veces a Mike, Brett y Cohn con los gemelos. Parecía que estaban bien, y a Brett no se le notaba alterada. Los tres estaban inclinados hacia delante, apoyados en la barandilla que tenían frente a ellos.

–Déjame los gemelos –dijo Bill.

–¿Tiene Cohn aspecto de aburrirse? –pregunté.

–¡Ese j... judío!

Al salir de la plaza, terminada la corrida, la muchedumbre era tal que uno no podía moverse. Nos fue imposible abrirnos paso y tuvimos que volver a la ciudad avanzando a la par que toda la masa, que se movía con lentitud de glaciar. Sentíamos la alteración emocional que aparece siempre después de una corrida, y la exaltación gozosa que queda cuando es buena. La fiesta continuaba. Los tambores redoblaban, los caramillos dejaban oír sus sones agudos; la marea aparecía rota por todas partes por grupos de gente que bailaba. Como los bailarines se hallaban en medio de la multitud, no se veía el intricado juego de sus pies; lo único visible eran las cabezas y hombros que subían y bajaban en movimiento incesante. Al final, pudimos salir de aquella muchedumbre y nos encaminamos al café. El camarero reservó sillas para los otros y nosotros pedimos una absenta cada uno, dedicándonos a contemplar al gentío que llenaba la plaza y a los que bailaban.

–¿Qué crees que es ese baile? –preguntó Bill.

–Es una especie de *jota.*

–No es siempre lo mismo –dijo Bill–. Bailan de forma distinta a cada nueva melodía.

–Es un baile extraordinario.

Frente a nosotros, en un trozo de calle despejado, un grupo de mozos bailaba. Los pasos eran muy complicados y sus caras tenían una expresión atenta y concentrada. Todos miraban al suelo mientras bailaban. Las suelas de cáñamo de sus alpargatas golpeaban suavemente el pavimento. Lo tocaban con las puntas. Lo tocaban con los talones. Lo tocaban con la planta de los pies. Luego la música rompió en un ritmo salvaje; se terminaron los pasos de danza y se fueron todos sin dejar de bailar calle arriba.

–Ahí llega la aristocracia –dijo Bill.

Estaban cruzando la calle.

–¡Hola gente! –dije yo.

–¡Hola señores! –dijo Brett–, ¿Nos habéis guardado sitio? ¡Qué amables!

–Oye –dijo Mike–, ese tal Romero no sé qué más es alguien. ¿Me equivoco?

–¿Verdad que es encantador? –dijo Brett–. ¡Y aquellos pantalones verdes!

–Brett no les quitó los ojos de encima en todo el rato.

–Oye, mañana tienes que prestarme tus gemelos.

–¿Cómo lo habéis pasado?

–Maravillosamente. Fue sencillamente perfecto. ¡Caramba! ¡Es todo un espectáculo!

–¿Y los caballos, qué?

–No pude por menos de mirarlos.

–No podía apartar los ojos de ellos –dijo Mike–. Es una mujercita extraordinaria.

–Realmente, lo que ocurre es horrible –dijo Brett–; sin embargo, no pude apartar la vista de ellos.

–¿Y no te sentiste mal?

–No, en absoluto.

–En cambio Robert Cohn sí –dijo Mike metiendo baza–. Estabas completamente verde, Robert.

–El primer caballo me impresionó realmente –dijo Cohn.

–De modo que no te aburriste, ¿eh? –preguntó Bill.

Cohn rió.

–No. No me aburrí. Desearía que me perdonaras eso.

–No tiene importancia, desde el momento en que no te aburriste –dijo Bill.

–No tenía cara de aburrirse –dijo Mike–. Creí que iba a marearse.

–No llegué a sentirme tan mal. Fue sólo un minuto.

–Pues yo creí que ibas a marearte. No te aburriste, ¿eh, Robert?

–Basta de eso, Mike. Ya he dicho que lo sentía.

–Os digo que estaba verdaderamente verde.

–¡Acaba de una vez, Michael!

–Uno no debe aburrirse nunca en su primera corrida, Robert –dijo Mike–. Eso podría ocasionar un buen follón.

–¡Acaba de una vez, Michael! –repitió Brett.

–Dijo que Brett era una sádica –continuó Mike–, Brett no es una sádica. Es sólo una mujercita adorable y sana.

–¿Eres una sádica, Brett? –pregunté yo.

–Espero que no.

–Dijo que era una sádica sólo porque tiene un estómago que funciona perfectamente.

–No será por mucho tiempo.

Bill logró que Mike cambiara de conversación y dejara en paz a Cohn. El camarero trajo los vasos de absenta.

–¿Te gustó realmente eso? –preguntó Bill a Cohn.

–No, no puedo decir que me gustara. Pero creo que es un espectáculo maravilloso.

–¡Dios mío, eso sí! ¡Qué espectáculo! –dijo Brett.

–Desearía que le quitaran la parte de los caballos –dijo Cohn.

–No son lo más importante –dijo Bill–, Después de un rato uno ya no experimenta ninguna sensación de repugnancia.

–Sólo al empezar se hace un poco duro –dijo Brett–. El momento terrible para mí es aquel en que el toro arremete contra el caballo.

–Los toros estaban bien –dijo Cohn.

–Eran muy buenos –dijo Mike.

–La próxima vez quiero sentarme abajo –dijo Brett, bebiendo un sorbo de absenta.

–Quiere ver de cerca a los toreros –dijo Mike.

–¡Qué tipos tan interesantes! –dijo Brett–. Ese chico, Romero, no es más que un chiquillo.

–Es un chico condenadamente guapo –dije–. Estuvimos arriba, en su habitación, y me di cuenta de que jamás había visto un muchacho más bien plantado.

–¿Qué edad crees que tiene?

–Diecinueve o veinte años.

–¡Caramba!

La corrida del segundo día fue mucho mejor que la del primero. Brett se sentó abajo, entre Mike y yo, y Bill y Cohn subieron arriba. Todo el espectáculo estuvo dominado por Romero. No creo que Brett se fijara en ningún otro torero. Ni creo que nadie más lo hiciera, a no ser los técnicos sin sentimientos. Romero lo era todo. Había dos matadores más, pero no contaban. Sentado al lado de Brett, se lo fui explicando todo. Le dije que, cuando el toro arremetía contra el picador, se fijara en el toro y no en el caballo, y le hice observar la técnica de la colocación de la pica para que, al notar todos los detalles, comprendiera que cada operación se realizaba con un fin determinado, y que no se trataba de un espectáculo lleno de horrores sin sentido. Le hice fijarse en cómo Romero apartaba con la capa al toro del caballo que había caído, y en cómo lo mantenía atraído con ella, haciéndolo girar suavemente, halagándolo, sin gastarlo nunca. Vio que Romero evitaba cualquier movimiento brusco y reservaba a sus toros para el final; no los quería deshechos y sin resuello, sino sólo ligeramente cansados. Vio que Romero trabajaba al toro siempre de muy cerca, y le señalé los trucos que empleaban los otros toreros para dar la impresión de que también ellos lo hacían así. Comprendió por qué le gustaba la faena de capa de Romero y no la de otros.

Romero no hacía jamás contorsiones; estaba siempre erguido, su silueta era pura y natural. Los otros se retorcían como sacacorchos, levantaban los codos y se inclinaban sobre los flancos del toro cuando sus cuernos habían ya pasado, para dar una falsa impresión de peligro. Después, todo lo que era falso se volvía malo y daba una sensación desagradable. La forma de torear de Romero producía una emoción auténtica, porque sus movimientos guardaban una absoluta pureza de líneas y dejaba que cada vez los cuernos del toro casi le rozaran, conservando siempre la calma y la serenidad. No tenía necesidad de recalcar su proximidad. Brett vio que hay cosas que resultan hermosas cuando uno las hace pegado al toro y que, en cambio, resultan ridículas hechas a un poco de distancia. Le conté que, desde la muerte de Joselito, todos los toreros habían desarrollado una técnica que simulaba este peligro sólo aparente para producir una falsa emoción, mientras ellos estaban perfectamente seguros. Romero volvía a tener aquella antigua característica: la conservación de la pureza de líneas combinada con una exposición al máximo; dominaba mientras tanto al toro haciéndole creer que era inasequible, y lo iba preparando para el momento de matarlo.

–No le he visto hacer jamás un gesto torpe –dijo Brett.

–Ni se lo verás hacer, a no ser que coja miedo –dije yo.

–Nunca va a tener miedo –dijo Mike–. Conoce demasiado bien su oficio.

–Ya lo sabía todo cuando empezó. Los otros no son capaces de aprender nunca lo que en él fue un don de nacimiento.

–¡Y qué facha, Dios mío! –dijo Brett.

–¿Sabéis que creo que se está enamorando de ese torero? –dijo Mike.

–No me sorprendería.

–Sé buen chico, Jake. No le cuentes nada más de él. Dile de qué forma pegan a sus ancianas madres.

–Cuéntame cómo son cuando están borrachos.

–¡Oh, son terribles! –dijo Mike–. Están borrachos todo el día y se lo pasan pegando a sus ancianas madres, las pobres.

–Tiene todo el aspecto de ser un tipo así –dijo Brett.

–¿Verdad que sí? –dije yo.

Habían amarrado las mulas al toro muerto; los látigos restallaron, los hombres corrieron y las mulas, después de hacer fuerza hacia delante empujando con las patas, iniciaron el galope, mientras el toro, con un cuerno al aire y la cabeza a un lado, barría suavemente la arena dibujando una especie de guadaña, y desaparecía por el portillo rojo.

–El siguiente es el último.

–¡No es posible! –dijo Brett.

Se inclinó hacia adelante apoyándose en la *barrera.* Romero señaló a sus picadores sus puestos correspondientes y se quedó erguido, con la capa sobre el pecho, mirando hacia el otro lado del ruedo, al sitio por donde saldría el toro.

Cuando todo hubo terminado, salimos y fuimos estrujados por la multitud que nos rodeaba.

–Estas corridas de toros son infernales para la salud –dijo Brett–. Estoy hecha un guiñapo.

–Lo que has de hacer es tomarte un trago –dijo Mike.

–El siguiente día Pedro Romero no toreaba. Los toros eran miuras y la corrida fue muy mala. El otro día no había corrida programada. Pero la *fiesta* continuaba día y noche.

CAPÍTULO XVI

Al día siguiente por la mañana, llovía. Una niebla venida del mar se había posado sobre las montañas, impidiendo que se vieran sus cumbres. La meseta tenía un aspecto melancólico y sombrío, y las formas de los árboles y las casas habían cambiado. Anduve hasta más allá de la ciudad para observar el tiempo. El mal tiempo, venido del mar, iba acumulándose sobre las montañas.

En la plaza, los banderines colgaban húmedos de sus astas blancas, y los estandartes, también mojados, pendían y se pegaban a las fachadas de las casas; en el centro, por entre la llovizna incesante, venían de vez en cuando ráfagas de lluvia que obligaban a todo el mundo a refugiarse bajo las arcadas, formaban charcos en la plaza y dejaban las calles mojadas, oscuras y desiertas. Sin embargo, la *fiesta* continuó sin ninguna interrupción; lo único que se hizo fue trasladarla bajo techado.

Los asientos cubiertos de la plaza de toros se habían llenado de bote en bote de gente que, sentada al abrigo de la lluvia, había presenciado el concurso entre los grupos de canto y baile vascos y navarros. Luego los bailarines de Valcarlos, con sus trajes típicos, se fueron bailando calle adelante, bajo la lluvia, acompañados de los tambores, que sonaban huecos y húmedos, y precedidos de los jefes de banda que cabalgaban sobre sus grandes caballos de pesadas patas, con los trajes mojados y las gualdrapas de los caballos también mojadas. La gente se había aglomerado en los cafés y los bailarines entraron y se sentaron también, con sus piernas prietamente vendadas de blanco bajo la mesa, sacudiendo el agua de sus gorras de cascabeles y desparramando por la sillas sus chaquetas rojo y púrpura para que se secaran. Afuera llovía a cántaros.

Dejé al gentío en el café y me fui al hotel a afeitarme para la cena. Mientras estaba afeitándome en mi habitación llamaron con los nudillos a la puerta.

–Adelante –dije.

Montoya entró.

–¿Cómo va eso? –preguntó.

–Muy bien.

–Hoy no ha habido toros.

–No –contesté–, nada más que lluvia.

–¿Dónde están sus amigos?

–En el Iruña.

Montoya esbozó su sonrisa de incomodidad.

–Dígame, ¿conoce al embajador americano? –preguntó.

–Sí –contesté–. Todo el mundo conoce al embajador americano.

–En estos momentos está en la ciudad.

–Sí –dije–. Todo el mundo lo ha visto.

–Yo también lo he visto –dijo Montoya.

No añadió nada más, y yo continué afeitándome.

–Siéntese –dije–; voy a pedir algo para beber.

–No, tengo que irme.

Terminé de afeitarme, metí la cara en la palangana y me la lavé con agua fría. Montoya seguía de pie, con un aire todavía más incómodo.

–Acabo de recibir del Grand Hotel un mensaje suyo –dijo–. Quieren que Pedro Romero y Marcial Lalanda vayan a tomar café con ellos esta noche, después de cenar.

–Bueno –dije–, eso no puede hacer ningún daño a Marcial.

–Marcial ha pasado todo el día en San Sebastián. Se marchó esta mañana en coche, con Márquez. No creo que estén de vuelta por la noche.

Montoya seguía de pie, incómodo. Quería que yo dijera algo.

–No dé el mensaje a Romero –dije.

–¿Usted cree?

–Sin duda alguna.

Montoya estaba muy contento.

–Quería preguntárselo a usted porque es americano –dijo.

–Eso es lo que yo haría.

–Mire –dijo Montoya–, a la gente le gusta coger a un chico como ése. No saben lo que vale. No saben lo que representa. Cualquier forastero puede halagarlo. Empiezan por este asunto del Grand Hotel y al cabo de un año están acabados.

–Como Algabeño –dije.

–Sí, como Algabeño.

–Ya son una buena cuadrilla, ya –dije–. Ahora hay por aquí una mujer americana que hace colección de toreros.

–Ya sé, sólo le gustan los jóvenes.

–Sí –dije–. Los viejos se vuelven gordos.

–O locos, como el Gallo.

–En fin –dije–, es fácil: todo lo que ha de hacer es no entregarle el mensaje.

–¡Es un chico tan majo! –dijo Montoya–. Tendría que quedarse con su propia gente. No debería meterse en esos jaleos.

–¿No quiere tomar un trago? –pregunté.

–No –contestó Montoya–, tengo que irme.

Salió.

Bajé, salí y di un paseo alrededor de la plaza, pasando por debajo de los pórticos. Todavía estaba lloviendo. Miré hacia dentro del Iruña, pero los otros no estaban, de modo que acabé de dar la vuelta a la plaza y volví al hotel. Estaban cenando en el comedor de abajo.

Me llevaban muchas copas de ventaja; no valía la pena intentar atraparlos.

Bill se dedicaba a pagar limpiabotas a Mike. Limpiabotas que abría la puerta, limpiabotas que Bill llamaba y que se ponía a trabajar con Mike.

–Ésa es la undécima vez que me abrillantan las botas –dijo Mike–. Bill es un asno, lo digo yo.

Evidentemente, los limpiabotas habían hecho correr la noticia. Entró otro.

–*¿Limpiabotas?* –preguntó a Bill.

–No –contestó Bill–. Para este *señor.*

El limpiabotas se arrodilló al lado del otro que estaba ya trabajando y empezó con el zapato libre de Mike, que relucía bajo la luz eléctrica.

–Bill es tronchante –dijo Mike.

Yo bebía vino tinto, pero estaba tan por debajo de ellos que me sentía un poco incómodo con todo aquel limpiado de zapatos. Eché una mirada por la sala. En la mesa de al lado estaba Pedro Romero. Se levantó cuando yo le hice una inclinación de cabeza y me pidió que me acercara a conocer a un amigo. Su mesa estaba junto a la nuestra, casi tocándose. Me presentó a su amigo; era un crítico taurino de Madrid, un hombrecillo de facciones estiradas. Le dije a Romero cuánto me gustaba su forma de torear y él se mostró muy complacido. Hablábamos en castellano y el crítico sabía algo de francés. Me incliné hacia nuestra mesa para coger mi botella de vino, pero el crítico me agarró por el brazo. Romero se rió.

–Beba aquí –dijo en inglés.

Le intimidaba exponer sus conocimientos de inglés, pero realmente estaba muy satisfecho de ellos. A medida que íbamos hablando, sacó a relucir palabras de las que no estaba seguro y me preguntó acerca de su significación. Tenía mucho interés en saber cómo se decía en inglés corrida de toros, la traducción exacta. *Bull-fight* no acababa de convencerle. Le expliqué que *bull-fight,* en español, era la *lidia* de un *toro.* La palabra castellana *corrida* significaba en inglés que los toros corrían; la traducción francesa es *course de taureaux* (fue el crítico quien intercaló esta alusión). En español no hay ninguna palabra para *bull-fight.*

Pedro Romero dijo que había aprendido un poco de inglés en Gibraltar. Había nacido en Ronda, que está muy cerca de Gibraltar, un poco más arriba. Había empezado a torear en Málaga, en la escuela taurina que hay allí. Sólo había estado tres años. El crítico le hizo una broma acerca del número de expresiones malagueñas que usaba. Tenía diecinueve años, dijo. Su hermano mayor iba con él de *banderillero,* pero no vivía en aquel hotel, sino en otro de menos categoría, junto con otras personas que trabajaban para Romero. Me preguntó cuántas veces lo había visto en el ruedo. Sólo tres, le dije. En realidad, eran sólo dos, pero, después de cometida la equivocación, no quise meterme en aclaraciones.

–¿Dónde me vio la otra vez? ¿En Madrid?

–Sí –dije.

Había leído las críticas de sus dos actuaciones en Madrid en los periódicos taurinos y podía, por tanto, hablar con propiedad.

–¿La primera vez o la segunda?

–La primera.

–Estuve muy mal –dijo–. La segunda vez lo hice mejor, ¿se acuerda usted? –dijo dirigiéndose al crítico.

No estaba en absoluto violento, hablaba de su trabajo como de algo totalmente aparte de él. No había en él nada de afectación o fanfarronería.

–Me agrada mucho que le guste mi manera de torear –dijo–. Pero no ha visto nada todavía. Mañana, si me toca un buen toro, voy a tratar de enseñárselo.

Al decir eso sonrió, con el deseo de que ni el crítico ni yo creyéramos que estaba fanfarroneando.

–Estoy ansioso por verlo –dijo el crítico–. Me gustaría quedar convencido.

–No le gusta mucho mi forma de torear –dijo Romero muy serio, dirigiéndose a mí.

El crítico aclaró que le gustaba mucho, pero que, hasta el momento, había sido incompleta.

–Espere hasta mañana. Si sale uno bueno...

–¿Ha visto los toros de mañana? –me preguntó el crítico.

–Sí, vi como los desencajonaban.

Pedro Romero se inclinó hacia delante.

–¿Qué le parecieron?

–Muy buenos –dije–. Unas veintiséis arrobas. Cuernos muy cortos. ¿Los ha visto usted?

–Oh, sí –contestó Romero.

–No van a pesar veintiséis arrobas –dijo el crítico.

–No –dijo Romero.

–Tienen bananas en lugar de cuernos –dijo el crítico.

–¿A eso llama bananas? –dijo Pedro Romero–. Usted no los llamaría así, ¿verdad? –dijo volviéndose hacia mí y sonriendo.

–No –dije yo–. Son cuernos de verdad.

–Vaya, Jake –gritó Brett desde la mesa contigua–, has desertado.

–Sólo temporalmente –dije–. Estamos hablando de toros.

–¡Caray, tendremos que quitarnos el sombrero!

–Dile que los toros no tienen cuernos –bramó Mike, borracho.

Romero me miró con aire interrogante.

–Borracho –dije–. *Borracho, muy borracho* –volví a repetir en castellano.

–Ya podrías presentarnos a tus amigos –dijo Brett.

No había cesado de mirar a Pedro Romero. Les pregunté si querían tomar café con nosotros y los dos se levantaron.

La cara de Romero estaba muy bronceada. Era muy bien educado.

Los presenté a todos y ellos dos se dispusieron a sentarse; pero no había espacio suficiente y nos trasladamos a la mesa grande que estaba junto a la pared para tomar el café. Mike encargó una botella de Fundador y copas para todos. Se entabló una conversación propia de borrachos.

–Dile que opino que escribir es algo infecto –dijo Bill–. Vamos, díselo. Dile que estoy avergonzado de ser un escritor.

Pedro Romero estaba sentado junto a Brett, escuchándola.

–Vamos, díselo –dijo Bill.

Romero levantó la vista sonriendo.

–Este señor es escritor –dije.

Romero se mostró impresionado.

–Ese otro también lo es –dije señalando a Cohn.

–Se parece a Villalta –dijo Romero mirando a Bill–. Rafael, ¿verdad que se parece a Villalta?

–Yo no le veo el parecido –contestó el crítico.

–Realmente, se parece mucho a Villalta –dijo Romero en español–. ¿A qué se dedica ése que está borracho?

–A nada.

–¿Es por eso por lo que bebe?

–No. Está aguardando para casarse con esta señora.

–¡Dile que los toros no tienen cuernos! –berreó Mike, muy borracho, desde el otro extremo de la mesa.

–¿Qué dice?

–Está borracho.

–Jake –gritó Mike–, dile que los toros no tienen cuernos.

–¿Entiende lo que dice? –pregunté.

–Sí.

Yo estaba seguro de que no; por tanto, todo iba bien.

–Dile que Brett quiere verle ponerse aquellos pantalones verdes.

–Cierra el pico, Mike.

–Dile que Brett se está muriendo de ganas de saber cómo puede meterse dentro de aquellos pantalones.

–Cierra el pico.

Mientras tanto, Romero jugaba con su copa y hablaba con Brett. Brett hablaba en francés y él en castellano con un poco de inglés y se reía.

Bill estaba llenando las copas.

–Dile que Brett quiere entrar en...

–¡Oh, Mike, por Dios! ¡Cierra el pico!

Romero levantó la vista sonriendo:

–*Pipe down!* (1) Ya sé lo que significa...

En aquel momento Montoya entró en la sala. Al verme inició una sonrisa, pero, al descubrir a Pedro Romero con una gran copa de coñac en la mano y riéndose, sentado a una mesa llena de borrachos, entre una mujer de hombros desnudos y yo, ni siquiera saludó.

Montoya salió de la sala. Mike estaba de pie proponiendo un brindis.

–Bebamos a la salud de... –empezó.

–Pedro Romero –dije yo.

Todos se levantaron. Pedro Romero se lo tomó muy en serio. Chocamos las copas y bebimos. Yo aceleré un poco la cosa porque Mike estaba intentando que quedara muy claro que él no iba a brindar en modo alguno por eso. Pero todo terminó muy bien: Pedro Romero estrechó la mano a todos y se marchó en compañía del crítico.

–¡Dios mío, qué muchacho más encantador! –dijo Brett–. Cómo me encantaría verlo meterse en esos pantalones. Debe de usar un calzador...

–Yo empecé a decírselo –empezó Mike–, pero Jake me interrumpía cada vez. ¿Por qué me interrumpías, Jake? ¿Es que te crees que hablas castellano mejor que yo?

–¡Oh, basta ya, Mike! Nadie te interrumpió.

–Nada. Quiero dejar esto bien aclarado.

Dejó de dirigirse a mí.

–¿Crees tener la más mínima importancia, Cohn? ¿Acaso pien-

(1) *Cierra el pico. (N. del T.)*

sas que tu sitio está aquí, entre nosotros? ¿Entre gente que está de viaje para pasarlo bien? ¡Por Dios, no armes tanto ruido, Cohn!

–¡Oh, termina de una vez, Mike! –dijo Cohn.

–¿Acaso crees que Brett desea que estés aquí? ¿Piensas que añades algo a la reunión? ¿Por qué no dices nada?

–Dije todo lo que tenía que decir la otra noche, Mike.

–Yo no soy un intelectual como vosotros –Mike se levantó, vacilante, y se apoyó en la mesa–. No soy listo. Pero noto perfectamente cuándo estoy de sobra en un sitio. ¿Cómo es que no te das cuenta de cuando estorbas, Cohn? Vete. Por Dios, vete. Aparta de nuestra vista esa triste cara de judío. ¿No creéis que tengo razón?

Miró hacia nosotros.

–Sí, hombre –dije yo–. Vámonos todos al Iruña.

–No. ¿No creéis que tengo razón? Yo quiero a esa mujer.

–Oh, no empieces otra vez. Deja ya este asunto, Michael –dijo Brett.

–¿No crees que tengo razón, Jake?

Cohn estaba todavía sentado a la mesa. Su cara tenía aquella palidez amarillenta que adquiría siempre que lo insultaban, pero en cierta manera parecía estar disfrutando con la situación. Es decir, con el aspecto heroico que le atribuía infantilmente, ayudado por la borrachera: se trataba de su aventura con una señora de título.

–Jake –dijo Mike casi llorando–, tú sabes que tengo razón.

Y dirigiéndose a Cohn:

–Y tú, óyeme. ¡Márchate! ¡Márchate ahora mismo!

–Es que no tengo ganas de irme, Mike –respondió Cohn.

–¡Entonces, seré yo quien te obligue!

Y Mike empezó a dar la vuelta a la mesa, en dirección a Cohn. Cohn se levantó, se quitó las gafas y, con la cara pálida y los puños apretados, aguardó lleno de orgullo y firmeza el asalto, dispuesto a batirse por el amor de su dama.

Yo agarré a Mike.

–Vamos, al café –le dije–. No puedes pegarle aquí, en el hotel.

–¡Está bien –dijo–. ¡Buena idea!

Nos pusimos en marcha. Mike tropezó mientras subía la escalera y, al volverme, vi que Cohn volvía a ponerse las gafas. Bill estaba sentado a la mesa sirviéndose otra copa de Fundador. Brett, también sentada, miraba al frente sin ver.

Afuera, en la plaza, había cesado de llover y la luna intentaba colarse a través de las nubes. El viento soplaba. La banda militar tocaba y la multitud estaba apiñada al otro extremo de la plaza, donde el especialista en fuegos de artificio y su hijo intentaban hacer subir globos de fuego. Si un globo se elevaba a sacudidas, siguiendo una trayectoria muy sesgada, podía ser desgarrado por el viento o arrojado contra las casas de la plaza. Algunos caían en medio de la multitud. El magnesio se encendía, los cohetes estallaban y se ponían a perseguir a la multitud.

No había nadie bailando en la plaza; la grava estaba demasiado mojada.

Brett salió con Bill y se unió a nosotros. Parados entre el gentío contemplamos cómo don Manuel Orquito, el rey de los fuegos artificiales, de pie sobre un pequeño estrado, lanzaba cuidadosamente los globos valiéndose de estacas; se levantaba por encima de las cabezas de la gente para lanzar los globos al viento. El viento los derribaba todos, y la cara de don Manuel Orquito aparecía llena de sudor a la luz de sus complicados fuegos de artificio, que caían en medio de la multitud y se metían por entre las piernas de la gente, atacándola y persiguiéndola con sus chisporroteos y crujidos. La gente gritaba cada vez que un nuevo globo de papel luminoso se echaba de costado, se incendiaba y caía.

–Se están burlando de don Manuel –dijo Bill.

–¿Cómo sabes que es don Manuel? –dijo Brett.

–Su nombre está en el programa. Don Manuel Orquito, el *pirotécnico* de *esta ciudad.*

–Globos iluminados –dijo Mike–. Se lanzarán *globos iluminados.* Eso es lo que dice el programa.

El viento se llevaba los sones de la banda de música.

–Caramba, desearía que uno subiera –dijo Brett–. Ese tal don Manuel está furioso.

–Seguramente ha estado trabajando semanas enteras poniéndolos a punto para que al soltarlos formaran entre todos la frase «¡Viva San Fermín!» –dijo Bill.

–*Globos iluminados* –repitió Mike–. Un puñado de malditos *globos iluminados.*

–Sigamos –dijo Brett–. No podemos quedarnos parados aquí.

–Su señoría quiere tomar un trago –dijo Mike.

–¡Cómo adivinas las cosas! –dijo Brett.

El interior del café estaba lleno de bote en bote y había mucho ruido. Nadie se fijó en nosotros al entrar. No nos fue posible encontrar una mesa. El ruido era incesante y muy fuerte.

–Vamos, salgamos de aquí –dijo Bill.

Afuera, el paseo cotidiano tenía lugar bajo las arcadas. Había algunos ingleses y americanos de Biarritz vestidos con ropa sport esparcidos por las mesas. Algunas de las mujeres clavaban la vista en la gente que se paseaba sirviéndose de anteojos. Andando por ahí, habíamos encontrado a una amiga de Bill, de Biarritz, que se unió al grupo. Se alojaba en el Grand Hotel junto con otra chica. La otra chica tenía jaqueca y se había ido a la cama.

–Ahí está la taberna –dijo Bill.

Era el Bar Milano, un bar pequeño y vulgar donde se podía comer y se bailaba en el cuarto de atrás. Nos sentamos todos a una mesa y pedimos una botella de Fundador. El bar estaba poco lleno y no pasaba nada digno de atención.

–Es un sitio asqueroso –dijo Bill.

–Es demasiado temprano.

–Cojamos la botella y volvamos luego –dijo Bill–. No quiero estar sentado aquí en una noche como ésta.

–Vamos a mirar a los ingleses –dijo Mike–. Adoro contemplar a los ingleses.

–Son horribles –dijo Bill–. ¿De dónde han salido?

–Vienen de Biarritz –dijo Mike–. Vienen a presenciar el último día de esta curiosa pequeña *fiesta* española.

–La *fiesta* se la voy a dar yo –dijo Bill.

–Es usted una chica extraordinariamente guapa –dijo Mike dirigiéndose a la amiga de Bill–. ¿Cuándo ha llegado?

–¡Déjate de tonterías, Michael!

–Repito que es una chica adorable. ¿Dónde he estado? ¿Dónde tenía los ojos durante todo este rato? Es usted encantadora. ¿Hemos sido presentados? Venga conmigo y con Bill. Vamos a darles su *fiesta* a los ingleses.

–La *fiesta* se la voy a proporcionar yo. ¿Qué diablos están haciendo en esta *fiesta*?

–Vamos –dijo Mike–. Sólo nosotros tres. Vamos a festejar a esos malditos ingleses. Espero que usted no sea inglesa. Yo soy escocés. Odio a los ingleses. Voy a festejarlos. Andando, Bill.

Por la ventana vimos cómo los tres se alejaban cogidos del brazo en dirección al café. En la plaza había cohetes que subían.

–Yo me quedo aquí sentada –dijo Brett.

–Me quedaré contigo –dijo Cohn.

–¡Oh, no! –dijo Brett–. ¡Por Díos, lárgate a alguna parte! ¿Es que no ves que Jake y yo queremos hablar?

–No me he dado cuenta –contestó Cohn–. Pensaba quedarme aquí sentado porque noto que estoy un poco borracho.

–¡Vaya una maldita razón para quedarse con alguien! Si estás borracho vete a la cama.

Cohn se marchó.

–¿Le he tratado con suficiente aspereza? –preguntó Brett–. ¡Señor! ¡Estoy tan harta de él!

–No es que contribuya mucho a alegrar las cosas.

–Me deprime.

–Se ha comportado muy mal.

–Terriblemente mal. Y eso que tenía ocasión de comportarse bien...

–Seguramente ahora está esperando afuera, al otro lado de la puerta.

–Sí. Es capaz. Sé muy bien lo que le pasa. No puede hacerse a la idea de que lo que pasó no significaba nada.

–Ya lo sé.

–Nadie se habría comportado tan mal. ¡Oh, estoy tan harta de todo el asunto! Y Michael... Michael ha estado encantador también.

–Ha sido muy duro para Mike.

–Sí. Pero no tenía ninguna necesidad de portarse como un cerdo.

–Todo el mundo obra mal –dije–, con tal que se le presente la oportunidad adecuada.

–Tú no te hubieras portado mal –dijo Brett mirándome.

–Haría el imbécil igual que Cohn –dije.

–Querido, no hablemos de todas esas sandeces.

–Está bien. Habla de lo que tú quieras.

–No te pongas imposible. Eres la única persona que tengo, y esta noche me siento horriblemente.

–Tienes a Mike.

–Sí, Mike. ¿No es bonito lo que ha hecho?

–Vamos –dije–, ha sido tremendamente duro para Mike tener a Cohn al lado y verle contigo.

–¿Crees que no lo sé, querido? Por favor, no me hagas poner peor de lo que ya estoy.

No había visto nunca a Brett tan nerviosa. Evitaba encontrarse con mi mirada y fijaba la vista en la pared que tenía ante ella.

–¿Quieres que demos un paseo?

–Sí, vamos.

Tapé la botella de Fundador y se la di al barman.

–Tomemos otro trago de eso –dijo Brett–. Tengo los nervios hechos un asco.

Bebimos cada uno una copa del suave coñac amontillado.

Al pasar la puerta vi que Cohn salía de debajo de la arcada.

–Estaba ahí –dijo Brett.

–No puede apartarse de ti.

–¡Pobre diablo!

–No siento lástima por él. Por mi parte, le aborrezco.

–Yo también –dijo Brett tiritando–. Aborrezco su condenado sufrimiento.

Cogidos del brazo, anduvimos por una calle lateral para alejarnos de la gente y de las luces de la plaza. La calle estaba oscura y mojada y la recorrimos hasta llegar a las fortificaciones que bordean la ciudad. Pasamos por delante de algunas tabernas; la luz que se escapaba por las puertas destacaba sobre la negra y húmeda calle, y se oían repentinas explosiones de música al tiempo de pasar.

–¿Quieres que entremos?

–No.

Atravesamos la hierba mojada hasta llegar al muro de piedra de las fortificaciones. Extendí un periódico sobre la piedra y Brett se sentó. El llano estaba oscuro de parte a parte, pero podíamos ver las montañas. El viento, muy alto, hacía que las nubes taparan la luna. Debajo de nosotros estaban los oscuros fosos de las fortificaciones. Detrás, los árboles, la sombra de la catedral y la ciudad, cuya silueta se recortaba sobre la luna.

–No te atormentes –dije.

–Me siento horriblemente –dijo Brett–. No hablemos.

Miramos hacia el llano. A la luz de la luna, las largas líneas de árboles aparecían negras. Por la carretera se veían luces de un coche que subía montaña arriba y, en la cumbre, las luces de la fortaleza. Abajo, a la izquierda, estaba el río, negro, liso y crecido, a causa de las lluvias. A lo largo de la orilla, los árboles eran negros. Estuvimos un rato sentados y mirando. Brett miraba fijamente ante ella. De pronto, un escalofrío la recorrió.

–Hace frío.

–¿Quieres que volvamos?

–Por el parque.

Descendimos. El cielo se estaba nublando de nuevo. Bajo los árboles, el parque estaba oscuro.

–¿Me quieres todavía, Jake?

–Sí –afirmé.

–Es que soy una perdida.

–¿Cómo dices?

–Soy una perdida. Estoy loca por este chico, por Romero. Creo que estoy enamorada de él.

–En tu lugar, yo no lo estaría.

–No puedo evitarlo. Soy una perdida. Es algo que me está destrozando por dentro.

–No hagas eso.

–No puedo evitarlo. Nunca he sido capaz de evitar nada.

–Deberías poner coto a ese asunto.

–¿Cómo voy a poder ponerle coto? No puedo impedir que las cosas ocurran. ¿Notas eso?

La mano le estaba temblando.

–Estoy así toda yo, de la cabeza a los pies.

–No debieras hacer eso.

–No puedo evitarlo. De todas formas, ahora soy una perdida. ¿No ves la diferencia?

–No.

–Tengo que hacer algo. Cuando quiero realmente hacer algo, tengo que hacerlo sea como sea. Me he perdido el respeto a mí misma.

–No tienes que hacer eso.

–Oh, querido, no te pongas imposible. ¿Crees que significa mucho tener alrededor a ese condenado judío y a Mike, de la forma que se ha portado?

–No, desde luego.

–No puedo pasarme todo el día borracha como única solución.

–No.

–Oh, querido, por favor, no me dejes. Por favor, no me dejes. Ayúdame.

–Por supuesto.

–No digo que eso esté bien. Sin embargo, para mí lo está. Dios sabe que nunca tuve tanto la sensación de ser una fulana.

–¿Qué quieres que haga?

–Anda –dijo Brett–, vamos a ver si lo encontramos.

En la oscuridad, recorrimos juntos el sendero enarenado del parque, bajo los árboles; dejamos luego los árboles, franqueamos la puerta y nos encontramos en la calle que lleva a la ciudad.

Pedro Romero estaba en el café, sentado a una mesa en compañía de otros toreros y críticos taurinos. Estaban fumando puros. Cuando entramos, levantaron la vista. Romero sonrió y se inclinó. Nos sentamos a una mesa situada hacia el centro del local.

–Pídele que venga a tomar una copa.

–Todavía no. Ya vendrá él.

–No puedo mirarle.

–Pues resulta agradable a la vista –dije.

–Siempre he hecho lo que he querido.

–Ya lo sé.

–¡Me siento tan fulana, tanto!

–Vamos, vamos...

–¡Señor! ¡Por qué cosas ha de pasar una mujer!

–¿Sí?

–¡Oh, me siento realmente tan fulana!

Miré hacia la mesa. Pedro Romero sonrió. Dijo algo a los otros que estaban a la mesa y se levantó. Se acercó a nuestra mesa. Me levanté y nos estrechamos la mano.

–¿No quiere tomar un trago?

–Son ustedes quienes tienen que tomarlo conmigo –replicó.

Se sentó, tras pedir permiso a Brett sin decir nada. Era muy bien educado. Pero continuó fumando su cigarro. Le iba bien a su cara.

–¿Le gustan los cigarros? –le pregunté.

–¡Oh, sí! Yo siempre fumo cigarros.

Era parte de su sistema de autoridad: le hacía parecer mayor. Me fijé en su piel; era limpia, suave y muy morena. Tenía una cicatriz triangular en un pómulo. Vi que estaba observando a Brett. Se daba cuenta de que había algo entre ellos; debía de haberlo notado cuando Brett le dio la mano. Pero iba con mucho cuidado. Creo que estaba seguro, pero no quería cometer ningún error.

–¿Torea usted mañana? –pregunté.

–Sí –contestó–. Algabeño ha sido herido hoy en Madrid. ¿No lo sabía usted?

–No –contesté–. ¿Grave?

Movió la cabeza negativamente.

–No, nada. Aquí –dijo mostrando la mano.

Brett extendió el brazo para cogerla y le separó los dedos.

–¡Oh! –dijo él en inglés–. ¿Dice usted la buenaventura?

–A veces. ¿Le molesta?

–No, me gusta.

Puso la mano plana y extendida encima de la mesa:

–Dígame que viviré siempre y que seré millonario.

Continuaba siendo muy bien educado, pero estaba más seguro de sí mismo.

–Mire –dijo–. ¿Ve toros en mi mano?

Rió. Tenía la mano muy delicada y la muñeca delgada.

–Hay millares de toros –dijo Brett.

Ya no estaba nerviosa y tenía un aspecto encantador.

–Muy bien –dijo Romero riendo–. A mil duros la cabeza –me dijo a mí en español–. Dígame algo más.

–Es una buena mano –dijo Brett–. Creo que vivirá muchos años –añadió dirigiéndose a mí.

–Dígamelo a mí. No a su amigo.

–Decía que vivirá usted muchos años.

–Ya lo sé –dije Romero–. No voy a morir nunca.

Tamborileé en la mesa con la punta de los dedos. Romero lo vio y sacudió la cabeza.

–No. No lo haga. Los toros son mis mejores amigos.

Se lo traduje a Brett.

–¿Y usted mata a sus amigos? –preguntó ella.

–Claro que sí –dijo él en inglés, riéndose–. De esta forma ellos no me matan a mí.

La miró por encima de la mesa.

–Conoce bien el inglés.

–Sí –dijo–, muy bien a veces. Pero no debo permitir que nadie se entere. Quedaría muy mal que un torero hablara inglés.

–¿Por qué? –preguntó Brett.

–Quedaría muy mal. A la gente no le gustaría. Por ahora no.

–¿Por qué no?

–No les gustaría. Los toreros no son así.

–¿Y cómo son los toreros?

Se rió, se inclinó el sombrero sobre los ojos y cambió el ángulo de su cigarro y la expresión de su cara.

–Como los que están allí, sentados a la mesa –dijo.

Miré disimuladamente. Había imitado exactamente la expresión de Nacional. Luego, ya con su aire habitual, sonrió:

–No. Tengo que olvidar el inglés.

–No lo olvide todavía –dijo Brett.

–¿No?

–No.

–Está bien.

Volvió a reírse.

–Me gustaría tener un sombrero como ése –dijo Brett.

–Bueno. Le conseguiré uno.

–Estupendo. Espero que lo haga.

–Lo haré. Le conseguiré uno esta misma noche.

Me levanté. Romero se levantó también.

–Siéntese –dije–. Tengo que ir a buscar a nuestros amigos para traerlos aquí.

Me miró. Era una última mirada para cerciorarse de que en todo aquello no había algún malentendido. Todo estaba perfectamente bien entendido.

–Siéntese –dijo Brett–. Tiene que enseñarme castellano.

Se sentó y la miró. Yo salí. Las miradas duras de los que estaban a la mesa del torero me observaron mientras me iba. No era agradable. Cuando, veinte minutos más tarde, volví y miré al interior del café, Brett y Pedro Romero se habían ido. Vino un camarero con un trapo; quitó las copas y limpió la mesa.

CAPÍTULO XVII

Delante del Bar Milano encontré a Bill, Mike y Edna.

Edna era el nombre de la chica.

–Nos han echado –dijo Edna.

–Ha sido la policía –dijo Mike–. Aquí dentro hay algunas personas que no me quieren.

–He impedido cuatro veces que se metieran en una pelea –dijo Edna–. Tiene que ayudarme.

La cara de Bill estaba roja.

–Vuelva a entrar, Edna –dijo–. Vuelva a entrar y baile con Mike.

–Es una tontería –dijo Edna–. Lo único que conseguiríamos sería otra pelea.

–Esos condenados cerdos de Biarritz... –dijo Mike.

–Vamos –dijo Mike–, después de todo, es una taberna. No pueden acaparar toda una taberna.

–¡El bueno de Mike! –dijo Bill–. Esos condenados cerdos ingleses llegan aquí, insultan a Mike y tratan de echar a perder la *fiesta.*

–¡Son tan asquerosos! –dijo Mike–. Odio a los ingleses.

–No tienen derecho a insultar a Mike –dijo Bill–. Mike es un chico estupendo. No tienen derecho a insultar a Mike. Yo no voy a permitírselo. ¿A quién le importa que haya quebrado?

Le falló la voz.

–¿A quién le importa? –dijo Mike–. A mí no; a Jake tampoco. ¿Le importa a usted?

–No –contestó Edna–. ¿Ha quebrado usted?

–¡Vaya si lo he hecho! A ti no te importa, ¿verdad, Bill?

Bill pasó el brazo por los hombros de Mike.

–Me gustaría a rabiar haber quebrado. Ya les enseñaría yo a esos hijos de p...!

–No son más que ingleses –dijo Mike–. No hay que dar nunca ni la más mínima importancia a lo que digan los ingleses.

–¡Esos puercos asquerosos...! –dijo Bill–. Voy a echarlos.

–Bill –dijo Edna mirándome–, por favor, no vuelvas a entrar. ¡Son tan estúpidos!

–¡Eso es! –dijo Mike–. Son estúpidos. Ya sabía que se trataba de eso.

–No tienen ningún derecho a decir las cosas que dicen acerca de Mike –dijo Bill.

–¿Los conoces? –pregunté a Mike.

–No. No los había visto nunca. Son ellos los que dicen que me conocen.

–No voy a permitir eso –dijo Bill.

–Anda, vayamos al Suizo –propuse.

–Son un puñado de amigos de Edna, de Biarritz –dijo Bill.

–Son estúpidos, simplemente –dijo Edna.

–Uno de ellos es Charley Blackman, de Chicago –dijo Bill.

–No he estado nunca en Chicago –dijo Mike.

Edna empezó a reír de tal forma que no podía detenerse.

–Eh, vosotros, los quebrados –dijo–, sacadme de aquí.

–¿A qué se ha debido la pelea? –pregunté a Edna.

Atravesábamos la plaza en dirección al Suizo. Bill se había ido.

–No sé qué ocurrió, pero alguien llamó a la policía para que sacara a Mike de la habitación de atrás. Había algunas personas que habían conocido a Mike en Cannes. ¿Qué ocurre con Mike?

–Seguramente les debe dinero –dije–. Por lo general es eso lo que hace que la gente se ponga pesada.

En la plaza, frente a las taquillas, había dos hileras de gente haciendo cola. Estaban sentados en sillas o acurrucados en el suelo, con mantas y periódicos. Esperaban que se abrieran las ventanillas por la mañana, para comprar entradas para la corrida. El cielo se estaba despejando y la luna había salido. Parte de la gente que hacía cola dormía.

Acabábamos de sentarnos y de pedir una botella de Fundador en el Café Suizo cuando apareció Robert Cohn.

–¿Dónde está Brett? –preguntó.

–No lo sé.

–Estaba contigo.

–Debe de haberse ido a la cama.

–No.

–Pues yo no sé dónde está.

Bajo la luz su cara estaba pálida. Seguía de pie.

–Dime dónde está.

–Siéntate –dije–. No sé dónde está.

–¡Y un cuerno! ¡Vaya si lo sabes!

–¡Más vale que cierres el pico!

–Dime dónde está Brett.

–No voy a decirte ni una sola palabra.

–Tú sabes dónde está.

–Aunque lo supiera no te lo diría.

–¡Oh, vete al infierno, Cohn! –dijo Mike desde la mesa–. Brett se ha largado con el torero. Están en su luna de miel.

–¡Cállate!

–¡Vete al infierno! –dijo Mike lánguidamente.

–Entonces, ¿está con él? –dijo Cohn volviéndose hacia mí.

–¡Vete al infierno!

–Estaba contigo. ¿Está ahora con él?

–¡Vete al infierno!

–Voy a hacer que me lo digas, maldito alcahuete –dijo avanzando hacia mí.

Me abalancé contra él, pero se agachó. A la luz vi como su cara se zafaba con un movimiento oblicuo. Me dio un puñetazo que me dejó sentado en el suelo. Mientras volvía a ponerme en pie, me pegó de nuevo y caí de espaldas bajo una mesa. Traté de levantarme, pero noté que las piernas no me sostenían. Me daba cuenta de que debía levantarme y tratar de pegarle. Mike me ayudó a levantarme. Alguien me echó una garrafa de agua sobre la cabeza. Mike me pasó un brazo alrededor para ayudarme y me encontré sentado en una silla. Mike me tiraba de las orejas.

–Caramba, te ha dejado seco.

–¿Dónde diablos estabas tú?

–Por ahí.

–¿No quisiste meterte?

–Es que también echó por el suelo a Mike –dijo Edna.

–Pero no me dejó fuera de combate –precisó Mike–. Me quedé sólo echado ahí en el suelo.

–¿Ocurre esto cada noche en sus *fiestas*? –preguntó Edna–. ¿No era ése el señor Cohn?

–Ya me encuentro bien –dije–. La cabeza me vacila un poco.

Había varios camareros y un montón de gente haciendo círculo alrededor de nosotros.

–*¡Vaya!* –dijo Mike–. Vamos, lárguense.

Los camareros hicieron dispersar a la gente.

–Era un espectáculo digno de verse –dijo Edna–. Debe de ser un boxeador.

–Lo es.

–Hubiera deseado que Bill estuviera aquí –dijo Edna–. Me habría gustado verle también por el suelo, con lo enorme que es.

–Tenía la esperanza de que echaría por el suelo a un camarero y lo arrestarían –dijo Mike–. Me gustaría ver al señor Robert Cohn en la cárcel.

–No –dije yo.

–¡Oh, no! –dijo Edna–. No lo dice usted en serio.

–Sí que lo digo en serio –dijo Mike–. No soy uno de esos individuos a quienes les gusta que los zumben. Ni siquiera he practicado nunca ningún deporte.

Mike bebió un trago.

–Nunca me ha gustado cazar, fíjese. Había siempre el peligro de que el caballo se le cayera encima a uno. ¿Cómo te sientes, Jake?

–Bien.

–Es usted muy simpático –dijo Edna a Mike–. ¿Es verdad que está en quiebra?

–En una quiebra tremenda –dijo Mike–. Debo dinero a todo el mundo. ¿No debe usted dinero?

–A toneladas.

–Yo debo dinero a todo el mundo –continuó Mike–. Esta noche de pedido a Montoya que me prestara cien pesetas.

–¡No me digas! –exclamé.

–Se las devolveré –dijo Mike–. Yo siempre lo devuelvo todo.

–Es por eso por lo que ha quebrado, ¿verdad? –dijo Edna.

Me levanté. Los había oído hablar desde muy lejos. Todo aquello me parecía una comedia mala.

–Me voy al hotel –dije.

Oí que hablaban de mí.

–¿Está ya bien? –preguntó Edna.

–Es mejor que le acompañemos.

–Estoy perfectamente –dije–. No vengáis. Nos veremos más tarde.

Me alejé del café. Ellos estaban sentados a la mesa. Me volví a mirarlos a ellos y a las mesas vacías. Había un camarero sentado a una de las mesas, con la cabeza entre las manos.

Al atravesar la plaza en dirección al hotel, todo parecía nuevo y cambiado. Hasta aquel momento, no había visto nunca los árboles, ni los mástiles de las banderas, ni la fachada del teatro. Todo era distinto. Experimenté la misma sensación que tuve una vez, al volver a casa después de jugar un partido de fútbol fuera de la ciudad. Mientras subía por la calle que sale de la estación, cargado con una maleta con mis cosas de fútbol, todas las cosas de la ciudad en la que había pasado mi vida entera me parecían nuevas. Estaban rastrillando los céspedes y quemando hojas en la carretera, y yo me detuve un buen rato a mirar. Todo resultaba extraño. Al ponerme de nuevo en camino, me parecía que mis pies estaban muy lejos, y que todo venía de muy lejos; oía como mis pies andaban a una gran distancia. Al principio del partido me habían dado una patada en la cabeza. Era como lo que me ocurría ahora, al atravesar la plaza y subir escalera arriba en el hotel. Necesité mucho rato para subir la escalera, y tenía la impresión de ir cargado con mi maleta. Había luz en la habitación. Bill salió a mi encuentro en el corredor.

–Oye –dijo–, sube a ver a Cohn. Se ha metido en un lío y está preguntando por ti.

–¡Que se vaya al infierno!

–Vamos, sube a verlo.

Yo no quería subir otro tramo de escalera.

–¿Por qué me miras así?

–No te miro de ninguna manera. Sube a ver a Cohn. Está pasando un mal momento.

–Hace muy poco rato estabas borracho –dije.

–Y todavía lo estoy –dijo Bill–. Pero tú sube a ver a Cohn. Quiere verte.

–Está bien.

Se trataba de una pura cuestión de escalera; tendría que subir más. Continué la ascensión arrastrando mi maleta fantasma. Recorrí el corredor hasta la habitación de Cohn. La puerta estaba cerrada y llamé con los nudillos.

–¿Quién es?

–Barnes.

–Pasa, Jake.

Abrí la puerta, entré y dejé mi maleta en el suelo. En la habitación no había ninguna luz encedida. Cohn estaba echado boca abàjo en la cama, en la oscuridad.

–Hola, Jake.

–No me llames Jake.

Estaba parado junto a la puerta. Era exactamente así como había llegado a casa. Ahora lo que necesitaba era un baño caliente. Un baño caliente, con mucha agua, para que uno pudiera echarse de espaldas dentro de él.

–¿Dónde está el cuarto de baño? –pregunté.

Cohn lloraba. Estaba ahí, boca abajo encima de la cama, llorando, con una camisa de polo blanca, del tipo de las que había llevado en Princeton.

–Lo siento, Jake. Perdóname, por favor.

–¡Que te perdone tu madre!

–Por favor, perdóname, Jake.

No dije nada. Seguía allí parado, junto a la puerta.

–Estaba loco. Debiste darte cuenta de que era eso.

–¡Ah, está bien...!

–No pude soportar aquello, tratándose de Brett.

–Me llamaste alcahuete.

Me era indiferente. Lo que quería era un baño caliente. Un baño caliente con mucha agua.

–Ya lo sé. Por favor, olvídalo. Estaba loco.

–Está bien.

Lloraba. Su voz era cómica. Estaba echado sobre la cama, en la oscuridad, con su camisa blanca. Su camisa de polo.

–Me marcho mañana por la mañana.

Lloraba sin hacer ningún ruido.

–No pude soportar aquello tratándose de Brett, eso es todo. He sufrido como un condenado, Jake; como un verdadero condenado. Cuando la encontré abajo, Brett me trató como si fuera un extraño. No pude soportarlo. Estuvimos juntos en San Sebastián. Supongo que lo sabes. Ya no soy capaz de aguantar más.

Allí estaba, echado sobre la cama.

–Bueno –dije–, voy a tomar un baño.

–Eras el único amigo que tenía, y quería tanto a Brett...

–Bueno –dije–, hasta la vista.

–Supongo que es inútil –dijo–. Supongo que es perfectamente inútil.

–¿Qué?

–Todo. Por favor, dime que me perdonas, Jake.

–Por supuesto que sí –dije–. No ha pasado nada.

–Me siento tan horriblemente... He sufrido como un condenado, Jake. Ahora todo ha terminado. Todo.

–Bueno –dije–, hasta la vista. Tengo que irme.

Se volvió de cara, se sentó en el borde de la cama y se levantó.

–Hasta la vista, Jake –dijo–. Vamos a estrecharnos las manos, ¿quieres?

–Claro que sí. ¿Por qué no?

Nos dimos un apretón de manos. En la oscuridad no podía verle muy bien la cara.

–Bueno –dije–, nos veremos por la mañana.

–Mañana por la mañana me marcho.

–¡Ah, sí! –dije.

Salí. Cohn estaba de pie en el umbral de la puerta.

–¿Te encuentras bien, Jake? –dijo.

–Sí, sí –contesté–. Estoy perfectamente.

Al principio no encontraba el cuarto de baño. Tardé un rato en hallarlo. Había una bañera honda, de piedra. Abrí los grifos, pero el agua no salió. Me senté en el borde de la bañera. Cuando me levanté para irme, me di cuenta de que me había quitado los zapatos. Me puse a buscarlos, los encontré y me los llevé abajo. Encontré mi habitación, entré, me desnudé y me metí en la cama.

Me desperté con jaqueca, a los sones de las bandas de música que pasaban por la calle. Recordé que había prometido llevar a la amiga de Bill, Edna, a ver cómo los toros recorrían las calles hasta entrar en el ruedo. Me vestí, bajé y salí a la calle, sumergiéndome en la fresca atmósfera de las primeras horas matinales. La gente atravesaba apresuradamente la plaza, en dirección a la plaza de toros. Al otro lado de la plaza había dos hileras de personas frente a las taquillas. Estaban todavía haciendo cola por las entradas, que iban a ponerse a la venta a las siete. Crucé a toda prisa la calle en dirección al café. El camarero me dijo que mis amigos habían estado allí y luego se habían ido.

—¿Cuántos eran?

—Dos caballeros y una señora.

Entonces todo iba bien. Bill y Mike estaban con Edna. Ésta, la noche anterior, había tenido miedo de que los dos estuvieran borrachos perdidos. Precisamente por eso era yo quien tenía que recogerla, para más seguridad. Me bebí el café y me dirigí apresuradamente, como la otra gente, hacia la plaza de toros. Ya no me encontraba aturdido; tenía sólo una fuerte jaqueca. Todo parecía bien dibujado y claro, y la ciudad tenía el olor de las primeras horas matinales.

El espacio de terreno que iba del extremo de la ciudad a la plaza de toros estaba embarrado. La gente se aglomeraba a lo largo de la empalizada que llevaba hasta el ruedo, y una compacta muchedumbre abarrotaba los balcones exteriores y el borde superior de la plaza. Oí el cohete y supe que no conseguiría entrar en el ruedo a tiempo para presenciar la llegada de los toros. Entonces me dirigí hacia la empalizada, abriéndome paso a empellones por entre la gente. Quedé prensado contra los tablones de la empalizada. La policía despejaba la senda formada por las dos vallas, y la muchedumbre que la ocupaba se dirigía tranquilamente o a paso ligero hacia el interior de la plaza. Luego empezó a llegar gente corriendo. Un borracho resbaló y cayó. Dos guardias lo cogieron y lo arrojaron al otro lado de la empalizada. Ahora la muchedumbre ya corría a toda velocidad. La gente prorrumpió en un gran grito y, al pasar mi cabeza por entre dos tablas, vi que los toros acababan de entrar en el largo corral, al término de su trayectoria callejera. Avanzaban velozmente, ganando terreno a la muchedumbre. Y precisamente entonces otro borracho se adelantó desde la empalizada con una blusa en las manos; quería usarla como capa para torear. Los dos guardias se precipitaron y lo agarraron por el cuello; uno le pegó con la porra; luego lo llevaron a rastras hasta la empalizada y permanecieron pegados a ella, en tanto que pasaban los toros y las últimas oleadas de gente. La muchedumbre que corría delante de los toros era tal que tuvo que comprimirse y minorar la marcha al avanzar por entre las empalizadas que llevaban hasta el ruedo; y cuando los toros pasaron galopando en manada, pesados, con los flancos llenos de barro y balanceando los cuernos, uno de ellos salió disparado hacia delante, cogió por la espalda a uno de los que corrían y lo levantó por los aires. El hombre iba con los brazos pegados al cuerpo y, al entrarle el cuerno, echó la cabeza hacia atrás; el toro lo levantó y luego lo dejó caer. Cogió después a otro hombre que corría ante él, pero éste desapareció entre la multitud, que franqueó la puerta y se metió en el ruedo, con los toros detrás. Se cerró la puerta roja del ruedo y la muchedumbre que llenaba los balcones exteriores se precipitó a empujones hacia el interior. Se oyó un grito; luego otro grito.

El hombre que había recibido la cornada yacía boca abajo en medio del barro pisoteado. Yo no podía verlo, porque la gente había saltado por encima de la empalizada y había formado una espesa masa en torno a él. Del interior de la plaza llegaban gritos. Cada uno de ellos significaba el ataque de algún toro contra la multitud. Por el grado de intensidad del grito, uno podía hacerse idea de la gravedad de lo que ocurría. Luego se elevó el cohete que anunciaba que los bueyes habían conseguido sacar a los toros del ruedo y los habían metido en los corrales. Me alejé de la empalizada y me dirigí a la ciudad.

De regreso a la ciudad, me fui al café para tomar una segunda taza de café y tostadas con mantequilla. Los camareros barrían el suelo y limpiaban las mesas. Uno se acercó a preguntarme qué deseaba.

–¿Ocurrió algo en el *encierro*?

–No lo vi todo. Un hombre fue gravemente *cogido.*

–¿Dónde?

–Aquí.

Me puse una mano en los riñones y la otra en el pecho, en el sitio por donde, al parecer, habría salido el cuerno, en caso de atraversarlo. El camarero asintió con un movimiento de cabeza y con el trapo quitó las migajas de la mesa.

–Gravemente *cogido* –dijo–. Y todo por deporte, todo para divertirse.

Se alejó y volvió con el café y la leche, en sus jarros de largas asas. Vertió la leche y el café. De los largos picos salían dos chorros, que iban a parar dentro del gran tazón. Inclinó nuevamente la cabeza.

–Gravemente *cogido* por la espalda –repitió.

Puso los jarros encima de la mesa y se sentó en la silla que había junto a ella:

–Una buena *cornada.* Y todo para divertirse. Sólo para divertirse. ¿Qué opina usted de eso?

–No sé.

–Pues es así: todo para divertirse. Divertirse, ¿comprende?

–¿No es usted *aficionado*?

–¿Yo? ¿Qué son los toros? Animales. Animales salvajes.

Se levantó y se llevó la mano a los riñones:

–La espalda atravesada de parte a parte. La espalda atravesada de parte a parte por una *cornada.* Para divertirse... ¿comprende?

Sacudió la cabeza y se alejó con los jarros. Pasaban dos hombres por la calle y el camarero los llamó. Su aspecto era grave. Uno de ellos sacudió la cabeza.

–¡*Muerto!* –gritó.

El camarero movió la cabeza de arriba abajo. Los dos hombres siguieron andando. Iban a hacer algún recado. El camarero se acercó a mi mesa.

–¿Oyó usted? *Muerto* –repitió en inglés–. Ha muerto. Atravesado por un cuerno. Y todo para divertirse una mañana. *Es muy flamenco.*

–Es una pena.

–Eso no es para mí –dijo el camarero–. No veo la gracia de esas cosas.

Más tarde supimos que el hombre que había sido muerto se llamaba Vicente Girones y era de cerca de Tafalla. En el periódico del día siguiente leímos que tenía veintiocho años y una granja, mujer, y dos hijos. Después de casado había seguido acudiendo cada año a la fiesta. Al día siguiente llegó de Tafalla su mujer para velar el cadáver, y al otro se celebró un servicio religioso en la capilla de San Fermín y el ataúd fue llevado a la estación por miembros de la asociación de bailarines y bebedores de Tafalla. Los tambores iban en cabeza, los pífanos tocaban; detrás de los que llevaban el ataúd iban la mujer y los dos niños, y detrás de ellos todos los miembros de las asociaciones de bailarines y bebedores de Pamplona, Estela, Tafalla y Sangüesa que pudieron quedarse para los funerales. Cargaron el ataúd en el furgón del tren, y la viuda y los dos niños, sentados los tres muy juntos, hicieron el viaje en un vagón de tercera clase abierto. El tren se puso en marcha con una sacudida y luego empezó a correr suavemente cuesta abajo por el borde de la meseta hasta los campos de trigo del llano, agitados por el viento, en dirección a Tafalla.

El toro que había matado a Vicente Girones se llamaba Bocanegra, llevaba el número 118 de la ganadería de Sánchez Taberne-ro, fue el tercer toro que salió al ruedo aquella misma tarde y lo mató Pedro Romero. Éste, por aclamación popular, recibió la oreja y, a su vez, se la ofreció a Brett, quien la envolvió en un pañuelo mío y lo dejó todo, oreja y pañuelo, junto con un montón de colillas de Muratti, en el fondo del cajón de la mesita de noche que había junto a su cama en el Hotel Montoya, en Pamplona.

De regreso al hotel, encontré al vigilante nocturno sentado en un banco detrás de la puerta. Había estado allí toda la noche y se caía de sueño. Se levantó cuando entré. Tres camareras llegaban también en aquel momento. Habían ido a la plaza de toros a ver el espectáculo de la mañana. Subieron la escalera riendo. Yo las seguí y entré en mi habitación. Me saqué los zapatos y me tendí en la cama. El balcón estaba abierto y el sol brillante entraba a raudales en el cuarto. No tenía sueño. Debían de ser las tres y media cuando me había acostado, y las bandas me habían despertado a las seis. Tenía la mandíbula resentida por ambos lados. Me la palpé cogiéndola entre el pulgar y los otros dedos. ¡Ese condenado Cohn! Debería haber pegado a alguien cuando fue insultado por primera vez y desaparecer a continuación. ¡Estaba tan seguro de que Brett lo quería! Sólo tenía que quedarse, y el verdadero amor superaría todos los obstáculos. Alguien llamó con los nudillos a la puerta.

–Adelante.

Eran Bill y Mike. Se sentaron en la cama.

–¡Qué *encierro*! –dijo Bill–. ¡Qué *encierro*!

–Oye, ¿dónde estabas? –me preguntó Mike–. Llama y pide cerveza, Bill.

–¡Qué mañana! –dijo Bill secándose la cara–. ¡Qué mañana, Dios mío! Y aquí está el viejo Jake. El viejo Jake, el *punching-bag* humano.

–¿Qué ocurrió dentro?

–¡Dios mío! –dijo Bill–. ¿Qué ocurrió, Mike?

–Pues que llegaron aquellos toros –explicó Mike–, con la gente justo delante de ellos; y entonces un tipo tropezó y arrastró a todos los demás en su caída.

–Y llegaron los toros y les pasaron todos directamente por encima –dijo Bill.

–Les oí gritar.

–Ésa era Edna –dijo Bill.

–No paraban de salir tipos que agitaban sus camisas.

–Un toro se paseó a lo largo de la barrera e hizo saltar a cornadas a todos los que estaban encima.

–Se llevaron a veinte tipos a la enfermería –dijo Mike.

–¡Qué mañana! –dijo Bill–. La condenada policía no paraba de arrestar a tipos que querían ir a suicidarse con los toros.

–Al final, los bueyes los hicieron entrar –prosiguió Mike.

–Pero la cosa duró una hora.

–En realidad fue aproximadamente un cuarto de hora –objetó Mike.

–¡Oh, vete al infierno! –dijo Bill–. Tú has estado en la guerra. Para mí fueron dos horas y media.

–¿Dónde está esa cerveza? –preguntó Mike.

–¿Qué habéis hecho con la encantadora Edna?

–Ahora mismo acabamos de dejarla en casa. Se ha ido a la cama.

–¿Qué le pareció todo eso?

–Le gustó mucho. Le dijimos que eso mismo se repetía todas las mañanas.

–Se quedó impresionada.

–Quería que nosotros bajáramos también al ruedo –dijo Bill–. Le gusta la acción.

–Le dije que sería hacerles una mala jugada a mis acreedores –dijo Mike.

–¡Qué mañana! –dijo Bill–. ¡Y qué noche!

–¿Cómo está tu mandíbula, Jake?

–Me duele.

Bill rió.

–¿Por qué no le pegaste con una silla?

–Más vale que no te metas –dijo Mike–. También le hubiera dejado fuera de combate. Yo no tuve ni siquiera tiempo de ver como me pegaba. O, mejor dicho, creo que lo vi un momento antes, y luego, de repente, me encontré sentado en el suelo y con Jake extendido debajo de una mesa.

–¿Adónde se fue después? –pregunté.

–¡Aquí está! –dijo Mike–. ¡Aquí está la hermosa dama con la cerveza!

La doncella puso la bandeja con las botellas de cerveza y los vasos encima de la mesa.

–Ahora tráiganos tres botellas más –dijo Mike.

–¿Adónde se fue Cohn después de pegarme? –pregunté a Bill.

–¿No estás enterado de eso? –dijo Mike abriendo una botella de cerveza.

Echó la cerveza en uno de los vasos, sosteniéndolo muy cerca de la botella.

–¿De veras? –insistió Bill.

–Pues sucedió que regresó al hotel y encontró a Brett y al torerito en la habitación de él; y entonces destrozó a golpes al pobre diablo.

–¡No!

–Sí.

–¡Qué noche! –dijo Bill.

–Casi mató al pobre diablo. Entonces Cohn quiso llevarse a Brett. Supongo que quería hacer de ella una mujer decente. Fue una escena tremendamente emocionante.

Bebió un gran sorbo de cerveza.

–Es un asno.

–¿Y qué pasó?

–Brett le dio su merecido. Le dijo que se largara. Supongo que no lo hizo nada mal...

–Me apuesto a que no.

–Entonces Cohn dejó de hacer el matón, se puso a llorar y quiso dar un apretón de manos a nuestro amigo el torero. También quiso estrechar la mano de Brett.

–Sí, ya sé. También a mí me estrechó la mano.

–¿Ah, sí? Bueno, pues ellos no quisieron ni oír hablar de eso. Nuestro amiguito el torero se portó muy bien. No dijo gran cosa, pero se levantaba cada vez después del golpe, sólo para volver a ser derribado. Cohn no logró dejarlo fuera de combate. Debió de ser una buena juerga.

–¿Cómo te enteraste de todo esto?

–Por Brett. La he visto esta mañana.

–¿Cómo terminó la cosa?

–Parece que nuestro torero estaba sentado en la cama. Lo habían echado al suelo unas quince veces y aún quería pelear. Brett lo sostenía y no quería dejarlo levantar. Estaba débil, pero Brett no consiguió sujetarlo y se levantó. Entonces Cohn dijo que no quería volverle a pegar. Dijo que no podía hacerlo. Dijo que sería algo reprobable. El torerillo se dirigió poco menos que tambaleándose hacia él. Cohn retrocedió hasta la pared.

»–¿De modo que no quiere pegarme?

»–No –dijo Cohn–. Me avergonzaría de hacerlo.

»Entonces nuestro torero le pegó tan fuerte como pudo en la cara y luego se sentó en el suelo. No podía levantarse, dijo Brett. Cohn quiso cogerlo y llevarlo hasta la cama. Entonces él dijo que si Cohn lo ayudaba le mataría, y que, de todas formas, lo mataría aquella mañana si Cohn no se había marchado de la ciudad. Cohn lloraba; Brett le había dicho que se largara y él quería que se dieran un apretón de manos. Eso ya te lo he contado antes.

–Cuenta lo que falta –dijo Bill.

–Según mis informes, el torerito estaba sentado en el suelo.

Estaba esperando recuperar la fuerza suficiente para levantarse y pegar otra vez a Cohn. Brett no quería ni oír hablar de apretones de manos y Cohn lloraba y le decía cuánto la quería y ella le decía que no hiciera el asno de aquella forma. Entonces Cohn se inclinó hacia delante para estrechar la mano de nuestro torero. No hay que ser rencoroso, ya sabes. Perdonar siempre las ofensas. Y el amigo torero volvió a darle de puñetazos en la cara.

–¡Vaya un muchacho! –dijo Bill.

–Dejó a Cohn hecho una desgracia –dijo Mike–. Mira, no creo que Cohn vuelva a tener ganas de andar aporreando a la gente nunca más.

–¿Cuándo viste a Brett?

–Esta mañana. Entró a coger algunas cosas. Está cuidando a su Romerito.

Se sirvió otra botella de cerveza.

–Brett es un poco rara. Pero le encanta cuidar a la gente. Eso fue lo que nos unió. Ella cuidaba de mí.

–Ya lo sé.

–Estoy bastante borracho –dijo Mike–. Y creo que voy a seguir bastante borracho. Todo esto es terriblemente divertido, pero no es muy agradable. No es muy agradable para mí.

Se bebió la cerveza de un trago.

–Se las canté a Brett, ¿sabes? Le dije que si quería ir rodando por ahí con judíos y toreros y toda esa clase de gente ya podía suponer que tendría complicaciones.

Se inclinó hacia delante.

–Oye, Jake, ¿te importa que me beba una botella de las tuyas? La chica te traerá otra.

–Vamos, hombre –dije–. De todas formas, tampoco me la habría bebido.

Mike empezó a abrir la botella.

–¿Te importa abrirla tú?

Apreté hacia arriba el asegurador de alambre y le vertí la cerveza en el vaso.

–Brett estuvo muy bien, ¿sabes? –prosiguió Mike–. Ella siempre queda bien. Le solté un rollo tremendo acerca de los judíos y los toreros y toda esa clase de gente; y ¿sabes lo que replicó? «Sí. ¡He sido tan feliz con la aristocracia inglesa!»

Bebió un trago y continuó:

–No estuvo mal la réplica. Ashley, el tipo que le dio el título, era marino, como sabes. Noveno baronet. Cuando regresaba a casa no quería dormir en la cama. Hacía dormir siempre a Brett en el suelo. Al final, cuando se volvió malo de veras, solía amenazarla con matarla. Ashley dormía con un revólver cargado. Brett le sacaba las balas cuando él se había dormido. No ha sido precisamente feliz, Brett. Y es realmente una lástima. Con lo que ella disfruta de las cosas...

Se levantó. Le temblaba la mano.

–Me voy a mi cuarto. Voy a tratar de dormir un poco.

Sonrió.

–Llegamos demasiado lejos en eso de no dormir en estas *fiestas*. Voy a empezar ahora y me daré un hartón de sueño. Es una mala cosa eso de no dormir. Le pone a uno los nervios de punta.

–Nos veremos a mediodía en el Iruña –dijo Mike.

Mike salió. Le oímos en la habitación contigua.

Tocó el timbre y la doncella acudió y llamó a la puerta.

–Traiga media docena de botellas de cerveza y una botella de Fundador –le dijo Mike.

–*Sí, señorito.*

–Me voy a la cama –dijo Bill–. Pobre Mike. Ayer por la noche me metí en una buena pelea por él.

–¿Dónde? ¿En el Milano?

–Sí. Había un individuo que había pagado una vez para ayudar a Brett y a Mike a salir de Cannes. Se portó como un miserable.

–Ya conozco la historia.

–Yo no la conocía. Nadie debería tener derecho a decir cosas de Mike.

–Eso es lo que lo estropea todo.

–No deberían tener ningún derecho. Desearía con todas mis fuerzas que no les fuera permitido. Me voy a la cama.

–¿Mataron a alguien en la plaza?

–Creo que no. Hubo sólo heridos graves.

–Un hombre resultó muerto en el corredor que llevaba al ruedo.

–¿Sí? –dijo Bill.

CAPÍTULO XVIII

A las doce nos hallábamos todos en el café. Estaba lleno de bote en bote. Comíamos camarones y bebíamos cerveza. La ciudad estaba abarrotada. Todas las calles estaban atestadas. Grandes coches de Biarritz y San Sebastián llegaban sin cesar y aparcaban en la plaza, cargados de gente que iba a la corrida. También llegaban autocares turísticos. Había uno con veinticinco inglesas dentro. Sentadas en el gran coche blanco, miraban la *fiesta* a través de sus anteojos. Los que bailaban estaban todos borrachos. Era el último día de la *fiesta.*

La *fiesta* era una masa compacta, sin cortes, pero los coches y los autocares turísticos formaban pequeñas islas de espectadores. Cuando los coches se vaciaban, los espectadores eran absorbidos por la muchedumbre y ya no se les veía más, a no ser bajo la forma de ropas sport sentadas a una mesa y que desentonaban escandalosamente en medio de la apretada masa de campesinos con blusas negras. La *fiesta* llegaba a absorber incluso a los ingleses de Biarritz, hasta el punto de que no se los veía a no ser que se pasara junto a la mesa que ocupaban. En las calles se oía la música incesantemente. Los tambores no paraban de redoblar y los caramillos iban a toda marcha. Dentro de los cafés, grupos de hombres agarrándose con las manos a la mesa o apoyados unos en los hombros de otros entonaban canciones con sus voces roncas.

–Aquí está Brett –dijo Bill.

Miré y la vi avanzar por entre la multitud de la plaza, con la cabeza erguida, como si la *fiesta* se celebrara en su honor y ella encontrara el hecho a la vez agradable y cómico.

–¡Hola chicos! –dijo–. ¡Caramba, qué sed tengo!

–Traiga otra cerveza grande –dijo Bill al camarero.

–¿Camarones?

–¿Se ha ido Cohn? –preguntó Brett.

–Sí –contestó Bill–. Alquiló un coche.

Llegó la cerveza. Brett hizo acción de levantar el jarro y le tambló la mano. Al darse cuenta, sonrió; se inclinó hacia delante y se tomó un gran sorbo.

–Buena cerveza.

–Muy buena –dije yo.

Me sentía inquieto por Mike. No creía que hubiese dormido. Seguramente había estado bebiendo sin parar, aunque, al parecer, conservaba el control de sí mismo.

–Oí decir que Cohn te hizo daño, Jake –dijo Brett.

–No. Me dejó fuera de combate, eso fue todo.

–Caramba, pues a Pedro Romero sí que le hizo daño –dijo Brett–. Le dejó hecho una verdadera lástima.

–¿Cómo está?

–Estará bien en seguida. Pero no quiere salir de su cuarto.

–¿Tiene mal aspecto?

–Muy malo. Quedó realmente muy magullado. Le dije que salía un instante a veros.

–¿Va a torear?

–Por supuesto que sí. Iré con vosotros, si no os importa.

–¿Cómo está tu amigo? –preguntó Mike, que no había escuchado nada de lo que Brett decía.

–Brett tiene un torero –continuó–. Tenía también un judío llamado Cohn, pero ha caído en desgracia.

Brett se levantó.

–No voy a quedarme oyendo todas esas sandeces, Michael.

–¿Cómo está tu amigo?

–Perfectamente –dijo Brett–. Fíjate bien en él esta tarde.

–Brett tiene un torero –dijo Mike–. Un torero muy guapo, el condenado.

–¿Te importa acompañarme a dar una vuelta? Quiero hablar contigo, Jake.

–Háblale de tu torero –dijo Mike–. ¡Oh, que se vaya al diablo tu torero!

E inclinó de tal forma la mesa que todas las cervezas y los platos de camarones se vinieron abajo con gran estrépito.

–Anda –dijo Brett–, vámonos de aquí.

Al cruzar la plaza, en medio de la gente, pregunté:

–¿De qué se trata?

–Desde que termine la comida hasta la corrida no voy a poder verlo. Su gente entra a vestirlo. Él dice que están muy enfadados conmigo.

Brett estaba radiante. Era feliz. El sol había salido y hacía un día espléndido.

–Me siento totalmente cambiada –dijo Brett–. No te lo puedes imaginar, Jake.

–¿Quieres que haga algo en concreto?

–No. Sólo que vayas conmigo a la corrida.

–¿Te veré a la hora de comer?

–No. Voy a comer con él.

Estábamos parados bajo las arcadas, a la puerta del hotel. Estaban sacando mesas y colocándolas bajo la arcada.

–¿Quieres venir a dar una vuelta por el parque? –preguntó Brett–. No quiero subir todavía. Me imagino que estará durmiendo.

Pasamos por delante del teatro, salimos de la plaza y, confundidos con la multitud, avanzamos por entre las dos hileras de barracas de la feria. Salimos a una calle transversal que llevaba al Paseo de Sarasate. Podíamos ver a toda la gente elegante paseando por el parque y dando la vuelta al llegar al final.

–No vayamos allí –dijo Brett–. No tengo ganas de fisgonear precisamente ahora.

Nos quedamos parados a la luz del sol. Hacía calor y se estaba bien, después de la lluvia y el cielo nublado que vinieron del mar.

–Espero que el viento se calme –dijo Brett. Es muy malo para él.

–Yo también lo espero.

–Dice que los toros están muy bien.

–Sí, son buenos.

–¿Es eso San Fermín? dijo Brett mirando la pared amarilla de la capilla.

–Sí. Es aquí donde empezó la *fiesta,* el domingo.

–Entremos, ¿quieres? Me gustaría rezar un poco por él o algo así.

Entramos dentro empujando la pesada puerta de cuero, que se movió con gran ligereza. El interior estaba oscuro. Había mucha gente que rezaba. Uno la veía cuando sus ojos se acostumbraban a la media luz. Nos arrodillamos en uno de los largos bancos de madera. Al cabo de un momento noté que Brett se quedaba rígida contra mí y vi que miraba fijamente al frente.

–Anda –susurró con voz ronca–, salgamos de aquí. Me pone los nervios de punta.

Afuera, en la cálida claridad de la calle, Brett levantó la vista hacia las copas de los árboles que ondeaban al viento. La plegaria no había sido precisamente un éxito.

–No sé por qué me pongo tan nerviosa en la iglesia –dijo Brett–. Nunca me hace ningún bien.

Seguimos nuestro camino.

–No encajo nada en una atmósfera religiosa –dijo Brett–. Tengo un tipo de cara poco apropiado.

Y continuó:

–¿Sabes? No me siento nada inquieta por él. Cuando pienso en él sólo me siento feliz.

–Eso está bien.

–De todas formas, desearía que el viento se calmara.

–Es probable que amaine hacia las cinco.

–Esperémoslo así.

–Puedes rezar –dije riendo.

–No me hace ningún bien. No he conseguido jamás nada de aquello por lo que he rezado. ¿Y tú?

–Oh, yo sí.

–¡Eso son cuentos! –dijo Brett–. En fin, tal vez el sistema funcione para algunas personas. No pareces muy religioso, Jake.

–Pues lo soy mucho.

–¡Eso son cuentos! –repitió Brett–. No empieces a hacer proselitismo hoy; las cosas ya van a marchar lo bastante mal por sí mismas.

Por primera vez desde los días anteriores a su escapada con Cohn, la veía alegre y despreocupada como en los viejos tiempos. Estábamos de nuevo frente al hotel. Habían acabado de colocar todas las mesas y bastantes de ellas estaban ya ocupadas por gente que comía.

–Preocúpate de Mike –dijo Brett–. No dejes que haga demasiadas tonterías.

–Sus amigos están arriba –dijo el *maître d'hôtel* alemán, en inglés y con un acento horrible.

Era de los que escuchan siempre a escondidas.

–Muchísimas gracias –dijo Brett volviéndose hacia él–. ¿Tiene algo más que decir?

–No, *ma'am.*

–Está bien –dijo Brett.

–Reserve una mesa para tres –dije al alemán.

Esbozó su asquerosa sonrisita rosa y blanca y preguntó en su horrible inglés.

–¿La señora va a comer aquí?

–No –dijo Brett.

–Entonces creo que una mesa para dos sería suficiente –dijo con peor pronunciación que nunca.

–No le contestes –dijo Brett–. Debe de haber visto a Mike en muy mal estado –añadió mientras subíamos la escalera.

En la escalera nos cruzamos con Montoya. Saludó con una inclinación de cabeza, sin sonreír.

–Nos veremos en el café –dijo Brett–. Muchísimas gracias, Jake.

Nos habíamos parado en el piso en que estaban nuestras habitaciones. Ella continuó pasillo adelante y entró en el cuarto de Romero. No llamó. Se limitó a abrir la puerta, entrar y cerrarla tras ella.

Me detuve frente a la puerta de la habitación de Mike y llamé a la puerta. No contestaron. Probé con el tirador y la puerta se abrió. La habitación estaba en un gran desorden. Las maletas estaban abiertas y la ropa desparramada por todas partes. Había botellas vacías junto a la cama. Mike estaba echado en ella y parecía una mascarilla mortuoria de sí mismo. Abrió los ojos y me miró.

–Hola, Jake –dijo con mucha lentitud–. Estoy durmien...do un po...co. Hace mu...cho tiempo que quie...ro dormir un po...co.

–Deja que te eche algo encima.

–No, ya estoy lo bastante caliente. No te va...yas. Todavía no me he dormi...do.

–Vas a dormir, Mike. No te preocupes, hombre.

–Brett tiene un torero –dijo Mike–. Pero su judío se ha ido.

Volvió la cabeza y me miró.

–Qué suerte, ¿eh?

–Sí. ahora trata de dormir, Mike. Tienes que dormir un poco.

–Ahora mismo empieza a entrarme sue...ño. Voy a echar un sueñecito.

Cerró los ojos. Salí de la habitación, cerrando la puerta silenciosamente. Bill estaba en mi cuarto leyendo el periódico.

–¿Has visto a Mike?

–Sí. Vamos a comer.

–No quiero comer abajo con este camarero en jefe alemán. Estuvo muy grosero cuando yo llevaba a Mike arriba.

–Con nosotros también estuvo grosero.

–Salgamos a comer por ahí.

Bajamos la escalera. Por el camino nos cruzamos con una chica que subía con una bandeja cubierta.

–Ahí va la comida de Brett –dijo Bill.

–Y de su amiguito –añadí yo.

Afuera en la terraza, bajo las arcadas, el *maître d'hôtel* alemán se nos acercó. Sus rojas mejillas brillaban. Se portaba con gran obsequiosidad.

–Tengo una mesa de dos para ustedes, caballeros –dijo en su pésimo inglés.

–Pues vaya a sentarse usted a ella –dijo Bill.

Y continuamos adelante, cruzando la calle.

Comimos en un restaurante de una calle secundaria, lejos de la plaza. No había más que hombres. En medio del humo que lo llenaba todo, la gente bebía y cantaba. La comida era buena y el vino también. Casi no hablamos. Luego fuimos al café y contemplamos la *fiesta,* que llegaba a su apogeo. Brett apareció poco después de la comida. Dijo que había echado un vistazo a la habitación y que Mike estaba durmiendo.

Cuando la *fiesta,* en su punto máximo, se desplazó hacia la plaza de toros, fuimos hacia allí con toda la muchedumbre. Brett se sentó junto al ruedo, entre Bill y yo. Debajo de nosotros sólo quedaba el *callejón,* que es el pasadizo que hay entre las gradas y la empalizada roja de la barrera. Detrás de nosotros, las gradas de hormigón se iban llenando sin dejar ningún hueco. Enfrente, pasada la empalizada roja, estaba la arena, amarilla y alisada con el rodillo. Parecía un poco dura a causa de la lluvia, pero el sol que brillaba la había secado y estaba firme y pulida. Los mozos de estoques y los monosabios avanzaron por el *callejón* llevando sobre los hombros las canastas de mimbre de las capas y las *muletas.* Estaban manchadas de sangre y dobladas y colocadas apretadamente en las canastas. Los mozos de estoques abrieron los pesados estuches de cuero de las espadas y, al apoyarlas contra la empalizada, asomaron las empuñaduras guarnecidas de rojo del manojo de espadas. Desdoblaron las franelas rojas manchadas de oscuro de las *muletas* y les pusieron bastones, a fin de tender el paño y dar algo a que agarrarse al matador. Brett lo contemplaba todo. Estaba absorta en los detalles profesionales.

–Tiene grabado su nombre en todas las capas y *muletas* –dijo–. ¿Por qué las llaman *muletas*?

–No lo sé.

–Me gustaría saber si las lavan alguna vez.

–No lo creo. El color se estropearía.

–La sangre debe de dejarlas rígidas –dijo Bill.

–Es curioso cómo a uno llega a no impresionarle la sangre –dijo Brett.

Abajo, en el estrecho pasadizo que formaba el *callejón,* los mozos de estoques lo ponían todo a punto. Todas las plazas estaban ocupadas, y los palcos también. No había ni un asiento vacío, a no ser en el palco del presidente. Cuando él llegara, daría comienzo la corrida. Al otro lado de la pulida arena, bajo el alto portal que conducía a los corrales, se hallaban los toreros, con los brazos envueltos en las capas y charlando, en espera de la señal para desfilar por la arena. Brett los miraba con los gemelos.

–Anda, ¿quieres mirar tú?

A través de los gemelos vi a los tres matadores. Romero estaba en el centro, con Belmonte a la izquierda y Marcial a la derecha. A su espalda se hallaba su cuadrilla; detrás de los banderilleros, al fondo del portal y ya en el abierto espacio del corral, vi a los picadores. Romero llevaba un traje negro. Se había colocado la montera muy delante, hasta la línea de los ojos, y no podía verle la cara con claridad, aunque me pareció que la tenía señalada de mala manera. Miraba fijamente al frente. Marcial fumaba a escondidas un cigarrillo, que sostenía en la mano. Belmonte, con su cara descolorida y amarillenta y su prominente mandíbula de lobo, miraba hacia delante sin ver nada. Daba la impresión de que ni él ni Romero tenían nada en común con los demás. Estaban solos. Llegó el presidente; encima de nosotros, en los graderíos, se oyeron algunos aplausos aislados, y pasé los gemelos a Brett. La gente aplaudió. La música sonó. Brett miraba con los gemelos.

–Toma, cógelos –dijo.

A través de los gemelos vi que Belmonte decía algo a Romero. Marcial se puso tieso, arrojó el cigarrillo y los tres matadores, con la mirada fija ante ellos, la cabeza erguida y el brazo libre moviéndose al compás de la música, empezaron el paseíllo. Detrás de ellos se desplegaba todo el cortejo; marchaban todos a paso largo, con las capas enrolladas y balanceando el brazo libre; detrás cabalgaban los picadores, con las picas erguidas, como lanzas. Al final de todo venían las yuntas de mulas y los mozos. Los matadores, al llegar ante el palco presidencial, saludaron con una inclinación, sin quitarse la montera; luego se dirigieron a la barrera, situada debajo de nosotros. Pedro Romero se quitó su pesada capa de brocado de oro y se la tendió por encima de la barrera a su mozo de estoques. Le dijo algo. Romero estaba debajo de nosotros, muy cerca, y vimos que tenía los labios hinchados y los dos ojos a la funerala. Su cara, sin color, estaba abotagada. El cogió la capa, miró a Brett y, acercándose a nosotros, se la entregó.

–Extiéndela ahí delante –le dije.

Brett se inclinó hacia delante. La capa era pesada y ligeramente rígida a causa del oro. El mozo de estoques miró hacia atrás y dijo algo agitando la cabeza. Un hombre que estaba a mi lado se inclinó hacia delante para hablar a Brett:

–No quiere que usted la extienda –dijo–. Debe doblarla y guardarla en el regazo.

Brett dobló la pesada capa.

Romero no miró hacia nosotros. Hablaba con Belmonte. Belmonte había enviado su capa de ceremonia a unos amigos. Les miró y sonrió con aquella sonrisa lobuna que no pasaba de los labios. Romero se inclinó por encima de la barrera y pidió el jarro de agua. Echó un poco en el percal de su capa de faena y luego, con sus pies calzados con escarpines, refregó por la arena los pliegues inferiores.

–¿Para qué sirve eso? –preguntó Brett.

–Para darle más peso contra el viento.

–Su cara tiene mal aspecto –dijo Bill.

–Se siente muy mal –dijo Brett–. Debería estar en la cama.

El primer toro fue para Belmonte. Belmonte lo hizo muy bien. Pero, como cobraba treinta mil pesetas y la gente había estado haciendo cola toda la noche para comprar entradas y poder verlo, se le exigía que lo hiciera mejor que muy bien. Lo más característico de Belmonte era trabajar de muy cerca al toro. En términos taurinos se habla del terreno del toro y del terreno del torero. En tanto que un torero permanece en su propio terreno, está relativamente seguro. Cada vez que entra en terreno del toro se pone en grave peligro. Belmonte, en sus mejores días, toreaba siempre en el terreno del toro. De esta forma lograba dar una sensación de inminente tragedia. La gente iba a las corridas para ver a Belmonte, para recibir sensaciones trágicas y tal vez para presenciar su muerte. Quince años antes se decía que, si uno quería ver a Belmonte, tenía que darse prisa mientras estuviera todavía vivo. Desde entonces había matado más de un millar de toros. Al retirarse, la leyenda sobre lo que había sido su arte creció hasta la exageración y, cuando salió de su retiro, el público tuvo una decepción: ningún hombre de carne y hueso puede torear tan pegado al toro como se decía que lo había hecho Belmonte, ni siquiera –claro está– el propio Belmonte.

Además, Belmonte imponía condiciones; insistía en que sus toros no fueran demasiado grandes ni tuvieran unos cuernos demasiado peligrosos. Con todo eso, el elemento necesario para dar la sensación de tragedia desaparecía, y el público, que quería que Belmonte –que, además, estaba enfermo de una fístula– diera de sí tres veces más de lo que había sido capaz de dar jamás, tuvo una decepción y se sintió estafado; el desprecio acentuó todavía más la prominencia de la mandíbula de Belmonte, la cara se le puso más amarilla y, a medida que iba aumentando el dolor, se movía con mayor dificultad; al final la hostilidad de la multitud se tradujo en actos, mientras él se mantenía distante, con un desprecio e indiferencia supremos. Se había imaginado que tendría una gran tarde, y en lugar de ello era una tarde de mofas e insultos a grito pelado, coronados por una andanada de almohadones, trozos de pan y legumbres, que le arrojaban en la misma plaza en la que había tenido sus mayores triunfos. Pero él sólo acentuaba la prominencia de su mandíbula. A veces, cuando le gritaban algo particularmente insultante, se volvía y sonreía, con aquella sonrisa en la que sólo intervenían los dientes y la prominente mandíbula, no los labios; el dolor que le producía cualquier movimiento crecía y crecía sin parar y al final su cara amarilla había adquirido el color del pergamino; y cuando su segundo toro estuvo muerto y la lluvia de pan y almohadones hubo terminado, después de saludar al presidente con idéntica sonrisa de lobo y mirada despectiva y de pasar la espada por encima de la barrera para que la limpiaran y la metieran en su estuche, entró en el *callejón* y se apoyó en la barrera, debajo de nosotros con la cabeza entre las manos, sin ver nada, sin oír nada, atento sólo a su dolor. Cuando, al fin, levantó la vista, pidió un vaso de agua. Bebió un poco, se enjuagó la boca, escupió, cogió la capa y se volvió al ruedo.

Al estar contra Belmonte, el público se puso a favor de Romero. Desde el momento que dejó la barrera para dirigirse hacia el toro, le aplaudieron. Belmonte también miraba a Romero; sin que se notara, no lo perdía de vista. No prestaba ninguna atención a Marcial. Marcial era algo que no podía reservarle ninguna sorpresa. Había abandonado su retiro para competir con Marcial, sabiendo que era competición ganada de antemano. Se había imaginado que rivalizaría con Marcial y las otras estrellas de la decadencia de la tauromaquia, y sabía que la falsa estética de los toreros de la decadencia pondría tan de relieve la sinceridad de su arte personal, que lo único que tenía que hacer era salir al ruedo. Romero le había echado a perder su reaparición. Lo que él, Belmonte, sólo se arriesgaba a hacer ahora de tarde en tarde, Romero lo hacía constantemente, con facilidad, serenidad y gran belleza. La muchedumbre, e incluso la gente de Biarritz, lo notaba; hasta el embajador americano llegó a darse cuenta. Era una competición en la que Belmonte no iba a entrar, porque lo único que podía sacar de ella era una herida grave o la muerte. Belmonte ya no estaba lo bastante en forma. Ya no tenía sus grandes momentos en el ruedo. Ni siquiera estaba seguro de que hubiera grandes momentos. Las cosas ya no eran las mismas; ahora la vida venía sólo a ráfagas. Con sus toros, tenía ráfagas de la antigua grandeza; pero desde el momento en que había escogido toros que no ofrecieran peligro, por el sencillo procedimiento de bajarse del coche, inclinarse sobre una cerca y echar un vistazo a la manada de su amigo el ganadero, estos momentos de grandeza estaban de antemano desprovistos de todo mérito. Así que tenía dos toros pequeños, manejables y con cuernos que no eran gran cosa; y cuando, a través del dolor que no le dejaba, notó que se le volvía a acercar algo de la antigua grandeza, aunque fuera sólo por un momento, esta grandeza adulterada y vendida de antemano, no le produjo ninguna satisfacción. La grandeza estaba allí, pero, para él, ya no era capaz de hacer del arte de torear algo maravilloso.

Pedro Romero tenía aquella grandeza. Adoraba torear, y creo que adoraba a los toros, y creo que adoraba a Brett. Durante toda aquella tarde, siempre que estuvo en su mano escoger el sitio donde actuar, lo hizo delante de Brett. No miró ni una sola vez. De esta manera todo cobraba más fuerza; y no lo hacía sólo por ella, sino también por él. Al no mirar hacia arriba para saber si gustaba, actuaba sólo para su propia satisfacción interna, y eso le hacía más fuerte; y, sin embargo, lo hacía también para ella. Pero lo hacía para ella sin dejar que eso mermara en lo más mínimo sus propias facultades. Y obtuvo su recompensa durante toda la tarde.

Su primer *quite* lo hizo exactamente debajo de nosotros. En una corrida, los tres matadores cogen por turno al toro, tras cada una de las embestidas de éste contra uno de los picadores. El primero que lo cogió fue Belmonte. El segundo fue Marcial. Luego, Romero. Estaban los tres parados a la izquierda del caballo. El picador, con el sombrero metido hasta los ojos y el palo de la pica dirigido hacia el toro en ángulo agudo, clavó las espuelas al caballo y sosteniéndolas así, con las riendas en la mano izquierda, hizo avanzar al caballo hacia el toro. El toro estaba vigilando. Parecía que observaba al caballo blanco, pero lo que en realidad estaba vigilando era la punta triangular de acero de la pica. Romero, que estaba atento, vio que el toro empezaba a volver la cabeza. No quería atacar. Romero agitó su capa para que el color llamara la atención del toro. Por reflejo, el toro atacó, pero no encontró aquel destello de color, sino un caballo blanco montado por un hombre que se inclinaba hacia afuera; el hombre clavó la punta de acero del largo mango de nogal americano en la joroba musculosa del cuello del toro, haciendo retroceder de lado a su caballo, al mismo tiempo que hacía girar la pica sobre su eje para que el acero se hundiera cada vez con más fuerza en la herida abierta en el cuello del toro, haciéndolo sangrar para Belmonte.

Bajo el acero, el toro no insistió. Resultaba evidente que no quería atacar al caballo. Dio la vuelta y el grupo se deshizo y se apartó, mientras Romero arrancaba de allí el toro con la capa. Lo apartó con calma, con suavidad; luego se detuvo y, parado ante el toro, le presentó la capa. El toro levantó la cola y atacó; Romero, con los pies firmes en el suelo, levantó los brazos antes de pasar el toro, haciéndoles describir una semicircunferencia. La capa, húmeda y pesada por el barro, se mecía abierta e hinchada como una vela, y Romero le hizo describir un giro exactamente en el momento en que pasaba el toro. Terminado el pase, volvieron a encontrarse ambos frente a frente. Romero sonrió. El toro quiso repetir la operación, y la capa de Romero volvió a hincharse, esta vez en el otro lado. Dejaba pasar siempre al toro tan de cerca que el hombre, el toro y la capa que se hinchaba y describía un giro ante el toro no formaban más que una única masa que parecía grabada al aguafuerte. ¡Qué lento, qué calculado era todo! Parecía como si estuviera arrullando al toro para que se durmiera. Dio cuatro *verónicas* de este tipo y, tras finalizar con una media *verónica* que le hizo presentar la espalda al toro, avanzó en dirección a los aplausos, con la mano en la cadera y la capa colgada del brazo, mientras el toro contemplaba como iba alejándose de espaldas.

Con los dos toros que le tocaron estuvo perfecto. El primero de ellos estaba mal de la vista. Tras los dos primeros pases de capa, Romero supo con exactitud cuál era la gravedad del defecto, y toreó en consecuencia. No fue un trabajo brillante. Fue sólo perfecto. La muchedumbre quería que se cambiara el toro. Armaron un gran alboroto. De un toro que no era capaz de ver las añagazas que le tendían no podía esperarse nada extraordinario. Pero el presidente no dio orden de que lo reemplazaran.

–¿Por qué no lo cambian? –preguntó Brett.

–Lo han pagado. No quieren perder su dinero.

–No es muy justo hacerle eso a Romero.

–Fíjate en cómo maneja a un toro que no ve los colores.

–No me gusta ver esa clase de cosas.

No resultaba agradable mirar aquello cuando uno sentía el menor afecto por la persona que lo hacía. A un toro que no podía ver ni el color de la capa ni la franela escarlata de la *muleta,* Romero tenía que darle satisfacción con su propio cuerpo. Tenía que acercarse al toro lo suficiente para que éste llegara a ver su cuerpo y se lanzara contra él, y entonces desplazar el ataque hacia la franela y terminar el pase a la manera clásica. A la gente de Biarritz eso no le gustó. Pensaron que Romero tenía miedo y que aquél era el motivo del pequeño paso atrás que daba cada vez que transfería la embestida del toro contra su propio cuerpo a la franela roja de la *muleta.* Preferían la imitación que Belmonte hacía de sí mismo o la que Marcial hacía de Belmonte. Había tres de ellos en la fila de detrás de nosotros.

–¿Por qué tiene miedo del toro? Es tan atontado que sólo el trapo lo atrae.

–Es un torero muy joven, eso es todo. Todavía no ha aprendido.

–Pero antes, con la capa, me parece que estuvo bien.

–Seguramente ahora está nervioso.

En el centro del ruedo, completamente solo, Romero seguía con lo mismo: se acercaba lo bastante al toro para que éste pudiera verlo con claridad y le ofrecía su cuerpo; se lo volvía a ofrecer un poco más cerca, y el toro seguía mirando con aire estúpido; se acercaba entonces todavía más, de forma que el toro creyera que ya era suyo, y volvía a ofrecerle su cuerpo; y así hasta que, por fin, provocaba el ataque. Entonces, en el momento preciso en que llegaban los cuernos, presentaba al toro el trapo rojo, seguido de aquel saltito casi imperceptible que tanto ofendía a juicio crítico de los expertos en tauromaquia de Biarritz.

–Ahora va a matar –dije a Brett–. El toro todavía está fuerte, pero Romero no ha querido fatigarse hasta quedar agotado.

En el centro del ruedo Romero, de perfil frente al toro, sacó la espada de entre los pliegues de la *muleta* y, levantándose de puntillas, apuntó a lo largo de la hoja. El toro atacó en el instante en que Romero atacaba. Con la mano izquierda, Romero dejó caer la *muleta* sobre el hocico del toro para cegarlo, y metió el hombro izquierdo por entre sus cuernos mientras penetraba la espada, en tanto que él se inclinaba sobre el toro, extendiendo el brazo derecho tan arriba como podía para llegar al sitio donde había quedado clavada la empuñadura de la espada, entre los hombros del toro; por un instante, Romero y el toro no fueron más que uno. Luego la figura se rompió. Con una pequeña sacudida, Romero se soltó y quedó parado ante el toro con la mano levantada, con la camisa rasgada por debajo de la manga y el blanco trozo roto agitándose al viento, mientras el toro, con la roja empuñadura de la espada firmemente clavada entre los hombros, bajaba la cabeza y se mantenía firme sobre sus patas.

Romero estaba lo bastante cerca del toro para que éste pudiera verlo. Con la mano todavía levantada, le hablaba. El toro se recogió sobre sí mismo; luego inclinó la cabeza hacia delante y empezó a caer con lentitud hasta que, de repente, se desplomó, con las cuatro patas al aire.

Romero recibió su espada; con la espada con la punta dirigida hacia abajo en una mano y la *muleta* en la otra, avanzó hasta llegar frente al palco del presidente, se inclinó, se irguió de nuevo y se acercó a la *barrera,* tendiendo la espada y la *muleta* por encima de ella para que las cogieran.

–Fue un mal toro –dijo el mozo de estoques.

–Me ha hecho sudar –dijo Romero.

Se secó la cara. El mozo de estoques le tendió el jarro del agua. Romero se secó los labios. Le hacía daño beber del jarro. No levantó la vista hacia nosotros.

Marcial tuvo un gran día. Todavía estaban aplaudiéndole cuando entró el segundo toro de Romero. Era el toro que se había lanzado a toda marcha y había matado a aquel hombre en la carrera matutina.

Durante su primer toro, el rostro abotagado de Romero había llamado la atención de todo el mundo. Todo lo que hacía lo mostraba. Toda la concentración que ponía en el trabajo delicado y poco agradecido que estaba realizando con el toro que no podía ver lo sacaba a relucir. La pelea con Cohn había dejado intacta su moral, pero le había destrozado la cara y llenado de contusiones el cuerpo. Ahora estaba borrando todo aquello. Cada una de las proezas que realizaba con el segundo toro lo borraba un poco más. Era un buen toro, un gran toro, con cuernos de verdad, y giraba y volvía a la carga con facilidad y seguridad. Era de la clase de toros que le gustaban a Romero.

Cuando hubo terminado su trabajo con la *muleta* y se preparó para matar, la gente le hizo continuar. No querían ver al toro muerto todavía, no querían que aquello terminara. Romero continuó. Era como una lección de arte de torear. Encadenaba todos los pases; todos eran completos, lentos bien templados y suaves. No había ni tretas ni mixtificaciones allí. No había movimientos bruscos. Y al llegar al punto culminante de cada pase, a uno se le encogía el corazón. La multitud hubiese querido que aquello no terminara nunca.

El toro estaba parado sobre sus cuatro patas, a punto para ser muerto, y Romero lo mató exactamente debajo de nosotros. No lo mató de la forma que le venía impuesta por las circunstancias, como ocurrió con su primer toro, sino de la manera que él quiso. Se perfiló exactamente frente al toro, sacó la espada de los pliegues de la *muleta* y apuntó a lo largo de la hoja. El toro lo vigilaba. Romero habló al toro y con uno de sus pies dio un golpe en el suelo. El toro arremetió y Romero aguantó la embestida, con la muleta baja, la hoja apuntando al toro y los pies firmes. Entonces, sin adelantar ni un paso, formó un solo cuerpo con el toro y éste se encontró con el estoque metido en el cuello; el toro había seguido la franela que se balanceaba cerca del suelo, y que desapareció al desviarse Romero hacia la izquierda con un salto brusco. Y todo había terminado. El toro trató de avanzar y de ponerse firme sobre sus patas, osciló de un lado a otro, titubeó y cayó de rodillas. El hermano de Romero se inclinó por detrás y le clavó un cuchillo corto en el cuello, en la base de los cuernos. La primera vez falló. Volvió a meter de nuevo el cuchillo y el toro se desplomó, tuvo un espasmo y quedó rígido. El hermano de Romero, sosteniendo uno de los cuernos del toro con una mano y el cuchillo en la otra, levantó la vista hacia el palco del presidente. Los pañuelos ondeaban por toda la plaza. El presidente miró desde lo alto de su palco y agitó su pañuelo. El hermano cortó la hendida oreja negra del toro muerto y corrió con ella hacia Romero. El toro yacía en la arena, pesado y negro, con la lengua afuera. Los muchachos corrían hacia él de todos los lados de la arena, formando un pequeño círculo a su alrededor, y se ponían a bailar en torno a él.

Romero cogió la oreja de manos de su hermano y la levantó hacia el presidente. El presidente se inclinó y Romero, corriendo para lograr adelantarse a la masa de gente, se acercó a nosotros. Se inclinó por encima de la barrera y dio la oreja a Brett. Hizo una inclinación de cabeza y sonrió. La muchedumbre se agolpaba a su alrededor. Brett le tendió la capa.

–¿Le ha gustado? –gritó Romero.

Brett no dijo nada. Se miraron uno a otro y sonrieron. Brett tenía la oreja en la mano.

–No se manche de sangre –dijo Romero con una mueca.

Unos cuantos chicos gritaron algo a Brett. La masa de gente estaba formada por muchachos, bailarines y borrachos. Romero se volvió e intentó atravesarla. Estaban todos a su alrededor, tratando de levantarlo en hombros. Él se debatió, consiguió zafarse y se puso a correr por en medio de ellos, en dirección a la salida. No quería que la gente le llevara a hombros. Pero le cogieron y lo levantaron. Se sentía incómodo con las piernas separadas, y el cuerpo le dolía mucho. Lo llevaban en alto e iban todos corriendo hacia la puerta. Nos miró como pidiéndonos disculpas. La multitud, corriendo, salió por la puerta con él.

Volvimos los tres al hotel. Brett subió a su cuarto. Bill y yo nos sentamos en el comedor de abajo y comimos huevos duros y bebimos unas cuantas botellas de cerveza. Belmonte llegó vestido de calle, acompañado de su apoderado y otros dos hombres. Se sentaron a la mesa contigua a la nuestra a comer. Belmonte comió muy poco. Salían para Barcelona en el tren de las siete. Belmonte llevaba una camisa a rayas azules y un traje negro, y comía huevos pasados por agua. Los otros tomaron una comida fuerte. Belmonte no hablaba, se limitaba a contestar cuando le preguntaban algo.

Bill estaba cansado después de la corrida. Yo también. Los dos nos tomábamos una corrida muy en serio. Nos sentamos y comimos los huevos mirando al mismo tiempo a Belmonte y a los que estaban a su mesa. Los hombres que le acompañaban tenían aspecto de duros y parecían hombres de negocios.

–Vamos al café –dijo Bill–. Quiero una absenta.

Era el último día de la *fiesta*. Afuera empezaba a nublarse de nuevo. La plaza estaba llena de gente y los expertos en fuegos artificiales disponían sus piezas para la noche, cubriéndolas con ramas de hayas. Los chiquillos miraban. Pasamos por delante de puestos de cohetes, con sus largas colas de bambú. Delante del café había una gran multitud. La música y el baile iban a toda marcha y pasaban los gigantes y los enanos.

–¿Dónde está Edna? –pregunté a Bill.

–No lo sé.

Contemplamos la llegada del último atardecer de la *fiesta*. La absenta lo volvía todo mejor. Yo la tomé sin azúcar, del vaso que goteaba; era agradable su sabor amargo.

–Siento mucho lo de Cohn –dijo Bill–. Ha pasado unos días horribles.

–¡Oh, que se vaya al infierno Cohn! –dije.

–¿Adónde crees que se ha ido?

–A París.

–¿Qué te parece que va a hacer?

–Seguramente volverá a reanudar las relaciones con su antigua novia.

–¿Quién era su antigua novia?

–Una que se llamaba Frances.

Tomamos otra absenta.

–¿Cuándo te vas? –le pregunté.

–Mañana.

Al cabo de un momento Bill dijo:

–En fin, ha sido una *fiesta* magnífica.

–Sí –asentí–; había siempre algo en marcha.

–Uno casi no puede creerlo. Es como una pesadilla maravillosa.

–Exacto –dije–. Yo me lo he creído todo, incluso las pesadillas.

–¿Qué te pasa? ¿Te sientes deprimido?

–Horriblemente deprimido.

–Tómate otra absenta. ¡Eh, camarero! Otra absenta para este *señor*.

–Me siento horriblemente –dije.

–Bébete eso –dijo Bill–. Bébetelo despacio.

Empezaba a oscurecer. La *fiesta* continuaba. Noté que empezaba a emborracharme, pero no me sentía nada mejor.

–¿Cómo te sientes?

–Horriblemente.

–Tómate otra.

–No me servirá de nada.

–Pruébalo; no puedes poner la mano en el fuego. Tal vez la próxima será la que te hará efecto. ¡Eh, camarero! Otra absenta para este *señor*.

En lugar de dejar que el agua cayera gota a gota, la eché directamente dentro y agité. Bill añadió un cubito de hielo. Metí una cucharilla en la mezcla de un tono pardo para remover el hielo.

–¿Cómo está?

–Muy bien.

–No te lo bebas con esa rapidez. Te marearás.

Volví a poner el vaso en la mesa. No había tenido la intención de beber tan aprisa.

–Noto que estoy borracho.

–No es para menos.

–Eso es lo que tú querías, ¿verdad?

–Claro que sí. Coge una trompa. Sobreponte a tu maldita depresión.

–Bueno, pues ya la he cogido. ¿Es eso lo que quieres?

–Siéntate.

–No quiero sentarme –repliqué–. Me voy al hotel.

Estaba muy borracho. No recuerdo haberlo estado nunca tanto. Al llegar al hotel subí a mi cuarto. La puerta de la habitación de Brett estaba abierta y asomé la cabeza. Mike estaba sentado en la cama. Agitó una botella.

–Jake –dijo–; entra, Jake.

Entré y me senté. La habitación se movía, a no ser que mirara a un punto fijo.

–¿Sabes una cosa? Brett se ha largado con el torerito.

–¡No!

–Sí. Te buscó para decirte adiós. Se fueron en el tren de las siete.

–¿De veras?

–Es una mala jugada, –dijo Mike–. No debería haberlo hecho.

–No.

–¿Tomamos un trago? Aguarda, voy a llamar para que traigan cerveza.

–Estoy bebido –dije–. Voy a ir a mi cuarto y me echaré.

–¿Estás borracho? Yo también lo estaba.

–Sí, estoy borracho.

–En fin, ¡a tu salud! –dijo Mike–. Ve a echar un sueñecito, viejo.

Salí de la habitación, entré en la mía y me eché sobre la cama. La cama se puso a oscilar; me senté y miré hacia la pared para que cesara el balanceo. Afuera, en la plaza, la *fiesta* continuaba. No me importaba en absoluto. Más tarde Bill y Mike entraron para llevarme abajo a comer con ellos. Fingí que dormía.

–Está dormido. Es mejor que lo dejemos solo.

–Está como una cuba –dijo Mike, y salieron.

Me levanté, fui al balcón y miré cómo bailaban en la plaza. El mundo ya no daba vueltas. Era muy claro y brillante, con los bordes un poco borrosos. Me lavé y me pasé el cepillo por el pelo; al verme en el espejo, me encontré raro. Bajé al comedor.

–¡Aquí está! –dijo Bill–. ¡El bueno de Jake! ¡Ya sabía yo que no te ibas a quedar seco!

–¡Hola borrachín! –dijo Mike.

–Me entró hambre y me desperté.

–Come un poco de sopa –dijo Bill.

Estábamos sentados los tres a una mesa y parecía que nos faltaban seis personas.

LIBRO TERCERO

CAPÍTULO XIX

A la mañana siguiente todo había terminado. La *fiesta* había concluido. Me desperté a las nueve, me bañé, me vestí y bajé. La plaza estaba vacía y no había nadie en las calles. Unos cuantos chiquillos recogían las cañas de los cohetes en la plaza. Los cafés acababan de abrir y los camareros sacaban los cómodos sillones blancos de mimbre y los disponían en torno a las mesas de mármol, a la sombra de las arcadas. Las calles eran barridas y regadas con manguera.

Me senté en uno de los sillones de mimbre y me recosté cómodamente. El camarero no tenía ninguna prisa en acudir. Los carteles blancos que anunciaban el encierro y las grandes listas de horarios de los trenes especiales estaban todavía en los pilares de las arcadas. Un camarero con delantal azul salió con un balde de agua y un trapo y empezó a desgarrar los anuncios, arrancando el papel a tiras y lavando y restregando el que se quedaba pegado a la piedra para quitarlo. La *fiesta* había terminado.

Me tomé un café, y, al cabo de un rato, Bill apareció. Lo miré mientras atravesaba la plaza. Se sentó y pidió un café.

–Bueno –dijo–, ya se ha terminado todo.

–Sí –dije–. ¿Cuándo te marchas?

–No lo sé. Creo que sería mejor que tomáramos un coche. ¿No vuelves tú a París?

–No. Estaré fuera otra semana. Creo que voy a ir a San Sebastián.

–Yo quiero volver a casa.

–¿Qué va a hacer Mike?

–Va a ir a San Juan de Luz.

–Podemos tomar un coche e ir hasta Bayona. Puedes coger el tren allí esta noche.

–Bueno. Marchémonos después de comer.

–Está bien. Voy a conseguir el coche.

Comimos y pagamos la factura. Montoya no se acercó a nosotros. Una de las camareras trajo la factura. El coche estaba afuera. El chófer apiló y sujetó parte de las maletas en el techo del coche y metió las restantes junto a él, en el asiento delantero. Subimos. El coche salió de la plaza, atravesó las calles laterales, avanzó por debajo de los árboles, descendió la colina y se alejó de Pamplona. No resultó un viaje muy largo. Mike tenía una botella de Fundador. Yo sólo tomé un par de tragos. Atravesamos las montañas, salimos de España, bajamos por las carreteras blancas, atravesamos el húmedo y verde País Vasco, frondoso casi en exceso, y, al fin, entramos en Bayona. Dejamos el equipaje de Bill en la estación y él compró un billete para París. Su tren salía a las siete y diez. Salimos de la estación. El coche estaba parado frente a ella.

–¿Qué vamos a hacer con el coche? –preguntó Bill.

–No te preocupes por el coche –dijo Mike–. No tenemos más que llevárnoslo con nosotros.

–Muy bien –dijo Mike–. ¿Adónde vamos a ir?

–Vayamos a Biarritz a tomar un trago.

–¡Ese despilfarrador de Mike! –dijo Bill.

Fuimos a Biarritz y dejamos el coche aparcado frente a un sitio muy «Ritz». Entramos en el bar, nos sentamos en los altos taburetes y tomamos un whisky con soda.

–Este trago corre de mi cuenta –dijo Mike.

–Vamos a echarlo a suertes.

Agitamos los dados en un hondo cubilete de cuero y los echamos. Bill quedó fuera en la primera tirada. Mike perdió frente a mí y tendió al barman un billete de cien francos. Los whiskies valían doce francos cada uno. Hicimos otra ronda y Mike volvió a perder. En ambas ocasiones dio una buena propina al barman. Fuera del bar, en una sala, tocaba una buena orquesta de jazz. Era un bar agradable. Hicimos otra ronda. Yo salí descartado a la primera vuelta con cuatro reyes. Bill y Mike echaron los dados. Bill ganó la primera partida, con cuatro sotas. Bill ganó la segunda. En la última vuelta, Mike sacó tres reyes y se los guardó. Tendió el cubilete a Bill. Éste agitó los dados y los echó: había tres reyes, un as y una reina.

–Te toca a ti, Mike –dijo Bill–. ¡Ese jugador de Mike!

–Lo siento muchísimo –dijo Mike–; no puedo.

–¿Qué ocurre?

–No me queda nada de dinero –dijo Mike–. Estoy sin blanca. Sólo tengo veinte francos. Eh, toma los veinte francos.

La expresión de la cara de Bill se alteró ligeramente.

–Me ha quedado sólo lo justo para pagar a Montoya. Y suerte que al menos tenía eso.

–Te haré efectivo un cheque –dijo Bill.

–Es extraordinariamente amable de tu parte –dijo Mike–, pero no puedo firmar cheques.

–¿Y cómo vas a hacerlo para conseguir dinero?

–Oh, va a llegarme un poco. Tengo dos semanas de mi pensión que deberían estar aquí. Puedo vivir de fiado en aquel hostal de San Juan.

–¿Qué quieres hacer con el coche? –me preguntó Bill–. ¿Quieres continuar con él?

–Me es exactamente igual, pero me parece un poco idiota.

–Venga, tomemos otro trago –dijo Mike.

–De acuerdo. Éste corre de mi cuenta –dijo Bill–. ¿Tiene dinero Brett? –preguntó dirigiéndose a Mike.

–Yo diría que no. Aportó la mayor parte del que tuve que dar al viejo Montoya.

–¿Y no se ha quedado nada de dinero con ella? –pregunté.

–Yo diría que no. Nunca tiene dinero. Recibe quinientos de los grandes al año y paga trescientos de ellos de intereses a los judíos.

–Supongo que lo llevan en la sangre –dijo Bill.

–Exacto. Pero, en realidad, no son judíos. Sólo les llamamos así. Creo que son escoceses.

–¿Está absolutamente sin blanca? –pregunté.

–Me atrevería a decir que sí. Me lo dio todo cuando se marchó.

–En fin –dijo Bill–. ¿por qué no nos tomamos otra copa?

–Magnífica idea –dijo Mike–. Discutir de finanzas no conduce a nada.

–No –dijo Bill.

Bill y yo echamos los dados para las dos rondas siguientes. Bill perdió y pagó. Salimos y volvimos al coche.

–¿Te gustaría ir a algún sitio concreto, Mike? –preguntó Bill.

–Demos un paseo. Puede que eso le haga bien a mi crédito. Paseemos un poco.

–Muy bien. Me gustaría ver la costa. Vayamos hacia Hendaya.

–No tengo nada de crédito a todo lo largo de la costa.

–Nunca se sabe –dijo Bill.

Avanzamos a lo largo de la carretera de la costa, entre el verde de los promontorios, las blancas villas de tejado rojo, las manchas de bosque y el océano, muy azul, con marea baja y el agua rizándose a lo lejos, a todo lo largo de la orilla. Atravesamos San Juan de Luz y pasamos por otros pueblos de la costa que venían después. Detrás del ondulado paisaje que atravesábamos veíamos las montañas que habíamos cruzado al volver de Pamplona. La carretera continuaba ante nosotros. Bill miró el reloj.

Era hora de volver. Golpeó en el cristal y dijo al chófer que diera la vuelta. El chófer arrimó el coche a la hierba para girar. A nuestra espalda se hallaban los bosques, más abajo una faja de prados y, al final, el mar.

En San Juan de Luz, nos detuvimos frente al hotel donde iba a alojarse Mike y éste bajó del coche. El chófer le llevó las maletas adentro. Mike se paró junto al coche.

–Adiós chicos –dijo–. Ha sido una *fiesta* despampanante.

–Hasta la vista, Mike –dijo Bill.

–Ya nos veremos por ahí –dije yo.

–No te preocupes por el dinero –dijo Mike–. Tú puedes pagar el coche, Jake; te enviaré mi parte.

–Hasta la vista, Mike.

–Hasta la vista, chicos. Os habéis portado admirablemente conmigo.

Nos estrechamos la mano. Desde el coche agitamos la mano en

señal de despedida. Mike estaba parado en medio de la carretera, mirando. Llegamos a Bayona momentos antes de que saliera el tren. Un mozo trajo las maletas de Mike de la consigna. Llegué hasta la reja que conducía al andén.

–Hasta la vista, muchacho –dijo Bill.

–¡Hasta la vista!

–Todo fue estupendo. He pasado unos días magníficos.

–¿Vas a estar en París?

–No. Tengo que embarcar el día 17. ¡Hasta la vista, muchacho!

–¡Hasta la vista, viejo!

Franqueó la reja dirigiéndose hacia el tren. El mozo caminaba delante de él con las maletas. Contemplé como el tren arrancaba. Bill estaba asomado a una de las ventanas. Pasó la ventana, pasó el resto del tren y el andén quedó vacío. Salí y fui hacia el coche.

–¿Cuánto le debemos? –pregunté al chófer.

Se había acordado que el precio hasta Bayona sería de ciento cincuenta pesetas.

–Doscientas pesetas.

–¿Cuánto más me cobraría por llevarme hasta San Sebastián en su viaje de vuelta?

–Cincuenta pesetas.

–No bromee.

–Treinta y cinco pesetas.

–No vale la pena –dije–. Lléveme al Hotel Panier Fleuri.

Al llegar al hotel pagué al chófer y le di una propina. El coche estaba lleno de polvo. Restregué el estuche de las cañas por entre el polvo. Me parecía la última de las cosas que me unían a España y a la *fiesta.* El chófer puso el coche en marcha y se alejó calle abajo. Lo vi girar para tomar la carretera en dirección a España. Entré en el hotel y me dieron una habitación. Era la misma habitación en que había dormido cuando estuve en Bayona con Bill y Cohn. Tenía la sensación de que había pasado mucho tiempo. Me lavé, me cambié de camisa y salí a dar una vuelta por la ciudad.

En un quiosco compré un ejemplar del *New York Herald* y me senté a leerlo en un café. Me producía una sensación rara estar de nuevo en Francia. Era una sensación de seguridad, de paz de arrabal tranquilo. Lamentaba no haberme marchado a París con Bill; pero París hubiese significado seguir con la *fiesta*, y había terminado con las *fiestas* por una temporada. En San Sebastián había tranquilidad. La temporada no empezaba hasta agosto. Podría conseguir una buena habitación en un hotel, leer y nadar. Había una playa muy bonita, un paseo con espléndidos árboles encima de ella, y muchos niños, enviados allí con sus niñeras antes de que se abriera la temporada. Al anochecer la banda daría conciertos bajo los árboles, frente al Café Marinas. Podría sentarme en el Marinas a escuchar.

–¿Cómo se come ahí dentro? –pregunté al camarero.

En el interior del café había un restaurante.

–Bien. Muy bien. Se come muy bien.

–Bueno.

Entré y cené. Para estar en Francia, era una comida copiosa; pero parecía cuidadosamente racionada cuando uno venía de España. Para acompañar bebí una botella de vino. Era Château Margaux. Era agradable beber lentamente, saboreando el vino, solo. Una botella de vino era una buena compañía. Después tomé café. El camarero me recomendó un licor vasco llamado Izzarra. Vino con la botella y me llenó una copa hasta el borde. Dijo que el Izarra estaba hecho con flores de los Pirineos. Con auténticas flores de los Pirineos. Tenía el aspecto de una loción para el cabello y olía de forma parecida al *strega* italiano. Le dije que se largara con sus flores del Pirineo a otra parte y que me trajera un *vieux marc*. El *marc* era bueno. Me tomé otro después del café.

Como el camarero parecía un poco ofendido por lo de las flores de los Pirineos, le di una gran propina; eso le puso contento. Me sentía a gusto en un país donde resultaba tan sencillo hacer feliz a la gente. Uno no puede saber nunca si un camarero español le dará las gracias. En Francia todo se apoya sobre unas bases financieras muy claras. Es el país donde más sencillo resulta vivir. Nadie complica las cosas haciendo amistad con uno por oscuras razones. Si uno quiere caer bien a la gente, lo único que ha de hacer es gastar un poco de dinero. Yo gasté un poco de dinero y el camarero me encontró simpático. Se mostró sensible a mis encantos pecuniarios. Si iba por allí a comer alguna otra vez, estaría muy contento de verme y haría que me sentara a una de sus mesas. Y sería un aprecio sincero, porque se asentaba sobre una base sólida. Estaba de nuevo en Francia.

A la mañana siguiente, di a todo el personal del hotel una propina un poco mayor de lo habitual, para hacer más amistades, y me marché en el tren de la mañana para San Sebastián. En la estación, al mozo de las maletas le di sólo la propina corriente, porque no creía volver a verlo más. Quería sólo tener unos cuantos buenos amigos en Bayona, para ser bien acogido si volvía otra vez por allí. Sabía que, si se acordaban de mí, su amistad se mantendría fiel.

En Irún se tenía que cambiar de tren y mostrar el pasaporte. No me gustaba nada irme de Francia. ¡La vida era allí tan sencilla! Me daba cuenta de que cometía una estupidez volviendo a España. En España uno no puede prever nunca lo que va a pasar. Me daba cuenta de que era estúpido de mi parte volver; y, sin embargo, me puse en la cola para lo de los pasaportes, abrí las maletas en la aduana, compré un billete, atravesé una puerta, subí a un tren y, al cabo de cuarenta minutos y ocho túneles, me encontré en San Sebastián.

San Sebastián tiene, incluso en un día caluroso, algo de la atmósfera de las primeras horas matinales. Parece como si las hojas de los árboles no estuvieran nunca completamente secas, y como si las calles acabaran de ser regadas en aquel preciso instante. En los días más tórridos, siempre hay calles frescas y sombreadas. Fui a un hotel donde ya me había alojado antes y me dieron una habitación. El balcón se abría sobre un panorama de tejados, al final de los cuales se divisaba la verde ladera de una montaña.

Deshice las maletas, apilé los libros en la mesita de noche, saqué mis cosas de afeitar, colgué algunos trajes en el gran armario e hice un paquete con la ropa para lavar. Luego fui al cuarto de baño a ducharme y bajé a comer. España no se había adaptado al horario de verano, y por tanto yo iba adelantado. Me puse el reloj a la hora de allí. Al venir a San Sebastián, había recuperado una hora.

Al entrar en el comedor, el portero me entregó una ficha de la policía para que la llenara. La firmé y le pedí dos impresos para telegramas. En uno escribí una nota para el Hotel Montoya, pidiendo que remitieran a mi dirección actual toda la correspondencia y los telegramas a mi nombre. Calculé los días que estaría en San Sebastián y envié el otro telegrama a la oficina, pidiendo que me guardaran la correspondencia, pero que me enviaran a San Sebastián todos los cables que me llegaran durante los seis días siguientes. Luego entré a comer.

Después de la comida, subí a mi habitación, leí un rato y me dormí. Cuando desperté eran las cuatro y media. Busqué el bañador, lo envolví en una toalla, junto con un peine, bajé y me dirigí hacia la Concha. La marea estaba a media altura. La playa era lisa y firme, la arena amarilla. Me metí en una caseta, me desnudé, me puse el bañador y anduve hacia el mar, pisando la suave arena. Bajo los pies desnudos la arena estaba caliente. Había bastante gente en el agua y en la playa. A lo lejos, allí donde los dos cabos de la Concha casi llegan a tocarse para formar el puerto, se veía una línea blanca de rompientes y el mar abierto. Aunque la marea bajaba, había de tanto en tanto lentas olas. Aparecían en el agua como ondulaciones, se hacían gruesas y rompían suavemente contra la tibia arena. Metí las piernas en el agua. Estaba fría. Al llegar una ola, me zambullí, nadé hacia dentro por debajo del agua y, cuando volví a la superficie, todo el frío había desaparecido. Nadé hasta la balsa, subí a ella y me eché sobre las tablas calientes. En el otro extremo había un chico y una chica. Ella se había desatado las tiras del bañador y se estaba tostando la espalda. El muchacho, echado boca abajo, le hablaba. Ella se reía de las cosas que decía y exponía al sol su morena espalda. Permanecí tendido allí al sol hasta que estuve seco. Luego ensayé unas cuantas zambullidas. Una vez me sumergí a gran profundidad y llegué a tocar el fondo. Nadaba con los ojos abiertos y todo era verde y oscuro. La balsa formaba una sombra oscura. Salí a la superficie junto a la balsa, subí, me zambullí de nuevo, avanzando esta vez en sentido longitudinal, y luego nadé hacia la orilla. Estuve echado en la playa hasta que me sequé y entonces me metí en la caseta, me saqué el bañador, me duché con agua dulce y me sequé.

Anduve por debajo de los árboles del paseo que bordea el puerto, hasta llegar al casino, y entonces me metí por una calle fresca en dirección al Café Marinas. En el interior había una orquesta que tocaba; me senté en la terraza, disfrutando del fresco en medio de aquel día caluroso, y me tomé un granizado de limón y luego un whisky con soda. Estuve sentado frente al Marinas durante mucho rato, leyendo, mirando a la gente y escuchando la música.

Cuando empezó a oscurecer, paseé por el puerto, seguí luego por el paseo y al final volví al hotel para cenar. Se estaba celebrando una carrera de bicicletas, la Vuelta al País Vasco, y los ciclistas hacían noche en San Sebastián. A uno de los lados del comedor había una larga mesa de corredores, que comían en compañía de sus entrenadores y managers. Eran todos franceses y belgas y prestaban una gran atención a la comida, pero al mismo tiempo lo estaban pasando bien. A la cabecera de la mesa había dos guapas chicas francesas, con un chic muy Rue du Faubourg Montmartre. No pude averiguar a quién pertenecían. En aquella larga mesa hablaban todos argot; se decían muchas bromas en privado y algunas de las que se fabricaban al otro extremo de la mesa no fueron repetidas cuando las chicas lo pidieron así para enterarse. A la mañana siguiente, a las cinco, la carrera iba a proseguir con la última etapa, San Sebastián-Bilbao. Los corredores bebían mucho vino y estaban quemados y bronceados por el sol. No se tomaban la carrera en serio, excepto entre ellos. Habían competido entre sí tantas veces que no les importaba mucho quien ganará, y menos en un país extranjero. Lo del dinero podía arreglarse.

El corredor que iba en cabeza con una diferencia de dos minutos tenía una plaga de furúnculos que le hacía sufrir mucho. Estaba sentado sobre sus riñones. Tenía el cuello muy rojo y el rubio cabello quemado por el sol. Los otros corredores le hacían bromas acerca de sus furúnculos. Él golpeó la mesa con el tenedor.

–Escuchadme –dijo–: mañana llevaré la nariz tan pegada al manillar que lo único que rozará estos furúnculos será un agradable airecillo.

Una de las chicas lo miró desde el otro extremo de la mesa y él sonrió y se puso encarnado. Los españoles, decían, no saben lo que es pedalear.

Tomé el café en la terraza, con el manager del equipo de un gran fabricante de bicicletas. Dijo que había sido una carrera muy agradable, y que hubiera valido la pena seguirla si Bottechia no hubiera abandonado en Pamplona. El polvo había sido perjudicial, pero en España las carreteras eran mejores que en Francia. Las carreras de bicicletas eran el único deporte del mundo, dijo. ¿Había seguido yo alguna vez la Vuelta a Francia? Sólo a través de los periódicos. La Vuelta a Francia era el mayor acontecimiento deportivo del mundo. El seguir y organizar carreras le había hecho conocer Francia. Había muy poca gente que conociera Francia. Él se pasaba toda la primavera, todo el verano y todo el otoño en la carretera, con los corredores. Fíjese en el número de coches que siguen ahora a los ciclistas de ciudad en ciudad en una carrera. Era un país rico y más *sportif* cada año. Llegaría a ser el país más *sportif* del mundo. Eran las carreras de bicicletas las que habían logrado eso. Ellas y el fútbol. Él conocía Francia. *La France sportive.* Sabía lo que eran las carreras por carretera. Tomamos un coñac. En fin, de todas formas no estaba mal regresar a París, No había más que un Paname. En todo el mundo, por supuesto. París era la ciudad más *sportive* del mundo. ¿Conocía yo la *Chope du Nègre*? ¿No? Lo vería por allí alguna vez, seguro. Y tomaríamos otro *fine* juntos, seguro que sí. Salían a las seis menos cuarto de la mañana. ¿Estaría levantado para presenciar la salida? Haría lo posible, se lo aseguraba. ¿Quería que me llamara?; era muy interesante. Yo dejaría una nota en recepción para que lo hicieran. A él no le molestaba llamarme. No, yo no quería que se tomara aquella molestia. Dejaría una nota en recepción. Nos despedimos hasta la mañana siguiente.

A la mañana siguiente, cuando me desperté, hacía ya tres horas que los corredores y los coches que les seguían circulaban por la carretera. Tomé el café y leí los periódicos en la cama; luego me vestí, cogí el bañador y me dirigí hacia la playa. A aquella hora temprana todo aparecía nuevo, fresco y húmedo. Niñeras de uniforme o con el traje típico de campesinas paseaban con los niños bajo los árboles. Los niños españoles eran preciosos. Unos cuantos limpiabotas estaban sentados a la sombra de un árbol, hablando con un soldado. El soldado tenía sólo un brazo. La marea estaba alta, soplaba una brisa agradable y había marejadilla en la playa.

Me desnudé, crucé la estrecha franja de playa y me metí en el agua. Me alejé mar adentro, tratando de pasar a través de las olas; pero a veces no lo conseguía y tenía que zambullirme. Luego, al llegar adonde al agua estaba tranquila, me volví cara arriba y me quedé flotanto. Veía sólo el cielo, y sentía el subir y bajar del oleaje. Regresé nadando hacia la línea de rompientes y la pasé, boca abajo, a caballo de una gran ola; luego giré y me puse a nadar, tratando de mantenerme en el surco formado entre dos olas y de evitar que alguna de ellas se rompiera contra mí. Nadar en aquel surco me fatigó; giré y nadé mar adentro, en dirección a la balsa. El agua estaba fría y sostenía bien a flote. Parecía como si uno no pudiera hundirse nunca. Nadé lentamente; con la marea alta, la distancia parecía muy considerable. Luego subí a la balsa y me senté, chorreante, mojando las tablas que empezaban a calentarse con el sol. Fui recorriendo la bahía con la vista: la ciudad vieja, el casino, la hilera de árboles a lo largo del paseo y los grandes hoteles con sus porches blancos y sus nombres en letras doradas. A la derecha, a lo lejos, había una colina verde, con un castillo, que casi cerraba la bahía. La balsa se mecía siguiendo el movimiento del agua. Al otro lado de la estrecha abertura que llevaba a mar abierto había otro cabo bastante elevado. Pensé que me gustaría atravesar a nado la bahía; pero tenía miedo de los calambres.

Sentado al sol, contemplé a los bañistas que estaban en la playa. Todos parecían muy pequeños. Al cabo de un rato me levanté, y agarrándome con los dedos de los pies al borde de la balsa, que se inclinaba bajo mi peso, me zambullí limpiamente, a gran profundidad, volví a salir a través del agua iluminada, me sacudí el agua salada de la cabeza y nadé lentamente, sin parar, hasta la playa.

Después de vestirme y pagar por la caseta, volví al hotel. Los corredores se habían dejado varios ejemplares de *L'Auto* por allí; recogí todos los que había en el salón de lectura, me los llevé y me senté en un sillón, al sol, a leerlos, para hacerme una idea de la vida deportiva francesa. Mientras estaba allí sentado, salió el portero con un sobre azul en la mano.

–Un telegrama para usted, señor.

Metí el dedo por dentro del pico que estaba pegado, abrí el telegrama y lo leí. Había sido reexpedido desde París:

PODRÍAS VENIR HOTEL MONTANA MADRID ESTOY EN BUEN APURO. BRETT.

Di una propina al portero y volví a leer el telegrama. Un cartero se acercaba por la acera. Entró en el hotel. Llevaba un gran bigote y tenía un aspecto muy militar. Salió del hotel. El portero iba inmediatamente detrás de él.

–Otro telegrama para usted, señor.

–Gracias –dije.

Lo abrí. Había sido reexpedido desde Pamplona.

PODRÍAS VENIR HOTEL MONTANA MADRID ESTOY EN BUEN APURO. BRETT.

El portero estaba allí parado, seguramente en espera de otra propina.

–¿A qué hora hay un tren para Madrid?

–Salió a las nueve de la mañana. A las once hay un correo, y a las diez de la noche el Sud Express.

–Consígame una litera en el Sud Express. ¿Quiere el dinero ahora?

–Como a usted le parezca mejor –dijo–. Haré que lo pongan en la factura.

–Sí, hágalo así.

En fin, aquello significaba que todo lo de San Sebastián se iba al diablo. Creo que había esperado vagamente que ocurriera algo por el estilo. Vi al portero parado a la puerta:

–Tráigame un impreso para telegramas, por favor.

Lo trajo. Saqué la estilográfica y escribí:

LADY ASHLEY HOTEL MONTANA MADRID LLEGO SUD EXPRESS MAÑANA AFECTUOSAMENTE. JAKE.

Eso parecía estar a la altura de todo aquel asunto. Helo aquí. Expide a una chica con un hombre. Preséntala a otro para que se largue con él. Luego ve a buscarla. Y firma el telegrama con un «afectuosamente». Estaba todo perfectamente en regla. Entré a comer.

No dormí mucho aquella noche en el Sud Express. Por la mañana, desayuné en el coche restaurante y contemplé el paisaje de rocas y pinos que hay entre Ávila y El Escorial. A través de la ventana vi El Escorial, gris, largo y frío bajo el sol; maldito lo que me importaba. Vi aparecer en la planicie la silueta de Madrid, delineándose compacta y blanca en lo alto de un pequeño risco, muy lejos, al otro lado de aquella extensión de terreno que el sol endurecía.

En Madrid, la estación del Norte es final de trayecto. Todos los trenes terminan allí. No continúan hacia ninguna parte. A la salida había cupés, taxis y una hilera de agentes de hotel. Parecía una ciudad de provincia. Tomé un taxi y subimos por entre los jardines; pasé junto al palacio desierto y la iglesia sin acabar que hay al borde de la meseta, y continué ascendiendo hasta entrar en la alta y calurosa ciudad moderna. El coche se deslizó por una calle bien pavimentada que nos llevó hasta la Puerta del Sol, cruzó por entre el tránsito y se metió en la Carrera de San Jerónimo. Todas las tiendas tenían sus toldos abiertos para protegerse contra el calor. Las ventanas que daban al lado soleado de la calle tenían los postigos cerrados. El taxi se detuvo al borde de la acera. Vi el anuncio HOTEL MONTANA en el segundo piso. El taxista entró las maletas y las dejó junto al ascensor. Como no logré hacer funcionar el ascensor, subí a pie. En el segundo piso había una placa de cobre: HOTEL MONTANA. Toqué el timbre y no acudió nadie. Volví a llamar y una doncella con expresión hosca abrió la puerta.

–¿Está aquí Lady Ashley? –pregunté.

Me miró con aire estúpido.

–¿Hay aquí una señora inglesa?

Se volvió y llamó a alguien que estaba dentro. Una mujer muy gorda se acercó a la puerta. Tenía el cabello gris, tieso de tanta brillantina, y lo llevaba dispuesto en ondas que le enmarcaban la cara. Era pequeña y mandona.

–*Muy buenas* –dije–. ¿Está aquí una señora inglesa? Querría verla.

–*Muy buenas*. Sí, aquí hay una mujer inglesa. Por supuesto que puede verla, siempre que ella desee verle a usted.

–Ella desea verme.

–La *chica* irá a preguntárselo.

–Hace mucho calor.

–En verano hace mucho calor en Madrid.

–¡Y qué frío en invierno!

–Sí, hace mucho frío en invierno.

¿Tenía la intención de alojarme yo mismo en el Hotel Montana?

De momento, no estaba del todo seguro de ello; sin embargo, me complacería mucho que me subieran las maletas, que estaban en la planta baja, para que no me las robaran. Jamás se robaba nada en el Hotel Montana. En otras *fondas* sí. Pero allí no. No. El personal de aquel establecimiento estaba cuidadosamente seleccionado. Estaba muy satisfecho de saberlo; no obstante, vería con buenos ojos la subida de mis maletas.

La doncella entró y dijo que la mujer inglesa quería ver al hombre inglés en seguida, al instante.

–Bueno –dije–, ya lo ve. Es lo que yo le decía.

–Sí, no hay duda.

Seguí a la doncella por un corredor largo y oscuro. Al llegar al final, llamó con los nudillos a una puerta.

–¡Hola! –dijo Brett–. ¿Eres tú, Jake?

–Soy yo.

–Entra, entra.

Abrí la puerta. La doncella la cerró detrás de mí. Brett estaba en la cama. Acababa de cepillarse el pelo y tenía todavía el cepillo en la mano. La habitación mostraba aquel tipo de desorden que sólo son capaces de lograr quienes han tenido siempre gente a su servicio.

–¡Querido! –dijo Brett.

Me acerqué a la cama y la estreché entre mis brazos. Me besó, y noté que mientras lo hacía pensaba en otra cosa.

Estaba temblando entre mis brazos. Daba la impresión de ser muy pequeña.

–¡Querido! ¡Qué días más horribles he pasado!

–Cuéntamelo.

–No hay nada que contar. Él no se fue hasta ayer. Le obligué a marcharse.

–¿Por qué no lo has retenido?

–No lo sé. Hay cosas que uno no puede hacer. No creo haberle causado ningún daño.

–Seguramente le has hecho un gran bien.

–No es de los que pueden vivir con otra persona. Me di cuenta de ello inmediatamente.

–No, es verdad.

–¡Al diablo todo! –dijo ella–. No hablemos de eso. No volvamos a hablar nunca más de eso.

–Está bien.

–Fue un duro golpe descubrir que se avergonzaba de mí. Porque durante un tiempo se avergonzaba de mí, ¿sabes?

–¡No!

–Oh, sí. Supongo que en el café le gastaban bromas acerca de mí. Quería que me dejara crecer el pelo. ¡Yo con el pelo largo! ¡Menuda facha tendría!

–Es divertido.

–Decía que aquello me haría más femenina.

–¿Y qué ocurrió?

–Oh, superó esta manía. Pronto dejó de avergonzarse de mí.

–¿Qué quería decir aquello de que estabas en apuros?

–No sabía si iba a conseguir que se fuera, y no tenía ni cinco para ser yo la que se marchara y le dejara. Trató de darme mucho dinero, ¿sabes? Pero yo le dije que lo tenía a montones. Él sabía que era mentira. No podía aceptar su dinero, ¿entiendes?

–No, tienes razón.

–Oh, no hablemos de ello. De todas formas, hubo cosas muy divertidas. Dame un cigarrillo.

Encendí el cigarrillo.

–Aprendió el inglés que sabe trabajando como camarero, en Gibraltar.

–Sí.

–Al final quería casarse conmigo.

–¿De veras?

–Sí, por supuesto. No puedo ni casarme con Mike.

–Tal vez pensó que eso le transformaría en lord Ashley.

–No. No era eso. Quería realmente casarse conmigo. De esta forma yo no podría abandonarlo, decía. Quería estar seguro de que no lo dejaría nunca. Cuando me hubiera vuelto más femenina, por supuesto.

–Ahora debes de sentirte más a tus anchas.

–Así es. Ahora vuelvo a estar perfectamente. Él ha conseguido que se me borrara de la memoria aquel maldito Cohn.

–Eso está bien.

–¿Sabes una cosa? Hubiera vivido con él, de no haber visto que eso le perjudicaba. Nos llevábamos muy bien.

–Dejando aparte tu aspecto exterior.

–Oh, se hubiese acostumbrado a eso.

Apagó el cigarrillo.

–Tengo treinta y cuatro años, ¿entiendes? No voy a convertirme en una de esas fulanas que se dedican a pervertir criaturas.

–No.

–No voy a portarme de esta forma. Ahora me siento bien, ¿sabes? Me siento segura de mí misma.

–Mejor.

Desvió la cabeza. Pensé que buscaba otro cigarrillo. Luego vi que lloraba. Podía notar cómo lloraba. Los sollozos la sacudían. No levantó la vista. La rodeé con mis brazos.

–No hablemos nunca más de eso. Por favor, no hablemos nunca más de eso.

–¡Querida Brett!

–Voy a volver con Mike –dijo. La mantenía estrechamente abrazada y notaba sus sollozos–. ¡Es tan encantador y tan horrible al mismo tiempo! Es lo que me conviene.

Seguía sin levantar la cabeza. Le acaricié el pelo. Sentía cómo se estremecía.

–No quiero ser una de esas fulanas –dijo–. Pero, por favor, Jake, no hablemos nunca más de eso.

Nos fuimos del Hotel Montana. La mujer que lo llevaba no me dejó pagar la cuenta. Había sido ya pagada.

–Oh, está bien. Dejémoslo –dijo Brett–. Ahora ya no importa.

Fuimos en taxi hasta el Palace Hotel, dejamos las maletas, hicimos que nos reservaran dos literas en el Sud Express de la noche y entramos en el bar a tomar un cóctel. Nos sentamos en los altos taburetes que había junto a la barra, mientras el barman agitaba los martinis en una gran coctelera niquelada.

–Es curioso observar la maravillosa cortesía que uno encuentra en el bar de los grandes hoteles –observé.

–Los barmen y los jockeys son las únicas personas que siguen siendo educadas hoy en día.

–Por vulgar que sea un hotel, el bar es siempre un sitio agradable.

–Es extraño.

–Los barmen han sido siempre amables.

–¿Sabes una cosa? –dijo Brett–. Es completamente cierto. Sólo tiene diecinueve años. ¿No te parece asombroso?

Hicimos chocar las copas, que estaban colocadas encima del mostrador, una junto a otra. El frío las había llenado de gotitas de agua.

Al otro lado de la ventana con cortinas estaba el bochorno estival de Madrid.

–Me gusta el martini con una aceituna dentro –dije al barman.

–Tiene usted razón, señor. Ahí tiene.

–Gracias.

–Tendría que habérselo preguntado, ¿sabes?

El barman se alejó lo bastante para no oír nuestra conversación. Brett tomó un sorbo de martini sin alzar la copa del mostrador. Luego la cogió. Después del primer sorbo, su mano tenía la firmeza suficiente para levantarla.

–¡Qué rico está! ¿Verdad que es un bar simpático?

–Todos los bares lo son.

–Al principio no me lo creía, fíjate tú. Nació en 1905. Por aquel entonces yo estudiaba en París. Imagínate eso.

–¿Quieres que me imagine algo en concreto?

–No seas imbécil. ¿Quieres pagar una copa a una dama?

–Tomaremos otros dos martinis.

–¿Como los que acaban de tomar, señor?

–Estaban muy buenos –dijo Brett dirigiéndole una sonrisa.

–Gracias, señora.

–Bueno, ¡chin-chin! –dijo Brett.

–¡Chin-chin!

–¿Sabes una cosa? –dijo Brett–. Antes de mí, sólo había estado con dos mujeres. No se ha preocupado nunca de nada más que de torear.

–Tiene mucho tiempo por delante.

–No sé... Él cree que había de ser conmigo precisamente. No le interesan las aventuras en general.

–Está bien, pues; eras tú.

–Sí. Era yo...

–Creí que no volverías a hablar de eso.

–¿Cómo puedo evitarlo?

–Si lo cuentas, lo vas a perder.

–Sólo lo cuento muy por encima. ¿Sabes que noto una gran sensación de bienestar, Jake?

–No es para menos.

–Una se siente considerablemente bien al decidir no convertirse en una fulana, ¿comprendes?

–Sí.

–Es algo así como un sucedáneo de Dios para quienes no lo tenemos.

–Hay gente que tiene a Dios –dije–. Y mucha.

–Pues conmigo nunca se han portado muy bien.

–¿Tomamos otro martini?

El barman agitó en la coctelera otros dos martinis y los vertió en dos copas limpias.

–¿Adónde vamos a ir a comer? –pregunté a Brett.

Se estaba fresco en el bar. A través de la ventana se notaba el bochorno exterior.

–¿Aquí? –preguntó Brett.

–Aquí en el hotel la comida es un asco. ¿Conoce usted un sitio que se llama casa Botín? –pregunté al barman.

–Sí, señor. ¿Quiere que le apunte la dirección?

–Gracias.

Comimos en casa Botín, en la sala de arriba. Es uno de los mejores restaurantes del mundo. Comimos lechón asado y bebimos Rioja alta. Brett no tomó gran cosa. Yo me di un atracón y bebí tres botellas de Rioja alta.

–¿Cómo te sientes, Jake? –preguntó Brett–. ¡Dios mío, cuánto has comido!

–Me siento estupendamente. ¿Quieres algo para postre?

–¡Oh, no, señor!

Brett fumaba.

–Te gusta comer, ¿verdad? –preguntó.

–Sí –contesté–. Hay muchas cosas que me gusta hacer.

–¿Cuáles?

–Oh, muchas –dije–. ¿No quieres postre?

–Ya me lo has preguntado una vez.

–Sí, es verdad –dije–. Tomemos otra botella de Rioja alta.

–Es muy bueno.

–Pues tú no has bebido mucho –dije.

–Sí que he bebido. No te has fijado.

–Tomemos dos botellas más –propuse.

Trajeron las botellas. Vertí un poco de vino en mi vaso, llené el de Brett y al final acabé de llenarme el mío. Chocamos los vasos para brindar.

–¡A tu salud! –dijo Brett.

Vacié el vaso y me lo volví a llenar. Brett me puso la mano en el brazo.

–No te emborraches, Jake –dijo–. No tienes por qué hacerlo.

–¡Tú qué sabes!

–No lo hagas –dijo–. Todo saldrá bien.

–No estoy emborrachándome –dije–. Estoy bebiendo un poco de vino, eso es todo. Me gusta beber vino.

–No te emborraches –dijo–. Jake, no te emborraches.

–¿Quieres que demos un paseo en coche? –propuse–. ¿Quieres que demos un paseo por la ciudad?

–Magnífico –dijo Brett–. No he visto Madrid. Y tendría que verlo.

–Voy a terminarme esto.

Bajamos, atravesamos el comedor de la planta baja y salimos a la calle. Un camarero fue a buscar un taxi. Hacía un día caluroso y radiante. Calle arriba, en una plazoleta con árboles y césped, había taxis aparcados. Uno de ellos se acercó, con el camarero colgado del estribo. Le di una propina, dije al chófer dónde tenía que ir y me metí dentro, junto a Brett. El chófer se puso en marcha. Me recosté en el asiento. Brett se acercó a mí y permanecimos así, muy juntos. La rodeé con el brazo y ella se recostó cómodamente contra mí. Hacía un día muy caluroso y brillante y la blancura de las casas hacía daño a la vista. Doblamos hacia la Gran Vía.

–¡Oh, Jake! –dijo Brett–, ¡qué bien lo hubiéramos podido pasar juntos!

Ante nosotros, un policía a caballo, vestido de caqui, regulaba el tráfico. El coche disminuyó repentinamente de velocidad, impeliendo a Brett contra mí.

–Sí –dije–. ¿Verdad que resulta agradable imaginárselo?

ADIÓS A LAS ARMAS

Título original:
A FAREWELL TO ARMS
Traducción:
CARLOS PUJOL

A *G. A. P.*

NINGUNO DE LOS PERSONAJES DE ESTE LIBRO CORRESPONDE A PERSONAS REALES, ASÍ COMO TAMPOCO LAS UNIDADES DE ORGANIZACIONES MILITARES QUE SE MENCIONAN EN ÉL EXISTEN EN NINGÚN EJÉRCITO.

E. H.

LIBRO PRIMERO

CAPÍTULO PRIMERO

Aquel año, hacia fines del verano, vivíamos en la casa de un pueblo que quedaba frente a las montañas, de las que les separaban el río y la llanura. En el cauce del río había guijos y cantos rodados, secos y blancos al sol, y el agua era clara y corría rápida y azul por el lecho. Las tropas pasaban junto a la casa y se alejaban por la carretera, y el polvo que levantaban empolvaba las hojas de los árboles. También los troncos de los árboles estaban cubiertos de polvo, y aquel año las hojas cayeron antes que de costumbre, y veíamos andar a las tropas por la carretera y levantarse el polvo y caer las hojas sacudidas por el viento y andar a los soldados y luego quedar la carretera desierta y blanca, pero llena de hojarasca.

En la llanura abundaban los cultivos; había muchos huertos de árboles frutales y más allá de la llanura las montañas eran pardas y peladas. Se luchaba en las montañas y de noche veíamos los fogonazos de la artillería. En la oscuridad parecía como una tormenta de verano, pero las noches eran frescas y no se tenía la impresión de que se aproximase una tormenta.

A veces en la oscuridad oíamos pasar a las tropas bajo la ventana y rodar los cañones arrastrados por tractores. Había mucho tránsito de noche y muchas mulas por las carreteras con cajas de municiones a ambos lados de sus albardas y camiones grises que transportaban a hombres, y otros camiones con la carga tapada por una lona que avanzaban lentamente. También había grandes cañones que pasaban de día arrastrados por tractores, los cañones cubiertos por ramaje verde y los tractores disimulados bajo hojas de parra también verdes. En dirección al norte, más allá del valle, podíamos ver un castañar, y detrás, otra montaña que quedaba de este lado del río. También se combatía por aquella montaña, pero sin ningún resultado, y en el otoño, cuando empezaron las lluvias, los castaños perdieron todas sus hojas, y las ramas quedaron desnudas y los troncos ennegrecidos por la lluvia. Las viñas también clarearon y las ramas perdieron las hojas, y todo el campo se quedó húmedo, pardusco y muerto con la llegada del otoño. Había nieblas sobre el río y nubes en la montaña y los camiones salpicaban de fango en las carreteras y los soldados estaban enlodados y empapados bajo sus capotes; sus fusiles estaban humedecidos, y bajo los capotes, las dos cartucheras de cuero que colgaban de la parte delantera del cinturón, los estuches de piel gris que contenían los largos y delgados cartuchos de 6,5 mm, formaban un bulto bajo los capotes que hacía que aquellos hombres que andaban por la carretera parecieran estar en el sexto mes de embarazo.

Había pequeños coches grises que pasaban muy aprisa; generalmente había un oficial sentado junto al chófer, y más oficiales en los asientos traseros. Aún salpicaban más fango que los propios camiones, y si uno de los oficiales que iban detrás era muy pequeño y estaba flanqueado de dos generales, si era tan pequeño que no podía vérsele la cara, sino sólo la parte superior de la gorra y su estrecha espalda, y si el coche iba más aprisa que los demás, probablemente era el Rey. Vivía en Udine y casi cada día hacía aquel camino para ver cómo iban las cosas, y las cosas iban muy mal.

Cuando comenzó el invierno empezó a llover casi ininterrumpidamente, y la lluvia trajo el cólera. Pero la epidemia pudo ser dominada y, en fin de cuentas, sólo hubo unos siete mil muertos en el ejército.

CAPÍTULO II

Al año siguiente se consiguieron muchas victorias. La montaña que estaba al otro lado del valle y la ladera de la colina donde había el castañar, fueron conquistadas, y hubo también victorias más allá de la llanura, en la meseta, hacia el sur, cruzamos el río en agosto, y nos instalamos en Gorizia, en una casa que tenía una fuente y muchos árboles muy frondosos en un jardín tapiado y una planta trepadora de color púrpura a un lado de la casa. Ahora los combates se desarrollaban en las montañas que teníamos enfrente a menos de una milla de distancia. La ciudad era muy bonita y nuestra casa muy agradable. El río quedaba por la parte de atrás y la ciudad había sido tomada muy limpiamente, pero las montañas que había enfrente no habían podido ser conquistadas y yo me alegraba mucho de que los austríacos parecieran querer volver a la ciudad un día u otro, si se acababa la guerra, por que no la bombardeaban para destruirla, sino solamente un poco con fines estratégicos. La gente se había quedado y había hospitales y cafés y piezas de artillería en las calles laterales y dos burdeles, uno para la tropa y otro para los oficiales, y cuando terminó el verano, las noches frescas, los combates en las montañas que había frente a la ciudad, el acero del puente del ferrocarril señalado por el impacto de los obuses, el túnel derrumbado junto al río, donde se había luchado, los árboles que rodeaban la plaza y la larga avenida de árboles que llevaba a la plaza; todo eso unido al hecho de que hubiera chicas en la ciudad, de que el Rey pasara en su coche, a veces ahora viéndole la cara, con su cuello largo y su barba gris, como una barbita de chivo; para no hablar de la inesperada visión de los interiores de las casas que habían perdido una pared en el bombardeo, del yeso y de los escombros en los jardines y a veces en la calle, de que todo iba bien en el Carso, hicieron que aquel otoño fuera muy distinto del último otoño, cuando estábamos en pleno campo. La guerra también había cambiado.

El encinar que había en la montaña frente a la ciudad había desaparecido. Los árboles estaban verdes durante el verano, cuando entramos en la ciudad, pero ahora sólo se veían muñones y troncos destrozados en una tierra profundamente removida, y un día, a fines del otoño, cuando yo me encontraba donde había estado el encinar, vi que se acercaba una nube sobre la montaña. Se acercaba muy aprisa y el sol adquirió una tonalidad de amarillo oscuro y luego todo se puso gris y el cielo se encapotó, y la nube descendió sobre la montaña y de repente nos envolvió y empezó a nevar. La nieve azotaba oblicuamente el viento, la tierra desnuda no tardó en cubrirse, los tocones de los árboles destacaban en medio de aquella blancura, había nieve sobre los cañones y había senderos en la nieve que llevaban hasta las letrinas, que estaban detrás de las trincheras.

Más tarde, ya de regreso a la ciudad, estuve contemplando cómo caía la nieve, viendo el espectáculo desde la ventana del burdel, el de los oficiales, donde estaba sentado con un amigo, delante de dos vasos, bebiendo una botella de asti, y, viendo cómo la nieve caía lenta y pesadamente, comprendimos que todo había terminado por aquel año. En la parte alta del río las montañas no habían sido conquistadas; ninguna de las montañas que estaban al otro lado del río habían sido conquistadas. Todo eso tenía que dejarse para el año siguiente. Mi amigo vio al cura de nuestro grupo que pasaba por la calle, andando con mil precauciones por el fango, y golpeó en la ventana para atraer su atención. El cura levantó la cabeza. Nos vio y sonrió. Mi amigo le hizo señas de que entrara. El cura sacudió la cabeza y siguió andando. Aquella noche, en la mesa de oficiales, después del plato de spaghetti, que todos comíamos muy aprisa y con gran seriedad, levantando los spaghetti con el tenedor de modo que quedaran colgando unas puntas y luego bajando la mano hasta hacer que se introdujeran en la boca, o bien aspirándolos con una succión continua, y ayudándonos siempre con el vino de un frasco recubierto de paja; el frasco pendía de una especie de cuna metálica, y bastaba inclinar el gollete con el índice para que el vino, rojo, claro, áspero y delicioso, cayera en el vaso que se sostenía con la misma mano. Una vez terminados los spaghetti, el capitán empezó a hacer rabiar al cura.

El capellán era joven y se ruborizaba fácilmente y llevaba un uniforme igual al de todos nosotros, con la única diferencia de una cruz de terciopelo granate encima del bolsillo izquierdo de su guerrera gris. El capitán se puso a hablar en un italiano chapurrado, supongo que pensando sobre todo en mí, con objeto de que pudiera entenderle perfectamente y no me perdiera nada de lo que decía.

–Cura hoy con mujeres –dijo el capitán mirando primero al cura y luego a mí.

El aludido sonrió, se puso colorado y negó con la cabeza. El capitán le embromaba con frecuencia.

–¿Que no es verdad? –preguntó el capitán–. Hoy ver cura con mujeres.

–No –dijo el capellán.

Los demás oficiales asistían divertidos a esta escena.

–Cura no ir con mujeres –siguió diciendo el capitán–. Cura nunca ir con mujeres –me explicó.

Cogió mi vaso y lo llenó sin dejar de mirarme fijamente a los ojos, pero al mismo tiempo sin perder de vista al capellán.

–Cura cada noche cinco contra uno –todos los que estábamos a la mesa nos echamos a reír–. ¿Entiendes? Cura cada noche cinco contra uno.

Hizo un ademán y se echó a reír estrepitosamente. El capellán lo aceptó como una broma.

–El Papa quiere que los austríacos ganen la guerra –dijo el comandante–. Es muy amigo de Francisco José. De ahí es de donde sale el dinero. Yo soy ateo.

–¿Has leído *El cerdo negro*? –me preguntó el teniente–. Ya te pasaré un ejemplar. Eso fue lo que me hizo perder la fe.

–Es un libro indigno y repugnante –dijo el capellán–. No es posible que eso les guste.

–Es muy instructivo –dijo el teniente–. Explica cómo son todos los curas. Te gustará –me dijo.

Yo sonreí al páter y él me devolvió la sonrisa por encima de la luz de una vela.

–No lo lea –dijo.

–Ya te lo prestaré –dijo el teniente.

–Todos los hombres que piensan son ateos –dijo el comandante–. Pero yo no creo en la masonería.

–Yo sí creo en la masonería –dijo el teniente–. Es una organización muy noble.

Alguien entró y al abrirse la puerta vi cómo caía la nieve.

–Se acabó la ofensiva ahora que ha empezado a nevar –dije.

–Pues claro –dijo el comandante–. Debería usted irse de permiso. Podría ir a Roma, a Nápoles, a Sicilia...

–Tendrías que visitar Amalfi –dijo el teniente–. Te daré unas cartas de presentación para mi familia de Amalfi. Te recibirán como a un hijo.

–También podría ir a Palermo.

–Mejor que vaya a Capri.

–Me gustaría que conociera los Abruzos y que visitara a mi familia en Capracotta –dijo el cura.

–¡A quién se le ocurre hablar de los Abruzos! Allí aún hay más nieve que aquí. No quiere ver más campesinos. Que vaya a los centros de cultura y de civilización.

–Tienes que ir adonde haya chicas guapas. Yo te daré la dirección de los buenos lugares de Nápoles. Chicas preciosas... acompañadas por sus madres. ¡Ha, ha, ha! –Miró al cura y añadió con voz tonante–: Cada noche el cura cinco contra uno.

Todos volvieron a reírse.

–Tiene que irse de permiso en seguida –dijo el comandante.

–Me gustaría irme contigo y enseñarte cosas –dijo el teniente.

–Cuando vuelvas tráete un fonógrafo.

–Tráete buenos discos de ópera.

–Trae Caruso.

–No traigas Caruso. Sólo sabe bramar.

–¿No te gustaría poder bramar como él?

–Sólo sabe bramar. ¡Te digo que sólo sabe bramar!

–Me gustaría que fuese a los Abruzos –dijo el cura. Los demás estaban vociferando–. Allí hay buena caza. Le gustaría la gente, y aunque hace frío es un frío claro y seco. Podría vivir con mi familia. Mi padre es muy buen cazador.

–En marcha –dijo el capitán–. Vamos al burdel antes de que cierre.

–Buenas noches –dije al cura.

–Buenas noches –me respondió.

CAPÍTULO III

Cuando volví al frente, seguíamos en aquella ciudad. Había muchos más cañones por los alrededores, y la primavera había llegado. Los campos verdeaban y había pequeños brotes verdes en las viñas, los árboles del borde de la carretera tenían hojitas nuevas y soplaba la brisa desde el mar. Vi la ciudad sobre la colina, dominada por el viejo castillo, en un círculo de colinas, y detrás las montañas, montañas pardas con unas notas de verdor en sus laderas. En la ciudad había más cañones, había algunos hospitales nuevos, en la calle uno tropezaba con ingleses, y a veces con inglesas, y unas cuantas casas más habían sido alcanzadas por los bombardeos. Hacía calor y se notaba la primavera y fui andando por la avenida de árboles caldeada por el sol que daba en las paredes y vi que seguíamos viviendo en la misma casa y que todo parecía exactamente igual que cuando yo me fui. La puerta estaba abierta, fuera había un soldado sentado en un banco, tomando el sol, una ambulancia esperaba frente a la puerta lateral, y en el interior, una vez hube traspuesto la puerta, olía a suelo de mármol y a hospital. Todo seguía igual que como lo había dejado, salvo que ahora era primavera. Asomé la cabeza por la sala grande y vi al comandante sentado en su despacho, con la ventana abierta y el sol inundando la estancia. Él no me vio y yo no sabía si entrar para presentarme o subir primero a arreglarme un poco. Me decidí a subir.

La habitación que compartía con el teniente Rinaldi daba al patio. La ventana estaba abierta, mi cama estaba hecha con mantas y mis cosas colgaban de la pared, la máscara antigás dentro de su oblonga funda de hojalata, el casco de acero colgado del mismo clavo. Al pie de la cama estaba mi maleta, y encima descansaban las botas de invierno, con el cuero reluciente de grasa. Mi fusil de tirador austríaco, con su cañón octogonal de color azulado y su preciosa culata *schützen*, de nogal oscuro, que tan bien encajaba en la mejilla, colgaba sobre las dos camas. Recordé que la mirilla telescópica que se adaptaba al fusil estaba dentro de mi maleta. El teniente Rinaldi estaba durmiendo en la otra cama. Se despertó al oírme andar por la habitación y se incorporó.

–*Ciao* –dijo–. ¿Lo has pasado bien?

–Estupendamente.

Nos dimos la mano y él me rodeó el cuello con su brazo y me besó.

–¡Uf! –exclamé yo.

–Vas sucio –dijo–. Tienes que lavarte. ¿Adónde has ido? ¿Qué has hecho? Anda, cuéntamelo todo en seguida.

–He estado en todas partes. Milán, Florencia, Roma, Nápoles, Villa San Giovanni, Mesina, Taormina...

–Pareces una guía de ferrocarriles. ¿Has tenido alguna aventura?

–Sí.

–¿Dónde?

–Milán, Florencia, Roma, Nápoles...

–Bueno, bueno, basta. Ahora cuéntame cuál fue la mejor.

–La de Milán.

–Porque fue la primera. ¿Dónde la conociste? ¿En la Cova? ¿Adónde fuisteis? ¿Qué te pareció? Cuéntamelo todo en seguida. ¿Estuvisteis toda la noche?

–Sí.

–Eso no es nada. Ahora aquí también tenemos chicas guapas. Unas nuevas, que nunca habían estado en el frente.

–Magnífico.

–¿No te lo crees? Esta tarde iremos a dar una ojeada. Y en la ciudad tenemos a unas inglesas de sensación. Ahora estoy enamorado de Miss Barkley. Ya te la presentaré. Seguramente me casaré con Miss Barkley.

–Ahora tengo que lavarme y luego presentarme. ¿Cómo va el trabajo por aquí?

–Desde que te fuiste no hemos tenido más que miembros helados, sabañones, ictericias, blenorragias, mutilaciones voluntarias, neumonías y chancros duros y blandos. Cada semana alguien se hiere con fragmentos de roca. Heridos de veras hay muy pocos. La semana próxima vuelve a empezar la guerra. Bueno, a lo mejor vuelve a empezar. Eso dicen. ¿Crees que haría bien casándome con Miss Barkley...? Después de la guerra, claro.

–Naturalmente que sí –dije mientras llenaba de agua la palangana.

–Esta noche me lo contarás todo –dijo Rinaldi–. Ahora tengo que volver a dormirme para estar descansado y guapo para Miss Barkley.

Me saqué la guerrera y la camisa y me lavé con el agua fría de la palangana. Mientras me frotaba con la toalla, miraba la habitación, lo que se veía a través de la ventana, contemplaba a Rinaldi, tendido en la cama, con los ojos cerrados. Era bien parecido, tenía mi edad y era de Amalfi. Le gustaba su profesión de cirujano y éramos grandes amigos. Mientras le estaba mirando, él abrió los ojos.

–¿Tienes dinero?

–Sí.

–Préstame cincuenta liras.

Me sequé las manos y saqué la cartera del bolsillo interior de la guerrera, que había colgado en la pared. Rinaldi cogió el billete, lo dobló sin levantarse de la cama y lo guardó en el bolsillo del pantalón. Sonrió.

–Tengo que dar a Miss Barkley la impresión de que soy un hombre de posibles. Tú eres un buen amigo, mi mejor amigo, y mi protector financiero.

–Vete al diablo –le dije.

Aquella noche en la mesa me senté junto al cura y vi que estaba decepcionado y como ofendido porque no había ido a los Abruzos. Había escrito a su padre diciéndole que le haría una visita y habían hecho algunos preparativos para recibirme. Yo lo lamentaba tanto como él, y no acertaba a explicarme por qué no había ido. En realidad había querido ir allí, y traté de explicarle cómo una cosa había traído otra, y por fin él se dio cuenta y comprendió que de veras había tenido ganas de ir a visitar a su familia, y el malestar entre nosotros desapareció casi por completo. Yo había bebido mucho vino, y luego café y strega, y expliqué, entre los vapores del alcohol, por qué no hacemos las cosas que queremos hacer; la verdad es que nunca las hacemos.

Estuvimos charlando mientras los otros discutían. Yo había querido ir a los Abruzos. No había ido a ningún lugar donde las carreteras estuvieran heladas y duras como el hierro, donde hiciera un tiempo frío y seco y la nieve fuese seca y en forma de polvo, donde se vieran las huellas de las liebres en la nieve y los campesinos se sacaran los sombreros y le llamaran a uno señor y hubiera buena caza. No había ido a ningún lugar así, sino que me había metido entre el humo de los cafés en noches en las que la habitación daba vueltas y uno tenía que fijar la mirada en la pared para conseguir que se detuviera, noches de estar en la cama, borracho, cuando uno sabía que no había nada más que aquello, y la extraña impresión de despertarse sin saber quién está a nuestro lado y todo el mundo parece irreal en la oscuridad y tan excitante que hay que volver a empezar, sin saber nada y sin preguntarse acerca de nada en medio de la noche, seguro de que no hay nada más, nada más, nada más, y sin preocuparse por nada. De pronto sintiendo una gran inquietud y durmiéndose, para despertarse por la mañana y ver que todo aquello se había esfumado y que todo era cortante y duro y claro, y a veces discutir por el precio. A veces las cosas seguían siendo agradables y tiernas y calientes y desayuno y comida. A veces todo lo bueno se había disipado y uno se alegraba de salir a la calle, pero siempre empezaba otro día y luego otra noche. Intenté explicar lo que era la noche y la diferencia entre la noche y el día, y cómo la noche era mejor, a no ser que el día fuese muy claro y muy frío, y no supe explicarlo; como no puedo explicarlo ahora. Pero quien haya pasado por estos momentos sabrá lo que quiero decir. El cura no había tenido esta experiencia, pero comprendió que yo había querido de veras ir a los Abruzos, pero que no había ido, y seguimos siendo amigos, con muchos gustos en común, pero separados por una diferencia. Él siempre había sabido lo que yo no supe y lo que, cuando lo aprendí, podía siempre olvidar. Pero entonces yo no sabía esto, aunque lo aprendí más tarde. Entretanto estábamos todos alrededor de la mesa, la comida había terminado y la discusión continuaba. Nosotros dos dejamos de hablar y el capitán dijo a gritos:

–Cura no feliz. Cura no feliz sin chicas.

–Yo soy feliz –dijo el cura.

–Cura no feliz. Cura querer austríacos ganar la guerra –dijo el capitán.

Los demás escuchaban. El capellán negó con la cabeza.

–No –dijo.

–El cura nunca quiere que ataquemos. ¿Verdad que no quiere usted que ataquemos?

–Si hay guerra, supongo que debemos atacar.

–¡Claro que debemos atacar! ¡Y atacaremos!

El cura sacudió la cabeza.

–Dejadle en paz –dijo el comandante–. Es un buen muchacho.

–De todos modos no depende de él –dijo el capitán.

Todos nos levantamos de la mesa.

CAPÍTULO IV

Por la mañana la batería del jardín de al lado me despertó y vi que el sol entraba por la ventana y me levanté de la cama. Fui hacia la ventana y miré afuera. La grava de los senderos estaba mojada y la hierba estaba húmeda por el rocío. La batería disparó dos veces y cada vez sentí el desplazamiento del aire como un golpe que hizo retemblar la ventana y agitó la parte delantera de mi pijama. No podía ver los cañones, pero evidentemente estaban disparando justo por encima de nosotros. Era muy pesado tenerlos tan cerca, pero, dentro de todo, aún había que agradecer que no fueran mayores. Mientras miraba hacia el jardín oí el ruido del motor de un camión que se ponía en marcha en la carretera. Me vestí, bajé, tomé un poco de café en la cocina y me dirigí hacia el garaje.

Bajo el largo cobertizo había diez coches alineados, el uno al lado del otro. Eran ambulancias achatadas, de techo sólido, pintadas de gris y semejantes a camiones de mudanzas. Los mecánicos estaban trabajando en una de ellas a poca distancia de allí, en el patio. Otras tres estaban en lo alto de las montañas, en los puestos de socorro.

–¿Han bombardeado alguna vez esta batería? –pregunté a uno de los mecánicos.

–No, *signor tenente,* está protegida por la colina.

–¿Cómo va todo?

–No va mal. Esta ambulancia está averiada, pero las otras funcionan. –Dejó de trabajar y sonrió–. ¿Estaba usted de permiso?

–Sí.

Se limpió las manos en la blusa y preguntó con una sonrisa burlona:

–¿Lo ha pasado bien?

Los demás sonrieron del mismo modo.

–Muy bien –dije–. ¿Qué le pasa al motor?

–No funciona. Cuando no es una cosa, es otra.

–¿Y ahora qué tiene?

–Hay que cambiar los segmentos.

Les dejé trabajando; la ambulancia tenía un aspecto lamentable y vacío, con parte del motor desmontado y una serie de piezas esparcidas sobre un banco; me metí bajo el cobertizo y fui a mirar cada uno de los coches. Su limpieza era relativa, unos pocos acababan de ser lavados, los demás estaban llenos de polvo. Examiné cuidadosamente los neumáticos para ver si había cortes o abolladuras producidas por piedras. Todo parecía en buen estado. Evidentemente tenía muy poca importancia que yo estuviera allí para vigilar todo aquello. Me había imaginado que el estado de las ambulancias, el poder obtener las piezas de recambio, hacer que funcionara bien la evacuación de heridos y enfermos de los puestos de socorro, el trasladarlos desde las montañas hasta el centro de distribución y luego repartirlos entre los hospitales, según las indicaciones de sus papeles, dependía en buena parte de mí mismo. Pero evidentemente importaba muy poco que yo estuviera allí o no.

–¿Has tenido algún problema con las piezas de recambio? –pregunté al sargento mecánico.

–No, *signor tenente.*

–¿Dónde está ahora el depósito de gasolina?

–En el lugar de siempre.

Volví a entrar en la casa y me bebí otra taza de café en la mesa del comedor. El café era de un color gris pálido y se azucaraba con leche condensada. Al otro lado de la ventana se veía una deliciosa mañana de primavera. Cuando se sentía aquella sensación de sequedad en la nariz, aquello significaba que más tarde el día sería caluroso. Aquel día visité los puestos de las montañas y volví a la ciudad a última hora de la tarde.

Todo parecía ir mejor cuando yo estaba fuera. Oí decir que estaban a punto de reanudar la ofensiva. La división a la que estábamos agregados debía atacar en un lugar de la parte alta del río, y el comandante me encargó que me cuidase de organizar los puestos de socorro con vistas al ataque. Se trataba de cruzar el río por encima de una estrecha garganta y de desplegarse por la ladera de la colina. Las ambulancias debían situarse tan cerca del río como fuera posible y quedar protegidas. Desde luego los lugares serían elegidos por la infantería, pero nosotros debíamos encargarnos de ejecutar los planes. Era uno de esos casos en los que uno tenía la falsa impresión de que tomaba parte activa en la guerra.

Yo estaba lleno de polvo y muy sucio y subí a mi cuarto para lavarme. Rinaldi estaba sentado en la cama con un ejemplar de la gramática inglesa de Hugo. Estaba vestido, llevaba sus botas negras y su pelo relucía.

–Espléndido –dijo al verme–. Vendrás conmigo a ver a Miss Barkley.

–No.

–Sí. Hazme el favor de venir y de causarle buena impresión.

–De acuerdo. Espera a que me cambie.

–Lávate y ven tal como vas.

Me lavé, me cepillé el pelo y nos fuimos.

–Espera un minuto –dijo Rinaldi–. Podríamos tomar un trago.

Abrió su maleta y sacó una botella.

–Strega no –dije.

–No. Grappa.

–Bueno.

Llenó dos vasos y brindamos con el pulgar levantado. El grappa era muy fuerte.

–¿Otro?

–Bueno –dije.

Bebimos el segundo vaso de grappa, Rinaldi guardó la botella y bajamos. Teníamos calor mientras cruzábamos la ciudad, pero el sol empezaba a ponerse y la temperatura era muy agradable. El hospital británico era una quinta muy grande construida por los alemanes antes de la guerra. Miss Barkley estaba en el jardín. Le acompañaba otra enfermera. Vimos sus uniformes blancos a través de los árboles y nos dirigimos a su encuentro. Rinaldi saludó. Yo saludé también, pero con más moderación.

–¿Cómo está usted? –dijo Miss Barkley–. Usted no es italiano, ¿verdad?

–¡Oh, no!

Rinaldi estaba charlando con la otra enfermera. Los dos se reían.

–¡Qué cosa más rara! ¡Servir en el ejército italiano!

–En realidad no sirvo en el ejército. Sólo en el cuerpo de ambulancias.

–Sigue pareciéndome muy raro. ¿Por qué se alistó?

–No lo sé –dije–. No siempre hay una explicación para todo.

–¡Oh! ¿Usted cree? Pues a mí me inculcaron todo lo contrario.

–¡Qué bien!

–¿Vamos a seguir mucho rato con esta conversación?

–No –dije.

–Menos mal. ¿Verdad?

–¿Qué es este bastón? –pregunté.

Miss Barkley era muy alta. Llevaba lo que me pareció un uniforme de enfermera, era rubia y tenía la piel morena y los ojos grises. Pensé que era muy atractiva. Llevaba en la mano una varilla de roten, enfundada en cuero, que parecía una fusta de juguete.

–Era de un joven al que mataron el año pasado.

–No sabe cuánto lo siento.

–Era un gran muchacho. Iba a casarse conmigo y le mataron en el Somme.

–Aquello fue una carnicería horrible.

–¿Estuvo usted allí?

–No.

–Yo he oído hablar –dijo ella–. La verdad es que por aquí la guerra es muy distinta. Me enviaron este bastoncillo. Me lo mandó su madre. Se lo entregaron junto con todas sus cosas.

–¿Hacía mucho tiempo que estaban prometidos?

–Ocho años. Nos habíamos criado juntos.

–¿Y por qué no se habían casado?

–No lo sé –dijo ella–. Fui una estúpida al no hacerlo. Al menos hubiera podido darle esto. Pero yo pensaba que sería peor para él.

–Ya entiendo.

–¿Ha estado enamorado alguna vez?

–No –respondí.

Nos sentamos en un banco y yo la miré.

–Tiene usted un cabello muy bonito –dije.

–¿Le gusta?

–Muchísimo.

–Estuve a punto de cortármelo cuando él murió.

–No.

–Quería hacer algo por él, ¿entiende? Todo lo demás me daba igual, y él lo hubiera podido tener todo. Hubiera podido tener cualquier cosa que deseara, si yo lo hubiese sabido. Me hubiera casado con él o cualquier otra cosa. Ahora lo sé todo. Pero entonces él quería ir a la guerra y yo no sabía nada.

Yo no despegué los labios.

–Entonces yo no sabía nada de nada –siguió diciendo–. Yo creía que sería peor para él. Pensaba que quizá no podría resistirlo, y luego, claro, lo mataron, y todo se acabó.

–Nunca se sabe.

–¡Oh, sí! –dijo ella–. Todo se acabó.

Miramos a Rinaldi que charlaba con la otra enfermera.

–¿Cómo ha dicho que se llamaba? le pregunté.

–Ferguson. Helen Ferguson. Su amigo es médico, ¿no?

–Sí. Y muy bueno.

–Me alegro. Es difícil encontrar a un médico bueno tan cerca del frente. Porque estamos muy cerca del frente, ¿verdad?

–Sí, muy cerca.

–Es un frente estúpido –dijo–. Pero es muy hermoso. ¿Van ustedes a lanzar una ofensiva?

–Sí.

–Entonces tendremos trabajo. Ahora no hay trabajo.

–¿Hace mucho tiempo que es enfermera?

–Desde fines del año quince. Él y yo empezamos al mismo tiempo. Recuerdo que yo tenía la estúpida idea de que podían mandarlo al hospital en que yo estuviera. Con una herida de sable, supongo, y un vendaje alrededor de la cabeza. O con el hombro atravesado por una bala. Algo pintoresco.

–Este frente es lo pintoresco –dije.

–Sí –dijo ella–. La gente no puede imaginarse lo que pasa en Francia. Si lo supieran, no podrían continuar. No recibió una herida de sable. Una explosión lo hizo pedazos.

Yo no dije nada.

–¿Cree usted que esto va a durar siempre?

–No.

–¿Qué es lo que va a pararlo?

–Reventará por algún sitio. Alguien cederá.

–Nosotros cederemos. Cederemos en Francia. No pueden seguir haciendo cosas como el Somme y no ceder.

–Pero no será aquí –dije.

–¿Usted cree?

–Desde luego. El verano pasado las cosas fueron muy bien.

–Pero pueden estropearse –dijo–. Todo el mundo puede fallar.

–También los alemanes.

–No –dijo–, me parece que no.

Nos dirigimos hacia Rinaldi y Miss Ferguson.

–¿Le gusta Italia? –preguntaba Rinaldi a Miss Ferguson en inglés.

–Ya lo creo.

–No entender –Rinaldi sacudía la cabeza.

–*Abbastanza bene* –traduje yo. Él meneaba la cabeza.

–Eso no está bien. ¿Le gusta Inglaterra?

–No demasiado; soy escocesa, ¿sabe?

Rinaldi me miró estupefacto.

–Es escocesa, y por lo tanto le gusta más Escocia que Inglaterra –dije en italiano.

–Pero Escocia es Inglaterra.

Traduje la frase para Miss Ferguson.

–*Pas encore* –dijo Miss Ferguson.

–¿De veras?

–Nunca. No nos gustan los ingleses.

–¿No gustan los ingleses? ¿No gusta Miss Barkley?

–Oh, eso es distinto. Ella también es un poco escocesa. No tiene que tomárselo todo tan al pie de la letra.

Al cabo de un rato nos dijimos buenas noches y nos fuimos. De regreso a casa, Rinaldi dijo:

–Miss Barkley te prefiere a ti. La cosa no puede estar más clara. Pero la escocesita es muy mona.

–Muy mona –dije, a pesar de que no me había fijado en ella–. ¿Te gusta?

–No –dijo Rinaldi.

CAPÍTULO V

Al día siguiente por la tarde volví a visitar a Miss Barkley. No estaba en el jardín y me dirigí hacia la puerta lateral de la quinta frente a la cual paraban las ambulancias. Dentro encontré a la enfermera jefe que me dijo que Miss Barkley estaba de servicio... «estamos en guerra, ¿sabe usted?»

Le dije que ya lo sabía.

–¿Es usted el americano que sirve en el ejército italiano? –preguntó.

–Sí, señora.

–¿Cómo se le ocurrió una cosa semejante? ¿Por qué no se enroló con nuestras tropas?

–No lo sé –dije–. ¿Cree que aún estaría a tiempo?

–Me temo que no. Dígame. ¿Por qué se enroló con los italianos?

–Verá, yo estaba en Italia –dije– y hablo italiano.

–¡Oh! –dijo–. Yo lo estoy aprendiendo. Es un idioma muy bonito.

–Hay quien dice que puede aprenderse en dos semanas.

–Oh, yo no lo aprenderé en dos semanas. Llevo ya meses estudiándolo. Puede venir a verla después de las siete, si quiere. Entonces estará libre. Pero no traiga un montón de italianos.

–¿Aunque hablen un idioma muy bonito?

–No. Aunque lleven uniformes muy bonitos.

–Buenas tardes –dije.

–*A rivederci, tenente.*

–*A rivederla.*

La saludé y me fui. Imposible saludar a extranjeros a la manera italiana sin sentirse un poco extraño. El saludo italiano no me parecía hecho para la exportación.

El día había sido caluroso. Yo había estado remontando el río y había llegado hasta la cabeza de puente de Plava. Allí era donde la ofensiva iba a empezar. El año anterior había sido imposible ganar terreno por este lado porque sólo había una carretera que descendía desde la garganta hasta el pontón, y quedaba batida por fuego de ametralladora y de artillería durante cerca de una milla. Tampoco era lo suficientemente ancha como para permitir pasar por allí todo lo necesario para una ofensiva, y los austríacos hubieran hecho una verdadera carnicería. Pero los italianos habían cruzado el río por otro lugar desplegándose un poco por el otro lado y ocupando alrededor de una milla y media de tierra en la orilla austríaca. Era un lugar muy malo y los austríacos no hubieran debido dejarles que se instalaran allí. Supongo que era un caso de tolerancia mutua, porque los austríacos aún tenían una cabeza de puente un poco más abajo del río. Las trincheras austríacas estaban situadas en la parte alta de la ladera de la colina, a unas pocas yardas de distancia de las líneas italianas. Allí había habido una pequeña población, pero ahora en su lugar sólo había montones de escombros. Todavía eran visibles los restos de una estación y de un puente destruido que no podía reconstruirse y utilizarse de nuevo porque estaba expuesto por todas partes al fuego enemigo.

Bajé por la estrecha carretera en dirección al río, dejé la ambulancia en el puesto de socorro al pie de la colina, crucé el puente, que quedaba protegido por una eminencia de la montaña y, siguiendo las trincheras, llegué a las ruinas de la ciudad en la cresta de la vertiente. Todo el mundo estaba en los refugios. Se veían hileras de cohetes dispuestos a ser disparados para pedir la ayuda de la artillería o para hacer señales si se cortaban las líneas telefónicas. Era un lugar tranquilo, sucio y caluroso. Por entre las alambradas contemplé las líneas austríacas. No se veía a nadie. Bebí un trago con un capitán conocido en uno de los refugios, y volví a retaguardia atravesando de nuevo el puente.

Se estaba terminando una nueva carretera más ancha que atravesaba la montaña descendiendo en zig zag hasta el puente. Cuando esta carretera estuviera terminada, empezaría la ofensiva. Descendía por entre el bosque formando revueltas muy pronunciadas. El plan consistía en bajarlo todo por la nueva carretera y hacer que los camiones vacíos, los carros, las ambulancias llenas y todo el tránsito que fuera en dirección contraria tomara la antigua y estrecha carretera. El puesto de socorro estaba en la orilla austríaca del río, bajo la cresta de la colina, y los camilleros deberían utilizar el pontón para evacuar los heridos. Y lo mismo se haría una vez se hubiera desencadenado la ofensiva. Por lo que me parecía ver, aproximadamente la última milla de la nueva carretera, donde empezaba el terreno llano, podría ser literalmente machacada por la artillería austríaca. Aquello tenía todo el aire de convertirse en una merienda de negros. Pero descubrí un lugar en el que las ambulancias podían quedar protegidas una vez hubieran pasado el último tramo peligroso y allí esperar a los heridos que les llevarían a través del pontón. Hubiera preferido conducir por la carretera nueva, pero aún no estaba acabada. Parecía ancha y bien hecha, con una inclinación razonable, y las revueltas producían una gran impresión cuando se veían a través de los claros del bosque, en la ladera de la montaña. No habría peligro con las ambulancias, provistas de frenos de acero y además, al bajar se iría de vacío. Emprendí el regreso por la carretera estrecha.

Dos *carabinieri* me dieron el alto. Acababa de caer un obús, y mientras esperábamos, otros tres cayeron en la carretera. Eran del setenta y siete y se anunciaban con un furioso zumbido en el aire, al que sucedía un brusco estallido y luego una llamarada, y por fin una humareda gris barría la carretera. Los *carabinieri* nos dijeron por señas que siguiéramos adelante. Al pasar junto al lugar donde habían explotado los obuses, evité los pequeños cráteres, y aspiré el olor a pólvora, a arcilla pulverizada y a piedra y a pedernal recién desmenuzados. Volví a Gorizia, a nuestra casa y, como ya he dicho, fui a ver a Miss Barkley, que estaba de servicio.

A la hora de la cena comí muy aprisa y me fui a la quinta donde los ingleses tenían su hospital. La verdad es que era muy grande y muy bonito, y estaba rodeado de unos árboles preciosos. Miss Barkley estaba sentada en un banco del jardín. Miss Ferguson estaba con ella. Parecieron contentas de verme y al cabo de poco rato Miss Ferguson se excusó y se fue.

–Les dejaré solos –dijo–. Se entienden muy bien sin mí.

–No te vayas, Helen –dijo Miss Barkley.

–Es que debo irme. Tengo que escribir unas cartas.

–Buenas noches –dije.

–Buenas noches, Mr. Henry.

–No escriba nada que dé trabajo a la censura.

–No se preocupe. Sólo escribo sobre lo bonito que es el lugar en que vivimos y lo valientes que son los italianos.

–Pues si sigue así le darán una medalla.

–No estaría mal. Buenas noches, Catherine.

–Hasta ahora –dijo Miss Barkley.

Miss Ferguson se alejó en la oscuridad.

–Es simpática –dije.

–Oh sí, es muy simpática. Ella sí que es enfermera.

–¿Y usted no?

–¡Oh, no! Yo soy eso que llaman una V. A. D. (1). Trabajamos mucho, pero nadie se fía de nosotras.

–¿Y por qué?

–No se fían de nosotras cuando hay poco que hacer. Cuando hay trabajo de veras, ya lo creo que se fían.

–¿Cuál es la diferencia?

–Una enfermera es como un médico. Es una carrera larga. Una V. A. D., es alguien que ha tomado un atajo.

–Comprendo.

Los italianos no quieren que haya mujeres tan cerca del frente. Por eso estamos en un régimen muy especial. Nunca salimos.

–Pero yo puedo entrar.

–¡Oh, claro! No estamos enclaustradas.

–No hablemos más de la guerra.

–Eso es muy difícil. ¿Cómo no vamos a hablar de algo que está en todas partes?

–Bueno, pero de todas formas no hablemos más de ello.

–De acuerdo.

Nos miramos en la oscuridad. Pensé que era muy hermosa y le cogí la mano. Ella dejó que se la cogiera, yo la apreté en la mía y luego la abracé pasando mi brazo bajo el suyo.

–No –dijo.

No retiré mi brazo.

–¿Por qué no?

–No.

–Sí –dije–. Por favor.

Me incliné en la oscuridad para besarla y hubo como un relámpago agudo y doloroso. Me había dado un fuerte bofetón. Su mano me había dado en la nariz y en los ojos y éstos, por reflejo, se llenaron de lágrimas.

–Lo siento mucho –dijo ella.

Comprendí que yo llevaba una cierta ventaja.

–Ha hecho usted muy bien.

–No sabe cuánto lo siento –dijo–. Pero no podía soportar esta

(1) «Voluntary Aid Detachment». *(N. del T.)*

situación de «enfermera de permiso durante la noche». No quería hacerle daño. Le he hecho daño, ¿verdad?

Me miraba en la oscuridad. Yo estaba enojado y sin embargo seguro de mí mismo, previendo lo que iba a ocurrir como los movimientos de una partida de ajedrez.

–Hizo usted muy bien –dije–. No le guardo ningún rencor.

–¡Pobre!

–Verá usted, últimamente he llevado una vida muy rara. Generalmente ni siquiera hablo inglés. Y luego, es usted tan atractiva...

La miré fijamente.

–No necesita decir una porción de tonterías. Ya le he dicho que lo sentía. Nos comprendemos bien.

–Sí –dije–. Y nos hemos olvidado de la guerra.

Se echó a reír. Era la primera vez que la oía reír. Escruté la expresión de su rostro.

–Es usted un encanto –dije.

–No, no lo soy.

–Sí. Es un verdadero encanto. Me gustaría besarla si no le importa.

La miré de hito en hito, rodeé su cuerpo con mi brazo tal como había hecho antes y la besé. La abracé enérgicamente apretándola con fuerza contra mí y traté de abrir sus labios, que mantenía contraídos. Yo seguía enojado y mientras la abrazaba noté bruscamente que se estremecía. Mantenía su cuerpo pegado al mío y podía oír los latidos de su corazón, y luego sus labios se entreabrieron y su cabeza se apoyó en mi mano; por fin se echó a llorar sobre mi hombro.

–¡Oh, amor mío! –dijo–. ¿Verdad que serás bueno conmigo?

Estamos apañados, pensé. Acaricié su pelo y le di unas palmaditas en el hombro. Estaba llorando.

–¿Verdad que serás bueno? –Levantaba la cabeza para mirarme–. Porque vamos a tener que llevar una vida rara.

Al cabo de un rato la acompañé hasta la puerta de la quinta y ella entró y yo volví a casa a pie. Cuando llegué, subí a mi cuarto. Rinaldi estaba tendido en la cama. Me miró.

–Veo que haces progresos con Miss Barkley.

–Somos amigos.

–Tienes un aire muy divertido de perro en época de celo.

No entendí la expresión.

–¿De qué?

Él se explicó.

–Pues tú –dije– tienes un aire muy divertido de perro que...

–Bueno, bueno, alto el carro –dijo–. Si no, dentro de un momento estaríamos diciéndonos cosas ofensivas.

Se echó a reír.

–Buenas noches –dije.

–Buenas noches, cachorrillo.

De un golpe de almohada derribé la palmatoria y me metí en la cama a oscuras.

Rinaldi recogió del suelo la palmatoria, volvió a encenderla y siguió leyendo.

CAPÍTULO VI

Estuve dos días en los puestos. Cuando volví a la ciudad era ya demasiado tarde y no vi a Miss Barkley hasta la noche siguiente. No estaba en el jardín y tuve que esperar en el despacho del hospital a que bajara. Había muchos bustos de mármol sobre unas columnas de madera pintada pegadas a las paredes de la sala que utilizaban como despacho. El vestíbulo, al que daba el despacho, también estaba lleno de ellos. Todos tenían esa curiosa propiedad del mármol de parecerse unos a otros. La escultura siempre me ha parecido algo cargante..., al menos el bronce parece algo. Pero todos los bustos de mármol me dan la impresión de un cementerio. Claro que hay un cementerio espléndido..., el de Pisa. Génova es el lugar donde hay más mármoles malos. Aquella quinta había sido de un alemán muy rico, y los bustos debían haberle costado una fortuna. Me pregunté quién los habría hecho y cuánto habría cobrado. Intenté averiguar si eran miembros de la familia o qué. Pero todos eran uniformemente clásicos. Era imposible sacar nada en claro de ellos.

Me senté en una silla con la gorra en la mano. Estábamos obligados a llevar los cascos de acero incluso en Gorizia, pero eran incómodos y demasiado teatrales en una ciudad en la que la población civil no había sido evacuada. Yo me lo ponía cuando tenía que recorrer los puestos de socorro, y llevaba además una careta antigás inglesa. Acabábamos de recibir unas cuantas. Eran verdaderas caretas. También estábamos obligados a llevar una pistola automática. Incluso los médicos y los oficiales de sanidad. Notaba el bulto de la mía junto al respaldo de la silla. Uno se exponía a ser arrestado si no la llevaba en un lugar visible. Rinaldi llevaba una pistolera rellena de papel higiénico. Yo llevaba una de verdad y me sentí un poco pistolero hasta que empecé a hacer prácticas de tiro. Era una Astra de calibre 7,65, de cañón corto, y al disparar la sacudida era tan fuerte que no había ni que pensar en dar en cualquier blanco. Estuve practicando con ella, apuntando más abajo del blanco y tratando de dominar la sacudida de aquel ridículo cañón tan corto, hasta que, a una distancia de veinte pasos, pude meter las balas a una yarda del lugar al que apuntaba, y entonces la ridiculez de llevar una pistola me abrumó, aunque pronto lo olvidé y la llevaba golpeándome los riñones, sin más reacción que una vaga sensación de vergüenza cuando me encontraba con alguien de habla inglesa. Ahora estaba sentado en la silla y un practicante de no sé qué especie me miraba con desaprobación desde detrás de un pupitre, mientras yo contemplaba el suelo de mármol, las columnas con los bustos de mármol y los frescos de las paredes y esperaba a Miss Barkley. Los frescos no estaban mal. Todos los frescos son buenos cuando empiezan a desconcharse y a caerse en hojuelas.

Vi que Catherine Barkley venía por el vestíbulo y me puse en pie. Mientras se acercaba a mi encuentro pensé que no parecía alta, pero que estaba adorable.

–Buenas noches. Mr. Henry –dijo.

–¿Cómo está usted? –respondí.

El practicante nos estaba escuchando detrás del pupitre.

–¿Quiere que nos sentemos aquí o que salgamos al jardín?
–Vamos al jardín, estaremos más frescos.
La seguí hasta el jardín, mientras el practicante no dejaba de mirarnos.
Una vez estuvimos fuera, andando por el sendero, ella dijo:
–¿Dónde has estado?
–Tenía que ir a inspeccionar nuestros puestos.
–¿Y no podías haberme enviado una nota?
–No –dije–. No era fácil. Pensaba que iba a volver de un momento a otro.
–Hubieras tenido que avisarme, cariño.
Habíamos salido del sendero, andábamos bajo los árboles. Le cogí las manos, luego nos detuvimos y la besé.
–¿No podemos ir a ningún otro sitio?
–No –dijo ella–, sólo podemos pasear por aquí. Has estado fuera mucho tiempo.
–Hoy es el tercer día. Pero ya he vuelto.
Ella me miró y dijo:
–¿Tú me quieres?
–Sí.
–Me dijiste que me querías, ¿verdad?
–Sí –mentí–, te quiero.
No se lo había dicho antes de entonces.
–Llámame Catherine.
–Catherine.
Nos pusimos a andar de nuevo y nos paramos debajo de un árbol.
–Dí: «He vuelto con Catherine esta noche.»
–He vuelto con Catherine esta noche.
–¡Oh, amor mío! Has vuelto, ¿verdad?
–Sí.
–Te quiero tanto y han sido tan horribles estos días... ¿No te irás?
–No. Siempre volveré.
–¡Oh, te quiero tanto! Por favor, vuelve a poner la mano aquí.
–Nunca la he sacado.

Hice que se volviera para poder verle la cara mientras la besaba y vi que había cerrado los ojos. Besé sus dos ojos cerrados. Pensé que probablemente estaba un poco loca. Me daba igual si era así. No me inquietaba la aventura en la que me estaba metiendo. Era mejor aquello que ir cada noche a la casa para oficiales donde las chicas se sentaban en las rodillas de uno y le ponían la gorra al revés en señal de cariño y de vez en cuando se levantaban para estar un rato en el piso de arriba con nuestros hermanos de armas. Yo sabía que no quería a Catherine Barkley y que no tenía ninguna intención de quererla. Aquello era un juego, como el bridge, en el que uno decía cosas en vez de jugar cartas. Como en el bridge, había que decir que se jugaba por dinero o por ganar algo. Nadie había hablado de lo que se trataba de ganar. Yo no podía quejarme.

–Si hubiera algún lugar al que pudiéramos ir –dije.

Empezaba a experimentar esta dificultad tan masculina de estar largo rato de pie, abrazando a una mujer.

–No hay ningún lugar –dijo ella, como volviendo de donde hubiera estado hasta entonces.

–Podríamos sentarnos allí un momento.

Nos sentamos en un banco de piedra muy bajo y tomé la mano de Catherine Barkley. Ella no me dejó que volviera a pasar mi brazo por detrás de su espalda.

–¿Estás muy cansado? –preguntó.

–No.

Catherine tenía la vista baja y miraba la hierba.

–Estamos jugando a un juego muy feo, ¿no te parece?

–¿Qué juego?

–No seas bobo.

–Palabra que no entiendo.

–Eres un buen chico –dijo ella–. Y juegas lo mejor que sabes. Pero es el juego lo que es muy feo.

–¿Siempre adivinas lo que piensa la gente?

–No siempre. Pero contigo sí. No tienes que decirme que me quieres. Ya está bien por esta noche. ¿Te gustaría hablar de alguna otra cosa?

–¡Pero es que yo te quiero!

–Te lo ruego, no mintamos cuando no hay necesidad. Me has hecho una pequeña comedia muy bonita y ahora ya estoy bien. Ya ves que no voy a hacer una escena ni estoy loca. A veces sólo un poco.

Yo apreté su mano.

–Querida Catherine...

–Ahora eso me suena muy divertido..., Catherine. No lo pronuncias del mismo modo. Pero eres muy simpático. Eres un buen chico.

–Eso es lo que me dice el cura.

–Sí, eres muy bueno. ¿Vendrás a verme?

–Claro que sí.

–Pero no es necesario que me digas que me quieres. Se acabó todo por un tiempo. –Se levantó y me tendió la mano–. Buenas noches.

Quise darle un beso.

–No –dijo ella–. Estoy espantosamente cansada.

–Pero bésame –dije.

–Estoy espantosamente cansada, querido.

–Bésame.

–¿Tanto lo deseas?

–Sí.

Nos besamos y ella se apartó bruscamente.

–No, buenas noches, por favor, cariño.

Nos encaminamos hacia la puerta y vi cómo entraba y se alejaba por el vestíbulo. Me gustaba verla andar. Desapareció en el vestíbulo. Yo volví a casa. Era una noche calurosa y se notaba una gran agitación en lo alto de las montañas. Estuve contemplando los resplandores sobre San Gabriele.

Me paré delante de la Villa Rossa. Los postigos estaban cerrados, pero dentro aún había gente. Alguien cantaba. Seguí andando hasta casa. Rinaldi llegó mientras me estaba desnudando.

–¡Vaya, vaya! –dijo–. Las cosas no marchan demasiado bien, ¿eh? El bebé está hecho un lío.

–¿De dónde vienes?

–De la Villa Rossa. Ha sido muy instructivo, bebé. Todos hemos cantado. ¿Y tú dónde has estado?

–He ido a ver a las inglesas.

–¡Gracias a Dios que no me he liado con las inglesas!

CAPÍTULO VII

Al día siguiente por la tarde, de regreso de nuestro primer puesto de montaña, detuve la ambulancia en el *smistamento,* donde los heridos y los enfermos eran clasificados según su hoja de evacuación y donde se les destinaba a los diferentes hospitales. Yo había estado conduciendo, y al llegar allí me quedé sentado en la ambulancia e hice que el chófer entrara con los papeles. Hacía un día muy caluroso y el cielo era brillante y azul y la carretera era blanca y polvorienta. Estaba sentado al volante del Fiat y no pensaba en nada. Un regimiento pasó por la carretera y me quedé mirándolo. Los hombres estaban acalorados y sudaban. Algunos llevaban puestos los cascos de acero, pero la mayoría llevaba el casco colgado de la mochila. La mayor parte de los cascos eran demasiado grandes y casi tapaban las orejas de los que los llevaban. Todos los oficiales llevaban cascos; los suyos les sentaban mejor. Era la mitad de la Brigata Basilicata. Los reconocí por las rayas rojas y blancas del distintivo que llevaban en el cuello. Había rezagados que se habían retrasado bastante del regimiento, soldados que no podían seguir el paso de sus pelotones. Estaban sudorosos, polvorientos y cansados. Algunos tenían mal aspecto. Cuando ya habían pasado todos los rezagados, todavía apareció un soldado. Iba cojeando. Se detuvo y se sentó al borde de la carretera. Yo bajé del coche y me dirigí hacia él.

–¿Qué pasa?

Me miró y se puso en pie.

–Ya me voy.

–¿Qué te pasa?

–¡Esta j... guerra!
–¿Qué tienes en la pierna?
–No es la pierna. Tengo una hernia.
–¿Por qué no estás con los demás de la ambulancia? –pregunté–. ¿Por qué no vas al hospital?
–No me dejan. El teniente dice que me he sacado el braguero a posta.
–Déjame que lo vea.
–Está muy salida.
–¿De qué lado?
–Aquí.
Palpé el lugar.
–Tose –le dije.
–Tengo miedo de que se haga mayor. Se ha hecho el doble de grande desde esta mañana.
–Siéntate –dije–. Cuando me den los papeles de estos heridos, te subes al coche y te llevaré con tus oficiales médicos.
–Dirán que lo hice a posta.
–No van a hacerte nada –dije–. No es una herida. Eso ya lo tenías antes de la guerra, ¿no?
–Pero he perdido el braguero.
–Te enviarán a un hospital.
–¿No puedo quedarme aquí, *tenente*?
–No. No tengo tus papeles.
Llegó el chófer con los papeles de los heridos de la ambulancia.
–Cuatro para el 105. Dos para el 132 –dijo.
Eran hospitales que estaban al otro lado del río.
–Conduce tú –dije.
Ayudé al soldado de la hernia a sentarse a nuestro lado.
–¿Habla usted inglés? –preguntó.
–Pues claro.
–¿Qué le parece esta maldita guerra?
–Un asco.
–¡Y tanto que es un asco! ¡Rediós, palabra que es un asco!
–¿Has estado en los Estados Unidos?
–Claro. En Pittsburg. En seguida vi que era usted americano.

–¿Tan mal hablo el italiano?

–Supuse que era usted americano.

–Otro americano –dijo el chófer en italiano mirando al hombre de la hernia.

–Escuche, mi teniente. ¿Me va usted a llevar a aquel regimiento?

–Sí.

–Porque el capitán médico sabía que yo tenía esa hernia. Tiré ese condenado braguero para que empeorara y así no me volvieran a mandar al frente.

–Ya entiendo.

–¿No puede usted llevarme a otro lugar?

–Si estuviéramos más cerca del frente podría llevarte a un puesto de socorro. Pero aquí, en la retaguardia, necesitas una hoja de evacuación.

–Si vuelvo allí me harán operar y luego me pondrán en primera línea para siempre.

Me puse a reflexionar.

–A usted no le gustaría estar siempre en primera línea, ¿verdad?

–No.

–¡Rediós! ¡Esta maldita guerra!

–Oye –le dije–. Bájate, déjate caer en la carretera y hazte un chichón en la cabeza, y cuando pasemos por aquí de vuelta te recogeré y te llevaré a un hospital. Aldo, vamos a parar un momento aquí.

Nos detuvimos en el borde de la carretera. Le ayudé a bajar.

–Aquí me encontrará, teniente –dijo.

–Hasta ahora –dije.

Seguimos adelante y a una milla de distancia, poco más o menos, adelantamos al regimiento, luego cruzamos el río, que bajaba enturbiado por el deshielo y deslizándose velozmente por entre los pilares del puente, para seguir la carretera que atravesaba la llanura y dejar los heridos en los dos hospitales. De regreso, aceleré la marcha de la ambulancia vacía para recoger al hombre de Pittsburg. Primero nos cruzamos otra vez con el regimiento, más sudoroso y lento que nunca; luego, los rezagados. Luego vimos una ambulancia de caballos parada junto a la carretera. Dos soldados estaban levantando del suelo al hombre de la hernia. Habían vuelto atrás para buscarle. Cuando me vio, sacudió la cabeza. No llevaba puesto el casco y en la frente, junto al arranque de los cabellos, tenía una herida que le sangraba. Tenía la nariz despellejada y había polvo en el parche lleno de sangre y polvo en sus cabellos.

–¡Mire el chichón, teniente! –me gritó–. No ha habido nada que hacer. Han vuelto a buscarme.

Cuando volví a la casa eran las cinco y salí al lugar donde lavábamos las ambulancias para darme una ducha. Luego me senté en mi cuarto, en pantalones y camiseta, delante de la ventana abierta, a redactar el informe. Dentro de dos días la ofensiva iba a empezar y yo tendría que ir con las ambulancias a Plava. Hacía mucho tiempo que no había escrito a los Estados Unidos y me daba cuenta de que debía escribir, pero había tardado tanto que ahora me era casi imposible escribir. No tenía nada que contar. Mandé un par de postales militares *Zona di Guerra,* tachándolo todo excepto el «estoy bien». Esto les tranquilizaría. Aquellas postales llamarían mucho la atención en América; como algo extraño y misterioso. El nuestro era un sector extraño y misterioso, pero yo suponía que estaba bastante bien dirigido y que era amenazador, comparándolo con otras guerras con los austríacos. El ejército austríaco había sido creado para proporcionar victorias a Napoleón; a cualquiera de los Napoleón. Me hubiera gustado contar con un Napoleón, pero en vez de eso teníamos a *il generale* Cadorna, gordo y satisfecho, y a Vittorio Emmanuele, aquel hombrecillo del cuello largo y flaco y la barba de chivo. Mandando el ala derecha estaba el duque de Aosta. Tal vez fuera demasiado apuesto para ser un gran general, pero parecía un hombre. Eran muchos los que le hubieran querido como rey. Tenía el aire de rey. Era el tío del Rey y mandaba el tercer ejército. Nosotros estábamos en el segundo ejército. Con el tercer cuerpo de ejército había también varias baterías inglesas. En Milán yo había conocido a dos artilleros de éstos. Eran muy simpáticos y juntos habíamos pasado una noche estupenda. Eran unos hombretones tímidos y aturdidos, muy sensibles a todo lo que estaba sucediendo. Yo hubiera preferido estar con los ingleses. Hubiera sido mucho más sencillo. Claro que probablemente me hubieran matado. Pero no en este cuerpo de ambulancias. Sí, incluso en el cuerpo de ambulancias. A los chóferes ingleses de las ambulancias a veces también les mataban. Bueno, yo sabía que no iba a morir. No en esta guerra. No tenía nada que ver conmigo. No me parecía más peligrosa que la guerra de las películas. Pero sólo deseaba que se terminase. A lo mejor se acababa este verano. A lo mejor los austríacos se desinflaban. Siempre habían acabado por desinflarse en otras guerras. ¿Qué pasaba con esta guerra? Todo el mundo decía que los franceses estaban en las últimas. Rinaldi decía que los franceses se habían amotinado y que las tropas marchaban sobre París. Le pregunté qué había pasado y me dijo: «Oh, los han parado». Yo quería ir a Austria, pero en tiempos de paz. Quería ir a la Selva Negra. Quería ir al macizo del Hartz. Por cierto, ¿por dónde debe andar el macizo del Hartz? Se estaba luchando en los Cárpatos. Pero yo no tenía ningunas ganas de ir allí. Claro que tampoco estaría mal ir a verlo. Si no fuera por la guerra, podría ir a España. El sol se estaba ocultando y el día refrescaba. Después de cenar saldría para ir a ver a Catherine Barkley. Me gustaría que estuviera aquí en este momento. Me gustaría estar en Milán con ella. Comeríamos en la Cova, pasearíamos por la Via Manzoni en un atardecer caluroso, cruzaríamos y daríamos la vuelta bordeando el canal e iría al hotel con Catherine Barkley. Tal vez aceptaría. A lo mejor se figuraba que yo era su novio, el que mataron, y entraríamos por la puerta principal y el portero se sacaría la gorra y yo me pararía un momento para pedir la llave al recepcionista y ella me esperaría junto a la puerta del ascensor, y luego entraríamos en el ascensor, que subiría muy despacio, haciendo un chasquido en cada piso, y luego nuestro piso, y el ascensorista abriría la puerta y se haría a un lado, y ella saldría y yo saldría y andaríamos por el pasillo y yo metería la llave en la puerta y la abriría y entraríamos y luego descolgaría el teléfono y pediría que nos subieran una botella de capri *bianco* en un cubo de plata lleno de hielo, y oiríamos el ruido del hielo golpeando el cubo cuando el camarero se acercara por el corredor, y cuando llamara, yo diría que lo dejase fuera, junto a la puerta, por favor. Porque iríamos desnudos porque haría mucho calor y la ventana abierta y las golondrinas volando por encima de los tejados de las casas y cuando luego hubiese oscurecido y nos acercaríamos a la ventana unos murciélagos muy pequeños estarían cazando sobre las casas y sobre las copas de los árboles y beberíamos el capri y la puerta estaría cerrada con llave y haría calor y sólo una sábana y toda la noche y nos haríamos el amor toda la noche en la calurosa noche de Milán. Así deberían ser las cosas. Tenía que cenar aprisa e ir a ver en seguida a Catherine Barkley.

Hablaron demasiado en la mesa y bebí vino porque aquella noche no éramos todos hermanos a no ser que bebiera un poco y charlé con el cura acerca del arzobispo Ireland, que, al parecer, era un hombre muy digno, y de cuyas injusticias, aquellas de las que había sido víctima y de las que participaba como americano, y de las que nunca había oído hablar, fingí estar enterado. Hubiera sido descortés no haber sabido nada de ellas, después de haber oído explicar tan bien sus causas, que, al fin y al cabo, parecían no ser más que equívocos. Pensé que tenía un nombre sugestivo, y era de Minnesota, lo cual daba un nombre precioso: Ireland de Minnesota, Ireland de Wisconsin, Ireland de Michigan. Lo mejor es que sonaba igual que Islandia. No, no era eso. Había algo más. Sí, padre. Es verdad, padre. Tal vez, padre. No, padre. Bueno, tal vez sí, padre. Usted conoce el asunto mejor que yo, padre. El cura era buena persona, pero pesado. Los oficiales no eran buenas personas, pero eran pesados. El Rey era buena persona, pero pesado. El vino era malo, pero no era pesado. Arrancaba el esmalte de los dientes y lo depositaba en el paladar.

–Y al cura lo encerraron –decía Rocca– porque le encontraron encima las obligaciones al tres por ciento. Desde luego, eso era en Francia. Aquí nunca le hubieran detenido. Él aseguraba que no sabía nada de las obligaciones al cinco por ciento. Eso pasó en Béziers. Yo estaba allí y lo leí en el periódico, fui a la cárcel y pregunté por el cura. Era evidente que había robado las obligaciones.

–No creo ni una palabra de esto –dijo Rinaldi.

–Como quieras –dijo Rocca–. Yo lo cuento para nuestro cura. Es muy instructivo. Él que es cura, sabrá apreciarlo.

El capellán sonrió.

–Siga –dijo–, le escucho.

–Naturalmente, algunas de las obligaciones no aparecieron, pero el cura tenía todas las del tres por ciento y algunas de las obligaciones locales, no me acuerdo exactamente cuáles. O sea que me fui a la cárcel, eso es lo que quería contar, y me puse delante de su celda y le dije como si fuera a confesarme: «Padre, bendígame, porque usted ha pecado».

Todo el mundo estalló en carcajadas.

–¿Y él qué dijo? –preguntó el cura.

Rocca lo ignoraba y continuó explicándome el chiste a mí.

–¿Entiendes la gracia, no?

Al parecer era un chiste muy divertido si uno sabía entenderlo bien. Me sirvieron más vino y yo conté la historia del soldado inglés al que metieron debajo de la ducha. Luego el comandante contó la historia de los once checoslovacos y del cabo húngaro. Después de beber más vino, conté la historia del jockey que encontró un penique. El comandante dijo que había un cuento italiano parecido, el de la duquesa que no podía dormir de noche. Al llegar a este punto el cura se levantó de la mesa y se fue y yo conté el chiste del viajante de comercio que llegaba a Marsella a las cinco en punto de la madrugada, cuando estaba soplando el mistral. El comandante dijo que había oído decir que yo era un gran bebedor. Yo lo negué. Él dijo que era verdad y que, por el cuerpo de Baco, ahora se vería si era verdad o no. Baco no, dije. Baco, sí, dijo. Yo debía beber las mismas copas y los mismos vasos que Bassi Filippo Vincenza. Bassi dijo que no, que aquello no demostraría nada, porque él ya había bebido el doble que yo. Yo dije que aquello era una cochina mentira, y que Baco o no Baco, Filippo Vincenza Bassi o Bassi Filippo Vincenza no había bebido ni una gota en toda la noche, y a propósito, en realidad, ¿cómo se llamaba? Él me preguntó si yo me llamaba Frederico Enrico o Enrico Frederico. Yo dije que ganara el mejor, pero que Baco no entraba en el juego, y el comandante nos sirvió vino tinto en unos cubiletes. Cuando hube bebido la mitad del vino, no quise más. Me acordé de adónde debía ir.

–Bassi ha ganado –dije–. Aguanta más que yo. Tengo que irme.

–Es verdad –dijo Rinaldi–. Tiene una cita. Yo lo sé todo.

–Tengo que irme.

–Otra noche –dijo Bassi–. Otra noche, cuando te sientas más fuerte.

Me dio una palmada en el hombro. Sobre la mesa había unas velas encendidas. Todos los oficiales estaban muy alegres.

–Buenas noches, caballeros –dije.

Rinaldi salió conmigo. Después de cruzar la puerta, nos paramos un momento en el sendero y me dijo:

–Sería mejor que no fueras estando borracho.

–No estoy borracho, Rinin. De veras.

–Sería mejor que mascaras unos granos de café.

–Tonterías.

–Voy a buscártelos, bebé. Anda un poco por aquí.

Volvió con un puñado de granos de café tostado.

–Máscalos bien, bebé, y vete con Dios.

–Baco –dije.

–Voy a acompañarte.

–Estoy divinamente.

Cruzamos juntos la ciudad mientras yo mascaba el café. Al llegar a la verja del hospital británico, Rinaldi me dio las buenas noches.

–Buenas noches –dije–. ¿Por qué no entras?

Negó con la cabeza.

–No –dijo–, prefiero placeres más sencillos.

–Gracias por el café.

–De nada, bebé. De nada.

Eché a andar por el sendero. Los perfiles de los cipreses que lo limitaban eran agudos y claros. Miré hacia atrás y vi que Rinaldi se había quedado inmóvil mirándome, y le saludé agitando la mano.

Me senté en el despacho de la quinta esperando a que Catherine Barkley bajara. Alguien se acercaba por el vestíbulo. Me levanté, pero no era Catherine. Era Miss Ferguson.

–Hola –me dijo–. Catherine me ha encargado que le dijera que lo siente mucho, pero que no podrá verle esta noche.

–Lo siento. Espero que no estará enferma.

–No se encuentra muy bien.

–¿Hará el favor de decirle que lo siento mucho?

–Sí, claro.

–¿Cree usted que podría verla si viniera mañana?

–Supongo que sí.

–Muchas gracias –dije–. Buenas noches.

Salí y de pronto me sentí solo y vacío. No había dado mucha importancia a aquella cita con Catherine, me había emborrachado un poco y casi me había olvidado de acudir, pero al no haber podido verla me sentía solo y hueco.

CAPÍTULO VIII

Al día siguiente por la tarde nos dijeron que aquella noche habría un ataque en el río y que teníamos que llevar allí cuatro ambulancias. Nadie sabía nada acerca del asunto, pero todo el mundo hablaba con gran seguridad y ciencia estratégica. Yo iba en la primera ambulancia y cuando pasamos junto a la verja del hospital británico dije al conductor que se parara. Las otras ambulancias se detuvieron. Salté al suelo y dije a los conductores que siguieran adelante y que si no les habíamos alcanzado antes del cruce de la carretera de Cormons, que nos esperaran allí. Eché a correr por el sendero y una vez estuve en el despacho pregunté por Miss Barkley.

–Está de servicio.

–¿Podría verla sólo un momento?

Mandaron a buscarla a un practicante que volvió con ella.

–He entrado un momento para preguntar si estabas mejor. Me

han dicho que estabas de servicio y por eso he pedido por verte.

–Me encuentro bien –dijo ella–, supongo que ayer fue el calor lo que me dejó muy aplanada.

–Tengo que irme.

–Te acompaño hasta la puerta, sólo un minuto.

–¿De veras te encuentras bien? –pregunté una vez estuvimos fuera.

–Sí, cariño. ¿Vendrás esta noche?

–No. Ahora mismo salimos, hay función allá arriba, en el Plava.

–¿Función?

–No creo que sea nada serio.

–¿Y cuándo volverás?

–Mañana.

Desprendió algo de su cuello y me lo puso en la mano.

–Es un san Antonio –dijo–. Y vuelve mañana por la noche.

–No serás católica, ¿verdad?

–No. Pero dicen que un san Antonio es muy útil.

–Lo guardaré como tú. Adiós.

–No –dijo ella–, adiós, no.

–Como quieras.

–Sé bueno y ten mucho cuidado. No, aquí no puedes besarme. No es posible.

–Bueno.

Me volví y vi que seguía de pie en los escalones. Ella agitó la mano, yo besé la mía y se la tendí. Volvió a agitar la mano, me alejé por el sendero, subí de nuevo a la ambulancia y arrancamos. El san Antonio estaba dentro de una pequeña cápsula de metal blanco. Abrí la cápsula y la volqué en la mano.

–¿San Antonio? –preguntó el chófer.

–Sí.

–Yo también llevo uno.

Su mano derecha soltó el volante, desabrochó un botón de su guerrera y sacó de debajo de la camisa una medalla.

–¿Ve?

Volví a guardar mi san Antonio en la cápsula, arrollé la cadenilla de oro y lo guardé todo en el bolsillo superior de la guerrera.

–¿No se lo pone?

–No.

–Es mejor llevarlo puesto. Para eso es.

–De acuerdo –dije.

Desenrollé la cadena de oro, me la puse al cuello y la abroché. El santo quedó colgando sobre mi uniforme y abrí el cuello de la guerrera, desabotoné la camisa y metí la medalla debajo de ella. Sentí el contacto de la cajita de metal sobre mi pecho mientras seguíamos carretera adelante. Luego dejé de pensar en aquello. Después de ser herido no volví a verla. Probablemente alguien se la quedaría en alguno de los puestos de socorro.

Pasamos el puente muy aprisa y no tardamos en ver el polvo de las demás ambulancias delante de nosotros. La carretera formaba una curva y vimos las tres ambulancias muy pequeñas y el polvo que levantaban las ruedas se esparcía entre los árboles. Las alcanzamos, las adelantamos y torcimos por una carretera que se elevaba por entre las colinas. Ir en un convoy no es desagradable si uno va en el primer coche, y me arrellané en el asiento y me puse a contemplar el campo. Nos encontrábamos al pie de las colinas, en el lado más próximo al río, y a medida que nos elevábamos, por el norte aparecían altas montañas, todavía con nieve en las cumbres. Miré hacia atrás y vi las tres ambulancias que trepaban por el camino, separadas por el intervalo de su polvareda. Nos cruzamos con una larga columna de mulos cargados; los conductores andaban junto a los mulos, con rojos feces en la cabeza. Eran *bersaglieri*.

Una vez pasada la recua de mulos, la carretera estaba desierta y seguimos subiendo por entre las colinas y luego coronamos la cresta de una larga loma y descendimos al valle de un río. Allí había árboles a ambos lados de la carretera y por entre la hilera de árboles vi el río, de agua clara, rápida y poco profunda. El río iba bajo y había bancos de arena y guijarros con un estrecho canal de agua y a veces el agua se esparcía como una capa brillante sobre el cauce pedregoso. Junto a la orilla vi hoyas profundas con el agua azul como el cielo. De la carretera salían unas veredas que terminaban en arqueados puentes de piedra que cruzaban el río, y pasamos junto a casas de campo, también de piedra, que tenían, pegados a sus paredes que daban a mediodía, perales en forma de candelabros, y muros bajos en los campos. La carretera seguía el valle durante un trecho largo y luego torcía y comenzaba a ascender de nuevo por entre las colinas. La carretera subía abruptamente en continuas revueltas por entre los castañares, para volverse finalmente plana siguiendo el contorno de un cerro. Volviendo la vista atrás podía ver, entre los bosques, mucho más abajo, iluminada por el sol, la línea del río que separaba a los dos ejércitos. Ahora recorríamos la nueva carretera militar, en tan malas condiciones, que seguía la cresta de la loma, y miré hacia el norte, hacia las dos hileras de montañas, verdes y oscuras hasta la línea de la nieve, y luego blancas y maravillosas al sol. Más tarde, a medida que la carretera volvió a subir por la colina, vi una tercera cadena de montañas, también nevadas y más altas que las otras, que parecían de una blancura de yeso y surcadas por extrañas superficies llanas, y luego había montañas mucho más lejos, detrás de todas éstas, que apenas podía decirse si uno las veía realmente. Todas ésas eran las montañas austríacas y nosotros no teníamos nada semejante en Italia. Delante nuestro la carretera formaba una curva muy pronunciada hacia la derecha, y mirando hacia abajo vi cómo la carretera se hundía entre los árboles. En esta carretera había tropas y camiones y mulos con artillería de campaña, y mientras descendíamos, pegados a un lado, pude ver el río mucho más abajo, la línea de las traviesas y de los raíles corriendo paralelamente a él, el viejo puente por donde el tren pasaba a la otra orilla, y más lejos, al pie de una colina, más allá del río, las ruinas de las casas de la pequeña población que había que tomar.

Casi había oscurecido cuando llegamos abajo y salimos a la carretera principal que bordeaba el río.

CAPÍTULO IX

La carretera estaba atestada y había mamparas hechas de tallos de maíz y de paja, colgando a modo de esteras a uno y otro lado y también cubriendo la parte superior, de manera que parecía la entrada de un circo o de un poblado de negros. Entramos lentamente en esta especie de túnel y salimos a un espacio despejado donde había estado la estación del tren. En este punto la carretera quedaba a un nivel más bajo que la orilla del río, y a lo largo de toda esta carretera hundida, la infantería ocupaba unos hoyos cavados en el talud. El sol se estaba poniendo y mientras avanzábamos, al levantar la mirada vi los globos de observación austríacos encima de las colinas, en la otra orilla, recortándose oscuramente contra el crepúsculo. Dejamos las ambulancias detrás de una ladrillería. Los hornos y algunos agujeros bastante profundos habían sido transformados en puestos de socorro. Había tres médicos a los que conocía. Me puse a charlar con el comandante y me enteré de que cuando todo hubiera empezado y nuestras ambulancias estuvieran llenas, volveríamos por la carretera protegida y subiríamos por la principal siguiendo la loma, donde habría un puesto de socorro y otras ambulancias para la evacuación. Él confiaba en que en la carretera no habría atascos. Toda la operación se haría por aquella única carretera. Se había protegido con paja porque quedaba batida por los austríacos, desde la otra orilla. Aquí, en la ladrillería, la orilla del río nos protegía del fuego de fusil y de ametralladora. Un puente derruido cruzaba el río. Iban a construir otro puente cuando empezase el bombardeo, y parte de las tropas tendrían que vadear un poco más arriba, donde el río formaba un codo. El comandante era un hombrecillo que llevaba unos bigotes erectos. Había estado en la guerra de Libia y llevaba dos barras de heridas. Dijo que si las cosas iban bien procuraría que me condecorasen. Yo dije que esperaba que irían bien, pero que era demasiado amable. Le pregunté si había algún refugio grande donde los conductores pudieran meterse, e hizo que un soldado me lo enseñara. Me fui con él y descubrí el refugio, que estaba muy bien. A los conductores les gustó mucho y allí les dejé. El comandante me pidió que bebiera un trago con él y otros dos oficiales. Bebimos ron en un clima muy amistoso. Afuera estaba oscureciendo. Pregunté a qué hora sería el ataque y me dijeron que tan pronto como hubiese oscurecido. Volví a reunirme con los chóferes. Estaban sentados en el refugio charlando, y cuando entré se callaron. Di a cada uno un paquete de cigarrillos. Macedonias, cigarrillos en los que el tabaco quedaba muy flojo y se escapaba por todas partes, y uno tenía que arrollar las puntas antes de fumarlo. Manera encendió su mechero y lo hizo circular. La forma del mechero recordaba a la del radiador de un Fiat. Les conté lo que me habían dicho.

–¿Cómo es que no hemos visto el puesto al bajar? –preguntó Passini.

–Estaba detrás mismo de donde torcimos.

–Menudo zafarrancho va a haber en esta carretera –dijo Manera.

–Nos van a hacer papilla.

–Probablemente.

–¿Y si comiéramos, mi teniente? No vamos a tener tiempo para comer una vez haya empezado todo eso.

–Ahora voy a enterarme –dije.

–¿Quiere usted que nos quedemos aquí o se puede ir a dar una vuelta?

–Mejor que os quedéis aquí.

Volví al refugio del comandante y me dijo que la cocina de campaña no tardaría en llegar y que entonces los chóferes podían ir a que les dieran el rancho. Les prestarían fiambreras si no tenían. Yo dije que me parecía que sí tenían. Volví para decir a los chóferes que iría a buscarles tan pronto como llegara la comida. Manera dijo que confiaba que llegase antes de que empezara el bombardeo. Se quedaron en silencio hasta que me fui. Todos ellos eran mecánicos y odiaban la guerra.

Fui a echar una ojeada a las ambulancias y ver qué es lo que pasaba, y luego volví al refugio para sentarme junto con los cuatro chóferes. Estábamos sentados en el suelo, con las espaldas apoyadas en la pared y fumando. Afuera era casi noche cerrada. La tierra del refugio estaba caliente y seca y dejé que mis hombros se apoyaran en la pared, deslizándome hasta que el peso del cuerpo se cargó sobre los riñones, y relajé los músculos.

–¿Quién va a atacar? –preguntó Gavuzzi.

–*Bersaglieri.*

–¿Todos serán *bersaglieri*?

–Creo que sí.

–Aquí no hay tropas suficientes para un ataque serio.

–Probablemente será para desviar la atención del lugar donde haya el ataque de verdad.

–¿Saben eso los que van a atacar?

–No lo creo.

–Claro que no –dijo Manera–, si lo supiesen no atacarían.

–Sí que atacarían –dijo Passini–. Los *bersaglieri* son tontos.

–Son valientes y muy disciplinados –dije.

–Tienen mucho pecho y son fuertes. Pero no por eso son menos tontos.

–Los *granatieri* son altos –dijo Manera.

Era un chiste. Todos rieron.

–*Tenente,* ¿estaba usted cuando se negaron y fusilaron uno de cada diez?

–No.

–Pues es verdad. Los hicieron formar y luego fueron eligiendo uno de cada diez. Los *carabinieri* los fusilaron.

–¡*Carabinieri!* –dijo Passini. Y escupió en el suelo–. ¡Pero esos granaderos! Todos de más de seis pies. No querían atacar.

–Si nadie quisiera atacar, la guerra se acabaría –dijo Manera.

–No era eso lo de los *granatieri.* Tenían miedo. Todos los oficiales son de muy buena familia.

–Varios de los oficiales se lanzaron al ataque solos.

–Un sargento mató a dos oficiales que no querían avanzar.

–Pero algunos soldados tiraron para adelante.

–A éstos no les hicieron formar cuando eligieron uno de cada diez.

–Uno de los que fusilaron los *carabinieri* era de mi ciudad –dijo Passini–. Un chicarrón muy alto y bien plantado, como hecho a medida para los *granatieri.* Siempre en Roma. Siempre con chicas. Siempre con los *carabinieri* –se echó a reír–. Ahora han puesto un centinela delante de su casa, con una bayoneta, y nadie puede entrar a ver a su madre y a su padre y a sus hermanas, y su padre ha perdido los derechos civiles y no puede ni votar. La ley ya no les protege. Cualquiera puede quitarles lo que tienen.

–Si no fuera por todo lo que les pasa a las familias, nadie querría atacar.

–Sí. Los *alpini* sí. Y los soldados V. E. también. Y algunos *bersaglieri.*

–Los *bersaglieri* también echaron a correr. Ahora quieren hacerlo olvidar.

–No debería usted dejarnos hablar de este modo, *tenente. Evviva l'esercito!* –dijo sarcásticamente Passini.

–Ya conozco vuestro modo de hablar –dije–. Pero mientras conduzcáis las ambulancias y os portéis...

–...y no habléis de eso cuando otros oficiales puedan oírlo –termino Manera.

–Yo creí que hay que luchar hasta el fin –dije–. La guerra no se acabaría si uno de los bandos dejara de combatir. Si dejáramos de combatir las cosas aún irían peor.

–No pueden ir peor –dijo Passini respetuosamente–. No hay nada peor que la guerra.

–La derrota es peor.

–No lo creo –dijo Passini también respetuosamente–. ¿Qué es la derrota? Irse a casa.

–Sí, pero detrás vienen ellos. Y te quitan la casa; y se llevan a tus hermanas.

–No lo creo –dijo Passini–. No pueden hacer eso con todo el mundo. Que cada cual defienda su casa. Que cada cual encierre a sus hermanas en casa.

–Entonces te cuelgan. Vienen y te hacen volver a ser soldado. Pero no en una ambulancia, en la infantería.

–No pueden colgar a todo el mundo.

–Un país extranjero no puede hacer que uno sea soldado –dijo Manera–. A la primera batalla todos se largan.

–Como los checos.

–Me parece que no tenéis ni idea de lo que es ser vencidos, y por eso os creéis que no es nada malo.

–*Tenente* –dijo Passini–. Nosotros comprendemos que usted nos deje hablar. Escuche. No hay nada peor que la guerra. Nosotros, en el cuerpo de ambulancias, no podemos ni darnos cuenta de lo mala que llega a ser. Cuando la gente se da cuenta de lo mala que es, no pueden hacer nada para pararla, porque se vuelven locos. Hay tipos que nunca se dan cuenta. Otros que tienen miedo de sus oficiales. Y con ésos se hace la guerra.

–Ya sé que la guerra es mala, pero hay que terminarla.

–Nunca se termina. Una guerra nunca se termina.

–Sí, hombre, claro que sí.

Passini negó con la cabeza.

–Una guerra no se gana con la victoria. ¿Qué pasaría si tomáramos San Gabriele? ¿Y si tomáramos el Corso y Monfalcone y Trieste? ¿Entonces qué? ¿Ha visto usted hoy todas esas montañas que se ven a lo lejos? ¿Cree que podríamos conquistarlas todas? Sólo si los austríacos dejaran de luchar. Uno de los dos bandos tienen que dejar de luchar. ¿Por qué no dejamos de luchar nosotros? Si invaden Italia se cansarán y se irán. Ellos ya tienen su país. Pero no, en vez de eso venga a hacer la guerra...

–Eres un orador.

–Nosotros pensamos. Leemos. No somos unos campesinos. Somos mecánicos. Pero hasta los campesinos no son tan tontos como para creer en la guerra. Todo el mundo odia esta guerra.

–Un país está gobernado por una clase que es estúpida, que no entiende nada y que nunca podrá entender nada. Por eso hacemos esta guerra.

–Y encima aún ganan dinero.

–La mayoría, no –dijo Passini–. Son demasiado idiotas. Lo hacen porque sí. Por estupidez.

–Mejor sería callarse –dijo Manera–. Estamos hablando demasiado, incluso para el *tenente*.

–A él le gusta –dijo Passini–. Le convertiremos.

–Pero ahora vamos a callarnos –dijo Manera.

–¿Cuándo vamos a comer, *tenente*? –preguntó Gavuzzi.

–Voy a verlo –dije.

Gordini se puso en pie y salió conmigo.

–¿Puedo hacer algo, *tenente*? ¿Le ayudo en alguna cosa?

Era el más tranquilo de los cuatro.

–Ven conmigo si quieres –dije– y ya veremos.

Afuera había oscurecido por completo y el largo chorro de luz de los proyectores barría las montañas. En nuestro frente había enormes proyectores montados sobre camiones con los que a veces uno se cruzaba por las carreteras durante la noche, muy cerca de las líneas de fuego, el camión se paraba a corta distancia de la carretera, un oficial dirigía el foco y los soldados se asustaban. Cruzamos la ladrillería y llegamos al puesto de socorro principal. Encima de la entrada y por la parte de afuera había un pequeño cobertizo de ramas verdes y en la oscuridad el viento de la noche hacía crujir las hojas que el sol había secado. Dentro había luz. El comandante estaba telefoneando sentado en una caja. Uno de los capitanes médicos dijo que el ataque se había retrasado una hora. Me ofreció un vaso de coñac. Miré la improvisada mesa de tablones sobre la cual había instrumentos quirúrgicos que brillaban a la luz, las cubetas, los frascos con tapones de vidrio. Gordini estaba detrás de mí. El comandante colgó el teléfono y se puso en pie.

–Ahora empieza –dijo–. Se ha vuelto a la hora de antes.

Me asomé, la oscuridad era completa y los proyectores austríacos se movían de un punto a otro de las montañas que había detrás de nosotros. La calma duró apenas un momento más, luego todos los cañones que estaban detrás nuestro empezaron a disparar.

–Savoia –dijo el comandante.

–¿Y la sopa, mi comandante? –dije.

No me oyó. Repetí la pregunta.

–Aún no ha llegado.

Un obús grande estalló en plena ladrillería. Se produjo otra explosión y en medio del estruendo pudo oírse el ruido menos estrepitoso de la lluvia de ladrillos y tierra.

–¿Hay algo para comer?

–Tenemos un poco de *pasta asciutta* –dijo el comandante.

–Comeré lo que haya.

El comandante habló con un ordenanza, quien desapareció en la oscuridad y volvió con una fuente de metal llena de macarrones fríos. Yo se la tendí a Gordini.

–¿Tienen un poco de queso?

El comandante emitió unos gruñidos en dirección al ordenanza, quien volvió a sumergirse en las oscuridades del fondo para reaparecer con un cuarto de queso blanco.

–Muchas gracias –dije.

–Será mejor que no salga.

Afuera acababan de dejar algo en la entrada. Uno de los dos hombres que acababan de dejar el bulto se asomó al interior.

–Entradlo –dijo el comandante–. ¿Se puede saber qué esperáis? ¿Queréis que salgamos a recogerlo?

Los dos camilleros cogieron al hombre por las axilas y por las piernas y lo entraron.

–Cortad la guerrera –dijo el comandante.

En la mano tenía unas pinzas con un poco de gasa en su extremo. Los dos capitanes se sacaron las guerreras.

–Salid de aquí –dijo el comandante a los dos camilleros.

–Vamos –dije a Gordini.

–Sería mejor que esperara a que terminase el bombardeo –dijo el comandante por encima del hombro.

–Tienen hambre –dije.

–Pues haga lo que quiera.

Una vez afuera atravesamos la ladrillería corriendo. Un obús estalló muy cerca de la orilla del río. Luego cayó uno que no oímos venir hasta el último momento. Los dos nos echamos al suelo y percibimos casi al mismo tiempo el resplandor, la explosión, el olor, el zumbido de los fragmentos y el repiqueteo de la lluvia de trozos de ladrillo. Gordini se levantó y echó a correr en dirección al refugio. Yo le seguí llevando en una mano el queso, cuya lisa superficie estaba cubierta de polvo de ladrillo. Dentro del refugio, los tres chóferes estaban sentados con la espalda apoyada en la pared y fumando.

–Ahí va eso, patriotas –dije.

–¿Cómo están las ambulancias? –preguntó Manera.

–No les pasa nada.

–¿Se ha asustado, *tenente*?

–Y tanto, c... –dije.

Saqué mi navaja, la abrí, limpié la hoja y raspé toda la superficie sucia del queso. Gavuzzi me tendió la fuente de macarrones.

–Empiece usted, *tenente.*

–No –dije–. Ponlo en el suelo, comeremos todos a la vez.

–No hay tenedores.

–¿Y para que c... los necesitamos? –dije en inglés.

Corté el queso en pedazos y los puse sobre los macarrones.

–Sentaos y a comer –dije.

Ellos se sentaron y esperaron. Hundí los cinco dedos en la masa de macarrones y levanté la mano. La pasta empezó a escurrírseme.

–Más alto, *tenente.*

Levanté el brazo todo lo que pude mientras los macarrones seguían cayéndose. Bajé la mano hasta la altura de la boca, aspiré con fuerza, partí la pasta con los dientes y me puse a masticar, luego cogí un pedazo de queso, lo mastiqué y bebí un trago de vino. Sabía a metal herrumbroso. Devolví la cantimplora a Passini.

–¡Qué porquería! –dijo–. Ha estado demasiado tiempo en la cantimplora. Yo lo llevaba en la ambulancia.

Todos estaban comiendo, con la barbilla muy cerca de la fuente, la cabeza echada hacia atrás y sorbiendo las puntas de los macarrones. Tomé otro bocado, un poco más de queso y un trago de vino. Afuera algo cayó haciendo retemblar la tierra.

–Cuatrocientos veinte o *minnenwerfer* –dijo Gavuzzi.

–En las montañas no tienen cuatrocientos veintes –dije.

–Tienen cañones Skoda de los grandes. He visto los hoyos.

–Son trescientos cinco.

Seguimos comiendo. Se oyó como una tos, un ruido semejante al de una locomotora al ponerse en marcha y luego una explosión que volvió a hacer retemblar la tierra.

–Este refugio no es muy hondo –dijo Passini.

–Esto ha sido un mortero de trinchera de los grandes.

–Sí, mi teniente.

Terminé de comer mi pedazo de queso y bebí un nuevo trago de vino. En medio del resto del ruido oí de nuevo la tos, luego el chu-chu-chu, luego un resplandor vivísimo, como cuando se abre bruscamente la puerta de un alto horno, y un rugido que empezó siendo blanco, se volvió rojo y se prolongó, se prolongó en un viento fortísimo. Traté de respirar, pero me sentí sin aire en los pulmones, y noté que todo mi cuerpo se desprendía violentamente de mí mismo, y se iba, se iba, se iba, llevado por el viento. Todo mi ser se iba rápidamente y comprendí que estaba muerto y que había sido un error creer que todo se acababa al morirse. Luego floté y en vez de seguir alejándome, sentí que volvía hacia atrás. Respiré y había vuelto a mí mismo. La tierra estaba revuelta y delante de mi cabeza había una viga astillada. En medio del torbellino de mi cabeza oí llorar a alguien. Pensé que alguien estaba gritando. Traté de moverme, pero no lo conseguí. Oía las ametralladoras y los fusiles que disparaban desde la otra orilla y todo a lo largo del río. Estaba lleno de fango y veía en lo alto los obuses luminosos cómo subían, estallaban y quedaban flotando en medio de un vivo fulgor, y veía ascender los cohetes y oía las bombas, todo ello en un momento, y luego oí que a mi lado alguien decía:

–*Mamma mia! Oh, mamma mia!*

Empecé a dar tirones, retorcí el cuerpo y por fin logré liberar mis piernas, y entonces me volví y le toqué. Era Passini y cuando le toqué se puso a chillar. Tenía las piernas en dirección hacia mí y en las alternativas de oscuridad y de luz pude ver que las dos estaban destrozadas por encima de las rodillas. Una de las piernas había quedado seccionada y la otra sólo seguía unida al cuerpo por unos tendones y parte del pantalón, y el muñón se crispaba y se retorcía como si estuviera completamente separado. Passini se mordió el brazo y gimió:

–*Oh, mamma mia, mamma mia!* –Y luego–. *Dio ti salvi, Maria. Dio ti salvi, Maria.* ¡Oh, Jesús, mátame, Jesucristo, mátame, *mamma mia, mamma mia,* oh, Virgen Santísima, mátame! Basta. Basta.

Basta. ¡Oh, Jesucristo, oh Virgen Santísima, basta! ¡Oh, oh, oh, oh! –Luego, con voz estrangulada, añadió–. *Mamma, mamma mia.*

Luego quedó inmóvil, mordiéndose el brazo, mientras el muñón de la pierna seguía agitándose.

–*Portaferiti!* –grité haciendo bocina con la mano–. *Portaferiti!*

Traté de acercarme más a Passini para intentar hacerle un torniquete en las piernas, pero no pude moverme. Lo intenté de nuevo y mis piernas se movieron un poco. Conseguí arrastrarme hacia atrás apoyándome en los brazos y los codos. Passini ahora no se movía. Me senté a su lado, me desabroché la guerrera y traté de hacer vendas de mi camisa. Pero no pude desgarrarla, ni siquiera aplicando los dientes al borde de la tela. Luego me acordé de sus bandas; yo llevaba calcetines de lana, pero Passini llevaba bandas. Todos los chóferes llevaban bandas. Pero Passini sólo tenía una pierna. Deshice la banda y mientras lo estaba haciendo vi que no necesita tratar de hacer un torniquete porque ya estaba muerto. Me aseguré de que había muerto. Había que encontrar a los otros tres. Me senté y en aquel momento sentí que algo se movía dentro de mi cabeza, como los contrapesos de los ojos de una muñeca, algo que me golpeó por la parte interior de los ojos. Sentí que mis piernas estaban calientes y húmedas y los zapatos también húmedos y calientes por la parte de dentro. Comprendí que estaba herido y me incliné para poner la mano sobre la rodilla. La rodilla no estaba en su lugar. Tanteé con la mano y descubrí que la rodilla estaba en la canilla. Me sequé la mano en la camisa y a la luz de otro obús luminoso que descendía lentamente, me miré la pierna y me quedé horrorizado.

–¡Dios mío! –dije–. ¡Sácame de aquí!

Sin embargo, sabía que había tres hombres más. Los chóferes eran cuatro. Passini había muerto. Quedaban tres. Alguien me levantó cogiéndome por los sobacos, mientras otra persona me levantaba las piernas.

–Hay tres más –dije–. Uno ha muerto.

–Soy yo, Manera. Hemos ido a buscar una camilla, pero no había ninguna. ¿Cómo se encuentra, *tenente*?

–¿Dónde están Gordini y Gavuzzi?

–Gordini en el puesto de socorro, le están vendando. Gavuzzi es el que le sujeta las piernas. Cójase a mi cuello, *tenente*. ¿Está mal herido?

–En la pierna. ¿Cómo está Gordini?

–Perfectamente. Fue un mortero de trinchera de los grandes.

–Passini está muerto.

–Sí. Ha muerto.

Un obús cayó cerca de nosotros y los dos se arrojaron al suelo y me dejaron caer.

–Lo siento, *tenente* –dijo Manera–. Cuélguese a mi cuello.

–Si tenéis que volver a dejarme caer...

–Es que hemos tenido miedo.

–¿No habéis sido heridos?

–Sí, los dos, pero heridas muy pequeñas.

–¿Puede conducir Gordini?

–Me parece que no.

Volvieron a dejarme caer antes de llegar al puesto.

–Hijos de puta –dije.

–Lo siento, *tenente* –dijo Manera–. No volveremos a hacerlo.

Delante del puesto de socorro la gran mayoría de nosotros estábamos tendidos en el suelo, en la oscuridad. Llevaban dentro a los heridos y los sacaban. Desde donde estaba podía ver la luz que salía del puesto de socorro cuando se abría la cortina y metían o sacaban a alguien. Los muertos los ponían aparte. Los médicos trabajaban con las mangas arremangadas hasta los hombros y estaban rojos como carniceros. No había suficientes camillas. Algunos de los heridos se quejaban, pero la mayoría guardaban silencio. El viento agitaba las hojas del ramaje que había sobre la puerta de la estación de socorro y la noche era cada vez más fría. Continuamente llegaban camilleros, dejaban las camillas en el suelo, depositaban el herido a un lado y se iban. Apenas llegar al puesto de socorro, Manera hizo salir a un sargento médico que me vendó las dos piernas. Me dijo que había tanta tierra en las heridas que la hemorragia había sido pequeña. Se ocuparían de mí tan pronto como fuera posible. Volvió adentro. Gordini no podía conducir, dijo Manera. Tenía un hombro magullado y un golpe en la cabeza.

No se encontraba mal, pero ahora el hombro se le estaba quedando anquilosado. Estaba sentado junto a una de las paredes de ladrillo. Manera y Gavuzzi se fueron cada uno de ellos con un cargamento de heridos. Estaban en perfectas condiciones para conducir. Los ingleses habían acudido con tres ambulancias y en cada ambulancia llevaban dos hombres. Uno de los chóferes se me acercó acompañado de Gordini, que estaba muy pálido y tenía muy mal aspecto. El inglés se inclinó sobre mí.

–¿Tiene usted heridas graves? –me preguntó.

Era un hombre alto y llevaba gafas con montura de acero.

–En las piernas.

–Espero que no sea nada serio. ¿Quiere un cigarrillo?

–Gracias.

–Me han dicho que había perdido usted dos chóferes.

–Sí, uno ha muerto y el otro es el tipo que le ha traído aquí.

–¡Qué mala pata! ¿Quiere que nos hagamos cargo de sus ambulancias?

–Precisamente es lo que quería pedirle.

–Se las cuidaremos bien y se las devolveremos a la Villa. El número es el 206, ¿no?

–Sí.

–Es un lugar espléndido. Yo ya le había visto por allí. Me han dicho que es usted americano.

–Sí.

–Yo soy inglés.

–¿De veras?

–Sí, sí, inglés. ¿Se creía que era italiano? Había varios italianos en una de nuestras unidades.

–Le agradecería que se hiciera cargo de las ambulancias –dije.

–Se las cuidaremos bien, no se preocupe –dijo mientras volvía a ponerse en pie–. Este chico estaba empeñado en que hablase con usted –dio unas palmadas a Gordini en el hombro. Gordini hizo un respingo y sonrió. El inglés se puso a hablar en un voluble y perfecto italiano–. Bueno, todo está arreglado. Ya he hablado con tu *tenente*. Nos llevaremos las dos ambulancias. No te preocupes más. No te preocupes más –y añadió–: Voy a ver si le puedo sacar de aquí. Hablaré con los matasanos. Le llevaremos con nosotros.

Se dirigió hacia el puesto de socorro pisando con mucho cuidado por entre los heridos. Vi que la sábana se abría, salió un chorro de luz y entró.

–Él se cuidará de usted, *tenente* –dijo Gordini.

–¿Y tú cómo te encuentras, Franco?

–Me encuentro bien.

Se sentó a mi lado. Al cabo de un momento la sábana que servía de puerta al puesto de socorro se abrió y salieron dos camilleros seguidos del inglés alto. Les llevó hasta mí.

–Éste es el *tenente* americano –dijo en italiano.

–Yo puedo esperar –dije–. Hay mucho otros peor heridos que yo. Me encuentro bien.

–Vamos, vamos –dijo–. No venga ahora a hacer de j... héroe. –Y añadió en italiano–: Al levantarle id con mucho cuidado con las piernas. Le duelen mucho. Es el hijo legítimo del presidente Wilson.

Me cogieron y me llevaron dentro del puesto. Allí estaban operando en todas las mesas. El pequeño comandante nos miró furioso. Me reconoció y agitó unas pinzas.

–*Ça va bien?*

–*Ça va.*

–Soy yo quien le ha traído –dijo el inglés en italiano–. Es el hijo único del embajador americano. Se lo dejo aquí hasta que puedan cuidarse de él. Luego me lo llevaré en el primer viaje. –Se inclinó para decirme al oído–: Voy a ir a ver al ayudante para que ponga sus papeles en regla y así todo irá mucho más aprisa.

Agachó la cabeza para poder pasar por la puerta y salió. Ahora el comandante estaba desmontando las pinzas y las dejó caer en una cubeta. Seguí con la mirada el movimiento de sus manos. Estaba vendando. Luego los camilleros se llevaron al hombre que había estado tendido sobre la mesa.

–Ahora me ocuparé del *tenente* americano –dijo uno de los capitanes.

Me levantaron y me pusieron encima de la mesa. Era dura y viscosa. Se percibían muchos olores fuertes, olores de productos químicos y el olor dulzón de la sangre. Me sacaron los pantalones y el capitán médico empezó a dictar al sargento ayudante mientras trabajaba:

–Múltiples heridas superficiales en los dos muslos, en las dos rodillas y en el pie derecho. Heridas profundas en la rodilla derecha y en el pie derecho. Desgarraduras en el cuero cabelludo –exploró la herida.– (¿Duele?) (C..., sí!), con posible fractura de cráneo. Herido en el ejercicio de sus funciones. Poniendo eso no le van a formar consejo de guerra por mutilaciones voluntarias –dijo–. ¿Quiere un poco de coñac? ¿Por qué diablos se metió en esto? ¿Qué se proponía? ¿Suicidarse? Antitétanos, por favor, y haga una cruz en las dos piernas. Gracias. Voy a limpiárselo un poco, lo lavaremos y le haremos un vendaje. Su sangre se coagula divinamente.

El ayudante levantó los ojos del papel.

–¿Cuál ha sido la causa de las heridas?

El capitán médico preguntó:

–¿Con qué le dieron?

–Mortero de trinchera –respondí con los ojos cerrados.

El capitán, haciendo cosas que me producían un dolor muy agudo y separando los tejidos, insistió:

–¿Está seguro?

Yo, tratando de permanecer inmóvil y sintiendo que se me revolvía el estómago cada vez que cortaba carne, dije:

–Me parece que sí.

El capitán médico, interesado por algo que acababa de descubrir:

–Fragmentos de una bomba de mortero de trinchera enemigo. Ahora si quiere podemos ver si hay algún pedazo más, pero no es necesario. Se lo embadurnaré todo y... ¿Le escuece? Bueno, eso no es nada comparado con lo que va a sentir luego. El dolor aún no ha empezado. Denle un vaso de coñac. El shock adormece el dolor. Pero todo va bien, no tiene por qué preocuparse si no se le infecta, y eso pasa pocas veces. ¿Cómo va la cabeza?

–Muy mal –dije.

–Entonces es mejor que no beba demasiado coñac. Si tiene

una fractura, una inflamación lo agravaría. ¿Le duele mucho?

Tenía todo el cuerpo empapado de sudor.

–¡Rediós! –dije.

–Me parece que sí tiene una fractura. Le vendaré la cabeza y no la agite demasiado.

Hizo el vendaje, sus manos se movían muy aprisa y la venda quedaba tirante y bien ajustada. Al terminar dijo:

–Bueno, ya está. Buena suerte y *vive la France.*

–Es americano –dijo uno de los otros capitanes.

–Creí que habían dicho que era francés. Habla francés –dijo el capitán–. Ya le había visto antes de ahora. Siempre había creído que era francés. –Se bebió medio vaso de coñac–. Que me traigan algo grave. Necesito más suero antitétanos.

El capitán se despidió de mí con un gesto de la mano. Me levantaron y la sábana de la puerta me barrió la cara al salir. Una vez fuera, el sargento ayudante se arrodilló a mi lado.

–¿Apellido? –me preguntó en voz baja–. ¿Segundo apellido? ¿Nombre de pila? ¿Graduación? ¿Lugar de nacimiento? ¿De qué quinta? ¿Cuerpo? –y así sucesivamente–. Perdone tantas preguntas, *tenente.* Espero que se sienta mejor. Ahora mismo haré que sea evacuado con la ambulancia inglesa.

–Me encuentro bien –dije–. Muchas gracias.

El dolor del que me había hablado el comandante había empezado a dejarse sentir y no podía prestar ninguna atención a todo lo que estaba ocurriendo. Al cabo de un rato llegó la ambulancia inglesa, me pusieron en una camilla, levantaron la camilla hasta la altura de la ambulancia y la metieron dentro. Al lado había otra camilla con un hombre del que sólo podía ver la nariz cérea, asomando por entre los vendajes. Respiraba con mucha dificultad. Levantaron y metieron otras camillas en los tirantes de arriba.

El inglés alto se acercó y miró hacia dentro.

–Iremos muy despacio –dijo–. Espero que todos vayan bien.

Sentí que el motor se ponía en marcha, que se instalaba en el asiento delantero, que soltaba los frenos, metía el embrague y que arrancábamos. Yo estaba tendido, sin moverme, dejando que el dolor siguiera su curso.

Mientras la ambulancia subía por la carretera, iba muy despacio a causa del tránsito, a veces se paraba, otras retrocedía en una revuelta, y luego finalmente seguía ascendiendo muy aprisa. Noté que me caían encima unas gotas. Al principio era un goteo lento y regular, luego se convirtió en un verdadero chorro. Grité para avisar al conductor. Paró la ambulancia y miró por el cristal que había detrás de su asiento.

–¿Qué pasa?

–El de la camilla de encima tiene una hemorragia.

–Ya estamos casi arriba. Yo solo no podría sacar la camilla.

Volvimos a ponernos en marcha. La lluvia continuaba cayendo. En la oscuridad me era imposible ver de qué parte de la lona salía la sangre. Intenté hacerme a un lado para que no me cayera encima. Por donde se me había metido por debajo de la camisa era un líquido caliente y pegajoso. Tenía frío y la pierna me dolía tanto que me sentía mareado. Al cabo de un rato el chorro que caía de la camilla de encima se hizo menor y volvió a gotear y oí que la lona de arriba se agitaba, como si el hombre de la camilla se instalara más cómodamente.

–¿Cómo va? –preguntó el inglés–. Ya casi estamos arriba.

–Me parece que está muerto –dije.

Las gotas caían muy lentamente, como caen de un carámbano después de la puesta del sol. Dentro de la ambulancia hacía frío, en medio de la noche, en aquella carretera que seguía subiendo. En el puesto de socorro que había en lo alto de la colina, sacaron la camilla y pusieron otra en su lugar y seguimos adelante.

CAPÍTULO X

En la sala del hospital de campaña me dijeron que aquella tarde tendría una visita. Era un día caluroso y había muchas moscas en la sala. El enfermero había cortado un papel en tiras y luego lo había atado a un palo para tener una especie de pincel que espantase las moscas. Yo miraba cómo se posaban en el techo. Cuando dejaba de azotar el aire y se dormía, volvían a bajar y yo las ahuyentaba soplando y por fin me tapaba la cara con las manos y también me dormía. Hacía mucho calor y cuando me desperté las piernas me escocían. Desperté al enfermero y él vertió agua mineral sobre los vendajes. Esto hacía que la cama quedara húmeda y fresca. Los que estábamos despiertos charlábamos de un extremo a otro de la sala. Las primeras horas de la tarde eran siempre tranquilas. Por la mañana tres enfermeros y un médico iban de cama en cama, nos hacían levantar y nos llevaban a la sala de curas para que pudieran hacerse las camas mientras nos cambiaban las vendas. El trayecto hasta la sala de curas no tenía nada de agradable y hasta más tarde no me enteré de que las camas podían hacerse sin que el enfermo se levantara. El enfermero acababa de verter agua y la cama estaba fresca y deliciosa y yo le decía dónde había que rascar en las plantas de los pies para aliviar la picazón que sentía, cuando uno de los médicos entró trayendo a Rinaldi. Corrió hacia mí, se inclinó sobre la cama y me besó. Vi que llevaba guantes.

–¿Cómo estás, bebé? ¿Cómo te encuentras? Te traigo esto... –Era una botella de coñac. El enfermero acercó una silla y se sentó–... y buenas noticias. Van a condecorarte. Quieren darte la *medaglia d'argento,* pero quizá sólo te den la de bronce.

–¿Y eso por qué?

–Porque has sido gravemente herido. Me han dicho que si puedes demostrar que hiciste un acto heroico, tendrás la de plata. Si no, será de bronce. Cuéntame exactamente todo lo que pasó. ¿Hiciste algún acto heroico?

–No –dije–. La bomba estalló mientras estábamos comiendo queso.

–Haz el favor de hablar en serio. Estoy seguro de que, o antes o después, hiciste algo heroico. Procura recordar bien.

–No, nada.

–¿No llevaste a nadie a cuestas? Gordini dice que llevaste a hombros a varios soldados, pero el comandante médico del primer puesto ha declarado que es imposible. Es él quien tiene que firmar la proposición para que te condecoren.

–Yo no llevé a nadie. Si no podía moverme.

–Eso no importa –dijo Rinaldi. Se sacó los guantes–. Confío en que conseguiremos la de plata. ¿No te negaste a recibir asistencia médica antes que los demás?

–Sí, pero sin mucha convicción.

–Eso no importa. Piensa que fuiste gravemente herido. Piensa en tu valerosa conducta al solicitar estar siempre en primera línea. Además, la operación fue un éxito.

–¿Pudieron cruzar el río?

–Perfectamente. Cogieron cerca de un millar de prisioneros. Salió en el boletín. ¿No lo has leído?

–No.

–Ya te lo traeré. Operación plenamente satisfactoria.

–¿Y ahora cómo van las cosas?

–Sensacionalmente. Todos somos sensacionales. Todo el mundo está orgulloso de ti. Ahora cuéntame exactamente cómo ocurrió. Estoy seguro de que te darán la de plata. Anda, cuéntame. Cuéntamelo todo. –Hizo una pausa y comentó–: A lo mejor te dan también una medalla inglesa. Allí había un inglés. Iré a verle y le preguntaré si te recomendará. Debería poder hacer algo. ¿Te duele mucho? Toma un trago. Enfermero, traiga un sacacorchos. ¡Oh, hubieras tenido que verme cortando tres metros de intestino delgado y dejando al tipo mejor que nunca! Fue algo como para que salga en *The Lancet.* Tú me lo traduces y lo mandaré a *The Lancet.* Cada día estoy más en forma. ¡Pobre bebé! ¿Cómo te encuentras? ¿Dónde está este maldito sacacorchos? Eres tan valiente y tan sufrido que se me olvida que estás con heridas graves...

–Hizo restallar los guantes en el borde de la cama.

–Aquí tiene el sacacorchos, *signor tenente* –dijo el enfermero.

–Abre la botella. Trae un vaso. Bébete eso, bebé. ¿Cómo va tu pobre cabeza? Eché un vistazo a tus papeles. No tienes fractura. El comandante del primer puesto era un carnicero. Si hubieras estado en mis manos no te hubiera hecho daño. Yo nunca hago daño a nadie. Sé de qué manera hacerlo. Cada día que pasa aprendo a hacer las cosas de un modo más suave y mejor. Tienes que perdonarme por charlar tanto, bebé. Estoy muy impresionado de verte tan gravemente herido. Anda, bebe eso. Es bueno. Cuesta quince liras. Debería ser bueno. Cinco estrellas. Cuando salga de aquí iré a ver a ese inglés, y él hará que te den una medalla inglesa.

–No las dan tan fácilmente.

–Eres demasiado modesto. Te enviaré al oficial de enlace. Él sabe cómo manejar a los ingleses.

–¿Has visto a Miss Barkley?

–Ya te la traeré. Ahora iré a buscarla y te la traeré.

–No vayas –dije–. Cuéntame cosas de Gorizia. ¿Cómo van las chicas?

–No hay chicas. Hace dos semanas que no las han cambiado. Yo ya no voy más. Es horrible. Ya no son chicas; son viejos camaradas de la guerra.

–¿No vas nunca?

–Sólo voy para ver si hay algo nuevo. Entro y salgo. Todas preguntan por ti. Es un asco que se queden tanto tiempo, acaban siendo amigas.

–A lo mejor es que las mujeres ya no quieren ir al frente.

–Claro que quieren. Las hay a montones. La culpa es de la mala organización. Se las guardan para dar gusto a los emboscados de la retaguardia.

–¡Pobre Rinaldi! –dije–. Solito en la guerra y sin chicas nuevas.

Rinaldi se sirvió otro vaso de coñac.

–No creo que te haga daño, bebé. Tómatelo.

Bebí el coñac y sentí su calor que me bajaba hasta el estómago. Rinaldi se sirvió otro vaso. Ahora estaba más calmado. Levantó el vaso.

–Por tus gloriosas heridas. Por la medalla de plata. Oye, bebé, estar todo el tiempo en la cama con este calor, ¿no te excita?

–A veces.

–No puedo imaginarme lo que es estar todo el día así en la cama. Me volvería loco.

–Tú ya estás loco.

–Me gustaría que ya estuvieses de vuelta. Nadie que vuelva de noche después de correrse una juerga. Nadie a quien tomar el pelo. Nadie que me preste dinero. Ningún hermano del alma, ningún compañero de cuarto. ¿Por qué has hecho que te hirieran?

–Puedes tomarle el pelo al cura.

–¡El cura! No soy yo quien le toma el pelo. Es el capitán. A mí me es simpático. Si hay que tener un cura, me quedo con éste. Vendrá a verte. Está haciendo grandes preparativos.

–Me es simpático.

–¡Oh, ya lo sabía! A veces pienso si tú y él no sois un poco así... ¿Entiendes?

–¿No serás capaz...?

–Sí, a veces lo pienso. Un poco así como el número del primer regimiento de la Brigata Ancona.

–¡Oh, vete al diablo!

Se levantó y se puso los guantes.

–Ah, me encanta buscarte las cosquillas, bebé. A pesar de tu cura y de tu inglesa, en el fondo tú eres exactamente igual que yo.

–No, eso sí que no.

–Sí, ya lo creo. En el fondo eres italiano. Mucho fuego, mucho humo y nada por dentro. Sólo haces ver que eres norteamericano. Somos hermanos y nos queremos.

–Pórtate bien mientras yo no esté –dije.

–Te mandaré a Miss Barkley. Eres mejor cuando estás con ella y lejos de mí. Eres más puro y más amable.

–¡Oh, vete al diablo!

–Te la mandaré. Tu encantadora y fría diosa. Diosa inglesa. ¡Dios! ¿Qué puede hacer un hombre con una mujer como ésa si no es venerarla? ¿Crees que una inglesa puede servir para otra cosa?

–Eres un *italianini* ignorante y mal hablado.

–¿Un qué?

–Un *macarroni* ignorante.

–¿Un *macarroni*? Pues tú eres un..., un *macarroni* cara de palo.

–Eres un ignorante. Un estúpido –vi que esta palabra le había herido y continué–. No sabes nada, no tienes experiencia de nada, eres estúpido por falta de experiencia.

–¿De veras? Pues voy a decirte una cosa sobre tus mujeres buenas. Tus diosas. No hay más que una diferencia entre estar con una chica que siempre ha sido formal y estar con una mujer. Con una chica, duele. Eso es todo lo que sé. –Volvió a hacer restallar sus guantes en la cama–. Y uno nunca sabe si a la chica le va a gustar o no.

–No te enfades.

–No me enfado, bebé. Sólo te lo cuento para tu propio bien. Para ahorrarte líos.

–¿Ésa es la única diferencia?

–Sí. Pero hay millones de tontos como tú que no lo saben.

–Has sido muy amable al decírmelo.

–Tú y yo no vamos a pelearnos, bebé. Te aprecio demasiado. Pero no hagas el tonto.

–No. Voy a ser tan serio como tú.

–No te enfades, bebé. Anda, ríete. Toma un trago. Ahora sí que tengo que irme.

–Eres un buen chico.

–¿Lo ves? En el fondo somos iguales. Hermanos de armas. Dame un beso que me voy.

–Qué pegajoso eres.

–No. Sólo soy cariñoso.

Sentí acercarse su aliento.

–Adiós. No tardaré mucho en volver –su aliento se apartó–. No te voy a dar un beso si no quieres. Te mandaré a tu inglesa. Adios, bebé. El coñac está debajo de la cama. A ver si te pones bueno pronto.

Y se fue.

CAPÍTULO XI

Ya había oscurecido cuando llegó el cura. Habían traído la sopa y luego se habían llevado los boles y yo estaba echado mirando la fila de camas y, a través de la ventana, las copas de los árboles que se agitaban levemente a impulsos de la brisa vespertina. La brisa entraba por la ventana y el calor menguaba con la llegada de la noche. Ahora las moscas estaban en el techo, posadas en las bombillas eléctricas que colgaban de los hilos. La luz sólo se encendía cuando traían a algún herido durante la noche o cuando había que hacer algo. Me devolvía a la niñez estar a oscuras después de que anocheciera y seguir así. Era como acostarse después de haber cenado muy temprano. El enfermero avanzó por entre las camas y se detuvo junto a la mía. Alguien le acompañaba. Era el cura. Allí estaba, pequeño, con su cara morena y lleno de timidez.

–¿Cómo se encuentra? –preguntó.

Dejó varios paquetes en el suelo, al lado de la cama.

–Muy bien, padre.

Se sentó en la silla que habían traído para Rinaldi y miró hacia la ventana, lleno de turbación. Noté que su cara parecía muy cansada.

–Sólo puedo quedarme un momento –dijo–. Es tarde.

–No es tarde. ¿Cómo van los compañeros del comedor?

Sonrió.

–Siguen tomándome el pelo –su voz sonaba también como cansada–. Gracias a Dios todos están bien. Me alegra mucho saber que se encuentra repuesto –dijo–. ¿Ya no tiene dolores?

Parecía muy cansado y yo no estaba acostumbrado a verle cansado.

–No, ya no.

–Le echo de menos en la mesa.

–No sabe lo que me gustaría poder volver. Me encantaban nuestras charlas.

–Le he traído unas cosillas –dijo. Y recogió los paquetes–. Esto es un mosquitero. Esto es una botella de vermut. ¿Le gusta el vermut? Y esto son periódicos ingleses.

–Por favor, ábralo.

Pareció contento y deshizo los paquetes. Tomé el mosquitero en mis manos. Levantó la botella de vermut para enseñármela y luego la dejó en el suelo, junto a la cama. Saqué del fajo uno de los periódicos ingleses. Pude leer los titulares poniéndolo de modo que le diera la escasa luz que entraba por la ventana. Era *The News of the World*.

–Lo demás son revistas –dijo.

–No sabe lo que me gustará leerlos. ¿Cómo los ha conseguido?

–Los encargué en Mestre. Me mandarán más.

–Le agradezco mucho que haya venido, padre. ¿Le apetece un vaso de vermut?

–Gracias. Guárdeselo. Es para usted.

–No, tome un vaso.

–Bueno. Entonces le traeré más.

El enfermero trajo los vasos y abrió la botella. El corcho se rompió y la parte inferior tuvo que hundirse en la botella. Vi que al cura le supo mal, pero dijo:

–Bueno, bueno. No tiene importancia.

–A su salud, padre.

–Porque se reponga.

Después de beber se quedó con el vaso en la mano y nos miramos el uno al otro. A veces charlábamos y éramos buenos amigos, pero aquella noche era difícil.

–¿Qué le ocurre, padre? Parece muy cansado.

–Estoy cansado, pero no tengo derecho a estarlo.

–Es el calor.

–No, sólo es la primavera. Me siento muy deprimido.

–Tiene usted el hastío de la guerra.

–No. Pero odio la guerra.

–No es que a mí me guste –dije.

Negó con la cabeza y miró por la ventana.

–La guerra no le afecta, en el fondo. Usted no la ve. Perdóneme. Ya sé que ha sido herido.

–Fue un accidente.

–Aun estando herido, no la ve. Se lo aseguro. Yo tampoco la veo, pero la siento un poco.

–Cuando fui herido estábamos hablando precisamente de eso. Passini era el que hablaba.

El cura dejó el vaso. Estaba pensando en otra cosa.

–Les conozco porque soy como ellos –dijo.

–Pero usted es diferente.

–Sí, pero en el fondo soy igual que ellos.

–Los oficiales no ven nada.

–Algunos, sí. Algunos son muy sensibles y se sienten peor que cualquiera de nosotros.

–La mayoría son diferentes.

–No es una cuestión de educación o de dinero. Es otra cosa. Aunque tuviesen educación o dinero, hombres como Passini no quisieran ser oficiales. A mí no me gustaría ser oficial.

–Pero tiene usted categoría de oficial. Yo también soy un oficial.

–En realidad no lo soy. Usted ni siquiera es italiano. Es un extranjero. Pero está más cerca de los oficiales que de los soldados.

–¿Cuál es la diferencia?

–Es difícil de explicar. Hay gente a quien le gusta hacer la guerra. En este país hay muchos así. Y hay otros a quienes no les gusta hacer la guerra.

–Pero los primeros obligan a los otros a hacerla.

–Sí.

–Y yo les ayudo.

–Usted es extranjero. Es un patriota.

–¿Y los que no quieren hacer la guerra? ¿Pueden evitarla?

–No lo sé.

Volvió a mirar por la ventana. Escruté su rostro.

–¿Han podido evitarla alguna vez?

–No están organizados como para parar las cosas y cuando se organizan sus jefes les traicionan.

–Entonces ¿no hay esperanzas?

–Siempre hay esperanzas. Pero a veces yo no puedo tenerlas. Siempre trato de tener esperanzas, pero a veces no lo logro.

–A lo mejor se acabará la guerra.

–Eso espero.

–¿Y entonces qué va a hacer usted?

–Si es posible, volveré a los Abruzos.

Súbitamente, su cara morena se iluminó con una expresión de dicha.

–¿Le gustan los Abruzos?

–Sí, muchísimo.

–Entonces debería irse allí.

–Sería demasiada felicidad. ¡Si pudiera vivir allí y amar a Dios y servirle!

–Y ser respetado –dije.

–Sí, y ser respetado. ¿Por qué no?

–No hay ninguna razón para que no lo sea. Tiene derecho a ser respetado.

–Eso no tiene importancia. Pero allí, en mi tierra, se comprende que un hombre pueda amar a Dios. No es un chiste de mal gusto.

–Entiendo.

Me miró y sonrió.

–Usted entiende, pero no ama a Dios.

–No.

–¿No le ama en absoluto? –preguntó.

–A veces, durante la noche, le tengo miedo.

–Debería amarle.

–No soy muy propenso al amor.

–Sí –dijo–. Sí que lo es. Lo que me cuenta de las noches, eso no es amor. Eso no es más que pasión y lujuria. Cuando se ama, se quiere hacer algo por la otra persona. Uno quiere sacrificarse por ella. Se quiere servir.

–Es que no amo a nadie.

–Ya amará. Estoy seguro de que amará. Y entonces será feliz.

–Yo soy feliz. Siempre he sido feliz.

–Eso es distinto. No puede saber lo que es antes de tener la experiencia.

–Bueno –dije–. Si alguna vez me pasa ya se lo contaré.

–Me he quedado demasiado rato y he hablado demasiado.

Lo creía sinceramente y lo lamentaba.

–No. No se vaya. ¿Qué me dice del amor de las mujeres? Si estuviese realmente enamorado de una mujer, ¿sería lo mismo?

–Pues no lo sé. Nunca he estado enamorado de una mujer.

–¿Y su madre?

–Sí, debo haber amado a mi madre.

–¿Siempre ha amado a Dios?

–Siempre, desde que era niño.

–Vaya –dije. No sabía qué decir–. Es usted muy buen chico –dije.

–Soy un chico –dijo–. Pero usted me llama padre.

–Por cortesía.

Sonrió.

–Ahora sí que tengo que irme –dijo–. ¿De verdad no me necesita para nada? –preguntó con cierta esperanza.

–No. Sólo para charlar.

–Daré recuerdos de su parte a los de la mesa.

–Muchas gracias por haber traído tantos regalos.

–De nada.

–Vuelva otra vez.

–Sí. Adiós.

Me dio una palmadita en la mano.

–Hasta la vista –dije en dialecto.

–*Ciaou* –repitió.

La sala estaba a oscuras y el enfermero, que se había sentado al pie de la cama, se levantó y le acompañó hasta la puerta. Me era muy simpático y confiaba que algún día podría volver a los Abruzos. En el comedor de oficiales le hacían la vida imposible y él lo llevaba muy bien, pero pensé cómo sería en su propia tierra. Me había contado que en Capracotta había truchas en un riachuelo que corría un poco más abajo del pueblo. De noche estaba prohibido tocar la flauta. Cuando los mozos daban una serenata sólo la flauta estaba prohibida. ¿Por qué?, le había preguntado. Porque era malo para las mozas oír la flauta de noche. Todos los campesinos le llamaban a uno *Don* y se descubrían cuando uno pasaba por su lado. Su padre salía a cazar cada día y se paraba a comer en las casas de los campesinos. Ellos lo consideraban como un honor. Para que un forastero pudiera cazar tenía que presentar un certificado que demostrara que nunca había estado en la cárcel. Había osos en el Gran Sasso de Italia, pero eso quedaba lejos. Aquila era una población muy bonita. En verano de noche hacía fresco, y la primavera de los Abruzos era la más hermosa de toda Italia. Pero lo más estupendo era el otoño, cuando se podía cazar por los castañares. Todas las aves eran comestibles, porque se alimentaban de uva, y uno nunca tenía que llevarse almuerzo, porque los campesinos siempre se sentían muy honrados si se quería comer con ellos en sus casas. Al cabo de un rato me dormí.

CAPÍTULO XII

La sala era alargada, con ventanas en el lado derecho y una puerta en el fondo que daba a la sala de curas. La hilera en la que estaba mi cama daba enfrente de las ventanas, y otra hilera, bajo las ventanas, tenía enfrente la pared. Si uno se apoyaba en el costado izquierdo podía ver la puerta de la sala de curas. Al fondo había otra puerta por la que a veces entraban las visitas. Cuando alguien estaba a punto de morirse, ponían un biombo alrededor de la cama, para que los demás no le vieran morir, y sólo se distinguían los zapatos y las bandas de los médicos y de los enfermeros por debajo del biombo, y a veces, hacia el final, se les oía cuchichear. Luego el cura salía de detrás del biombo y más tarde los enfermeros volvían a meterse detrás del biombo para salir al cabo de poco llevando al muerto cubierto con una sábana por el pasillo que quedaba entre las camas y uno doblaba el biombo y se lo llevaba.

Aquella mañana el comandante que estaba de guardia en mi sala me preguntó si me sentía con ánimos para hacer un viaje al día siguiente. Le dije que sí. Entonces me dijo que me evacuarían a primera hora de la mañana. Dijo que era mejor a esta hora, antes de que hiciese demasiado calor.

Cuando me levantaban de la cama para llevarme a la sala de curas, podía mirar por la ventana y ver las nuevas tumbas del jardín. Un soldado estaba sentado junto a la puerta de este jardín, haciendo cruces de madera y pintando en ellas los nombres, la graduación y el regimiento de los hombres que estaban enterrados en el jardín. También hacía recados para los heridos de la sala, y en sus ratos libres me hizo un mechero con un cartucho vacío de fusil austríaco. Los médicos eran muy amables y parecían muy competentes. Querían enviarme lo antes posible a Milán, donde había mejores servicios de rayos X y en donde, después de la operación, podrían hacerme mecanoterapia. Yo también quería ir a Milán. Querían evacuarnos a todos tan lejos como fuera posible, porque una vez comenzase la ofensiva necesitarían todas las camas.

La noche antes de irme del hospital, Rinaldi fue a verme con el comandante de nuestra quinta. Me dijeron que me enviarían a un hospital americano de Milán que acababan de inaugurar. Iban a mandar más unidades de ambulancias americanas, y este hospital se ocuparía de ellas y de todos los americanos que estaban sirviendo en Italia. Había muchos en la Cruz Roja. Los Estados Unidos habían declarado la guerra a Alemania, pero no a Austria.

Los italianos estaban seguros de que los Estados Unidos también declararían la guerra a Austria, y se interesaban mucho por todos los americanos que llegaban, incluso los de la Cruz Roja. Me preguntaron si yo creía que el presidente Wilson declararía la guerra a Austria y les dije que era sólo una cuestión de días. No sabía qué es lo que teníamos contra Austria, pero parecía lógico que le declararan la guerra, una vez declarada con Alemania. Me preguntaron si declararíamos la guerra a Turquía. Dije que esto era dudoso. Dije que Turquía era nuestra ave nacional (1), pero el chiste era tan difícil de traducir y ellos se quedaron con un aire tan perplejo y receloso, que dije que sí, que probablemente declararíamos la guerra a Turquía. ¿Y a Bulgaria? Habíamos bebido varios vasos de coñac y dije que sí, qué diablo, a Bulgaria también, y al Japón. Pero, me dijeron, el Japón es un aliado de Inglaterra. Uno nunca puede fiarse de esos j... ingleses. Los japoneses quieren Hawaii, dije. ¿Dónde está Hawaii? En el océano Pacífico. ¿Y por qué lo quieren los japoneses? Bueno, no es que en el fondo se lo quieran quedar, dije. Es una manera de hablar. Los japoneses son unos hombrecillos estupendos, les encanta el baile y los vinos ligeros.

(1) Juego de palabras: *Turkey* significa Turquía y pavo. *(N. del T.)*

Igual que los franceses, dijo el comandante. A los franceses les quitaremos Niza y la Saboya. Reconquistaremos Córcega y toda la costa del Adriático, dijo Rinaldi. Italia conocerá de nuevo el esplendor de Roma, dijo el comandante. Roma no me gusta, dije. Hace calor y está lleno de moscas. ¿No le gusta Roma? Sí, me gusta Roma. Roma es la madre de las naciones. Nunca olvidaré a Rómulo mamando del Tíber. ¿Cómo? Nada. Vámonos todos a Roma. Vayámonos a Roma esta noche y no volvamos nunca más. Roma es una ciudad muy hermosa, dijo el comandante. La madre y el padre de las naciones, dije. Roma es femenino, dijo Rinaldi. No puede ser el padre. ¿Entonces quién es el padre? ¿El Espíritu Santo? No blasfemes. Yo no he blasfemado, he pedido una información. Estás borracho, bebé. ¿Quién me ha emborrachado? He sido yo el que lo ha emborrachado, dijo el comandante. Le he emborrachado porque le aprecio y porque los Estados Unidos han entrado en la guerra. Hasta la empuñadura, dije. Sales mañana por la mañana, bebé, dijo Rinaldi. Me voy a Roma, dije. No, a Milán. A Milán, dijo el comandante, al Crystal Palace, a la Cova, a Campari, a Biffi, a la Galleria. Un tipo con suerte. A la Gran Italia, dije, allí pediré dinero a George. A la Scala, dijo Rinaldi. Irás a la Scala. Todas las noches, dijo. No podrá soportarlo todas las noches, dijo el comandante.

Las entradas son muy caras. Firmaré una orden de pago a nombre de mi abuelo, dije. ¿Una qué? Una orden de pago. Si no paga, lo meten en la cárcel. Mr. Cunningham se ocupa de eso en el Banco. Yo vivo gracias a órdenes de pago. ¿Es posible que un abuelo pueda dejar que encierren en la cárcel a un nieto patriótico que muere para que Italia viva? ¡Viva el Garibaldi americano!, dijo Rinaldi. *Evviva* la orden de pago!, dije. Hay que hacer menos ruido, dijo el comandante. Ya nos han dicho muchas veces que hiciéramos menos ruido. ¿De veras se va mañana, Federico? Claro, se va a un hospital americano, dijo Rinaldi. Con unas enfermeras preciosas. Nada de enfermeros con barba, como en el hospital de campaña. Sí, sí, dijo el comandante, ya sé que le mandan al hospital americano. No me importan las barbas, dije. Si uno quiere dejarse la barba, que se la deje. ¿Por qué no se deja barba, *signor maggiore*? No podría ponerme la careta antigás. Sí, claro que sí. Dentro de una careta antigás cabe todo. Yo he vomitado en una careta antigás. No hables tan alto, bebé, dijo Rinaldi. Todos sabemos que has estado en el frente. ¡Oh, mi monada de bebé! ¿Qué voy a hacer cuando te hayas ido? Tenemos que irnos, dijo el comandante. Esto empieza a ponerse sentimental. Escucha, voy a darte una sorpresa. Tu inglesa. ¿Sabes? ¿La inglesa a la que ibas a ver todas las noches a su hospital? También la mandan a Milán. Se va con la otra al hospital americano. Aún no les han enviado enfermeras de los Estados Unidos. Hoy he hablado con el jefe de su *riparto*. Aquí en el frente tienen demasiadas mujeres. Y envían varias a la retaguardia. ¿Qué te parece eso, bebé? Está bien, ¿eh? Vas a vivir en una gran ciudad y tendrás a tu inglesa para que te dé besitos. ¿Por qué a mí no me hieren? A lo mejor te herirán, dije. Tenemos que irnos, dijo el comandante. Estamos bebiendo y haciendo ruido y molestamos a Federico. No se vayan. Sí, tenemos que irnos. Adiós. Buena suerte. Muchos recuerdos. *Ciaou. Ciaou. Ciaou.* Vuelve pronto, bebé. Rinaldi me dio un beso. Hueles a lisol. Adiós, bebé. Adiós. Muchos recuerdos. El comandante me dio unas palmadas en el hombro. Salieron de puntillas. Me di cuenta de que estaba completamente borracho, pero me dormí.

Al día siguiente por la mañana salimos en dirección a Milán, adonde llegamos después de cuarenta y ocho horas de viaje. El viaje fue muy pesado. Tuvimos que esperar bastante tiempo en un desviadero cerca de Mestre y los niños se acercaron para mirarnos. A uno de los niños le pedí que fuera a comprarme una botella de coñac, pero volvió diciendo que sólo había grapa. Le dije que me la trajera, y cuando volvió le regalé el cambio, y el soldado que estaba a mi lado y yo nos emborrachamos y dormimos hasta más allá de Vicenza; cuando me desperté, vomité. Pero no tenía mucha importancia porque mi vecino ya había vomitado antes varias veces. Luego creí que no podía resistir la sed y cuando estábamos en la estación de Verona llamé a un soldado que estaba montando guardia junto al tren, y me trajo un vaso de agua. Desperté a Georgetti, el que se había emborrachado conmigo, y le ofrecí un poco de agua. Me dijo que se la vertiera en el hombro y volvió a dormirse. El soldado no quiso aceptar la moneda que le ofrecí y me trajo una naranja muy jugosa. Sorbí todo el jugo y escupí la pulpa y estuve mirando al soldado que montaba guardia junto a un tren de mercancías, y al cabo de un rato el tren dio una sacudida y se puso en marcha.

LIBRO SEGUNDO

CAPÍTULO XIII

Llegamos a Milán a primera hora de la mañana y nos hicieron bajar en la estación de mercancías. Una ambulancia me condujo al hospital americano. Mientras iba en la ambulancia, tendido en una camilla, no sabía por qué parte de la ciudad estábamos pasando, pero cuando bajaron la camilla vi un mercado y una bodega abierta con una chica que estaba barriendo. Estaban regando la calle y todo olía a primera hora de la manaña. Dejaron la camilla en la puerta y entraron. Luego salieron acompañados del portero. Tenía unos bigotes grises, llevaba una gorra de portero e iba en mangas de camisa. La camilla no cabía en el ascensor y estuvieron discutiendo si era mejor sacarme de la camilla y subir en el ascensor o subir la camilla por la escalera. Les estuve escuchando discutir. Se decidieron por el ascensor. Me levantaron de la camilla.

—Despacito —dije—. Con cuidado.

En el ascensor íbamos apretujados y como tenía las piernas dobladas el dolor se hizo más vivo.

—Estiradme las piernas —dije.

—No podemos, *signor tenente.* No hay espacio.

El hombre que dijo esto me sujetaba por la cintura y yo le pasaba el brazo por el cuello. Su aliento me daba en plena cara, olía a ajo y a vino tinto.

—Con cuidado —dijo el otro hombre.

—¿Te crees que no voy con cuidado, hijo de puta?

—Te digo que vayas con cuidado —repitió el hombre que me sostenía los pies.

Vi que el portero cerraba primero las puertas del ascensor y luego la reja y que finalmente apretaba el botón del cuarto piso.

El portero parecía preocupado. El ascensor subía lentamente.

–¿Peso mucho? –pregunté al hombre que olía a ajo.

–No, nada –dijo.

Tenía la cara llena de sudor y refunfuñaba. El ascensor subió sin sacudidas y se detuvo. El que me sostenía los pies abrió la puerta y salió. Estábamos en una galería. Había varias puertas con tiradores de bronce. El que me llevaba los pies apretó un botón y sonó un timbre que oímos sonar al otro lado de las puertas. No salió nadie. Entonces apareció el portero que había subido por la escalera.

–¿Dónde se han metido? –preguntaron los camilleros.

–No lo sé –dijo el portero–. Duermen abajo.

–Ve a avisar a alguien.

El portero volvió a apretar el timbre, luego llamó con los nudillos en la puerta y por fin abrió la puerta y entró. Cuando volvió a salir iba acompañado por una mujer ya mayor que llevaba gafas. Llevaba el pelo suelto y un poco enmarañado y vestía uniforme de enfermera.

–No le entiendo –decía–, no entiendo el italiano.

–Yo hablo inglés –dije–. Quieren saber dónde pueden dejarme.

–No hay ningún cuarto preparado. Aún no esperábamos heridos.

Se arregló un poco el pelo mientras me miraba con sus ojos de miope.

–Dígales dónde pueden dejarme.

–Es que no sé –dijo–. Aún no esperábamos heridos. No hay ningún lugar disponible.

–Póngame en cualquier sitio –dije–. Y volviéndome hacia el portero, añadí en italiano–: Búsqueme un cuarto vacío.

–Todos están vacíos –dijo el portero–. Usted es el primer herido que llega.

Tenía la gorra entre las manos y miraba a la enfermera de edad madura.

–¿Quieren hacer el condenado favor de ponerme en algún sitio?

Al tener las piernas dobladas, el dolor iba en aumento y sentía unas fuertes punzadas en los huesos. El portero se metió por una puerta seguido de la mujer de cabellos grises, y en seguida volvieron a salir:

–Sígame –me dijo él.

Me llevaron por un largo pasillo hasta una habitación que tenía las persianas echadas. Olía a muebles nuevos. Había una cama y un armario grande con un espejo. Me tendieron en la cama.

–No puedo ponerle sábanas –dijo la mujer–. Las sábanas están en un armario cerrado.

Yo no le dirigí la palabra.

–En mi bolsillo hay dinero –dije al portero–. En el bolsillo de abajo que está abrochado.

El portero sacó el dinero. Los dos camilleros estaban de pie junto a la cama, con las gorras en la mano.

–Déles cinco liras a cada uno y quédese cinco más para usted. Mis papeles están en el otro bolsillo. Déselos a la enfermera.

Los camilleros saludaron y me dieron las gracias.

–Adiós –dije–. Y muchas gracias.

Volvieron a saludar y se fueron.

–Estos papeles –dije a la enfermera– describen mi caso y el tratamiento que he seguido hasta ahora.

La mujer los cogió y los examinó a través de sus gafas. Había tres hojas y estaban dobladas.

–No sé qué hacer –dijo–. No entiendo italiano. No puedo hacer nada sin órdenes del doctor. –Se puso a llorar y guardó los papeles en el bolsillo de su delantal–. ¿Es usted americano? –preguntó sin dejar de llorar.

–Sí. Por favor, deje los papeles en la mesilla de noche.

La habitación era oscura y fresca. Tendido en la cama podía ver el enorme espejo que había en el otro extremo de la habitación, pero no lo que él reflejaba. El portero seguía de pie, junto a la cama. Tenía una cara simpática y era muy amable.

–Ya puede irse –le dije–. Usted también puede irse –le dije a la enfermera–. ¿Cómo se llama?

–Mrs. Walker.

–Ya puede irse, Mrs. Walker. Me parece que voy a dormir un poco.

Me quedé solo en la habitación. Se estaba fresco y no olía a hospital. El colchón era sólido y cómodo y permanecí echado sin moverme, apenas sin respirar, sintiéndome feliz al notar que el dolor iba menguando. Al cabo de un rato quise beber agua y encontré el cordón de un timpre al lado de la cama y apreté el botón, pero nadie acudió. Me dormí.

Cuando me desperté, miré a mi alrededor. La luz del sol se filtraba a través de las persianas. Vi el gran armario, las paredes desnudas y las dos sillas. Mis piernas, envueltas en sucios vendajes, asomaban de la cama, rígidas. Procuraba no moverlas. Tenía sed, alargué la mano hacia el timbre y apreté el botón.

Oí que se abría la puerta, miré y vi a una enfermera. Era joven y guapa.

–Buenos días –dije.

–Buenos días –dijo, y se acercó a la cama–. Aún no hemos podido hablar con el doctor. Está en el lago de Como. Nadie sabía que iban a mandarnos a alguien. Y, a propósito, ¿qué le ocurre a usted?

–Herido. Las piernas, los pies y la cabeza.

–¿Cómo se llama?

–Henry, Frederic Henry.

–Voy a lavarle. Pero no podemos tocarle el vendaje hasta que venga el doctor.

–¿Está aquí Miss Barkley?

–No. Aquí no hay nadie que se llame así.

–¿Quién era la mujer que se puso a llorar cuando me trajeron?

La enfermera se echó a reír.

–Era Mrs. Walker. Estaba de servicio de noche y se había dormido. No esperaba a nadie.

Mientras hablábamos me iba desvistiendo y cuando estuve desnudo, sin más que los vendajes, me lavó con mucha suavidad y delicadeza. El lavado me sentó muy bien. Tenía la cabeza vendada y ella me lavó siguiendo el contorno de las vendas.

–¿Dónde le hirieron?

–En el Isonzo, al norte de Plava.

–¿Y eso dónde está?

–Al norte de Gorizia.

Vi que ninguno de estos nombre le decía nada.

–¿Le duele mucho?

–No. Ahora no mucho.

Me puso un termómetro en la boca.

–Los italianos lo ponen en el sobaco –dije.

–No hable.

Cuando me sacó el termómetro, lo miró y luego lo sacudió.

–¿Qué temperatura tengo?

–En principio no debería usted saberlo.

–Pero dígamelo.

–Es casi normal.

–Nunca tengo fiebre. También tengo las piernas llenas de chatarra.

–¿Qué quiere decir?

–Que las tengo llenas de fragmentos de bomba, clavos viejos, muelles de sommier y cosas así.

Meneó la cabeza y sonrió.

–Si tuviese cuerpos extraños en las piernas le hubieran producido una inflamación y tendría fiebre.

–Bueno, bueno –dije–. Ya veremos lo que sale.

Salió de la habitación y volvió con la enfermera vieja de la madrugada anterior. Entre las dos me hicieron la cama sin hacerme levantar. Esto era nuevo para mí y me pareció un sistema estupendo.

–¿Quién manda en el hospital?

–Miss Van Campen.

–¿Cuántas enfermeras hay?

–Sólo nosotras dos.

–¿No habrá más?

–Sí, mandarán más.

–¿Cuándo llegarán?

–No lo sé. Pregunta usted demasiadas cosas para ser un enfermo.

–Yo no soy un enfermo –dije–, soy un herido.

Habían terminado de hacerme la cama y ahora estaba echado sobre una sábana limpia y lisa y tenía otra sábana encima. Mrs. Walker salió y volvió con una chaqueta de pijama. Me la pusieron y me sentí muy limpio y vestido.

–Son muy buenas conmigo –dije. La enfermera que se llamaba Miss Gage emitió una risita–. ¿Podrían traerme un vaso de agua? –pregunté.

–Claro. Y luego puede desayunar.

–No quiero desayunar. ¿Pueden abrirme las persianas, por favor?

El cuarto había estado en la penumbra y al abrir las persianas quedó inundado por la luz del sol y miré por la ventana y vi un balcón y más lejos los tejados de las casas y unas chimeneas. Más allá de los tejados había nubes blancas y un cielo muy azul.

–¿No saben cuándo llegarán las otras enfermeras?

–¿Por qué lo pregunta? ¿No le cuidamos bien?

–¡Oh, sí! Se portan muy bien conmigo.

–¿Quiere que le traiga la silleta?

–Probaré.

Me ayudaron a incorporarme, pero fue inútil. Luego volví a echarme y miré hacia el balcón abierto.

–¿Cuándo vendrá el doctor?

–Cuando vuelva. Ya hemos intentado telefonearle al lago de Como.

–¿No hay otros médicos?

–Él es el médico del hospital.

Miss Gage trajo un jarro de agua y un vaso. Bebí tres vasos y luego las enfermeras se fueron y yo miré por la ventana un rato y me dormí. Comí un poco y a primera hora de la tarde Miss Van Campen, la directora, vino a verme. No me fue simpática y yo tampoco le fui simpático a ella. Era pequeña, claramente recelosa y se daba muchos humos. Me hizo muchas preguntas y pareció pensar que había algo deshonroso en el hecho de que yo sirviera en el ejército italiano.

–¿Puedo beber vino en las comidas? –le pregunté.

–Unicamente si el doctor lo ordena.

–¿Pueden darme hasta que venga?

–Completamente imposible.

–¿Han previsto la posibilidad de hacerle venir un día u otro?

–Le hemos telefoneado al lago de Como.

Se fue y volvió Miss Gage.

–¿Por qué ha sido tan grosero con Miss Van Campen? –preguntó, después de haberme prestado algunos cuidados con mucha eficacia.

–No tenía ninguna intención de ser grosero. Pero tiene demasiados humos.

–Me ha dicho que es usted un mandón y un grosero.

–No es verdad. Pero ¿dónde se ha visto un hospital sin médico?

–No tardará mucho. Le han telefoneado al lago de Como.

–¿Y qué hace allí? ¿Practicar la natación?

–No. Tiene una clínica.

–¿Y por qué no se buscan otro médico?

–Vamos, vamos... Sea buen chico, que vendrá en seguida.

Mandé subir al portero y le dije en italiano que fuera a comprarme una botella de Cinzano a la bodega, un *fiasco* de chianti y los diarios de la noche. Se fue y trajó las botellas envueltas en periódicos, las desenvolvió y entonces le pedí que las descorchara y que dejara el vino y el vermut debajo de la cama. Me quedé solo y estuve leyendo un rato los periódicos, las noticias del frente y la lista de oficiales muertos con sus condecoraciones, y luego me agaché para coger la botella de Cinzano y me la puse de pie sobre el estómago, sintiendo el vidrio frío en el estómago, y bebí unos sorbos, haciéndome unos círculos en el estómago cada vez que apoyaba la botella allí entre trago y trago, y viendo cómo fuera iba oscureciendo sobre los tejados de la ciudad. Las golondrinas volaban describiendo círculos y estuve contemplándolas, y a los halcones volando sobre los tejados, mientras bebía el Cinzano. Miss Gage me trajo un vaso con un poco de caldo de la reina. Cuando entró en el cuarto oculté la botella de vermut en el otro lado de la cama.

–Miss Van Campen le ha puesto un poco de jerez –dijo–. No

debería ser grosero con ella. Ya no es joven y este hospital representa una responsabilidad muy pesada. Mrs. Walker es demasiado vieja y no le sirve para casi nada.

–Es una mujer admirable –dije–. Déle muchas gracias en mi nombre.

–En seguida le traeré la cena.

–Muy bien –dije–. No tengo hambre.

Cuando trajo la bandeja y la dejó sobre la mesilla de ruedas, le di las gracias y piqué algo de la cena. Luego vi que afuera había oscurecido por completo y distinguí los haces de luz de los proyectores escudriñando el cielo. Estuve mirándolos durante un rato y luego me dormí. Dormí profundamente, sólo me desperté una vez sudando y asustado, y luego volví a dormirme, tratando de escapar a mi sueño. Me desperté del todo mucho antes de que amaneciera y oí que cantaban los gallos, y seguí despierto hasta que rompió el alba. Estaba cansado y cuando había ya mucha luz volví a dormirme.

CAPÍTULO XIV

Cuando me desperté el sol entraba a raudales en la habitación. Creí que estaba de vuelta en el frente y me desperecé en la cama. Sentí un dolor en las piernas y al mirarlas, todavía envueltas en vendajes sucios, recordé donde estaba. Alargué la mano hacia el cordón del timbre y apreté el botón. Oí el zumbido del timbre en el pasillo y luego alguien que se acercaba arrastrando unas suelas de caucho. Era Miss Gage, y a plena luz del sol me pareció menos joven y no tan guapa.

–Buenos días –dijo–. ¿Ha pasado bien la noche?

–Sí, gracias, muy bien –dije–. ¿Podrían afeitarme?

–Hace un rato entré en el cuarto y estaba usted durmiendo, con eso al lado de la cama.

Abrió la puerta del armario y me enseñó la botella de vermut. Estaba casi vacía.

–La otra botella que había debajo de la cama también la he puesto aquí –dijo–. ¿Por qué no me pidió un vaso?
–Pensé que a lo mejor me diría que no.
–Hubiésemos tomado un trago juntos.
–Es usted buena chica.
–No es bueno que beba solo –dijo–. No vuelva a hacerlo.
–De acuerdo.
–Ha llegado su amiga, Miss Barkley –dijo.
–¿De veras?
–Sí. No me es simpática.
–Ya la encontrará simpática. Es estupenda.
Meneó la cabeza.
–Estoy segura de que lo es. ¿Quiere ponerse un poco hacia este lado? Ya vale. Voy a lavarle para el desayuno.
Me lavó con un paño, jabón y agua caliente.
–Levante más el hombro –dijo–. Muy bien.
–¿Pueden avisar al barbero antes de traerme el desayuno?
–Diré al portero que vaya a buscarle. –Salió y volvió en seguida–. Ya ha ido a avisarle –dijo.
Y metió el paño que tenía en la mano dentro de la palangana llena de agua.
El barbero vino acompañado por el portero. Era un hombre de unos cincuenta años, con las guías del bigote levantadas. Miss Gage había terminado conmigo y se fue y el barbero me enjabonó la cara y empezó a afeitarme. Ponía una cara muy seria y parecía negarse decididamente a hablar.
–¿Qué le pasa? ¿No sabe ninguna noticia? –pregunté.
–¿Qué noticias?
–Cualquiera. ¿Qué pasa por la ciudad?
–Estamos en guerra –dijo–. El enemigo tiene oídos por todas partes.
Levanté los ojos hacia él.
–Por favor, estésе quieto –dijo. Y siguió afeitándome–. No le diré nada.
–¿Pero qué le pasa? –pregunté.
–Soy italiano. No quiero tratos con el enemigo.

No volví a insistir. Si estaba loco, cuanto antes dejara de tenerme bajo su navaja, mejor. Sólo una vez traté de mirarle cara a cara.

—Cuidado —dijo—. La navaja está bien afilada.

Cuando hubo terminado le pagué y le di media lira de propina. Me devolvió las monedas.

—No quiero su dinero. No estoy en el frente. Pero soy italiano.

—Largo de aquí y váyase al diablo.

—Con su permiso —dijo.

Envolvió sus navajas en un periódico. Salió dejando las cinco monedas de cobre sobre la mesita de noche. Toqué el timbre. Acudió Miss Gage.

—Por favor, diga al portero que suba.

—Muy bien.

El portero entró. Hacía esfuerzos por contener la risa.

—¿Está loco este barbero?

—No, *signorino.* Lo que pasa es que no me ha comprendido bien. Es un poco duro de entendederas y se ha creído que yo le decía que usted era un oficial austríaco.

—¡Vaya, hombre! —dije.

El portero se echó a reír.

—¡Jo, jo, jo! ¡Qué gracia! Ahora me decía que si hubiera hecho usted un movimiento, le hubiese... —Se pasó el dedo índice por el cuello—. ¡Jo, jo, jo! —Hacía esfuerzos por dejar de reír—. Cuando le he dicho que no era usted austríaco... ¡Jo, jo, jo!

—¡Jo, jo, jo! —dije yo amargamente—. ¡Qué divertido si me hubiera cortado el cuello! ¡Jo, jo, jo!

—No, *signorino.* No, no. Tenía tanto miedo de un austríaco. ¡Jo, jo, jo!

—¡Jo, jo, jo,! —dije—. ¡Largo de aquí!

Salió y oí que por el pasillo seguía riéndose. Oí que alguien se acercaba. Miré hacia la puerta. Era Catherine Barkley.

Entró en el cuarto y se acercó a la cama.

—Hola, cariño —dijo.

Me pareció sana, joven y muy hermosa. Pensé que nunca había visto a una mujer tan hermosa.

—Hola —dije.

Cuando la vi me di cuenta de que estaba enamorado de ella. Todo lo que había dentro de mí se me revolvió. Miró hacia la puerta, vio que no había nadie y se sentó en el borde de la cama y se inclinó sobre mí para besarme. La atraje hacia mí y la besé y sentí latir su corazón.

–Amor mío –dije–, ¡qué buena has sido al venir!

–No ha sido muy difícil. Lo difícil sería quedarse.

–Te quedarás –dije–. ¡Oh, eres maravillosa!

Estaba loco por ella. No acababa de creer que estaba allí de verdad y la estrechaba con fuerza entre mis brazos.

–No, no –dijo–. Todavía no estás bien.

–Sí que lo estoy. Anda...

–No, aún no estás repuesto del todo.

–Te digo que sí. Sí. Por favor.

–¿Me quieres?

–Claro que te quiero. Estoy loco por ti. Anda, por favor.

–¿Oyes cómo laten nuestros corazones?

–¡A mí qué me importan ahora nuestros corazones! Te necesito a ti. Estoy loco por ti.

–¿De verdad me quieres?

–No vuelvas a decirme eso. Anda. Por favor, por favor, Catherine.

–Bueno, pero sólo un minuto.

–De acuerdo –dije–. Cierra la puerta.

–No puedes... No deberías...

–Ven. No hables. Por favor, ven.

Catherine se sentó en una silla junto a la cama. La puerta que daba al pasillo estaba abierta. Una vez desaparecida la brutalidad, me sentí mejor de lo que nunca me había sentido. Ella me preguntó:

–¿Y ahora crees que te quiero?

–¡Oh, eres adorable! –dije–. Tienes que quedarte. No pueden mandarte a otro sitio. Estoy locamente enamorado de ti.

–Tendremos que ir con muchísimo cuidado. Esto ha sido una locura. No podemos hacerlo.

–Sí que podemos, de noche.

–Tendremos que tener muchísimo cuidado. Tendrás que disimular delante de la gente.

–Lo haré.

–Tendrás que hacerlo a la fuerza. Eres muy bueno. Me quieres, ¿verdad?

–No vuelvas a preguntarlo. No sabes el efecto que me hace.

–Entonces iré con cuidado. No quiero causarte ningún mal efecto. Ahora tengo que irme, cariño, de veras.

–Vuelve en seguida.

–Volveré cuando pueda.

–Adiós.

–Adiós, amor mío.

Se fue. Dios sabe que yo no quería enamorarme de ella. No quería enamorarme de nadie. Pero bien sabe Dios también que me había enamorado y que estaba en la cama de un cuarto de hospital en Milán, y me andaban por la cabeza toda clase de cosas y por fin entró Miss Gage.

–El doctor está en camino –dijo–. Ha telefoneado desde el lago de Como.

–¿Cuándo llegará?

–Estará aquí esta tarde.

CAPÍTULO XV

Hasta la tarde no ocurrió nada. El médico era un hombrecillo delgado y silencioso que parecía desconcertado por la guerra. Con un aire de sutil y refinado fastidio, me sacó de los muslos un cierto número de pedacitos de acero. Utilizó un anestésico local que se llamaba «nieve» no sé qué más, y que congelaba el tejido y suprimía el dolor hasta que la sonda, el escalpelo o las pinzas traspasaban la zona insensibilizada. La parte anestesiada era fácil de determinar por el paciente, y al cabo de un rato la frágil delicadeza del médico se agotó y dijo que era mejor hacer una radiografía. El sondeo no bastaba.

Las radiografías me las hicieron en el Ospedale Maggiore, y el médico que se encargó de ello era nervioso, eficiente y lleno de vivacidad. El aparato estaba dispuesto de forma que el paciente, levantando los hombros, pudiera ver por sí mismo algunos de los cuerpos extraños más grandes a través de la pantalla. Los clisés nos los enviarían. El médico me pidió que escribiera en su carnet de notas mi nombre, mi regimiento y alguna frase para él. Dijo que los cuerpos extraños eran feos, repugnantes, brutales. Los austríacos eran hijos de perra. ¿Cuántos había matado? Yo no había matado a ninguno, pero como estaba deseoso de complacerle, dije que había matado a muchos. Miss Gage estaba conmigo y el médico le pasó el brazo por la cintura y dijo que era más hermosa que Cleopatra. ¿Le había comprendido? Cleopatra, la antigua reina de Egipto. Sí, palabra que lo era. Volvimos al pequeño hospital en la ambulancia, y al cabo de un rato y de mucha ascensión, volví a encontrarme en mi cuarto y metido en la cama otra vez. Los clisés llegaron aquella tarde, el médico había dicho que palabra que aquella tarde estarían, y estuvieron. Catherine Barkley me los enseñó. Iban dentro de unos sobres rojos y los sacó de los sobres y los puso a contraluz y los dos los miramos.

–Ésta es tu pierna derecha –dijo. Luego volvió a guardar el clisé dentro del sobre–. Y ésta es la izquierda.

–Ponlos por ahí –le dije– y ven a sentarte en la cama.

–No puedo –dijo–. Sólo he venido un momento para enseñártelos.

Se fue y me quedé solo, tendido allí. Era una tarde calurosa y yo ya estaba harto de tanto estar en la cama. Mandé al portero a comprar periódicos, todos los periódicos que pudiera encontrar.

Antes de que volviese entraron tres médicos en mi habitación. He observado que los médicos que fracasan en el ejercicio de la medicina tienen la tendencia a buscar la compañía y la ayuda de otros, y a reunirse en consulta. Un médico que no acierta a extraerle a uno debidamente el apéndice, nos recomendará a otro que será incapaz de sacarnos las amígdalas con éxito. Así eran los tres médicos aquellos.

–Aquí tienen al joven –dijo el médico del hospital de las manos delicadas.

–¿Cómo se encuentra? –preguntó el médico alto, flaco y con barba.

El tercer médico, que llevaba las radiografías dentro de los sobres rojos, no dijo nada.

–¿Quitamos el vendaje? –preguntó después el médico barbudo.

–Desde luego. Por favor, enfermera, quite los vendajes –dijo el médico del hospital a Miss Gage.

Miss Gage deshizo los vendajes. Me miré las piernas. En el hospital de campaña parecían hamburguesas no demasiado frescas. Ahora estaban llenas de costras y la rodilla estaba hinchada y descolorida y en el lugar de la pantorrilla había un hueco, pero no había pus.

–Muy limpio –dijo el médico del hospital–. Muy limpio y bonito.

–Hum –dijo el médico de la barba.

El tercer médico miraba por encima del hombro del médico del hospital.

–Por favor, mueva la rodilla –dijo el médico de la barba.

–No puedo.

–¿Probamos la articulación? –preguntó el médico de la barba. En la manga llevaba un galón además de las tres estrellas. Aquello indicaba que tenía el grado de primer capitán.

–Sí, desde luego –dijo el médico del hospital.

Dos de ellos cogieron mi pierna derecha muy cuidadosamente y la doblaron.

–Me hacen daño –dije.

–Sí, sí. Un poco más, doctor.

–Ya basta. No se puede más –dije.

–Articulación parcial –dijo el primer capitán. Se irguió–. ¿Podría volver a ver las radiografías, por favor, doctor?

El tercer médico le tendió una de las radiografías.

–No. La pierna izquierda, por favor.

–Ésta es la pierna izquierda, doctor.

–Tiene usted razón. La estaba mirando desde un ángulo diferente.

Devolvió la radiografía. La otra la examinó durante unos momentos.

–¿Se ha fijado, doctor?

Señalaba uno de los cuerpos extraños que aparecía en su forma esférica muy nítidamente a contraluz. Examinaron la radiografía durante unos minutos.

–Sólo puedo decir una cosa –dijo el primer capitán de la barba–. Es una cuestión de tiempo. Tres meses, probablemente seis.

–Evidentemente hay que dejar que la sinovia vuelva a formarse.

–Evidentemente. Es una cuestión de tiempo. En conciencia yo no podría abrir una rodilla como ésta antes de que el proyectil se haya enquistado.

–Estoy de acuerdo con usted, doctor.

–Seis meses, ¿para qué? –pregunté.

–Seis meses para que el proyectil se enquiste antes de que la rodilla pueda operarse con toda seguridad.

–No me lo creo –dije.

–¿Quiere usted salvar su rodilla, joven?

–No –dije.

–¿Cómo?

–Quiero que me la corten –dije–, así podré llevar un garfio.

–¿Qué quiere decir? ¿Un garfio?

–Está bromeando –dijo el médico del hospital. Me dio unas palmadas en el hombro con mucha delicadeza–. Quiere salvar su rodilla. Es un joven muy valiente. Ha sido propuesto para la medalla de plata del valor.

–Le felicito –dijo el primer capitán. Me estrechó la mano–. Lo único que puedo decir es que, si quiere usted tener plenas seguridades de éxito, tiene que esperar por lo menos seis meses antes de que le operen una rodilla así. Naturalmente, es usted muy libre de manifestar otra opinión.

–Muchísimas gracias –dije–. Aprecio el valor de su opinión.

El primer capitán consultó su reloj.

–Tenemos que irnos –dijo–. Le deseo suerte.

–Lo mismo digo y muchas gracias –dije.

Estreché la mano del tercer médico, *capitano* Varini..., *tenente* Enry, y los tres salieron de la habitación.

–Miss Gage –llamé. Cuando entró le dije–: Por favor, diga al médico del hospital que vuelva un minuto.

Entró llevando la gorra en la mano y se detuvo junto a mi cama.

–Me han dicho que quería verme.

–Sí. No puedo esperar seis meses para que me operen. Dios mío, doctor, ¿ha estado usted alguna vez seis meses en cama?

–No es necesario que esté todo el tiempo en cama. Primero tendrá que tomar baños de sol en las piernas. Y luego podrá andar con muletas.

–¿Durante seis meses y luego que me operen?

–Éste es el sistema seguro. Hay que dejar que los cuerpos extraños se enquisten y que el humor sinovial vuelva a formarse. Entonces se podrá operar la rodilla con todas las garantías.

–¿De verdad cree usted que tengo que esperar tanto?

–Éste es el sistema seguro.

–¿Quién es ese primer capitán?

–Es un cirujano muy bueno de Milán.

–¿Es primer capitán, no?

–Sí, pero es un excelente cirujano.

–No quiero que un primer capitán haga picadillo con mi pierna. Si fuera tan bueno ya sería comandante. Ya sé lo que es un primer capitán, doctor.

–Es un cirujano excelente y yo le haría más caso que a cualquier otro cirujano de los que conozco.

–¿Podría verme otro cirujano?

–Si quiere, desde luego. Pero yo seguiré la opinión del doctor Barella.

–¿Podría pedir a otro cirujano que viniera a verme?

–Llamaré a Valentini.

–¿Quién es?

–Es un cirujano del Ospedale Maggiore.

–Bien. Se lo agradeceré mucho. Compréndalo, doctor, no puedo pasarme seis meses en cama.

–No estaría usted en cama. Primero haría una cura de sol. Luego podría hacer un poco de ejercicio. Y más adelante, cuando todo estuviese enquistado, operaríamos.

–Pero no puedo esperar seis meses.

El médico extendió sus delicados dedos sobre la gorra que tenía en la mano y sonrió.

–¿Tanta prisa tiene por volver al frente?

–¿Por qué no?

–Es un rasgo que le honra –dijo–. Es usted un hombre cabal.

Se inclinó y me besó muy delicadamente en la frente.

–Llamaré a Valentini –añadió–. No se preocupe ni se ponga nervioso. Sea buen chico.

–¿Quiere tomar un trago? –pregunté.

–No, gracias. Nunca bebo alcohol.

–Solamente uno.

Llamé para que el portero trajera vasos.

–No. Gracias. Me están esperando.

–Adiós –dije.

–Adiós.

Dos horas más tarde el doctor Valentini entraba en mi habitación. Tenía mucha prisa y las guías de sus bigotes estaban erectas. Era comandante, su cara estaba curtida y se reía sin cesar.

–¿Cómo diablos se hizo eso tan feo? –preguntó–. Déjeme ver las radiografías. Sí. Sí. Eso es. Tiene cara de rebosar salud. ¿Quién es esa chica tan mona? ¿Es su novia? Me lo suponía. ¡Qué guerra más j..., eh! ¿Le hago daño? Es usted buen chico. Le voy a dejar mejor que nuevo. ¿Le duele? Apuesto a que le duele. Esos médicos, ¡cómo disfrutan haciendo daño, eh! ¿Qué tratamiento le han hecho hasta ahora? ¿Sabe hablar italiano la chica? Debería aprender. Qué chica más mona. Yo podría enseñarle. Si pudiera ser paciente en este hospital... No, pero yo me encargo de que el parto les salga gratis. ¿Entiende ella eso? Le dará un chico estupendo. O una niña rubia, muy mona, igual que ella. Eso es. Perfecto. ¡Qué chica más guapa! Pregúntele si quiere cenar conmigo. No, no se la quitaré. Gracias. Muchísimas gracias, miss. Eso es todo. Eso es todo lo que necesitaba saber. –Me dio una palmada en el hombro–. No vuelva a hacer un vendaje.

–¿Quiere tomar un trago, doctor Valentini?

–¿Un trago? Naturalmente. Y diez tragos. ¿Dónde están?

–En el armario. Miss Barkley sacará la botella.

–A su salud. A su salud, miss. ¡Qué chica más mona! Ya le traeré un coñac mejor que éste.

Se secó el bigote.

–¿Cuándo cree usted que se podrá operar?

–Mañana por la mañana. Antes, no. Tiene que tener el estómago vacío. Hay que purgarle. Hablaré con la vieja de abajo y le daré instrucciones. Adiós. Hasta mañana. Ya le traeré un coñac mejor que éste. Está usted muy bien instalado aquí. Adiós. Hasta mañana. Que duerma bien. Le veré temprano.

Saludó con la mano desde la puerta, sus bigotes estaban erectos, su cara morena sonreía. Llevaba una estrella en la manga porque era comandante.

CAPÍTULO XVI

Aquella noche entró un murciélago en el cuarto por la puerta abierta que daba al balcón y desde el que, de noche, contemplábamos los tejados de la ciudad. Nuestra habitación estaba completamente a oscuras, exceptuando la débil luz de la noche sobre la ciudad, y el murciélago no estaba asustado, sino que cazaba en el cuarto como si hubiera estado fuera. Nosotros le mirábamos desde la cama y no creo que nos viera porque estábamos muy quietos. Una vez se hubo ido, miramos el haz de luz de los proyectores y vimos cómo el resplandor se movía de un lado a otro del cielo y luego desaparecía y volvía a quedar todo a oscuras. Se levantó viento en la noche y oímos a los hombres de la defensa antiaérea que estaban charlando en el tejado vecino. Estaba refrescando y se estaban poniendo los capotes. Durante la noche yo estuve intranquilo pensando que alguien podía sorprendernos, Pero Catherine decía que todo el mundo dormía. Una vez nos dormimos, y cuando me desperté ella ya no estaba a mi lado, pero la oí ir y venir por el pasillo y la puerta se abrió y volvió a la cama y dijo que todo iba bien, que había ido abajo y que todos dormían. Se había acercado a la puerta de Miss Van Campen y la había oído respirar tranquilamente, dormida. Trajo unas galletas y nos las comimos y bebimos un poco de vermut. Teníamos mucha hambre, pero ella me dijo que por la mañana tendrían que dejarme limpio el estómago. Volví a dormirme al amanecer, cuando empezaba a clarear, y cuando me desperté vi que ella se había vuelto a ir. Entró de nuevo en el cuarto, con un aire fresco y delicioso y se sentó en la cama y salió el sol mientras yo tenía el termómetro en la boca, y aspirábamos el olor a rocío de los tejados y luego el del café de los artilleros del tejado vecino.

–Me gustaría tanto que pudiéramos dar un paseo –dijo Catherine–. Si tuviese un sillón de ruedas, te empujaría y nos iríamos por ahí.

–¿Cómo podría sentarme en el sillón?

–Ya nos arreglaríamos.

–Podríamos ir al parque y desayunar al aire libre.

Miré por la puerta abierta.

–De momento lo que vamos a hacer es prepararte para tu amigo el doctor Valentini.

–Es un tipo estupendo.

–A mí no me gustó tanto como a ti, pero me imagino que es muy bueno.

–Vuelve a la cama, Catherine, por favor –dije.

–Ahora no puedo. ¿No hemos pasado una buena noche?

–¿Estarás de guardia esta noche?

–Probablemente sí. Pero no me necesitarás.

–¡Oh, sí!

–No. Nunca te han operado. No sabes cómo vas a encontrarte.

–Me encontraré perfectamente.

–Te encontrarás mal y no querrás saber nada de mí.

–Entonces vuelve a la cama ahora.

–No –dijo ella–. Tengo que hacer el cuadro de temperaturas, cariño, y luego prepararte para la operación.

–Si me quisieras de verdad volverías conmigo.

–No seas tonto –me dio un beso–. Las temperaturas van bien, siguen siendo normales. Tienes una temperatura estupenda.

–Tú sí que eres toda estupenda.

–¡Oh, no! Eres tú el de la temperatura estupenda. No sabes lo orgullosa que estoy de tu temperatura.

–A lo mejor todos nuestros hijos tienen temperaturas muy buenas.

–Probablemente nuestros hijos tendrán temperaturas horribles.

–¿Qué tienes que hacer para prepararme para Valentini?

–No mucho. Pero es bastante desagradable.

–Pues no quiero que lo hagas.

–Yo sí quiero hacerlo. No quiero que nadie más te toque. Ya sé que es una tontería. Pero me pongo furiosa si alguna de ellas te toca.

–¿Incluso Ferguson?

–Sobre todo Ferguson y Gage y la otra, ¿cómo se llama?

–¿Walker?

–Eso. Ahora aquí hay demasiadas enfermeras. Si no nos mandan más pacientes, nos enviarán a otros sitios. Ya somos cuatro.

–Llegarán más heridos. Aquí se necesitan muchas enfermeras. Es un hospital muy grande.

–Confío en que vengan más. ¿Qué voy a hacer si me mandan a otro sitio? Y lo harán si no tenemos más pacientes.

–Pues yo también me iré.

–No seas tonto. Tú aún no puedes irte. Pero ponte bueno aprisa, cariño, y los dos nos iremos a alguna parte.

–¿Y luego qué?

–Tal vez la guerra ya se haya acabado. No puede durar siempre.

–Me pondré bueno –dije–. Valentini me dejará como nuevo.

–Estoy segura. ¡Con esos bigotes que lleva! Y oye, cariño, cuando te den el éter piensa en algo diferente..., no pienses en nosotros. Porque uno se pone muy charlatán bajo el efecto de la anestesia.

–¿En qué tengo que pensar?

–En cualquier cosa. En cualquier cosa menos en nosotros. Piensa en tu familia. O en cualquier otra chica, si quieres.

–No.

–Entonces di unas oraciones. Esto causaría muy buena impresión.

–A lo mejor no digo nada.

–Es verdad. Muchas veces no se habla.

–Pues yo no hablaré.

–No lo digas tan seguro, cariño. Por favor, no hagas el fanfarrón. Eres muy bueno y no tienes que hacer el fanfarrón.

–No diré ni una palabra.

–Ahora estás fanfarroneando, cariño. Ya sabes que no necesitas fanfarronear. Cuando te digan que respires hondo, empieza a decir unas oraciones o a recitar algo de poesía. Así serás un buen chico y yo estaré muy orgullosa de ti. De todos modos estoy muy orgullosa de ti. Tienes una temperatura tan estupenda y duermes como un niño pequeño, abrazado a la almohada, como si fuera yo... ¿O crees que es otra chica? ¿Alguna chica italiana, de esas tan guapas?

–Eres tú.

–Claro que soy yo. Te quiero mucho y Valentini va a dejarte la pierna como nueva. Me alegro de no tener que verlo.

–Pero esta noche estarás de guardia.

–Sí. Pero a ti te dará lo mismo.

–Ya veremos.

–Bueno, cariño. Ahora ya estás limpio por dentro y por fuera. Dime una cosa. ¿A cuántas mujeres has querido?

–A ninguna.

–¿Ni siquiera a mí?

–Sí, a ti sí.

–¿Y a cuántas más?

–A ninguna.

–¿Y con cuántas...? ¿Cómo lo dices...? ¿Con cuántas has estado?

–Con ninguna.

–Me estás mintiendo.

–Sí.

–Bueno. Pues sigue mintiéndome. Esto es lo que quiero que hagas. ¿Eran atractivas?

–Nunca he estado con ninguna.

–Bueno. ¿Eran de verdad muy atractivas?

–No sé nada de eso.

–Sólo eres mío. Ésa es la verdad y nunca has pertenecido a ninguna otra. Pero no me importa si no ha sido así. No les tengo miedo. Pero no me hables de ellas. Cuando un hombre está con una chica, ¿cuándo es que ella le dice el precio?

–No lo sé.

–No, claro. ¿Le dice ella que le quiere? Dime eso. Quiero saberlo.

–Sí. Si él quiere que se lo diga.

–¿Y él? ¿Le dice que la quiere? Dime eso, por favor. Es importante.

–Si quiere decírselo, se lo dice.

–Pero tú nunca lo has dicho, ¿verdad?

–No.

–¿De veras? Dime la verdad.

–No –mentí.

–Claro que no –dijo–, ya sabía que nunca lo habías dicho. ¡Oh, te quiero, amor mío!

Fuera, el sol estaba ya sobre los tejados y yo podía ver las flechas de la catedral iluminadas por el sol. Estaba limpio por dentro y por fuera y esperando al médico.

–Entonces ¿es así? –dijo Catherine–. ¿Ella sólo dice lo que él quiere que diga, no?

–No siempre.

–Pero yo sí. Sólo diré lo que tú quieras y sólo haré lo que tú quieras, y así nunca querrás estar con otras chicas, ¿verdad? –Me miraba con una intensa expresión de felicidad–. Haré lo que tú quieras y diré lo que tú quieras, y así triunfaré, ¿verdad?

–Sí.

–¿Qué te gustaría que hiciese ahora que ya estás preparado del todo?

–Que vuelvas a acostarte conmigo.

–De acuerdo. Ya está.

–¡Oh, amor mío, amor mío, amor mío! –dije.

–Ya lo ves –dijo ella–. Hago todo lo que quieres.

–Eres maravillosa.

–Tengo miedo de no saber hacerlo muy bien todavía...

–Eres maravillosa.

–Quiero lo que tú quieres. Yo ya no existo. Sólo lo que tú quieres.

–¡Amor mío!

–Soy buena. ¿Verdad que soy buena? No deseas a ninguna otra chica, ¿verdad?

–No.

–¿Lo ves? Soy buena. Hago lo que quieres.

CAPÍTULO XVII

Cuando me desperté después de la operación comprendí que en ningún momento había estado ausente por completo. No es que le supriman a uno. Sólo lo ahogan. No es como morirse, sólo como si le ahogaran por procedimientos químicos, de modo que uno no siente nada y luego es como si hubiera estado borracho, con la diferencia de que cuando se vomita sólo se saca bilis, y luego uno no se encuentra mejor. Vi unos sacos de arena al pie de la cama. Colgaban de unos tubos que sujetaban los moldes de yeso. Al cabo de un rato entró Miss Gage y me preguntó:

–¿Cómo se encuentra ahora?

–Mejor –dije.

–Hizo un trabajo de primera en su rodilla.

–¿Cuánto tiempo le llevó?

–Dos horas y media.

–¿Dije alguna tontería?

–No dijo nada. Ahora no hable. Estése tranquilo.

Estaba mareado y Catherine tuvo razón. Aquella noche no presté ninguna atención a la enfermera que estuvo de guardia.

Ahora en el hospital había otros tres pacientes, un chico de Georgia, muy delgado, que servía en la Cruz Roja y que tenía malaria, otro que era muy buen chico, también delgado, de Nueva York, que tenía malaria e ictericia, y un tipo que había intentado desatornillar la espoleta de un shrapnel combinado con un obús de alto poder explosivo, para quedárselo como recuerdo. Era una bomba shrapnel que usaban los austríacos en las montañas y que tenía un morro que se desprendía al estallar y que estallaba al primer contacto.

Catherine Barkley era muy estimada por las enfermeras porque siempre estaba dispuesta a hacer el turno de noche. Tenía bastante trabajo con los de la malaria, el chico que había desatornillado la espoleta era amigo nuestro y nunca llamaba de noche a no ser que fuera necesario, pero en las pausas del trabajo estábamos juntos. Yo la quería mucho y ella a mí. Durante el día yo dormía, y cuando estábamos despiertos nos enviábamos notas por medio de Ferguson. Ferguson era muy buena chica. Nunca supe nada de ella excepto que tenía un hermano en la división 52 y otro en Mesopotamia, y que se portaba muy bien con Catherine Barkley.

–¿Vendrás a nuestra boda, Fergy? –le dije en una ocasión.

–Vosotros nunca os casaréis.

–Claro que sí.

–No, nunca.

–¿Por qué no?

–Os pelearéis antes de casaros.

–Nunca nos peleamos.

–Aún tenéis tiempo.

–No nos peleamos.

–Entonces os moriréis. Os pelearéis u os moriréis. Eso es lo que hace la gente. Pero no casarse.

Alargué la mano para coger la suya.

–No me toques –dijo–. No estoy llorando. A lo mejor todo os va bien. Pero mucho cuidado con meterla en un lío. Si la metes en un lío te mataré.

–Yo no voy a meterla en un lío.

–Pues mucho ojo. Ojalá todo os salga bien. Ahora sois felices.

–Sí que lo somos.

–Entonces no os peleéis y no la metas en un lío.

–Claro que no.

–Ándate con cuidado. No quiero que se encuentre con uno de esos bebés de la guerra.

–Eres una buena chica, Fergy.

–No lo soy. No vengas ahora a cepillarme. ¿Cómo va la pierna?

–Bien.

–¿Y la cabeza?

Me tocó la coronilla con los dedos. Estaba sensible como un pie con calambre.

–Nunca me ha dolido mucho.

–Un golpe así puede hacer que uno se vuelva loco. ¿No te duele nunca?

–No.

–Eres un tipo con suerte. ¿Has terminado la carta? Voy a bajar.

–Aquí está –dije.

–Tendrías que pedirle que estuviera un tiempo sin hacer guardias de noche. Está muy cansada.

–De acuerdo. Ya se lo diré.

–Yo las haría, pero ella no me deja. Las demás están muy contentas de que siempre las haga ella. Tendrías que darle un poco de descanso.

–Está bien.

–Miss Van Campen ha comentado que dormías hasta el mediodía.

–¿Y qué?

–Sería mejor que la dejaras descansar de noche durante un tiempo.

–Me parece muy bien.

—Eso no es verdad. Pero si lo consigues, te tendré más aprecio.

—Lo conseguiré.

—No te creo.

Cogió la carta y se fue. Llamé al timbre y al cabo de unos momentos entró Miss Gage.

—¿Qué ocurre?

—Quería hablar con usted. ¿No le parece que Miss Barkley debería dejar de hacer guardias durante unas cuantas noches? Tiene aire de mucho cansancio. ¿Por qué se queda tantas veces con el turno de noche?

Miss Gage me miró.

—Ya sabe que soy amiga suya —dijo—. No tiene por qué hablarme de este modo.

—¿Qué quiere decir?

—No se haga el tonto. ¿No quería nada más?

—¿Quiere un vermut?

—Bueno. Pero tengo que irme en seguida.

Sacó la botella del armario y trajo un vaso.

—Quédese el vaso —dije—. Yo beberé de la botella.

—A su salud —dijo Miss Gage.

—¿Qué dijo la Van Campen acerca de que durmiese hasta tan tarde?

—Nada, cotilleó un poco. A usted le llama nuestro paciente privilegiado.

—Que se vaya al diablo.

—No tiene mala intención —dijo Miss Gage—. Lo que pasa es que es vieja y un poco maniática. Nunca le fue simpático.

—No.

—Bueno, a mí me pasa al revés. Yo soy amiga suya. No lo olvide.

—Es usted condenadamente simpática.

—No. Ya sé a quién encuentra usted simpática. Pero yo soy amiga suya. ¿Cómo sigue su pierna?

—Bien.

—Le traeré un poco de agua mineral fría para verter encima. Tiene que picarle debajo del yeso. En la calle hace calor.

–Es usted un ángel.

–¿Le escuece mucho?

–No. Regular.

–Le pondré mejor los sacos de arena. –Se inclinó sobre mí–. Soy amiga suya.

–Ya lo sé.

–No, no lo sabe. Pero lo sabrá algún día.

Durante tres noches Catherine Barkley no estuvo de guardia, y luego volvió a quedarse como antes. Fue como si volviéramos a reunirnos después de que cada uno de nosotros hubiese hecho un largo viaje.

CAPÍTULO XVIII

Aquel verano lo pasamos muy bien. Cuando pudimos salir dimos paseos por el parque en un coche. Recuerdo el coche, el caballo que andaba despacio, y, delante de nosotros, la espalda del cochero, con su lustroso sombrero de copa, y Catherine Barkley sentada a mi lado. Bastaba con que nuestras manos se tocaran, sólo con que el borde de mi mano rozara las suyas, para que nos excitáramos. Luego, cuando pude circular con muletas, fuimos a cenar al Biffi o a la Gran Italia, y nos sentábamos en las mesas de fuera, bajo la *galleria.* Los camareros entraban y salían y pasaba gente y había velas con pantallas encima de los manteles y una vez hubimos decidido que el Gran Italia nos gustaba más, George, el maître d'hôtel, nos reservó una mesa. Era un excelente camarero y le confiábamos la elección de la comida, mientras mirábamos pasar la gente y la gran *galleria,* a la hora del crepúsculo, y nos mirábamos el uno al otro. Bebíamos capri blanco y seco, enfriado en un buen cubo de hielo; aunque probamos otros muchos vinos, fresa, barbera y los vinos blancos y dulces. A causa de la guerra no tenían bodeguero, y George sonrió embarazadamente cuando le pregunté por vinos como el fresa.

–Imagínense una tierra en la que hacen un vino sólo porque tiene sabor a fresas –dijo.

–¿Por qué no? –dijo Catherine–. Debe ser riquísimo.

–Pruébelo, señora –dijo George–, si le hace ilusión. Pero permítame traer una botellita de margaux para el *tenente.*

–Yo también lo probaré, George.

–Señor, en conciencia no puedo recomendárselo. Ni siquiera sabe a fresas.

–¡Quién sabe! –dijo Catherine–. Sería delicioso si tuviera sabor a fresas.

–Se lo traeré –dijo George– y cuando la señora tenga bastante me lo llevaré.

Era un vino bastante malo. Tal como nos había dicho, ni siquiera sabía a fresas. Volvimos al capri. Una noche se me acabó el dinero, y George me prestó cien liras.

–No se preocupe, *tenente* –dijo–. Ya sé lo que son estas cosas. Es muy fácil que a uno le pase. Si usted o la señora necesitan dinero, yo siempre tendré a su disposición.

Después de cenar echamos a andar por la *galleria,* pasamos frente a los demás restaurantes y las tiendas con las puertas metálicas bajadas y nos paramos en la plazuela donde vendían bocadillos; bocadillos de jamón y lechuga y bocadillos de anchoas que hacían con unos panecillos muy menudos, de pan moreno y superficie brillante, y no más largos que un dedo. Eran para comerlos de noche, cuando teníamos hambre. Luego subimos a un coche descubierto que había frente a la *galleria,* delante de la catedral, y nos hicimos conducir al hospital. En la puerta del hospital el portero salió a ayudarme con las muletas. Pagué al cochero y subimos en el ascensor. Catherine bajó en el piso inferior, donde dormían las enfermeras, y yo continué hasta el siguiente, y anduve por el pasillo hasta mi habitación, apoyándome en las muletas; a veces me desnudaba y me metía en la cama y a veces me sentaba en el balcón con las piernas apoyadas en otra silla, y contemplaba las golondrinas sobre los tejados y esperaba a Catherine. Cuando subía era como si volviese de un largo viaje, y la acompañaba por el pasillo con las muletas y llevaba las silletas y esperaba delante de las puertas, o entraba junto con ella; esto dependía de si eran amigos nuestros o no, y cuando había hecho todo lo que tenía que hacer, nos sentábamos en el balcón de mi cuarto. Luego yo me acostaba y cuando todos estaban durmiendo y ella tenía la seguridad de que nadie la llamaría, iba a reunirse conmigo. Me encantaba deshacerle los cabellos y ella se sentaba en la cama y se quedaba muy quieta, excepto cuando se inclinaba bruscamente sobre mí para besarme mientras la estaba despeinando, y le sacaba las horquillas y las dejaba encima de la sábana y el pelo se soltaba y yo la contemplaba mientras ella se estaba muy quieta, y luego le sacaba las dos últimas horquillas y todo el pelo se le desmoronaba y ella agachaba la cabeza y los dos permanecíamos dentro de la mata de pelo y teníamos la sensación de estar dentro de una tienda o detrás de una cascada.

Tenía un pelo maravilloso y a veces, tendido en la cama, miraba cómo se lo retorcía a la luz que entraba por la puerta abierta y brillaba incluso de noche como a veces brilla el agua un momento antes de que amanezca del todo. Tenía una cara y un cuerpo encantadores y una piel suave y encantadora también. Acostados el uno junto al otro, acariciaba con la punta de los dedos las mejillas, la frente, la piel de debajo de los ojos, la barbilla y el cuello, y le decía:

–Suave como las teclas del piano.

Y ella me golpeaba la barbilla con su dedo y decía:

–Suave como el papel de lija y muy dura para las teclas del piano.

–¿Tanto rasca?

–No, amor mío. Lo decía en broma.

Las noches eran maravillosas y nos bastaba con estar en contacto para ser felices. Además de las horas que estábamos juntos, teníamos muchos medios de amarnos y tratábamos de transmitirnos pensamientos cuando estábamos en lugares diferentes. A veces la cosa parecía funcionar, pero probablemente era porque de todos modos pensábamos en lo mismo.

Nos decíamos el uno al otro que nos habíamos casado el día en que ella llegó al hospital y contábamos los meses a partir del día de nuestra boda. Yo quería casarme de verdad, pero Catherine decía que si estuviéramos casados a ella la destinarían a otro sitio, y sólo con que empezáramos los trámites, la vigilarían y nos lo echarían todo a perder. Tendríamos que casarnos por la ley italiana, y los trámites eran terroríficos. Yo quería que nos casáramos de verdad porque me inquietaba la posibilidad de tener un niño cuando pensaba en ello, pero nos asegurábamos a nosotros mismos que estábamos casados y no nos preocupábamos mucho, y en el fondo yo quizá prefiriese no estar casado. Recuerdo que una noche hablamos de la cuestión, y Catherine dijo:

–Pero, cariño, me echarían de aquí.

–Tal vez no.

–Naturalmente que sí. Me mandarían a casa y entonces estaríamos separados hasta que terminara la guerra.

–Pediría permisos e iría a verte.

–No podrías ir a Escocia y volver en el tiempo de un permiso. Además, yo no quiero que nos separemos. ¿Qué ganaríamos casándonos ahora? En realidad estamos casados. Yo no podría estar más casada.

–Lo decía sobre todo por ti.

–Yo ya no existe. Yo soy tú. No me hagas ser un yo separado.

–Creía que a las chicas siempre les gusta casarse.

–Sí. Pero, cariño, yo ya estoy casada. Estoy casada contigo. ¿No soy una buena esposa para ti?

–Eres una esposa adorable.

–Ya sabes, amor mío, tuve ya una experiencia de esperar para casarme.

–No quiero que hables de eso.

–Sabes que sólo te quiero a ti. No debería inquietarte el que otro me haya querido antes que tú.

–Pues me inquieta.

–No deberías tener celos de alguien que ha muerto cuando tú lo tienes todo.

–No, pero no quiero oír hablar de eso.

–¡Pobre amor mío! Yo sé que has estado con montones de chicas y no me importa.

–¿No habría alguna manera de casarnos en secreto? Entonces, si me pasara algo o si tuvieras un niño...

–No hay modo de casarse si no es por la Iglesia o por lo civil. Ya estamos casados en secreto. Mira, amor mío, para mí esto sería muy importante si tuviera alguna religión. Pero no tengo ninguna.

–Me diste el san Antonio.

–Para que te diera suerte. Alguien me lo dijo.

–¿Entonces no estás preocupada por nada?

–Lo único que me preocupa es separarme de ti. Tú eres mi religión. Eres todo lo que tengo.

–De acuerdo, pero me casaré contigo el día que tú quieras.

–No hables como si tuvieras que hacer de mí una mujer honesta, cariño. Yo soy una mujer muy honesta. No podemos avergonzarnos de una cosa de la que estamos orgullosos y que nos hace ser felices. ¿No eres feliz?

–Pero, ¿nunca me dejarás por otro?

–No, cariño. Nunca te dejaré por otro. Supongo que nos ocurrirán toda clase de cosas horribles. Pero no tienes que preocuparte por eso.

–No me preocupo. Pero te quiero mucho y tú estuviste enamorada de otro antes que de mí.

–¿Y qué fue de él?

–Murió.

–Sí, y si no hubiese muerto nunca te hubiera conocido. No soy infiel, cariño. Tengo muchísimos defectos, pero soy muy fiel. Soy tan fiel que acabarás harto de mí.

–Muy pronto tendré que volver al frente.

–No pensemos en eso hasta que te vayas. Ya ves que soy feliz, amor mío, y lo estamos pasando muy bien. Hacía tiempo que no era feliz y cuando te conocí quizás estaba medio loca. Quizás estaba loca. Pero ahora somos felices y nos queremos. Vamos a ser felices sin pensar en nada más. Tú eres feliz, ¿verdad? ¿Es que hago algo que no te guste? ¿Podría hacer algo para agradarte? ¿Quieres que me suelte el pelo? ¿Quieres que juguemos un poco?

–Sí, y ven a la cama.

–En seguida. Primero iré a ver a mis enfermos.

CAPÍTULO XIX

Así pasó el verano. No me acuerdo mucho de aquellos días, excepto que hacía calor y que los periódicos hablaban de muchas victorias. Yo me encontraba muy bien y mis piernas curaron tan rápidamente que al cabo de poco tiempo de ir con muletas, pude prescindir de ellas y andar con un bastón. Entonces me pusieron en tratamiento en el Ospedale Maggiore para flexionar las rodillas, tratamientos mecánicos, rayos ultravioleta en una caja de espejos, masajes y baños. Iba allí por las tardes y luego me metía en un café a tomar un trago y leer los periódicos. No circulaba por la ciudad y quería volver directamente al hospital desde el café. Lo que más deseaba era ver a Catherine. Aparte de esto se trataba de matar el tiempo. La mayor parte de los días dormía toda la mañana y a veces la primera hora de la tarde, iba a las carreras y luego a la mecanoterapia. A veces pasaba por el Club Anglo-Americano y me sentaba en un hondo sillón de cuero enfrente de la ventana y leía las revistas. Desde que ya no iba con muletas no nos dejaban salir juntos, porque no parecía correcto que se viera a una enfermera sola con un herido que, visiblemente, no necesitaba ninguna ayuda, de modo que por la tarde era muy poco lo que estábamos juntos. Aunque a veces podíamos ir a cenar juntos si Ferguson nos acompañaba. Miss Van Campen había aceptado el hecho de que fuéramos amigos íntimos porque obtenía de Catherine un trabajo enorme. Creía que Catherine era de muy buena familia, y esto en último término la predisponía en su favor. Miss Van Campen daba mucha importancia al origen familiar y procedía de una familia muy buena. Por otra parte en el hospital había mucho trabajo y esto la mantenía ocupada. Era un verano caluroso y conocí a mucha gente en Milán, pero siempre estaba deseando volver al hospital apenas empezaba a caer la tarde. En el frente estaban avanzando sobre el Carso, habían tomado Kuk, al otro lado del Plava, y estaban tratando de conquistar la meseta de Bainsizza. En el frente occidental las cosas no iban tan bien. Parecía que la guerra fuese a durar mucho tiempo. Nosotros acabábamos de entrar en la guerra, pero yo pensaba que necesitaríamos un año para enviar cantidades importantes de tropas y adiestrarlas para el combate. El año siguiente sería un año malo, o tal vez un año bueno. Los italianos estaban empleando una enorme cantidad de hombres. No veía muy bien qué era lo que podía pasar. Incluso si tomaban toda la Bainsizza y el Monte San Gabriele, más allá los austríacos contaban aún con muchas montañas. Yo las había visto. Todas las montañas más altas estaban más lejos. En el Carso estaban avanzando, pero a orillas del mar había pantanos y marismas. Napoleón había zurrado a los austríacos en las llanuras. Nunca les hubiera presentado batalla en las montañas. Les hubiera dejado bajar para zurrarles cerca de Verona. Pero nadie zurraba a nadie en el frente occidental. Quizá ya no fuera posible ganar guerras. Quizá durarían siempre. Quizás aquélla sería otra guerra de los Cien Años. Devolví el periódico a su lugar y salí del club. Bajé las escaleras con cuidado y subí por la Vía Manzoni. Delante del Gran Hotel me encontré con el viejo Meyers y su mujer que bajaban de un coche. Volvían de las carreras. Ella era una mujer de busto opulento, vestida de raso negro. Él era bajo y viejo, llevaba un bigote blanco y se ayudaba de un bastón para andar con sus pies planos.

–¿Cómo está usted? ¿Cómo está usted?

Ella me estrechó la mano.

–Hola –dijo Meyers.

–¿Qué tal las carreras?

–Muy bien. Francamente estupendas. He acertado tres ganadores.

–¿Y usted? –pregunté a Meyers.

–Bien. He acertado un ganador.

–Nunca sé cómo se lo hace –dijo Mrs. Meyers–. Nunca me lo dice.

–Lo hago bien –dijo Meyers. Se estaba mostrando cordial–. Debería usted salir con nosotros.

Cuando hablaba con alguien siempre se tenía la impresión de que no le estaba mirando y que le confundía con otra persona.

–Desde luego, cuando quieran –dije.

–Ya pasaré por el hospital a verle –dijo Mrs. Meyers–. Tengo algunas cosillas para mis hijos. Todos ustedes son mis hijos. Mis hijos queridísimos, ya lo creo.

–Se alegrarán mucho de verla.

–¡Pobres muchachos! Y usted también. Usted también es uno de mis hijos.

–Tengo que volver –dije.

–Dé recuerdos de mi parte a todos los muchachos. Tengo montones de cosas que llevarles. Un marsala muy bueno y pastelillos.

–Adiós –dije–. Estarán encantados de verla.

–Adiós –dijo Meyers–. Venga a la *galleria.* Ya sabe cuál es mi mesa. Todas las tardes nos reunimos allí todos.

Seguí andando por la calle. Quería comprar algo en la Cova para Catherine. Dentro de la Cova compré una caja de bombones de chocolate, y mientras la dependienta la envolvía, me dirigí hacia el bar. Allí había un par de ingleses y varios aviadores. Tomé un martini solo, pagué, recogí la caja de bombones en el mostrador y me encaminé hacia el hospital. Delante del pequeño bar que había junto a la Scala, había varias personas conocidas, un vicecónsul, dos tipos que estudiaban canto y Ettore Boretti, un italiano de San Francisco que servía en el ejército italiano. Tomé un trago con ellos. Uno de los cantantes se llamaba Ralph Simmons y cantaba con el seudónimo de Enrico del Credo. Nunca supe hasta qué punto cantaba bien, pero siempre estaba en vísperas de un gran acontecimiento. Era gordo y tenía irritados los contornos de la nariz y de la boca, como si tuviera la fiebre del heno. Volvía de cantar en Piacenza. Había cantado *Tosca* y había estado muy bien.

–Naturalmente nunca me has oído cantar –dijo.

–¿Cuándo cantarás aquí?

–Actuaré en la Scala el otoño que viene.

–Apuesto lo que quieras a que te tiran los bancos –dijo Ettore–. ¿Has oído contar cómo le tiraron los bancos en Módena?

–Eso es una cochina mentira.

–Le tiraron los bancos –dijo Ettore–. Yo estaba. Yo mismo tiré seis.

–Tú lo que eres es un *italianini* de Frisco.

–No sabe pronunciar el italiano –dijo Ettore–. En cualquier sitio adonde vaya, le tiran los bancos.

–Piacenza es el peor lugar para cantar en el norte de Italia –dijo el otro tenor–. Palabra que es un lugar condenado para cantar.

El nombre de este tenor era Edgar Saunders, y cantaba bajo el nombre de Eduardo Giovanni.

–Me gustaría estar allí para ver cómo te tiran los bancos –dijo Ettore–. Si no puedes cantar en italiano.

–Es un derrotista –dijo Saunders–. No sabe hablar más que de tirar bancos al escenario.

–Es que es lo que hace la gente cuando vosotros dos os ponéis a cantar –dijo Ettore–. Y luego cuando volváis a los Estados Unidos hablaréis de vuestros triunfos en la Scala. En la Scala no os dejarían ni terminar la primera nota.

–Pues yo voy a cantar en la Scala –dijo Simmons–. Cantaré *Tosca* en octubre.

–Iremos a oírte, ¿verdad, Mac? –dijo Ettore al vicecónsul–. Necesitarán alguien que les proteja.

–Quizá vaya el ejército americano para protegerles –dijo el vicecónsul–. ¿Quieres otro trago, Simmons? ¿Quieres un trago, Saunders?

–Bueno –dijo Saunders.

–Me han dicho que te van a dar la medalla de plata –me dijo Ettore–. ¿Qué clase de mención vas a tener?

–No lo sé. No sé si me la darán.

–Claro que te la darán. Chico, las chicas de la Cova te van a encontrar súper. Todas pensarán que mataste a doscientos austríacos o que capturaste solo toda una trinchera. Créeme, mis condecoraciones tuve que trabajármelas.

–¿Cuántas te han dado, Ettore? –preguntó el vicecónsul.

–Las tiene todas –dijo Simmons–. La guerra la hacen para él.

–Me han dado dos veces la de bronce y tres medallas de plata –dijo Ettore–. Pero sólo me han dado los papeles de una.

–¿Y qué ha pasado con las otras? –preguntó Simmons.

–La operación fracasó –dijo Ettore–. Y cuando la operación fracasa, retienen las medallas.

–¿Cuántas veces te han herido, Ettore?

–Heridas graves, tres. Tengo tres barras de herido, ¿ves?

Dio la vuelta a la manga. Las barras eran unas líneas plateadas paralelas sobre fondo negro, cosidas en la tela de la manga, unas ocho pulgadas más abajo del hombro.

–A ti también te han dado una –me dijo Ettore–. Hombre, hacen mucha ilusión. Yo prefiero eso a las medallas. Hombre. cuando se tienen tres ya es algo. Sólo te dan una por una herida que te tiene tres meses en el hospital.

–¿Dónde te hirieron, Ettore? –preguntó el vicecónsul.

Ettore se arremangó el brazo.

–Aquí –dijo enseñando una roja cicatriz, profunda y lisa–. Aquí en la pierna. Ésta no os la puedo enseñar porque llevo bandas; y en el pie tengo un hueso hecho cisco que todavía apesta. Cada mañana me saco esquirlas y apesta todo el día.

–¿Con qué te dieron? –preguntó Simmons.

–Con una granada de mano. Uno de esos pasapurés. Se me llevó todo un lado del pie. ¿Ya sabes cómo son esos pasapurés, no?

Se había vuelto hacia mí.

–Ya lo creo.

–Vi al hijo de perra que me lo tiraba –dijo Ettore–. Me tumbó y creí que me había muerto, pero esos j... pasapurés no llevan nada dentro. Cogí el fusil y me cargué a aquel hijo de perra. Siempre llevo un fusil para que no sepan que soy oficial.

–¿Qué cara tenía?

–Sólo llevaba una granada –dijo Ettore–. No sé por qué la tiró. Supongo que siempre se había muerto de ganas de tirar una. Quizá nunca había visto una batalla de veras. Me lo cargué y en paz.

–¿Qué cara puso cuando lo mataste? –preguntó Simmons.

–¡C...! ¿Cómo quieres que lo sepa? –dijo Ettore–. Le disparé a la barriga. Tenía miedo de fallar si apuntaba a la cabeza.

–¿Cuánto tiempo hace que eres oficial, Ettore? –pregunté.

–Dos años. Ahora van a ascenderme a capitán. Y tú, ¿cuánto hace que eres teniente?

–Va para tres años.

–No llegarás a capitán porque no sabes el italiano lo bastante bien –dijo Ettore–. Lo sabes hablar, pero no sabes leer y escribir lo bastante bien. Para ser capitán hay que tener instrucción. ¿Por qué no te pasas al ejército americano?

–A lo mejor lo hago.

–Ojalá pudiera yo. Oye, ¿cuánto cobra un capitán, Mac?

–No lo sé exactamente, alrededor de doscientos cincuenta dólares, me parece.

–¡Rediós, las cosas que podría hacer con doscientos cincuenta dólares! Tendrías que meterte en el ejército americano lo antes posible, Fred. Mira a ver si me metes a mí.

–Bueno.

–Yo puedo mandar una compañía en italiano. No me costaría nada aprender a hacerlo en inglés.

–Llegarás a general –dijo Simmons.

–No, no sé lo bastante para llegar a general. Un general tiene que saber toneladas de cosas. Me hacéis gracia, os creéis que la guerra es una cosa de juego. No tenéis cerebro ni para ser cabos segundos.

–Gracias a Dios no tengo que serlo –dijo Simmons.

–¡Quién sabe! A lo mejor un día os ponen un uniforme a todos, hatajo de inútiles. ¡Chico! ¡Cómo me gustaría teneros a los dos en mi pelotón! A Mac también. A ti te nombraría mi ordenanza, Mac.

–Eres un buen chico, Ettore –dijo Mac–. Pero me temo que eres un militarista.

–Antes de que termine la guerra seré coronel –dijo Ettore.

–Si no te matan.

–No me matarán. –Se tocó las estrellas del cuello con el pulgar y el índice–. ¿Ves lo que hago? Cuando alguien habla de que le maten siempre nos tocamos las estrellas.

–Vámonos, Sim –dijo Saunders poniéndose en pie.

–Como quieras.

–Hasta la vista –dije–. Yo también tengo que irme. –Eran las seis menos cuarto en el reloj del bar–. *Ciaou,* Ettore.

–*Ciaou,* Fred –dijo Ettore–. No sabes lo que me alegraré de que te den la medalla de plata.

–Todavía no sé si me la darán.

–Claro que te la darán, Fred. Me han dicho que te la iban a dar en seguida.

–Bueno, hasta la vista –dije–. Y no hagas tonterías, Ettore.

–No te preocupes por mí. No bebo y no voy con mujeres. Ni alcohol, ni faldas. Sé lo que me conviene.

–Hasta la vista –dije–. Me alegro de que te vayan a ascender a capitán.

–No tendré que esperar para que me asciendan. Me harán capitán por méritos de guerra. Ya sabes. Tres estrellas con las espadas cruzadas y encima una corona. Ése soy yo.

–Buena suerte.

–Buena suerte. ¿Cuándo vuelves al frente?

–Pronto.

–Bueno, ya te veré por allí.

–Hasta la vista.

–Hasta la vista. Y ojo y a cuidarse.

Me metí en una callejuela que llevaba al hospital por un camino más corto. Ettore tenía veintitrés años. Se había educado en San Francisco con un tío suyo y estaba en Turín visitando a sus padres cuando se declaró la guerra. Tenía una hermana que habían enviado a los Estados Unidos junto con él para vivir con el tío, y que se graduaría en la escuela normal aquel mismo año. Era el típico héroe que resulta cargante a todo el mundo. Catherine no podía soportarlo.

–Nosotros también tenemos héroes –decía–. Pero, mira, cariño, casi siempre son más discretos.

–Que haga lo que quiera, me importa muy poco.

–A mí tampoco me importaría si no fuera tan engreído y no me diera estas latas, ¡y qué latas!

–A mí también me da la lata.

–Gracias por decirlo, cariño. Pero es igual. Tú puedes imaginártelo en el frente y sabes que allí es útil, pero para mí es el prototipo del chico que me carga.

–Ya te comprendo.

–No sabes lo que te agradezco que lo comprendas, y hago lo que puedo por que me sea simpático, pero es odioso, verdaderamente odioso.

–Esta tarde decía que le van a ascender a capitán.

–Me alegro –dijo Catherine–. Esto le gustará.

–¿No te gustaría que tuviera mayor graduación?

–No, amor mío. Sólo quiero que tengas la graduación suficiente para que nos dejen entrar en los mejores restaurantes.

–Entonces basta con lo que soy.

–Ser teniente está muy bien. No quiero que seas nada más. Podría subírsete a la cabeza. ¡Oh, cariño! ¡Me gusta tanto que no seas engreído! Me hubiera casado contigo incluso si fueras engreído, pero es muy tranquilizador tener un marido que no es engreído.

Estábamos en el balcón, hablando en voz baja. A aquella hora ya debía haber salido la luna, pero había una niebla sobre la ciudad que impedía verla, y al cabo de poco rato empezó a lloviznar y entramos. La niebla se convertía en lluvia y al cabo de poco rato caía un verdadero chaparrón y oíamos como repiqueteaba en el tejado. Me levanté y fui hacia el balcón para ver si entraba agua, pero al ver que no entraba dejé la puerta del balcón abierta.

–¿A quién más has visto? –preguntó Catherine.

–A Mr. y Mrs. Meyers.

–Son muy raros.

–Dicen que él ha estado en presidio. Que le soltaron para que fuera a morir al extranjero.

–Y desde entonces vive feliz de la vida en Milán.

–Feliz, no sé hasta qué punto.

–Supongo que después de haber estado en la cárcel, bastante feliz.

–Ella nos traerá unos paquetes.

–Siempre trae cosas espléndidas. ¿Te ha llamado hijo queridísimo?

–Sí, pero no soy el único.

–Todos sois sus hijos queridísimos –dijo Catherine–. Le encanta tener hijos queridísimos. ¿Oyes como llueve?

–Ahora ha arreciado.
–Y tú siempre me querrás, ¿verdad?
–Sí.
–¿Aunque llueva, las cosas no serán distintas?
–No.
–Bueno. Porque me da miedo la lluvia.
–¿Por qué?
Me estaba durmiendo. Fuera, la lluvia arreciaba cada vez más.
–No lo sé, amor mío. Siempre he tenido miedo de la lluvia.
–A mí me gusta.
–Me gusta pasear cuando llueve. Pero para el amor es algo muy malo.
–Yo te querré siempre.
–Te querré cuando llueva, cuando nieve, cuando granice y..., ¿qué más cosas hay?
–No lo sé. Me parece que me estoy durmiendo.
–Ve a dormir, amor mío, te querré pase lo que pase.
–No tendrás miedo de la lluvia, ¿verdad?
–Cuando estoy contigo, no.
–¿Por qué tienes miedo?
–No lo sé.
–Dímelo.
–Déjalo correr.
–Dímelo.
–No.
–Dímelo.
–Como quieras. Tengo miedo de la lluvia porque a veces me veo muerta bajo la lluvia.
–No.
–Y a veces te veo muerto a ti.
–Esto es más probable.
–No, no lo es, amor mío. Porque yo puedo salvarte de los peligros. Sé que puedo. Pero nadie puede salvarse a sí mismo.
–Ya está bien, por favor. No quiero que esta noche te sientas escocesa y te pongas a hablar como una loca. No nos queda mucho tiempo para estar juntos.

–No, pero soy escocesa y loca. No lo haré más. Son tonterías.
–Sí, son tonterías.
–Son tonterías. Nada más que tonterías. No me da miedo la lluvia. No me da miedo la lluvia. ¡Oh, Dios mío, quiero no tener miedo...!

Estaba llorando. La consolé y dejó de llorar. Pero afuera seguía cayendo la lluvia.

CAPÍTULO XX

Una tarde fuimos a las carreras. Ferguson vino con nosotros y también Crowell Rodgers, el chico que había sido herido en los ojos por la explosión de la cápsula de la bomba. Después de comer ellas se vistieron para salir mientras Crowell y yo estábamos sentados en la cama de su cuarto y leíamos el historial de los caballos y los pronósticos en la revista hípica. Crowell llevaba la cabeza vendada y no tenía mucho interés por las carreras, pero leía regularmente la revista y estaba al corriente de todos los caballos, para matar el tiempo. Dijo que los caballos eran malísimos, pero que no había elección. Al viejo Meyers le caía simpático y le daba informes confidenciales. Meyers ganaba en casi todas las carreras, pero no era aficionado a dar informes porque las apuestas bajaban. En las carreras se hacían muchas trampas. Gente a la que habían expulsado del turf en todas partes iba a correr a Italia. Los soplos de Meyers eran buenos, pero yo tenía horror a hacerle preguntas porque a veces no contestaba, y siempre uno se daba cuenta de que le molestaba dar informaciones, pero que se sentía obligado a dárnoslas por una u otra razón y le molestaba menos informar a Crowell. Crowell había sido herido en los ojos, en uno de ellos de bastante gravedad, y Meyers también tenía los ojos delicados, y por eso le gustaba Crowell. Meyers nunca decía a su mujer por qué caballos apostaba, y ella ganaba o perdía, la mayor parte de las veces perdía, y no paraba de hablar.

Los cuatro nos dirigimos a San Siro en un coche descubierto. Hacía un tiempo espléndido y atravesamos el parque y seguimos las vías del tranvía, y, una vez dejada atrás la ciudad, enfilamos la polvorienta carretera. Había quintas con verjas de hierro y grandes jardines de una vegetación exuberante y zanjas por las que corría el agua y huertas con las hojas empolvadas. En la llanura podíamos ver fincas y prósperas alquerías muy verdes, con sus canales de riego, y al norte las montañas. Eran muchos los coches que entraban en el hipódromo, y los empleados de la puerta nos dejaron pasar sin carnets, porque íbamos de uniforme. Dejamos el coche, compramos programas y atravesamos el recinto y luego el suave y espeso césped de la pista en dirección a las cuadras. Las tribunas eran viejas y estaban hechas de madera, y las ventanillas de las apuestas quedaban debajo de las tribunas, en una hilera, no lejos de las cuadras. Junto a la valla de la pista había muchos soldados. Las cuadras estaban llenas de gente y estaban haciendo dar vueltas a los caballos bajo los árboles, detrás de la tribuna principal. Vimos a varios conocidos, fuimos a buscar sillas para Ferguson y Catherine y estuvimos contemplando los caballos.

Daban vueltas uno tras otro, con la cabeza gacha, llevados de la brida por el mozo de cuadras. Uno de los caballos era de un negro violáceo y Crowell juró que aquel color era teñido. Nos fijamos bien y parecía posible. Apenas había salido cuando la campaña dio la señal de ensillar. Lo buscamos en el programa por el número que llevaba el mozo de cuadras en el brazo y estaba inscrito como un castrado negro que llevaba por nombre *Japalac*. La carrera estaba reservada a los caballos que nunca habían ganado una carrera de más de mil liras. Catherine aseguraba que le habían cambiado el color. Ferguson decía que ella no sabía qué decir. Yo le encontraba un aire sospechoso. Todos estuvimos de acuerdo en que había que apostar por él y nos jugamos cien liras. En el marcador de las apuestas vimos que pagarían treinta y cinco a uno. Crowell fue a buscar los boletos mientras nosotros mirábamos a los jockeys dar una vuelta más y luego pasar bajo los árboles para salir a la pista y dirigirse galopando lentamente hasta la curva donde iba a darse la salida.

Subimos a la tribuna principal para ver la carrera. En San Siro no usaban barrera elástica y el juez de salida hizo alinear los caballos, que parecían muy pequeños al final de la pista, y luego les dio la señal haciendo restallar su largo látigo. Al pasar delante de nosotros el caballo negro iba bien destacado y en la curva se fue despegando más de los demás. Con los gemelos yo les seguía en el otro extremo de la pista y vi que el jockey hacía esfuerzos por contenerle, pero no lo logró y cuando tomaron la curva y llegaron a la meta, el caballo negro llevaba quince cuerpos de ventaja. Siguió corriendo hasta la curva una vez terminada la carrera.

–¡Qué estupendo! –dijo Catherine–. Hemos ganado más de tres mil liras. Debe ser un caballo espléndido.

–Ojalá no se destiña –dijo Crowell– hasta después de habernos pagado.

–Es un caballo magnífico –dijo Catherine–. Me gustaría saber si Mr. Meyers apostó por él.

–¿Ha apostado por el ganador? –grité a Meyers.

Hizo una señal afirmativa con la cabeza.

–Pues yo no –dijo Mrs. Meyers–. Y vosotros, chicos, ¿por quién habéis apostado?

–Por *Japalac.*

–¿De veras? Pagan treinta y cinco a uno.

–Nos gustaba el color.

–A mí no. Me daba la impresión de algo descolorido. Me dijeron que no apostara por él.

–No van a pagar mucho –dijo Meyers.

–En el marcador pone que pagan treinta y cinco a uno –dije.

–No pagarán mucho. En el último momento –dijo Meyers– han apostado montones de dinero por él.

–¿Quién?

–Kempton y los otros. Ya verá. No pagarán ni dos a uno.

–Entonces no ganaremos tres mil liras –dijo Catherine–. No me gustan estas carreras trucadas.

–Nos darán doscientas liras.

–Eso no es nada. Con eso no vamos a ninguna parte. ¡Y yo que creía que nos iban a dar tres mil!

–Son unos tramposos repugnantes –dijo Ferguson.

–Claro –dijo Catherine– que si no hubiera habido trampa jamás se nos hubiera ocurrido apostar por él. Pero me hubieran gustado las tres mil liras.

–Bajemos a tomar un trago y veremos cuánto pagan –dijo Crowell.

Salimos al lugar donde exponían los números y sonó la campanilla de los pagos y el ganador, *Japalac,* resultó que se cotizaba a 18'50. Lo cual significaba que la ganancia por una apuesta de diez liras ni siquiera llegaba a esa cantidad.

Entramos en el bar que había debajo de la tribuna principal y tomamos un whisky con soda cada uno. Nos tropezamos con un par de italianos que conocíamos y con Mc Adams, el vicecónsul, y volvieron a subir con nosotros cuando fuimos a reunirnos con las mujeres. Los italianos eran muy educados y Mc Adams se quedó charlando con Catherine cuando nosotros bajamos de nuevo para volver a apostar. Mr. Meyers estaba cerca del *pari mutuel.*

–Pregúntale por quién ha apostado –le dije a Crowell.

–¿Quién es su favorito, Mr. Meyers? –preguntó Crowell.

Meyers sacó su programa y señaló con el lápiz el número cinco.

–¿Le importa que también apostemos por él? –preguntó Crowell.

–Adelante. Adelante. Pero no digan a mi mujer que yo se lo he dicho.

–¿Quiere beber algo? –le pregunté.

–No, gracias. No bebo.

Apostamos cien liras al número cinco como ganador y cien más como colocado, y luego tomamos otro whisky con soda. Yo me sentía muy en forma y encontramos a otro par de italianos, que tomaron otra copa con nosotros, y volvimos con las mujeres. Estos italianos eran también muy educados y encajaban perfectamente con los dos de antes. Durante un rato nadie pudo sentarse. Di los boletos a Catherine.

–¿Qué caballo es?

–No lo sé. Es el favorito de Mr. Meyers.

–¿Ni siquiera sabes el nombre?

–No. Pero lo encontrarás en el programa. Número cinco, me parece.

–Tienes una fe conmovedora –dijo.

El número cinco ganó, pero no pagaron nada. Mr. Meyers estaba furioso.

–Hay que apostar doscientas liras para ganar veinte –dijo–. Doce liras por diez. No vale la pena. Mi mujer ha perdido veinte liras.

–Bajaré contigo –me dijo Catherine.

Los italianos se pusieron en pie. Bajamos la escalera y nos dirigimos hacia las cuadras.

–¿Te gusta esto? –preguntó Catherine.

–Sí. Sospecho que sí.

–Supongo que es muy divertido –dijo–. Pero, cariño, no puedo soportar ver a tanta gente.

–No son tantos.

–No. Pero esos Meyers y el del banco, con su mujer y sus hijas...

–Me acepta las letras a la vista –dije.

–Sí, pero algún otro te lo haría si no fuera él. Estos últimos cuatro italianos son pesadísimos.

–Podemos quedarnos aquí y ver la carrera desde la valla.

–Sí, lo prefiero. Y, oye, cariño, vamos a apostar por un caballo del que nunca hayamos oído hablar y que no sea el favorito de Mr. Meyers.

–De acuerdo.

Apostamos por un caballo llamado *Light For Me* que llegó el cuarto en una carrera de cinco. Nos apoyamos en la valla y vimos pasar los caballos, acompañados del ruido de sus cascos, y vimos las montañas a lo lejos, y Milán más allá de los árboles y de los campos.

–Me siento mucho más a gusto –dijo Catherine.

Los caballos volvían, franqueando la entrada, empapados de sudor, mientras los jockeys los tranquilizaban y los llevaban bajo los árboles para desmontar.

–¿Te apetece una copa? Podríamos beber algo aquí mientras vemos los caballos.

–Ahora te lo traigo –dije.

–Ya lo traerá el camarero –dijo Catherine.

Levantó la mano y el camarero salió del bar de la Pagoda, al lado de las cuadras. Nos sentamos en un velador de hierro.

–¿No te sientes más a gusto cuando estamos solos?

–Sí –dije.

–Me sentía muy sola rodeada de toda aquella gente.

–Aquí se está bien –dije.

–Sí, la verdad es que el lugar es muy agradable.

–Mucho.

–No quiero estropearte el día, cariño. Volvamos con ellos cuando quieras.

–No –dije–. Nos quedaremos aquí y tomaremos un trago. Luego podemos ir junto al foso para ver el steeplechase.

–Eres muy bueno conmigo –dijo.

Después de haber estado un rato solos nos alegramos de volver a reunirnos con los demás. Lo pasamos bien.

CAPÍTULO XXI

En septiembre las noches empezaron a refrescar, luego los días refrescaron también y las hojas de los árboles del parque comenzaron a cambiar de color y comprendimos que el verano se había terminado. En el frente los combates fueron muy mal y no pudieron tomar San Gabriele. La batalla de la meseta de Bainsizza terminó y a mediados de mes la batalla por San Gabriele estaba también a punto de terminar. No pudieron tomarlo. Ettore había vuelto al frente. Los caballos habían sido enviados a Roma y no había más carreras. Crowell también se había ido a Roma, para ser repatriado a los Estados Unidos. En la ciudad hubo dos manifestaciones contra la guerra y en Turín unos tumultos bastante graves. En el club un comandante inglés me dijo que los italianos habían perdido ciento cincuenta mil hombres en la meseta de Bainsizza y en

San Gabriele. Y añadió que además habían perdido cuarenta mil en el Carso. Tomamos una copa y charlamos. Me dijo que aquel año ya no habría más combates y que los italianos habían querido tragarse un bocado demasiado grande. Dijo que en Flandes la ofensiva iba por mal camino. Si mataban tantos hombres como en aquel otoño, los aliados estarían fritos dentro de un año. Dijo que todos estábamos fritos, pero que se podía ir tirando mientras no se dieran cuenta. Todos estábamos fritos. El secreto estaba en no admitirlo. El último país en darse cuenta de que estaba frito, ganaría la guerra. Tomamos otra copa. Me preguntó si formaba parte de algún estado mayor. No. Él sí. Estábamos solos en el club, sentados en uno de los grandes sofás de cuero. Llevaba unas botas de cuero muy lustrosas. Unas botas magníficas. Dijo que todo estaba hecho un asco. Dijo que sólo pensaban en divisiones y en mano de obra. Todos se peleaban por las divisiones, y apenas las reunían, el enemigo las liquidaba. Todos estaban fritos. Y los alemanes, venga ganar batallas. Rediós, ellos sí que eran soldados. Los viejos hunos eran soldados de veras. Pero también estaban fritos. Todos estábamos fritos. Le pregunté que qué pensaba de Rusia. Me contestó que ya estaban fritos. Ya vería yo como muy pronto estaban fritos. Los austríacos estaban también fritos. Si conseguían algunas divisiones de hunos, podrían salir adelante. ¿Creía él que atacarían aquel otoño? Naturalmente que sí. Los italianos estaban fritos. Todo el mundo sabía que estaban fritos. Los viejos hunos bajarían por el Trentino, cortarían la línea de ferrocarril en Vicenza y entonces, ¿qué iban a hacer los italianos? Eso ya lo probaron en el dieciséis, dije. Pero no con los alemanes. Sí, dije. Bueno, pero probablemente no lo harán, dijo. Era demasiado sencillo. Probarán algo complicado y van a recibir una paliza impresionante. Tengo que irme, dije. Tenía que volver al hospital. Adiós, dijo. Y luego añadió jovialmente: Que haya mucha suerte. Había un gran contraste entre su pesimismo universal y su jovialidad personal.

Entré en una barbería, me hice afeitar y regresé al hospital. Mi pierna iba bien y no era previsible una mejoría hasta dentro de bastante tiempo. Hacía tres días que había sufrido una revisión. Aún tenía que someterme a varios tratamientos antes de terminar del todo con el Ospedale Maggiore y caminaba por una calleja haciendo esfuerzos por no cojear. Un viejo estaba recortando siluetas bajo unas arcadas. Me paré para verlo. Dos muchachas estaban posando y él cortaba las dos siluetas juntas, manejando las tijeras muy aprisa, sin dejar de mirar a las jóvenes, y con la cabeza echada a un lado. Ellas se reían. Me enseñó las siluetas antes de pegarlas sobre un papel blanco, y luego las tendió a las chicas.

–Muy monas –dijo–. ¿Y usted, *tenente?*

Las muchachas se alejaban mirando las siluetas y riéndose. Eran muy atractivas. Una de ellas trabajaba en la bodega que había enfrente del hospital.

–Bueno –dije.

–Sáquese la gorra.

–No. Con la gorra puesta.

–No quedará tan bien –dijo el viejo–. Pero –se le iluminó el rostro– será más militar.

Empezó a recortar el papel negro, luego separó los dos grosores y pegó los perfiles sobre una cartulina y me la tendió.

–¿Cuánto es?

–Nada. –Agitó la mano–. Se lo regalo.

–Por favor –dije sacando unas cuantas monedas de cobre–. Acéptelo.

–No. He tenido mucho gusto en hacérselo. Déselo a su novia.

–Muchas gracias y hasta la próxima.

–Hasta la vista.

Seguí andando hacia el hospital. Había varias cartas, una oficial y varias más. Me concedían un permiso de convalecencia de tres semanas y luego volvería al frente. La releí cuidadosamente. Bueno, ya estaba. El permiso de convalecencia empezaba el cuatro de octubre, cuando terminara el tratamiento. Tres semanas eran veintiún días. Eso nos llevaba al veinticinco de octubre. Avisé que no me quedaría a cenar y fui a un restaurante que estaba en la misma calle del hospital, un poco más arriba, para cenar y leer las cartas y el *Corriere della Sera* en la mesa. Había una carta de mi abuelo que contenía noticias familiares, frases patrióticas de aliento, un cheque de doscientos dólares y unos cuantos recortes de periódicos; una aburrida carta del cura del comedor de oficiales; una carta de un tipo que conocía y que servía en la aviación con los franceses y que me contaba lo que hacía con un grupo de juerguistas del que formaba parte, y cuatro letras de Rinaldi preguntándome cuánto tiempo iba a seguir haciéndome el remolón en Milán y qué había de nuevo; me pedía que le llevara discos de fonógrafo e incluía una lista. Me bebí una botellita de chianti con la comida, luego tomé un café y una copa de coñac, terminé de leer el periódico, me guardé las cartas en el bolsillo, dejé el periódico sobre la mesa junto con la propina y salí. En mi cuarto del hospital me desvestí, me puse el pijama y una bata, corrí las cortinas de la puerta que daba al balcón y me senté en la cama a leer periódicos de Boston del montón que Mrs. Meyers había enviado al hospital para sus queridísimos hijos. Los Chicago White Sox estaban ganado el campeonato de la Liga Americana y los New York Giants iban en cabeza de la Liga Nacional. El lanzador Babe Ruth jugaba con el Boston. Los periódicos eran aburridos, las noticias, de puro interés local y atrasadas, y las noticias de la guerra muy viejas también. Toda la información nacional se limitaba a hablar de campos de adiestramiento. Las noticias sobre béisbol era lo único que se podía leer y no tenía el menor interés por aquello. Era imposible leer con interés un montón de periódicos. No era el momento más adecuado, pero estuve un rato leyéndolos. Me pregunté si los Estados Unidos entraban realmente en la guerra, si suspenderían los grandes campeonatos. Probablemente no. En Milán aún había carreras y la situación difícilmente podía ser peor. En Francia habían suspendido las carreras. De allí procedía nuestro caballo *Japalac.* El turno de Catherine no empezaba hasta las nueve. Reconocí sus pasos cuando entró de servicio y luego la vi pasar una vez por el corredor. Entró en varias habitaciones y por fin en la mía.

–Me he retrasado, cariño –dijo–. Había mucho que hacer. ¿Cómo te encuentras?

Le hablé de las cartas que había recibido y del permiso.

–Estupendo –dijo–. ¿Adónde quieres ir?

–A ningún sitio. Quiero quedarme aquí.

–Eso es una tontería. Elige un lugar y yo iré contigo.

–¿Cómo vas a hacértelo?

–No lo sé. Pero iré contigo.

–Eres una chica magnífica.

–No. No lo soy. Lo único que pasa es que la vida es menos complicada cuando una no tiene nada que perder.

–¿Qué quieres decir?

–Nada. Sólo estaba pensando qué pequeños parecen los obstáculos que antes parecían tan grandes.

–Suponía que te resultaría difícil conseguir esto.

–No, te aseguro que no, cariño. Si es necesario, simplemente lo dejaré correr. Pero no creo que sea necesario llegar a eso.

–¿Adónde podemos ir?

–Me da igual. Adonde tú quieras. A un sitio donde no conozcamos a nadie.

–¿Te da lo mismo cualquier lugar?

–Sí. En cualquier sitio lo pasaré bien.

Daba la impresión de estar preocupada, con los nervios a flor de piel.

–¿Qué te pasa, Catherine?

–Nada. No me pasa nada.

–Sí que te pasa algo.

–No, nada. De verdad, nada.

–Sé que te pasa algo. Dímelo, cariño. Puedes decírmelo todo.

–No es nada.

–Anda, dímelo.

–No quiero decírtelo. Tengo miedo de contrariarte o de hacer que te preocupes.

–Te prometo que no.

–¿Estás seguro? No es que yo me preocupe, pero tengo miedo de preocuparte.

–Si a ti no te preocupa, a mí tampoco.

–No quiero decírtelo.

–Anda, dímelo.

–¿Tengo que decírtelo?

–Sí.

–Voy a tener un niño, amor mío. Estoy casi de tres meses. No estás preocupado, ¿verdad? Por favor, por favor, no te preocupes. No tienes que preocuparte.

–Claro que no.

–¿De verdad estás bien?

–Naturalmente.

–He hecho todo lo posible. He tomado muchas cosas, pero no ha servido de nada.

–No estoy preocupado.

–No he podido evitarlo, amor mío. A mí no me preocupa, y a ti tampoco tiene que preocuparte ni que ponerte de mal humor.

–Lo único que me preocupa eres tú.

–No. Eso es lo que no quiero. La gente tiene niños continuamente. Todo el mundo tiene niños. Es una cosa natural.

–Eres una chica magnífica.

–No, no lo soy. Pero no quiero que pienses en eso, cariño. Haré lo posible para no crearte problemas. Ya sé que acabo de crearte un problema. Pero, ¿verdad que hasta ahora he sido una buena chica? Tú no te habías dado cuenta de nada, ¿verdad?

–No.

–Pues todo seguirá siendo lo mismo. Lo único que tienes que hacer es no preocuparte. Ya veo que estás preocupado. Pero tienes que olvidarlo. Tienes que olvidarlo ahora mismo. ¿Quieres tomar un trago, cariño? Ya sé que un trago siempre te hace estar más alegre.

–No. Ya estoy alegre. Y tú eres una chica estupenda.

–No. No lo soy. Pero ya me las apañaré para ir contigo si eliges un lugar para ir los dos. Será estupendo en octubre. Lo pasaremos muy bien, amor mío, y cuando estés en el frente te escribiré todos los días.

–¿Adónde irás?

–Todavía no lo sé. A algún lugar muy bonito. Yo me ocuparé de todo eso.

Durante unos momentos permanecimos inmóviles y callados. Catherine estaba sentada en la cama y yo la miraba, pero no nos tocábamos. Estábamos separados como cuando alguien entra en una habitación y la gente cree que hay que guardar las apariencias. Ella alargó la mano y tocó la mía.

–¿De verdad que no estás enfadado, amor mío?

–No.

–¿Y que no te sientes atrapado?

–Quizás un poco. Pero no por ti.

–No quería decir por mí. No quiero que digas tonterías. Me refería atrapado en general.

–Uno siempre se siente atrapado biológicamente.

Sentí que ella se alejaba, se alejaba mucho sin moverse ni apartar su mano.

–Siempre no es una palabra bonita.

–Lo siento.

–No tiene importancia. Pero, mira, es la primera vez que tengo un niño y antes de ahora nunca había hecho el amor. Y he hecho todo lo que he podido para ser tal como tú querías, y entonces tú hablas de «siempre».

–¿Quieres que me corte la lengua? –propuse.

–¡Oh, amor! –Ella regresó de los lejanos lugares donde había estado–. No tienes que hacerme caso. –Volvíamos a estar los dos juntos y el malestar había desaparecido–. En realidad somos una sola persona y no podemos dejar de comprendernos.

–Claro que no.

–Pero la gente lo hace. La gente se quiere y luego dejan de comprenderse ex profeso y se pelean, y luego, de pronto, dejan de ser una sola persona.

–Nosotros no nos pelearemos.

–No, nunca. Porque estamos solos nosotros dos, y en el mundo están todos los demás. Si algo se interpusiera entre nosotros estaríamos perdidos y el mundo nos vencería.

–No nos vencerá –dije–. Porque tú eres demasiado valiente. A los valientes nunca les pasa nada.

–Pero también se muere.

–Pero sólo una vez.

–No lo sé. ¿Quién dijo esto?

–¿El cobarde muere mil veces, el valiente sólo una?

–Sí. ¿De quién es esto?

–No lo sé.

–Probablemente lo dijo un cobarde –dijo ella–. Sabía mucho de cobardes, pero nada del valiente. El valiente quizá muera dos mil veces si es inteligente. Lo que pasa es que no habla de ello.

–No lo sé. Es difícil saber lo que pasa dentro de la cabeza de un valiente.

–Sí. Por eso siguen pareciéndolo.

–Eres toda una autoridad.

–Tienes razón, cariño. Me lo he merecido.

–Tú eres valiente.

–No –dijo ella–. Pero me gustaría serlo.

–Yo no lo soy –dije–. Me conozco. He vivido lo bastante para saberlo. Soy como un jugador de béisbol que hace doscientos treinta y que sabe que no puede hacer más.

–¿Qué es un jugador de béisbol que hace doscientos treinta? Suena a algo muy impresionante.

–Pues no lo es. En béisbol significa que se es un jugador mediano.

–Pero un jugador al fin y al cabo –me replicó.

–Me parece que los dos somos un poco afectados –dije–. Pero tú eres valiente.

–No. Pero confío en llegar a serlo.

–Los dos somos valientes –dije–. Yo soy muy valiente cuando he bebido.

–Somos sensacionales –dijo Catherine. Fue hacia el armario y sacó el coñac y un vaso–. Toma un trago, cariño –dijo–. Te has portado muy bien.

–Es que ahora no me apetece.

–Anda, bebe.

–Como quieras.

Llené un tercio del vaso con coñac y lo bebí de un trago.

–Te has puesto mucho –dijo–. Ya sé que el coñac es cosa de héroes. Pero no tienes que exagerar.

–¿Dónde viviremos después de la guerra?

–Probablemente en un asilo de ancianos –dijo ella–. Durante

tres años he esperado, igual que una niña, que la guerra terminara por Navidad. Pero ahora no espero que se acabe antes de que nuestro hijo sea teniente de navío.

–A lo mejor llega a general.

–Si ésta es una guerra de cien años, tendrá tiempo de servir en la marina y en el ejército de tierra.

–¿No quieres un trago?

–No, cariño. A ti te alegra, pero a mí sólo me aturde.

–¿Has bebido coñac alguna vez?

–No, amor mío. Soy una mujer muy a la antigua.

Me agaché para recoger la botella que había dejado en el suelo, y me serví otro vaso.

–Tendría que ir a echar un vistazo a tus compatriotas –dijo Catherine–. Así podrás leer los periódicos mientras me esperas.

–¿Tienes que irte?

–Si no es ahora, será luego.

–De acuerdo. Pues ahora.

–No tardaré mucho.

–Ya habré terminado los periódicos –dije.

CAPÍTULO XXII

Aquella noche el tiempo refrescó mucho y al día siguiente llovía. Al regresar del Ospedale Maggiore llovía copiosamente y al llegar a mi hospital estaba empapado. En mi cuarto vi cómo la lluvia repiqueteaba con fuerza en el balcón y el viento hacía temblar los cristales. Me cambié de ropa y bebí un poco de coñac, pero el coñac no me supo bien. Por la noche tuve mareos y al día siguiente por la mañana, después del desayuno, sentí náuseas.

–No hay duda –dijo el director del hospital–. Fíjese en el blanco de los ojos, miss.

Miss Gage miró. Hicieron que me mirara en un espejo. El blanco del ojo se había vuelto amarillo, era la ictericia. Estuve enfermo dos semanas. Por ese motivo no pudimos pasar juntos mi permiso de convalecencia. Habíamos planeado ir a Pallanza, junto al lago Maggiore. Allí el paisaje es muy hermoso en otoño, cuando los árboles cambian de hojas. Pueden darse paseos y pescarse truchas en el lago. Hubiéramos estado mejor que en Stresa, porque en Pallanza hay menos gente. Es tan fácil ir a Stresa desde Milán, que allí uno siempre se encuentra con conocidos. En Pallanza hay un pueblo muy bonito y se puede ir en barca hasta las islas donde viven los pescadores, y en la mayor de las islas hay un restaurante. Pero no fuimos.

Un día, mientras estaba en cama con la ictericia, Miss Van Campen entró en el cuarto, abrió la puerta del armario y vio las botellas vacías. Yo había hecho que el portero se llevara muchas de ellas y supongo que ella las había visto sacar y que subiría para ver si encontraba más. La mayoría eran botellas de vermut, botellas de marsala, botellas de capri, frascos vacíos de chianti y unas cuantas botellas de coñac. El portero se había llevado las botellas más grandes, las que habían contenido vermut y los frascos de chianti, recubiertos de paja, y había dejado las botellas de coñac para el final. Fueron las botellas de coñac y una botella que tenía forma de oso y que había contenido kümmel, las que encontró Miss Van Campen. La botella en forma de oso la enfureció de un modo especial. La levantó, el oso estaba sentado, enseñando las zarpas, tenía un tapón en su cabeza de vidrio y unos cuantos cristales pegajosos en el fondo.

Me eché a reír.

–Había kümmel –dije–. El mejor kümmel se vende en estas botellas en forma de oso. Viene de Rusia.

–Todas estas botellas son de coñac, ¿no? –preguntó Miss Van Campen.

–No las puedo ver todas –dije–. Pero probablemente lo son.

–¿Cuánto tiempo ha durado esto?

–Yo mismo las compré y las traje –dije–. A menudo vienen a visitarme oficiales italianos y siempre he tenido coñac para poderles invitar.

–¿Y usted no ha bebido? –dijo.

–Sí, yo también he bebido.

–¡Coñac! –dijo–. Once botellas vacías de coñac y este líquido del oso.

–Kümmel.

–Mandaré a alguien para que se las lleve. ¿No tiene más botellas vacías?

–Por ahora no.

–¡Y yo que le compadecía por tener ictericia! Usted es la persona que menos merece que se la compadezca.

–Gracias.

–Supongo que nadie le acusará de no querer ir al frente. Pero creo que podría haberse buscado un sistema más inteligente que el de provocarse una ictericia con alcoholismo.

–¿Con qué?

–Con alcoholismo. Me ha oído perfectamente. –No contesté nada–. A no ser que se le ocurra algo más, me temo que tendrá que volver al frente tan pronto como se le cure su ictericia. No creo que una ictericia provocada por voluntad propia le dé derecho a un permiso de convalecencia.

–¿De veras?

–No, no lo creo.

–¿Ha tenido alguna vez ictericia, Miss Van Campen?

–No, pero he visto muchos casos.

–¿Y ha notado usted que los pacientes disfrutasen mucho con ella?

–Supongo que es mejor que ir al frente.

–Miss Van Campen –dije–, ¿ha conocido usted a algún hombre que tratara de hacerse declarar inútil para el servicio dándose golpes en las partes?

Miss Van Campen ignoró la pregunta. Tenía que ignorarla o salir de la habitación. Y no estaba dispuesta a irse, porque hacía meses que me tenia antipatía y ahora había llegado su ocasión.

–He conocido a muchos hombres que se han causado heridas a sí mismos para no ir al frente.

–No es eso lo que le preguntaba. También yo he visto heridas voluntarias. Le preguntaba si había conocido a algún hombre que hubiese tratado de hacerse declarar inútil para el servicio dándose golpes en las partes. Porque esto es lo más parecido a la sensación que produce la ictericia, y es una sensación que supongo que muy pocas mujeres han experimentado alguna vez. Por eso le he preguntado si había tenido ictericia, Miss Van Campen, porque...

Miss Van Campen salió del cuarto. Más tarde entró Miss Gage.

–¿Qué le ha dicho a Van Campen? Estaba furiosa.

–Estábamos comparando sensaciones. Estaba a punto de indicarle que ella nunca había conocido los dolores del parto...

–Es usted un idiota –digo Gage–. Le va a jorobar todo lo que pueda...

–Ya me ha jorobado –dije–. Me ha hecho perder el permiso y a lo mejor hace lo posible para que comparezca ante un tribunal de guerra. Es lo bastante ruin como para hacer algo así.

–Usted nunca le ha sido simpático –dijo Gage–. ¿Y por qué ha sido todo esto?

–Dice que me he emborrachado para coger ictericia y no tener que volver al frente.

–¡Bah! –dijo Gage–. Estoy dispuesta a jurar que aquí no ha probado ni una gota. Todo el mundo jurará que nunca ha probado ni una gota.

–Ha encontrado las botellas.

–Le he dicho cien veces que sacara de aquí estas botellas. ¿Dónde están?

–En el armario.

–¿Tiene una maleta?

–No. Póngalas en esa mochila.

Miss Gage metió las botellas en la mochila.

–Se las daré al portero –dijo.

Y se dirigió a la puerta.

–Un minuto –dijo Miss Van Campen–. Yo me encargo de estas botellas. –Y volviéndose al portero que la acompañaba, añadió–: lléveselas, por favor. Quiero enseñárselas al doctor cuando presente mi informe.

Se alejó por el pasillo. El portero llevaba la mochila. Sabía lo que contenía.

Lo único que me pasó es que perdí el permiso.

CAPÍTULO XXIII

La noche en que tenía que salir para el frente envié al portero a guardarme sitio en el tren cuando llegara de Turín. El tren salía a las doce de la noche. Se formaba en Turín y llegaba a Milán hacia las diez y media y esperaba en la estación hasta la hora de salida. Para tener asiento había que estar allí cuando llegara el tren. El portero se hizo acompañar por un amigo suyo que servía en ametralladoras y que estaba de permiso, y que trabajaba en una sastrería; estaba seguro de que entre los dos podían conseguir un asiento. Les di dinero para los billetes de andén y se llevaron mi equipaje. Había una mochila grande y dos sacos de viaje.

Me despedí en el hospital hacia las cinco y salí. Mi equipaje estaba ya en la garita del portero y le dije que estaría en la estación un poco antes de las doce. Su mujer me llamó «Signorino» y se echó a llorar. Se secó los ojos, me estrechó la mano y luego volvió a ponerse a llorar. Le di unas palmadas en la espalda y rompió a llorar una vez más. Ella me repasaba y remendaba la ropa y era una mujer muy baja, regordeta, con cara de felicidad y el pelo blanco. Cuando lloraba toda la cara se le descomponía. Bajé hasta la esquina, donde había una bodega, y esperé dentro, mirando por la ventana. Afuera estaba oscuro, hacía frío y había niebla. Pagué el café y el grappa y estuve mirando cómo la gente quedaba iluminada al pasar frente a la ventana. Vi a Catherine y llamé con los nudillos en la ventana. Volvió la cabeza, me vio y sonrió y yo salí para reunirme con ella. Llevaba una capa de color azul oscuro y un sombrero de fieltro flexible. Echamos a andar juntos por la acera, pasando por delante de las tabernas, luego cruzamos la plaza del mercado, subimos por otra calle y, después de pasar bajo las arcadas, llegamos a la plaza de la catedral. Allí había raíles de tranvías y, más allá, la catedral. Era blanca y húmeda en medio de la niebla. Pasamos por encima de las vías. A la izquierda había tiendas, con las ventanas iluminadas, y la entrada a la *galleria*. En la plaza había una niebla muy espesa y cuando llegamos delante de la fachada de la catedral, nos pareció muy grande y la piedra estaba húmeda.

–¿Te gustaría entrar?

–No –dijo Catherine.

Seguimos andando. Vimos a un soldado de pie con su novia, a la sombra de uno de los arbotantes de piedra, y pasamos por su lado. Se apoyaban en la piedra, abrazándose fuertemente, y él la envolvía con su capote.

–Son como nosotros –dije.

–Nadie es como nosotros –dijo Catherine.

Su tono no tenía nada de alegre.

–Me gustaría que tuvieran algún lugar adonde ir.

–No les serviría de mucho.

–No lo sé. Todo el mundo debería tener algún lugar adonde poder ir.

–Tienen la catedral –dijo Catherine.

Ahora la habíamos dejado atrás. Estábamos en el otro extremo de la plaza y volvimos la cabeza para ver la catedral. Era hermosa entre la niebla. Nos habíamos parado delante de la tienda de artículos de piel. En el escaparate había botas de montar, un saco de viaje y botas de esquiar. Cada artículo estaba separado de los demás; el saco de viaje en el centro, las botas de montar a un lado y las botas de esquiar en el otro. El cuero era oscuro y estaba aceitado como una silla de montar usada. La luz eléctrica sacaba reflejos del cuero mate y aceitado.

–Algún día iremos a esquiar.

–Dentro de dos meses se esquiará en Mürren –dijo Catherine.

–Pues vamos allí.

–De acuerdo –dijo ella.

Pasamos por delante de otros escaparates y nos metimos por una calle transversal.

–Nunca había pasado por aquí.

–Era mi camino para ir al hospital –dije.

Era una calle angosta y andábamos por la acera de la derecha. Se veía pasar a mucha gente entre la niebla. Había tiendas y todos los escaparates estaban iluminados. Estuvimos mirando en un escaparate una pila de quesos. Yo me paré delante de una armería.

–Entremos un momento. Tengo que comprar un arma.

–¿Qué clase de arma?

–Un revólver.

Entramos y me saqué el cinturón y lo dejé en el mostrador con la pistolera vacía. Detrás del mostrador había dos mujeres. Las mujeres sacaron varios revólveres.

–Tiene que encajar aquí –dije abriendo la pistolera.

Era una pistolera de cuero gris que había comprado de segunda mano para llevarla por la ciudad.

–¿Son buenos los revólveres? –preguntó Catherine.

–Todos son más o menos lo mismo. ¿Puedo probar éste? –pregunté a la mujer.

–Ahora no tengo sitio para probarlo –dijo–. Pero es muy bueno. Con éste nunca fallará el blanco.

Apreté el gatillo y amartillé de nuevo. El muelle iba un poco duro, pero funcionaba suavemente. Apunté y apreté el gatillo de nuevo.

–Ya ha sido usado –dijo la mujer–. Era de un oficial que era muy buen tirador.

–¿Se lo vendieron ustedes?

–Sí.

–¿Y cómo es que vuelven a tenerlo?

–Lo trajo su ordenanza.

–A lo mejor también tienen el mío –dije–. ¿Cuánto vale éste?

–Cincuenta liras. Es muy barato.

–De acuerdo. Póngame también dos cargadores de recambio y una caja de cartuchos.

Sacó lo que pedía de debajo del mostrador.

–¿No necesitaría un sable? –preguntó–. Tengo varios sables de ocasión a muy buen precio.

–Me voy al frente –dije.

–Oh, ya, entonces no necesita un sable –dijo ella.

Pagué los cartuchos y el revólver, llené el tambor, lo encajé, metí el revólver en la pistolera vacía, llené los cargadores de recambio con cartuchos y los puse en las bolsas de cuero de la pistolera y luego abroché la hebilla del cinturón. El revólver me pesaba colgado del cinturón. De todos modos pensé que era mejor llevar un revólver de ordenanza. Siempre podían encontrarse cartuchos.

–Ahora ya estamos equipados del todo –dije–. Esto era lo único que tenía que acordarme de hacer. Alguien se llevó el otro mío cuando me mandaron al hospital.

–Espero que sea un buen revólver –dijo Catherine.

–¿No desean nada más? –preguntó la mujer.

–Creo que no.

–El revólver lleva un cordón –dijo ella.

–Sí, ya lo he visto.

La mujer quería vender algo más.

–¿No necesita un silbato?

–Creo que no.

La mujer nos deseó buenas noches y salimos a la acera. Catherine miró hacia el escaparate. La mujer nos estaba mirando y se inclinó.

–¿Para qué sirven estos espejitos incrustados en madera?

–Para atraer a los pájaros. Se los hace girar en medio del campo, las alondras los ven y se acercan y entonces los italianos las matan.

–Éste es un pueblo ingenioso –dijo Catherine–. En los Estados Unidos vosotros no cazáis alondras, ¿verdad, cariño?

–No especialmente.

Cruzamos la calle y echamos a andar por el otro lado.

–Ahora me siento mejor –dijo Catherine–. Antes me encontraba horriblemente.

–Siempre nos encontramos bien cuando estamos juntos.

–Siempre estaremos juntos.

–Sí, sólo que mi tren sale a las doce.

–No pienses en eso, cariño.

Seguimos andando por la calle. La niebla hacía amarillear las luces.

–¿No estás cansado? –preguntó Catherine.

–¿Y tú?

–Yo estoy bien. Es divertido pasear.

–Pero no andemos demasiado.

–No.

Torcimos por una calle lateral donde no había luces y nos adentramos en ella. Me detuve y besé a Catherine. Mientras la besaba sentí su mano sobre mi hombro. Levantó mi capote y se envolvió con él de modo que nos cubriera a los dos. Estábamos de pie en la calle, apoyados en un alto muro.

–Vamos a algún sitio –dije.

–Bueno –dijo Catherine.

Continuamos andando por la calle hasta que desembocó en una calle más ancha que estaba junto a un canal. Al otro lado había una pared de ladrillos y edificios. Delante nuestro, al otro extremo de la calle, vi un tranvía que cruzaba un puente.

–En el puente podemos tomar un coche –dije.

Nos paramos en el puente, en medio de la niebla, esperando que pasara un coche de caballos. Pasaron varios tranvías llenos de gente que volvía a sus casas. Luego pasó un coche, pero iba ocupado. La niebla se estaba convirtiendo en lluvia.

–Podríamos andar o tomar un tranvía –dijo Catherine.

–Alguno pasará –dije–. Por aquí pasan muchos.

–Ahí viene uno –dijo ella.

El cochero hizo que su caballo se detuviera y bajó la placa metálica del taxímetro. La capota estaba levantada y había gotas de agua en el abrigo del cochero. Su lustroso sombrero brillaba bajo la lluvia. Nos instalamos en el interior que la sombra de la capota dejaba en la oscuridad.

–¿Dónde le has dicho que fuera?

–A la estación. Enfrente de la estación hay un hotel, podemos ir allí.

–¿Nos alquilarán una habitación yendo así, sin equipaje?

–Sí –dije.

El trayecto hasta la estación era largo, íbamos por callejas, bajo la lluvia.

–¿No vamos a cenar? –preguntó Catherine–. Me temo que voy a tener hambre.

–Cenaremos en nuestra habitación.

–No tengo nada que ponerme. Ni siquiera una camisa de noche.

–Compraremos una –dije. Y llamé al cochero–. Suba por la Via Manzoni.

Asintió con la cabeza y en la esquina siguiente dobló a la izquierda. Una vez en la gran calle, Catherine buscó una tienda.

–Aquí hay una –dijo.

Dije al cochero que parara. Catherine bajó, atravesó la acera y entró en la tienda. Me retrepé en el asiento del coche y la esperé. Estaba lloviendo y percibía el olor de la calle húmeda y del caballo que humeaba bajo la lluvia. Volvió con un paquete, se metió en el coche y seguimos adelante.

–He sido muy caprichosa, amor mío –dijo–, pero es un camisón precioso.

Al llegar al hotel dije a Catherine que me esperara en el coche mientras yo entraba y hablaba con el gerente. Había muchas habitaciones libres. Entonces volví al coche, pagué al cochero y Catherine y yo entramos juntos. El botones de uniforme nos llevó el paquete. El gerente nos acompañó hasta el ascensor inclinándose ceremoniosamente. Se veía mucha felpa roja y cobres. El gerente subió en el ascensor con nosotros.

–*Monsieur* y *Madame* ¿desean cenar en su habitación?

–Sí. ¿Quiere hacer que nos suban el menú? –dije.

–¿Desean los señores algo especial para cenar? ¿Alguna pieza de caza o un soufflé?

El ascensor subió tres pisos, haciendo un chasquido en cada uno, luego hizo un nuevo chasquido y se detuvo.

–¿Qué tiene de caza?

–Podría darles un faisán o una becada.

–Una becada –dije.

Atravesamos el corredor. La alfombra estaba raída. Había muchas puertas. El gerente se paró, metió la llave en una cerradura y abrió la puerta.

–Aquí tienen ustedes. Una habitación magnífica.

El botones dejó el paquete encima de la mesa que había en el centro de la habitación. El gerente descorrió las cortinas.

–Fuera hay niebla –dijo.

La habitación estaba tapizada de felpa roja. Había muchos espejos, dos sillas y una gran cama con una colcha de raso. Una puerta comunicaba con el cuarto de baño.

–Haré que les suban el menú –dijo el gerente.

Se inclinó y salió.

Fui hacia la ventana y miré hacia afuera, luego tiré de un cordón corriendo las pesadas cortinas de felpa. Catherine estaba sentada en la cama mirando la araña de cristal tallado. Se había quitado el sombrero y su cabello brillaba bajo la luz. Se vio en uno de los espejos y se llevó las manos a la cabeza. Yo la veía en otros tres espejos. No parecía ser feliz. Dejó caer su capa sobre la cama.

–¿Qué te ocurre, cariño?

–Es la primera vez que tengo la impresión de ser una puta –dijo.

Volví a la ventana, aparté la cortina y miré hacia afuera. No había pensado que las cosas pudieran ir así.

–No eres una puta.

–Ya lo sé, amor mío. Pero no es agradable sentirse como si una lo fuera.

Su voz era seca y apagada.

–Era el mejor hotel al que podíamos ir –dije.

Miré por la ventana. Al otro lado de la plaza se veían las luces de la estación. Por la calle pasaban coches y vi los árboles del parque. Las luces del hotel se reflejaban en el pavimento húmedo. C..., pensé, ¿vamos a ponernos a discutir ahora?

–Ven aquí, por favor –dijo Catherine. Su voz volvía a sonar de un modo natural–. Ven, por favor. Vuelvo a ser una buena chica.

Volví la cabeza hacia la cama. Estaba sonriendo.

Fui hacia ella y me senté en la cama a su lado y la besé.

–Eres mi chica buena.

–Desde luego que soy tuya –dijo.

Después de haber comido nos sentimos mejor y más tarde fuimos muy felices, y al cabo de poco rato la habitación nos parecía ya como nuestro propio hogar. Mi habitación del hospital había sido nuestro hogar y aquella habitación también lo era de un modo semejante.

Mientras comíamos, Catherine tenía echada sobre los hombros mi guerrera. Teníamos mucha hambre y la comida era excelente y bebimos una botella de capri y una botella de St. Estèphe. Yo bebí la mayor parte, pero Catherine también bebió y eso hizo que se sintiera mucho más animada. La cena consistió en una becada con soufflé de patatas y puré de castañas, una ensalada y *zabaione* para postre.

–Es una habitación muy bonita –dijo Catherine–. Es una habitación preciosa. Hubiéramos tenido que vivir aquí todo el tiempo que hemos estado en Milán.

–Es una habitación un poco rara. Pero me gusta –contesté yo.

–El vicio es algo maravilloso –dijo Catherine–. La gente que viene aquí para eso parece que tiene buen gusto. La felpa roja queda muy bien. Es exactamente lo que se necesitaba. Y los espejos hacen muy buen efecto.

–Eres una chica deliciosa.

–No me imagino el efecto que causará despertarse en una habitación así. Pero la verdad es que es una habitación espléndida.

Le serví otro vaso de St. Estèphe.

–Me gustaría que pudiéramos hacer algún pecado de veras –dijo Catherine–. Todo lo que hacemos parece tan inocente y tan sencillo. No puedo creer que estamos haciendo algo malo.

–Eres una chica estupenda.

–Lo único que tengo es hambre. Tengo un hambre canina.

–Eres una chica magnífica y muy sencilla –dije.

–Soy una chica sencilla. Nadie lo había comprendido antes que tú.

–Cuando te conocí me pasé toda la tarde imaginando que íbamos al Hotel Cavour y pensando en lo que haríamos allí.

–¡Vaya tupé! ¿El Cavour no es el hotel en que estamos?

–No. En el Cavour no nos hubieran admitido.

–Algún día nos admitirán. Pero en esto somos diferentes, amor mío. Yo nunca me imaginé nada.

–¿De veras? ¿Nada de nada?

–Bueno, un poquito sí –dijo ella.

–¡Oh! Eres una chica estupenda.

Me serví otro vaso de vino.

–Soy una chica muy sencilla –dijo Catherine.

–Al principio no me lo parecías. Tenía la impresión de que estabas loca.

–Un poco loca sí estaba. Pero no estaba loca de ninguna manera complicada. ¿Verdad que nunca te desconcerté, amor mío?

–El vino es una gran cosa –dije–. Hace olvidar todo lo malo.

–Es estupendo –dijo Catherine–. Pero por su culpa mi padre tiene una gota bastante grave.

–¿Vive tu padre?

–Sí –dijo Catherine–. Tiene gota. Nunca tendrás que conocerle. Y tú, ¿tienes padre?

–No –dije–. Padrastro.

–¿Me será simpático?

–No tienes por qué conocerle.

–Somos tan felices –dijo Catherine– que ya no tengo interés por ninguna otra cosa. Soy tan feliz de estar casada contigo...

Entró el camarero y se llevó las cosas. Al cabo de un rato estábamos tan quietos que podíamos oír la lluvia. Abajo, en la calle, se oyó la bocina de un coche.

> *Y a mi espalda oigo siempre el carro alado*
> *del tiempo que me sigue velozmente,*

dije.

–Conozco este poema –dijo Catherine–. Es de Marvell. Pero es la historia de una mujer que no quería vivir con un hombre.

Me sentía la cabeza muy clara y fría y quería hablar de cosas concretas.

–¿Dónde tendrás el niño?

–No lo sé. En el mejor sitio que encuentre.

–¿Cómo te las arreglarás?

–Como pueda. No te preocupes, cariño. Antes de que termine la guerra tenemos tiempo de tener varios niños.

–Ya casi es hora de que me vaya.

–Ya lo sé. Vámonos si quieres.

–No.

–Entonces no estés preocupado, cariño. Hasta ahora has sido muy bueno conmigo y ahora te empiezas a preocupar.

–No, estoy bien. ¿Me escribirás a menudo?

–Todos los días. ¿Leen tus cartas?

–No saben el suficiente inglés como para que esto sea peligroso.

–Las haré muy complicadas para que no entiendan nada –dijo Catherine.

–Pero no demasiado complicadas.

–No, sólo un poco.

–Me temo que tenemos que irnos.

–Cuando quieras, cariño.

–Siento irme de nuestra casa.

–Yo también.

–Pero tenemos que irnos.

–Sí. Nunca estamos mucho tiempo en nuestra casa.

–Lo estaremos.

–Te tendré preparado un hogar acogedor para cuando vuelvas.

–A lo mejor vuelvo en seguida.

–A lo mejor te hieren sólo un poquito, en el pie.

–O en el lóbulo de la oreja.

–No. A tus orejas no quiero que les pase nada.

–¿Y a mis pies sí?

–En los pies ya te han herido.

–Tenemos que irnos, cariño. Ahora sí.

–Bueno. Pasa tú primero.

CAPÍTULO XXIV

Bajamos por la escalera en vez de tomar el ascensor. La alfombra de la escalera estaba ajada. Había pagado la cena cuando nos la subieron y el camarero que nos la había servido estaba sentado en una silla cerca de la puerta. Se levantó de un salto y se inclinó y le acompañé hasta una sala de al lado y pagué la cuenta de la habitación. El gerente me había recordado como amigo suyo y se había negado a que le pagara por adelantado, pero cuando se retiró se había acordado de hacer que el camarero se quedara junto a la puerta para que no pudiera irme sin pagar. Supongo que esto le había ocurrido otras veces. Incluso con sus amigos. Uno tiene tantos amigos en tiempos de guerra.

Pedí al camarero que fuera a buscar un coche y se hizo cargo del paquete de Catherine que yo llevaba y salió a la calle con un paraguas. A través de la ventana le vimos cruzar la calle bajo la lluvia. Le esperamos en la sala de al lado, mirando por la ventana.

–¿Cómo estás, Cat?

–Tengo sueño.

–Yo me siento vacío y con hambre.

–¿Llevas algo para comer?

–Sí, en el saco de viaje.

Vi que se acercaba el coche. Se detuvo, el caballo agachaba la cabeza bajo la lluvia y el camarero bajó, abrió el paraguas y se dirigió hacia el hotel. Salimos hasta la puerta y nos acompañó, protegiéndonos con el paraguas, por la acera mojada, hasta el coche, que se había arrimado al bordillo. El agua corría por el arroyo.

–El paquete está sobre el asiento –dijo el camarero.

Esperó, con el paraguas en la mano, a que hubiéramos subido y a que yo le hubiese dado la propina.

–Muchas gracias. Buen viaje –dijo.

El cochero sacudió las riendas y el caballo empezó a andar. El camarero, siempre empuñando el paraguas, dio media vuelta y se dirigió hacia el hotel. Seguimos junto a la acera y torcimos a la izquierda, luego nos paramos a la derecha, delante de la estación. Había dos *carabinieri* de pie, bajo la luz, protegidos de la lluvia. La luz brillaba en sus sombreros. La lluvia parecía clara y transparente vista a la luz de la estación. Un mozo salió de debajo de las arcadas de la estación, encogiendo los hombros bajo la lluvia.

–No –dije–. Gracias. No te necesito.

Volvió a meterse debajo de las arcadas. Me volví hacia Catherine. La capota del coche dejaba su rostro en la sombra.

–Es mejor que nos despidamos aquí.

–¿No puedo entrar?

–No. Adiós, Cat.

–¿Quieres darle la dirección del hospital?

–Sí.

Di la dirección al cochero. Él asintió con la cabeza.

–Adiós –dije–. Cuídate mucho; de ti y de la pequeña Catherine.

–Adiós, cariño.

–Adiós –dije.

Bajé bajo la lluvia y el coche arrancó. Catherine se asomó y vi su cara iluminada. Sonreía y agitaba la mano. El coche subía por la calle, Catherine me señaló las arcadas. Miré hacia allí, sólo había los dos *carabinieri* y las arcadas. Comprendí que quería decirme que me guareciera de la lluvia. Me puse bajo techado y me quedé mirando cómo el coche doblaba la esquina. Luego penetré en la estación y me dirigí hacia el andén.

El portero estaba en el andén, buscándome. Le seguí hasta el interior del tren, abriéndome paso entre el gentío, recorrimos el pasillo y abrimos la puerta de un compartimiento que estaba lleno; en un rincón estaba sentado el amigo del portero del hospital. Mi mochila y mis sacos de viaje estaban en la red para los equipajes que había sobre su cabeza. En el pasillo había muchos hombres de pie y todos los hombres del compartimiento nos miraron cuando entramos. No había plazas suficientes en el tren y todo el mundo ponía mala cara. El soldado se levantó para que me sentara. Alguien me dio una palmada en el hombro. Miré a mi alrededor. Era un capitán de artillería muy alto y flaco, con una cicatriz roja en la mandíbula. Había estado mirando a través del cristal del pasillo y luego entró.

–¿Qué quiere? –pregunté.

Me había vuelto y ahora estábamos frente a frente. Era más alto que yo y su cara parecía más flaca a la sombra de su visera y la cicatriz era reciente y brillaba. Todos los del compartimiento me estaban mirando.

–No puede hacer eso –dijo–. No puede hacer que un soldado le guarde sitio.

–Pues ya lo he hecho.

Tragó saliva y vi que su nuez subía y luego bajaba. El soldado que servía en ametralladoras seguía de pie, delante del asiento. Otros hombres miraban desde el otro lado del cristal. En el compartimiento nadie decía nada.

–No tiene derecho a hacer eso. Yo ya estaba aquí dos horas antes de que usted llegara.

–¿Qué es lo que quiere?

–El asiento.

–Yo también.

Escruté su rostro al tiempo que me daba cuenta de que todo el compartimiento estaba en contra mía. No se lo reprochaba. Estaba en su derecho. Pero yo quería el asiento. Nadie decía nada.

¡Y qué!, pensé.

–Siéntese, *signor capitano* –dije.

El soldado se hizo a un lado y el capitán alto se sentó. Me miró. Su expresión era la de un hombre ofendido. Pero se había sentado.

–Baja mis cosas –dije al soldado.

Salimos al pasillo. El tren iba lleno y yo sabía que no había ninguna posibilidad de encontrar otro asiento. Di diez liras al portero y otras diez a su amigo. Recorrieron el pasillo y luego el andén mirando por las ventanillas, pero no había ningún asiento libre.

–A lo mejor alguien baja en Brescia –dijo el portero.

–En Brescia subirán más –dijo el soldado.

Me despedí de ellos, nos estrechamos las manos y se fueron. Los dos sentían lo ocurrido. Estábamos todos de pie en el pasillo cuando el tren se puso en marcha. Vi pasar las luces de la estación y los desviaderos a medida que aceleraba. Seguía lloviendo y pronto los cristales de las ventanillas estuvieron mojados y fue imposible ver nada. Luego me dormí en el suelo del pasillo; antes, puse la cartera con el dinero y la documentación dentro de la camisa y los pantalones, de modo que quedaba en la pernera de los calzoncillos. Dormí toda la noche, despertándome solamente en Brescia y en Verona, cuando subieron al tren más hombres, pero volviendo a dormirme en seguida. Tenía la cabeza apoyada en uno de los sacos de viaje y dormía abrazado al otro, al tiempo que sentía la mochila junto a mi cuerpo, y los que no querían pisarme se veían obligados a dar un paso largo por encima de mí. Todo el pasillo estaba lleno de hombres durmiendo en el suelo. Otros permanecían de pie agarrados a las barras de las ventanillas o recostados en las puertas. El tren seguía estando abarrotado.

LIBRO TERCERO

CAPÍTULO XXV

Ahora, en otoño, todos los árboles estaban desnudos y las carreteras enfangadas. Fui desde Udine a Gorizia en un camión. En la carretera nos cruzamos con otros camiones y yo contemplaba el paisaje. Los morales estaban desnudos y los campos de color pardo. Sobre la carretera había hojas secas y húmedas que habían caído de las hileras de árboles desnudos y unos hombres estaban trabajando en la carretera, rellenando las rodadas con piedra machacada, de unos montones de grava que había junto a las cunetas, entre los árboles. Vimos la ciudad envuelta en una niebla que velaba las montañas. Cruzamos el río y vi que bajaba muy crecido. Había estado lloviendo en las montañas. Después de pasar primero frente a las fábricas y luego frente a las casas y quintas de recreo, entramos en la ciudad, y observé que había muchas más casas que habían sido alcanzadas por la artillería. En una calle estrecha nos cruzamos con una ambulancia de la Cruz Roja inglesa. El conductor llevaba una gorra y su cara era delgada y muy curtida. No le conocía. Bajé del camión en una gran plaza que había delante de la alcaldía, el chófer me tendió la mochila, que me eché a la espalda, y balanceando los dos sacos de viaje, me dirigí hacia nuestra quinta. No tenía la sensación de estar volviendo a mi casa.

Enfilé el sendero de húmeda grava mirando la quinta que se distinguía entre los árboles. Todas las ventanas estaban cerradas, pero la puerta estaba abierta. Entré y encontré al comandante sentado a una mesa en aquella habitación desnuda, con mapas y papeles escritos a máquina pegados en las paredes.

–¿Qué hay? –dijo–. ¿Cómo se encuentra?

Parecía más viejo y más reseco.

–Estoy bien –dije–. ¿Cómo va todo?

–Se acabó todo –dijo–. Póngase cómodo y siéntese.

Dejé en el suelo la mochila y los sacos de viaje y puse encima la gorra. Acerqué la otra silla que estaba junto a la pared y me senté delante de la mesa.

–Hemos tenido un mal verano –dijo el comandante–. ¿Ya se encuentra repuesto del todo?

–Sí.

–¿Le dieron las condecoraciones por fin?

–Sí, sí, desde luego. Muchísimas gracias.

–Déjemelas ver.

–Entreabrí el capote para que pudiera ver las dos cintas.

–¿Ha recibido los estuches con las medallas?

–No. Sólo los papeles.

–Aún tardará un poco en recibirlos. Eso lleva más tiempo.

–¿Qué quiere que haga?

–Todas las ambulancias están fuera. Hay seis en el Norte, en Caporetto. ¿Conoce Caporetto?

–Sí –dije.

Recordaba una pequeña población blanca, con un *campanile,* en un valle. Era un lugar pequeño y limpio, con una fuente muy bonita en la plaza.

–Ahora tienen allí el centro de operaciones. Hay muchos enfermos. Los combates han terminado.

–¿Dónde está los otros?

–Hay dos en las montañas y cuatro todavía en el Bainsizza. Las otras dos secciones de ambulancias están en el Carso, en el tercer ejército.

–¿Qué desea que haga?

–Si le parece, puede ir a hacerse cargo de las cuatro ambulancias del Bainsizza. Gino ya hace tiempo que está allí. Usted no ha visto lo de allá arriba, ¿verdad?

–No.

–Nos ha ido muy mal. Hemos perdido tres ambulancias.

–Sí, ya lo sabía.

–Sí, Rinaldi se lo contó en una carta.

–¿Dónde está Rinaldi?

–Aquí, en el hospital. Supongo que se acordará toda la vida de este verano y de este otoño.

–Lo creo.

–Ha sido terrible –dijo el comandante–. No puede imaginarse lo terrible que ha sido. Muchas veces he pensado que tuvo usted suerte de que le hirieran entonces.

–Sí.

–El año que viene será peor –dijo el comandante–. Quizá se decidan a atacar ahora. Dicen que van a atacar, pero yo no lo creo. Es demasiado tarde. ¿Ha visto el río?

–Sí. Viene ya muy alto.

–No creo que ataquen ahora que ya han empezado las lluvias. Pronto tendremos nieve. ¿Y de sus compatriotas, qué? ¿Veremos algún otro americano aparte de usted?

–Están adiestrando a un ejército de diez millones.

–A ver si alguno se deja caer por aquí. Pero los franceses van a arramblar con todos. Aquí ni les veremos el pelo. ¡Qué le vamos a hacer! Esta noche la va a pasar aquí y mañana saldrá en el coche pequeño para relevar a Gino. Haré que le acompañe alguien que conozca el camino. Gino le pondrá al corriente de todo. Todavía hay algún bombardeo, pero la cosa está lista, Le gustará conocer la Bainsizza.

–Estoy seguro de que sí. Me alegra muchos volver a estar a sus órdenes, *signor maggiore.*

Sonrió.

–Es usted muy amable. Estoy tan harto de esta guerra... Si me fuera, no creo que volviese.

–¿Tan mal van las cosas?

–Sí. Muy mal, cada vez peor. Puede ir a lavarse y a saludar a su amigo Rinaldi.

Salí y subí el equipaje a mi habitación. Rinaldi no estaba en el cuarto, pero tenía allí todas sus cosas y me senté en la cama deshice las bandas y me saqué el zapato derecho. Luego me tendí en la cama. Estaba cansado y el pie derecho me dolía. Me pareció tonto estar echado en la cama con sólo un pie descalzo y me incorporé, me desabroché la otra bota y la dejé caer en el suelo y luego volví a tumbarme boca arriba sobre la sábana. El aire de la habitación esta viciado, con la ventana cerrada, pero estaba demasiado cansado para levantarme a abrirla. Vi que todas mis cosas estaban en un rincón del cuarto. Fuera estaba oscureciendo. Echado en la cama estuve pensando en Catherine, mientras esperaba a Rinaldi. Iba a intentar no pensar en Catherine excepto por la noche, antes de dormirme. Pero ahora estaba cansado y no tenía nada que hacer, de modo que me puse a pensar en ella. Estaba pensando en ella cuando entró Rinaldi. No había cambiado nada. Tal vez un poco más delgado.

–¡Vaya, bebé! –dijo.

Me senté en la cama. Se me acercó, se sentó a mi lado y me pasó el brazo por encima del hombro.

–¡Mi buen bebé! –Me dio una fuerte palmada en la espalda y yo le sujeté los dos brazos–. ¡Mi querido bebé! –dijo–. Enséñame la rodilla.

–Tengo que sacarme los pantalones.

–Pues sácatelos, bebé. Estamos entre amigos. Quiero ver qué clase de chapuza te han hecho.

Me puse en pie, me saque los pantalones y me levanté la rodillera. Rinaldi se sentó en el suelo y me hizo doblar la rodilla lentamente. Su dedo acarició la cicatriz; puso los dos pulgares sobre la rótula e hizo mover la rodilla suavemente con la presión de sus dedos.

–¿Eso es todo el juego que tienes?

–Sí.

–Es un crimen volver a mandarte al frente. Hubieran tenido que esperar a que la articulación fuera normal.

–Pues ha mejorado mucho. Estaba tiesa como una tabla.

Rinaldi acentuó la flexión. Yo observaba sus manos. Tenía unas hermosas manos de cirujano. Le miré la cabeza, su pelo reluciente y cuidadosamente peinado. Dobló demasiado la rodilla.

–¡Huy! –dije.

–Necesitarías más sesiones de mecanoterapia –dijo Rinaldi.

–Está mejor que antes.

–Ya lo veo, bebé. De eso entiendo más que tú. –Se incorporó y se sentó en la cama–. Lo de la rodilla en sí es un buen trabajo. –Había terminado ya con la rodilla–. Ahora cuéntame todo lo que has hecho.

–No hay nada que contar –dije–. He llevado una vida muy tranquila.

–Tienes todo el aire de un hombre casado –dijo–. ¿Qué es lo que te pasa?

–Nada –dije– ¿Y a ti qué te pasa?

–Esta guerra que me está matando –dijo Rinaldi–. Me tiene muy deprimido.

–Cruzó las manos sobre la rodilla.

–¡Vaya! –dije.

–¿Qué ocurre? ¿Es que no puedo ni tener impulsos humanos?

–No. Ya veo que no has tenido tiempo de aburrirte. Cuéntame.

–Todo el verano y todo el otoño operando. Trabajando sin parar. Haciendo el trabajo de todo el mundo. Todos los huesos, me los dejan para mí. ¡Rediós, bebé, me estoy haciendo un cirujano sensacional!

–Esto ya es algo.

–No pienso nunca. No, rediós, no pienso; opero.

–Bueno.

–Pero ahora, bebé, se acabó todo. No tengo que operar y estoy de un mal humor de mil diablos. Es una guerra terrible, bebé. Créeme, te lo digo yo. Ahora tienes que levantarme la moral. ¿Has traído los discos de fonógrafo?

–Sí.

Estaban envueltos en papel y dentro de una caja de cartón en la mochila. Estaba demasiado cansado para sacarlos.

–¿Y tú cómo vas de ánimos, bebé?

–J...

–Esta guerra es terrible –dijo Rinaldi–. Anda. Vamos a emborracharnos y nos alegraremos un poco. Luego vamos a irnos de juerga. Ya verás cómo nos encontraremos mejor.

–He tenido ictericia –dije–. No puedo emborracharme.

–¡Oh, bebé, cómo me vuelves! Se te ocurre volver formal y con hígado. Te lo digo yo, esta guerra es un asco. Y a propósito, ¿porqué diablos la estamos haciendo?

–Vamos a tomar un trago. No quiero emborracharme, pero tomaremos un trago.

Rinaldi atravesó la habitación dirigiéndose hacia el lavabo y volvió trayendo dos vasos y una botella de coñac.

–Es coñac austríaco –dijo–. Siete estrellas. Todo el botín que se consiguió en San Gabriele.

–¿Estuviste allí?

–No. Yo no he estado en ninguna parte. Me he pasado todo el tiempo aquí, operando. Mira, bebé, éste es tu antiguo vaso de los dientes. Lo he conservado todo este tiempo como recuerdo tuyo.

–Y para acordarte de que tenías que limpiarte los dientes.

–No. Yo tengo el mío. Éste lo he guardado para acordarme de tus intentos de sacarte la Villa Rossa de los dientes por la mañana, renegando y tomando aspirinas y maldiciendo a las putas. Cada vez que veo este vaso me acuerdo de ti tratando de limpiarte la conciencia con un cepillo de dientes. –Se acercó a la cama–. Anda, dame un beso y dime que no te has vuelto formal.

–No quiero darte un beso. Eres un mono.

–Ya sé que eres el modelo del buen chico anglosajón. Ya lo sé. Eres el chico de los remordimientos, ya lo sé. Espero el momento en que el anglosajón se limpie la putería con un cepillo de dientes.

–Ponme un poco de coñac en el vaso.

Brindamos y bebimos.

Rinaldi se estaba riendo de mí.

–Te voy a emborrachar, te sacaré el hígado y te pondré un hígado italiano de los buenos y volverás a ser un hombre.

Le tendí el vaso para que me pusiera más coñac. Ahora afuera había oscurecido por completo. Con el vaso en la mano fui hacia la ventana para abrirla. Había dejado de llover. Fuera había refrescado y había niebla en los árboles.

–No tires el coñac por la ventana –dijo Rinaldi–. Si no puedes bebértelo, dámelo.

–Anda y que te zurzan –dije.

Estaba contento de volver a estar con Rinaldi. Se había pasado dos años haciéndome rabiar y siempre me había gustado. Nos entendíamos muy bien.

–¿Te has casado? –preguntó desde la cama.

Yo estaba de pie, con la espalda apoyada contra la pared, cerca de la ventana.

–Todavía no.

–¿Estas enamorado?

–Sí.

–¿De aquella chica inglesa?

–Sí.

–¡Pobre bebé! ¿Se porta bien contigo?

–Naturalmente.

–Quiero decir si se porta bien contigo desde un punto de vista práctico.

–Cállate.

–Como quieras. Voy a demostrarte que soy un hombre de un tacto exquisito. ¿Te la has j...?

–Rinin –dije–, por favor, cállate. Si quieres ser mi amigo, cállate.

–Es que yo no *quiero* ser tu amigo. *Soy* tu amigo.

–Entonces cállate.

–Como quieras.

Fui hacia la cama y me senté al lado de Rinaldi. Tenía el vaso en la mano y miraba el suelo.

–¿Lo comprendes, Rinin?

–Oh, sí. Toda mi vida he encontrado temas tabús. Pero contigo había muy pocos. Supongo que tú también tienes que tenerlos.

Seguía contemplando el suelo.

–¿Tú no tienes ninguno?

–No.

–¿Ni uno solo?

–No.

–¿No te importa lo que diga de tu hermana o de tu madre?

–La tuya –dijo rápidamente Rinaldi.

Los dos nos echamos a reír.

–¡Menudo superhombre! –dije.

–A lo mejor es que estoy celoso –dijo Rinaldi.

–No, no lo estás.

–No me refiero a esta clase de celos. Quiero decir otra cosa. ¿Tienes algún amigo casado?

–Sí –dije.

–Yo no –dijo Rinaldi–. No si se quieren.

–¿Por qué no?

–Porque entonces ya no les soy simpático.

–¿Por qué no?

–Porque soy la serpiente. La serpiente de la razón.

–Te estás haciendo un lío. La razón era la manzana.

–No, era la serpiente.

Estaba más animado.

–Te encuentras mejor cuando no tienes pensamientos tan profundos –dije.

–Yo te quiero, bebé –dijo–. Y tú me deshinchas cuando me doy aires de gran pensador italiano. Pero sé muchas cosas que no puedo decir. Sé más cosas que tú.

–Sí. Estoy seguro.

–Pero tú serás más feliz. Incluso con remordimientos, serás más feliz.

–No lo creo.

–Oh, claro que sí. Es la pura verdad. Yo ya sólo soy feliz cuando trabajo.

Volvió a contemplar el suelo.

–Ya se te pasará.

–No. Sólo hay dos cosas que me gusten; la una es mala para mi trabajo y la otra se termina en media hora o en quince minutos. A veces en menos.

–A veces en mucho menos.

–Quizás haya mejorado, bebé. Nunca se sabe. Pero sólo hay estas dos cosas y mi trabajo.

–Encontrarás otras cosas.

–No. Nunca se encuentra nada. Nacemos con todo lo nuestro y nunca aprendemos nada. Nunca adquirimos nada nuevo. Todos empezamos completos. Deberías alegrarte de no ser un latino.

–Ser latino no quiere decir nada. Me refiero a un modo de pensar «latino». Estáis demasiado orgullosos de vuestros defectos.

Rinaldi levantó la vista y se echó a reír.

–Bueno, vamos a dejarlo, bebé. Estoy cansado de tanto pensar. –Parecía ya cansado cuando entró en la habitación–. Ya casi es hora de comer. Me alegra que hayas vuelto. Eres mi mejor amigo y mi hermano de armas.

–¿Y cuándo comen los hermanos de armas? –pregunté.

–En seguida. Tomemos otro trago para el bien de tu hígado.

–Como san Pablo.

–La cita es inexacta. Se trataba del vino y del estómago. Toma un poco de vino para el bien de tu estómago.

–Tanto me da lo que haya en la botella –dije–. Y por lo que tú quieras.

–Por tu amiguita –dijo Rinaldi.

Levantó el vaso.

–De acuerdo.

–Nunca diré ninguna porquería acerca de ella.

–No te reprimas tanto.

Se bebió el coñac.

–Soy puro –dijo–. Soy como tú, bebé. Yo también me buscaré una inglesa. De hecho a la tuya yo la conocí antes que tú, pero un poco demasiado alta para mí. Una chica alta es buena para hermana –citó.

–Tienes una mente deliciosamente pura –dije.

–¿Verdad que sí? Por eso me llaman Rinaldo Purissimo.

–Rinaldo Sporchissimo.

–Anda, bebé, bajemos a comer ahora que todavía tengo la mente pura.

Me lavé, me peiné y bajamos. Rinaldi estaba un poco bebido. En la sala donde comíamos la cena aún no estaba lista del todo.

–Subiré a buscar la botella –dijo Rinaldi.

Desapareció escalera arriba. Me senté a la mesa y volvió con la botella y sirvió dos vasos de coñac medio llenos.

–Demasiado –dije, y levanté el vaso para mirarlo a la luz de la lámpara que había sobre la mesa.

–Para un estómago vacío, no. Es una cosa estupenda. Te quema el estómago por completo. Para ti no hay nada peor.

–De acuerdo.

–Autodestrucción día a día –dijo Rinaldi–. Hace polvo el estómago y hace temblar la mano. Justo lo que un cirujano necesita.

–¿Lo recomiendas?

–De todo corazón. Yo no hago otra cosa. Trágatelo, bebé, y prepárate a estar enfermo.

Me bebí la mitad del vaso. Oí que en el zaguán el ordenanza gritaba:

–¡La sopa! ¡La sopa está lista!

Entró el comandante, nos saludó con un movimiento de cabeza y se sentó. Sentado a la mesa parecía muy pequeño.

–¿No hay nadie más? –preguntó.

El ordenanza puso la sopera sobre la mesa y llenó un plato.

–Ya estamos todos –dijo Rinaldi–. A no ser que venga el cura. Si supiese que Federico está aquí ya hubiese venido.

–Dónde está –pregunté.

–En el 307 –dijo el comandante.

Concentró su atención en la sopa. Se secó los labios, secándose también cuidadosamente los grises bigotes erguidos.

–Supongo que vendrá. Les he telefoneado y he dado el encargo de que le dijeran que había llegado usted.

–Echo de menos la bulla de la mesa –dije.

–Sí, ahora hay tranquilidad –dijo el comandante.

–Voy a armar jaleo –dijo Rinaldi.

–Tome un poco de vino, Enrico –dijo el comandante.

Me llenó el vaso. Trajeron los spaghetti que nos tuvieron ocupados durante unos minutos. Estábamos terminando los spaghetti cuando entró el cura. Era el mismo de siempre, pequeño, moreno y un poco achaparrado. Me levanté y nos dimos las manos. Me puso una mano sobre el hombro.

–He venido tan pronto como he sabido que estaba aquí –dijo.

–Siéntese –dijo el comandante–. Se ha retrasado.

–Buenas noches, *priest* –dijo Rinaldi, utilizando la palabra inglesa.

Ésta era una costumbre que había lanzado el capitán, tan aficionado a incordiar al cura, y que hablaba un poco de inglés.

–Buenas noches, Rinaldi –dijo el cura.

El ordenanza trajo sopa, pero él dijo que empezaría con los spaghetti.

–¿Cómo se encuentra? –me preguntó.

–Bien –dije–. ¿Cómo han ido las cosas?

–Tome un poco de vino, *priest* –dijo Rinaldi–. Tome un poco de vino para el bien de su estómago. Eso es de san Pablo, ¿sabe?

–Sí, ya lo sé –dijo el cura cortésmente.

Rinaldi le llenó el vaso.

–Ese condenado san Pablo –dijo Rinaldi– tiene la culpa de todos nuestros líos.

El cura me miró y sonrió. Comprendí que era ya mucho más difícil sacarle de sus casillas.

–Ese condenado san Pablo –dijo Rinaldi– era un juerguista y un mujeriego, y cuando ya no pudo hacer nada más dijo que eso no estaba bien. Cuando estuvo acabado empezó a poner normas para nosotros que aún funcionamos. ¿No es verdad, Federico?

El comandante sonrió. Estábamos comiendo carne estofada.

–Nunca discuto de santos después de la puesta de sol –dije.

El cura levantó los ojos de su estofado y me sonrió.

–Lo que faltaba, se ha pasado al bando del cura –dijo Rinaldi–. ¿Qué se ha hecho de aquellos estupendos comecuras de antes? ¿Dónde está Cavalcanti? ¿Dónde está Brundi? ¿Dónde está Cesare? ¿Es que tengo que incordiar a este cura solo, sin ayuda de nadie?

–Es un buen cura –dijo el comandante.

–Sí, es un buen cura –dijo Rinaldi–. Pero no por eso deja de ser un cura. Estoy intentando que la mesa de oficiales sea como en los buenos tiempos de antes. Quiero que Federico esté contento. ¡Váyase al diablo, cura!

Vi que el comandante le miraba y que se daba cuenta de que estaba borracho. Su delgado rostro estaba blanco. El arranque de sus cabellos era muy negro en contraste con la blancura de la frente.

–Está bien, Rinaldo –dijo el cura–, está bien.

–¡Váyase al diablo! –dijo Rinaldi–. Al diablo con todo su j... tinglado.

Se retrepó en la silla.

–Ha tenido un exceso de trabajo y está cansado –me dijo el comandante.

Terminó de comer y rebañó la salsa con un pedazo de pan.

–Me importa tres puñetas –dijo Rinaldi dirigiéndose a todos–. ¡Que se vaya al diablo todo el tinglado!

Dirigió una mirada retadora a todos los de la mesa, tenía la mirada turbia, la cara pálida.

–Como quieras –dije–. Que se vaya al diablo todo el j... tinglado.

–No, no –dijo Rinaldi–. Eso no. Eso no. Eso sí que no. Estamos resecos y vacíos y no hay nada más. No hay nada más, lo digo yo. Ni una cochina cosa más. Me doy cuenta cuando dejo de trabajar.

El cura sacudió la cabeza. El ordenanza se llevó la fuente de estofado.

–¿Por qué están todos comiendo carne? –Rinaldi se volvió hacia el cura–. ¿No sabe usted que hoy es viernes?

–Es jueves –dijo el cura.

–Mentira. Es viernes. Están comiendo el cuerpo de Nuestro Señor. Es carne de Dios. Lo sé. Es austríaco muerto. Esto es lo que están comiendo.

–El manjar blanco es de carne de oficiales –dije completando aquella broma tan vieja.

Rinaldi se echó a reír. Llenó su vaso.

–No me hagan caso –dijo–. Estoy un poco loco.

–Usted necesita un permiso –dijo el cura.

El comandante le hizo una señal con la cabeza. Rinaldi miró al cura.

–¿Cree usted que necesito un permiso?

El comandante hizo otra señal con la cabeza al cura. Rinaldi estaba mirando al cura.

–Como usted quiera –dijo el cura–. Si no quiere, no.

—¡Váyase al diablo! —dijo Rinaldi—. Quieren librarse de mí. Todas las noches intentan librarse de mí. Pero yo los pongo fuera de combate. ¿Y qué si lo tengo? Todo el mundo lo tiene. El mundo entero lo tiene. Al comienzo —siguió, imitando la manera de hablar de un conferenciante— no es más que un granito. Luego notamos una erupción entre los hombros. Luego no notamos nada de nada. Pongamos toda nuestra confianza en el mercurio.

—O en el salvarsán —le interrumpió el comandante en tono calmoso.

—Un producto a base de arsénico —dijo Rinaldi. Ahora parecía estar muy orgulloso—. Pero yo conozco algo mejor que estas dos cosas. ¡Mi viejo y buen cura! —dijo—. Usted nunca lo pillará. Bebé sí que lo pillará. Es un accidente de trabajo. Un simple accidente de trabajo.

El ordenanza trajo el dulce y el café. El dulce era una especie de pastel de pan negro con azúcar quemado por encima. La lámpara humeaba; el humo negro subía derechamente por el interior del conducto de cristal.

—Trae dos velas y llévate la lámpara —dijo el comandante.

El ordenanza trajo dos velas encendidas, cada una de ellas con un platillo, y se llevó la lámpara, después de apagarla. Rinaldi ahora estaba calmado. Parecía encontrarse bien.

Seguimos charlando y después del café salimos todos al zaguán.

—Tú querrás hablar con el cura. Yo voy a salir —dijo Rinaldi—. Buenas noches, *priest.*

—Buenas noches, Rinaldo —dijo el cura.

—Hasta luego, Fredi —dijo Rinaldi.

—Hasta luego —dije—. No vuelvas tarde.

Hizo una mueca y salió. El comandante estaba a nuestro lado.

—Va muy cansado y trabaja demasiado —dijo—. Además, cree que tiene la sífilis. Yo no lo creo, pero siempre es posible. Se está tratando para eso. Buenas noches. Usted saldrá al amanecer, ¿verdad Enrico?

—Sí.

—Entonces adiós —dijo—. Buena suerte. Peduzzi le despertará y le acompañará.

–Adiós, *signor maggiore.*

–Adiós. Se habla de una ofensiva austríaca, pero no creo que se produzca. Confío en que no. Pero en todo caso no será en este sector. Gino le pondrá al corriente de todo. Ahora el teléfono funciona bien.

–Telefonearé regularmente.

–Sí, por favor, no deje de hacerlo. Buenas noches. No deje que Rinaldi beba tanto coñac.

–Haré lo que pueda.

–Buenas noches, *priest.*

–Buenas noches, *signor maggiore.*

Salió para meterse en su despacho.

CAPÍTULO XXVI

Fui hacia la puerta y me asomé. Había dejado de llover, pero había niebla.

–¿Quiere que subamos? –pregunté al capellán.

–Sólo puedo quedarme un rato.

–Suba a mi habitación.

Subimos la escalera y entramos en mi cuarto. Me eché en la cama de Rinaldi. El cura se sentó en mi catre, que el ordenanza acababa de hacer. La habitación estaba casi a oscuras.

–Bueno –dijo–, ¿de verdad se encuentra ya bien?

–Sí, perfectamente. Esta noche un poco cansado.

–Yo también estoy cansado, pero sin ningún motivo.

–¿Qué me dice de la guerra?

–Me parece que se terminará pronto. No sé por qué, pero tengo esta impresión.

–Explíqueme esto.

–Ya sabe cómo es el comandante, ¿no? Un hombre muy tranquilo, ¿verdad? Pues ahora hay mucha gente que está como él.

–Yo también me siento así –dije.

–Ha sido un verano terrible –dijo el capellán. Ahora estaba más seguro de sí mismo que cuando yo me había ido–. No puede usted imaginarse lo que ha sido. Claro que usted ya ha estado allí y sabe lo que puede ser una cosa de ésas. Este verano mucha gente ha comprendido lo que es la guerra. Oficiales que yo nunca hubiese creído que comprenderían, ahora lo comprenden.

–¿Qué pasará?

Yo alisaba la sábana con la mano.

–No lo sé, pero no creo que pueda durar mucho más.

–¿Qué pasará?

–Dejarán de luchar.

–¿Quién?

–Los dos bandos.

–Ojalá –dije.

–¿No lo cree posible?

–No creo que los dos bandos dejen de luchar al mismo tiempo.

–No, claro. Es pedir demasiado. Pero cuando veo todos estos cambios en la gente, pienso que eso no puede durar.

–¿Quién salió ganando este verano?

–Nadie.

–Los austríacos más que nosotros –dije–. Nos impidieron tomar San Gabriele. Ellos han salido ganando. No dejarán de luchar.

–Si sienten lo mismo que nosotros pueden dejarlo correr. Han pasado por lo mismo.

–Cuando uno lleva las de ganar nunca se para.

–Usted me desanima.

–Sólo puedo decirle lo que pienso.

–¿Entonces cree que va a continuar indefinidamente? ¿Que nunca va a pasar nada?

–No lo sé. Sólo creo que los austríacos no dejarán de luchar mientras piensen que van ganando. Cuando se nos derrota es cuando nos hacemos cristianos.

–Los austríacos son cristianos, excepto los bosnios.

–No me refería a cristiano desde el punto de vista técnico. Quiero decir como Nuestro Señor.

Él no dijo nada.

–Ahora –seguí diciendo– todos nosotros somos más pacíficos porque nos han vencido. ¿Cómo hubiese sido Nuestro Señor si Pedro le hubiese salvado en el huerto de los Olivos?

–Hubiera sido exactamente el mismo.

–No lo creo –dije.

–Usted me desanima –dijo–. Yo creo que algo va a ocurrir y rezo porque ocurra. Lo he sentido muy próximo.

–Algo puede ocurrir –dije–. Pero sólo nos ocurrirá a nosotros. Si ellos sintieran lo mismo, todo iría bien. Pero nos han vencido. Ellos sienten otra cosa.

–Muchos de los soldados siempre han sentido esto. No es porque ahora hayan sido vencidos.

–Estaban vencidos desde el comienzo. Estaban ya vencidos cuando los sacaron de sus granjas y los metieron en el ejército. Por eso el campesino tiene sentido común, porque está vencido desde el comienzo. Déle el poder y ya verá dónde va a parar el sentido común.

No dijo nada. Estaba pensando.

–Ahora soy yo el que está deprimido –dije–. Por eso nunca pienso en esas cosas. Nunca pienso en ellas y, sin embargo, cuando empiezo a hablar digo las cosas que he ido reuniendo en la cabeza sin pensar.

–Yo tenía alguna esperanza.

–¿La derrota?

–No. Algo más.

–No hay nada más. Excepto la victoria. Que puede ser peor.

–Durante mucho tiempo he esperado que llegase la victoria.

–También yo.

–Ahora no sé.

–Tiene que ser o una cosa o la otra.

–Ya no creo en la victoria.

–Yo tampoco. Pero tampoco creo en la derrota. Aunque quizá fuese mejor.

–¿En qué cree usted?

–En el sueño –dije.

Se puso de pie.

–Siento mucho haberme quedado tanto rato. Pero me gusta tanto charlar con usted.

–Me encanta poder charlar otra vez como antes. He dicho eso del sueño sin ninguna segunda intención.

Nos levantamos y nos dimos la mano en la oscuridad.

–Ahora duermo en el 307 –dijo.

–Yo entro de servicio mañana por la mañana a primera hora.

–Ya nos veremos cuando vuelva.

–Daremos un paseo y charlaremos.

Le acompañé hasta la puerta.

–No baje –dijo–. Me alegro mucho de que haya vuelto. Aunque supongo que usted no se alegrará tanto.

Me puso la mano en el hombro.

–¡Oh! Me da igual –dije–. Buenas noches.

–Buenas noches. *Ciaou.*

–*Ciaou* –dije.

Me estaba cayendo de sueño.

CAPÍTULO XXVII

Me desperté cuando Rinaldi volvió, pero él no dijo nada y volví a dormirme. De madrugada, me vestí y me fui antes de que amaneciera. Rinaldi no se despertó cuando me fui.

Era la primera vez que veía el Bainsizza y me resultaba extraño subir por la cuesta donde habían estado los austríacos, más allá de aquel lugar de la orilla del río donde me hirieron. Había una carretera nueva bastante empinada y muchos camiones. Más adelante la carretera se allanaba y vi bosques y escarpadas colinas en medio de la niebla. Había bosques que habían sido conquistados rápidamente y que no habían sufrido los efectos de la destrucción. Más lejos, donde la carretera no quedaba protegida por las colinas, las esteras, colgadas a ambos lados y por la parte de encima, formaban una especie de túnel. La carretera terminaba en un pueblo en ruinas. Las trincheras quedaban más arriba. Había mucha artillería por los alrededores. Las casas estaban derruidas en buena parte, pero había una excelente organización y por todas partes se veían letreros. Encontramos a Gino, que nos dio un poco de café, y luego me acompañó para presentarme a varias personas y ver los puestos de socorro. Gino dijo que las ambulancias inglesas cubrían el servicio más abajo del Bainsizza, hacia Ravne. Sentía una gran admiración por los ingleses. Aún había algunos bombardeos, dijo, pero los heridos no eran muchos. Sin embargo, habría muchos enfermos ahora que habían empezado las lluvias. Se suponía que los austríacos iban a atacar, pero él no lo creía. También se suponía que nosotros atacaríamos, pero no habían traído tropas de refresco, lo cual le hacía suponer que tampoco nosotros nos moveríamos. La comida era escasa y estaría encantado de hacer una comida de verdad en Gorizia. ¿Qué cena me habían dado? Se lo dije y la encontró sensacional. Lo que más impresión le causó fue el *dolce.* No se lo describí con detalle, sólo dije que era un *dolce,* y me parece que se imaginó que era algo más exquisito que pastel de miga de pan.

¿Sabía yo adónde iban a enviarle? Le contesté que no, pero que varias de las otras ambulancias estaban en Caporetto. Dijo que ojalá le mandaran por aquella parte. Era un lugar pequeño y bonito y le encantaban las grandes montañas que había detrás. Era muy buen chico y todo el mundo parecía apreciarle. Me dijo que lo que había sido un verdadero infierno había sido lo de San Gabriele y el ataque más allá de Lom, que había acabado mal. Dijo que los austríacos tenían mucha artillería en los bosques a lo largo de la cresta del Ternova, más lejos y encima de nosotros, y que durante la noche bombardeaban con mucha intensidad las carreteras. Tenían una batería de cañones de marina que le había dejado los nervios hechos polvo. Yo los reconocería porque tenían una trayectoria muy baja. Se oía la detonación y el silbido comenzaba casi instantáneamente. Casi siempre disparaban dos cañones a la vez, uno inmediatamente después del otro, y los fragmentos de las bombas eran enormes. Me enseñó uno, un trozo de metal pulido y mellado que medía más de un pie de largo. Parecía metal antifricción.

–No creo que sean muy eficaces –dijo Gino–. Pero me dan miedo. Siempre parece que vayan a caer exactamente encima de uno. Cuando hay la detonación, en seguida se oye el silbido y la explosión. ¿De qué sirve no ser herido si le dan a uno un susto de muerte?

Dijo que había croatas en las trincheras que ahora teníamos enfrente y algunos magiares. Nuestras tropas estaban aún en las posiciones de ataque. No había alambradas dignas de este nombre, ni ningún lugar al que pudiéramos replegarnos si se producía un ataque de los austríacos. Había buenas posiciones para la defensa a lo largo de las montañas bajas que se elevaban de la meseta, pero no se había organizado nada para preparar allí una línea defensiva. Y yo, ¿qué pensaba del Bainsizza?

Yo suponía que era un lugar más llano, más semejante a una meseta. No hubiera imaginado que fuese un terreno tan accidentado.

–*Alto piano* –dijo Gino–, pero no *piano.*

Volvimos a la bodega de la casa en que vivía. Le dije que en mi opinión una cresta llana en la parte superior, pero de una cierta altura, sería más fácil y mejor de defender que una serie de montañas bajas. No era más difícil atacar en una montaña que en terreno llano, expliqué.

–Eso depende de las montañas –dijo–. Acuérdese de San Gabriele.

–Sí –dije–, pero la cosa se puso fea cuando se llegó arriba, donde el terreno era llano. Llegar a la cumbre no les costó mucho.

–No fue tan fácil –dijo.

–Sí –dije–, pero era un caso especial, porque más que una montaña era una fortaleza. Los austríacos la habían estado fortificando durante años enteros.

Le expliqué que, desde el punto de vista táctico, en una guerra de movimientos, una cadena de montañas no es un buen frente para defender, porque es demasiado fácil rodearlas. Hay que tener una cierta movilidad, y una montaña admite poca. Por otra parte, cuando se dispara desde arriba, los tiros siempre salen demasiado altos. Si rodean la ladera, los mejores hombres se quedan en las montañas más altas. Yo no creía en una guerra en las montañas. Dije que había pensado mucho sobre aquello. Los unos se apoderan de una montaña, los otros de otra, pero al llegar a la hora de la verdad todos tienen que bajar al llano.

–¿Y usted qué haría si tuviera una frontera montañosa? –preguntó.

–Aún no me he planteado esta cuestión –dije, y los dos nos echamos a reír–. Pero –añadí–, antes a los austríacos siempre les zurraban en el cuadrilátero del sector de Verona. Les dejaban bajar al terreno llano y allí les zurraban.

–Sí –dijo Gino–. Pero usted habla de los franceses, y es mucho más fácil resolver los problemas militares cuando se está luchando en el país del vecino.

–Sí –concedí–, cuando uno está en su propio país no puede utilizarlo de un modo tan científico.

–Los rusos sí que lo hicieron, y Napoleón cayó en la trampa.

–Sí, pero ellos tienen un país muy grande. Si en Italia nos retiramos para hacer caer en la trampa a Napoleón, nos vamos a encontrar en Brindisi.

–Un lugar espantoso –dijo Gino–. ¿Ha estado allí alguna vez?

–Sólo de paso.

–Yo soy un patriota –dijo Gino–. Pero no puedo con lugares como Brindisi y Tarento.

–¿Le gusta la Bainsizza? –pregunté.

–Es una tierra sagrada –dijo–. Pero ojalá diera más patatas. ¿Sabía usted que cuando llegamos aquí encontramos campos de patatas que habían plantado los austríacos?

–¿De verdad han escaseado los víveres?

–Yo siempre me he quedado con hambre, pero soy muy comedor y no me he muerto de eso. El rancho es más o menos como siempre. A los regimientos que están en primera línea les dan bastante bien de comer, pero a los otros no les toca mucho. Hay algo que falla en algún sitio. Aquí deberíamos tener mucha comida.

–Los peces gordos la venden por su cuenta.

–Sí, a los batallones que están en primera línea les dan toda la que pueden, pero los demás pasan hambre. Se han comido todas las patatas de los austríacos y las castañas de los bosques. Tendrían que alimentarles mejor. Somos buenos comedores. Estoy seguro de que hay mucha comida. Para los soldados es muy malo andar escaso de comida. ¿Ha pensado alguna vez en cómo influye eso en la manera de pensar?

–Sí –dije–. No basta para ganar una guerra, pero puede hacerla perder.

–No hablemos de perder la guerra. De eso ya se ha hablado demasiado. Lo que se ha hecho este verano no puede haber sido inútil.

No dije nada. Siempre me sentía incómodo al oír las palabras sagrado, glorioso, sacrificio, inútil. Eran palabras que habíamos oído a veces de pie, bajo la lluvia, casi fuera del alcance de la voz, de modo que sólo podíamos oír lo que se nos gritara, y las habíamos leído en los bandos que pegaban encima de otros bandos, y ahora hacía ya mucho tiempo que yo no había visto nada sagrado, y las cosas que se llamaban gloriosas no tenían gloria, y los sacrificios eran como los mataderos de Chicago, con la única diferencia de que con la carne no se hacía nada, salvo enterrarla. Había muchas palabras que resultaban ya insoportables, y en resumidas cuentas, sólo los nombres de lugar conservaban algo de dignidad. Lo mismo ocurría con ciertos números y ciertas fechas y esto junto con los nombres de lugares era lo único que uno podía decir que significase algo. Las palabras abstractas como gloria, honor, valor, santidad, eran indecentes al lado de los nombres concretos de pueblos, de los números de las carreteras, de los nombres de ríos, de los números de los regimientos y de las fechas. Gino era patriota y por eso decía cosas que a veces nos separaban, pero también era muy buen chico y yo comprendía que fuese un patriota. Había nacido patriota. Se fue con Peduzzi en la ambulancia para volver a Gorizia.

Aquel día el tiempo fue muy malo. El viento azotaba la lluvia y por todas partes había agua y barro. El yeso de las casas en ruinas era gris y estaba empapado. A última hora de la tarde dejó de llover y desde nuestro puesto número dos estuve contemplando el paisaje, desnudo y húmedo, con nubes coronando las colinas y los túneles de paja de las carreteras, empapados y chorreantes. El sol volvió a salir una vez antes de ponerse y brilló sobre los bosques desnudos más allá de la cresta de las colinas. Había muchos cañones austríacos en los bosques, en aquella cresta, pero sólo unos pocos disparaban. Estuve contemplando las súbitas humaredas redondas de shrapnel en el cielo, encima de las derruidas alquerías, cerca de nuestra línea de trincheras; blandas humaredas con un resplandor blanco amarillento en el centro. Primero se veía el fogonazo, luego se oía la detonación, luego se veía cómo se deformaba la bola de humo y se deshilachaba en el viento. Había muchas balas de shrapnel de acero en la mampostería de las casas y en la carretera, junto a la casa en ruinas donde estaba el puesto, pero aquella tarde no cayó ninguna bomba cerca del puesto. Cargamos dos ambulancias y bajamos por aquella carretera que estaba protegida por las esteras mojadas, y los últimos rayos del sol se filtraban por entre las rendijas y las tiras de paja. Antes de que saliéramos a la carretera descubierta, detrás de la colina, el sol se había puesto. Seguimos por la carretera descubierta y después de tomar una curva y entrar de nuevo en un túnel arqueado formado por esteras de paja, volvió a ponerse a llover.

Se levantó viento en la noche y a las tres de la madrugada, en medio de una lluvia torrencial hubo un bombardeo y los croatas avanzaron atravesando los prados de las montañas y los bosquecillos en dirección a nuestras líneas. Se combatió en medio de la lluvia y de la oscuridad y un contraataque de unos hombres asustados de la segunda línea, les hizo retroceder. El bombardeo se intensificó y se tiraron muchos cohetes bajo la lluvia y hubo fuego de ametralladoras y de fusiles a lo largo de todo el frente. El ataque no se repitió, se restableció la calma, y entre las ráfagas de viento y la lluvia podíamos oír el estruendo de un gran bombardeo más al norte.

Los heridos iban llegando al puesto, algunos eran llevados en camillas, otros iban andando por propio pie y otros finalmente eran llevados a hombros de soldados que venían a campo traviesa. Estaban empapados hasta los huesos y todos con mucho miedo. Llenamos dos ambulancias con camillas a medida que las subían de la bodega del puesto, y cuando cerré la puerta de la segunda ambulancia y la aseguré, advertí que la lluvia que me caía en la cara se estaba volviendo nieve. Los copos empezaban a caer, cada vez mayores y más rápidos, en medio del agua.

Cuando amaneció, la tormenta duraba todavía, pero había dejado de nevar. La nieve se había ido fundiendo a medida que caía en la tierra mojada, y ahora volvía a llover. Hubo otro ataque inmediatamente después de que empezara a clarear, pero no tuvo éxito. Durante todo el día estuvimos esperando el ataque, pero éste no llegó hasta que el sol empezó a ponerse. El bombardeo empezó hacia el sur, debajo de la larga cresta boscosa donde estaban concentrados los cañones austríacos. Nosotros estuvimos esperando un bombardeo que finalmente no se produjo. Estaba oscureciendo. Los cañones disparaban desde el campo que había detrás del pueblo, y las bombas, al caer lejos, sonaban de un modo tranquilizador.

Nos enteramos de que el ataque en dirección sur había fracasado. Aquella noche no atacaron, pero corrió el rumor de que habían abierto brecha en el norte. En el curso de la noche recibimos la orden de prepararnos para la retirada. El capitán me lo comunicó en el puesto de socorro. Se lo habían dicho en la brigada. Al cabo de un rato volvió del teléfono diciendo que era mentira. La brigada había recibido órdenes de que la línea del Bainsizza debía defenderse a toda costa. Yo pregunté por la brecha que habían abierto y me dijo que había oído decir en la brigada que los austríacos habían abierto brecha en el veintisiete cuerpo de ejército, cerca de Caporetto. En el norte había habido una gran batalla durante todo el día.

–Si esos hijos de mala madre les dejan pasar, estamos fritos –dijo.

–Los que atacan son alemanes –dijo uno de los oficiales médicos.

La palabra alemanes era algo que asustaba. No queríamos saber nada con los alemanes.

–Hay quince divisiones de alemanes –dijo el oficial médico–. Han abierto brecha y nos van a rodear.

–En la brigada dicen que hay que defender esta línea. Dicen

que esta brecha no es muy importante y que nos defenderemos a lo largo de una línea que cruza las montañas desde Monte Maggiore.

–¿De dónde han sacado esto?

–De la división.

–La orden de retirada venía de la división.

–Estamos a las órdenes del cuerpo de ejército –dije–. Pero aquí estoy a sus órdenes. Naturalmente, si usted me dice que haga una cosa, yo la haré. Pero haga lo posible por tener órdenes precisas.

–Las órdenes son que nos quedemos aquí. Usted llévese los heridos al centro de evacuación.

–A veces también los llevamos del centro de evacuación a los hospitales de campaña –dije–. Dígame, nunca he visto una retirada..., si hay retirada, ¿cómo se evacua a todos los heridos?

–No se los evacua a todos. Se lleva a todos los que pueda, y el resto lo deja.

–¿Y en las ambulancias qué meto?

–Equipo de hospital.

–Muy bien –dije.

La retirada empezó a la noche siguiente. Nos enteramos de que los alemanes y los austríacos habían abierto brecha en el norte y bajaban por los valles de las montañas hacia Cividale y Udine. El repliegue era ordenado, húmedo y sombrío. Por la noche, en las carreteras atestadas por las que avanzábamos lentamente, adelantábamos a tropas que andaban bajo la lluvia, cañones, caballos tirando de furgones, mulos, camiones, todo alejándose del frente. No había más desorden que cuando se avanzaba.

Aquella noche ayudamos a vaciar los hospitales de campaña que habían sido instalados en los pueblos menos castigados de la meseta, evacuando a los heridos en dirección a Plava, a orillas del río. Y al día siguiente, también bajo la lluvia, nos dedicamos a evacuar los hospitales y el centro de evacuación de Plava. La lluvia arreciaba y el ejército del Bainsizza abandonaba la meseta bajo la lluvia de octubre y atravesaba el río donde en la primavera de aquel año habían empezado las grandes victorias. Entramos en

Gorizia al mediodía del día siguiente. Había dejado de llover y la ciudad estaba casi vacía. Cuando subimos por la calle estaban metiendo en un camión a las chicas del burdel de los soldados. Eran siete chicas y llevaban puestos los sombreros y los abrigos y llevaban pequeñas maletas. Dos de ellas estaban llorando. Una de las otras nos sonrió, sacó la lengua y la movió varias veces arriba y abajo. Tenía los labios gruesos y carnosos y los ojos negros.

Hice parar la ambulancia, bajé y fui a hablar con la patrona del burdel. Me dijo que las de los oficiales se habían ido a primera hora de aquella mañana. ¿Adónde iban? A Conegliano, dijo. El camión se puso en marcha. La chica de los labios gruesos volvió a sacarnos la lengua. La patrona agitó la mano en son de despedida. Las dos chicas seguían llorando. Las otras contemplaban la ciudad con interés. Volví a la ambulancia.

–Deberíamos acompañarlas –dijo Bonello–. Sería un viaje estupendo.

–Tendremos un viaje estupendo –dije.

–Tendremos un viaje de todos los demonios.

–Eso es lo que quería decir –dije.

Llevamos la ambulancia hasta la quinta.

–Me gustaría estar allí cuando alguno de esos pedazos de bruto suba al camión.

–¿Crees que subirán?

–Seguro. En el segundo ejército todo el mundo conoce a esta patrona. –Estábamos delante de la quinta–. Le llaman la madre superiora –dijo Bonello–. Las chicas son nuevas, pero a ella todo el mundo la conoce. Deben haberlas traído justo antes de empezar la retirada.

–No les faltará diversión.

–Claro que no. Lo que me gustaría es pasar el rato con ellas gratis. Cobran demasiado en esta casa. El gobierno nos explota.

–Saca la ambulancia y que los mecánicos la revisen –dije–. Cambiad el aceite y comprobad el diferencial. Llenad el depósito y luego tú te vas a dormir un poco.

–Sí, *signor tenente.*

La quinta estaba vacía. Rinaldi se había ido con el hospital. El comandante se había ido con todo el personal del hospital en el coche de los médicos. En la ventana había una nota para mí diciéndome que cargara en las ambulancias el material amontonado en el zaguán y me dirigiera a Pordenone. Los mecánicos ya se habían ido. Volví al garaje. Las otras dos ambulancias llegaron en seguida y sus conductores bajaron. De nuevo estaba empezando a llover.

–Tengo tanto... sueño que me he dormido tres veces viniendo de Plava –dijo Piani–. ¿Qué vamos a hacer, *tenente*?

–Hay que cambiar el aceite, engrasar, llenar los depósitos y luego llevar las ambulancias hasta la entrada y cargar todos los trastos que han dejado.

–¿Y luego nos vamos?

–No, dormiremos unas tres horas.

–Rediós, me sentará bien echar un sueño –dijo Bonello–. Me estaba quedando dormido mientras conducía.

–¿Cómo va tu ambulancia, Aymo? –pregunté.

–Bien, bien.

–Dame un mono y te ayudaré a engrasar.

–No, no, *tenente* –dijo Aymo–. Eso se hace en seguida. Vaya a preparar sus cosas.

–Ya lo tengo todo preparado –dije–. Voy a sacar todos los chismes que nos han dejado. Cuando hayáis terminado, llevad en seguida las ambulancias a la puerta.

Llevaron las ambulancias hasta la parte delantera de la casa y las cargamos con el equipo de hospital que habían dejado amontonado en el zaguán. Cuando todo estuvo dentro, las tres ambulancias quedaron alineadas en el sendero, bajo los árboles, recibiendo la lluvia. Entramos en la casa.

–Encended fuego en la cocina y secaos –dije.

–A mí me da igual llevar la ropa mojada –dijo Piani–. Lo que quiero es dormir.

–Voy a dormir en la cama del comandante –dijo Bonello.

–La cama me importa un rábano –dijo Piani–. La cuestión es dormir.

–Aquí hay dos camas.

Abrí la puerta.

–Nunca había visto lo que había en esta habitación –dijo Bonello.

–Éste era el cuarto del pez gordo –dijo Piani.

–Vosotros dos dormid aquí –dije–. Yo os despertaré.

–Si usted se queda dormido, *tenente,* serán los austríacos los que nos despierten –dijo Bonello.

–Ya me despertaré a tiempo –dije–. ¿Dónde está Aymo?

–Se ha metido en la cocina.

–Va, a dormir –dije.

–Y tanto como voy a dormir –dijo Piani–. Me he estado durmiendo de pie todo el día. Siento como si todo el cráneo me pesara en los ojos.

–Sácate las botas –dijo Bonello–. Que es la cama del gordo.

–¿Y a mí qué el pez gordo?

Piani se echó sobre la cama, con las botas enfangadas, apoyando la cabeza sobre un brazo. Salí para dirigirme a la cocina. Aymo había encendido el hornillo y puesto al fuego un cacharro con agua.

–He pensado que habría que preparar un poco de *pasta asciutta* –dijo–. Cuando nos despertemos vamos a tener hambre.

–¿No tienes sueño, Bartolomeo?

–No mucho. Cuando hierva el agua la dejaré. El fuego se apagará solo.

–Es mejor que te vayas a dormir un poco –dije–. Podemos comer queso y carne de mono.

–Eso es mejor –dijo–. Algo caliente les sentará bien a este par de anarquistas. Usted váyase a dormir, *tenente.*

–Hay una cama en la habitación del comandante.

–Pues acuéstese allí.

–No. Yo subiré a mi antigua habitación. ¿Quieres un trago, Bartolomeo?

–Cuando nos vayamos, *tenente.* Ahora no me serviría de nada.

–Si te despiertas dentro de tres horas y yo no te he llamado, despiértame, ¿quieres?

–No llevo reloj, *tenente.*

–Hay uno de pared en la habitación del comandante.

–Muy bien.

Salí de la cocina, atravesé el comedor y el zaguán y subí por la escalera de mármol hasta la habitación que había compartido con Rinaldi. Afuera estaba lloviendo. Fui hacia la ventana y miré por ella. Estaba anocheciendo y vi las tres ambulancias alineadas bajo los árboles. Los árboles estaban chorreando bajo la lluvia. Hacía frío y las gotas colgaban de las ramas. Volví a la cama de Rinaldi, me eché y dejé que el sueño me venciera.

Antes de irnos comimos en la cocina. Aymo había preparado una fuente de spaghetti con cebolla y carne picada en conserva. Nos sentamos alrededor de la mesa y nos bebimos dos botellas del vino que habían dejado en la bodega de la casa. Afuera había anochecido y seguía lloviendo. Piani se sentó a la mesa adormilado.

–Prefiero una retirada a un avance –dijo Bonello–. Al menos en la retirada bebemos barbera.

–Hoy bebemos barbera. Mañana quizá bebamos agua de la lluvia –dijo Aymo.

–Mañana estaremos en Udine. Beberemos champán. Allí es donde viven los emboscados. ¡Despierta, Piani! ¡Mañana a beber champán en Udine!

–Ya estoy despierto –dijo Piani. Se sirvió un plato de spaghetti con carne–. ¿No podías poner un poco de salsa de tomate. Barto?

–No había –dijo Aymo.

–Beberemos champán en Udine –dijo Bonello.

Se llenó el vaso del barbera color rojo claro.

–¿No se ha quedado con hambre, *tenente*? –preguntó Aymo.

–Ya he comido mucho. Pásame la botella, Bartolomeo.

–He separado una botella por barba para llevarnos en las ambulancias –dijo Aymo.

–¿No has dormido nada?

–No necesito dormir mucho. He dormido un poco.

–Mañana dormiremos en la cama del rey –dijo Bonello. Se sentía muy eufórico–. Yo dormiré con la reina –añadió.

Me miró para ver cómo me tomaba la broma.

–A callar –dije–. Te pones demasiado gracioso cuando bebes un poco de vino.

Afuera la lluvia había arreciado. Miré mi reloj. Eran las nueve y media.

–Ya es hora de irnos –dije. Y me levanté.

–¿Usted con quién irá, *tenente*? –preguntó Bonello.

–Con Aymo. Tú irás detrás. Y Piani el último. Tomaremos la carretera de Cormons.

–Me temo que me voy a quedar dormido –dijo Piani.

–Bueno. Pues iré contigo. Luego Bonello. Y Aymo el último.

–Eso es mejor –dijo Piani–. Porque tengo tanto sueño.

–Yo conduciré y tú duermes un rato.

–No. Puedo conducir si sé que llevo alguien al lado que me despierte si me duermo.

–Ya te despertaré. Apaga las luces, Barto.

–Podríamos dejarlas encendidas –dijo Bonello–. No vamos a volver a necesitar la casa.

–Tengo un baulito en mi habitación –dije–. ¿Quieres ayudarme a bajarlo, Piani?

–Cuando quiera –dijo Piani–. Vamos, Aldo.

Salió al zaguán con Bonello. Les oía que subían la escalera.

–Esto no estaba mal –dijo Bartolomeo Aymo. Metió dos botellas de vino y medio queso dentro de su saco de viaje–. No sé si volveremos a tener una casa como ésta. ¿Hasta dónde nos replegamos, *tenente*?

–Dicen que hasta detrás del Tagliamento. El hospital y el sector tienen que instalarse en Pordenone.

–Gorizia es mejor que Pordenone.

–No conozco Pordenone –dije–. Sólo he estado de paso.

–No es gran cosa –dijo Aymo.

CAPÍTULO XXVIII

Mientras atravesábamos la población bajo la lluvia y en la oscuridad, estaba vacía exceptuando a columnas de tropas y cañones que pasaban por la calle mayor. También había muchos camiones y algunos carros que circulaban por otras calles e iban a converger a la carretera principal. Cuando, después de pasar delante de las tenerías, salimos a la carretera principal, vimos que las tropas, los camiones, los carros tirados por caballos y los cañones formaban una ancha columna que avanzaba lentamente. Avanzamos lenta pero regularmente bajo la lluvia, el tapón del radiador de nuestra ambulancia rozando casi la parte trasera de un camión atestado, con la carga cubierta por una lona mojada. Luego el camión se detuvo. Toda la columna se había parado. Volvió a ponerse en marcha y recorrimos un pequeño trecho hasta que se paró de nuevo. Bajé y me puse a andar por entre los camiones y los carros, pasando por debajo de los húmedos cuellos de los caballos. El atasco se había producido bastante lejos, en la cabeza de la columna. Salí de la carretera, crucé la zanja por donde había unos tablones y me adentré en los campos. Mientras atravesaba los campos podía ver la columna atascada por entre los árboles, bajo la lluvia. Anduve alrededor de una milla. La columna no se movía, aunque por el otro lado, más allá de los vehículos inmovilizados, se veía movimiento de tropas. Volví a las ambulancias. Aquel atasco podía llegar hasta Udine. Piani se había quedado dormido sobre el volante. Me senté a su lado y también me puse a dormir. Al cabo de varias horas me despertó el ruido del embrague del camión que teníamos delante. Desperté a Piani y nos pusimos en marcha, avanzamos unas cuantas yardas, luego nos paramos, luego volvimos a arrancar. Aún seguía lloviendo.

La columna volvió a atascarse en la noche y ya no se puso en movimiento. Bajé y retrocedí para ver cómo estaban Aymo y Bonello. Bonello llevaba a su lado, en el asiento de la ambulancia, a dos sargentos de ingenieros. Cuando me acerqué los dos se pusieron en posición de firmes.

–Los hicieron quedar atrás para que hicieran no sé qué en un puente –dijo Bonello–. No saben por dónde anda su unidad y por eso les dejé subir.

–Con el permiso de usted, mi teniente.

–Pueden quedarse –dije.

–El teniente es americano –dijo Bonello–. Dejaría subir a todo el mundo.

Uno de los sargentos sonrió. El otro preguntó a Bonello si yo era italiano de América del norte o del sur.

–No es italiano. Es inglés de América del norte.

Los sargentos se mostraron corteses, pero no lo creyeron. Les dejé para ir a ver a Aymo. En el asiento de al lado llevaba a dos chicas. Estaba encajado en un rincón y fumando.

–Barto, Barto –dije.

Se echó a reír.

–Hable usted con ellas, *tenente* –dijo–. Yo no las entiendo. –Puso la mano sobre el muslo de la chica y se lo apretó amistosamente. La muchacha se arrebujó en su mantón y le apartó la mano–. ¡Eh! –dijo él–. Decidle al *tenente* cómo os llamáis y lo que estáis haciendo aquí.

La muchacha me miró hoscamente. Su compañera seguía con los ojos bajos. La chica que me estaba mirando me dijo algo en un dialecto del que no entendí ni una palabra. Era morena y regordeta y parecía tener unos dieciséis años.

–*¿Sorella?* –pregunté, señalando a la otra chica.

Asintió con la cabeza y sonrió.

–Muy bien –dije, dándole una palmada en la rodilla.

Noté que al tocarla se ponía tiesa y se apartaba. La hermana seguía sin levantar la vista. Parecía tener aproximadamente un año menos. Aymo puso la mano sobre el muslo de la mayor y ella le rechazó. Él se echó a reír.

–Hombre bueno –se señaló a sí mismo–. Hombre bueno –me señaló a mí–. No tengas miedo.

Ella le miraba con hosquedad. Las dos parecían pájaros salvajes.

–¿Por qué ha querido subir conmigo si no le gusto? –preguntó Aymo–. Han subido a la ambulancia apenas les he hecho una seña. –Se volvió hacia la muchacha–. No tengas miedo –dijo–. No peligro de j... –usó la palabra más cruda–. No hay lugar para j... –Me di cuenta de que ella sólo entendía esta palabra. Me miró con ojos muy asustados. Volvió a apretarse el mantón en torno al cuerpo–.

Ambulancia llena –dijo Aymo–. No peligro de j... No hay lugar para j...

Cada vez que decía la palabra, la muchacha se ponía rígida. Luego, muy tiesa en el asiento y sin dejar de mirarle, empezó a llorar. Vi temblar sus labios y luego cómo resbalaban lágrimas por sus mejillas regordetas. Su hermana, sin levantar la vista, le cogió la mano, y así quedaron las dos, apretadas la una contra la otra. La mayor, que había sido tan retadora, empezó a sollozar.

–Me parece que la he asustado –dijo Aymo–. Yo no quería asustarla.

Bartolomeo sacó su saco de viaje y cortó dos pedazos de queso.

–Tomad –dijo–. No lloréis.

La mayor meneó la cabeza y siguió llorando, pero la pequeña tomó el queso y empezó a comérselo. Al cabo de unos momentos dio a su hermana el segundo pedazo de queso y las dos comieron. La hermana mayor todavía hacía algunos hipidos.

–Dentro de un rato se encontrará perfectamente –dijo Aymo.

Se le ocurrió una idea.

–¿Virgen? –preguntó a la chica que tenía al lado. Ella afirmó vigorosamente con la cabeza–. ¿Virgen también? –señaló a la hermana.

Las dos asintieron con la cabeza y la mayor dijo algo en dialecto.

–Muy bien –dijo Bartolomeo–. Muy bien.

Las dos parecían más animadas.

Las dejé solas con Aymo, que seguía sentado en el rincón, y volví a la ambulancia de Piani. La columna de vehículos no se movía, pero las tropas continuaban avanzando por su lado. Todavía llovía mucho y pensé que algunos de los parones de la columna podían deberse a haber entrado agua en los motores. Aunque era más probable que fuesen caballos u hombres que se durmieran. Claro que a veces también había atascos de circulación en las ciudades, cuando todo el mundo estaba despierto. Era la combinación de caballos y de vehículos de motor. No armonizaban mucho. Y los carros de los campesinos tampoco arreglaban la cosa. Eran un par de buenas chicas las que estaban con Barto. Una retirada no era un lugar adecuado para dos vírgenes. Vírgenes de verdad. Probablemente muy piadosas. Si no fuera por la guerra, probablemente estaríamos todos en cama. En la cama reclinas la cabeza. Cama y cubierto. Cubierto con la colcha de la cama. Catherine estaba ahora en cama, entre dos sábanas, una encima y otra debajo. ¿De qué lado duerme? Quizá no esté dormida. Quizás esté despierta en la cama, pensando en mí. Sopla, sopla, viento de Oeste. Bueno, ya ha soplado y no es que haya habido llovizna, las cataratas. Ha llovido toda la noche. ¡Qué manera de llover! ¡Menudo! Dios, si tuviera a mi amor entre mis brazos y estuviese de nuevo en mi cama. Si mi amada Catherine. Si mi dulce y amada Catherine se convirtiese en lluvia. Vuelve a impulsarla hacia mí. Bueno, estamos apañados. Todo el mundo está cogido y la llovizna no va a arreglar nada. «Buenas noches, Catherine –dije en voz alta–. ¿Has dormido bien? Amor mío, si no estás cómoda, échate del otro lado –dije–. Voy a traerte un poco de agua fría. Dentro de poco amanecerá y todo te parecerá que vaya mejor. Siento que estés tan incómoda. Prueba a dormir, cariño.»

Estaba dormida todo el tiempo, dijo ella. Hablabas dormido. ¿Te encuentras bien?

¿De veras estás aquí?

Claro que estoy aquí. Y no quiero irme. Esto no tiene importancia entre nosotros.

¡Eres tan encantadora y tan deliciosa! No te irás de noche, ¿verdad?

Claro que no voy a irme. Estoy siempre aquí. Estoy a tu lado siempre que quieras.

–¡C..! –dijo Piani–. Vuelven a ponerse en marcha.

–Estaba medio dormido –dije.

Miré mi reloj. Eran las tres de la madrugada. Metí la mano detrás del asiento para sacar una botella de barbera.

–Estaba usted hablando –dijo Piani.

–Soñaba en inglés –dije.

La lluvia cedía en intensidad y ahora avanzábamos. Antes de que amaneciera habíamos vuelto a atascarnos, y cuando empezaba a clarear estábamos en una pequeña eminencia del terreno y vi la carretera que hasta donde alcanzaba la vista nada se movía, excepto la infantería que avanzaba sorteando los vehículos inmóviles. Volvimos a ponernos en marcha, pero una vez visto el trecho que habíamos recorrido durante el día, comprendí que teníamos que salir de la carretera principal y avanzar a campo a traviesa si queríamos llegar algún día a Udine.

En el curso de la noche muchos campesinos se habían unido a la columna, desembocando de pequeños caminos vecinales y en la columna se veían carros cargados con enseres domésticos; espejos asomando por entre colchones y pollos y patos atados a los carros. En el carro que había delante de nosotros había una máquina de coser que recibía la lluvia. Habían salvado los objetos más valiosos. En algunos carros se veían mujeres acurrucadas, tratando de protegerse de la lluvia, y otras iban a pie andando lo más cerca posible de los carros. Ahora había también perros en la columna, andando debajo de los vehículos. La carretera estaba enfangada, las zanjas de los lados estaban llenas de agua y detrás de los árboles que delineaban la carretera, los campos parecían demasiado mojados y demasiado empapados para aventurarse a cruzarlos. Bajé de la ambulancia y me abrí paso a pie buscando algún camino transversal por el que pudiéramos tomar para atajar a través de los campos. Sabía que había muchos caminos transversales, pero necesitaba uno que nos llevara a donde queríamos. No podía acordarme de ellos porque siempre que había pasado por allí había sido en coche, corriendo a toda velocidad por la carretera principal, y todos se parecían mucho. Me daba cuenta de que nos era forzoso encontrar uno si queríamos llegar a nuestro destino. Nadie sabía dónde estaban los austríacos, ni cómo iban las cosas, pero estaba seguro de que si la lluvia cesaba y los aeroplanos venían a hacer su trabajo sobre la columna, estábamos todos perdidos. Bastaría con que unos pocos hombres tuvieran que abandonar sus camiones o que muriesen unos cuantos caballos, para hacer completamente imposible el tránsito en la carretera.

Ahora la lluvia caía con menos fuerza y pensé que quizás el cielo se despejara. Yo andaba junto a los árboles de la carretera y cuando vi un caminito que se adentraba en dirección norte entre los campos, con una hilera de árboles a cada lado, decidí que lo mejor que podíamos hacer era tomarlo, y me apresuré a volver a las ambulancias. Dije a Piani que doblara por allí y retrocedí para hablar con Bonello y Aymo.

–Si no va a ninguna parte, siempre podemos dar media vuelta y volver a la carretera –dije.

–¿Y qué hacemos con éstos? –preguntó Bonello.

Los dos sargentos seguían sentados a su lado. Iban sin afeitar, pero a la incierta luz de la mañana conservaban todavía cierto aire militar.

–Ayudarán a empujar –dije.

Retrocedí hasta la ambulancia de Aymo y le dije que trataríamos de avanzar a campo traviesa.

–¿Y mi familia de vírgenes, qué? –preguntó Aymo.

Las dos muchachas estaban dormidas.

–No va a ser muy útiles –dije–. Tendrías qu' buscarte a alguien que pudiera empujar.

–Podríamos meterlas dentro de la ambulancia –dijo Aymo–. Detrás hay sitio.

–Haz lo que quieras –dije–. Encuentra a alguien con unas buenas espaldas para empujar.

–*Bersaglieri* –sonrió Aymo–. Son los que tienen espaldas más anchas. Se las miden. ¿Cómo se encuentra, *tenente*?

–Bien, ¿Y tú?

–Bien. Pero con mucha hambre.

–Este camino debe llevar a algún lugar. Allí nos paramos para comer.

–¿Y su pierna, *tenente*?

–Bien –dije.

Estaba de pie en el estribo y mirando hacia delante vi que la ambulancia de Piani se metía por el camino transversal y se adentraba en él; el coche era visible por entre las desnudas ramas de los árboles. Bonello torció y siguió a su compañero y luego Piani le imitó y nos pusimos a seguir a las dos ambulancias por el estrecho camino bordeado por setos. Llevaba a una casa de campo. Encontramos a Piani y a Bonello parados delante de los corrales. La casa era baja y alargada y tenía una parra enmarcando la puerta. Junto al corral había un pozo y Piani estaba sacando agua para llenar su radiador. A fuerza de tanto ir en primera, toda el agua se había evaporado. La casa estaba abandonada. Volví la vista hacia la carretera, la casa de campo estaba en una pequeña elevación en la llanura, desde donde se dominaba el paisaje, y pudimos ver los alrededores, la carretera, los setos, los campos y la hilera de árboles que bordeaban la carretera principal donde tenía lugar la retirada. Los dos sargentos habían entrado en la casa. Las chicas se habían despertado y miraban el corral, el pozo y las dos grandes ambulancias estacionadas delante de la casa, con los tres conductores en el pozo. Uno de los sargentos salió con un reloj en la mano.

–Déjalo donde estaba –dije.

Me miró, volvió a entrar en la casa y salió de nuevo sin el reloj.

–¿Dónde está tu compañero? –pregunté.

–Está haciendo sus necesidades.

Subió al asiento de la ambulancia. Tenía miedo de que le dejáramos.

–¿Y si almorzáramos, *tenente*? –preguntó Bonello–. Podríamos comer algo. No nos llevaría mucho tiempo.

–¿Tú crees que esta carretera que baja por el otro lado llevará a algún sitio?

–Seguro que sí.

–De acuerdo. Comamos.

Piani y Bonello entraron en la casa.

–Vosotras, abajo –dijo Aymo a las dos mozas.

Les tendió la mano para ayudarlas a bajar. La hermana mayor negó con la cabeza. No estaban dispuestas a entrar en una casa abandonada. Sus ojos no se apartaban de nosotros.

–No se fían ni un pelo –dijo Aymo.

Entramos juntos en la casa. Era grande y oscura y parecía abandonada.

Bonello y Piani estaban en la cocina.

–No hay mucho que comer –dijo Piani–. Lo han limpiado todo.

Bonello estaba cortando un gran queso blanco sobre la pesada mesa de la cocina.

–¿De dónde habéis sacado el queso?

–De la bodega. Piani también ha encontrado vino y manzanas.

–Será un buen almuerzo.

Piani estaba sacando el tapón de madera de una gran damajuana llena de vino. Luego llenó todo un cazo de cobre.

–Huele muy bien –dijo–. Trae unos vasos, Barto.

Los dos sargentos entraron.

–Coman un poco de queso, sargentos –dijo Bonello.

–Tendríamos que irnos –dijo uno de los sargentos, mientras comían el queso y bebía una taza de vino.

–Ya nos iremos. No se preocupe –dijo Bonello.

–Le pasa un ejército sobre el estómago –dije.

–¿Cómo? –preguntó el sargento.

–Es mejor comer.

–Sí. Pero no podemos perder tiempo.

–Sospecho que esos canallas ya habían comido –dijo Piani.

Los sargentos le miraron. Nos odiaban a todos.

–¿Conoce la carretera? –me preguntó uno de ellos.

–No –dije.

Se miraron el uno al otro.

–Lo mejor que podríamos hacer es irnos –dijo el primero.

–Ya nos vamos –dije.

Bebí otra taza de vino tinto. Sabía muy bien después del queso y de las manzanas.

–Coged el queso –dije.

Y salí.

Bonello salió llevando en la mano la enorme damajuana de vino.

–Es demasiado grande –dije.

Él la miró con aire desconsolado.

–Sí, claro. Dadme las cantimploras, que las llenaremos.

Llenó las cantimploras y algo de vino cayó sobre el empedrado del corral. Luego cogió la damajuana y la dejó justo detras de la puerta.

—Así los austríacos la encontrarán sin tener que echar la puerta abajo —dijo.

—En marcha —dije—, Piani y yo iremos delante.

Los dos sargentos estaban ya en sus asientos, al lado de Bonello. Las chicas comían queso y manzanas. Aymo estaba fumando. Enfilamos el estrecho camino que bajaba. Volví la vista atrás hacia las dos ambulancias que nos seguían y la casa de campo. Era una casa de piedra sólida, bonita y baja, y los hierros del pozo eran excelentes. Delante de nosotros el camino era estrecho y embarrado y había seto alto a cada lado. Detrás nuestro, los coches nos seguían muy de cerca.

CAPÍTULO XXIX

Al mediodía estábamos metidos en un caminito enfangado, suponíamos que a unos diez quilómetros de Udine. A última hora de la mañana había dejado de llover y por tres veces habíamos oído acercarse los aeroplanos, les habíamos visto pasar por encima de nosotros y dirigirse hacia la izquierda y luego habíamos oído cómo bombardeaban la carretera principal. Habíamos recorrido toda una red de caminos vecinales y muchos de ellos morían bruscamente al cabo de un trecho, pero siempre habíamos podido retroceder y tomar otro camino que nos llevara más cerca de Udine. Ahora, la ambulancia de Aymo, al retroceder para que nosotros pudiéramos salir de uno de esos callejones sin salida, se había hundido en la tierra blanda de los bordes, y las ruedas, a fuerza de girar, se habían ido hundiendo cada vez más hasta que todo el coche se apoyaba en el diferencial. Ahora lo único que podíamos hacer era cavar la tierra delante de las ruedas y poner ramas para que las cadenas pudieran agarrarse y luego empujar hasta que el coche volviera a estar en el camino. Todos habíamos bajado y estábamos alrededor de la ambulancia. Los dos sargentos miraban al coche y examinaban las ruedas. Luego echaron a andar por el camino sin decir ni una palabra. Yo les seguí.

–Andando –dije–. A cortar ramas.

–Tenemos que irnos –dijo uno.

–Al trabajo –dije–, a cortar ramas.

–Tenemos que irnos –repitió el mismo de antes.

El otro no decía nada. Tenían prisa por irse. No se atrevían a mirarme.

–Os ordeno que volváis al coche y que cortéis ramas –dije.

Uno de los sargentos se volvió.

–Tenemos que irnos. Dentro de un momento estarán cercados. Usted no puede darnos órdenes. Usted no es nuestro oficial.

–Os ordeno que cortéis ramas –dije.

Me volvieron la espalda y empezaron a alejarse por el camino.

–¡Alto! –dije. Siguieron alejándose por el camino enfangado, que tenía un seto a cada lado–. ¡Os ordeno que os detengáis! –grité.

Apretaron el paso. Abrí la pistolera, saqué el revólver, apunté al que había hablado más y disparé. Fallé el tiro y los dos echaron a correr. Disparé tres veces más y vi caer a uno de ellos. El otro se metió por en medio de la maleza y desapareció de mi vista. Disparé de nuevo sobre él a través del seto, mientras cruzaba el campo. Oí el chasquido que indicaba que el revólver ya no tenía más balas. Volví a cargarlo, pero vi que el segundo sargento estaba ya demasiado lejos para que pudiera alcanzarle. Estaba ya lejos, corriendo por el campo, con la cabeza gacha. Repuse los cartuchos gastados. Bonello se me acercó.

–Déjeme rematarlo –dijo.

Le tendí el revólver y se dirigió donde yacía el sargento de ingenieros, boca abajo. Bonello se inclinó, apoyó el revólver en la cabeza del hombre y apretó el gatillo. No se produjo ningún disparo.

–Tienes que amartillarlo –dije.

Lo amartilló y disparó dos veces. Cogió al sargento por las piernas y lo empujó hasta el borde de la carretera, hasta dejarlo junto al seto. Volvió hacia mí y me tendió el revólver.

–Hijo de p... –dijo. Miraba hacia el sargento–. Ha visto cómo le disparaba, ¿eh, *tenente*?

—Hay que darse prisa en coger las ramas —dije—. ¿Viste si le di al otro?

—Me parece que no —dijo Aymo—. Estaba demasiado lejos para darle con un revólver.

—El muy cochino —dijo Piani.

Todos estábamos cortando ramas de árbol. Habíamos sacado todo lo de la ambulancia. Bonello estaba cavando delante de las ruedas. Cuando estuvimos listos, Aymo puso en marcha la ambulancia y metió la primera. Las ruedas empezaron a girar despidiendo en todas direcciones ramas y fango. Bonello y yo empujamos hasta que oímos crujir las articulaciones. El coche no se movía.

—Haz que vaya hacia delante y hacia atrás, Barto —dije.

Primero dio marcha atrás, luego cambió a la primera. Las ruedas se hundían cada vez más. Luego la ambulancia volvió a apoyarse en el diferencial y las ruedas giraron de nuevo libremente en los huecos que se habían abierto.

Me incorporé y les dije:

—Probemos con una cuerda.

—No creo que sirva de nada, *tenente.* No podremos tirar en línea recta.

—Tenemos que probarlo —dije—. No hay otro sistema.

Las ambulancias de Piani y de Bonello sólo podían moverse hacia delante en aquel camino tan estrecho. Unimos los dos coches con cuerdas y empujamos. Las ruedas sólo ensancharon más las rodadas.

—Es inútil —grité—. Basta, basta.

Piani y Bonello bajaron de sus coches y fueron a reunirse conmigo. Aymo bajó también. Las muchachas se habían sentado sobre una pared de piedra, a unas cuarenta yardas de nosotros.

—¿Qué hacemos, *tenente*? —preguntó Bonello.

—Cavemos y probaremos otra vez con las ramas —dije.

Contemplé la carretera. Es culpa mía. Yo les había llevado por aquellos caminos. El sol estaba saliendo de detrás de las nubes y el cadáver del sargento yacía junto al seto.

—Pondremos debajo su capote y su guerrera —dije.

Bonello fue a buscarlos. Yo corté ramas y Aymo y Piani sacaron tierra de delante y de los lados de las ruedas. Corté el capote, lo desgarré en dos y lo extendí debajo de las ruedas, sobre el fango, luego encima amontoné ramas para que las ruedas tuvieran un punto de apoyo sólido.

Cuando todo estuvo listo, Aymo se sentó al volante y puso en marcha el coche. Las ruedas giraron y nosotros empujamos y empujamos. Pero no servía de nada.

–Es inútil –dije–. ¿Quieres sacar algo de la ambulancia, Barto?

Aymo se sentó al lado de Bonello llevándose el queso, las dos botellas de vino y su capote. Bonello, sentado junto a las ruedas, estaba registrando los bolsillos de la guerrera del sargento.

–Es mejor tirar la guerrera –dije–. ¿Y qué hacemos con las vírgenes de Barto?

–Pueden meterse detrás –dijo Piani–. No creo que vayamos muy lejos.

Abrí la puerta trasera de la ambulancia.

–Vamos –dije–. Adentro.

Las dos chicas entraron y se sentaron en un rincón. Parecían no haber oído los disparos. Volví la vista hacia el camino. El sargento estaba tendido en el suelo, con una sucia camiseta de mangas largas. Subí con Piani y arrancamos. Íbamos a tratar de cruzar el campo. Cuando el camino moría en el campo, bajé y me puse a andar delante de los coches. Si podíamos cruzar aquello, había un camino en el otro lado. Pero no pudimos. El barro estaba demasiado blando para las ambulancias. Cuando por fin estuvieron completamente atascadas, con las ruedas hundidas hasta los ejes, las dejamos en el campo y echamos a andar en dirección a Udine.

Cuando llegamos al camino que conducía a la carretera principal, la señalé, extendiendo el brazo, a las dos muchachas.

–Id por ahí –dije–. Encontraréis gente.

Ellas me miraban. Saqué la cartera y di a cada una un billete de diez liras.

–Por ahí –dije señalando–. Amigos. Familia.

No me entendían, pero con la mano crispada sobre el dinero, echaron a andar por el camino. Volvían la vista atrás como si tuviesen miedo de que les quitara el dinero. Vi cómo se alejaban, apretándose el pecho con los chales, y mirando hacia atrás como si temieran algo de nosotros. Los tres chóferes se reían.

–¿Cuánto me da si voy en esta dirección, *tenente*? –preguntó Bonello.

–Si las cogen, es mejor que estén en medio de la gente que solas –dije.

–Si me da doscientas liras yo me vuelvo atrás, derechito para Austria –dijo Bonello.

–Te las quitarían –dijo Piani.

–A lo mejor la guerra ya se había acabado –dijo Aymo.

Andábamos todo lo aprisa que podíamos. El sol trataba de salir por entre las nubes. Junto al camino había moreras. Por entre los árboles podía ver las dos enormes ambulancias inmovilizadas en el campo. Piani también miró hacia atrás.

–Tendrán que hacer una carretera para sacarlas de ahí –dijo.

–¡Rediós, si tuviéramos bicicletas! –dijo Bonello.

–¿Usan bicicletas en América? –preguntó Aymo.

–Antes sí.

–Aquí es una gran cosa –dijo Aymo–. Una bicicleta es una cosa estupenda.

–¡Rediós, si tuviéramos bicicletas! –repitió Bonello–. A mí no se me da el andar.

–¿Son cañones? –pregunté.

Me pareció haber oído unos cañonazos muy lejos.

–No sé –dijo Aymo.

Se puso a escuchar.

–Creo que sí –dije.

–Lo primero que veremos será la caballería –dijo Piani.

–No creo que tengan caballería.

–¡Rediós, espero que no! –dijo Bonello–. No quisiera que me ensartaran con la lanza.

–Buen tiro le pegó a aquel sargento, *tenente* –dijo Piani.

Andábamos aprisa.

–Yo le maté –dijo Bonello–. Es la primera vez que he matado en esta guerra, y toda mi vida he querido matar a un sargento.

–Le has liquidado en frío –dijo Piani–. No volaba mucho cuando le dejaste seco.

–¿Y qué? Siempre podré recordar una cosa. Que he matado a aquel j... sargento.

–¿Y al cura qué le dirás cuando te confieses? –preguntó Aymo.

–Le diré: Bendígame, padre, porque he matado a un sargento.

Todos se echaron a reír.

–Es un anarquista –dijo Piani–. No va a la iglesia.

–Piani también es un anarquista –dijo Bonello.

–¿De verdad sois anarquistas? –pregunté.

–No, *tenente*. Somos socialistas. Somos de Imola.

–¿No ha estado nunca allí?

–No.

–Rediós, pues es una ciudad sensacional, *tenente*. Vaya por allí después de la guerra y verá lo que es bueno.

–¿Todos sois socialistas?

–Todo el mundo.

–¿Es bonita la ciudad?

–Magnífica. En su vida ha visto nada igual.

–¿Y por qué sois socialistas?

–Todos somos socialistas. Todo el mundo es socialista. Siempre hemos sido socialistas.

–Venga usted por allí, *tenente*. Le convertiremos al socialismo.

El camino torcía hacia la izquierda, trepaba por una pequeña loma y, detrás de una tapia, había un huerto de manzanas. En la cuesta dejaron de hablar. Andábamos apiñados y muy aprisa, para ganar tiempo.

CAPÍTULO XXX

Poco después andábamos por un camino que conducía a un río. Había una larga fila de camiones abandonados y de carretas en el camino que terminaba en el puente. No se veía a nadie. El río bajaba crecido y el puente había sido volado en el centro. El arco de piedra había caído al río y el agua parda pasaba por encima. Seguimos por la orilla buscando un lugar para cruzar. Yo sabía que más arriba había un puente de ferrocarril y pensé que quizá pudiéramos cruzar por allí. El sendero estaba húmedo y enfangado. No veíamos tropas, sólo camiones y material abandonados. A lo largo de la orilla del río no había nadie, excepto ramas húmedas y tierra enfangada. Al cabo de un rato vimos el puente del ferrocarril.

–¡Qué puente más precioso! –dijo Aymo.

Era un vulgar puente de hierro, bastante largo, que servia para cruzar lo que solía ser un cauce de río sin agua.

–Es mejor que nos demos prisa en pasar antes de que lo vuelen –dije.

–Aquí no hay nadie para volarlo –dijo Piani–. Todos se han ido.

–Probablemente está minado –dijo Bonello–. Pase usted el primero, *tenente.*

–¡Vaya con el anarquista! –dijo Aymo–. Hágale pasar a él primero.

–Pasaré yo –dije–. Si lo han minado, no va a estallar porque pase un solo hombre.

–¿Te das cuenta? –dijo Piani–. Eso es pensar con la cabeza. ¿Por qué no haces servir la cabeza, anarquista?

–Si la hiciera servir ya no estaría aquí –dijo Bonello.

–No está mal la respuesta, ¿eh, *tenente*? dijo Aymo.

–Sí, no está mal –dije.

Ahora estábamos junto al puente. El cielo se había vuelto a nublar y estaba lloviznando. El puente parecía largo y sólido. Subimos al terraplén.

–Uno a uno –dije, y empecé a cruzar el puente.

Miraba atentamente las traviesas y los raíles para tratar de descubrir algún hilo u otro indicio de explosivos, pero no vi nada. Bajo mis pies, por entre los huecos de las traviesas, el río, corría fangoso y rápido. Delante mío, más allá de la empapada campiña, podía ver Udine bajo la lluvia. Una vez cruzado el puente, me detuve para mirar hacia atrás. A corta distancia, un poco más arriba del río, había otro puente. Mientras lo miraba pasó por él un coche de color amarillo sucio. Los parapetos del puente eran altos, y una vez en el puente, casi no se veía nada del coche. Pero vi las cabezas del chófer, del hombre que iba sentado a su lado, y las de los que iban en los asientos traseros. Todos llevaban cascos alemanes. El coche en seguida hubo cruzado el puente y se perdió de vista entre los árboles y los vehículos abandonados de la carretera. Hice señas a Aymo, que estaba cruzando, y a los demás, para que se dieran prisa. Bajé al suelo y me acurruqué junto al terraplén de las vías. Aymo fue a reunirse conmigo en seguida.

–¿Has visto el coche? –le pregunté.

–No. Le estábamos mirando a usted.

–Un coche del estado mayor alemán ha pasado por el puente de más arriba.

–¿Un coche del estado mayor?

–Sí.

–¡Virgen Santísima!

Llegaron los demás y todos nos acurrucamos en el fango, junto al terraplén, mirando, por encima de los raíles del puente, la línea de los árboles, la zanja y la carretera.

–¿Cree usted que estamos cercados, *tenente*?

–No lo sé. Lo único que sé es que un coche del estado mayor alemán ha pasado por esta carretera.

–¿De veras se encuentra bien, *tenente*? ¿No tiene algo así como visiones?

–No estoy para guasas, Bonello.

–¿Y si tomáramos un trago? –propuso Piani–. Si estamos cercados bien podríamos tomar un trago.

Descolgó la cantimplora y la destapó.

–¡Mirad, mirad! –dijo Aymo señalando la carretera.

Por encima del parapeto del puente de piedra veíamos moverse varios cascos alemanes. Estaban inclinados hacia delante y avanzaban lentamente, casi de un modo sobrenatural. Cuando llegaron al final del puente los vimos. Eran ciclistas. Vi las caras de los dos primeros. Eran rostros colorados y saludables. Los cascos les cubrían parte de la frente y los dos lados de la cara. Llevaban las carabinas colgadas del cuadro de las bicicletas. Y de los cinturones pendían varias granadas. Los cascos y los uniformes grises estaban empapados y avanzaban sin esfuerzo aparente, mirando hacia delante y a ambos lados. Primero iban dos, luego una fila de cuatro, luego otros dos, luego casi una docena; luego otra docena y finalmente uno solo. No hablaban, pero no hubiéramos podido oírles debido al fragor del río. Desaparecieron por la carretera.

–¡Virgen Santa! –dijo Aymo.

–Eran alemanes –dijo Piani–. Ésos no eran austríacos.

–¿Por qué no hay nadie aquí para detenerles? –dije–. ¿Por qué no han volado este puente? ¿Por qué no hay ametralladoras en todo este terraplén?

–A nosotros no nos lo pregunte, *tenente* –dijo Bonello.

Yo estaba furioso.

–Todo este j... asunto es de locos. Un poco más abajo vuelan un puentecillo. Y aquí dejan un puente en la carretera principal. ¿Dónde se habrán metido? ¿Es que no van a intentar pararles de un modo u otro?

–A nosotros no nos lo pregunte, *tenente* –dijo Bonello.

Me callé. Al fin y al cabo aquello no era asunto mío; lo único que yo tenía que hacer era llegar a Pordenone con tres ambulancias. No lo había conseguido. Ahora lo único que tenía que hacer era llegar a Pordenone. Probablemente no podría llegar ni a Udine. ¿Y por qué demonios no iba a poder? Había que conservar la calma y no dejarse matar ni hacer prisionero.

–¿Tenéis una cantimplota abierta? –pregunté a Piani. Me la alargó. Bebí un largo trago–. Ya podemos irnos –dije–. Claro que no hay ninguna prisa. ¿Queréis comer algo?

–No es un buen lugar para quedarse –dijo Bonello.

–De acuerdo. Vámonos.

–¿Seguimos por este lado, sin que nos vean?

–Es mejor que vayamos por arriba. Por este puente también van a pasar. No quiero que nos vean desde arriba antes de que les veamos nosotros.

Nos pusimos a andar siguiendo la vía del tren. A ambos lados se extendía la empapada llanura. Y enfrente, más allá de la llanura, estaba la colina de Udine. Los tejados se escalonaban desde lo alto del castillo, en la cumbre de la colina. Podíamos ver el campanile y la torre del reloj. Había muchas moreras en los campos. Delante nuestro vi un lugar en el que los raíles habían sido arrancados. También habían sacado las traviesas y las habían echado al pie del terraplén.

–¡A tierra, a tierra! –dijo Aymo.

Nos echamos al suelo, junto al terraplén. Por la carretera pasaba otro grupo de ciclistas. Miré por encima del talud y les vi alejarse.

–Nos han visto, pero han seguido adelante –dijo Aymo.

–Aquí nos van a matar como conejos –dijo Bonello.

–Nosotros no les interesamos –dije–. Tienen otras cosas que hacer. Correríamos más peligro si se nos echaran encima de repente.

–Sería mejor que andáramos por aquí protegiéndonos –dijo Bonello.

–De acuerdo. Seguiremos los raíles.

–¿Cree usted que podremos pasar? –preguntó Aymo.

–Claro que sí. Todavía no son muchos. Pasaremos cuando oscurezca.

–¿Qué debía estar haciendo ese coche del estado mayor?

–¡Yo qué c... sé! –dije.

–Seguimos andando por la vía. Bonello se cansó de andar por el fango del terraplén y subió a reunirse con el resto de nosotros. Ahora la vía se dirigía hacia el sur apartándose de la carretera principal, y ya no veíamos lo que pasaba en la carretera. Un pequeño puente que cruzaba un canal había sido volado, pero pudimos pasar trepando por el trozo de arco que quedaba. Delante nuestro oímos disparos.

Al otro lado del canal volvimos a encontrar la vía. Esta apuntaba derechamente a la ciudad cruzando varias hondonadas. Delante nuestro veíamos los raíles del otro ferrocarril. Hacia el norte estaba la carretera principal donde habíamos visto los ciclistas. Hacia el sur había un pequeño ramal que cruzaba los campos con gruesos árboles a cada lado. Opiné que lo mejor que podíamos hacer era cortar hacia el sur y después de haber rodeado la ciudad en aquella dirección, tomar a campo traviesa hacia Campoformio y la carretera principal del Tagliamento. Podríamos evitar la columna de la retirada tomando caminos vecinales más allá de Udine. Yo sabía que había muchos caminitos que atravesaban la llanura.

Bajé el terraplén.

–Por aquí –dije.

Tomaríamos un camino transversal y nos dirigiríamos hacia el sur de la ciudad. Todos bajaron del terraplén. Alguien nos disparó desde el camino. La bala se hundió en el fango del terraplén.

–¡Media vuelta! –grité.

Empecé a subir por el terraplén, resbalando en el fango. Los chóferes iban delante de mí. Subí al terraplén tan aprisa como pude. Desde la intrincada maleza hicieron dos disparos más y Aymo, mientras cruzaba la vía, vaciló, dio un traspiés y se desplomó de bruces. Le arrastramos hasta el otro lado y le tendimos boca arriba.

–La cabeza más alta –dije.

Piani le cambió de posición. Estaba tendido en el fango, en la pendiente del terraplén, con los pies hacia abajo, respirando penosamente y echando sangre por la nariz cada vez que respiraba. Nosotros tres estábamos acurrucados a su lado, bajo la lluvia. Había sido herido en la parte baja de la nuca y la bala había seguido una trayectoria ascendente hasta salir justo debajo del ojo derecho. Murió mientras yo estaba cerrando los dos orificios. Piani dejó caer su cabeza, le secó la cara con un trozo de gasa y se apartó de él.

–Hijos de p... –dijo.

–No eran alemanes –dije–. No puede haber alemanes por esta parte.

–Italianos –dijo Piani, usando la palabra como un epíteto–. *Italiani*.

Bonello no decía nada. Estaba sentado junto a Aymo, sin mirarle. Piani recogió la gorra de Aymo, que había rodado hasta el pie del terraplén, y se la puso sobre la cara. Cogió su cantimplora.

–¿Quieres un trago? –Piani tendía a Bonello la cantimplora.

–No –dijo Bonello. Se volvió hacia mí–. Eso también hubiera

podido pasarnos en cualquier momento, cuando andábamos por la vía.

–No –dije–. Ha sido porque hemos empezado a cruzar el campo.

Bonello sacudió la cabeza.

–Aymo ha muerto –dijo–. ¿Cuál será el siguiente, *tenente*? ¿Qué vamos a hacer ahora?

–Los que han disparado eran italianos –dije–. No eran alemanes.

–Supongo que si hubieran sido alemanes nos hubiesen matado a todos –dijo Bonello.

–Corremos más peligro por los italianos que por los alemanes –dije–. En la retaguardia tienen miedo de todo. Los alemanes saben lo que buscan.

–Tiene usted razón, *tenente* –dijo Bonello.

–¿Y ahora adónde vamos? –preguntó Piani.

–Lo mejor es que nos escondamos por ahí hasta que sea de noche. Si pudiéramos llegar hasta el sur, estaríamos salvados.

–Tendrían que matarnos a todos para demostrar que tenían razón la primera vez –dijo Bonello–. Pero no les voy a dejar que lo demuestren.

–Busquemos un lugar para escondernos tan cerca de Udine como sea posible, y luego pasaremos cuando sea de noche.

–Pues en marcha –dijo Bonello.

Bajamos por el lado norte del terraplén. Miré hacia atrás, Aymo yacía en el fango, en la pendiente del terraplén. Parecía muy pequeño, con los brazos extendidos junto al cuerpo, con las piernas envueltas en bandas y las enfangadas botas juntas, y la gorra encima de la cara. Parecía muy muerto. Estaba lloviendo. Le apreciaba tanto o más que a cualquier otro de los que había conocido. Tenía sus papeles en mi bolsillo y escribiría a su familia.

Delante nuestro, en medio del campo, había una alquería. A su alrededor había árboles y varias dependencias pegadas a la casa. A la altura del segundo piso había una terraza sostenida por columnas.

–Sería mejor que nos separáramos un poco –dije–. Yo iré delante.

Eché a andar en dirección a la casa. Había una vereda que cruzaba el campo.

Mientras cruzaba el campo me preguntaba si alguien dispararía sobre nosotros desde los árboles que rodeaban la casa o desde la misma casa. A medida que avanzaba distinguía todos los detalles con más claridad. La terraza del segundo piso daba al henil y había heno que sobresalía por entre las columnas. El suelo del patio era de bloques de piedra y todos los árboles chorreaban por la lluvia. Había un gran carro vacío, de dos ruedas, con las varas apuntando al cielo, bajo la lluvia. Entré en el patio, lo atravesé, me detuve debajo de la terraza. La puerta de la casa estaba abierta y entré. Bonello y Piani me siguieron. Dentro estaba a oscuras. Penetré en la cocina. En un enorme hogar había cenizas en un fuego. Los cacharros colgaban sobre las cenizas, pero estaban vacíos. Lo registré todo, pero no encontré nada que comer.

–Nos esconderemos arriba, en el henil –dije–. Piani, ¿crees que podrás encontrar algo de comer y subirlo?

–Veremos –dijo Piani.

–Yo también buscaré –dijo Bonello.

–De acuerdo –dije–. Voy a subir a echar una ojeada al henil.

Encontré una escalera de piedra que arrancaba del establo. El establo olía de un modo seco y agradable en medio de tanta lluvia. Todo el ganado había desaparecido, probablemente se lo habían llevado al huir. El henil estaba medio lleno de heno. En el tejado había dos ventanas, una cerrada con tablas, otra, que daba al norte, era como un estrecho tragaluz. Había un conducto por donde se debía hacer resbalar el heno hasta el establo. Unos maderos aseguraban una trampa que daba al piso de abajo, donde entraban los carros de heno, cuando el heno tenía que subirse al henil con horcas. Oía el repiqueteo de la lluvia en el tejado y olía el heno, y cuando bajé percibí el sano olor del estiércol seco del establo. Podíamos sacar una de las tablas y mirar por la ventana que daba al sur, al patio. La otra ventana daba al campo, hacia el norte. Podíamos salir al tejado por una de las dos ventanas y bajar, o bajar por el conducto del heno, si no podíamos utilizar la escalera. El henil era grande y podíamos escondernos entre el heno si oíamos a alguien. Parecía un buen lugar. Yo estaba seguro de que hubiéramos podido pasar hacia el sur si no nos hubieran disparado. Era imposible que por aquel lado hubiera alemanes. Venían del norte y bajaban por la carretera de Cividale. No podían venir del sur. Los italianos eran aún más peligrosos. Estaban asustados y disparaban sobre cualquier cosa que veían. La noche anterior, durante la retirada, habíamos oído decir que habían muchos alemanes, con uniformes italianos, que se mezclaban con los que se retiraban en el norte. Yo no lo creía. Ésta era una de esas cosas que siempre se oyen decir en una guerra. Una de esas cosas que el enemigo siempre le hace a uno. Uno no conocía a nadie que se hubiese puesto un uniforme alemán para confundirlos. Quizá sí que lo hicieran, pero resultaba difícil de creer. Yo no creía que los alemanes hicieran una cosa así. No creía que tuvieran necesidad de hacerlo. No había ninguna necesidad de aumentar la confusión de nuestra retirada. Para eso bastaban las dimensiones del ejército y la escasez de carreteras. Nadie daba órdenes, que dejaran tranquilos a los alemanes. Pero nos tomaban por alemanes y nos disparaban. Habían matado a Aymo. El heno olía bien, y estar tumbado allí, en medio del heno hacía revivir años pasados. Nos tumbábamos sobre el heno y charlábamos y disparábamos a los gorriones con una escopeta de aire comprimido cuando se posaban en el triángulo que se abría en la pared del henil. El henil había desaparecido y un año habían cortado el bosque de abetos, y sólo habían quedado los tocones, ramaje seco, leña para el fuego, donde habían estado los abetos. No se podía volver atrás. Y si no avanzábamos, ¿qué ocurría? No se podía volver a Milán. Y si se volvía a Milán, ¿qué ocurría? Presté atención a los tiros que se oían en dirección norte, hacia Udine. Reconocí el fuego de las ametralladoras. No había bombardeo. Algo es algo. Deben de haber encontrado tropas en la carretera. Miré hacia abajo en la penumbra del henil, y vi a Piani, de pie bajo la trampa. Llevaba en una mano un largo salchichón, en la otra un jarro de no sé qué, y dos botellas de vino bajo el brazo.

–Sube –dije–. Ahí está la escalerilla.

En seguida comprendí que tenía que ayudarle a subir todo

aquello, y bajé. Tenía la cabeza un poco insegura por haber estado tendido en el heno. Había estado a punto de dormirme.

–¿Dónde está Bonello? –pregunté.

–Ahora se lo diré –dijo Piani.

Subimos por la escalerilla y una vez arriba dejamos las cosas sobre el heno. Piani sacó una navaja con sacacorchos y descorchó una botella de vino.

–Está lacrado –dijo–. Debe ser bueno.

Sonrió.

–¿Dónde está Bonello? –pregunté.

Piani me miró.

–Se ha ido, *tenente* –dijo–. Quiere rendirse.

Yo no dije nada.

–Tenía miedo de que nos mataran.

Cogí la botella de vino y no dije nada.

–¿Sabe usted?, nosotros no creemos en la guerra.

–Y tú, ¿por qué no te has ido con él? –pregunté.

–No he querido dejarle solo.

–¿Adónde se ha ido?

–No lo sé, *tenente*. Se ha ido.

–Bueno –dije–. ¿Cortas el salchichón?

Piani me miró en la penumbra.

–Ya lo he cortado mientras hablábamos.

Nos sentamos en el heno y comimos el salchichón y bebimos el vino. Debía de ser un vino que guardaban para una boda. Era tan viejo que empezaba a perder el color.

–Tú mira por esta ventana, Luigi –dije–. Yo miraré la otra.

Cada uno había bebido de una botella distinta, y yo cogí mi botella y fui a tenderme boca abajo en el heno y miré por la estrecha ventana que daba al chorreante campo; no sé qué es lo que esperaba ver, pero sólo vi los campos y las desnudas moreras y la lluvia que caía. Bebí el vino y no me sentó bien. Lo habían guardado demasiado tiempo y se había descompuesto y perdido la calidad y el color. Estuve mirando cómo oscurecía afuera; anocheció muy aprisa. Sería una noche muy oscura con la lluvia. Cuando hubo oscurecido por completo, no servía ya de nada seguir vigilando, y fui a reunirme con Piani. Estaba dormido, pero no le desperté, sino que me senté a su lado y aguardé un rato. Era todo un hombrón y dormía profundamente. Al cabo de un rato le desperté y nos fuimos.

Era una noche muy extraña. No sé qué es lo que había esperado... quizá la muerte o que nos dispararan en la oscuridad o que tuviésemos que huir, pero no ocurrió nada. Esperamos, tendidos boca abajo junto a la cuneta de la carretera principal, hasta que hubo pasado un batallón alemán, y luego, cuando se hubieron alejado, cruzamos la carretera y nos dirigimos hacia el norte. Dos veces estuvimos muy cerca de los alemanes en medio de la lluvia, pero ellos no nos vieron. Rebasamos la ciudad por el norte sin ver un solo italiano y luego volvimos a incorporarnos a las columnas del grueso de la retirada y anduvimos toda la noche hacia el Tagliamento. Hasta entonces no me había dado cuenta de lo inmensa que era la retirada. Toda la región estaba en movimiento, junto con el ejército. Anduvimos toda la noche más aprisa que los vehículos. La pierna me dolía y me sentía cansado, pero íbamos bastante aprisa. Bonello había hecho una tontería decidiendo entregarse al enemigo. No había peligro. Habíamos andado por entre dos ejércitos sin tener ningún tropiezo. De no haber matado a Aymo, nunca hubiéramos tenido la sensación de correr peligro. Nadie nos había inquietado cuando estábamos a campo descubierto, andando junto a la vía del tren. La muerte había llegado de un modo súbito y absurdo. Me preguntaba dónde estaría Bonello.

–¿Cómo se encuentra, *tenente*? –preguntó Piani.

Andábamos junto a la cuneta de una carretera en la que se apiñaban vehículos y tropas.

–Bien.

–Yo ya estoy cansado de tanto andar.

–Mira, ahora lo único que podemos hacer es andar. Es mejor no preocuparse.

–Bonello ha hecho una tontería.

–Sí que ha hecho una tontería.

–¿Qué va a decir de él, *tenente*?

–No lo sé.

–¿No puede decir que le han hecho prisionero?

–No lo sé.

–Verá usted, si la guerra continúa, pueden meter en un lío a su familia.

–La guerra no va a continuar –dijo un soldado–. Nos vamos a casa. La guerra ya se ha acabado.

–Todo el mundo se va a casa.

–Todos nos vamos a casa.

–Vamos, *tenente* –dijo Piani.

Quería que nos adelantáramos a aquel grupo.

–*¿Tenente?* ¿Quién es *tenente*? *A basso gli ufficiali!* ¡Abajo los oficiales!

Piani me cogió por el brazo.

–Es mejor que le llame por el apellido –dijo–. Podrían darnos un disgusto. Han matado a varios oficiales.

Apretamos el paso y los dejamos atrás.

–No voy a presentar un informe que pueda perjudicar a su familia –dije, reanudando la conversación de antes.

–Si la guerra se ha terminado, tanto da –dijo Piani–. Pero no creo que se haya terminado. Sería demasiado hermoso.

–No tardaremos mucho en saberlo –dije.

–No creo que se haya terminado. Todos creen que se ha terminado, pero yo no lo creo.

–*Evviva la Pace!* –gritó un soldado–. Nos vamos a casa.

–Sería una gran cosa que todos nos fuésemos a casa –dijo Piani–. ¿A usted no le gustaría volver a casa?

–Sí.

–Nunca volveremos. No creo que esto se haya acabado.

–*Andiamo a casa!* –gritó un soldado.

–Tiran los fusiles –dijo Piani–. Los cogen y los tiran mientras andan. Y luego gritan.

–Deberían conservar los fusiles.

–Piensan que si tiran los fusiles no podrán obligarles a luchar.

En medio de la oscuridad y de la lluvia, mientras nos abríamos paso junto a la cuneta, pude ver que muchos soldados conservaban aún los fusiles. Asomaban por encima de los capotes.

–¿De qué brigada eres? –gritó un oficial.

–*Brigata di Pace* –gritó alguien–. Brigada de la Paz.

El oficial no dijo nada.

–¿Qué dice? ¿Qué ha dicho el oficial?

–¡Abajo el oficial! *Evviva la Pace!*

–Sigamos –dijo Piani.

Adelantamos a dos ambulancias inglesas abandonadas en el atasco de vehículos.

–Son de Gorizia –dijo Piani–. Conozco los coches.

–Han llegado más lejos que nosotros.

–También salieron antes.

–¿Dónde deben estar los chóferes?

–Probablemente bastante más adelante.

–Los alemanes se han parado a las puertas de Udine –dije–. Toda esa gente va a conseguir cruzar el río.

–Sí –dijo Piani–. Por eso creo que la guerra va a continuar.

–Los alemanes podrían avanzar –dije–. No entiendo por qué no siguen adelante.

–No lo sé. No entiendo nada de toda esa guerra.

–Supongo que tendrán que esperar a sus transportes.

–No lo sé –dijo Piani.

A solas era mucho más amable. Cuando estaba con los otros tenía un modo de hablar muy brusco.

–¿Estás casado, Luigi?

–Ya sabe que sí estoy casado.

–¿Es por eso que no querías que te hicieran prisionero?

–Ésta es una de las causas. ¿Está usted casado, *tenente*?

–No.

–Bonello tampoco.

–No creo que el hecho de estar casado lo explique todo. Pero supongo que un hombre casado tiene ganas de volver con su mujer –dije.

En aquel momento hubiera deseado hablar de mujeres.

–Sí.

–¿Cómo van los pies?

–Me duelen bastante.

Antes de que amaneciera llegamos a orillas del Tagliamento. Seguimos un rato junto al río desbordado en dirección al puente por donde estaba pasando todo el tránsito.

–Deberían poder hacerse fuertes en este río –dijo Piani.

En las sombras el río parecía bajar muy crecido. El agua se arremolinaba y el río parecía muy ancho. El puente de madera distaba de nosotros unos tres cuartos de milla, y el río que generalmente fluía en unos estrechos arroyuelos en el vasto cauce pedregoso, mucho más bajo que el puente, ahora llegaba casi al armazón de madera. Bordeamos la orilla y luego nos abrimos paso por entre el gentío para cruzar el puente. Mientras avanzábamos lentamente bajo la lluvia, a pocos pies de distancia del agua, apretujados en medio del gentío, justo detrás de un furgón de artillería, me incliné sobre el parapeto y miré el río. Ahora que no podíamos ir a nuestro paso, me sentía muy cansado. No había ninguna alegría en cruzar el puente. Me pregunté qué pasaría si un aeroplano lo bombardeaba durante el día.

–Piani –dije.

–Estoy aquí, *tenente.*

Iba un poco más adelante, entre la muchedumbre. Nadie hablaba. Todos trataban de acabar de cruzar tan pronto como pudiesen: sólo pensaban en esto. Estábamos ya casi en la otra orilla. Al final del puente, a ambos lados, había oficiales y *carabinieri* con linternas. Vi sus siluetas destacándose contra el cielo. Cuando nos acercamos a ellos, vi que uno de los oficiales señalaba a un hombre de la columna. Un *carabiniere* fue hacia él y lo llevó a un lado cogiéndole por el brazo. Le hizo salir de la carretera. Estábamos casi frente a ellos. Los oficiales examinaban a cada uno de los de la columna, a veces se hablaban entre sí, adelantándose para proyectar la luz de su linterna en la cara de alguien. Apartaron a alguien más un momento antes de que yo llegara frente a ellos. Vi de quién se trataba. Era un teniente coronel. Vi las estrellas en la bocamanga mientras le apuntaban con la linterna. Tenía el cabello gris y era bajo y gordo. El *carabiniere* le empujó hasta dejarle detrás de la línea de oficiales. Cuando me llegó el turno vi que uno o dos de ellos me miraban. Entonces uno me señaló y dijo algo a un *carabiniere.* Vi que el *carabiniere* se dirigía a mí, abriéndose paso entre el gentío, y luego sentí que me cogía por el cuello.

–¿Qué quieres? –dije.

Y le pegué un puñetazo en la cara. Vi su cara bajo el sombrero, con los bigotes enhiestos y saliéndole sangre de la mejilla. Otro se precipitó hacia nosotros.

–¿Qué quieres? –dije.

No contestó. Estaba esperando el momento de abalanzarse sobre mí. Puse el brazo detrás de la espalda para sacar el revólver de la pistolera.

–¿No sabes que no puedes tocar a un oficial?

El otro me cogió el brazo que tenía en la espalda y me lo levantó hasta hacerme crujir las articulaciones. Yo di media vuelta con él, y el otro *carabiniere* me agarró por el cuello. Le di una patada en el tobillo y le golpeé la ingle con la rodilla izquierda.

–Si se resiste, matadle –oí decir a alguien.

–¿Qué significa esto? –traté de gritar, pero mi voz apenas se oyó.

En seguida me llevaron fuera de la carretera.

–Matadle si se resiste –dijo un oficial–. Ponedle ahí detrás.

–¿Quién es usted?

–Ya lo verás.

–¿Quién es usted?

–Policía militar –dijo otro oficial.

–¿Por qué no me han pedido que me acercara, en vez de hacerme coger por uno de esos *aeroplanos*?

No contestaron. No tenían por qué contestarme. Eran de la policía militar.

–Llevadle ahí detrás, con los otros –dijo el primer oficial–. Ya ves, habla italiano con acento extranjero.

–Igual que tú, hijo de p... –dije.

–Llevadle ahí detrás con los otros –dijo el primer oficial.

Me llevaron detrás de la línea de oficiales, más abajo de la carretera, hacia un grupo de gente que había en medio de un campo, junto a la orilla del río. Mientras andábamos hacia allí se oyeron varios disparos. Vi los fogonazos de los fusiles y oí las detonaciones. Nos reunimos con el grupo. Había cuatro oficiales de pie, uno al lado del otro, y frente a ellos un hombre con un *carabiniere* a cada lado. A corta distancia había un grupo de hombres custodiados por *carabinieri.* Otros cuatro *carabinieri* estaban de pie, cerca de los oficiales que formaban el tribunal, apoyados en sus carabinas. Eran *carabinieri* de los del sombrero grande. Los dos que me habían detenido me empujaron hacia el grupo que esperaba a ser interrogado. Miré al hombre al que los oficiales estaban interrogando. Era el teniente coronel gordo y bajito, de pelo gris, que habían sacado de la columna. Los jueces tenían toda la eficiencia, la frialdad y la dignidad de italianos que están matando y a quienes nadie va a matar.

–¿Su brigada?

Él respondió.

–¿Regimiento?

Se lo dijo.

–¿Por qué no está con su regimiento?

Se lo dijo.

–¿Sabe usted que un oficial no debe separarse nunca de sus tropas?

Lo sabía.

Eso fue todo. Tomó la palabra otro oficial.

–Usted y los que son como usted son los que han dejado que los bárbaros pisen el sagrado suelo de la madre patria.

–¿Cómo dice? –dijo el teniente coronel.

–Por traiciones como la suya hemos perdido los frutos de la victoria.

–¿Ha estado usted en alguna retirada? –preguntó el teniente coronel.

–Italia nunca hubiera tenido que retroceder.

Estábamos allí, bajo la lluvia, oyendo todo aquello. Estábamos frente a los oficiales y el prisionero, de espaldas a nosotros, quedaba a un lado.

–Si vais a fusilarme –dijo el teniente coronel–, por favor, fusiladme en seguida sin hacer más preguntas. Este interrogatorio es una estupidez.

Se santiguó. Los oficiales hablaron entre sí. Uno escribió algo en un taco de papel.

–Abandono de tropas. Condenado a ser fusilado –dijo.

Dos *carabinieri* se llevaron al teniente coronel a la orilla del río. Andaba bajo la lluvia, era un viejo con la cabeza descubierta, con un *carabiniere* a cada lado. No vi cómo le fusilaban, pero oí los disparos. Estaban interrogando a otro. Aquel oficial también había quedado aislado de sus tropas. No se le permitió que diera una explicación. Se echó a llorar cuando leyeron la sentencia del taco de papel, y lloraba cuando se lo llevaron y los jueces estaban ya interrogando a otro cuando le fusilaron. Fingían estar muy absortos en el interrogatorio del hombre siguiente, mientras el que acababan de interrogar era fusilado. De esta manera era obvio que no podían hacer nada por él. Yo me preguntaba si era mejor esperar a que me interrogaran o darme a la fuga inmediatamente. Evidentemente yo era un alemán con uniforme italiano. Veía como funcionaban sus cerebros; si es que tenían cerebros, y si es que funcionaban. Todos ellos eran jóvenes y estaban salvando a su patria. El segundo ejército estaba reconstituyéndose detras del Tagliamento. Estaban ejecutando oficiales con el grado de comandante o superiores, que habían quedado aislados de sus tropas. Y también juzgaban sumariamente a agitadores alemanes con uniforme italiano. Llevaban cascos de acero. Solamente dos de nosotros llevábamos cascos de acero. Algunos de los *carabinieri* también los llevaban. Los otros *carabinieri* llevaban aquel sombrero enorme. Nosotros les llamábamos *aeroplanos.* Seguíamos bajo la lluvia e íbamos pasando uno a uno para ser interrogados y fusilados. Hasta entonces habían fusilado a todos los que habían interrogado. Los jueces tenían esa frialdad y ese fervor por la más estricta justicia de hombres que dan la muerte sin correr el menor peligro de exponerse a ella. Estaban interrogando a un coronel de un regimiento de primera línea. Tres oficiales más acababan de incorporarse a nuestro grupo.

¿Cuál era su regimiento?

Miré a los *carabinieri.* Estaban mirando a los recién llegados. Los otros miraban al coronel. Me abalancé hacia delante por entre dos hombres y corrí hacia el río con la cabeza gacha. Tropecé al llegar a la orilla y me zambullí en el agua haciendo un gran plaf. El agua estaba muy fría y permanecí sumergido todo el tiempo que pude resistir. Notaba que la corriente me hacía girar y seguí bajo el agua hasta el momento en que casi ya no me sentí con fuerzas para salir a la superficie. En el instante en que asomé la cabeza, respiré hondo y volví a sumergirme. Era fácil quedarse bajo el agua llevando tanta ropa y con las botas. Cuando salí por segunda vez, vi un madero enfrente de mi, lo alcancé y me agarré a él con una mano. El madero me protegía la cabeza y ni siquiera miré por encima. No tenía ningunas ganas de ver la orilla. Me habían disparado mientras corría y luego volvieron a disparar cuando asomé por primera vez. Había oído las detonaciones cuando ya casi tenía la cabeza fuera del agua. Ahora no hubo disparos. El madero giraba en la corriente y yo me agarraba con una mano. Miré hacia la orilla. Parecía correr muy aprisa. Había muchos maderos en el río. El agua estaba muy fría. Pasamos junto a la maleza de una isla. Me aferré al madero con las dos manos y me dejé llevar. Ahora había perdido de vista la orilla.

CAPÍTULO XXXI

Es imposible darse cuenta del tiempo que uno pasa en un río cuando la corriente es muy rápida. Parece que pasa mucho tiempo cuando en realidad ha pasado muy poco. El agua estaba muy fría y el río bajaba muy alto, arrastrando muchas cosas que había arrancado de las orillas durante la crecida. Estaba de suerte teniendo un pesado madero al que asirme, y me dejaba llevar por el agua helada, con la barbilla apoyada en la madera, sujetándome lo mejor que podía con las dos manos. Tenía miedo de los calambres y confiaba en que la corriente me empujaría hacia la orilla. Seguía río abajo, en una larga curva. Clareaba ya lo bastante como para que pudiera ver la maleza de la orilla. Había una isla de maleza enfrente de mí y la corriente me empujaba hacia la orilla. Me pregunté si no sería mejor que me quitara las botas y la ropa y tratara de nadar hasta la orilla, pero decidí no hacerlo. Hasta entonces no había pensado más que llegar a la orilla fuera como fuese, pero me di cuenta de que me encontraría en una mala situación si llegaba a tierra descalzo. Tenía que llegar hasta Mestre a toda costa.

Vi que la orilla se iba acercando, luego que se alejaba, más tarde que volvía a acercarse de nuevo. La corriente era más lenta. Ahora la orilla estaba muy cerca. Podía distinguir las ramas de una mimbrera. El madero giraba lentamente, de modo que la orilla quedaba ahora a mis espaldas, y comprendí que estaba en un remolino. Seguimos dando lentas vueltas. Cuando volví a ver la orilla, ahora muy cerca, traté de aproximarme sujetándome al madero con un brazo y ayudándome con las piernas y con el otro brazo, pero mis esfuerzos fueron inútiles. Tenía miedo de que saliéramos del remolino, y sujetándome con una mano, apoyé los dos pies en el madero y lo empujé con todas mis fuerzas hacia la orilla. Veía los arbustos, pero a pesar de mi impulso y de que nadaba con todas mis fuerzas, la corriente me arrastraba. Entonces pensé que iba a ahogarme por culpa de las botas, pero me agité tanto y luché con el agua de tal modo que cuando levanté los ojos, vi que la orilla se acercaba a mí, y seguí afanándome y nadando, en medio de un verdadero pánico, al sentir el peso de mis botas, hasta que llegué a tierra. Me agarré a una rama de la mimbrera y no me sentí con fuerzas para acabar de salir del agua, pero ahora ya sabía que no iba a ahogarme. Cuando estaba agarrado al madero, ni una sola vez se me ocurrió que podía ahogarme. Sentía el estómago vacío y sensación de mareo, y un dolor en el pecho por los esfuerzos que acababa de hacer, y seguía agarrado a las ramas y esperando. Cuando la sensación de mareo hubo desaparecido, salí del agua y descansé de nuevo, abrazado al arbusto, apretando fuertemente sus ramas con las manos. Luego me abrí paso por entre las mimbreras de la orilla. Estaba amaneciendo y no vi a nadie. Me tumbé en la orilla y estuve escuchando el ruido del río y de la lluvia.

Al cabo de un rato me levanté y eché a andar a lo largo de la orilla. Sabía que no había ningún puente que cruzara el río hasta

Latisana. Suponía que me encontraba a la altura de San Vito. Empecé a pensar en lo que podía hacer.

Enfrente había una zanja que iba a desembocar al río. Fui hacia allí. Hasta entonces no había visto a nadie y me senté junto a unos matorrales que había junto a la zanja, me saqué las botas y las vacié de agua. Me saqué la guerrera, saqué del bolsillo interior la cartera con la documentación y el dinero, que se habían mojado, y estrujé la guerrera. Me saqué los pantalones y los estrujé también, y luego la camisa y la ropa interior. Me golpeé el cuerpo y lo froté, y luego volví a vestirme. Había perdido la gorra.

Antes de volver a ponerme la guerrera, me arranqué las estrellas de tela de la bocamanga, y las guardé en el bolsillo interior junto con el dinero. El dinero estaba mojado, pero intacto. Lo conté. Había tres mil liras y pico. La ropa estaba empapada y pegajosa y me golpeé los brazos para activar la circulación. Llevaba ropa interior de lana y no creía que fuese a coger un resfriado con tal de que me moviese. En la carretera me habían quitado el revólver, y me puse la pistolera debajo de la guerrera. No tenía capote y hacía frío bajo la lluvia. Eché a andar por la orilla del canal. Era ya de día y el campo, empapado y llano, tenía un aire muy triste. Los campos eran desnudos y estaban empapados; a bastante distancia pude ver un campanile que destacaba en la llanura. Fui a salir a una carretera. Allí vi que se dirigían hacia mí un grupo de soldados. Me acerqué cojeando al borde de la carretera y ellos pasaron por mi lado sin prestarme atención. Era un destacamento de ametralladoras que se dirigía hacia el río. Seguí andando por la carretera.

Aquel día atravesé la llanura veneciana. Es una región llana y, bajo la lluvia, parece aún más plana. Cerca del mar hay marismas y muy pocas carreteras. Todas las carreteras siguen el curso de las bocas del río en dirección al mar y para atravesar la región hay que ir por senderos que bordean los canales. Yo atravesaba la región de norte a sur y había cruzado dos vías de ferrocarril y muchas carreteras y, finalmente, al final de un sendero desemboqué en otra vía que en aquel lugar bordeaba una marisma. Era la línea principal de Venecia a Trieste, en un terraplén alto y sólido, una superconstrucción también sólida y doble vía. Un poco más lejos había un apeadero y allí vi soldados montando guardia. En dirección contraría había un puente sobre un arroyuelo que afluía a la marisma. Vi que en el puente también había un centinela. Cuando atravesaba los campos, más al norte, había visto pasar un tren por aquella vía, que era visible desde muy lejos en aquella llanura sin el menor relieve, y pensé que el tren debía venir de Portogruaro. Estuve mirando lo que hacían los centinelas y me tendí en el terraplén de modo que pudiera ver la vía por ambos lados. El centinela del puente dio unos pasos por la vía hacia donde estaba yo, luego dio media vuelta y regresó hacia el puente. Seguí tendido, con una viva sensación de hambre, esperando a que llegara el tren. El que yo había visto era tan largo que la locomotora avanzaba muy lentamente y estaba seguro de poder subir en marcha. Cuando ya casi había abandonado toda esperanza, vi venir un tren. La locomotora, a medida que se acercaba, se iba agrandando lentamente. Miré hacia el centinela del puente. Andaba por la parte del puente más próxima a mí, pero por el otro lado de la vía. O sea que cuando pasara el tren, no podría verme. Vi cómo la locomotora se acercaba cada vez más. Avanzaba penosamente. Vi que llevaba muchos vagones. Sabía que habría centinelas en el tren e intenté ver dónde estaban, pero manteniéndome escondido no podría verlo. La locomotora estaba casi llegando al lugar donde yo estaba tendido. Cuando estuvo a mi altura, chirriando y bufando incluso en terreno llano, y vi pasar al maquinista, me puse en pie y me acerqué a los vagones que desfilaban. Si los soldados estaban alerta, resultaría menos sospechoso estando de pie junto a la vía. Pasaron varios vagones de carga cerrados. Luego vi que se acercaba un vagón bajo y abierto de los que llaman góndolas, cubierto con una lona. Me quedé quieto hasta que casi hubo pasado y entonces di un brinco, me agarré a la barra de apoyo de la parte trasera y subí. Me acurruqué entre la góndola y el saliente del vagón de carga alto que había detrás. No creía que nadie me hubiese visto. Me sujetaba a la barra y estaba encogido, con los pies en los pasadores del enganche. Estábamos llegando al puente. Me acordé del centinela. Cuando pasamos, me miró. Era muy joven y el casco era demasiado grande para él. Le miré con desprecio y él desvió la mirada. Debía pensar que yo formaba parte del convoy.

Ya habíamos pasado. Vi que seguía mirando pasar los demás vagones con un cierto aire inquieto, y empecé a examinar cómo estaba sujeta la lona. Tenía unas anillas y estaba atada al borde con una cuerda. Saqué la navaja, corté la cuerda e introduje el brazo. Bajo la lona, que la lluvia había puesto rígida, palpé unos bultos duros. Levanté la mirada hacia la parte delantera del tren. Había un soldado en el coche de carga que tenía enfrente, pero miraba hacia adelante. Me solté de las barras y me metí bajo la lona. Me di un fortísimo golpe en la frente y sentí que me corría sangre por la cara, pero me arrastré hasta quedar tendido boca abajo. Luego me volví y até de nuevo la lona.

Estaba debajo de la lona, rodeado de cañones. Despedían un sano olor de aceite y de grasa. Tendido en el suelo oía caer la lluvia sobre la lona y los chasquidos del vagón al pasar sobre las junturas de los raíles. Entraba una débil luz y estuve mirando los cañones. Todos iban recubiertos por una funda de lona. Pensé que debían proceder del tercer ejército. La frente, donde me había dado el golpe, se estaba hinchando, y paré la hemorragia permaneciendo quieto y dejando que la sangre se coagulara, y luego me saqué la sangre seca, excepto en el lugar del corte. No era nada. No tenía pañuelo, pero tanteando con los dedos, me lavé donde había habido sangre seca con el agua de lluvia que goteaba de la lona, y me limpié con la manga de la guerrera. No quería llamar la atención. Sabía que tendría que salir de allí antes de llegar a Mestre, porque allí irían a buscar los cañones. No podían permitirse el lujo de perder cañones o de olvidárselos. Tenía un hambre feroz.

CAPÍTULO XXXII

Tendido en el suelo del vagón, rodeado de cañones, bajo la lona, estaba empapado, tenía frío y mucha hambre. Por fin me di media vuelta y quedé boca abajo, con la cabeza apoyada en los brazos. Sentía la rodilla anquilosada, pero se había portado muy bien. Valentini había hecho un buen trabajo. Con su rodilla había hecho la mitad de la retirada a pie y atravesando a nado una parte del Tagliamento. Desde luego era su rodilla. La otra rodilla era mía. Los médicos nos hacen cosas en el cuerpo y desde entonces ya no es nuestro mismo cuerpo. La cabeza era mía y también lo que había dentro de la barriga. Aquello que pedía de comer a gritos. Me notaba todas las tripas revueltas. La cabeza era mía, pero no para usarla, no para pensar; sólo para recordar, y aun no para recordar mucho...

Podía recordar a Catherine, pero sabía que iba a volverme loco si pensaba en ella cuando aún no estaba seguro de volverla a ver, o sea que no pensaría en ella, sólo pensaría en ella un poquito, sólo pensaría en ella cuando el tren fuese despacio con su ruido de chatarra, y se filtrase un poco de luz por entre la lona, entonces pensaría que estaba durmiendo con Catherine en el suelo del vagón. Tan duro como el suelo del vagón es estar echado sin pensar, sólo sintiendo, habiendo estado ausente demasiado tiempo, con las ropas empapadas y el suelo que se mueve sólo un poco cada vez, y solo por dentro y solo con las ropas empapadas y un suelo duro como única esposa.

A uno no le gusta el suelo de un vagón plano, ni los cañones con fundas de lona y el olor de metal engrasado o una lona que deja pasar la lluvia, aunque se está muy bien debajo de una lona, se está muy bien rodeado de cañones; pero uno quiere a alguien que ahora comprende que no puede aspirar a tener al lado; uno ahora lo ve con toda claridad y fríamente..., no tan fríamente como clara e inútilmente. Uno ve inútilmente, tendido boca abajo, habiendo estado presente cuando un ejército retrocede y otro avanza. Uno ha perdido sus coches y sus hombres, como el empleado de un gran almacén pierde todos los géneros de su sección en un incendio. Desde luego no estaban asegurados. Ahora uno ya está lejos. No tiene más obligaciones. Si fusilaran a los empleados después del incendio de los géneros de la sección porque hablan con un acento que siempre han tenido, entonces los empleados no pensarían en volver cuando los almacenes abrieran otra vez sus puertas al público. Buscarían otro empleo; si es que había otro empleo y la policía no los cogía.

En el río me lavé de la cólera junto con todas mis obligaciones. Mis obligaciones ya terminaron cuando el *carabiniere* me puso las manos en el cuello. Me gustaría poder sacarme el uniforme, aunque no me preocupan mucho las formas exteriores. Me he arrancado las estrellas, pero esto fue por conveniencia. No fue una cuestión de honor. No tenía nada contra ellos. Me liberé. Les deseé mucha suerte. Unos eran buenos y otros valientes y otros serenos y otros comprensivos, y la merecían. Pero yo ya no tenía nada que ver con la función y sólo deseaba que este j... tren llegase a Mestre y pudiera comer y dejar de pensar. Poder dejar de pensar.

Piani les diría que me habían fusilado. Registran los bolsillos y se quedan con la documentación de los tipos que fusilan. Pero no tienen mi documentación. Pueden decir que me he ahogado. Me gustaría saber qué les dirán a los de los Estados Unidos. Muerto a causa de las heridas y otras causas. Rediós, qué hambre tenía. Me gustaría saber qué habrá sido del cura del comedor de oficiales. Y de Rinaldi. Probablemente estaría en Pordenone. Si es que no han retrocedido más. Bueno, ahora ya nunca más volveré a verle. Nunca más volveré a ver a ninguno de ellos. Esta vida ha terminado. No creo que tuviera sífilis. En todo caso no es una enfermedad grave si uno la corta a tiempo, según dicen. Pero él estaba preocupado. Yo también me preocuparía si la tuviera. Cualquiera se preocuparía.

Yo no estaba hecho para pensar. Estaba hecho para comer. Dios, ya lo creo. Comer y beber y dormir con Catherine. Quizás esta noche. No, esto era imposible. Pero mañana por la noche, y una buena comida y sábanas y nunca más ir a ningún sitio si no es juntos. Probablemente tendremos que largarnos a toda prisa. Ella vendrá conmigo. Sé que ella vendrá conmigo. ¿Cuándo nos iremos? Esto es algo que hay que pensar. Estaba oscureciendo. Pensaba adónde iremos. Había tantos lugares...

LIBRO CUARTO

CAPÍTULO XXXIII

Salté del tren en Milán, cuando aflojaba la marcha para entrar en la estación, en las primeras horas de la madrugada, antes de que empezase a clarear. Atravesé las vías y me deslicé por entre unos edificios hasta salir a la calle. Había una bodega abierta y entré para tomar café. Olía a madrugada, a polvo barrido, con cucharillas dentro de vasos de café y redondeles húmedos dejados por vasos de vino. El dueño estaba detrás del mostrador. Dos soldados se hallaban sentados en una mesa. Me quedé en el mostrador y bebí un vaso de café y comí un pedazo de pan. La leche daba al café un color gris y recogí la capa de nata que había en la superficie con un trozo de pan. El dueño me miraba.

–¿Quiere un vaso de grappa?

–No, gracias.

–Invita la casa –dijo, y llenó un vasito y lo empujó hacia mí–. ¿Qué está pasando en el frente?

–No lo sé.

–Están borrachos –dijo, indicando con un movimiento de cabeza a los dos soldados. No era difícil creerle. Parecían muy borrachos–. Dígame –dijo–, ¿qué está pasando en el frente?

–¡Yo qué sé lo que pasa en el frente!

–He visto que venía pegándose a la pared, para que no le vieran. Ha bajado del tren.

–Hay una gran retirada.

–Ya leo los periódicos. ¿Qué pasa? ¿Se ha acabado?

–No creo.

Llenó el vaso con grappa de una botellita.

–Si está metido en un lío –dijo–, yo puedo esconderle.

–No estoy metido en ningún lío.

–Si está en un lío, quédese aquí conmigo.

–¿Quedarse dónde?

–Aquí, en esta casa. Ya hay bastante gente escondida. Todos los que están en un lío se quedan aquí.

–¿Y hay mucha gente que está en un lío?

–Depende del lío. ¿Es usted sudamericano?

–No.

–¿Habla español?

–Un poco.

Se puso a secar el mostrador con un paño.

–Ahora es difícil salir del país, pero no es imposible ni mucho menos.

–No tengo ningunas ganas de irme.

–Puede quedarse aquí todo el tiempo que quiera. Ya se dará cuenta de qué clase de hombre soy.

–Tengo que irme esta mañana, pero me acordaré de la dirección y volveré.

Negó con la cabeza.

–Eso es lo que dicen todos los que no van a volver. Creí que estaba en un lío de veras.

–No estoy en ningún lío. Pero sé apreciar lo que vale la dirección de un amigo.

Puse un billete de diez liras sobre el mostrador para pagar el café.

–Tome una grappa conmigo –dije.

–No se crea obligado...

–Ande, tómelo.

Llenó los dos vasos.

–Acuérdese –dijo–. Vuelva aquí. No se deje engatusar por otros. Aquí estará seguro.

–Estoy seguro.

–¿Usted cree que está seguro?

–Sí.

Se había puesto serio.

–Pues déjeme decirle una cosa. No vaya por ahí con esta guerrera.

–¿Por qué?

–Se ve mucho que llevaba en la manga unas estrellas que han sido arrancadas. La tela es de un color diferente.

Yo no dije nada.

–Si no tiene los papeles en regla, yo puedo ayudarle.

–¿Qué papeles?

–Permisos.

–No necesito papeles. Ya tengo.

–Muy bien –dijo–. Pero si necesita papeles yo puedo proporcionarle los que quiera.

–¿Y cuánto cuestan esos papeles?

–Depende de lo que sean. Los precios son módicos.

–Ahora no necesito nada.

Él se encogió de hombros.

–Estoy en regla –añadí.

Cuando ya salía me dijo:

–No se olvide que soy amigo suyo.

–No.

–Volveremos a vernos –dijo–.

–Claro –dije.

Una vez fuera me alejé de la estación, donde había policías militares, y tomé un coche cerca del parque pequeño. Di al cochero la dirección del hospital. En el hospital, entré en la garita del portero. Su mujer me abrazó. Él me estrechó la mano.

–Ya está de vuelta. Y sano y salvo.

–Sí.

–¿Ha desayunado?

–Sí.

–¿Como está *tenente*? ¿Cómo está? –preguntaba la mujer.

–Bien.

–¿No quiere desayunar con nosotros?

–No, gracias. Oiga, ¿sabe si Miss Barkley está en el hospital?

–¿Miss Barkley?

–La enfermera inglesa.

–Ya, su novia –dijo la mujer.

Me dio unos golpecitos en el brazo, sonriendo.

–No –dijo el portero–. Se ha ido.

El corazón me dio un vuelco.

–¿Está seguro? ¿Sabe quién quiero decir? Aquella señorita, alta y rubia.

–Sí, sí, seguro. Se ha ido a Stresa.

–¿Cuándo se fue?

–Hace dos días. Con la otra señorita inglesa.

–Bueno –dije–. Quisiera pedirles un favor. No digan a nadie que me han visto. Es muy importante.

–No se lo diré a nadie –dijo el portero.

Le di un billete de diez liras. Él lo rechazó.

–Ya le he prometido que no se lo diré a nadie –dijo–. No quiero nada de dinero.

–¿Podemos hacer algo por usted, *signor tenente*? –preguntó la mujer.

–Sólo esto –dije.

–Seremos mudos –dijo el portero–. Si puedo hacer algo más, ¿me lo dirá?

–Sí –dije–. Adiós, hasta la vista.

Salieron a la puerta y se quedaron mirando cómo me alejaba. Subí al coche y di al cochero la dirección de Simmons, uno de los amigos que estaban estudiando canto.

Simmons vivía muy lejos, hacia la Porta Magenta. Aún estaba en cama y medio dormido cuando entré en su habitación.

–Eres un madrugador de todos los demonios, Henry –dijo.

–He llegado en el primer tren.

–¿Qué es todo esto de la retirada? ¿Estabas en el frente? ¿Quieres un cigarrillo? Están en esa caja de encima de la mesa.

Era una habitación grande, con una cama pegada a la pared, un piano en la pared de enfrente y una cómoda y una mesa. Me senté en una silla que había junto a la cama.

Simmons estaba sentado en la cama, con la espalda apoyada en unas almohadas y fumando.

–Estoy metido en un lío, Sim –dije.

–Yo también –dijo–. Siempre estoy en algún lío. ¿No quieres fumar?

–No –dije–. Oye, ¿qué pasa cuando uno se va a Suiza?

–¿En tu caso? Los italianos no te dejarán salir del país.

–Sí. Eso ya lo sé. Me refiero a los suizos. ¿Qué hacen?

–Pues te internan.

–Sí, ya sé. Pero ¿en qué consiste exactamente eso?

–Nada. Es muy sencillo. Puedes ir a donde quieras. Me parece que sólo tienes que presentarte de vez en cuando o algo por el estilo. ¿Por qué? ¿Te persigue la policía?

–Todavía no es nada en concreto.

–No me digas nada si no quieres. Pero debe ser una historia interesante. Aquí no pasa nada. En Piacenza me patearon de mala manera.

–No sabes cuanto lo siento.

–Oh, sí... Las cosas no pudieron ir peor. Aunque te advierto que yo canté bien. Volveré a probar suerte aquí en el Lyrico.

–Me encantaría poder oírte.

–Eres muy amable. No estarás en un apuro gordo, ¿verdad?

–No lo sé.

–No me cuentes nada si no quieres. ¿Cómo es que te has largado de ese j... frente?

–Me parece que ya he acabado para siempre con todo ese asunto.

–¡Bravo! Siempre he pensado que tenías sentido común. ¿Puedo ayudarte en algo?

–Tú estás muy ocupado.

–Nada de eso, mi querido Henry. Nada de eso. Me encantaría poder echarte una mano en algo.

–Tú tienes más o menos mi talla. ¿Te importaría salir a comprarme un traje de paisano? Tengo ropa, pero está toda en Roma.

–Has vivido allí, ¿no? ¡Qué lugar más asqueroso! ¿Cómo se te ocurrió vivir en un sitio así?

–Quería ser arquitecto.

–No es un buen lugar para eso. No compres ropa. Te regalo todos los trajes que quieras. Te equiparé de pies a cabeza, quedarás hecho un figurín. Mira, ahí tienes un cuarto. Dentro hay un armario empotrado. Coge todo lo que quieras. ¡Pero hombre! ¿A quién se le ocurre comprar un traje?

–Verás, preferiría comprarlo, Sim.

–Hombre, para mí es más fácil darte la ropa que quieras que salir a comprártela. ¿Tienes pasaporte? No irás muy lejos sin pasaporte.

–Sí, aún tengo mi pasaporte.

–Entonces, amigo mío, cámbiate y rumbo a la vieja Helvecia.

–No es tan sencillo. Primero tengo que pasar por Stresa.

–¡Hombre, ideal! No tienes más que atravesar el lago en una barca. Si no quisiera volver a probar suerte con el canto, te acompañaría. Algún día iré por allí.

–Podrías aprender el canto tirolés.

–Amigo mío, un día u otro lo aprenderé. El hecho es que a pesar de todo puedo cantar. Eso es lo más curioso.

–Naturalmente. Apostaría cualquier cosa a que sabes cantar.

Estaba tumbado en la cama, fumando un cigarrillo.

–No apuestes mucho. Pero sí que sé cantar. Resulta divertido, pero sé cantar. Me gusta cantar. Escucha.

Se puso a bramar la *Africana,* con el cuello hinchado, las venas muy salidas.

–Puedo cantar –añadió–. Tanto si les gusta como si no.

Miré por la ventana.

–Voy a bajar a pagar el coche.

–Y vuelves a subir y desayunaremos.

Saltó de la cama, se desperezó, respiró hondo y empezó a hacer ejercicios gimnásticos. Yo bajé y pagué al cochero.

CAPÍTULO XXXIV

Vestido de paisano me sentía como si llevase un disfraz. Había llevado uniforme durante tanto tiempo que echaba de menos la sensación de las ropas ajustadas. Los pantalones me venían muy anchos. En Milán había sacado un billete para Stresa. También había comprado un sombrero nuevo. No había podido ponerme los de Sim, pero sus ropas me sentaban muy bien. Olían a tabaco y mientras estaba sentado en el compartimiento y miraba por la ventanilla, pensaba que el sombrero nuevo parecía muy nuevo y las ropas muy viejas. Me sentía tan triste como la empapada campiña lombarda que veía desfilar por delante de la ventanilla. En mi compartimiento viajaban varios aviadores que no me prestaron mucha atención. Evitaban mirarme y visiblemente me despreciaban por ir de paisano a mi edad. No me di por ofendido. Tiempo atrás les hubiera insultado y hubiese provocado una riña. Bajaron en Gallarate y me alegré de quedarme solo. Había comprado el periódico, pero no lo leía porque no quería leer nada acerca de la guerra. Quería olvidarme de la guerra. Había hecho una paz por separado. Me sentía condenadamente solo y me alegré cuando el tren llegó a Stresa.

Había supuesto que en la estación encontraría mozos del hotel, pero no había ninguno. La temporada había terminado hacía tiempo y nadie iba a esperar el tren. Bajé del tren con mi maleta, que era de Sim, y que pesaba muy poco porque iba vacía, exceptuando un par de camisas, y me quedé parado bajo la marquesina de la estación mientras caía la lluvia y el tren se alejaba. En la estación encontré a un hombre y le pregunté si sabía qué hoteles estaban abiertos. El *Grand Hôtel des Îles Borromées* estaba abierto y también varios hoteles pequeños que estaban abiertos todo el año. Eché a andar bajo la lluvia en dirección al *Îles Borromées*, con la maleta en la mano. Vi un coche que bajaba por la calle e hice una señal al cochero. Era mejor llegar en coche. Llegamos hasta la entrada de carruajes del gran hotel y el portero salió con un paraguas y estuvo muy amable conmigo.

Tomé una buena habitación. Era muy grande y clara y tenía vistas al lago. Había nubes muy bajas encima del lago, pero la vista sería preciosa con luz de sol. Dije que estaba esperando a mi esposa. Había una cama doble, grande, un *letto matrimoniale,* con una colcha de raso. El hotel era muy lujoso. Recorrí los largos pasillos, bajé por la amplia escalinata y después de atravesar varias salas llegué al bar. Conocía al barman y me senté en un taburete muy alto y comí almendras saladas y patatas fritas. El martini me dio una sensación de frescor y limpieza.

–¿Qué hace usted aquí de *borghese?* –me preguntó el barman después de haber preparado el segundo martini.

–Estoy de permiso. Permiso de convalecencia.

–Aquí no hay nadie. No sé por qué tienen abierto el hotel.

–¿Has ido de pesca últimamente?

–Sí y he cogido algunos ejemplares bonitos. En esta época del año se pescan buenos ejemplares.

–¿Recibiste el tabaco que te mandé?

–Sí. ¿No recibió mi postal?

Me eché a reír. No había podido obtenerle el tabaco. Él quería tabaco de pipa americano, pero mi familia había dejado de mandármelo o quizá lo confiscaban. Sea como fuere, no llegó a mis manos.

–De algún sitio lo sacaremos –dije–. Oye, ¿has visto a dos chicas inglesas en la ciudad? Llegaron anteayer.

–En el hotel no están.

–Son enfermeras.

–He visto a dos enfermeras. Espere un momento, averiguaré dónde están.

–Una de ellas es mi esposa –dije–. He venido para reunirme con ella.

–Y la otra es mi esposa.

–Hablo en serio.

–Perdone, ha sido una broma estúpida –dijo–. No le había entendido bien.

Se fue y tardó un buen rato en volver. Yo comía aceitunas, almendras saladas y patatas fritas, y miraba mi imagen, con traje de paisano, en el espejo que había detrás del mostrador. El barman volvió.

–Están en el hotelito que hay cerca de la estación –dijo.

–¿Tenéis bocadillos?

–Ahora se los pediré. Verá usted, aquí no tenemos nada, ahora no hay nadie.

–¿De veras que no hay nadie en absoluto?

–Bueno, sí, pero muy poca gente.

Trajeron los bocadillos y me comí tres y tomé otro par de martinis. Nunca había probado algo tan fresco y tan limpio. Me hicieron sentir civilizado. Había tomado demasiado vino tinto, pan, queso, café malo y grappa. Estaba sentado en el alto taburete, delante de todo aquello tan agradable, la caoba, el bronce y los espejos, no pensaba en nada. El barman me hizo algunas preguntas.

–No hablemos de la guerra –dije.

La guerra estaba muy lejos. Quizá no hubiera habido ninguna guerra. Allí no había guerra. Entonces comprendí que para mí se había acabado. Pero no tenía la sensación de que se hubiera acabado de veras. Me sentí como un colegial que ha hecho novillos y que piensa en qué están haciendo en aquel momento en la escuela.

Catherine y Helen Ferguson estaban cenando cuando entré en su hotel. Desde el vestíbulo las vi sentadas a la mesa. Catherine estaba mirando hacia otro lado y vi el perfil de su cabello y de su mejilla, y de su delicioso cuello y de sus hombros. Ferguson estaba hablando. Calló cuando vio que me acercaba a ellas.

–¡Dios mío! –dijo.

–Hola –dije.

–¿Pero eres tú? –dijo Catherine.

Su cara se había iluminado. Parecía demasiado feliz para creer que fuese verdad. La besé. Catherine se ruborizó y me senté a la mesa.

–¡Esto ya es el colmo! –dijo Ferguson–. ¿Qué estás haciendo aquí? ¿Has cenado?

–No.

La camarera que servía la cena se acercó y le dije que trajera un plato para mí. Catherine no dejaba de mirarme, con ojos llenos de felicidad.

–¿Qué estás haciendo aquí de paisano? –preguntó Ferguson.

–Me han hecho del gobierno.

–Seguro que te has metido en algún lío.

–Bueno, Fergy, alegra esa cara. Ponte contenta, aunque sólo sea un poco.

–¿Cómo voy a ponerme contenta al verte? Sé muy bien el lío en que has metido a esta chica. No es precisamente que me alegre el verte.

Catherine me sonreía y me tocó el pie por debajo de la mesa.

–Nadie me ha metido en un lío, Fergy. Soy yo la que se mete en líos.

–No puedo soportarle –dijo Ferguson–. Lo único que ha sabido hacer es destrozarte la vida con una ruindad de italiano. Los americanos son aún peores que los italianos.

–Los escoceses son un pueblo muy moral –dijo Catherine.

–No hablo de eso. Me refiero a sus ruindades de italiano.

–¿Tú crees que yo soy ruin, Fergy?

–Claro que lo eres. Eres peor que ruin. Eres como una serpiente. Una serpiente con un uniforme italiano. Con un capote arrollado al cuello.

–Ahora no llevo uniforme italiano.

–Precisamente ésta es otra prueba de tu ruindad. Has tenido una aventura durante todo el verano, has dejado a esta chica embarazada y ahora supongo que querrás escurrir el bulto.

Sonreí a Catherine y ella me sonrió.

–Los dos escurriremos el bulto –dijo ella.

–Los dos sois de la misma calaña –dijo Ferguson–. Me avergüenzo de ti, Catherine Barkley. No tienes ni vergüenza ni honor, y eres tan ruin como él.

–Vamos, Fergy –dijo Catherine, dándole unas palmadas en la mano–. No me hagas reproches. Tú sabes que nos queremos.

–Sácame la mano de encima –dijo Ferguson. Tenia la cara roja–. Si tuvieras aunque sólo fuese un poco de vergüenza, todo sería diferente. Pero llevas embarazada Dios sabe cuántos meses y te parece que todo es una broma, y te deshaces en sonrisas porque vuelve tu seductor. No tienes ni vergüenza ni sentimientos.

Se puso a llorar. Catherine se levantó y fue a abrazarla. Mientras ella estaba de pie, consolando a Ferguson, no advertí ningún cambio en su silueta.

–Tanto me da –sollozaba Ferguson–. Yo encuentro que es horrible.

–Calma, calma, Fergy –Catherine trataba de consolarla–. Estaré avergonzada. No llores, Fergy. No llores, mi pobre Fergy.

–Si no lloro –hipaba Ferguson–. No lloro. Lo único que me preocupa es la horrible situación en que estás. –Me miró–. Te odio –dijo–. Catherine no conseguirá que deje de odiarte. Eres un cochino y ruin americano italiano.

De llorar se le habían puesto rojos los ojos y la nariz.

Catherine me sonrió.

–No le sonrías mientras me estás abrazando.

–No eres razonable, Fergy.

–Ya lo sé –hipaba Ferguson–. No me hagáis caso, ni el uno ni el otro. Estoy muy impresionada. No soy razonable. Ya lo sé. Quiero que los dos seáis felices.

–Si somos felices –dijo Catherine–. Eres un encanto, Fergy.

Ferguson volvió a echarse a llorar.

–Pero no quiero que seáis felices del modo en que lo sois ahora. ¿Por qué no os casáis? Tú no estás casado, ¿verdad?

–No –dije.

Catherine se echó a reír.

–No es nada que haga reír –dijo Ferguson–. Muchos de ellos están casados.

–Nos casaremos, Fergy –dijo Catherine–, si esto te hace estar más tranquila.

–No se trata de dejarme más tranquila a mí. Sois vosotros los que deberíais querer casaros.

–Hemos estado muy ocupados.

–Sí. Ya sé. Muy ocupados haciendo niños.

Por un momento creí que iba a romper a llorar de nuevo, pero en vez de esto preguntó en un tono amargo:

–Supongo que esta noche te irás con él, ¿no?

–Sí –dijo Catherine–. Si él quiere, sí.

–¿Y yo qué?

–¿Te da miedo quedarte sola aquí?

–Sí, me da miedo.

–Entonces me quedaré contigo.

–No, vete con él. Vete con él en seguida. No puedo soportaros a ninguno de los dos.

–Pero antes sería mejor que termináramos de cenar.

–No. Marchaos ahora mismo.

–Fergy, sé razonable.

–Os digo que os marchéis ahora mismo. Marchaos los dos.

–Bueno, vámonos –dije.

Estaba harto de Fergy.

–Os morís de ganas de iros. Sí, no queréis ni hacerme compañía para la cena. Siempre había tenido mucha ilusión por ver los lagos italianos, y así es como voy a verlos. ¡Oh, oh!

Estaba sollozando y al mirar a Catherine las lágrimas le ahogaron.

–Nos quedaremos hasta el final de la cena –dijo Catherine–. Y no te dejaré sola si quieres que me quede contigo. No te dejaré sola, Fergy.

–No. No. Quiero que os vayáis. Quiero que os vayáis –se secaba los ojos–. Soy tan poco razonable. Por favor, no me hagáis caso.

La camarera que servía la cena se había impresionado ante todo aquel llanto. Ahora, al traernos el plato siguiente, parecía aliviada al ver que las cosas iban mejor.

Aquella noche en el hotel, en nuestra habitación, a la que llevaba un largo corredor vacío y nuestros zapatos en la parte de afuera de la puerta, una gruesa alfombra en el suelo de la habitación, del otro lado de las ventanas la lluvia cayendo, y dentro de la habitación una luz agradable y alegre, luego el apagar la luz y la voluptuosidad de las sábanas suaves y la cama mullida, con la sensación de que habíamos vuelto a casa, no sintiéndonos ya solos al despertarse en la noche y ver que el otro estaba al lado, y que no se había ido; todo lo demás era irreal. Nos dormíamos cuando estábamos cansados y cuando nos despertábamos el otro también se despertaba, de modo que ninguno de los dos estaba solo. Con frecuencia un hombre quiere estar solo y una mujer quiere estar sola también, y si se quieren tienen celos el uno del otro por eso, pero de verdad puedo decir que nunca sentimos una cosa parecida. Si nos sentíamos solos cuando estábamos juntos, era un estar solos con respecto a los demás. Yo sólo una vez había sentido esta impresión. Había estado solo mientras estaba con muchas chicas, y éste es el modo en que uno puede sentirse más solo. Pero nunca estábamos solos y nunca teníamos miedo cuando estábamos juntos. Ya sé que la noche no es lo mismo que el día: que todas las cosas son distintas, que las cosas de la noche no pueden explicarse de día, porque entonces no existen, y la noche puede llegar a ser algo horrible cuando se está solo, una vez ha empezado su soledad. Pero con Catherine casi no había diferencia en la noche, excepto que eran unas horas todavía mejores. Cuando uno se enfrenta con este mundo con tanto valor, para vencerlo el mundo tiene que matarlo, y por supuesto lo mata. El mundo acaba venciendo a todos, y luego muchos son fuertes en el lugar en el que el mundo les ha herido para vencerlos. Pero a los que no se dejan vencer, los mata. Mata con toda imparcialidad a los que son muy buenos, a los que son muy mansos, a los que son muy valientes. Si uno no pertenece a ninguna de estas categorías, puede estar seguro de que también acabará por matarle, pero sin tener ninguna prisa.

Recuerdo que me desperté por la mañana. Catherine estaba dormida y la luz del sol entraba por la ventana. La lluvia había cesado y salté de la cama y fui hacia la ventana. Abajo había los jardines, ahora desnudos, pero bellamente regulares, y el lago a la luz del sol, con las montañas al fondo. Permanecí junto a la ventana contemplando todo aquello, y cuando me volví vi que Catherine se había despertado y me estaba mirando.

–¿Cómo estás, cariño? –dijo–. ¿Verdad que hace un día magnifico?

–¿Y tú cómo te encuentras?

–Muy bien. Hemos pasado una noche deliciosa.

–¿Quieres desayunar?

Quería desayunar. Yo también y desayunamos en la cama, con el sol de noviembre entrando por la ventana y la bandeja del desayuno apoyada en mis muslos.

–¿No quieres el periódico? En el hospital siempre querías leer el periódico.

–No –dije–. Ahora no quiero el periódico.

–¿Tan mal fueron las cosas que no quieres ni enterarte de lo que ha pasado?

–No quiero leer nada de eso.

–Quisiera haber estado contigo y así ahora también sabría de todo eso.

–Ya te lo contaré, si es que alguna vez llego a poner un poco de orden en mis ideas.

–Pero ¿no van a detenerte si te cogen sin uniforme?

–Probablemente me fusilarían.

–Entonces no podemos quedarnos aquí. Nos iremos del país.

–Algo de eso había pensado.

–Nos iremos. Amor mío, es una locura exponerse tontamente. Cuéntame cómo fuiste de Mestre a Milán.

–Fui en tren. Entonces iba de uniforme.

–¿Y no corrías ningún peligro?

–No mucho. Tenía una antigua orden de traslado. Cambié las fechas en Mestre.

–Pero, cariño, aquí pueden detenerte en cualquier momento. No quiero que pase eso. Es una tontería hacer una cosa así. ¿Qué sería de nosotros si te cogieran?

–No pensemos en eso. Ya estoy cansado de tanto pensarlo.

–¿Qué harías si vinieran a arrestarte?

–Les mataría.

–¿Ves como dices tonterías? No dejaré que salgas del hotel hasta que nos vayamos de aquí.

–¿Y adónde vamos a ir?

–Por favor, no te pongas así, cariño. Iremos donde tú digas. Pero, por favor, elige un lugar al que podamos ir en seguida.

–Suiza está al otro lado del lago, podríamos ir allí.

–Sería maravilloso.

Afuera empezaba a nublarse y el lago se oscurecía.

–Quisiera que no siempre tuviésemos que vivir como criminales –dije.

–Cariño, no digas eso. Tú no has vivido mucho tiempo como un criminal. Y nunca más viviremos como criminales. Vamos a ser muy felices.

–Me siento como un criminal. He desertado del ejército.

–Cariño, por favor, entra en razón. Esto no es desertar del ejército. Al fin y al cabo no es más que el ejército italiano.

Me eché a reír.

–Eres una chica estupenda. Volvamos a la cama. Estoy muy a gusto en la cama.

Al cabo de un rato Catherine dijo:

–No te sientes como un criminal, ¿verdad?

–No –dije–. Cuando estoy contigo, no.

–Eres un tonto –dijo–. Pero yo me cuidaré de ti. Cariño, ¿verdad que es estupendo no tener ni siquiera mareo por la mañana?

–Estupendo.

–No sabes apreciar la buena esposa que tienes. Pero no importa. Yo te encontraré un lugar donde no puedan detenerte y entonces seremos muy felices.

–Pues vámonos ahora mismo para allí.

–Claro que iremos, cariño. Iré al lugar que tú quieras y cuando tú quieras.

–No pensemos en nada.

–Bueno.

CAPÍTULO XXXV

Catherine salió y, bordeando el lago, se dirigió al hotelito para ver a Ferguson y yo me senté en el bar y me puse a leer los periódicos. En el bar había unos sillones de cuero muy cómodos y me instalé en uno de ellos y estuve leyendo hasta que vino el barman. El ejército no había podido hacerse fuerte en el Tagliamento. Estaban retrocediendo hasta el Piave. Me acordaba del Piave. La línea del tren que iba al frente lo cruzaba cerca de San Dona. En aquel lugar era profundo y lento y bastante estrecho. Más abajo había marismas llenas de mosquitos y canales. También algunas quintas de recreo muy bonitas. Tiempo atrás, antes de la guerra, yendo a Cortina d'Ampezzo, había seguido su curso durante varias horas, por entre las colinas. Allí arriba parecía un arroyo de truchas de corriente rápida, con trozos poco profundos y hoyas a la sombra de las rocas. En Cadore la carretera se desviaba del río. Me pregunté cómo el ejército que se encontraba en las alturas podría bajar. Entró el barman.

–El conde Greffi me ha preguntado por usted –dijo.

–¿Quién?

–El conde Greffi. ¿Se acuerda de aquel señor anciano que coincidió con usted aquí la última vez que vino?

–¿Está aquí?

–Sí, ha venido con su sobrina. Le he dicho que usted estaba aquí. Quiere jugar al billar con usted.

–¿Dónde está?

–Ha ido a dar un paseo.

–¿Y cómo se encuentra?

–Más joven que nunca. Anoche, antes de cenar, se tomó tres cócteles de champán.

–¿Y qué tal juega al billar ahora?

–Bien. A mí me ha ganado. Cuando le dije que estaba usted aquí se alegró mucho. Aquí no tiene a nadie con quien jugar al billar.

El conde Greffi tenía noventa y cuatro años. Había sido contemporáneo de Metternich y era un anciano de cabello y bigote blanco y modales exquisitos. Había pertenecido al cuerpo diplomático de Austria y de Italia, y sus fiestas de cumpleaños eran el gran acontecimiento social de Milán. Parecía dispuesto a cumplir los cien años y jugaba al billar con una tranquila seguridad que contrastaba con su fragilidad de nonagenario. Le conocí en una ocasión en que yo había ido a Stresa también fuera de temporada, y mientras jugamos al billar, bebíamos champán. Encontré que era una costumbre deliciosa, y aunque me daba quince puntos de ventaja sobre cien, siempre me ganaba.

–¿Por qué no me habías dicho que estaba aquí?

–Se me había olvidado.

–¿Quién hay más?

–Nadie que usted conozca. En total sólo hay seis personas.

–¿Tienes algo que hacer ahora?

–No, nada.

–Pues vámonos a pescar.

–Sólo dispongo de una hora.

–Bueno, vamos. Ve a buscar la caña.

El barman se puso la chaqueta y nos fuimos. Nos dirigimos hacia el lago, tomamos una barca y yo remé mientras el barman, sentado en la popa, sacaba su caña, que tenía un carrete y un pesadísimo plomo en su extremo, especial para pescar las truchas del lago. Seguimos cerca de la orilla, el barman sosteniendo la caña en la mano y dando de vez en cuando alguna pequeña sacudida. Desde el lago, Stresa parecía un lugar completamente desierto. Se veían las largas hileras de árboles desnudos, los grandes hoteles y las quintas cerradas. Me adentré en el lago hasta la Isola Bella y pasé junto a las murallas, donde el agua se hace mucho más profunda, y donde puede verse la muralla de piedra que se hunde en el agua clara, y luego nos dirigimos hacia la isla del pescador, que contorneamos. El sol estaba oculto por una nube y el agua era oscura y lisa y muy fría. No picó ni una sola trucha, aunque vimos varias veces los círculos que forman en el agua los peces cuando se asoman a la superficie.

Me alejé en línea recta de la isla del pescador, hacia el lugar de la orilla donde hay barcas varadas y hombres que remiendan las redes.

–¿Tomamos un trago?

–Como quiera.

Acerqué la barca al muelle de piedra y el barman sacó la caña; luego arrolló el sedal en el fondo de la barca y clavó el anzuelo en la borda. Salté a tierra y até la barca. Entramos en un cafetín, nos sentamos en una rústica mesa de madera y pedimos dos vermuts.

–¿Está cansado de remar?

–No.

–De vuelta ya remaré yo –dijo.

–Me gusta remar.

–A lo mejor si usted sujeta la caña tendremos más suerte.

–De acuerdo.

–Cuénteme cómo va la guerra.

–Mal.

–Yo no tengo que ir. Soy demasiado viejo, como el conde Greffi.

–Quizás aún tengas que ir.

–El año que viene llamarán mi quinta. Pero no iré.

–¿Qué vas a hacer?

–Irme al extranjero. No quiero ir a la guerra. Ya estuve una vez en Abisinia. ¡Ca! ¿Usted por qué ha ido?

–No lo sé. He sido un idiota.

–¿Otro vermut?

–Bueno.

De regreso remó el barman. Estuvimos pescando en la parte norte del lago, lejos de Stresa, y luego un poco más al sur, cerca de la orilla. Sostenía el sedal tirante y oía la débil vibración del carrete, a medida que se iba soltando, mientras contemplaba la oscura agua de noviembre en el lago y la orilla desierta. El barman remaba enérgicamente y a cada nuevo impulso hacia delante que sufría la barca, el sedal temblaba. Una vez picaron. El sedal se puso tenso bruscamente y se produjo una sacudida. Tiré y sentí el peso vivo de la trucha y luego la caña se puso a temblar de nuevo. Se me había escapado.

–¿Era muy grande?

–Bastante grande.

–Una vez estaba yo pescando solo y sujetaba la caña con los dientes y picó una, y casi se me llevó toda la dentadura.

–El mejor sistema es sujetarla con la pierna –dije–. Así se siente la sacudida y no hay peligro de quedarse sin dientes.

Metí la mano en el agua. Estaba muy fría. Ahora estábamos casi enfrente del hotel.

–Tengo que volver –dijo el barman–. Hay que estar allí a las once. *L'heure du cocktail.*

–De acuerdo.

Retiré la caña y la arrollé a un palo que tenía una hendidura a cada extremo. El barman dejó la barca en un pequeño embarcadero que había junto al muro de piedra y la ató con una cadena que aseguró con un candado.

–Siempre que la quiera utilizar –dijo–, yo le doy la llave.

–Gracias.

Subimos hasta el hotel y entramos en el bar. Yo no quería tomar ninguna otra copa porque era muy temprano, y subí a mi habitación. La doncella acababa de arreglar el cuarto y Catherine aún no había vuelto. Me eché en la cama e hice un esfuerzo para no pensar.

Cuando Catherine volvió me sentí bien de nuevo. Me dijo que Ferguson estaba abajo. Que comería con nosotros.

–Sabía que no te importaría –dijo Catherine.

–No –dije.

–¿Qué te pasa, cariño?

–No lo sé.

–Yo sí lo sé. No tienes nada que hacer. Sólo me tienes a mí y yo me voy y te dejo solo.

–Es verdad.

–Lo siento, cariño. Supongo que debe ser una sensación muy desagradable darse cuenta de pronto que uno no tiene nada.

–Casi siempre he tenido la vida muy llena –dije–. Ahora, si tú no estás conmigo no tengo nada en el mundo.

–Pero yo estaré contigo. Sólo he estado fuera dos horas. ¿No se te ocurre algo que puedas hacer?

–He ido a pescar con el barman.

–¿Lo has pasado bien?

–Sí.

–No pienses en mí cuando yo no estoy.

–Esto es lo que hacía en el frente. Pero allí tenía cosas que hacer.

–Otelo está ocioso –dijo en broma.

–Otelo era negro –dije–. Además, yo no tengo celos. Lo que pasa es que estoy tan enamorado de ti que para mí ya no existe nada más.

–¿Vas a ser buen chico y serás amable con Ferguson?

–Siempre soy amable con Ferguson si no se pone a chillarme y a insultarme.

–Sé bueno con ella. Piensa en lo mucho que tenemos nosotros y en que ella no tiene nada.

–No creo que ella quiera lo que tenemos.

–Amor mío, para ser un chico tan listo en esto no eres demasiado perspicaz.

–Seré bueno con ella.

–Estoy segura. Eres muy bueno.

–Pero luego no va a quedarse, ¿verdad?

–No. Ya me libraré de ella.

–Y luego subiremos aquí.

–Claro. ¿Qué es lo que crees que tengo ganas de hacer?

Bajamos para comer con Ferguson. Ella estaba muy impresionada por el hotel y por el lujo del comedor. Nos dieron una comida excelente y nos bebimos un par de botellas de capri blanco. El conde Greffi entró en el comedor y se inclinó ante nosotros. Le acompañaba su sobrina, que parecía poco más o menos mi abuela. Conté a Catherine y a Ferguson cosas de él, y Ferguson se quedó muy impresionada. El hotel era muy grande, suntuoso y vacío, pero la comida era buena, el vino excelente y finalmente el vino acabó por hacernos sentir muy bien. Catherine no necesitaba sentirse mejor. Era muy feliz. Ferguson se puso bastante animada. Yo también me sentía muy bien. Después de comer, Ferguson volvió a su hotel. Iba a echarse un rato para reposar la comida, dijo.

Hacia media tarde alguien llamó a nuestra puerta.

–¿Quién es?

–El conde Greffi desea saber si jugará usted al billar con él.

Miré el reloj; me lo había sacado y estaba debajo de la almohada.

–¿Tienes que irte, amor mío? –susurró Catherine.

–Creo que es mejor que vaya.

El reloj marcaba las cuatro y cuarto. En voz alta dije:

–Diga al conde Greffi que estaré en la sala de billar a las cinco.

A las cinco menos cuarto me despedí de Catherine con un beso y me metí en el cuarto de baño para vestirme. Mientras me anudaba la corbata y me miraba en el espejo, tenía la impresión de parecer raro en mis ropas de paisano. Tengo que acordarme de comprar más camisas y calcetines.

–¿Tardarás mucho en volver? –preguntó Catherine. Estaba encantadora dentro de la cama–. ¿Quieres pasarme el cepillo?

La estuve mirando mientras se cepillaba el pelo, con la cabeza inclinada para que el peso del cabello cayera de un solo lado. Fuera había oscurecido, y la luz que había sobre la cabecera de la cama brillaba en sus cabellos y en el cuello y en los hombros. Me acerqué y la besé y le cogí la mano que sujetaba el cepillo y ella dejó caer la cabeza sobre la almohada. La besé en el cuello y en los hombros. Me sentía desfallecer de tanto quererla.

–No quiero irme.

–No quiero que te vayas.

–Entonces no me voy.

–Sí. Anda, ve. Es sólo un ratito. Y luegos vuelves.

–Cenaremos aquí, en el cuarto.

–Anda, date prisa y vuelve.

Encontré al conde en la sala de billares. Estaba practicando carambolas y parecía muy frágil a la luz que proyectaba la lámpara que había encima de la mesa de billar. Sobre una mesa de juego que quedaba detrás de la luz había un cubo de plata lleno de hielo, del que asomaban los cuellos y los corchos de dos botellas de champán. El conde Greffi se irguió cuando vio que me acercaba a la mesa y se dirigió a mi encuentro. Me tendió la mano.

–Ha sido un gran placer encontrarle aquí de nuevo. Ha sido usted muy amable de venir a jugar conmigo.

–Y usted al invitarme.

–¿Está ya repuesto del todo? Me dijeron que le habían herido en el Isonzo. Confío en que se habrá restablecido por completo.

–Me encuentro muy bien. ¿Y usted?

–¡Oh, yo siempre me encuentro bien! Pero me estoy volviendo viejo. Empiezo a notar síntomas de vejez.

–No hablará en serio.

–Sí. ¿Quiere que le diga uno? Me resulta más fácil hablar italiano. Hago un esfuerzo, pero me doy cuenta de que cuando estoy cansado me resulta mucho más fácil hablar italiano. Por eso sé que debo estar volviéndome viejo.

–Podemos hablar italiano. Yo también estoy un poco cansado.

–Oh, pero cuando usted está cansado le será más fácil hablar inglés.

–Americano.

–Sí. Americano. Por favor, hable americano. Es una lengua deliciosa.

–Casi nunca hablo con americanos.

–Debe echarlos de menos. Siempre se echa de menos a los compatriotas, sobre todo a las compatriotas. Ya sé lo que es eso. ¿Jugamos o está usted demasiado cansado?

–No es verdad que esté cansado. Lo he dicho en broma. ¿Qué ventaja va a darme?

–¿Ha jugado mucho últimamente?

–Hace mucho tiempo que no juego.

–Pero juega muy bien. ¿Le parece diez puntos sobre cien?

–Me adula usted.

–¿Quince?

–Me parece bien, pero va a ganarme.

–¿Quiere que apostemos algo? Usted siempre quería jugar con apuestas.

–Sí, lo prefiero.

–Muy bien. Le daré dieciocho puntos, y jugaremos a un franco el punto.

Él jugaba admirablemente y, a pesar de mi ventaja, al llegar a cincuenta, sólo le llevaba cuatro puntos. El conde Greffi apretó un botón que había en la pared para llamar al barman.

–Abra una botella, por favor –dijo. Y luego dirigiéndose a mí–: Tomaremos un pequeño estimulante.

El champán estaba helado y era muy seco y muy bueno.

–¿Y si habláramos italiano? ¿Le importaría mucho? Ahora es mi punto flaco.

Seguimos jugando, bebiendo copas de vino entre golpe y golpe, hablando en italiano, pero hablando poco, absortos en el juego. El conde Greffi llegó a sus cien puntos cuando yo, a pesar de la ventaja, estaba todavía en los noventa y cuatro. Sonrió y me dio unas palmadas en el hombro.

—Ahora nos beberemos la otra botella y me contará cosas de la guerra.

Esperó a que yo me hubiera sentado para hacerlo él.

—Hablemos de cualquier cosa menos de eso —dije.

—¿No quiere hablar de eso? Bueno. ¿Qué ha leído últimamente?

—Nada —dije—. Me temo que no tengo una conversación muy amena.

—No es eso. Pero debería usted leer.

—¿Qué se escribe en tiempos de guerra?

—Pues está *Le Feu*, de un francés, Barbusse. Está *Míster Britling Sees Through It* (1).

—No. No ve nada.

—¿Cómo?

—Digo que no ve nada. Estos libros estaban en el hospital.

—¿Entonces ha leído usted?

—Sí, pero nada bueno.

—*Mr. Britling* me pareció un estudio muy bueno del alma de la clase media inglesa.

—Yo no sé nada del alma.

—Hijo mío, nadie de nosotros sabe nada acerca del alma. ¿Es usted *croyant*?

—Por la noche.

El conde Greffi sonrió e hizo girar la copa entre sus dedos.

—Yo esperaba que a medida que me hiciera viejo, me haría más devoto, pero por el motivo que sea, no ha sido así —dijo—. Es una gran lástima.

—¿Le gustaría vivir después de la muerte? —pregunté.

Al momento comprendí que había sido un necio mencionando a la muerte. Pero él no pareció dar importancia a la palabra.

(1) El título exacto de esta novela de Wells, publicada en 1916, es *Mr. Britling Sees It Through (El señor Britling se queda hasta el final);* alterando la posición del *it*, significa *El señor Britling ve claro*, de ahí la respuesta del protagonista. *(N. del T.)*

–Depende de la vida. Esta vida es muy agradable. Me gustaría vivir siempre –sonrió–. Casi lo estoy logrando.

Estábamos hundidos en unos profundos sillones de cuero, con el champán dentro del cubo de hielo, y las copas sobre la mesa que había entre los dos.

–Si llega usted a vivir tantos años como yo, encontrará muchas cosas extrañas.

–Usted nunca parece viejo.

–El cuerpo es el que es viejo. A veces tengo miedo de romperme un dedo como se rompe una barra de tiza. Pero el espíritu no es más viejo, y tampoco mucho más sensato.

–A mí me parece usted muy sensato.

–No, es un gran error eso de la sensatez de los viejos. No se hacen más sensatos. Se hacen más cautelosos.

–Quizá la sensatez consista en esto.

–Pues es algo de poco atractivo. ¿Qué es lo que más valora usted en la vida?

–Una persona a quien quiero.

–A mí me ocurre lo mismo. Eso no es sensatez. ¿Valora usted mucho la vida?

–Sí.

–Yo también. Porque es todo lo que tengo. Y dar fiestas de cumpleaños –dijo riendo–. Probablemente usted sea más sensato que yo. Usted no da fiestas de cumpleaños.

Bebimos el champán.

–¿Qué piensa usted realmente de la guerra? –pregunté.

–Me parece algo estúpido.

–¿Quién la ganará?

–Italia.

–¿Por qué?

–Es una nación más joven.

–¿Cree que la naciones jóvenes ganan siempre las guerras?

–Pueden ganarlas más fácilmente durante un tiempo.

–¿Y luego qué sucede?

–Se convierten en naciones más viejas.

–¿Y usted era el que decía que no tenía sensatez?

–Hijo mío, esto no es sensatez, es cinismo.

–Pues a mí me suena muy sensato.

–No de un modo especial. Podría darle ejemplos de lo contrario. Pero no está mal. ¿Hemos acabado ya el champán?

–Casi.

–¿Bebemos un poco más? Luego tengo que ir a cambiarme.

–Quizá sea mejor que nos vayamos ahora.

–¿Seguro de que no quiere más?

–Sí.

Se puso en pie.

–Le deseo mucha suerte y mucha felicidad y mucha, muchísima salud.

–Gracias. Yo le deseo que viva eternamente.

–Gracias. Así lo hago. Y si alguna vez se vuelve devoto, rece por mí si he muerto. Esto se lo he pedido a varios de mis amigos. Esperaba volverme devoto, pero no ha sido así.

Me pareció que sonreía tristemente, pero no estaba seguro. Era tan viejo y tenía la cara tan arrugada, que una sonrisa modificaba tantas líneas que se perdían todos los matices.

–Quizá me vuelva muy devoto –dije–. En todo caso rezaré por usted.

–Yo siempre había confiado en llegar a ser devoto. Toda mi familia ha muerto muy devotamente. Pero, por el motivo que sea, a mí no me ocurre lo mismo.

–Es demasiado pronto.

–Tal vez sea demasiado tarde. Quizás he sobrevivido a mi sentimiento religioso.

–El mío solamente viene de noche.

–Entonces es que está usted enamorado. No olvide que eso es también un sentimiento religioso.

–¿Usted cree?

–Naturalmente. –Dio un paso hacia la mesa–. Ha sido usted muy amable al jugar conmigo.

–Ha sido un gran placer.

–Subamos juntos.

CAPÍTULO XXXVI

Aquella noche hubo tormenta y me desperté al oír cómo la lluvia golpeaba en los cristales. El agua entraba por el balcón entreabierto. Alguien llamó a la puerta. Fui hacia la puerta andando de puntillas para no despertar a Catherine, y la abrí. Era el barman. Llevaba puesto el abrigo y en la mano un sombrero empapado.

–¿Puedo hablar con usted, *tenente*?

–¿Qué pasa?

–Es un asunto muy serio.

Miré a mi alrededor. La habitación estaba a oscuras. En el suelo vi el agua que había entrado por el balcón.

–Ven –dije.

Le cogí por el brazo y le hice entrar en el cuarto de baño; cerré la puerta y encendí la luz. Me senté en el borde de la bañera.

–¿Qué pasa, Emilio? ¿Estás en un apuro?

–No. Se trata de usted, *tenente*.

–¿Sí?

–Mañana por la mañana van a venir a detenerle.

–¿Sí?

–He venido a avisarle. Estaba en el pueblo y les he oído hablar en un café.

–Comprendo.

Estaba frente a mí, de pie, con el abrigo empapado, sosteniendo en la mano el sombrero empapado, y sin decir nada.

–¿Por qué quieren detenerme?

–Por algo que tiene que ver con la guerra.

–¿No sabes el qué?

–No. Pero sé que saben que usted había estado aquí antes como oficial, y que ahora ha venido sin uniforme. Después de esta retirada, detienen a todo el mundo.

Estuve pensando durante unos momentos.

–¿A qué hora vendrán a detenerme?

–Por la mañana. No sé la hora.

–¿Qué me aconsejas que haga?

Dejó el sombrero en el lavabo. Estaba muy mojado y había estado goteando en el suelo.

–Si no tiene nada que temer en caso de que le detengan, no pasa nada. Pero siempre es malo que le detengan a uno, sobre todo ahora.

–No quiero que me detengan.

–Entonces váyase a Suiza.

–¿Cómo?

–En mi barca.

–¿Con esta tormenta? –dije,

–La tormenta ha terminado. El tiempo no es bueno, pero se puede pasar.

–¿Cuándo crees que es mejor irse?

–Ahora mismo. Pueden venir a detenerle a primera hora de la mañana.

–¿Y las maletas?

–Hágalas en seguida. Y haga que la señora se vista. Yo les guardaré las maletas.

–¿Dónde estarás?

–Esperaré aquí. No quiero que nadie me vea en el pasillo.

Abrí la puerta, volví a cerrarla y me dirigí hacia la cama. Catherine estaba despierta.

–¿Qué pasa, cariño?

–Nada, Cat –dije–. ¿Qué dirías si te dijera que te vistieses ahora mismo porque nos vamos en una barca a Suiza?

–Y tú, ¿qué dirías?

–Que preferiría volver a meterme en la cama.

–¿Qué ocurre?

–El barman dice que vendrán a detenerme por la mañana.

–¿Está loco el barman?

–No.

–Entonces démonos prisa, cariño, y vistámonos para irnos en seguida. –Se sentó en el borde de la cama. Aún estaba medio dormida–. ¿Está en el cuarto de baño el barman?

–Sí.

–Entonces no me lavaré. Por favor, mira hacia otro lado, cariño, y me visto en un momento.

Vi la blancura de su espalda cuando se quitaba el camisón, y luego desvié la mirada porque ella no quería que la viese. Empezaba a notársele el embarazo y no quería que la viera así. Me vestí mientras oía el repiqueteo de la lluvia en los cristales. No tenía mucho que poner en la maleta.

–Queda mucho lugar en mi maleta, Cat. Si necesitas poner cosas...

–La mía está casi lista –dijo–. Cariño, perdona, no quisiera parecerte demasiado tonta, pero, ¿por qué está en el cuarto de baño el barman?

–Ssss... Espera para bajarnos las maletas.

–Es muy amable.

–Es un antiguo amigo mío –dije–. Hace tiempo estuve a punto de enviarle un poco de tabaco de pipa.

Me asomé al balcón entreabierto para mirar la oscuridad de la noche. No se veía el lago, sólo la oscuridad y la lluvia, pero el viento había aflojado.

–Estoy lista, cariño –dijo Catherine.

–Muy bien. –Fui hacia la puerta del cuarto de baño–. Aquí tienes las maletas, Emilio –dije.

El barman cogió las dos maletas.

–Es usted muy bueno al ayudarnos –dijo Catherine.

–No tiene importancia, señora –dijo el barman–. Estoy encantado de ayudarles, con tal de no meterme yo en un lío. Escuche –me dijo–, voy a bajarlas por la escalera de servicio y las llevaré a la barca. Ustedes tienen que salir como si fueran a dar un paseo.

–¡Vaya nochecita para dar un paseo! –dijo Catherine.

–Sí, desde luego es una mala noche.

–Menos mal que tengo un paraguas –dijo Catherine.

Recorrimos el pasillo y bajamos por la ancha escalera de gruesa alfombra. Al pie de la escalera, junto a la puerta, el portero estaba sentado detrás de su pupitre.

Pareció sorprendido al vernos.

–¿No irá usted a salir, señor? –dijo.

–Sí –dije–. Vamos a ver la tormenta junto al lago.

–¿No tiene usted paraguas, señor?

–No –dije–. El abrigo es impermeable.

Lo miró con aire dubitativo.

–Le traeré un paraguas, señor –dijo. Salió y volvió con un paraguas enorme–. Es un poco grande, señor –dijo. Le di un billete de diez liras–. ¡Oh, es usted demasiado amable, señor! Muchísimas gracias –dijo.

Nos abrió la puerta y la sostuvo mientras salíamos bajo la lluvia. Nos sonreía y Catherine y yo le devolvimos la sonrisa.

–No se queden mucho rato bajo la lluvia –dijo–. Se van a enfriar, señor y señora.

Sólo era el segundo portero y hablaba el inglés traduciéndolo literalmente.

–En seguida volvemos –dije.

Seguimos el sendero, protegidos por aquel gigantesco paraguas y después de atravesar los chorreantes y oscuros jardines, salimos a la carretera, la cruzamos y enfilamos el caminito enrejado que bordea el lago. Ahora el viento soplaba de tierra. Era un viento de noviembre frío y húmedo y yo sabía que estaba nevando en las montañas. Pasamos junto a las barcas encadenadas en los embarcaderos que había junto al muelle, en dirección al lugar donde habíamos dejado la barca del barman. El agua era de color muy oscuro en contraste con la piedra. El barman salió de detrás de una fila de árboles.

–Las maletas están en la barca –dijo.

–Quiero pagarte la barca –dije.

–¿Cuánto dinero tiene?

–No mucho.

–Entonces mándeme el dinero más adelante. Ya está bien.

–¿Cuánto?

–Lo que usted quiera.

–Dime cuánto.

–Si puede pasar, mándeme quinientos francos. Si pasa, la cantidad no tendrá importancia para usted.

—De acuerdo.

—Aquí tienen bocadillos —me tendió un paquete—. Todo lo que había en el bar. Aquí está todo. Esto es una botella de coñac y esto una botella de vino.

Lo puso todo dentro de mi maleta.

—Esto quiero pagártelo.

—Como quiera, deme cincuenta liras —se las di—. El coñac es bueno —dijo—. Puede dárselo tranquilamente a su señora. Es mejor que ella suba a la barca.

Sujetó la barca, que se balanceaba junto al muro de piedra, y ayudé a Catherine a subir. Se sentó en la popa y se envolvió en su abrigo.

¿Sabe la dirección que hay que tomar?

—Hacia el norte.

—¿Sabe cuánto de lejos?

—Hasta más allá de Luino.

—Más allá de Luino, Cannero, Cannobio, Tranzano. No estará en Suiza hasta que no llegue a Brissago. Tiene que pasar Monte Tamara.

—¿Qué hora es? —preguntó Catherine.

—Sólo son las once —dije.

—Si no para de remar, debería estar allí hacia las siete de la mañana.

—¿Tan lejos está?

—Son treinta y cinco quilómetros.

—¿Cómo vamos a orientarnos? Con esta lluvia necesitaríamos una brújula.

—No. Vaya a Isola Bella. Luego, cuando esté al otro lado de Isola Madre, siga el viento. El viento le llevará a Pallanza. Ya verá las luces. Luego siga la orilla.

—¿Y si cambia el viento?

—No —dijo—. Este viento durará tres días. Viene directamente de Motterone. Aquí tiene un bote de lata para achicar agua.

—Déjame que te dé algo por la barca ahora.

—No, prefiero correr el riesgo. Si logran pasar, luego me paga todo lo que pueda.

–De acuerdo.

–No creo que se ahoguen.

–Eso esperamos.

–Siempre hacia el norte y viento en popa.

–Entendido.

Subí a la barca.

–¿Ha dejado dinero para el hotel?

–Sí, dentro de un sobre, en la habitación.

–Muy bien. Buena suerte, *tenente.*

–Buena suerte. Y muchísimas gracias.

–Si se ahogan no tienen por qué darme tantas gracias.

–¿Qué dice? –pregunto Catherine.

–Nos desea buena suerte.

–Buena suerte –dijo Catherine–. Y muchas gracias.

–¿Preparados?

–Sí.

Se inclinó y dio un empujón a la barca. Hundí los remos en el agua y luego agité una mano. El barman nos despidió con un gesto, indicándonos que nos diéramos prisa. Vi las luces del hotel y me puse a remar, y seguí remando hasta que hubieron desaparecido. El agua del lago estaba muy agitada, pero el viento nos era favorable.

CAPÍTULO XXXVII

Remaba en la oscuridad de modo que el viento me diera en la cara. La lluvia había cesado y sólo de vez en cuando me llegaban unas gotas en ráfagas. La oscuridad era total y el viento frío. Veía a Catherine en la popa, pero no podía ver el agua en el lugar en que se hundían los remos. Los remos eran algo largos y no tenían correas de cuero para impedir que resbalasen. Los atraía hacia mí, me erguía, me inclinaba hacia delante, hundía los remos en el agua, los sacaba, y volvía a comenzar, remando tan bien como sabía. No ponía las palas casi horizontales porque teníamos el viento a favor. Sabía que las manos se me llenarían de ampollas y quería retrasar todo lo posible este momento. La barca era ligera y remaba fácilmente. Nos adentramos en el agua. Yo no veía nada y confiaba en que no tardaríamos en llegar a la altura de Pallanza.

Nunca llegamos a ver Pallanza. El viento nos empujaba hacia el norte del lago y doblamos el cabo que oculta Pallanza en la oscuridad, sin ver sus luces. Cuando por fin vimos unas luces, mucho más al norte del lago, y cerca de la orilla, era Intra. Pero durante bastante rato no vimos ninguna luz ni vimos la playa, sino que remamos enérgicamente en la oscuridad cabalgando sobre las olas. A veces el golpe de los remos encontraba el vacío, cuando en la oscuridad una ola levantaba la barca. El agua estaba muy agitada; pero seguí remando hasta que de pronto nos encontramos muy cerca de tierra, al pie de un promontorio que surgió delante de nosotros; las olas se estrellaban contra él, levantándose encrespadas y luego volviendo a desplomarse. Moví con fuerza el remo derecho y opuse resistencia al agua con el otro, y volvimos a adentrarnos en el lago; el promontorio desapareció de nuestra vista y seguimos hacia el norte.

–Estamos en medio del lago –dije a Catherine.

–¿No teníamos que ver Pallanza?

–Hemos pasado de largo.

–¿Cómo estás, cariño?

–Bien.

–¿Quieres que coja los remos un rato?

–No, estoy bien.

–¡Pobre Ferguson! –dijo Catherine–. Mañana por la mañana irá al hotel y encontrará que nos hemos ido.

–Ahora esto me preocupa mucho menos –dije– que llegar a la parte suiza del lago antes de que se haga de día y nos vean los aduaneros.

–¿Falta mucho?

–Desde donde estamos, treinta quilómetros y pico.

Estuve remando toda la noche. Al final tenía las manos tan llagadas que apenas podía sujetar los remos. Habíamos estado a punto de estrellarnos contra la orilla en varias ocasiones. Yo procuraba mantenerme lo más cerca posible de la orilla porque tenía miedo de perderme en el lago y perder tiempo. A veces pasábamos tan cerca que veíamos una hilera de árboles y la carretera que bordeaba la orilla, con las montañas al fondo. Cesó la lluvia y el viento se llevó las nubes, de modo que salió la luna y, mirando hacia atrás, pude ver el largo y oscuro cabo de Castagnola y el lago con cabrillas y más allá la luna sobre las altas montañas nevadas. Luego las nubes volvieron a cubrir la luna, y las montañas y el lago desaparecieron de nuestra vista, pero había mucha más luz que antes y podíamos ver la orilla. Yo la veía con demasiada claridad y remé hacia el centro del lago donde no pudieran ver la barca si había aduaneros patrullando por la carretera de Pallanza. Cuando la luna volvió a salir, vimos casitas blancas en la orilla, en las laderas de la montaña, y la línea blanca de la carretera entre los árboles. Mientras, yo no dejaba de remar.

El lago se ensanchaba y en la otra orilla, al pie de las montañas del otro lado, vimos unas cuantas luces que deberían ser Luino. Vi una brecha en forma de cuña entre las montañas de la otra orilla y pensé que aquello debía ser Luino. Si lo era, íbamos bien de tiempo. Dejé los remos sobre la barca y me tendí en el banco. Estaba enormemente cansado de remar. Los brazos, los hombros y la espalda me dolían y las manos eran una pura llaga.

–¿Y si abriera el paraguas? –dijo Catherine–. Con este viento lo podríamos usar como vela.

–¿Sabrías dirigir el rumbo?

–Supongo que sí.

–Coges este remo, lo sujetas bajo el brazo, de modo que quede pegado a la borda, y lo mueves como un timón, y yo sostendré el paraguas.

Fui a popa y le enseñé cómo sujetar el remo. Cogí el enorme paraguas que me había dado el portero del hotel, me senté cara a proa, y lo abrí. Se abrió bruscamente. Lo cogía por los dos lados, sujetándolo con las piernas después de haber enganchado el puño en el banco. El viento lo hinchó y noté que la barca avanzaba rápidamente mientras yo sujetaba los bordes con todas mis fuerzas. El viento nos empujaba vigorosamente. La barca se deslizaba muy aprisa.

–Vamos muy bien –dijo Catherine.

Todo lo que yo podía ver eran las varillas del paraguas. El paraguas tiraba cada vez con más fuerza y sentí que iba a arrastrarme tras él. Afirmé los pies y tiré hacia atrás, y luego, de repente, se dio la vuelta; una de las varillas me golpeó la frente, traté de agarrar la parte superior, que se doblaba por la fuerza del viento, y entonces terminó de volverse del revés, y me encontré a horcajadas sobre el mango de un paraguas hecho jirones donde un segundo antes tenía una vela hinchada por el viento. Solté el puño del banco, dejé el paraguas en la proa y me dirigí hacia donde estaba Catherine en busca del remo. Ella estaba riéndose. Me cogió la mano y siguió riendo.

–¿Qué pasa? –pregunté, tomando el remo.

–Estabas tan divertido con el chisme ese.

–Supongo que sí.

–No te enfades, cariño. Pero es que estabas cómico de veras. Parecía que midieras veinte pies de ancho y te abrazabas a los bordes del paraguas con tanto amor...

La risa casi le ahogaba.

–Voy a remar.

–Descansa un poco y toma un trago. Hace una noche espléndida y hemos avanzado mucho.

–Tengo que impedir que vuelque la barca.

–Yo te daré de beber. Y luego descansa un ratito.

Puse los remos verticalmente de modo que nos sirvieran de vela. Catherine abrió la maleta. Me tendió la botella de coñac. La descorché con mi navaja y bebí un trago largo. Era suave y caliente y el calor me recorrió todo el cuerpo y me sentí reconfortado y animado.

–Es un coñac estupendo –dije.

La luna había vuelto a ocultarse, pero yo podía ver la orilla. Parecía haber otro cabo que se adentraba largo trecho en el lago.

–¿Te has calentado lo suficiente, Cat?

–Estoy muy bien. Sólo un poco entumecida.

–Saca esta agua y podrás estirar las piernas.

Me puse a remar mientras oía el golpe de los remos en las chumaceras y el ruido del bote de lata al sumergirse en el agua y rascar la parte inferior del banco de popa.

–¿Quieres darme la lata? –dije–. Quisiera beber.

–Está muy sucia.

–Es igual. Ya la lavaré.

Oí que Catherine la lavaba y luego me la tendió llena de agua. El coñac me había dado sed y el agua estaba helada, tan helada que me hizo daño en los dientes. Miré hacia la orilla. Estábamos más cerca del largo promontorio. Había luces en la bahía que ahora teníamos enfrente.

–Gracias –dije, devolviéndole la lata.

–Siempre a su servicio, caballero –dijo Catherine–. Si tienes más sed, hay toda el agua que quieras.

–¿Quieres comer algo?

–No. Dentro de un rato tendré hambre. Lo guardaremos para entonces.

–De acuerdo.

Lo que antes nos había parecido un cabo era un largo promontorio bastante elevado. Volvimos a adentrarnos en el lago para doblarlo. Ahora el lago se había estrechado mucho. La luna había vuelto a salir y los *guardie di finanza* hubieran podido ver nuestra barca negra en el agua si hubieran estado vigilando.

–¿Cómo estás, Cat? –pregunté.

–Muy bien. ¿Dónde estamos?

–No creo que nos falten más que unas ocho millas.

–Pobrecillo, es mucho aún lo que queda por remar. ¿No estás muerto de cansancio?

–No. Estoy bien. Me duelen las manos, nada más.

Seguimos adelante. Había una brecha en las montañas, en la orilla derecha, un trozo de terreno llano que descendía hasta la orilla del lago, que supuse que debía ser Cannobio. Nos mantuvimos a bastante distancia de tierra porque era el lugar en el que corríamos más peligro de encontrarnos con un *guardia*. En la otra orilla, justo enfrente de nosotros, había una alta montaña de cumbre redondeada. Yo estaba cansado. No quedaba mucho que remar, pero cuando no se está en forma, lo que habíamos hecho era bastante. Sabía que había que dejar atrás aquella montaña y seguir adelante al menos cinco millas más antes de que estuviéramos en aguas suizas. Ahora la luna casi se había puesto, pero antes de desaparecer el cielo volvió a nublarse y la oscuridad era absoluta. Seguía por en medio del lago, remando durante un rato, luego descansando y levantando los remos para que el viento diera en las palas a modo de vela.

—Déjame remar un rato —dijo Catherine.

—No me parece que sea lo más indicado para ti.

—Bobadas. Me sentará bien. Me desentumeceré un poco.

—Me parece que no tendrías que hacerlo, Cat.

—Remar con moderación es muy bueno para las mujeres encinta.

—Bueno, pues rema un poco, pero con moderación. Yo voy a sentarme detrás. Y tú vienes aquí. Agárrate a la borda cuando vengas.

Me senté en la popa con el abrigo puesto y el cuello levantado y estuve viendo remar a Catherine. Remaba muy bien, pero los remos eran demasiado largos y la molestaban. Abrí la maleta y me comí un par de bocadillos y tomé un trago de la botella de coñac. Todo me pareció mucho mejor y tomé otro trago.

—Avísame cuando te canses —dije. Y al cabo de unos momentos—: Cuidado con el remo, no te vayas a dar en la barriga.

—Al menos —dijo Catherine sin dejar de remar—, eso haría que la vida fuese mucho más sencilla.

Bebí otro trago de coñac.

—¿Cómo te va?

—Bien.

—Dime cuando quieras dejarlo.

—Bueno.

Tomé otro trago de coñac, luego me agarré a la borda de la barca y me dirigí hacia ella.

–No. Si estoy estupendamente.

–Vuelve a la popa. Ya he descansado mucho.

Durante un rato, gracias al coñac, remé con facilidad y energía. Pronto empecé a flaquear y luego volví a limitarme a dar golpes en el agua, con un regusto de bilis en la boca por haber remado demasiado fuerte después de beber coñac.

–Dame un sorbo de agua, ¿quieres? –dije.

–Eso es fácil –dijo Catherine.

Antes de romper el alba empezó a lloviznar. El viento había cesado o quizás estábamos protegidos por las montañas que rodeaban la curva que el lago había formado. Cuando vi que iba a empezar a amanecer, me senté y remé con todas mis fuerzas. No sabía dónde estábamos y necesitaba entrar en la parte suiza del lago. Cuando comenzó a clarear estábamos muy cerca de la orilla. Veíamos los árboles y las piedras.

–¿Qué es eso? –dijo Catherine.

Descansé sobre los remos y presté oído. Era una lancha motora que cruzaba el lago petardeando. Me acerqué más a la orilla y nos quedamos quietos. El ruido del motor se oyó más próximo; luego vimos la motora bajo la lluvia, que pasaba por detrás nuestro. Había cuatro *guardie di finanza* en la popa, con sus sombreros *alpini* bien calados, el cuello de los capotes levantado y la carabina al hombro. Todos parecían soñolientos a aquella hora tan temprana. Yo veía el amarillo de los sombreros y las tiras amarillas de los cuellos de los capotes. La motora pasó de largo y desapareció bajo la lluvia.

Volví a adentrarme en el lago. Si estábamos tan cerca de la frontera, no quería llamar la atención de algún centinela que estuviese en la carretera. Nos adentramos hasta que apenas podíamos ver la orilla, y entonces seguimos avanzando durante tres cuartos de hora bajo la lluvia. Oímos otra motora, pero dejé de remar hasta que el ruido se perdió a lo lejos.

–Me parece que ya estamos en Suiza, Cat –dije.

–¿De veras?

–Bueno, eso no hay manera de saberlo hasta que veamos soldados suizos.

–O la marina suiza.

–La marina suiza no es ninguna broma para nosotros. La última motora que oímos probablemente era de los suizos.

–Si estamos en Suiza haremos un desayuno monstruo. En Suiza tienen unos panecillos estupendos, y una mantequilla y una confitura deliciosas.

Ahora era ya de día y estaba cayendo una fina lluvia. Seguía soplando viento sobre el lago y veíamos la parte superior de las cabrillas alejarse de nosotros en la superficie del lago. Yo tenía la seguridad de que ahora estábamos en Suiza. Había muchas casas entre los árboles, a poca distancia de la orilla, y un poco más arriba un pueblo con casas de piedra, varias quintas en las colinas y una iglesia. Estuve mirando la orilla que bordeaba la carretera para ver si veía guardias fronterizos, pero no vi ninguno. La carretera ahora pasaba muy cerca del lago y vi a un soldado que salía de un café a la carretera. Llevaba un uniforme gris verdoso y un casco como el de los alemanes. Tenía un aspecto saludable y usaba un bigotillo que recordaba un cepillo de dientes. Miró hacia nosotros.

–Salúdale con la mano –dije a Catherine.

Ella agitó la mano y el soldado sonrió embarazadamente y le devolvió el saludo. Remé más lentamente. Estábamos frente al puerto del pueblo.

–Debe hacer bastante rato que hemos pasado la frontera –dije.

–Hay que asegurarse, cariño. Sólo faltaría que ahora nos hicieran volver a Italia.

–Hace rato que hemos dejado atrás la frontera. Me parece que ésta es la ciudad de la aduana. Estoy casi seguro de que esto es Brissago.

–¿Y no habrá italianos aquí? En una ciudad con aduana siempre hay guardias de los dos países.

–En tiempo de guerra, no. No creo que dejen cruzar la frontera a los italianos.

Era un pueblecillo muy bonito. Había muchas barcas de pesca en el puerto y muchas redes extendidas sobre caballetes. Estaba cayendo una fina lluvia de noviembre, pero a pesar de la lluvia todo parecía alegre y limpio.

—¿Bajamos a tierra y desayunamos?

—De acuerdo.

Moví con fuerza el remo izquierdo y nos acercamos a la orilla, luego enderecé la barca cuando estuvimos junto a tierra. Dejé los remos dentro, cogí una anilla de hierro, salté a la piedra mojada y ya estuve en Suiza. Até la barca y alargué la mano a Catherine.

—Anda, ven, Cat. Es una sensación estupenda.

—¿Y las maletas?

—Las dejamos en la barca.

Catherine saltó y ya estuvimos los dos juntos en Suiza.

—¡Qué país más maravilloso! —dijo.

—¿Verdad que es estupendo?

—¡Vamos a desayunar!

—¿Verdad que es un país estupendo? Me encanta la sensación que da el pisarlo.

—Estoy tan entumecida que no la siento muy bien. Pero me parece un país magnífico. Cariño, ¿te das cuenta de que estamos aquí y de que ya hemos salido de aquel maldito lugar?

—Sí. Claro que me doy cuenta. Tengo la sensación de que es la primera vez en mi vida que me doy cuenta realmente de algo.

—Mira qué casas. ¿Verdad que es bonita la plaza? Mira, allí nos darán desayuno.

—¿Y la lluvia no te parece bonita? En Italia nunca llueve así. Es una lluvia alegre.

—¡Y estamos aquí, amor mío! ¿Te das cuenta de que estamos aquí?

Entramos en el café y nos sentamos en una pulcra mesa de madera. Estábamos locos de alegría. Una imponente matrona de aspecto muy limpio, que llevaba un delantal acudió y nos preguntó qué queríamos.

—Panecillos, confitura y café —dijo Catherine.

—Lo siento, desde que empezó la guerra no hay panecillos.

—Entonces pan.

—Puedo hacerles unas tostadas.

—Muy bien.

—Yo además quiero unos huevos fritos.

–¿Cuántos huevos para el señor?

–Tres.

–Toma cuatro, cariño.

–Cuatro huevos.

La mujer se fue. Besé a Catherine y la abracé muy fuerte. Nos mirábamos el uno al otro y contemplábamos el café.

–Cariño, cariño, ¿verdad que es encantador?

–Es estupendo –dije.

–No me importa que no tengan panecillos –dijo Catherine–. He estado pensando en ellos toda la noche. Pero no me importa. No me importa nada.

–Supongo que no tardarán mucho en detenernos.

–No te preocupes, cariño. Primero desayunemos. Y no te preocupes porque nos detengan después del desayuno. Y al fin y al cabo no pueden hacernos nada. Yo soy ciudadana británica, tú eres ciudadano americano y tenemos los papeles en regla.

–Llevas tu pasaporte, ¿no?

–Claro. Oh, pero no hablemos de eso. Seamos felices.

–Yo no podría ser más feliz de lo que soy –dije.

Una gruesa gata gris, con una cola levantada como un plumero, se acercó a nuestra mesa y se apretó contra mi pierna, ronroneando cada vez que se frotaba con ella. Extendí la mano para acariciarla. Catherine me sonrió muy feliz.

–Aquí está el café –dijo.

Nos detuvieron después del desayuno. Dimos un pequeño paseo por el pueblo y luego volvimos al puerto a buscar nuestras maletas. Un soldado estaba montando guardia junto a la barca.

–¿Es suya esta barca?

–Sí.

–¿De dónde vienen?

–Del otro extremo del lago.

–Entonces tendrán que acompañarme.

–¿Y qué hacemos con las maletas?

–Pueden cogerlas.

Cogí las maletas y Catherine echó a andar a mi lado, y el soldado nos siguió guiándonos hasta la vieja aduana. En la aduana, un teniente muy delgado y muy militar, nos hizo preguntas.

–¿De qué nacionalidad son ustedes?

–Americana y británica.

–Enséñeme sus pasaportes.

Le di el mío y Catherine sacó el suyo de su bolso.

Los examinó largamente.

–¿Por qué han entrado en Suiza de este modo, en una barca?

–Soy un sportsman –dije–. Remar es mi deporte favorito. Siempre que tengo la oportunidad me dedico a él.

–¿Por qué han venido a este país?

–Para practicar los deportes de invierno. Somos turistas y queremos practicar los deportes de invierno.

–Éste no es un lugar para deportes de invierno.

–Ya lo sabemos. Queremos ir donde haya deportes de invierno.

–¿Y qué hacían ustedes en Italia?

–Yo estudiaba arquitectura. Mi prima estaba estudiando arte.

–¿Y por qué se han ido?

–Queremos practicar deportes de invierno. Allí, con la guerra es imposible estudiar arquitectura.

–Por favor, no se muevan de aquí –dijo el teniente.

Y volvió a meterse en el edificio con nuestros pasaportes.

–Has estado espléndido, cariño –dijo Catherine–. Sigue por ahí. Quieres practicar deportes de invierno.

–¿Sabes algo de arte?

–Rubens –dijo Catherine.

–Cuerpos macizos y gordos –dije.

–Ticiano –dijo Catherine.

–Cabelleras ticianescas –dije–. Y de Mantegna, ¿qué?

–No vale preguntar los difíciles –dijo Catherine–. Pero de éste también he oído hablar... Muy áspero y severo.

–Muy severo –dije–. Con muchos agujeros de clavos.

–Ya ves que seré una esposa estupenda –dijo Catherine–. Podré hablar de arte con los aduaneros.

–Ahí viene –dije.

El delgado teniente atravesaba la aduana, llevando nuestros pasaportes en la mano.

–Tengo que enviarles a Locarno –dijo–. Pueden tomar un coche y les acompañará un soldado.

–Muy bien –dije–. ¿Y la barca?

–La barca está confiscada. ¿Qué llevan en las maletas?

Registró las dos maletas y se quedó con un cuarto de botella de coñac.

–¿Quiere tomar un trago con nosotros? –dije.

–No, gracias. –Se irguió–. ¿Cuánto dinero llevan?

–Dos mil quinientas liras.

Quedó favorablemente impresionado.

–¿Y cuánto lleva su prima?

Catherine llevaba más de mil doscientas liras. El teniente estaba complacido. Su actitud para con nosotros se hizo menos altiva.

–Si quieren practicar deportes de invierno –dijo–, Wengen es el mejor lugar. En Wengen mi padre tiene un hotel muy bonito. Está abierto todo el año.

–Magnífico –dije–. ¿Podría darnos su nombre?

–Se lo escribiré en una tarjeta.

Me tendió la tarjeta muy cortésmente.

–El soldado les llevará a Locarno. Él se encargará de sus pasaportes. Lamento tener que hacer esto, pero es necesario. Estoy casi seguro de que en Locarno les darán un visado o un permiso de la policía.

Entregó los dos pasaportes al soldado, yo cogí las maletas y nos metimos en el pueblo para alquilar un coche.

–¡Eh! –gritó el teniente llamando al soldado.

Le dijo algo en un dialecto alemán. El soldado se echó el fusil al hombro y cogió nuestras maletas.

–Es un gran país –dije a Catherine.

–¡Es tan práctico!

–Muchísimas gracias –dije al teniente.

Él agitó la mano en son de despedida.

–*Service!* –dijo.

Y siguiendo a nuestro guardián atravesamos el pueblo.

Fuimos a Locarno en un coche, con el soldado que nos acompañaba sentado en el pescante, al lado del cochero. En Locarno todo nos fue bien. Nos hicieron preguntas, pero fueron muy amables porque teníamos pasaportes y dinero. Supongo que no creerían ni una palabra de nuestra historia, que yo era el primero en encontrar bastante estúpida, pero era un poco como en un tribunal. Uno no quería cosas razonables, sólo quería algo técnico a lo que poder aferrarse sin explicaciones. Pero teníamos pasaportes y dinero que gastar. Y nos dieron visados provisionales. En cualquier momento podían retirarnos estos visados. Y teníamos que presentarnos a la policía apenas llegar a un sitio.

¿Podíamos ir adonde quisiéramos? Sí. ¿Adónde queríamos ir?

–¿Adónde quieres ir, Cat?

–A Montreux.

–Es un lugar precioso –dijo el oficial–. Estoy seguro de que les gustará.

–Locarno también es un lugar muy bonito –dijo otro oficial–. Estoy seguro de que aquí en Locarno lo pasarían muy bien. Locarno es una ciudad llena de atractivos.

–Preferiríamos un lugar en el que se pudieran practicar los deportes de invierno.

–Pues en Montreux no hay deportes de invierno.

–Perdón –dijo el otro oficial–. Yo soy de Montreux. Naturalmente que hay deportes de invierno en la línea Montreux-Oberland-Bernois. Es absurdo decir que no hay.

–Yo no digo eso. Lo único que digo es que no hay deportes de invierno en Montreux.

–Lo pongo en duda –dijo el otro oficial–. Francamente lo pongo en duda.

–Pues yo lo mantengo.

–Pues yo lo pongo en duda. Yo mismo he ido en trineo por las calles de Montreux. Y no una vez, sino varias. Y desde luego el trineo es uno de los deportes de invierno.

El otro oficial se volvió hacia mí.

–Cuando habla usted de deportes de invierno, ¿se refiere al trineo? Yo le aseguro que aquí en Locarno estarían muy bien. El clima es muy sano y los alrededores magníficos. Les gustaría mucho.

–¿Pero el señor ha dicho que quiere ir a Montreux.

–¿Qué es eso del trineo? –pregunté.

–¿Ves cómo nunca ha oído hablar de este deporte?

Esto fue muy importante para el segundo oficial. Se mostró muy satisfecho.

–Es un trineo –dijo el primer oficial– que baja por un tobogán.

–Me permito disentir –dijo el otro oficial negando con la cabeza–. De nuevo tengo que disentir. Una cosa es el trineo y otra cosa muy distinta el tobogán. El tobogán se construye en el Canadá con unos listones planos. El trineo es una especie de rastra con patines. No cuesta nada ser preciso.

–¿Y podríamos ir en tobogán? –pregunté.

–Naturalmente que podrían –dijo el primer oficial–. Podrían utilizar perfectamente los toboganes. En Montreux se venden excelentes toboganes canadienses. Ochs Hermanos vende toboganes. Los importan.

El segundo oficial se volvió hacia otro lado.

–El tobogán requiere una *piste* especial. Los toboganes no pueden utilizarse en las calles de Montreux. ¿Dónde se alojan ustedes?

–No lo sabemos –dije–. Acabamos de llegar de Brissago. El coche nos espera fuera.

–Hacen muy bien yendo a Montreux –dijo el primer oficial–. Allí tendrán un clima delicioso y magnífico. Y tendrán los deportes de invierno a cuatro pasos.

–Si de verdad quieren practicar deportes de invierno –dijo el segundo oficial– tienen que ir a la Engadine o a Mürren. No puedo admitir que les aconsejen que vayan a Montreux para practicar deportes de invierno.

–En Les Avants, encima mismo de Montreux, hay unas pistas excelentes para practicar toda clase de deportes de invierno.

El paladín de Montreux fulminó a su colega con la mirada.

–Señores –dije–. Me temo que tendremos que irnos. Mi prima está muy cansada. De momento iremos a Montreux.

–Les felicito por la elección.

El primer oficial me estrechó la mano.

–En mi opinión, lamentarán ustedes haberse ido de Locarno –dijo el segundo oficial–. En todo caso, preséntese al llegar a la policía de Montreux.

–No tendrán problemas con la policía –me aseguró el primer oficial–. Ya verán ustedes que todos los habitantes de Montreux son extraordinariamente corteses y amables.

–Muchísimas gracias a los dos –dije–. Les quedamos muy agradecidos por sus consejos.

–Adiós –dijo Catherine–. Muchísimas gracias a los dos.

Nos acompañaron hasta la puerta en medio de inclinaciones, el adalid de Locarno de un modo un poco frío. Bajamos la escalera y subimos al coche.

–¡Dios mío, cariño! –dijo Catherine–. ¿No podíamos habernos ido antes?

Di el nombre de un hotel que uno de los oficiales nos había recomendado al cochero. Éste cogió las riendas.

–Te olvidas del ejército –dijo Catherine.

El soldado seguía de pie junto al cochero. Le di un billete de diez liras.

–Aún no tengo moneda suiza –dije.

Me dio las gracias, saludó y se fue. El coche se puso en marcha y nos dirigimos al hotel.

–¿Por qué se te ocurrió elegir Montreux? –pregunté a Catherine–. ¿De verdad quieres ir allí?

–Fue el primer nombre que me vino a la cabeza –dije–. No es un mal lugar. Podríamos encontrar algún sitio en las montañas.

–¿Tienes sueño?

–Me estoy durmiendo.

–Vamos a descabezar un buen sueñecito. Pobre Cat, has pasado una noche larga y malísima.

–Lo he pasado muy bien –dijo Catherine–. Sobre todo cuando sujetabas el paraguas como una vela.

–¿Te das cuenta de que estamos en Suiza?

–No. Tengo miedo de despertarme y de que no sea verdad.

–Yo también.

–Es verdad, ¿no, cariño? ¿Verdad que no te estoy acompañando a la *stazione* de Milán para despedirte?

–Espero que no.

–No digas eso. Me asustas. Quizá sea allí adonde vamos.

–Estoy tan hecho polvo que no lo sé –dije.

–Enséñame las manos.

Se las enseñé. Las dos estaban en carne viva.

–Pero no tengo ninguna herida en el costado –dije.

–No seas sacrílego.

Me sentía muy cansado y con la cabeza ida. La excitación había desaparecido. El coche recorría una calle.

–¡Pobres manos! –dijo Catherine.

–No las toques –dije–. Que me ahorquen si sé dónde estamos. ¿Adónde vamos, cochero?

El cochero hizo detenerse a su caballo.

–Al Hotel Metropole, ¿no me han dicho que querían ir allí?

–Sí –dije–. Todo va bien, Cat.

–Claro que sí, cariño. No te pongas nervioso. Descabezaremos un buen sueñecito y mañana ya no te sentirás hecho polvo.

–Estoy hecho polvo de verdad –dije–. Lo de hoy ha sido como una ópera cómica. A lo mejor, lo que pasa es que tengo hambre.

–Sólo estás cansado, cariño. Mañana te encontrarás bien.

El coche se detuvo delante de la puerta del hotel. Alguien salió a coger nuestras maletas.

–Me encuentro bien –dije.

Estábamos ya en la acera, entrando en el hotel.

–Estoy segura de que mañana te vas a encontrar perfectamente. Sólo estás cansado. No has dormido en toda la noche.

–El caso es que estamos aquí.

–Sí, estamos aquí de verdad.

Entramos en el hotel, siguiendo al mozo que llevaba las maletas.

LIBRO QUINTO

CAPÍTULO XXXVIII

Aquel otoño tardó mucho en nevar. Vivíamos en un chalet de madera, de color pardo, entre los abetos de la ladera de la montaña, y de noche helaba, de modo que cada mañana encontrábamos una fina capa de hielo sobre el agua de los dos jarros que había encima de la cómoda. La señora Guttingen entraba en la habitación a primera hora de la mañana para cerrar las ventanas y encendía el fuego en la alta estufa de porcelana. La madera de abeto crujía y crepitaba y luego el fuego rugía en la estufa y cuando por segunda vez la señora Guttingen entraba en la habitación, traía gruesos tacos de madera para alimentarlo y un jarro de agua caliente. Cuando la habitación se había calentado, nos traía el desayuno. Nos sentábamos en la cama y mientras desayunábamos podíamos ver el lago y las montañas del otro lado del lago, en la parte francesa. Había nieve en las cumbres de las montañas y el lago era de un color gris azulado como el acero.

Fuera, delante del chalet, una carretera trepaba por la montaña. Las roderas y los caballones se ponían duros con la helada, Y la carretera subía decididamente por entre el bosque y daba la vuelta a la montaña hasta llegar donde había prados y pajares y cabañas en los prados, junto a la linde de los bosques, encima del valle. El valle era hondo y por su fondo corría un arroyo que desembocaba en el lago, y cuando el viento soplaba por el valle, podía oírse el ruido del agua sobre los guijos.

A veces salíamos de la carretera y tomábamos un sendero que atravesaba el bosque de abetos. El suelo del bosque era blando para caminar; la helada no lo endurecía como endurecía la carretera. Pero no nos preocupaba la dureza de la carretera porque llevábamos botas con clavos en las suelas y en los tacones, y los clavos de los tacones rompían el hielo de las roderas, y con botas claveteadas era agradable y estimulante pasear por la carretera. Pero también era estupendo pasear por los bosques.

Delante de la casa en la que vivíamos, la montaña descendía abruptamente hasta la pequeña llanura que había junto al lago, y nos sentábamos en el porche de la casa, a tomar el sol y veíamos cómo la carretera serpenteaba descendiendo por la ladera, y las viñas en los bancales en la ladera de la más baja de las montañas, con todas las cepas muertas ahora por el invierno y los campos divididos por muros de piedra, y debajo de las viñas, las casas del pueblo en la estrecha llanura que bordeaba el lago. En el lago había una isla con dos árboles y los árboles parecían como una doble vela de una barca de pesca. Las montañas eran abruptas y escarpadas al otro lado del lago, y al fondo, en el extremo del lago, estaba la llanura del valle del Ródano, muy llana entre las dos hileras de montañas; y más arriba del valle, donde las montañas lo cortaban, estaba el Dent du Midi. Era una alta montaña nevada y dominaba el valle, pero estaba tan lejos que no proyectaba ninguna sombra.

Cuando hacía bastante sol comíamos en el porche, pero el resto del tiempo comíamos en el piso de arriba, en un pequeño cuarto con sencillas paredes de madera y una gran estufa en un rincón. En la ciudad compramos libros y revistas y un ejemplar del *Hoyle* y aprendimos muchos juegos de naipes para dos. El cuartito con la estufa era nuestra sala de estar. Había dos sillones muy cómodos y una mesa para libros y revistas, y jugábamos a cartas en la mesa en que comíamos, después de haber sido levantada. El señor y la señora Guttingen vivían en el piso de abajo, y a veces, a la caída de la tarde, les oíamos hablar, y ellos eran también muy felices viviendo juntos. Él había sido *maître d'hôtel* y ella había trabajado como camarera en el mismo hotel, y había estado ahorrando para comprar aquello. Tenían un hijo que estaba preparándose para ser *maître d'hôtel.* Trabajaba en un hotel de Zurich. En la planta baja había una sala en la que vendían vino y cerveza, y a veces, al caer la tarde, oíamos algunos carros que se paraban en la carretera y las pisadas de los hombres que entraban para beber vino.

En el pasillo que llevaba a nuestra sala de estar había una caja con leña, y yo la sacaba de allí para alimentar nuestro fuego. Pero casi nunca nos acostábamos muy tarde. Nos metíamos en la cama en la oscuridad de la enorme alcoba, y después de desvestirme, abría las ventanas y contemplaba la noche y las frías estrellas y los abetos que había debajo de la ventana, y luego me metía en la cama tan aprisa como podía. Se estaba muy bien en la cama, con aquel aire tan frío y tan puro y la noche al otro lado de la ventana. Dormíamos bien y si me despertaba durante la noche sabía que era sólo por una causa, y volvía a taparme con el edredón de pluma, con mucho cuidado, para que Catherine no se despertase, y luego volvía a dormirme, bien caliente y con la nueva suavidad de las finas mantas. La guerra parecía muy lejana. Pero sabía por los periódicos que aún se estaba luchando en las montañas, porque aún no había empezado a nevar.

A veces bajábamos la montaña para ir a Montreux. Había un sendero por el que se podía bajar la montaña, pero era muy empinado y por ello solíamos tomar la carretera y andar por aquella ancha y dura carretera por entre los campos y luego, más abajo, por entre los muros de piedra de las viñas, y, más abajo aún, por entre las casas de los pueblos que había junto a la carretera. Había tres pueblos, Chernex, Fontanivant y otro cuyo nombre he olvidado. Más adelante, siguiendo por la carretera, pasábamos por delante de un antiguo castillo de piedra asentado en una especie de plataforma en la ladera de la montaña, con viñedos escalonados en terrazas, cada vid atada a un rodrigón para que se mantuviera erguida, vides secas y pardas y la tierra dispuesta ya a recibir la nieve, y el lago, más abajo, plano y gris como una lámina de acero. La carretera descendía mucho a partir del castillo y luego torcía a la derecha y bajaba abruptamente, en un trozo lleno de pedruscos, hasta penetrar en Montreux.

En Montreux no conocíamos a nadie. Paseábamos por la orilla

del lago y contemplábamos los cisnes y las numerosas gaviotas y golondrinas de mar que levantaban el vuelo cuando nos acercábamos y chillaban cuando desde el aire miraban el agua. En el interior del lago había grupos de colimbos pequeños y oscuros, que dejaban rastros en el agua cuando nadaban. En la ciudad paseábamos por la calle mayor y mirábamos los escaparates de las tiendas. Había muchos hoteles grandes que estaban cerrados, pero la mayoría de las tiendas estaban abiertas y la gente se alegraba mucho al vernos. Había una excelente peluquería para señoras a la que Catherine fue un día para hacerse peinar. La mujer que la regentaba era muy simpática y era la única persona que conocíamos en Montreux. Mientras Catherine estaba dentro, entré en una cervecería y bebí cerveza negra de Munich y leí los periódicos. Leí el *Corriere della Sera* y los periódicos ingleses y americanos de París. Todos los anuncios estaban tachados con tinta negra, seguramente para evitar que de este modo pudiese comunicarse con el enemigo. Los periódicos no eran una lectura agradable. Por todas partes todo iba mal. Me senté en un rincón con un pesado vaso de cerveza negra y abrí un paquete de papel satinado que contenía pretzels y comí los pretzels por su gusto salado y también por el buen sabor que daban a la cerveza, y leí acerca del desastre. Esperaba que Catherine viniera a buscarme pero al ver que no venía, volví a dejar los periódicos en su estante, pagué mi cerveza y salí a la calle para ir en su busca. El día era frío, oscuro y desapacible y hasta la piedra de las casas parecía fría. Catherine estaba aún en la peluquería. La mujer le estaba ondulando el pelo. Me senté en la pequeña cabina y me puse a mirarla. Me excitaba mirarla y Catherine me sonreía y me hablaba, y la voz me salía un poco ronca debido a la excitación. Las tenacillas hacían un agradable ruidito metálico y yo podía ver a Catherine en tres espejos, y allí dentro se estaba muy bien y muy caliente. Por fin la mujer terminó con el pelo de Catherine y Catherine se miró en un espejo y se hizo unos retoques poniendo y sacando horquillas; entonces se levantó.

–Siento haber tardado tanto rato.

–*Monsieur* estaba muy interesado. ¿Verdad, *Monsieur*? –sonrió la mujer.

–Sí –dije.

Salimos y echamos a andar por la calle. Hacía un frío invernal y soplaba viento.

–¡Oh, cariño! ¡Te quiero tanto! –dije.

–¿Verdad que somos felices? –dijo Catherine–. Mira. Vamos a algún sitio donde nos den cerveza en vez de té. A la pequeña Catherine le sentará muy bien. Así será más pequeña.

–La pequeña Catherine –dije–. La holgazana.

–Se está portando muy bien –dijo Catherine–. Da muy pocas molestias. El médico dice que la cerveza me sienta bien y hace que la niña sea pequeña.

–Si tan pequeña es, y en vez de ser niña es un niño, a lo mejor lo hacemos jockey.

–Supongo que si tenemos este niño, tendremos que acabar por casarnos –dijo Catherine.

Estábamos en la cervecería, en la mesa del rincón. Fuera estaba oscureciendo. Aún era temprano, pero el día era oscuro y cada vez anochecía antes.

–Casémonos ahora –dije.

–No –dijo Catherine–. Ahora es demasiado engorroso. Se me ve demasiado. No quiero ponerme delante de nadie y que me casen en este estado.

–Ojalá ya nos hubiéramos casado.

–Supongo que hubiera sido mejor. Pero, cariño, ¿cuándo querías que nos casáramos?

–No lo sé.

–Yo lo único que sé es una cosa. Que no estoy dispuesta a casarme con este aire de matrona.

–Tú no tienes aire de matrona.

–Oh, claro que sí, amor mío. La peluquera me ha preguntado si era nuestro primer niño. Le he dicho una mentira, le he dicho que no, que ya teníamos dos niños y dos niñas.

–¿Cuándo nos casaremos?

–Cuando quieras, con tal que sea cuando vuelva a estar delgada. Tenemos que hacer una boda muy bonita, y que todo el mundo piense: ¡Qué buena pareja hacen!

–¿De veras no estás preocupada?

–Pero, cariño, ¿por qué iba a estar preocupada? La única vez que me sentí molesta fue en Milán, allí me sentí como una puta, pero solamente duró siete minutos, y además, la culpa era de los muebles de la habitación. ¿No soy una buena esposa para tí?

–Eres una esposa estupenda.

–Entonces no seas demasiado técnico, cariño. Me casaré contigo tan pronto como vuelva a estar delgada.

–De acuerdo.

–¿Tú crees que debería beber otra cerveza? El médico me ha dicho que era más bien estrecha de caderas, y que lo mejor que podía hacerse era intentar que la niña fuese pequeña.

–¿Qué más te ha dicho?

Yo estaba inquieto.

–Nada. Que tengo una presión estupenda, cariño. Se ha quedado muy admirado de mi presión.

–¿Qué dijo acerca de eso de que eras demasiado estrecha de caderas?

–Nada. Nada en absoluto. Dijo que era mejor que no esquiase.

–Bueno.

–Que era demasiado tarde para empezar, si antes nunca había esquiado. Dijo que podía esquiar con tal de que no me cayera.

–Menudo bromista.

–No, la verdad es que fue muy amable. Le llamaremos cuando esté a punto de nacer el bebé.

–¿Le preguntaste si no sería mejor que te casaras?

–No. Le dije que hacía cuatro años que estábamos casados. Mira, cariño, si me caso contigo, tendré la nacionalidad norteamericana, y entonces da lo mismo cuando nos hayamos casado, porque para la ley americana el niño será legítimo.

–¿De dónde has sacado esto?

–Del *New York World Almanac* de la biblioteca.

–Eres una chica estupenda.

–Me encantará ser norteamericana; entonces iremos a los Estados Unidos, ¿verdad, cariño? Yo quiero ver las cataratas del Niágara.

–Eres una gran chica.

–Había algo más que quería ver, pero ahora no puedo acordarme de lo que era.

–¿Los corrales de ganado?

–No. Ahora no puedo acordarme.

–¿El edificio Woolworth?

–No.

–¿El Gran Cañón?

–No. Pero también me gustaría verlo.

–¿Qué era pues?

–¡Ah! ¡El Golden Gate! ¡Esto es lo que quería ver! ¿Dónde está el Golden Gate?

–En San Francisco.

–Entonces iremos allí. Me gustará mucho conocer San Francisco.

–Perfectamente. Allí iremos.

–Ahora subamos la montaña. ¿Quieres? ¿Tenemos tiempo de tomar el M.O.B.?

–Hay un tren que sale a las cinco y pico.

–Pues cojamos éste.

–Muy bien. Pero antes déjame beber otra cerveza.

Cuando salimos y echamos calle arriba y subimos la escalera de la estación, hacía mucho frío. Del valle del Ródano venía un viento helado. Los escaparates de las tiendas estaban iluminados, y subimos por la empinada escalera de piedra hasta la calle superior, y luego por otra escalera hasta la estación. El tren eléctrico estaba allí, esperando, con todas las luces encendidas. Había una esfera de reloj que indicaba la hora de la salida. Las manecillas del reloj señalaban las cinco y diez. Miré el reloj de la estación. Eran las cinco y cinco. Cuando subíamos al vagón vi que el maquinista y el revisor salían de la cantina. Nos sentamos y abrimos la ventanilla. El tren tenía calefacción eléctrica y la atmósfera era un poco pesada, pero por la ventanilla entraba aire fresco.

–¿Estás cansada, Cat? –pregunté.

–No. Me encuentro espléndidamente.

–El trayecto no es muy largo.

–Me encanta este trayecto –dijo–. No te preocupes por mí, cariño, estoy muy bien.

No nevó hasta tres días antes de Navidad. Una mañana nos despertamos y estaba nevando. Nos quedamos en cama, con la estufa encendida y viendo caer la nieve. La señora Guttingen se llevó las bandejas del desayuno y echó más leña a la estufa. Era una gran tormenta de nieve. Nos dijo que había empezado hacia medianoche. Fui hacia la ventana y miré hacia afuera, pero el otro lado de la carretera ya no se veía. El viento soplaba con mucha fuerza y nevaba copiosamente. Volví a meterme en la cama y nos pusimos a charlar.

–Ojalá pudiera esquiar –dijo Catherine–. ¡Qué mala suerte no poder esquiar!

–Tomaremos un bobsleigh y bajaremos por la carretera. Esto no puede perjudicarte más que ir en coche.

–¿No serán muchas sacudidas?

–Podemos probar.

–Ojalá pueda.

–Dentro de un rato podemos dar un paseo por la nieve.

–Antes de comer –dijo Catherine–. Así cogeremos mucho apetito.

–Yo siempre tengo hambre.

–Y yo también.

Salimos a la nieve, pero había tales montones que no pudimos ir muy lejos. Yo iba delante y abrí camino hasta la estación, pero cuando llegamos allí ya no quisimos continuar. Caía tanta nieve que apenas podíamos ver y entramos en una pequeña posada que había junto a la estación, y nos limpiamos el uno al otro con una escoba y nos sentamos en un banco y tomamos unos vermuts.

–Es una gran tormenta –dijo la camarera.

–Sí.

–Este año la nieve ha tardado mucho.

–Sí.

–¿Puedo comer una tableta de chocolate? –preguntó Catherine–. ¿O está demasiado cerca la hora de la comida? Siempre tengo hambre.

–Puedes comértela –dije.

–Quisiera chocolate con avellanas –dijo Catherine.

–Son muy buenas –dijo la muchacha–. Son las que me gustan más.

–Yo tomaré otro vermut –dijé.

Cuando salimos para regresar a casa, la nieve había vuelto a cubrir nuestro camino. Donde yo había hecho hoyos sólo había unas pequeñas ondulaciones. La nieve nos azotaba las caras y apenas podíamos ver. Nos cepillamos y nos sentamos a la mesa. El señor Guttingen servía la comida.

–Mañana se podrá esquiar –dijo–. ¿Sabe usted esquiar, Mr. Henry?

–No. Pero quiero aprender.

–No le costará nada aprender. Mi chico estará aquí por Navidad y él le enseñará.

–¡Qué bien! ¿Cuándo llega?

–Mañana por la noche.

Cuando estuvimos sentados al lado de la estufa, en el cuartito, después de comer, mirando por la ventana cómo caía la nieve, Catherine dijo:

–Cariño, ¿no te gustaría hacer una excursión a cualquier parte, tú solo, con hombres y esquíes?

–No. ¿Por qué iba a gustarme?

–A veces pienso que te gustaría ver a otras personas, además de a mí.

–Y tú, ¿quieres ver a otras personas?

–No.

–Yo tampoco.

–Ya lo sé. Pero en tu caso es distinto. Yo voy a tener un niño y eso hace que me resigne a no hacer nada. Ya sé que ahora me pongo muy tonta y que hablo demasiado, y pienso que deberías irte para no cansarte de mí.

–¿Tú quieres que me vaya?

–No. Quiero que te quedes.

–Pues eso es lo que voy a hacer.

–Ven aquí –dijo ella–. Quiero tocar el bulto de la cabeza. Es un buen chichón. –Pasó el dedo por encima–. Cariño, ¿te gustaría dejarte la barba?

–¿Te gustaría que me la dejara?

–Sería divertido. Me gustaría verte con barba.

–Bueno. Me la dejaré crecer. Voy a empezar ahora, en este momento. Es una buena idea. Así tendré algo que hacer.

–¿Te preocupa no tener nada que hacer?

–No. Me gusta. Me doy muy buena vida. ¿Tú no?

–Es una vida estupenda. Pero tenía miedo de que ahora que estoy tan gorda pudiera ser un fastidio para ti.

–Oh, Cat. Tú no sabes lo loco que estoy por ti.

–¿Tal como estoy?

–Exactamente tal como estás. Lo estoy pasando muy bien. ¿No estamos siendo muy felices?

–Yo sí, pero pensaba que quizá tú estuvieras inquieto.

–No. A veces me acuerdo del frente y de la gente que conozco, pero eso no me preocupa. La verdad es que no pienso mucho en nada.

–¿En quién piensas?

–En Rinaldi y en el cura y en montones de gente que conozco. Pero no pienso mucho en ellos. No quiero pensar en la guerra. Para mí es un asunto liquidado.

–¿Y ahora en qué piensas?

–En nada.

–Sí, estás pensado en algo. Dímelo.

–Estaba pensando si Rinaldi tendrá o no la sífilis.

–¿En nada más?

–En nada más.

–¿Y tiene sífilis?

–No lo sé.

–Me alegro de que tú no la tengas. ¿Has tenido alguna vez algo de eso?

–Una vez gonorrea.

–No quiero que me lo cuentes. ¿Era muy doloroso, cariño?

–Mucho.

–Ojalá lo hubiera tenido yo.

–No.

–Sí. Me gustaría haberlo tenido porque así sería como tú. Me gustaría haber estado con todas las chicas con las que te has acostado, porque así podría reírme de ellas contigo.

–¡Vaya cuadro!

–El que tú tuvieras gonorrea también es un cuadro.

–Ya lo sé. Mira cómo nieva ahora.

–Prefiero mirarte a ti. Cariño, ¿por qué no te dejas crecer el pelo?

–¿Muy largo?

–Sólo un poco más largo.

–Ahora ya es bastante largo.

–No, déjalo crecer un poco más, y yo me cortaré el mío. Y así seremos los dos iguales, sólo que uno de nosotros será rubio y el otro moreno.

–No te dejaré que te cortes el pelo.

–Sería divertido. Estoy cansada de tenerlo tan largo. Me molesta mucho en la cama, de noche.

–A mí me gusta.

–¿No te gustaría corto?

–No lo sé. Me gusta como lo llevas ahora.

–Quedaría mejor más corto. Entonces los dos iríamos igual. Oh, cariño, te deseo tanto que quisiera ser tú mismo.

–Ya lo eres. Somos una sola persona.

–Ya lo sé. De noche lo somos.

–Las noches son estupendas.

–Quisiera que nos fundiésemos el uno en el otro. No quiero que te vayas. Era una manera de hablar. Puedes irte si quieres. Pero vuelve en seguida. Porque, cariño, yo no vivo cuando no estoy contigo.

–Nunca me iré –dije–. No sirvo para nada cuando tú no estás a mi lado. Ya no sé vivir.

–Pero yo quiero que tengas una vida tuya. Quiero que tengas una vida hermosa. Pero la tendremos juntos, ¿verdad?

–Y ahora, ¿quieres que me deje la barba o que no me la deje?

–Déjatela. Déjate la barba. Será divertido. A lo mejor ya te ha crecido para Año Nuevo.

–¿Quieres que juguemos al ajedrez?

–Preferiría jugar contigo.

–No. Juguemos al ajedrez.

–¿Y luego jugaremos nosotros?

–Sí.

–Bueno.

Saqué el tablero de ajedrez y coloqué las piezas. Afuera seguía nevando mucho.

Una vez, durante la noche, me desperté y me di cuenta de que Catherine también estaba despierta. La luna brillaba y proyectaba sobre la cama la sombra de los listones que unían los cristales de la ventana.

–¿Estás despierto, amor mío?

–Sí. ¿No tienes sueño?

–Acabo de despertarme pensando que estaba medio loca cuando te conocí. ¿Te acuerdas?

–Sólo estabas un poco loca.

–Nunca más volveré a estarlo. Ahora estoy tan bien (1). Me encanta cómo pronuncias *grand.* Di *grand.*

–*Grand.*

–Oh, eres encantador. Y ahora no estoy loca. Sólo soy muy feliz, pero que muy feliz.

–Anda, vuelve a dormirte –dije.

–Bueno. Durmámonos los dos exactamente en el mismo momento.

–Bueno.

Pero no fue así. Yo seguí despierto durante bastante rato, pensando en cosas y viendo dormir a Catherine, con la luz de la luna en la cara. Luego también me dormí.

(1) En inglés, *I'm grand now.* Ingleses y norteamericanos pronuncian de un modo distinto la palabra *grand.*

CAPÍTULO XXXIX

A mediados de enero ya me había crecido la barba y el invierno se había convertido en una sucesión de días fríos y claros y de noches intensamente frías. Podíamos volver a pasear por las carreteras. La nieve se había endurecido y alisado gracias a los trineos de heno y de madera y a los troncos de árboles que se arrastraban montaña abajo. La nieve cubría todo el campo, casi hasta Montreux. Las montañas del otro lado del lago estaban todas blancas y la llanura del valle del Ródano estaba también recubierta de nieve. Dábamos largos paseos por la otra vertiente de la montaña hasta Les Bains d'Alliez. Catherine llevaba botas claveteadas y una capa y usaba un bastón con una afilada contera de acero. Con la capa no parecía estar encinta y no andábamos demasiado aprisa y cuando estaba cansada nos parábamos y nos sentábamos en los troncos que había junto a la carretera para descansar.

En Les Bains d'Alliez, entre los árboles, había una posada donde los leñadores se paraban para beber y nos sentábamos dentro, reconfortados por la estufa y bebíamos vino tinto caliente con especias y limón. Le llamaban *glühwein,* y era algo excelente para calentarle a uno y para celebrar algo. Por dentro la posada era oscura y ahumada y luego, cuando se salía al exterior, el aire frío penetraba casi dolorosamente en los pulmones y dejaba casi insensibles las aletas de la nariz al respirar. Nos volvíamos para mirar la posada, con la luz que salía de las ventanas y los caballos de los leñadores piafando y agitando la cabeza para calentarse. Tenían escarcha en los pelos del morro, y cada vez que respiraban formaban penachos de escarcha en el aire. Subiendo por la carretera, en dirección a casa, durante un trecho la carretera era lisa y resbaladiza, y el hielo tenía un color anaranjado debido a los caballos, hasta que la ruta de los que arrastraban madera se desviaba. Luego la carretera era toda de nieve amontonada y limpia, y atravesaba los bosques, y en dos ocasiones, al volver a casa a la caída de la tarde, vimos zorros.

Era una región muy hermosa y siempre nos encantaba dar paseos por allí.

–Ahora tienes una barba estupenda –dijo Catherine–. Parece exactamente igual que la de los leñadores. ¿Te has fijado en aquel que llevaba unos aros de oro en las orejas?

–Es un cazador de gamuzas –dije–. Los llevan porque dicen que así oyen mejor.

–¿De veras? No lo creo. Yo creo que los llevan para que se vea que son cazadores de gamuzas. ¿Hay gamuzas cerca de aquí?

–Sí. Más allá del Dent du Jaman.

–Qué divertido ver los zorros.

–Cuando duermen se envuelven con la cola para estar calientes.

–Debe de ser una sensación deliciosa.

–Siempre he soñado con tener una cola así. ¿No sería divertido tener una cola como un zorro?

–Vestirse sería muy difícil.

–Tendríamos ropas adecuadas o viviríamos en un lugar donde esto no tuviera ninguna importancia.

–Ya vivimos en un país donde nada tiene ninguna importancia. ¿No es extraordinario que nunca veamos a nadie? Tú no quieres ver a gente, ¿verdad, cariño?

–No.

–¿Nos sentamos aquí un momento? Estoy un poquitín cansada.

Nos sentamos en los troncos, muy cerca el uno del otro. Más adelante la carretera descendía para adentrarse en el bosque.

–La mocosa no se interpondrá entre nosotros, ¿verdad?

–No, no la dejaremos.

–¿Cómo estamos de dinero?

–Tenemos mucho. Han aceptado mi última letra.

–Ahora que saben que estás en Suiza, ¿crees que tu familia no va a intentar hacerte volver?

–Probablemente. Ya les escribiré.

–¿Aún no les has escrito?

–No. Sólo la letra.

–Gracias a Dios que no soy de tu familia.

–Les enviaré un cable.

–¿No sientes ningún afecto por ellos?

–Antes sí. Pero nos hemos peleado tantas veces, que lo que había ya no está.

–Me parece que me serán simpáticos. Probablemente me serán muy simpáticos.

–No hablemos de ellos; si no, empezaré a preocuparme por ellos. –Al cabo de un rato añadí–: Vamos, si ya has descansado.

–Sí, ya he descansado.

Seguimos andando por la carretera. Ahora había oscurecido y la nieve crujía bajo nuestras botas. La noche era seca y fría y muy clara.

–Me gusta tu barba –dijo Catherine–. Ha sido un éxito. Parece tan tiesa y terrible y es muy suave y da mucho gusto.

–¿Me prefieres con barba o sin ella?

–Con barba. Ya sabes, cariño, ahora no voy a hacerme cortar el pelo hasta después de que haya nacido Catherine. Estoy demasiado gorda y matrona. Pero cuando la niña haya nacido y vuelva a estar delgada, me lo cortaré, y entonces seré una mujer atractiva, nueva y distinta para ti. Iremos los dos juntos a que me lo corten, o iré sola y cuando vuelva te daré la sorpresa.

Yo no dije nada.

–¿Verdad que no te importará que lo haga? –añadió.

–No. Supongo que incluso será excitante.

–¡Oh, eres un encanto! Y quizás esté mucho más atractiva, cariño, a lo mejor me encuentras tan delgada y atractiva que vuelves a enamorarte de mí...

–¡Demonios! –dije–. ¿Te parece que ahora no te quiero lo suficiente? ¿Qué quieres hacer conmigo? ¿Matarme de amor?

–Sí. Eso quiero.

–Bueno –dije–. Yo también lo quiero.

CAPÍTULO XL

Lo pasábamos muy bien. Transcurrieron los meses de enero y febrero y el invierno era muy hermoso y éramos muy felices. Hubo cortos deshielos cuando soplaba un viento caliente y la nieve se ablandaba y el aire parecía como de primavera, pero siempre había vuelto a hacer aquel frío claro e intenso y el invierno volvía a reinar. En marzo se produjo la primera brecha en el invierno. De noche empezó a llover. Siguió lloviendo durante toda la mañana y la nieve se convirtió en fango y la vertiente de la montaña adoptó un aire triste. Había nubes sobre el lago y sobre el valle. Llovía en lo alto de la montaña. Catherine llevaba unos pesados chanclos y yo llevaba unas botas impermeables del señor Guttingen, y dábamos paseos hasta la estación bajo un paraguas, chapoteando en el aguanieve y en el agua que al correr se llevaba el hielo de las carreteras, y entrábamos en el albergue antes de la comida del mediodía para tomar un vermut. Afuera oíamos caer la lluvia.

–¿No crees que tendríamos que instalarnos en la ciudad?

–¿A ti qué te parece? –preguntó Catherine.

–Si el invierno se ha terminado y continúa lloviendo, vivir aquí arriba no tendrá nada de divertido. ¿Cuánto falta para que nazca la niña?

–Un mes, poco más o menos. Quizás un poco más.

–Podríamos bajar a vivir a Montreux.

–¿Por qué no vamos a Lausana? Allí es donde está el hospital.

–Como quieras. Sólo que yo pensaba que era una ciudad demasiado grande.

–Podemos estar igual de solos en una ciudad más grande y Lausana debe ser precioso.

–¿Cuándo nos vamos?

–Me da igual. Cuando tú quieras, cariño. No quiero irme de aquí si tú te encuentras a gusto.

–Esperemos a ver cómo se porta el tiempo.

Llovió tres días seguidos. Ahora la nieve había desaparecido por completo en la ladera de la montaña, debajo de la estación. La carretera era un torrente de aguanieve fangosa. Había demasiada humedad y demasiado barro para salir. En la mañana del tercer día de lluvia decidimos bajar a la ciudad.

–Cuando usted quiera, Mr. Henry –dijo Guttingen–. No tenía usted que avisarme por anticipado. Ya suponía que no querrían quedarse aquí ahora que empieza el mal tiempo.

–Por otra parte, de todas maneras tenemos que estar cerca del hospital, a causa de *madame* –dije.

–Lo comprendo –dijo–. ¿Y no piensan volver por aquí en otra ocasión con el bebé?

–Sí, si tienen la habitación disponible.

–En la primavera, cuando hace buen tiempo, pueden volver y pasarlo muy bien aquí. El niño y el ama podrían estar en la habitación grande, que ahora está cerrada, y usted y *madame* podrían tener la misma habitación con vistas al lago.

–Ya le avisaré por carta cuando podamos volver –dije.

Hicimos las maletas y tomamos el tren que salía justo después de comer. El señor y la señora Guttingen bajaron a la estación con nosotros, y él bajó nuestro equipaje en un trineo por la nieve fundida. Se quedaron junto a la estación, bajo la lluvia, despidiéndonos con la mano.

–Eran muy amables –dijo Catherine.

–Se han portado muy bien con nosotros.

En Montreux tomamos el tren para Lausana. Asomados a la ventanilla y mirando hacia donde habíamos vivido, las nubes impedían ver las montañas. El tren paró en Vevey, luego siguió adelante a un lado estaba el lago y al otro los chorreantes campos de color pardusco y los bosques desnudos y las casas mojadas. Llegamos a Lausana y nos alojamos en un hotel de categoría intermedia. Seguía lloviendo cuando cruzábamos las calles y el coche nos dejó en la puerta del hotel. El portero, con sus llaves de latón en la solapa, el ascensor, las alfombras de los suelos y los blancos lavabos con su reluciente grifería, la cama de cobre y la habitación grande y cómoda, todo parecía un gran lujo viniendo de la casa de los Guttingen. Las ventanas de la habitación daban a un empapado jardín con una tapia coronada por una verja de hierro. Al otro lado de la calle, que descendía bruscamente, había otro hotel con una tapia y un jardín muy semejantes. Estuve contemplando cómo caía la lluvia en la fuente del jardín.

Catherine encendió todas las luces y empezó a deshacer las maletas. Yo pedí un whisky con soda, me eché en la cama y me puse a leer los periódicos que había comprado en la estación. Estábamos en marzo de 1918 y en Francia había comenzado la ofensiva alemana. Me tomé el whisky con soda y estuve leyendo mientras Catherine deshacía las maletas y trajinaba por la habitación.

–¿Sabes lo que tengo que comprar, cariño? –dijo.

–¿El qué?

–Ropa de niño. Hay muy pocas mujeres que lleguen a este momento sin haber preparado la ropa.

–Puedes comprarla.

–Ya lo sé. Esto es lo que voy a hacer mañana. Me enteraré de lo que se necesita.

–Deberías saberlo. ¿No eras enfermera?

–Pero en los hospitales había tan pocos soldados que tuvieran bebés...

–Yo, por ejemplo.

Me tiró la almohada y se vertió el whisky con soda.

–Lo siento –dijo–. Voy a pedir otro.

–No quedaba mucho. Anda, ven a la cama.

–No. Tengo que intentar que esta habitación parezca algo.

–¿Cómo algo?

–Sí, que parezca nuestro hogar,

–Cuelga las banderas de los aliados.

–¡Oh, cállate!

–Dilo otra vez.

–Cállate.

–Lo dices con tanta educación –dije–. Como si tuvieras miedo de ofender a alguien.

–No.

–Entonces ven a la cama.

–Bueno. –Se acercó y se sentó en la cama–. Ya sé que no debo estar muy atractiva, cariño. Parezco un saco de harina de los grandes.

–Qué tontería, claro que no. Eres muy bonita y muy cariñosa.

–Me parece que sólo soy como una especie de fardo con el que te has casado.

–No lo eres. Cada día estás más bonita.

–Pero volveré a estar delgada, amor mío.

–Ya estás delgada ahora.

–Has bebido demasiado.

–Sólo un whisky con soda.

–Hay otro pedido –dijo–. Y luego, ¿qué te parece si nos hiciéramos subir la cena?

–Que estaría muy bien.

–Entonces no salimos, ¿eh? Esta noche nos quedamos aquí.

–A divertirnos –dije.

–Yo beberé un poco de vino –dijo Catherine–. No me hará daño. A lo mejor tienen nuestro antiguo capri blanco.

–Claro que lo tendrán –dije–. En un hotel de esta categoría tienen que tener vinos italianos.

El camarero llamó a la puerta. Traía el whisky en un vaso con hielo, y al lado del vaso, en una bandeja, una botellita de soda.

–Gracias –dije–. Déjelo aquí. ¿Querría decir que nos suban cena para dos a la habitación y dos botellas de capri blanco y seco con hielo?

–¿Desean ustedes tomar sopa de primer plato?

–¿Quieres sopa, Cat?

–Sí, por favor.

–Sopa para uno.

–Gracias, señor.

Salió y cerró la puerta. Volví a los periódicos y a la guerra en los periódicos y vertí lentamente la soda sobre el hielo, en el whisky. Hubiera tenido que avisarle que no pusieran hielo en el whisky. Que trajeran el hielo por separado. Así uno podía saber cuánto whisky había en el vaso y no se corría el riesgo de ponerse demasiada soda y beber un whisky aguado. Compraría una botella de whisky y les haría subir el hielo y soda. Éste sería el sistema más inteligente. Un buen whisky era una gran cosa. Una de las cosas más agradables de la vida.

–¿En qué piensas, cariño?

–En el whisky.

–¿Qué pasa con el whisky?

–Que es muy bueno.

Catherine hizo una mueca.

–Ya –dijo.

Estuvimos tres semanas en aquel hotel. No estaba mal; el comedor casi siempre estaba vacío y muy a menudo cenábamos en nuestra habitación. Paseábamos por la ciudad y tomábamos el funicular para bajar a Ouchy y dábamos un paseo por la orilla del lago. El tiempo se hizo bastante caluroso y parecía que estuviéramos en primavera. Deseábamos volver a las montañas, pero el tiempo primaveral sólo duró muy pocos días y volvió a hacer aquel intenso frío de fines de invierno.

Catherine compró todo lo que necesitaba para el bebé en la ciudad. Yo, para hacer un poco de ejercicio, fui a un gimnasio que había en un pasaje a boxear. Solía ir al gimnasio por la mañana, mientras Catherine se quedaba en la cama hasta tarde. En los días de aquella falsa primavera, era magnífico después de boxear y de ducharme, dar un paseo por las calles en las que se olía la primavera en el aire y entrar en un café y sentarme y ver pasar la gente y leer el periódico y tomar un vermut; luego volver al hotel y comer con Catherine. El profesor de boxeo del gimnasio llevaba bigote, y era muy preciso y nervioso y se desmoronaba cuando se le atacaba de veras. Pero se pasaba bien en el gimnasio. Estaba bien ventilado, la luz era buena y yo aprovechaba el tiempo, saltaba a la cuerda, hacía sombra, hacía ejercicios abdominales tendido en el suelo justo en el lugar de una franja de sol que entraba por la ventana abierta, y de vez en cuando asustaba al profesor cuando boxeábamos. Al principio no podía boxear delante de un espejo estrecho y largo porque me producía una impresión muy rara ver boxear a un hombre con barba. Pero luego acabé por encontrarlo divertido. Yo hubiera querido afeitarme la barba desde que empecé a boxear, pero Catherine no me dejó.

De vez en cuando Catherine y yo hacíamos excursiones en coche por el campo. Era muy agradable salir cuando hacía buen tiempo y descubrimos dos buenos lugares a los que nos gustaba mucho ir a comer. Ahora Catherine no podía andar mucho y me encantaba ir en coche con ella por los caminos del campo. Cuando el día era bueno, lo pasábamos maravillosamente y nunca lo pasábamos mal. Sabíamos que faltaba ya muy poco para que naciera el niño y los dos teníamos como un presentimiento de que algo se estaba terminando y que no podíamos desaprovechar el tiempo de estar juntos.

CAPÍTULO XLI

Una noche me desperté hacia las tres de la madrugada al oír que Catherine se agitaba en la cama.

–¿Te encuentras bien, Cat?

–Tengo dolores, cariño.

–¿Regulares?

–No, no mucho.

–Cuando empiecen a ser regulares iremos al hospital.

Tenía mucho sueño y me volví a dormir. Al cabo de poco rato me desperté de nuevo.

–Quizá sería mejor llamar al médico –dijo Catherine–. Me parece que a lo mejor ya es eso.

Me dirigí hacia el teléfono y llamé al médico.

–¿Cada cuándo son los dolores? –preguntó.

–¿Cada cuándo tienes dolores, Cat?

–Yo diría que cada cuarto de hora.

–Entonces ya tienen que ir al hospital –dijo el médico–. Yo me visto en seguida y ahora mismo voy para allí.

Colgué y llamé al garaje que había cerca de la estación para que mandaran un taxi. Tardaron bastante en contestar. Por fin se puso al aparato alguien que prometió mandar un taxi en seguida. Catherine se estaba vistiendo. Su maleta estaba llena con todas las cosas que necesitaría en el hospital y con las cosas del niño. Fuera, en el pasillo, llamé al ascensor. No tuvimos respuesta. Bajé la escalera. En la planta baja no había nadie más que el vigilante de noche. Yo mismo subí el ascensor, entré la maleta de Catherine, luego entró ella y bajamos. El vigilante de noche nos abrió la puerta y una vez fuera nos sentamos en las losas de piedra que había junto a la escalera y esperamos el taxi. La noche era clara y brillaban las estrellas. Catherine estaba muy nerviosa.

–Estoy tan contenta de que haya empezado –dijo–. Ahora, dentro de un rato, todo habrá terminado.

–Eres una chica muy valiente.

–No tengo miedo. Pero ya quisiera que el taxi estuviera aquí.

Oímos cómo se acercaba por la calle y vimos la luz de sus faros. Torció por la calleja y yo ayudé a Catherine a subir y el taxista puso la maleta a su lado.

–Al hospital –dije.

Salimos del callejón y subimos por la cuesta.

Una vez en el hospital entramos y yo llevaba la maleta. En un pupitre había una mujer que anotó en un libro el nombre, la edad, la dirección, el nombre de los padres y la religión de Catherine. Dijo que no tenía ninguna religión y la mujer trazó una línea en el espacio que había después de esta palabra. El nombre que dio fue el de Catherine Henry.

–Le acompañaré a su habitación –dijo.

Subimos en un ascensor. La mujer lo paró, salimos y la seguimos por un pasillo. Catherine estaba agarrada a mi brazo.

–Ésta es su habitación –dijo la mujer–. Por favor, desnúdese y métase en la cama. Puede ponerse este camisón.

–Ya he traído uno –dijo Catherine.

–Es mejor que se ponga éste –dijo la mujer.

Yo salí y me senté en una silla del pasillo.

–Ya puede entrar –dijo la mujer desde la puerta.

Catherine estaba dentro de la estrecha cama, llevando un camisón muy sencillo, de escote cuadrado, que parecía hecho de una tela muy basta. Me sonrió.

–Ahora sí que tengo dolores de los buenos –dijo.

La mujer le estaba tomando el pulso y cronometraba los dolores con un reloj.

–Éste ha sido muy fuerte –dijo Catherine.

Lo vi por su cara.

–¿Dónde está el doctor? –pregunté a la mujer.

–Está abajo, durmiendo. Subirá cuando sea necesario.

–Ahora tengo que hacerle algo a *madame* –dijo la enfermera–. ¿Sería tan amable de volver a salir?

Salí al pasillo. Era un pasillo desnudo con dos ventanas y muchas puertas cerradas a lo largo de las paredes. Olía a hospital. Me senté en la silla y me puse a mirar el suelo y a rezar por Catherine.

–Ya puede entrar –dijo la enfermera.

Entré.

–Hola, cariño –dijo Catherine.

–¿Qué tal?

–Ahora los tengo muy seguidos.

Su cara se contrajo. Luego sonrió.

–Éste ha sido muy fuerte. Por favor, señorita, ¿quiere volver a ponerme la mano en la espalda?

–Si esto la alivia –dijo la enfermera.

–Puedes irte, cariño –dijo Catherine–. Sal y ve a comer algo. Dice la enfermera que esto puede durar mucho.

–Generalmente el primer parto es largo –dijo la enfermera.

–Por favor, sal a comer algo –dijo Catherine–. Estoy bien, de veras.

–Me quedaré un rato más –dije.

Los dolores se producían con mucha regularidad, luego se calmaban. Catherine estaba muy nerviosa. Cuando los dolores eran fuertes ella decía que eran de los buenos. Cuando empezaban a calmarse se sentía decepcionada y como avergonzada.

–Anda, vete, cariño –dijo–. Estando tú aquí tengo la impresión de que me pongo más nerviosa. –Su cara se contrajo–. ¡Uf! Éste ha sido mejor. Me gustaría tanto portarme como una buena esposa y tener este niño sin hacer la tonta. Por favor, ve a desayunar, cariño, y luego vuelves. Ahora no te necesito. Esta señorita me trata muy bien.

–Tómese todo el tiempo que quiera para desayunar –dijo la enfermera.

–Bueno, pues me voy. Adiós, amor mío.

–Adiós –dijo Catherine–, y toma un buen desayuno también por mí.

–¿Dónde puedo desayunar? –pregunté a la enfermera.

–Hay un café en la plaza que hay al final de esta calle –dijo–. Ya debe estar abierto.

Fuera empezaba a amanecer. Recorrí la calle desierta hasta llegar al café. Había luz en la ventana. Entré y me apoyé en el mostrador de cinc, y un viejo me sirvió un vaso de vino blanco y un bollo. El bollo era del día anterior. Lo mojé en el vino y luego me tomé un vaso de café.

–¿Qué hace usted a estas horas? –preguntó el viejo.

–Mi mujer está dando a luz en el hospital.

–¡Ah! Pues que todo vaya bien.

–Póngame otro vaso de vino.

Al llenar el vaso derramó un poco de vino que corrió por el cinc. Bebí este vaso, pagué y me fui. Fuera, a lo largo de la calle, estaban los cubos de basura esperando a que los recogieran. Un perro estaba husmeando en uno de los cubos.

–¿Qué buscas? –le pregunté.

Y miré en el cubo a ver si encontraba algo que pudiera darle; pero en la superficie no había más que posos de café, polvo y unas flores marchitas.

–Aquí no hay nada, perro –dije.

El perro atravesó la calle. Subí la escalera del hospital hasta el piso en que estaba Catherine y recorrí el pasillo hasta su habitación. Llamé a la puerta. Nadie contestó. Abrí la puerta; en la habitación no había nadie; pero allí estaba la maleta de Catherine sobre una silla y su bata colgada de una percha de la pared. Salí y volví a recorrer el pasillo buscando a alguien. Por fin encontré a una enfermera.

–¿Dónde está *madame* Henry.

–Hay una señora a la que acaban de llevar a la sala de partos.

–¿Dónde está eso?

–Le acompañaré.

Me llevó hasta el final del pasillo. La puerta estaba entreabierta. Vi a Catherine tendida en una mesa, cubierta por una sábana. La enfermera estaba a un lado de la mesa y el médico al otro lado, junto a unos cilindros. El doctor sostenía en una mano una mascarilla de caucho unida a un tubo.

–Le daré una bata y podrá entrar –dijo la enfermera–. Venga por aquí, por favor.

Me puso una bata blanca y me la sujetó por detrás poniéndome un imperdible en el cuello.

–Ahora ya puede entrar –dijo.

Entré en la sala.

–Hola, cariño –dijo Catherine con voz débil–. La cosa va despacio.

–¿Es usted Mr. Henry? –preguntó el médico.

–Sí. ¿Cómo va todo, doctor?

–Muy bien –dijo el doctor–. La hemos traído aquí porque es más fácil darle éter para los dolores.

–Ahora lo necesito –dijo Catherine.

El doctor le puso la mascarilla sobre la cara y manipuló en el aparato y vi cómo Catherine respiraba profunda y rápidamente. Luego ella misma se quitó la mascarilla. El médico cortó el éter.

–Éste no ha sido muy fuerte. Hace un rato he tenido uno muy fuerte. El doctor ha hecho que me pasara, ¿verdad, doctor?

Su voz sonaba de un modo extraño. Se elevaba de tono al pronunciar la palabra doctor.

El médico sonrió.

–Otra vez, por favor –dijo Catherine.

Sujetó la mascarilla con fuerza sobre su cara y respiró aprisa. La oí gemir levemente. Luego apartó la mascarilla y sonrió.

–Éste era fuerte –dijo–. Éste ha sido muy fuerte. No te preocupes, cariño. Vete. Ve a desayunar otra vez.

–No, quiero quedarme –dije.

Habíamos ido al hospital hacia las tres de la madrugada. A las doce del mediodía Catherine seguía aún en la sala de partos. Los dolores habían vuelto a espaciarse. Ahora parecía muy cansada, verdaderamente extenuada, pero aún conservaba los ánimos.

–No me porto nada bien, cariño –dijo–. No sabes cuánto lo siento. Yo creía que podría hacerlo muy fácilmente. Ahora... vuelve a empezar...

Alargó la mano para alcanzar la mascarilla y se la aplicó a la cara. El médico movió la manecilla y estuvo contemplándola. Al cabo de muy poco ya había pasado.

–Éste no ha sido gran cosa –dijo Catherine. Sonreía–. Me chifla el éter. Es maravilloso.

–Nos llevaremos un poco a casa –dije.

–*Otro* –dijo Catherine en seguida.

El doctor volvió a mover la manecilla y consultó su reloj.

–¿Qué intervalo hay ahora? –pregunté.

–Aproximadamente un minuto.

–¿No se va usted a comer?

–Ya tomaré algo dentro de un rato –dije.

–Tiene que irse a comer, doctor –dijo Catherine–. No sabe lo que siento el tardar tanto. ¿No podría mi marido darme el éter?

–Si quiere –dijo el doctor–. Póngalo en el número dos.

–Ya veo –dije.

Había una esfera graduada con una aguja que se movía por medio de una manecilla.

–*¡Ahora, ahora!* –dijo Catherine.

Se apretaba la mascarilla con fuerza sobre la cara. Lo puse en el número dos y cuando Catherine se quitó la mascarilla, cerré. El doctor había sido muy amable al dejarme hacer algo.

–¿Lo hacías funcionar tú, cariño? –preguntó Catherine, dándome unas palmadas en la muñeca.

–Claro.

–¡Qué bueno eres!

Estaba un poco aturdida por el éter.

–Comeré en una bandeja en la habitación de al lado –dijo el médico–. Puede llamarme en cualquier momento.

Mientras pasaba el tiempo, le veía comer y luego, al cabo de un rato, vi que se había echado y que fumaba un cigarrillo. Catherine empezaba a estar muy cansada.

–¿Tú crees que llegaré a tener este niño? –preguntó.

–Naturalmente que sí.

–Yo hago lo que puedo. Ya empujo, pero no sale. *Otra vez. Dámelo, corre.*

A las dos salí para comer. En el café había unos cuantos hombres sentados a las mesas tomando café o unos vasos de kirsch o de marc. Me senté a una mesa.

–Se puede comer? –pregunté al camarero.

–Ya ha pasado la hora de la comida.

–¿Y no tienen nada para comer entre horas?

–Podemos servirle *choucroute.*

–Tráigame *choucroute* y cerveza.

–¿Un *demi* o un bock?

–Un *demi* de dorada.

El camarero me trajo un plato de *sauerkraut* con una lonja de jamón encima y una salchicha enterrada en las coles embebidas de vino y muy calientes. Me lo comí y bebí la cerveza. Tenía mucha hambre. Contemplaba a la gente que estaba sentada a las mesas del café. En una mesa estaban jugando a cartas. En la mesa que tenía más cerca dos hombres estaban charlando y fumando. El café estaba lleno de humo. Ahora, detrás del mostrador de cinc donde yo había tomado el desayuno había tres personas; el viejo, una mujer regordeta vestida de negro que estaba sentada frente a la caja y tomaba nota de todo lo que se servía en las mesas, y un chico con delantal. Me pregunté cuántos hijos habría tenido aquella mujer y cómo habrían sido los partos.

Cuando hube terminado mi *choucroute* volví al hospital. Ahora la calle estaba muy limpia. No había cubos de basura en la acera. El día estaba nublado, pero el sol hacía esfuerzos por asomarse. Subí en el ascensor, salí de él y eché a andar por el pasillo en dirección a la habitación de Catherine, donde había dejado mi bata blanca. Me la puse y me la abroché detrás del cuello. Me miré en el espejo y me encontré el aire de un falso médico, con barba y todo. Volví a salir al pasillo y me dirigí a la sala de partos. La puerta estaba cerrada y llamé. Nadie contestó, de modo que di la vuelta al tirador y entré. El médico estaba sentado al lado de Catherine. La enfermera estaba haciendo algo en el extremo de la sala.

–Aquí tiene a su marido –dijo el doctor.

–Oh, cariño, tengo un doctor maravilloso –dijo Catherine con una voz muy extraña–. Me ha estado contando una historia maravillosa, y cuando el dolor es muy fuerte me lo quita en seguida. Es maravilloso. Es usted maravilloso, doctor.

–Estás borracha –dije.

–Ya lo sé –dijo Catherine–, pero no hay que decirlo. –Luego, añadió en seguida–: *Aprisa, aprisa.*

Se aferró a la mascarilla y aspiró muy profundamente y con ansia, haciendo tintinear el tubo. Luego dio un largo suspiro y el doctor alargó su mano izquierda y le sacó la mascarilla.

–Éste era muy fuerte –dijo Catherine. Su voz sonaba de un modo muy raro–. Ahora ya sé que no voy a morirme, cariño. Ya ha pasado lo más peligroso. ¿No estás contento?

–Pues no vuelvas a esta fase de peligro.

–No, claro. Pero ahora ya no tengo miedo. No voy a morirme, cariño.

–Claro que no va a hacer semejante tontería –dijo el médico–. No querrá usted morirse y dejar solo a su marido.

–¡Oh, no! No quiero morirme. No voy a morirme. Es una tontería morirse. Ya vuelve. *Otra vez.*

Al cabo de un rato el doctor dijo:

–Mr. Henry, es mejor que salga un momento y la examinaré.

–Quiere ver cómo marcha la cosa –dijo Catherine–. Pero luego volverás a mi lado, cariño, ¿verdad que puede volver, doctor?

–Sí –dijo el doctor–, ya le avisaré cuando pueda volver a entrar.

Cerré la puerta tras de mí y enfilé el pasillo hacia la habitación en que Catherine iba a estar cuando hubiera nacido el bebé. Allí me senté en una silla y estuve contemplando la habitación. Llevaba en el bolsillo el periódico que había comprado cuando salí para comer, y lo leí. Fuera empezaba a oscurecer y encendí la luz para poder leer. Al cabo de un rato dejé de leer y apagué la luz y me puse a mirar cómo iba oscureciendo en la calle. Me preguntaba por qué el médico no me mandaba llamar. Quizás era mejor que no estuviera presente. Probablemente prefería que estuviera fuera un rato. Miré mi reloj. Si dentro de diez minutos no me había llamado, yo iría a pesar de todo.

Pobre Cat, mi pobre y querida Cat. Y éste era el precio que se pagaba por dormir juntos. Éste era el fondo de la trampa. Esto es lo que les pasa a la gente que se quieren. Claro que, gracias a Dios, había el éter. ¿Cómo debían ser los partos antes de que hubiera anestésicos? Una vez se empezaba, ya se estaba cogido en el engranaje. Catherine se había encontrado bien durante el embarazo. No lo había pasado mal. Casi ni siquiera había tenido mareos. Hasta los últimos días no había tenido muchas molestias. Pero ahora al final, la habían atrapado. Uno nunca se escapa de nada. ¡C..., escaparse! Hubiera sido lo mismo si nos hubiéramos casado cincuenta veces. ¿Y si ella se moría? Pero no iba a morirse. Hoy en día la gente no se muere de parto. Eso es lo que piensan todos los maridos. Sí, pero si se moría, ¿qué? No se moriría. Sólo está pasando un mal rato. Luego diremos qué mal rato se pasó, y Catherine dirá que en el fondo no había sido nada tan extraordinario. Pero si se moría, ¿qué? No podía morirse. Sí, pero si se moría, ¿qué? Ella no puede morirse, lo digo yo. No seas idiota. Sólo es un mal rato. La naturaleza que se las hace pasar moradas. Sólo porque es el primer parto, que siempre es más difícil. Sí, pero si se muere, ¿qué? No puede morirse. ¿Por qué va a morirse? ¿Qué razón hay para que se muera? No es más que un niño que quiere nacer, el producto de aquellas hermosas noches de Milán. Da mucho trabajo y luego nace y luego uno le cuida y a lo mejor hasta le coge cariño. Pero si se muere, ¿qué? No va a morirse. Pero si se muere, ¿qué? No se morirá. Se encuentra bien. Pero si se muere, ¿qué? No puede morirse. Pero si se muere, ¿qué? ¿Si se muriera? Si se muriera, ¿qué?

El médico entró en la habitación.

–¿Cómo sigue, doctor?

–La cosa no marcha –dijo.

–¿Qué quiere usted decir?

–Pues eso... La he examinado... –detalló el resultado de este examen–. He esperado a ver qué pasaba. Pero no se progresa.

–¿Y usted qué aconseja?

–Hay dos soluciones. O utilizar el fórceps, que puede producir desgarraduras y ser muy peligroso, además de que es posible que se hiera al niño, o una cesárea.

–¿Qué peligro se corre con una cesárea? –y pensaba: y si se muriera, ¿qué?

–No se corre un peligro mayor que el peligro de un parto corriente.

–¿La haría usted mismo?

–Sí. Posiblemente necesitaría una hora para preparar las cosas y reunir a los ayudantes que necesito. Quizás un poco menos.

–¿Y usted qué opina?

–Yo aconsejaría la cesárea. Si fuera mi esposa, yo le haría la cesárea.

–¿Cuáles son las consecuencias?

–No hay. Queda una cicatriz, eso es todo.

–¿Y la infección?

–No se corren tantos riesgos como utilizando el fórceps.

–¿Y si esperáramos y no hiciéramos nada?

–Tarde o temprano tendremos que hacer algo. Mrs. Henry está ya muy debilitada. Ahora, cuanto antes operemos, menos riesgos se correrán.

–Pues opere lo antes posible –dije.

–Voy a dar las instrucciones.

Entré en la sala de partos. La enfermera estaba al lado de Catherine, que seguía tendida en la mesa, formando un gran bulto debajo de la sábana, muy pálida y muy cansada.

–¿Le has dicho que podía hacerlo? –preguntó.

–Sí.

–Será lo mejor. Todo se habrá acabado en una hora. Ya casi no puedo más, cariño. Estoy deshecha. *Por favor, dame eso.* No me hace efecto. *¡Oh, ya no me hace efecto!*

–Respira hondo.

–Ya lo hago. Oh, ya no me hace ningún efecto. No me hace efecto.

–Vaya a buscar otro cilindro –dije a la enfermera.

–Éste es nuevo.

–Soy una tonta, cariño –dijo Catherine–. Pero ya no me hace ningún efecto. –Se echó a llorar–. Oh, yo que quería tener este niño sin dar molestias, y ahora ya no puedo más y estoy deshecha y eso no me hace ningún efecto. Oh, cariño, ningún efecto, de verdad. Tanto me da morirme, con tal de no tener estos dolores. Oh, por favor, cariño, por favor, no puedo más. *Otra vez, ¡Oh, oh, oh!* –Respiró entre sollozos, en la mascarilla–. No hace efecto. No hace efecto. No hace efecto. No te preocupes por mí, cariño. Por favor, no llores. No te procupes por mí. Estoy deshecha. ¡Pobre amor mío! Te quiero mucho y en seguida volveré a ser buena. Esta vez me portaré bien. *¿No pueden darme algo?* Si pudieran darme algo.

–Voy a hacer que te haga efecto. Lo pondré al máximo.

–Ahora, dámelo.

Lo puse al máximo y ella respiró muy hondo y su mano soltó la mascarilla. Corté el éter y le saqué la mascarilla. Catherine pareció volver de muy lejos.

–Ha sido delicioso, cariño. Eres tan bueno conmigo.

–Tienes que ser valiente, porque no puedo hacer eso todo el tiempo. Podría matarte.

–Ya no puedo ser valiente, cariño. Estoy agotada. Me han agotado. Ahora me doy cuenta.

–Todo el mundo pasa por eso.

–Pero es horrible. Hacen que una luche hasta que ya no puede más.

–Dentro de una hora todo habrá terminado.

–Qué bien, ¿verdad? Cariño, no voy a morirme, ¿verdad?

–Claro que no. Te prometo que no.

–Porque no quiero morirme y dejarte solo... Pero estoy muy cansada y siento como si fuera a morirme.

–Eso son tonterías. En estas circunstancias todas las mujeres tienen esta impresión.

—A veces estoy segura de que voy a morirme.

—Claro que no vas a morirte. No puedes morirte.

—Pero si me muriera, ¿qué?

—Yo no te dejaría.

—Dámelo en seguida. *¡Dámelo!*

Luego, al cabo de unos momentos, añadió:

—No me moriré. No me dejaré morir.

—Claro que no.

—¿Estarás a mi lado?

—Pero no miraré.

—No, sólo estar a mi lado.

—Naturalmente. Estaré a tu lado todo el tiempo.

—Eres muy bueno conmigo. Ahora. Dámelo. Un poco más. *¡No me hace efecto!*

Puse la aguja a tres y luego a cuatro. Estaba deseando que el doctor volviera. Tenía miedo de los números superiores al dos.

Por fin entró otro médico con dos enfermeras y levantaron a Catherine y la pusieron en una camilla de ruedas y salimos al pasillo. El camillero avanzó con rapidez por el pasillo hacia el ascensor, donde todos tuvimos que pegarnos a las paredes para dejar espacio; luego subimos, abrieron la puerta, salimos del ascensor y las ruedas de goma volvieron a deslizarse por otro pasillo hacia la sala de operaciones. No reconocí al doctor, que llevaba gorro y mascarilla. Había otro médico y más enfermeras.

—Tienen que darme algo —decía Catherine—. *Tienen que darme algo.* ¡Oh, por favor, doctor, deme algo para que pueda resistirlo!

Uno de los médicos le puso una mascarilla sobre la cara y a través de la puerta vi el pequeño anfiteatro bien iluminado de la sala de operaciones.

—Entre por la otra puerta y siéntese arriba —me dijo una enfermera.

Había unos bancos detrás de una barandilla por encima de la cual se veía la blanca mesa de operaciones y las luces. Miré a Catherine. Tenía la mascarilla puesta y ahora estaba inmóvil. Empujaron la camilla hasta hacerla entrar en la sala. Di media vuelta y salí al pasillo. Dos enfermeras se dirigían apresuradamente hacia la entrada de la galería.

–Es una cesárea –decía una–. Van a hacer una cesárea.

La otra reía.

–Llegamos justo a tiempo. Qué suerte, ¿no?

Entraron por la puerta que conducía a la galería.

Se acercó otra enfermera. También tenía prisa.

–Puede entrar por aquí. Por esta puerta –dijo.

–Prefiero quedarme fuera.

Se apresuró a entrar. Empecé a andar arriba y abajo del pasillo. Tenía miedo de entrar. Miré por la ventana. Estaba oscuro, pero a la luz que salía de la ventana pude ver que llovía. Entré en una sala que había en el otro extremo del pasillo y estuve mirando las etiquetas de los frascos alineados en una vitrina. Luego salí y me quedé de pie en el pasillo desierto, mirando la puerta de la sala de operaciones.

Salió un médico seguido de una enfermera. Sostenía con las dos manos algo que parecía un conejo recién despellejado y se apresuró a cruzar el pasillo y a meterse por otra parte. Fui hacia la puerta por la que habían entrado y los encontré en la sala haciendo algo a un niño recién nacido. El médico lo levantó para que lo viera. Lo sujetaba por los talones y le daba unas palmadas.

–¿Está bien?

–Soberbio. Debe pesar unos cinco kilos.

No sentía nada por él. Tenía la sensación de que no tenía nada que ver conmigo. No experimentaba ningún sentimiento de paternidad.

–¿No está orgulloso de su hijo? –preguntó la enfermera.

Le estaban lavando y luego lo envolvieron en algo. Vi la carita oscura y las manos morenas, pero no le vi moverse ni le oí llorar. El doctor volvía a hacerle algo. Parecía inquieto.

–No –dije–. Ha estado a punto de matar a su madre.

–No es culpa del angelito. ¿No quería usted un niño?

–No –dije.

El doctor estaba muy ocupado con él. Lo tenía colgado por los pies y le daba palmadas. No me quedé para verlo. Salí al pasillo.

Ahora podía entrar y ver. Franqueé la puerta y di unos pasos hacia la barandilla. Las enfermeras que estaban sentadas allí me hicieron señas de que me acercara para verlo mejor. Negué con la cabeza. Ya veía bastante desde donde estaba.

Pensé que Catherine estaba muerta. Parecía muerta. Su cara estaba lívida, la parte que yo podía ver. Abajo, a la luz de los focos, el médico estaba cosiendo la larga herida sujetada por las pinzas, y que tenía los bordes muy gruesos. Otro doctor que también llevaba mascarilla daba la anestesia. Dos enfermeras con mascarillas, tendían cosas. Parecía como una escena de la Inquisición. Mientras miraba comprendí que hubiese podido asistir a toda la operación, pero preferí no haber estado allí. No creo que hubiera podido ver cómo la abrían, pero ahora miraba cómo cosían la herida, dejando como una alta cresta, con rápidas y hábiles puntadas, como las de un remendón, y me sentía mejor. Una vez cosida la herida, volví a salir al pasillo y me puse a andar arriba y abajo. Al cabo de un rato salió el médico.

–¿Cómo está?

–Muy bien. ¿Lo ha visto usted?

Parecía cansado.

–He visto cómo cosía. La incisión parecía muy grande.

–¿Le ha parecido grande?

–Sí. Luego la cicatriz se alisa, ¿no?

–Oh, sí.

Al cabo de un rato sacaron la camilla con ruedas y la llevaron muy rápidamente por el pasillo hasta el ascensor. Yo iba a su lado. Catherine gemía. Bajamos en el ascensor y la pusieron de nuevo en su habitación. Me senté en una silla al pie de la cama. En la habitación había una enfermera. Me levanté y seguí de pie junto a la cama. La habitación estaba a oscuras. Catherine sacó la mano.

–Hola, cariño –dijo.

Su voz era muy débil y cansada.

–Hola, amor mío.

–El bebé... ¿qué ha sido?

–Ssss... No hable –dijo la enfermera.

–Es largo y ancho y moreno.

–¿Está bien?

–Sí –dije–, está bien.

Vi que la enfermera me miraba de un modo extraño.

–Estoy tan cansada –dijo Catherine–. Y me duele tanto... ¿Tú te encuentras bien, cariño?

–Muy bien. No hables ahora.

–Te has portado tan bien conmigo. ¡Oh, cariño, me duele tanto! ¿Cómo es?

–Parece un conejo despellejado y tiene una cara de viejo muy arrugada.

–Es mejor que salga –dijo la enfermera–. *Madame* Henry no tiene que hablar.

–Estaré fuera –dije.

–Sí, sal y ve a comer algo.

–No. Me quedaré fuera.

Besé a Catherine. Estaba lívida y débil y cansada.

–¿Puedo hablar un momento con usted? –dije a la enfermera.

Salió al pasillo conmigo. Di unos pasos alejándome de la puerta.

–¿Qué le pasa al niño? –pregunté.

–¿No lo sabía usted?

–No.

–No ha vivido.

–¿Nació muerto?

–No han podido hacerle respirar. Tenía el cordón alrededor del cuello o algo así.

–¿O sea que ha muerto?

–Sí. Qué lástima. Era un niño tan hermoso y tan gordo. Creí que usted ya lo sabía.

–No –dije–. Es mejor que vuelva con *Madame*.

Me senté en la silla que había delante de una mesa donde había informes de enfermeras colgados a un lado con clips, y miré por la ventana. No se veía nada, sólo la oscuridad y la lluvia cayendo a la luz que salía de la ventana. Había pasado. El niño había muerto. Por eso el doctor parecía tan cansado. ¿Pero por qué le habían hecho todo aquello en la sala? Probablemente pensaban que reviviría y que podía empezar a respirar. Yo no tenía ninguna religión, pero sabía que hubiéramos debido bautizarlo. ¡Pero si no había llegado a respirar! No había vivido. Nunca había estado vivo. Excepto dentro de Catherine. Dentro de ella, le había sentido agitarse muchas veces. Pero no en la última semana. Quizás en los últimos días ya estaba ahogado. ¡Pobre chiquillo! Ojalá hubiera muerto yo ahogado de ese modo. Pero no fue así. No hubiera tenido que pasar por todas estas muertes. Ahora Catherine moriría. Eso era lo que pasaba. Uno se moría. Sin saber por qué. Sin tener tiempo de comprender nada. Le meten a uno dentro y le enseñan las reglas, y la primera vez que le cogen a uno en falta, le matan. O le matan a uno de un modo gratuito, como a Aymo. O le dan a uno la sífilis, como a Rinaldi. Pero al final siempre acaban por matarle. De esto sí que se puede estar seguro. Le acechan a uno hasta que llega el momento de matarle.

Me acuerdo que una vez, cuando estaba acampando, eché en medio del fuego un tronco que estaba lleno de hormigas. Cuando empezó a arder, las hormigas salieron y empezaron por dirigirse hacia el centro, donde estaba el fuego, luego dieron media vuelta y corrieron hacia el otro extremo. Una vez se hubieron agolpado en el extremo, cayeron al fuego. Algunas escaparon, con los cuerpos chamuscados y aplastados, y se alejaron sin saber adónde iban. Pero la mayoría de ellas fueron hacia el fuego y luego retrocedieron hacia la otra punta y se amontonaron en el extremo que estaba más alejado de las llamas y finalmente cayeron al fuego. Recuerdo que en aquel momento pensé que aquello era el fin del mundo y una ocasión espléndida para hacer de mesías y sacar el tronco del fuego y echarlo en algún lugar donde las hormigas pudieran escaparse. Pero lo único que hice fue echar sobre el tronco un poco de agua de un vaso metálico, para que una vez vacío pudiera poner whisky dentro, antes de añadirle agua. Supongo que el vaso de agua sobre el tronco ardiendo sólo contribuyó a calentar más a las hormigas.

Y ahora estaba sentado en aquel pasillo, esperando que me dijeran cómo seguía Catherine. La enfermera no salía, de modo que al cabo de un rato fuí hacia la puerta y la abrí muy suavemente y asomé la cabeza. Al principio no vi nada porque la luz del pasillo era muy fuerte y dentro de la habitación estaba a oscuras. Luego vi a la enfermera sentada junto a la cama y la cabeza de Catherine sobre la almohada, y su cuerpo, liso ya, debajo de la sábana. La enfermera se llevó un dedo a los labios, luego se levantó y se acercó a la puerta.

–¿Cómo está? –pregunté.

–Muy bien –dijo la enfermera–. Sería mejor que fuera a cenar y luego que volviese, si quiere.

Recorrí una vez más el pasillo, bajé la escalera, salí por la puerta del hospital y eché a andar por la oscura calle, bajo la lluvia, en dirección al café. Dentro estaba muy bien iluminado y había mucha gente en las mesas. No vi ningún lugar para sentarme y un camarero se me acercó, me ayudó a sacarme el abrigo mojado y el sombrero y me señaló un lugar en una mesa en la que estaba sentado un viejo que bebía cerveza y leía un periódico de la noche. Me senté y pregunté al camarero cuál era el *plat du jour.*

–Estofado de ternera... pero se ha terminado.

–¿Qué puede traerme?

–Huevos fritos con jamón, huevos con queso o *choucroute.*

–Este mediodía ya he comido *choucroute* –dije.

–Es verdad –dijo–. Es verdad. Este mediodía ya ha comido *choucroute.*

Era un hombre de mediana edad, con una acentuada calvicie que disimulaba cubriéndose el cráneo con el pelo de los lados. Tenía una expresión amable.

–¿Qué prefiere pues? ¿Huevos fritos con jamón o huevos fritos con queso?

–Huevos fritos con jamón –dije– y cerveza.

–¿Un *demi-blonde*?

–Sí –dije.

–Ya me acordaba –dijo– que este mediodía ha tomado usted un *demi-blonde.*

Comí los huevos con jamón y bebí la cerveza. Los huevos con jamón me los sirvieron en un plato redondo. El jamón debajo y los huevos encima. Estaba ardiendo y al primer bocado tuve que tomar un trago de cerveza para refrescarme la boca. Tenía hambre y pedí al camarero que trajera otra ración. Bebí varios vasos de cerveza. No pensaba en nada, pero leía el periódico del hombre que tenía enfrente. Era algo acerca de una brecha que se había abierto en el frente británico. Cuando él se dio cuenta de que yo estaba leyendo el periódico por atrás, lo dobló. Estuve a punto de pedir al camarero que me trajera un periódico, pero no podía concentrarme. En el café hacía calor y el aire estaba viciado. Mucha de la gente sentada a las mesas se conocía entre sí. Varios grupos estaban jugando a las cartas. Los camareros estaban muy atareados llevando bebidas desde el mostrador a las mesas. Entraron dos hombres y no encontraron lugar para sentarse. Se quedaron de pie junto a la mesa donde yo estaba. Pedí otra cerveza. Aún no quería irme. Era demasiado pronto para volver al hospital. Hice un esfuerzo para no pensar y para conservar toda la calma. Los dos hombres seguían de pie, a mi lado, pero como nadie se levantaba terminaron por irse. Tomé otra cerveza. En la mesa, delante de mí, tenía ahora un buen montón de platillos. El hombre que tenía enfrente se había sacado las gafas, las guardó en un estuche, dobló el periódico y se lo puso en el bolsillo, y luego con su vaso de licor en la mano, se puso a mirar a su alrededor. De pronto comprendí que tenía que regresar. Llamé al camarero, le pagué, me puse el abrigo y el sombrero y me dirigí hacia la puerta. Anduve bajo la lluvia hacia el hospital.

Al salir del ascensor encontré a la enfermera en el pasillo.

–Acabo de llamarle al hotel –dijo.

Sentí que algo se desprendía dentro de mí.

–¿Qué pasa?

–Mrs. Henry ha tenido una hemorragia.

–¿Puedo entrar?

–No, todavía no. El doctor está dentro.

–Es peligroso.

–Muy peligroso.

La enfermera entró en la habitación y cerró la puerta. Me senté en una silla del pasillo. Me había quedado completamente vacío por dentro. No pensaba. No podía pensar. Sabía que Catherine iba a morir y rezaba para que no muriera. No la dejes morir. Oh, Dios, te lo ruego, no dejes que se muera. Haré todo lo que quieras si no dejas que se muera. Por favor, por favor, por favor, Dios mío, no dejes que se muera. Por favor, por favor, por favor, no dejes que se muera. Haré todo lo que digas si no dejas que se muera. Ya te has llevado al niño, pero no dejes que se muera... Acepto lo otro, pero no dejes que se muera. Por favor, por favor, Dios mío, no dejes que se muera.

La enfermera abrió la puerta y me hizo señas con el dedo para que entrara. La seguí dentro de la habitación. Catherine no levantó los ojos cuando entré. Me puse al lado de la cama. El médico estaba de pie, junto a la cama, en el otro lado. Catherine me miró y sonrió. Me incliné sobre la cama y me eché a llorar.

–Pobre amor mío –dijo Catherine en voz muy queda.

Estaba lívida.

–No es nada Cat –dije–. Te pondrás bien.

–Voy a morirme –dijo. Luego hizo una pausa y añadió–: No quiero morirme.

Le cogí la mano.

–No me toques –dijo. Le solté la mano. Me sonrió–. Pobre amor mío. Puedes tocarme todo lo que quieras.

–Te pondrás bien, Cat. Estoy seguro de que te pondrás bien.

–Pensaba dejarte una carta para el caso de que ocurriera algo, pero no llegué a escribirla.

–¿Quieres que vaya a buscar un cura o alguien a quien quieras ver?

–Sólo quiero verte a ti –dijo ella. Y al cabo de unos momentos–: No tengo miedo. Pero no quiero morir.

–No debe hablar tanto –dijo el doctor.

–Bueno –dijo Catherine.

–¿Quieres que te haga algo, Cat? ¿Quieres que te traiga algo?

Catherine sonrió.

–No.

Al cabo de unos momentos, añadió:

–No volverás a hacer lo que hacíamos los dos con otra chica, ¿verdad? Ni le dirás las mismas cosas, ¿verdad?

–Nunca.

–Pero quiero que conozcas a otras mujeres.

–Yo no quiero.

–Está hablando demasiado –dijo el doctor–. No debe usted hablar. Mr. Henry tendrá que salir. Más tarde puede volver a entrar. Y usted no se va a morir. No tiene que decir tonterías.

–Bueno –dijo Catherine–. Volveré para hacerte compañía de noche –dijo.

Hablar le costaba un gran esfuerzo.

–Por favor, salga –dijo el doctor.

Catherine, con la cara lívida, me guiñó un ojo.

–Me quedaré detrás de la puerta –dije.

–No te preocupes, cariño –dijo Catherine–. No tengo nada de miedo. Es una broma de mal gusto, nada más que eso.

–Mi pequeño amor, valiente...

Esperé fuera, en el pasillo. Esperé largo rato. La enfermera abrió la puerta y se acercó a mí.

–Mrs. Henry está muy mal –dijo–. Se teme lo peor.

–¿Ha muerto?

–No, pero ha perdido el concimiento.

Parece ser que había tenido una hemorragia tras otra. No podían detenerlas. Entré en la habitación y me quedé al lado de Catherine hasta que murió. Estuvo inconsciente todo el tiempo y no tardó mucho en morir.

Fuera de la habitación, en el pasillo, me dirigí al doctor.

–¿Puedo hacer algo esta noche?

–No. No hay nada que hacer. ¿Quiere que le lleve a su hotel?

–No, gracias. Me quedaré un rato aquí.

–Ya sé que no hay nada que decir. No puedo decirle...

–No –dije–. No hay nada que decir.

–Buenas noches –dijo–. ¿De veras que no quiere que le lleve a su hotel?

–No, gracias.

–Era lo único que se podía hacer –dijo–. La operación ha demostrado...

–Ahora no quiero hablar de eso –dije.

–Me gustaría acompañarle a su hotel.

–No, gracias.

Se alejó por el pasillo. Fui hacia la puerta de la habitación.

–Ahora no puede entrar –dijo una de las enfermeras.

–Sí que puedo –dije.

–Todavía no puede entrar.

–Váyase –dije–. La otra también.

Pero después de haberlas echado y haber cerrado la puerta y apagar la luz, comprendí que todo era inútil. Era como decir adiós a una estatua. Al cabo de un rato me fui y salí del hospital y volví al hotel bajo la lluvia.

AL OTRO LADO DEL RÍO Y ENTRE LOS ÁRBOLES

Título original:
ACROSS THE RIVER AND INTO THE TREES
Traducción:
MANUEL GURREA

ADVERTENCIA

VISTA LA RECIENTE TENDENCIA A IDENTIFICAR LOS PERSONAJES DE FICCIÓN CON SERES REALES, ESTIMO CONVENIENTE ACLARAR QUE EN ESTE LIBRO NO APARECEN PERSONAS QUE NO SEAN IMAGINARIAS; TANTO LOS PERSONAJES COMO SUS NOMBRES SON FICTICIOS, LO MISMO QUE LAS DESIGNACIONES DE LAS UNIDADES MILITARES. EN EL PRESENTE VOLUMEN NO APARECE NINGUNA PERSONA VIVIENTE NI UNIDAD MILITAR DE LA REALIDAD

A Mary, con amor

CAPÍTULO PRIMERO

Partieron dos horas antes del amanecer y, al principio, no hubo necesidad de quebrar el hielo del canal porque ya lo habían hecho los otros botes al precederlos. En cada barca, bajo la oscuridad nocturna, no se podía ver, sino simplemente oír al batelero, que, de pie en la popa, manejaba su largo remo. El cazador iba sentado en un banquillo de tirador, asegurado a la parte alta del cajón en el que llevaba la comida y los cartuchos; las dos escopetas, y a veces más, estaban arrimadas contra las cargas de señuelos de madera. En algún lugar de cada barca llevaban una bolsa con una o dos hembras, o una hembra y un ánade macho vivos, y un perro que se estremecía y agitaba inquieto al oír a los patos pasar con gran rumor de alas sobre las lanchas.

Cuatro de los botes siguieron aguas arriba, por el canal principal, hacia la gran laguna del norte. Una quinta barca ya había girado para entrar en un canal lateral. Ahora, la sexta, viraba hacia el sur para remontar una laguna poco profunda. Estaba convertida en una capa de hielo; las aguas se habían helado bajo el frío sin viento de la noche. La barca se empinaba y resbalaba bajo los impulsos del remo del batelero; luego, el hielo se rompía en mil pedazos, como un panel de vidrio; sin embargo, el bote avanzaba con demasiada lentitud.

–Deme un remo –dijo el cazador de la sexta barca. Se puso en pie y avanzó cuidadosamente. Oía a los patos pasar sobre sus cabezas, en la oscuridad y percibía la agitación del perro. Hacia el norte se escuchaba el ruido de los otros botes al quebrar el hielo.

–Tenga cuidado –le previno el batelero desde la popa–. No ladee demasiado la barca.

–Yo también soy barquero –replicó el cazador.

Tomó el largo remo que le entregara el batelero y lo invirtió asiéndolo por la hoja, y hundió la empuñadura en el hielo. Notó el fondo firme de la laguna y, empujando primero y avanzando después, hasta que el remo estuvo en la proa, comenzó a conducir el bote. El hielo se partía como grandes láminas de cristal a medida que el bote se iba abriendo paso.

Al cabo de un rato, el cazador, que estaba trabajando de firme, y que sudaba a causa de sus ropas de abrigo, le preguntó al batelero:

–¿Dónde está el barril de tiro?

–Allá, a la izquierda. En medio de la próxima bahía.

–¿Viramos hacia allá ahora?

–Como usted guste.

–¿Como yo guste? ¿Qué quiere decir con eso? Usted conoce esas aguas. ¿Hay profundidad suficiente para llegar hasta allá?

–La marea está baja. Quién sabe...

–Si no nos apresuramos se hará de día antes de que lleguemos.

El barquero no respondió.

«Muy bien, tarado impertinente –pensó el cazador para sus adentros–. Iremos hacia allí; ya hemos recorrido las dos terceras partes del camino y si no te gusta tener que trabajar y romper el hielo para que yo cace patos, peor para ti.»

–Arrima el hombro, tarado –le dije en inglés.

–¿Qué? –preguntó el barquero italiano.

–Digo que nos demos prisa. Está a punto de amanecer.

Nació el día antes de que llegaran al enorme barril de roble, hundido y fijado sobre el fondo de la laguna. Estaba rodeado de un reborde de tierra en la que habían plantado juncos y otras plantas. El cazador se abrió paso entre ellas cuidadosamente, sintiendo que las frágiles hojas congeladas se quebraban bajo su pie. El barquero le entregó el banquillo especial de tirador y la caja de los cartuchos, que el cazador colocó en el fondo del tonel.

El cazador, cuyas botas de agua le llegaban a la ingle, y que vestía una vieja guerrera de campaña, con un parche en el hombro izquierdo cuyos emblemas eran incomprensibles, y unas manchas claras en las jinetas, de donde había retirado las estrellas, se metió en el tonel, y el batelero le entregó las dos escopetas.

Las colocó contra las paredes del barril y colgó su otra bolsa de municiones entre ellas, en unos ganchos clavados en la parte interior del tonel. Luego, recostó las dos armas sobre ambos costados de la bolsa.

–¿Tenemos agua? –preguntó al barquero.

–No.

–¿Se puede beber el agua de la laguna?

–No. Es malsana.

El cazador estaba sediento a causa del duro trabajo efectuado al romper el hielo e impulsar el bote y se sintió invadido por la cólera, pero se dominó, y dijo:

–¿Le ayudo a romper el hielo para colocar los señuelos?

–No –respondió el barquero, e impulsó al bote salvajemente contra la capa de hielo que crujió, desmenuzándose, al choque de la embarcación. Seguidamente comenzó a quebrar el hielo con el remo y a echar los señuelos al agua.

«Tiene un humor espléndido –pensó el cazador–. Es una bestia. Yo trabajé como un caballo para llegar hasta aquí. Él se limitó a lanzar el peso de su cuerpo sobre el remo y ya está. ¿Qué rayos le pasa? ¿Es su oficio éste o no?»

Arregló el banquillo de tirador de manera que pudiera girar al máximo tanto a la derecha como a la izquierda, abrió una caja de cartuchos, se llenó los bolsillos con todos ellos, y abrió otra caja dejándola en la bolsa abierta, de manera que pudiera sacarlos fácilmente. Frente a él, sobre la laguna a la que arrancaban destellos las primeras luces del día, se perfilaba la negra lancha; el barquero, alto y fornido, rompía el hielo con su remo y tiraba los señuelos por encima de la borda, como si se estuviera desprendiendo de cosas inútiles.

La luz diurna iba en aumento y el cazador divisaba el horizonte y los puntos más bajos, al otro lado de la laguna. Más allá él sabía que había otros puestos de tiro y, tras ellos, más pantanos y luego el mar abierto. Cargó las dos escopetas y observó la situación de la barca. Observó el barquero, entregado a la tarea de poner los señuelos.

Súbitamente oyó un lejano batir de alas; se agachó, tomó una escopeta con la mano derecha, miró hacia arriba por el borde del barril y se quedó inmóvil observando a los dos patos que descendían hacia los señuelos, frenando con las alas, como dos manchas negras contra el pálido cielo del amanecer.

Gacha la cabeza, apuntó cuidadosamente, abajo y bastante adelante del segundo pato, y disparó. Después, sin cuidarse del resultado, levantó el arma hacia arriba y a la izquierda contra el otro pato que se elevaba y, al apretar el gatillo, vio que se plegaba en pleno vuelo y que caía entre los señuelos colocados sobre el hielo desmenuzado. Miró a la derecha y vio al primer pato, una mancha oscura sobre las aguas. Sabía que había disparado cuidadosamente contra el primer pato, muy a la derecha de donde se encontraba el bote, y a la izquierda y alto, contra el segundo, pues dejó que el ánade ganara altura y se corriera hacia la izquierda, para estar plenamente seguro de que la barca estaba fuera de la línea de tiro. Había sido un doble magnífico, disparado exactamente en el momento requerido, con absoluta consideración y respeto hacia la posición de la barca, y se sintió satisfecho mientras cargaba nuevamente el arma.

–Oiga –exclamó el barquero–. No dispare hacia el bote.

«Sería un cochino hijo de p... –se dijo el cazador–. Ciertamente que sí.»

–Coloque todos los señuelos –le gritó el batelero–. Pero rápido. No tiraré hasta que haya concluido. Sólo lo haré verticalmente.

El hombre del bote no dijo nada que pudiera oírse.

«No lo entiendo –pensó el cazador–. Él conoce el asunto. Sabe que trabajé más que él para llegar hasta aquí. Jamás disparé un tiro menos peligroso para nadie que éste. ¿Qué le pasa? Le ofrecí ayudarle a poner los señuelos. ¡Que se vaya al demonio!»

A la derecha, el barquero seguía quebrando el hielo con visible irritación y lanzando al agua los señuelos de madera con un rencor que se traslucía en cada uno de sus movimientos.

«Bueno –se dijo el cazador–, no dejemos que nos estropee la jornada. No habrá mucha caza a menos de que el sol funda más tarde el hielo. Probablemente cobrarás muy pocas piezas; por lo tanto, no dejes que te estropee el día. No sabes cuántas veces podrás cazar patos y no debes permitir que nadie te agüe la fiesta.»

Observó el cielo que se iluminaba más allá de la línea de los pantanos y, dándose vuelta en el tonel hundido, miró la laguna congelada y los marjales, divisando, a lo lejos, las montañas cubiertas de nieve. Desde aquel lugar tan bajo no se advertían las estribaciones, y los montes se alzaban abruptamente desde la llanura. Mientras miraba las montañas sintió en el rostro una brisa helada, y supo entonces que el viento vendría de allí, levantándose con el sol, y que seguramente algunos ánades llegarían volando, procedentes del mar, cuando el viento los molestase.

El batelero había concluido de colocar los señuelos. Se hallaban situados en dos hileras, una al frente y a la izquierda de Levante y la otra a la derecha del cazador. Entonces el hombre lanzó al agua un ánade hembra, con su cadenita y su ancla, y el animal comenzó a sumergir la cabeza y a chapotear en el agua con gran alboroto de alas.

–¿No le parece que convendría romper más hielo en los costados? –gritó el cazador dirigiéndose al barquero–. Hay poca agua para atraerlos.

El batelero no dijo nada, pero comenzó a quebrar el hielo con su remo, en el lugar indicado. Esta operación era innecesaria y el barquero lo sabía. Pero el cazador lo ignoraba y seguía pensando: «No entiendo a este hombre, pero no quiero que me estropee el día. Me mantendré dueño de mí y no le dejaré que lo consiga. Cada vez que vengo de caza puede ser la última y no permitiré que ningún estúpido me la estropee. Domínate, muchacho», se dijo.

CAPÍTULO II

Pero no era un muchacho. Tenía cincuenta años y era coronel de infantería del ejército de los Estados Unidos, y para poder pasar un reconocimiento médico el día antes de llegar a Venecia y cazar patos, había tomado el suficiente hexanitrato de manitol para... Bueno, no lo sabía muy bien, «para pasar el examen médico», se dijo a sí mismo.

El médico se mostró bastante escéptico, pero de todos modos anotó el resultado del examen, después de comprobarlo repetidamente.

–Tú sabes, Dick, –le dijo el médico–, que no es conveniente; en realidad está decididamente contraindicado en los casos de creciente presión intraocular e intracraneana.

–No sé de qué me estás hablando –respondió el cazador, que entonces no era cazador sino potencialmente, siendo en realidad un coronel de infantería del ejército de los Estados Unidos, que había alcanzado el grado de general.

–Lo sé hace mucho tiempo, coronel. O quizás es que me parece mucho tiempo –le dijo el médico.

–Es mucho tiempo –replicó el coronel.

–Estamos hablando como escritores de canciones populares –añadió el médico–. Pero debes tener cuidado de no chocar contra ningún obstáculo, ni permitir que te alcance la menor chispa, porque has venido realmente empapado en nitroglicerina. Deberías llevar colgando y arrastrando por el suelo una cadenita de seguridad, como la llevan los camiones-cisterna cargados con nafta octanizada.

–¿Acaso no estaba bien mi electrocardiograma?

–Tu electrocardiograma era perfecto, coronel. Igual que el de un hombre de veinticinco años. Y hasta de un jovencito de diecinueve.

–Bueno, ¿qué estás tratando de decir?

El exceso de hexanitrato de manitol que había ingerido le producía, a veces, náuseas, y el coronel estaba deseoso de concluir el interrogatorio lo antes posible. También tenía ganas de tumbarse en algún lado y tomar un seconal. «Tengo que escribir el manual de táctica menor, para uso del pelotón en los servicios de ruptura –pensó–. Quisiera poder decírselo. ¿Por qué no me someto al juicio del tribunal? Pero nunca lo haces, ¿eh? –se dijo–. Siempre te declaras inocente.»

–¿Cuántas veces te hirieron en la cabeza? –le preguntó el médico.

–Tú lo sabes –respondió el coronel–. Voy por la doscientas una.

–¿Cuántas veces te hirieron *en* la cabeza?

–¡Oh, Cristo! ¿Eres mi médico o trabajas para el ejército?

–Te lo pregunto como tu médico. No creerás que trato de jorobarte, ¿verdad?

–No, Wes. Lo siento. ¿Qué quieres saber?

–¿Cuántas conmociones?

–¿De las de verdad?

–Cuenta las veces que te dejaron frío o que después del desvanecimiento no has podido recordar nada.

–Unas diez, creo –dijo el coronel–, contando una mientras jugaba al polo. Puedes quitar o poner tres.

–Pobre cosa hecha polvo –dijo el médico, añadiendo–: Señor Coronel...

–¿Puedo irme?

–Sí, señor. Estás en buena forma.

–Gracias. ¿Quieres venirte a cazar patos en los pantanos de la desembocadura del Tagliamento? Algo magnífico. Pertenecen a unos italianos encantadores que conocí en Cortina.

–¿Es allí donde cazan negretas?

–No. Allá se cazan patos de verdad. Buenos muchachos. Buena caza. Patos legítimos. Lavancos, marecas, patos salvajes. Algunas ocas. Tan buenos como los de nuestra tierra cuando éramos chicos.

–Yo era un niño en el veintinueve y el treinta.

–Es la primera cosa con sentido que te oigo decir.

–No quería decir eso. Quería decir que no me acordaba de cuando era buena la caza de patos. Soy también un muchacho de ciudad.

–Eso es lo único malo en ti. Yo jamás vi una ciudad hasta que me hice hombre; y no valen un pito.

–Usted no cree lo que dice, coronel.

–Claro que no. Sabes endiabladamente bien que no lo siento.

–Está usted en buena forma, coronel –dijo el médico–. Siento no poder acompañarte, Dick. Ni siquiera sé tirar.

–¡Demonios! Y eso, ¿qué importa? –declaró el coronel–. Tampoco sabe tirar nadie en el ejército. Ya me gustaría tenerte a mi lado.

–Te recetaré algo para reforzar lo que estás usando.

–¿Hay algo que sirva?

–No del todo. Están trabajando en ello.

–Pues que sigan trabajando –dijo el coronel.

–Creo que es una actitud laudable.

–¡Vete al infierno! ¿Seguro que no quieres venir a cazar conmigo?

–Consigo mis patos en Longchamps, en la Avenida Madison –replicó el médico–. Tengo aire acondicionado en verano y calefacción en invierno, y no necesito levantarme antes del alba ni ponerme calzoncillos largos de abrigo.

–Muy bien, joven urbano. Nunca sabrás lo que es bueno.

–No quiero saberlo. Está usted en buena forma, señor coronel.

–Gracias –dijo el coronel antes de salir.

CAPÍTULO III

Eso ocurría anteayer, y ayer había ido en coche desde Trieste a Venecia siguiendo la vieja carretera de Montfalcone a Latisana, atravesando las planicies. Llevaba un buen chófer y descansaba totalmente en el asiento delantero, contemplando aquella región bien conocida por él en su juventud.

«Todo está muy cambiado –pensó–. Supongo que se debe a que las distancias están alteradas. Cuando uno es viejo todo es mucho más pequeño. Por otra parte, las carreteras son mejores y no tienen polvo. Las únicas veces que pasé por ellas fue en camión o a pie. Supongo que lo que entonces tratábamos de descubrir eran manchas de sombra y pozos en las granjas. Y también zanjas –pensó–. Yo ciertamente que buscaba zanjas, cuantas más mejor.»

Entraron en una curva y cruzaron el Tagliamento por un puente provisional. El río estaba lleno de verdor en ambas márgenes y había hombres pescando en la orilla opuesta, donde las aguas eran más profundas. Estaban reparando el puente destruido durante la guerra. Lo hacían con gran estrépito de remachadores mecánicos. Ochocientos metros más allá se divisaban las ruinas de lo que ahora era una casa de campo destruida –construida antaño por Longhena–, indicando dónde habían dejado caer su carga los bombarderos medianos.

–Mire –dijo el chófer–. En esta región, siempre que se encuentra un puente o una estación, uno mira en cualquier dirección y seiscientos metros más allá hay edificios destruidos.

–Supongo que la lección a extraer –contestó el coronel– es que jamás construyas una casa de campo o una iglesia, ni contrates los servicios de Giotto para que pinte los frescos de tu iglesia, si ya está construida, a menos de ochocientos metros de un puente.

–Yo sabía que eso encerraba alguna lección.

Pasaron junto a los edificios derruidos y avanzaron por la recta de la carretera, en cuyas cunetas crecían los sauces, oscuros aún, pues era invierno. Los campos estaban llenos de moreras. Delante de ellos iba un hombre en bicicleta, suelto el manillar, y leyendo el periódico que sujetaba con ambas manos.

–Y cuando hay bombarderos pesados, la lección indica que la distancia mínima es de dos kilómetros –dijo el chófer–. ¿Estoy en lo cierto, mi coronel?

–Claro. Y cuando se trate de proyectiles dirigidos, quinientos kilómetros. Creo que debes tocarle el claxon a ese ciclista.

El chófer obedeció y el hombre de la bicicleta se arrimó a la orilla de la carretera sin mirar ni tocar el manillar. Al pasar, el coronel trató de ver qué diario leía, pero no pudo, por hallarse doblado.

–Creo que hoy día lo mejor que puede hacer un hombre es no construirse una linda casa o una iglesia y no llamar al señor ése de que hablaba usted, que pintaba frescos. ¿Verdad, mi coronel?

–Giotto –dijo–. Pero igual podría ser Piero della Francesca o Mantegna. O incluso Miguel Ángel.

–¿Usted sabe mucho de pintores? –inquirió el conductor.

Iban ahora por la recta y a tal velocidad que las granjas parecían fundirse unas con otras y solamente se podían ver las cosas al frente, avanzando rápidamente hacia el coche. La vista lateral no era más que una condensación de aquella región llana y baja, en invierno. «No estoy muy seguro de que me guste la velocidad –pensó el coronel–. Brueghel se hubiera visto en apuros para pintar si hubiera contemplado el paisaje como yo lo veo ahora.»

–¿Pintores? –contestó–. Conozco a algunos de ellos, Burnham.

–Yo soy Jackson, señor. Burnham está en el centro de reposo, en Cortina. Un estupendo lugar, mi coronel.

–Me estoy volviendo estúpido –manifestó el coronel–. Perdóneme, Jackson. Sí, un estupendo lugar. Bien regido. Nadie le molesta a uno.

–Sí, mi coronel –admitió Jackson–. Le preguntaba sobre los pintores por esas *madonnas*. Creí que debería ver algunos cuadros y me metí en esa enorme casa de Florencia.

–¿Los Uffizi? ¿El Pitti?

–Como quiera que le llamen. En el más grande. Y estuve mirando aquellos cuadros hasta que las *madonnas* se me salieron por los oídos. Le digo, mi coronel, que un hombre que no esté acostumbrado a la pintura no puede ver tantas *madonnas* sin armarse un barullo. ¿Sabe cuál es mi teoría? Ya sabe usted cómo les gustan los *bambini* y que cuando menos tienen de comer más *bambini* traen al mundo. Bueno, pues yo creo que esos pintores eran tipos muy enamorados de los *bambini*, como todos los italianos. No sé si también lo serían ésos que usted nombró antes, por lo cual no los incluyo en mi teoría y, de cualquier modo, usted me sacará de dudas. Pero a mí me parece que esas *madonnas,* de las que vi un montón, señor, digo yo que con todas esas *madonnas* corrientes, lo que hacían los pintores era una especie de manifiesto de propaganda de esta cosa de los *bambini,* no sé si entiende lo que quiero decir.

–Sin olvidar que se veían limitados a temas religiosos.

–Sí, mi coronel, ¿entonces usted cree que hay algo en mi teoría, eh?

–Por supuesto. Incluso creo que es una teoría un poco complicada.

–Naturalmente, mi coronel. Y eso que es sólo mi teoría preliminar.

–¿Tiene usted otras teorías sobre arte, Jackson?

–No, mi coronel. La teoría de los *bambini* es la única que he madurado hasta ahora. Lo que quisiera, creo yo, es que pintaran algunos cuadros buenos de ese terreno montañoso que rodea al centro de reposo, en Cortina.

–Ahí nació el Tiziano –dijo el coronel–. Así dicen, al menos. Yo bajé hasta el valle y estuve en la casa donde suponen que nació.

–¿Es bonito el lugar, mi coronel?

–No gran cosa.

–Bueno, si él pintó cuadros de aquella región de arriba, con aquellas rocas de color del sol poniente, y los pinos, y la nieve y aquellos campanarios puntiagudos...

–*Campaniles* –dijo el coronel–. Iguales que ése de ahí delante, en Ceggia. Quiere decir campanario.

–Bien, si él pintó buenos cuadros de esa región, estoy más seguro que el diablo de que me gustaría comprarle algunos.

–El Tiziano pintó algunas mujeres maravillosas –añadió el coronel.

–Si yo tuviera un hotel en la carretera, un bar o una taberna, colgaría uno de esos cuadros allí– –especificó el chófer–. Pero si volviera a casa con un cuadro de mujer, mi vieja, me correría desde Rawlins a Buffalo. Y sería muy afortunado si llegara a Buffalo.

–Puedes regalarlo al museo local.

–Todo lo que tienen en el museo local son puntas de flechas, gorras militares viejas, cuchillos de cortar el cuero cabelludo, cueros cabelludos, peces petrificados, pipas de la paz, fotografías de Johnston Comehígados y la piel de algún criminal que ahorcaron y que despellejó el doctor. Uno de esos cuadros de mujeres estaría fuera de lugar allí.

–¿Ves el siguiente *campanile* al otro lado del llano? –exclamó el coronel–. Dentro de un momento te mostraré el lugar en donde luchábamos cuando yo era joven.

–¿También combatió usted aquí?

–Sí.

–¿Quién tenía Trieste en esa guerra?

–Los boches. Quiero decir, austríacos.

–¿Entramos alguna vez en Trieste?

–Hasta el fin de la guerra, no.

–¿Quién tenía Florencia y Roma?

–Nosotros.

–Bueno, supongo que entonces no estaba usted tan acabado.

–Señor –dijo el coronel, con suavidad.

–Lo siento, mi coronel –dijo el chófer apresuradamente–. Yo estuve en la Trigésimo sexta División, señor.

–Ya te vi el emblema.

–Cuando le dije eso estaba pensando en lo mal que estuvimos en el Rápido. No quise ser insolente ni faltarle al respeto.

–No tiene importancia –dijo el coronel–. Estabas pensando en el Rápido. Pero óyeme una cosa, Jackson: cualquiera que haya sido soldado durante mucho tiempo ha tenido sus Rápidos, y más de uno.

–Yo no creo que pudiera soportar más de uno.

El coche atravesó la alegre población de San Dona di Piave. Estaba reconstruida y flamante, pero no resultaba más fea que cualquier población del medio oeste norteamericano, según pensó el coronel, y era tan próspera y jovial como miserable y sombría. Fossalta, al otro lado del río. ¿Jamás se recuperó Fossalta de la otra guerra? «Yo –recordó– nunca la vi antes de que la destrozaran. La cañonearon intensamente antes de que comenzara la ofensiva del 15 de junio, en el dieciocho. Después la bombardeamos también nosotros, e intensamente, antes de recuperarla.» Recordaba cómo había partido el ataque desde Monastier y luego a través de Fornace; en este día de invierno recordaba que aquello ocurrió en el verano.

Pocas semanas antes había pasado por Fossalta, descendiendo por la carretera hundida para visitar el lugar en donde fuera herido, sobre la margen del río. Era fácil de encontrar el sitio por la curva de la corriente; allá donde estuvo el nido de ametralladoras, el cráter estaba suavemente cubierto de hierba, segada por cabras y ovejas de manera que parecía una depresión característica de los campos de golf. Por aquí el río era de curso lento y aguas turbulentamente azules, con cañas en las márgenes. Sin nadie en el lugar, el coronel se puso en cuclillas lentamente y miró a través del río, desde donde jamás se podía mostrar la cabeza entonces a la luz del día, y situó exactamente el punto, determinado por triangulación, en donde había caído gravemente herido treinta años atrás.

–Un esfuerzo poco notable –le dijo en voz alta al río y a la orilla, densa de quietud otoñal y húmeda de las últimas lluvias–. Pero fue mi esfuerzo.

Se puso en pie y miró en derredor. Ni un alma a la vista, y había dejado el coche abajo, en la carretera hundida, frente a la última casa reconstruida, que era quizá la más triste de Fossalta.

–Ahora completaré el monumento –dijo, dirigiéndose a nadie, salvo a los muertos, y sacó del bolsillo una gran navaja Solingen, como las que suelen llevar los cazadores alemanes, con la que hizo un hoyo en la tierra húmeda. Limpió el cuchillo en su bota derecha, metió un billete moreno de diez mil liras en el agujero, lo cubrió, y restituyó a su lugar el musgo que cubría aquel punto.

–Son veinte años, a 500 liras por año, por la Medaglia d'Argento al Valore Militare. Diez guineas por la V. C. británica, según creo. La D. S. norteamericana no está alquilada. La Silver Star es libre; me guardaré el cambio –dijo.

«Ahora está bien –pensó–. Hay mugre, dinero y sangre; fíjate cómo crece el musgo y el hierro de la tierra con la pierna de Gino, las dos piernas de Randolfo y mi rótula derecha. Es un monumento maravilloso. Tiene de todo. Fertilizante, dinero, sangre y hierro. Suena a nación. Donde haya fertilidad, dinero, sangre y hierro, ahí está la patria. No obstante, necesitamos carbón. Deberíamos conseguir algo de carbón.»

Después miró a través del río, hacia la casa blanca reconstruida que antaño se derrumbara en ruinas bajo los proyectiles, y escupió en el agua. Fue un salivazo grande y elaborado.

–No pude escupir aquella noche ni mucho tiempo después –dijo en voz alta–. Pero ahora escupo por un hombre que no puede masticar.

Caminó lentamente hacia el coche. El conductor estaba dormido.

–Despiértate, hijo –le dijo–. Da la vuelta y toma la carretera hacia Treviso. No necesitamos mapa de esta región. Ya te diré cuando haya que doblar.

CAPÍTULO IV

Ahora, en su camino hacia Venecia, desatento a su gran necesidad de llegar allí, dejaba atrás la última parte de San Dona y penetraba en el puente sobre el Piave.

Cruzaron el puente y entraron en el lado italiano del río, y el coronel vio nuevamente la vieja carretera hundida. Era ahora tan suave e imperceptible como cuando corría junto al curso de agua. Pero podía distinguir las viejas posiciones, y a cada lado de la ruta recta y llana por la que iban a toda marcha, se descubrían los sauces de los dos canales donde flotaron los muertos. Hacia el final de la ofensiva hubo una gran carnicería y alguien, para limpiar de cadáveres las posiciones inmediatas al río y a la carretera, en aquellos días calurosos, ordenó que arrojaran los muertos a los canales. Desgraciadamente, las compuertas de los canales hallábanse aún en manos de los austríacos, río abajo, y estaban cerradas.

Por consiguiente, había muy poco movimiento de las aguas y los muertos permanecieron ahí mucho tiempo, flotando e hinchándose boca arriba o boca abajo, sin distinción de nacionalidades, hasta que alcanzaron proporciones colosales. Finalmente, una vez organizados los servicios, las compañías de trabajadores los pescaron durante la noche, enterrándolos junto a la carretera.

El coronel miró buscando un verdor más intenso al lado de la carretera, pero no percibió diferencia alguna. No obstante, en los canales había muchos patos y ocas, y los hombres pescaban a lo largo de aquéllos.

«Después –pensó el coronel–, los desenterraron a todos ellos para volverlos a enterrar en aquel enorme *ossario* próximo a Nervesa.»

–Luchamos por aquí, cuando yo era joven –le dijo el coronel al conductor.

–Es una región endiabladamente llana para combatir –señaló el conductor–. ¿El río lo tenían ustedes?

–Sí. Estaba en nuestras manos, lo perdimos y lo recuperamos de nuevo.

–No hay la menor ondulación de terreno aprovechable, hasta donde alcanza la vista –puntualizó el chófer.

–Eso era lo malo –prosiguió el coronel–. Había que utilizar ondulaciones del terreno casi invisibles y zanjas, casas, las orillas de los canales y hasta los setos. Era como en Normandía, sólo que más llano. Creo que fue algo así como si hubiéramos luchado en Holanda.

–Seguro que ese río no se parecía en nada al Rápido.

–Era un río hermoso –continuó el coronel–. Por aquel entonces llevaba mucha agua en su curso superior, antes de todos estos proyectos hidroeléctricos de ahora. Y tenía canales muy profundos y peligrosos, con gruesas piedras pulidas y cascajo que se veían en el fondo cuando bajaban las aguas. Había un punto, llamado la Tumba de Papadopoli, que era sumamente peligroso.

El coronel sabía cómo cansa un hombre que ha hecho la guerra a otro al cual le cuenta sus recuerdos, y se calló. «Siempre se lo toman personalmente –pensó–. Nadie se interesa en la narración en abstracto, salvo los soldados, y soldados hay muy pocos. Uno los hace y en seguida matan a los mejores, y además siempre están aguardando algo tan duro y complicado que ni miran ni escuchan jamás. Siempre están pensando en lo que ellos han visto y mientras uno habla, piensan en lo que van a decir y de qué manera pueden conseguir ventajas o privilegios. No tiene sentido el aburrir a este muchacho que con todo su emblema de infantería, su Cruz de Púrpura (1) y todo lo demás, no es en modo alguno un soldado, sino simplemente un hombre al que le embutieron en un uniforme contra su voluntad, y que después decidió seguir en el ejército por su propio interés.»

–¿Qué hacía usted en la vida civil, Jackson?

–Tenía un garaje con mi hermano, en Rawlins, Wyoming, mi coronel.

–¿Piensa volver allá?

–A mi hermano lo mataron en el Pacífico y el tipo que quedó al frente del garaje no servía para nada. Lo perdimos todo.

–Qué lástima.

–Ya lo creo. Tiene usted endiabladamente razón –dijo el chófer; y añadió–: Mi coronel.

El coronel miró hacia la carretera. Sabía que si seguían adelante pronto llegarían a la bifurcación que estaba esperando; sin embargo, sentíase impaciente.

–Estése atento y doble a la izquierda; dejaremos esta carretera general.

–¿Cree usted que esas carreteras de tercer orden sirven para este coche tan grande?

–Ya veremos. ¡Diablos! No ha llovido en tres semanas. Tienen que estar bien.

–Sí, pero yo no me fío de esas carreteras secundarias en esta región tan llana.

–Si nos atascamos haré que le saquen con bueyes.

–Yo sólo me estaba preocupando por el coche.

–Bueno, piense en lo que le digo y doble en la primera bifurcación a la derecha que le parezca practicable.

(1) Distintivo para los heridos en combate.

–Creo que veo una, allá entre las cercas.

–Como no viene nadie detrás, maniobre para entrar de frente y le echaremos una ojeada.

El coronel salió del coche, caminó por la amplia carretera asfaltada y miró el camino angosto y sucio que desembocaba allí, paralelo a un canal de rápida corriente. Más allá había un espeso seto que rodeaba a una granja de bajo tejado rojo, con un granero enorme. El camino aparecía completamente seco. Subió nuevamente al coche.

–Es un bulevar –dijo el coronel–. ¿Le preocupa?

–Sí, mi coronel. Pero el coche es suyo.

–Lo sé. Todavía lo estoy pagando. Dígame, Jackson: ¿usted siempre sufre tanto como ahora cuando sale de una carretera principal para entrar en un camino de tercer orden?

–No, mi coronel, pero hay una gran diferencia entre un jeep y un coche de ejes bajos como éste. ¿Sabe usted la luz que hay entre el diferencial y la estructura?

–He traído una pala y cadenas en el baúl trasero. Espere un poco y ya verá adónde vamos después que salgamos de Venecia.

–¿Haremos todo el viaje con este coche?

–No sé. Ya veremos.

–Piense en los guardabarros.

–Le cortaremos los guardabarros como hacen los indios de Oklahoma. Tiene demasiado guardafangos actualmente. Este coche tiene demasiado de todo, salvo motor, Jackson. El motor es estupendo. Ciento cincuenta caballitos.

–Cierto, mi coronel. Da gusto conducir este enorme coche por carreteras buenas. Por eso no quiero que le suceda nada.

–Muy amable por su parte, Jackson. Pero ahora, deje de sufrir.

–No sufro, mi coronel.

–Magnífico.

Ni él tampoco sufría, porque precisamente en aquel instante estaba viendo, más allá de la tupida línea de árboles pardos, una vela moviéndose lentamente. Era una vela grande y roja, colgante de la punta del mástil, que se desplazaba despacio detrás de la arboleda.

«¿Por qué es inevitable que uno se emocione cuando ve una vela por entre los campos? –pensó el coronel–. ¿Y por qué me emociono al contemplar los bueyes, grandes, lentos, pálidos? Debe ser su porte, así como su mirada, su tamaño y su color. Pero una mula fina y grande, o una recua de mulas de carga en buenas condiciones, también me conmueven. Lo mismo que cada vez que veo un coyote, o un lobo, que es el más airoso de todos los animales, bestia parda y segura de sí misma, con su sólida cabeza y sus ojos hostiles.»

–¿Vio usted algún lobo por Rawlins, Jackson?

–No, mi coronel. Los lobos habían desaparecido antes de que yo naciera; los envenenaron. En cambio, creo que hay mucho coyote.

–¿Le gustan los coyotes?

–Me gusta oírlos por las noches.

–A mí también. Lo prefiero a cualquier cosa, excepto ver a un barco navegar por los campos.

–Por ahí va un barco de ésos.

–Sí, por el canal de Sile –le aclaró el coronel–. Es una barcaza que va navegando hasta Venecia. Ahora sopla un buen viento de las montañas y avanza bastante rápida. Es posible que esta noche haga mucho frío, si persiste este viento, en cuyo caso vendrían muchos patos. Bueno, entre por la izquierda y marcharemos paralelamente al canal. El camino es bueno.

–De donde yo soy no se cazan muchos patos, pero en cambio, en Nebraska, sobre el Platte, abundan.

–¿Quiere cazar adonde voy yo?

–Muchas gracias, creo que no. No tiro demasiado bien y, además, prefiriría quedarme durmiendo. Es un domingo por la mañana, sabe...

–Ya sé. Puede quedarse hasta el mediodía, si quiere.

–He traído mi impermeable. Seguro que duermo sin que me molesten los mosquitos.

–No estoy tan seguro de que lo necesite. ¿Trajo usted alguna ración K o Diez en Uno? Porque tienden a comer comida italiana, ¿sabe?

–Traje unas cuantas latas por si acaso y unas pocas para regalar.

–Muy bien.

El coronel miraba hacia el frente para ver dónde se juntaba de nuevo la carretera general con el camino del canal. Sabía que desde allí, la vería en un día claro como éste. A través de los pantanos, pardos como los de las bocas del Mississippi, en torno a Pilot Town, durante el invierno, y con sus cañaverales curvados bajo el fuerte viento norte, divisó la torre cuadrangular de la iglesia de Torcello y el alto *campanile* de Burano, más allá. El mar era una pizarra azul surcada por las velas de doce barcas navegando, a favor del viento, hacia Venecia.

«Tendré que esperar hasta que crucemos el río Dese, encima de Noghera, para verlo perfectamente», pensó. Resultaba extraño recordar cómo combatieron, replegándose, a lo largo del canal, aquel invierno, para defender Venecia sin haberla visto jamás. «Una vez llegué hasta Noghera, en un día frío y claro como éste, y la vi al otro lado de las aguas. Pero jamás entré en ella. Es mi ciudad porque luché por ella de joven, y ahora que tengo cincuenta años ellos saben que combatí por ella y que soy un poco propietario, y me tratan bien.»

«¿Tú crees que te tratan bien por eso?», se preguntó.

«Tal vez –se dijo–. O quizá porque soy un gallardo coronel del bando victorioso. Pero no lo creo. Espero que no. Esto no es Francia.»

«En Francia luchas por una ciudad a la que amas y tienes mucho cuidado de no destrozar nada, y después, si tienes buen sentido, no regresas jamás para no tropezarte con algunos personajes militares que están resentidos porque tú has combatido para libertarla. *Vive la France et les pommes de terre frites. Liberté, Venalité et Stupidité.* La gran *clarté* del pensamiento militar francés. No han tenido un pensador militar desde Du Picq. Que también era un triste coronel. Mangin, Maginot y Gamelin. Elijan, caballeros. Tres escuelas de pensamiento. Una: los aporreo en las narices. Dos: me escondo detrás de esta cosa que no cubre mi flanco izquierdo. Tres: meto la cabeza en la arena, igual que el avestruz, confiado en la grandeza de Francia como potencia militar y, luego, abandono.»

«Aunque eso de abandono es plantear las cosas muy cómodamente. Por supuesto –pensó–, como siempre que uno generaliza procede injustamente. Piensa en los buenos de la Resistencia, acuérdate de Foch; unos y otros lucharon y organizaron, y recuerda, también, que fueron gente estupenda. Acuérdate de tus buenos amigos; acuérdate de tus muertos. Recuerda muchas cosas y una y otra vez a tus buenos amigos y a la gente magnífica que has conocido. No seas un amargado ni un estúpido. ¿Y qué tiene eso que ver con la carrera de las armas como oficio? Cierra el pico. Estás en un viaje de placer.»

–Jackson, ¿es usted feliz?

–Sí, mi coronel.

–Muy bien. Dentro de un momento divisaremos un panorama que quiero que usted vea. No tiene más que lanzarle una ojeada. Toda la operación será indolora.

«Me pregunto –pensó el chófer– qué estará preparando ahora para mortificarme. Como fue general de brigada lo sabe todo. Pero ¿si fue bueno como general por qué no siguió en el grado? Lo aporrearon tanto que está loco como una cabra.»

–Ahí está el panorama, Jackson –dijo el coronel–. Arrímese junto a la cuneta que vamos a mirar.

El coronel y el conductor caminaron hacia el lado de la carretera de Venecia y miraron a través de la laguna, azotada por el viento recio y frío de las montañas, que recortaba la silueta de los edificios de manera que éstos se destacaban con claridad geométrica.

–Eso que está exactamente enfrente de nosotros, es Torcello –dijo el coronel, señalando–. Ahí es donde vivieron las gentes al ser expulsadas de la tierra firme por los visigodos. Construyeron esa iglesia que ve, la de la torre cuadrada. Hubo un tiempo en que vivieron ahí treinta mil almas, y edificaron esa iglesia para honrar a su Señor y adorarlo. Más tarde, después de construida, se ensanchó la boca del río Sile o bien la modificó una gran inundación, y todas estas tierras quedaron inundadas, y comenzaron a engendrar mosquitos que llevaron la malaria a sus habitantes. Morían como moscas, de modo que los más viejos se reunieron en consejo y decidieron que debían trasladarse a un lugar más saludable que pudiera defenderse con embarcaciones, donde los visigodos, los lombardos y otros bandidos no pudieran atacarlos, porque esos granujas no tenían poderío marítimo. Los hombres de Torcello eran todos grandes marinos. Así que llevaron las piedras de todas sus casas en barcas, barcas como ésa que pasa por allí, y construyeron Venecia –el coronel se detuvo. Tras una breve pausa, preguntó–: ¿Le estoy aburriendo, Jackson?

–No, mi coronel. No tenía la menor idea de quiénes fueron los fundadores de Venecia.

–Fueron los hombres de Torcello. Gente recia y con buen gusto para los edificios. Procedían de un pequeño lugar de la costa llamado Caorle. Cuando los visigodos los sojuzgaron se vinieron hacia acá con todas las gentes de los pueblos y los campos. Fue también un muchacho de Torcello, soldado en Alejandría, quien encontró el cuerpo de san Marcos, y lo trajo oculto bajo una carga de cerdo fresco, para que los guardas aduaneros infieles no lo descubrieran. Ese muchacho trajo a Venecia los restos de san Marcos, que es su santo patrón y lo tienen enterrado en una catedral que lleva su nombre. Por aquel entonces, viajaban para comerciar hasta sitios tan distantes, que su arquitectura resultó un poco bizantina para mi gusto. Jamás construyeron nada mejor que los edificios del comienzo, allí en Torcello. Eso de ahí es Torcello.

Ya lo creo que lo era.

–La plaza de San Marcos –dijo el chófer–, es la que está llena de palomas y que tiene una gran catedral que se parece a un palacio de las películas, ¿no es cierto?

–Justamente, Jackson. Ha dado en el clavo. Ahora mire más allá de Torcello y verá el adorable *campanile* de Burano, que está tan ladeado como la torre inclinada de Pisa. Burano es una islita superpoblada, donde las mujeres hacen un encaje maravilloso y los hombres hacen *bambini* y trabajan durante el día en las fábricas de cristal, en esa isla próxima que ve allá con ese otro *campanile*, y que es Murano. Por el día hacen unos cristales maravillosos para los ricos de todo el mundo, y luego vuelven a casa en un pequeño *vaporetto* y encargan *bambini.* Y sin embargo, no todos pasan las noches completas con sus mujeres. También cazan patos por las noches con unas escopetas grandes y viejas, por la orilla de los marjales de esa laguna que tenemos a la vista. En las noches de luna se oyen los disparos constantemente.

El coronel hizo una pausa.

–Ahora, si mira más allá de Murano verá a Venecia. Ésa es mi ciudad. Y le podría enseñar muchas cosas más. Pero creo que lo mejor será que prosigamos el viaje. Pero contemple bien el panorama. Así es como puede ver cómo ocurrió todo. Pero nadie mira nunca desde aquí.

–Es una vista muy hermosa. Gracias, mi coronel.

–Está bien. Sigamos.

CAPÍTULO V

Pero el coronel siguió mirando y todo le resultaba maravilloso, y lo emocionaba, igual que cuando tenía dieciocho años y vio aquel panorama por primera vez, sin comprender nada, sabiendo solamente que era muy bello. Aquel año, el invierno se había presentado muy riguroso y, al fondo de la planicie, las montañas aparecían blancas de nieve. Los austríacos no tuvieron más remedio que arremeter contra el ángulo en donde el río Sile y el viejo lecho del Piave constituían las únicas líneas de defensa.

En posesión del viejo cauce del Piave, uno tenía en la mano al Sile para replegarse sobre él si la primera línea no resistía. Más allá del Sile no había nada sino una planicie desnuda y una buena red caminera que penetraba en la llanura de Véneto y los llanos de Lombardía, y los austríacos atacaron una y otra y otra vez durante el invierno, para ver de apoderarse de esta excelente carretera por la que iba él ahora, que conducía directamente a Venecia. En aquel entonces, el coronel, que no era más que teniente y en un ejército extranjero, cosa que siempre lo hizo levemente sospechoso en su propio ejército posteriormente, y que no le benefició en su carrera, estuvo enfermo de la garganta todo el invierno. Mal de garganta debido a estar demasiado tiempo en el agua. No había manera de estar seco, y lo mejor era empaparse rápidamente y seguir mojado.

«Los ataques austríacos estuvieron mal coordinados –recordó–, pero eran exasperados y constantes; primero venía el intenso bombardeo que se presumía había de ponerte fuera de combate y luego, cuando cesaba, uno recorría las posiciones y hacía el recuento de la gente. Pero no tenías tiempo de preocuparte por los heridos, ya que sabías que el ataque venía inmediatamente, y entonces empezábamos a matar a los hombres que venían hacia las posiciones a través de los pantanos, con los fusiles en alto, por encima del agua, marchando lentamente, como andan los hombres cuando vadean con agua a la cintura.»

«Si no hubieran suspendido el bombardeo cuando empezó el ataque –pensaba frecuentemente el coronel– no sé qué hubiéramos hecho. Pero siempre elevaban el tiro y lo llevaban más atrás, en la dirección del ataque. Se atenían a los libros.»

«Si hubiéramos perdido el viejo Piave, y hubiésemos estado sobre el Sile, nos habríamos replegado hacia la segunda y tercera líneas, aunque estas líneas eran insostenibles; pero habríamos concentrado todos los cañones haciendo fuego contra ellos hasta que nos abriesen brecha. Mas, a Dios gracias, algún estúpido situado muy arriba evitó siempre eso», pensó el coronel, procediendo fragmentariamente.

Durante todo aquel invierno, enfermo de la garganta, estuvo matando a los hombres que venían de allá con los racimos de bombas colgados del correaje en los hombros, con sus pesados macutos de piel de ternero y aquellos cascos que parecían baldes. Eran el enemigo.

Pero nunca los odió; ni experimentó ningún sentimiento hacia ellos. Mandaba con una vieja media envuelta en la garganta, empapada en trementina, y rechazaban el ataque con fuego de fusilería y con las ametralladoras que habían quedado, o que eran utilizables, después del bombardeo. Había enseñado a sus hombres a tirar, pero de verdad, cosa rara en las tropas continentales, y a mirar al enemigo cuando se acercaba y, como siempre había un momento de calma en medio del tiroteo, lo aprovechaban muy bien.

Pero él siempre tenía que contar, y rápidamente, después del bombardeo, para saber cuántos tiradores le habían quedado. En aquel invierno lo hirieron tres veces, pero fueron regalos; heridas insignificantes en la carne, sin astillar ningún hueso, y adquirió una absoluta confianza en su inmortalidad personal, pues sabía que lo tendrían que haber matado en los intensos bombardeos de artillería que precedían siempre a los ataques. Finalmente, le dieron de verdad. Ninguna de sus heridas anteriores le hizo lo que ésta. «Supongo que lo que me hizo perder es la inmortalidad –se dijo–. Bueno, en cierta medida, es mucho perder.»

Este país significaba mucho para él; más de lo que pudo o quiso decir a nadie, y ahora estaba sentado en el coche, feliz al saber que en media hora llegaría a Venecia. Tomó, en seco, dos tabletas de hexanitrato de manitol, y preguntó:

–¿Cómo va eso, Jackson?

–Bien, mi coronel.

–Tome a la izquierda cuando lleguemos a la bifurcación de Mestre; así podremos ver las barcas en el canal y evitaremos al mismo tiempo el tránsito principal.

–Bien, mi coronel. ¿Me avisará usted cuando estemos cerca?

–Por supuesto.

Se iban acercando rápidamente a Mestre, y era como ir por primera vez hacia Nueva York en los viejos tiempos, cuando la ciudad era blanca, brillante y hermosa. «Eso no es tuyo, lo has robado –se dijo–. Pero eso era antes del humo. Nos acercamos a mi ciudad, ¡Cristo, qué ciudad tan estupenda!»

Doblaron a la izquierda y bordearon el canal donde estaban amarradas las barcas pesqueras; el coronel las miró y regocijóse su corazón a la vista de las redes morenas, las cestas de mimbre para izar el pescado y las líneas limpias y hermosas de las embarcaciones. «No es que sean pintorescas. Al diablo con el pintoresquismo. Es que son endiabladamente hermosas.»

Pasaron la larga fila de barcas en el canal de aguas lentas provenientes del Brenta y pensó en el Brenta, con su larga línea de casas de campo con sus jardines, sus prados y sus plátanos y cipreses. «Quisiera que me enterrasen ahí –pensó–. Conozco muy bien el lugar. No creo que pudieras arreglarlo –se dijo–. No sé; conozco algunas personas que quizá permitieran que me enterrasen en su jardín. Se lo preguntaré a Alberto. Puede pensar que es algo morboso.»

Durante bastante tiempo venía pensando en todos los hermosos lugares en donde quisiera que lo enterraran y en qué puntos de la tierra desearía fundirse con ella. «La parte hedionda, sujeta a putrefacción no dura mucho tiempo –pensó–, y de cualquier modo no eres sino una especie de estiércol, e incluso los huesos desaparecen finalmente. Me gustaría que me sepultasen en el límite del terreno, pero a la vista de la antigua y bellísima casa y de los árboles altos, enormes. No creo que les causara demasiada molestia. Podría convertirme en una parte del suelo sobre el que juegan los niños por las tardes, y por las mañanas tal vez siguieran adiestrando a los caballos para saltar, y sus cascos resonarían sordamente sobre el césped, y las truchas se asomarían en el estanque al advertir la presencia de una bandada de moscas.»

Iba ahora por el camino real de Mestre a Venecia, divisándose las feas fábricas Breda que igual hubieran podido ser las de Hammond, en Indiana.

–¿Qué fabrican aquí, mi coronel? –preguntó el chófer.

–Esta empresa fabrica locomotoras en Milán. Aquí hacen un poco de todo en la cuestión metalúrgica.

Ahora la vista de Venecia era pobre y a él siempre le disgustó esta carretera; la aceptaba solamente porque se podía marchar a gran velocidad y porque podían verse las boyas y los canales.

–Esta ciudad vive por sí misma –le dijo el coronel a Jackson–. Antes fue la reina de los mares; la gente es muy recia y no se le importa un pepino de las cosas, en tal medida como no encontrará nada parecido en ninguna parte. Es una ciudad más dura que Cheyenne, cuando se la conoce a fondo, y todo el mundo es muy cortés y amable.

–Yo no diría que Cheyenne es una ciudad dura, mi coronel.

–Bueno, al menos es una población más recia que Casper.

–¿Considera usted a Casper una población dura?

–Hombre, es una población petrolera. Y una bonita población.

–Pues yo no creo que tenga nada de dura, mi coronel. Ni que lo haya sido jamás.

–Está bien, Jackson. Quizá nos movemos en círculos diferentes. O tal vez es que tenemos una definición diferente de la palabra. Pero Venecia, esta ciudad en donde todo el mundo es muy cortés y de muy buenos modales, es tan fuerte, tan vigorosa, tan dura como Cooke City, Montana, en los viejos tiempos.

–Para mí, la que es una ciudad dura es Memphis –repuso Jackson.

–Pero no como Chicago, Jackson. Memphis sólo es dura si eres negro. Chicago es dura para los del Norte y los del Sur; allí no hay Este ni Oeste. Pero la gente no tiene modales. En este país, sin embargo, cuando quiera conocer una ciudad *realmente* dura, en donde además comen de un modo maravilloso, vaya a Bolonia.

–Nunca he estado allí.

–Bien, ahí está el garaje Fiat en donde dejaremos el coche –dijo el coronel–. Puede dejar la llave en la oficina, que aquí nunca roban nada. Yo me iré al bar mientras usted estaciona. Tienen gente que se hace cargo de las maletas.

–¿No hay peligro en dejar sus escopetas y cosas de caza en el baúl?

–Claro que no. Ya le dije que aquí no roban nada.

–Es que yo prefería adoptar las precauciones necesarias con respecto a sus cosas más valiosas.

–Es usted tan endiabladamente noble que a veces apesta. Sáquese la cera de los oídos y haga lo que le dije antes.

–Está bien, mi coronel.

El coronel miró a Jackson contemplativamente, con su vieja mirada mortífera.

«Desde luego, es un cochino miserable –pensó Jackson– y, sin embargo, sabe ser asquerosamente encantador.»

–Saque mi maleta y la suya y estacione aquí, y controle el aceite, el agua y los neumáticos –concluyó el coronel, y caminó por el cemento manchado de aceite y caucho que conducía al bar.

CAPÍTULO VI

En el bar, sentados en la primera mesa de la entrada, estaba un rico de posguerra, de Milán, grueso y sólido como sólo puede serlo un milanés, junto a su amante lujosamente ataviada y muy apetecible. Estaban bebiendo *negronis,* combinación de dos vermuts dulces y agua de seltz, y el coronel se preguntó cuántos impuestos habría eludido el sujeto para poder pagarse aquella muchacha insinuante, con su tapado de visón, y el convertible suntuoso que había visto en la puerta. La pareja se lo quedó mirando con la mala educación propia de su clase; entonces, él les hizo un leve saludo, antes de decirles en italiano:

–Lamento ir de uniforme. Pero es un uniforme. No un disfraz.

Y les dio la espalda sin esperar a ver el resultado de su observación, dirigiéndose hacia el bar. Desde el bar se podía vigilar el equipaje, igual que los dos *pescecani* vigilaban su coche.

«Probablemente él es *Commendatore* –pensó el coronel–. Ella es hermosa, una buena herramienta. En realidad, es endiabladamente hermosa. Me pregunto qué hubiera pasado si yo hubiese tenido el dinero necesario para pagarme una así y meterla dentro de un visón. Bueno, me basta con lo que tengo –pensó–, y por mí pueden ir y ahorcarse los dos.»

El barman le estrechó la mano. Este barman era un anarquista, pero le tenía sin cuidado que el coronel fuera un coronel. En realidad estaba encantado y orgulloso de ello, como si los anarquistas tuvieran un coronel, también, y en ciertos aspectos, durante los varios meses que se conocían, sentía como si hubiera inventado, o al menos erigido al coronel, sintiéndose tan satisfecho de ello como puede sentirse uno que hubiera participado en la erección de un *campanile,* y hasta incluso de la vieja iglesia de Torcello.

El barman había oído lo que les dijo el coronel a los de la mesa, y se mostraba muy orondo.

Ya había mandado pedir, por el ascensor de servicio culinario, un Gordon Gin y un Campari, y dijo:

–Vienen las copas por este mecanismo manejado a mano. ¿Cómo van las cosas por Trieste?

–Ya se puede imaginar.

–No puedo ni siquiera imaginármelo.

–Entonces no se esfuerce –dijo el coronel– y así no le saldrá urticaria.

–Si yo fuera coronel, no me preocuparía de la situación.

–Yo jamás me he preocupado.

–Los van a pisotear como a un puñado de sal.

–No se lo diga al Honorable Pacciardi –señaló el coronel.

Él y el barman siempre se gastaban bromas sobre esto, porque el Honorable Pacciardi era ministro de Defensa en la República italiana. Pacciardi tenía la misma edad del coronel y había combatido muy bien en la Primera Guerra Mundial, así como durante la guerra civil española como comandante de batallón; allí conoció al coronel, que estaba en calidad de observador. La seriedad con que el Honorable Pacciardi se hizo cargo del puesto de ministro de Defensa de un país indefendible, era un vínculo entre el barman y el coronel. Ambos eran hombres muy prácticos y la visión del Honorable Pacciardi defendiendo a la República italiana estimulaba sus mentes.

–Sí, las cosas andan algo raras por allá –prosiguió el coronel–, pero a mí no me preocupa.

–Tenemos que mecanizar al Honorable Pacciardi –manifestó el barman–. Y proporcionarle la bomba atómica.

–Yo traje tres en el baúl del automóvil. El último modelo. Muy completa, con manijas y todo. Pero no podemos déjarlo desarmado. Hay que suministrarle el material necesario para provocar el ántrax.

–No podemos fallarle al Honorable Pacciardi. Es preferible vivir un día como un león que cien años como un cordero.

–Vale más morir de pie que vivir de rodillas –dijo el coronel–.

Aun cuando es preferible meter rápidamente la barriga hacia dentro para mantenerse vivo.

–Coronel, no diga cosas subversivas.

–Los estrangularemos con sólo nuestras manos. De la noche a la mañana tendremos más de un millón de hombres sobre las armas.

–¿Qué armas? –preguntó el barman.

–También se atenderá a eso –repuso el coronel–. Eso es sólo una fase en la Gran Película.

En aquel preciso instante apareció el chófer en la puerta. El coronel pensó entonces que mientras bromeaba con el barman había dejado de mirar hacia fuera y se sintió molesto, como siempre que incurría en defecto de vigilancia y seguridad.

–¿Qué diablos estaba haciendo, Jackson? Venga a tomar una copa.

–No, mi coronel, gracias.

«Tarado meticuloso –pensó el coronel–. Pero no quiero mortificarlo», se dijo.

–Nos vamos en un minuto –agregó–. Estuve tratando de aprender italiano con mi amigo.

Se volvió para mirar al especulador de Milán y su amiga; pero se habían ido. «Me estoy volviendo lamentablemente lento –pensó–. Un día de estos me va a sorprender cualquiera. Quizás incluso el Honorable Pacciardi.»

–¿Qué le debo? –preguntó al barman, brevemente.

El barman le dijo el precio de la consumición y lo miró con sus inteligentes ojos italianos, que ahora no estaban alegres, aun cuando en los ángulos seguían unas finas arrugas risueñas. «Espero que no le ocurra nada malo –pensó–. Confío, por Dios o por quien sea, que no le espere nada realmente malo.»

–Adiós, mi coronel –le dijo.

–*Ciao* –repuso el coronel–. Jackson, bajaremos por la rampa grande, al norte de la salida donde están amarradas las lanchas pequeñas. Las barnizadas. Allí llevará las dos maletas un mozo. Es necesario permitir que las lleve porque tienen una concesión.

–Está bien, mi coronel –repuso Jackson.

Y salieron los dos por la puerta, sin que ninguno de ambos mirase hacia atrás.

En el *imbarcadero*, el coronel dio una propina al hombre que había cargado con las dos maletas y miró en torno suyo para ver si encontraba el barquero al cual conocía.

No reconoció al hombre que estaba en la primera lancha de turno, pero el barquero le dijo:

–Buenos días, mi coronel. Yo soy el primero.

–¿Cuánto por llevarme hasta el Gritti?

–Usted lo sabe tan bien como yo, coronel. No podemos regatear. Tenemos una tarifa fija.

–¿Cuánto es la tarifa?

–Tres mil quinientas.

–Podemos ir en el *vaporetto* por sesenta.

–Y nadie le impide ir así –respondió el botero, que era un hombre viejo, de cara roja, pero no colérica–. No lo dejarán en el Gritti mismo, pero se detienen en el *imbarcadero* de más allá de Harry's y puede usted telefonear al Gritti para que le envíen a alguien que se haga cargo de las maletas.

«Después de todo, ¿qué rayos puede uno comprar con esas malditas tres mil quinientas liras? Y éste parece un buen viejo.»

–¿Quiere que le mande a aquel hombre? –preguntó el botero, señalándole a una ruina de viejo que cumplía extrañas misiones y llevaba recados por el muelle, siempre listo para ayudar innecesariamente a tal o cual pasajero que subía o bajaba de las lanchas, siempre listo para ayudar cuando no era necesaria ninguna ayuda, quitándose el viejo sombrero para saludar, inclinándose.

–Al demonio el *vaporetto* –exclamó el coronel–. Llévenos al Gritti.

–*Con piacere* –dijo el botero.

El coronel y Jackson descendieron hasta la lancha, que tenía la línea de las lanchas veloces. Estaba radiantemente barnizada y cuidada con amor; la impulsaba un pequeño motor Fiat, adaptado, que había prestado servicio largo tiempo en el coche de un médico de provincias. El viejo había adquirido el motorcito en un cementerio de automóviles, esa especie de cementerio de elefantes mecánicos que inevitablemente se encuentra en cualquier centro urbano; lo había reacondicionado y adaptado para que iniciara su nueva vida en los canales de la ciudad.

–¿Cómo anda el motor? –preguntó el coronel, al oírlo sonar con el agobio de un tanque viejo, o T. D., con la diferencia de que los ruidos eran en miniatura, por falta de potencia.

–Regular –contestó el barquero, acompañando la palabra con un gesto de su mano libre.

–Debería comprarse el modelo Universal más pequeño. Es el mejor y el más ligero de los motores marinos pequeños, que yo sepa.

–Sí –repuso el barquero–. Tendría que comprarme muchas cositas.

–A lo mejor tiene un año bueno.

–Siempre es posible. De Milán bajan muchos *pescecani* para jugar en el Lido. Pero nadie subiría dos veces en esto, después de la primera. Como lancha es buena, sí. Un bote bien construido, agradable. Aunque no tan bonito como una góndola, claro. Pero necesita un motor.

–Yo podría conseguirle uno de jeep. Uno que desecharon, pero usted podría arreglarlo y le serviría.

–No diga esas cosas –dijo el lanchero–. Cosas así nunca suceden. No quiero ni pensarlo.

–Pues puede pensarlo –le contestó el coronel–. Estoy hablando en serio.

–¿De verdad?

–De verdad. No se lo garantizo. Pero voy a ver qué puedo hacer. ¿Cuántos hijos tiene?

–Seis: dos varones y cuatro mujeres.

–¡Diablo! Por lo visto usted no creía en el Régimen. Sólo seis.

–Yo *no creí* en el Régimen.

–No tiene por qué hablarme a mí así –dijo el coronel–. Hubiera sido muy natural que usted hubiese creído en él. ¿Acaso piensa usted que después de haber ganado, yo podría tener algo contra un hombre por eso?

Cruzaban en aquel momento la parte insípida del canal que va de Piazzale Roma a Ca'Foscari, aunque realmente ninguna parte es realmente insípida, pensó el coronel. «No todo tiene que ser palacios e iglesias. Ciertamente que no tiene nada de insípido.» Miró a la derecha, a estribor. «Estoy sobre el agua.» Contempló un simpático edificio largo y bajo y la *trattoria* inmediata.

«Yo debería vivir aquí. Con la paga del retiro podría hacerlo perfectamente. Claro que no en el Gritti Palace. Una habitación en una casa como ésa para poder ver las embarcaciones y contemplar cómo suben y bajan las mareas. Por las mañanas podría leer y pasear por la ciudad antes del almuerzo, iría cada día a ver los Tintorettos de la Academia y a la Scuola San Rocco; almorzaría en los fonduchos baratos de detrás del mercado, o a lo mejor la mujer encargada de la casa podría prepararme la comida. Pero creo que preferiría comer afuera y pasear, así haría algún ejercicio. Ésta es una ciudad estupenda para pasear. Probablemente, la mejor del mundo. Nunca salí a dar un paseo por ella que no me divirtiese. Puedo aprendérmela realmente bien.»

«Es una ciudad extraña, llena de trampas y engaños; caminar por ella es mucho más divertido que resolver los problemas de palabras cruzadas. Una de las cosas que tenemos en nuestro haber es que jamás la dañamos; y en el haber de *ellos,* que la respetaron.»

«¡Cristo! Quiero a esta ciudad y me siento orgulloso y feliz por haber contribuido a defenderla cuando era una criatura de nada, que apenas dominaba el idioma, y nunca la vi hasta aquel claro día de invierno en que fui a retaguardia para que me curasen aquella pequeña herida y se me apareció surgiendo del mar. ¡Diablos! Nos portamos muy bien aquel invierno en la confluencia.»

«Me gustaría poder combatir de nuevo, sabiendo lo que sé ahora y teniendo lo que tenemos. Claro que ellos también lo tienen y el problema esencial sigue siendo el mismo, salvo quien domina el aire.»

Todo este tiempo había estado contemplando la proa de la embarcación, primorosamente barnizada y cuyas delicadas aplicaciones de metal refulgían de puro bruñidas, viendo cómo cortaba las aguas pardas del canal o dedicándose a observar los pequeños problemas del tráfico.

Pasaron bajo un puente blanco y luego bajo otro de madera, inconcluso. Luego dejaron a la derecha el puente rojo y traspusieron el primer puente blanco de arco elevado. Siguió después el de hierro para el tránsito de carga hacia río Nuovo y más adelante pasaron junto a dos estacas, encadenadas entre sí, pero separadas. «Como nosotros», pensó el coronel. Observó cómo las azotaba la marea y qué profundamente se había ido comiendo la madera el roce de las cadenas, desde que las viera por primera vez. «Eso somos nosotros –pensó–. Es nuestro monumento. ¿Cuántos monumentos tendremos erigidos en los canales de esta ciudad?»

La lancha siguió lentamente hacia el faro situado a la derecha de la entrada del Gran Canal, en donde inició el motor la agonía metálica que le provocaba el menor aumento de velocidad. Pasaron frente a la Academia, entre los pilotes, y se cruzaron, rozándose, con un lanchón diesel cargado de leños para quemar en las chimeneas de las húmedas casas de la Ciudad del Mar.

–¿Eso es haya, verdad? –preguntó el coronel.

–Haya y otra madera más barata, de cuyo nombre no me acuerdo en este momento –replicó el botero.

–La haya es para las chimeneas abiertas lo que el carbón de antracita para las estufas cerradas. ¿Dónde cortan esa madera?

–Yo no soy montañés. Pero creo que viene de más allá de Bassano, al otro lado de Grappa. Yo fui allí, a Grappa, para ver dónde estaba enterrado mi hermano. Fue una excursión que hicieron hasta Bassano y fuimos a ver el gran osario. Regresamos por Feltre. Entonces vi que era una región de mucha madera buena, por el otro lado, según se baja de las montañas al valle. Descendimos por la carretera militar y estaban cargando montones de madera.

–¿En qué año mataron a su hermano en Grappa?

–En 1918. Era un patriota inflamado por los discursos de D'Annunzio, y se presentó como voluntario antes de que llamaran a su quinta, Nunca supimos muy bien por qué se fue tan pronto.

–¿Cuántos eran en su familia?

–Seis hermanos. Perdimos dos más allá del Isonzo, uno más en Bainsizza y otro en el Carso. Después perdimos a este hermano que le digo, en Grappa y quedé yo sólo de los seis.

–Bueno, le traeré ese maldito motor de jeep, con asas y todo –dijo el coronel–. Pero no seamos morbosos y dediquémonos a ver las casas de mis amigos.

Subían ahora por el Gran Canal y era fácil descubrir las viviendas de sus amistades.

–Ése es el palacio de la condesa Dandolo –explicó el coronel.

Y no dijo, pero pensó, que pasaba de los ochenta, que era tan alegre como una jovencita y que no tenía miedo a morir. «Se tiñe los cabellos de rojo y su presencia es encantadora. Un buen amigo y una mujer admirable.»

Su *palazzo* era de hermoso aspecto, bastante retirado del canal por un jardín que tenía al frente y un desembarcadero al que, durante la dilatada existencia de la dama, habían arribado muchas góndolas con gentes cordiales, alegres, tristes o desilusionadas. Pero la mayoría alegres porque iban a ver a la condesa Dandolo.

Ahora, avanzando por el canal contra el viento frío de las montañas, con las casas netamente recortadas como en un día invernal, que desde luego lo era, admiraron la vieja magia de la ciudad y su belleza. Condicionada, ya que el coronel conocía a la mayor parte de los habitantes de los *palazzos;* o si vivían ahí en la actualidad sabía quién había y a qué se destinaba cada edificio.

«Ésa es la casa de la madre de Alvarito –se dijo, pero no en voz alta–. Jamás vive ahí mucho tiempo y se queda la mayor parte del año en su casa de campo próxima a Treviso. Una casa con muchos árboles. Le harta que no haya árboles en Venecia. Perdió a su esposo, un hombre bueno, y desde entonces nada le interesaba realmente, salvo la eficacia. Pero la familia prestó antaño la casa a George Gordon, lord Byron, y desde entonces nadie ha dormido en la cama de Byron ni tampoco en la del piso bajo, que solía compartir con la mujer del gondolero. No son sagradas, no son reliquias, sino simplemente dos camas extra que no se han utilizado después por diversas razones, o quizá por respeto a lord Byron, que era muy querido en esta ciudad, a pesar de los errores que cometió. En esta ciudad hay que ser un tipo duro para que te quieran –pensó también el coronel–. Jamás se les importó nada del señor y la señora Browning y su perro. Aun cuando escribieron muy bien de la ciudad, no eran venecianos. ¿Y qué es un tipo duro? –se preguntó–. Lo utilizas tan libremente que deberías ser capaz de definirlo. Se supone que es un hombre que quiere desempeñar su papel y que lo mantiene. O, simplemente, un hombre que respalda su papel. Y no estoy pensando en el teatro –se dijo–, por encantador que el teatro pueda ser.»

Y ahora, al ver la pequeña villa, muy arrimada al agua, pensó que era tan fea como pudiera serlo cualquier edificio de la *banlieue* de París, cuando se llega a la ciudad en el tren del Canal procedente de Cherburgo o El Havre. Estaba llena de árboles mal cuidados y no era el lugar en donde uno quisiera vivir, de poder evitarlo. Ahí vivió *él.*

«Lo quisieron por su talento y porque era malo y valiente. Un muchacho judío que tomó por asalto al país con nada más que su talento y su retórica. Fue una persona más desdichada que cualquiera de las que yo conozca, y tan malo. El hombre con quien yo pienso al compararlo se fue a la guerra, y Gabriele d'Annunzio (siempre me pregunté cuál era su verdadero nombre –pensó–, porque nadie se llama D'Annunzio en una región práctica y quizá no era judío y ¿qué puede importar que lo fuera o no?) se desplazó por entre las diversas armas del servicio como pasó por los brazos de diferentes mujeres.»

«Todas las armas en que sirvió D'Annunzio eran agradables, y las misiones se llevaban a cabo rápidamente y concluían con facilidad, salvo en la infantería.» Recordó cómo había perdido D'Annunzio un ojo en un accidente de aviación, volando como observador sobre Trieste o Pola, y cómo, después, siempre llevó un parche negro encima, y la gente jamás supo, por aquel entonces, jamás supo realmente, si es que había sido herido en el Veliki, en San Michele o en algún otro peligroso lugar de más allá del Carso, en donde cada cual moría o quedaba mutilado. Pero la verdad es que D'Annunzio sólo estaba haciendo gestos heroicos con las otras cosas. «Uno de infantería conoce un extraño oficio –pensó–, quizás el más extraño de todos. Él, Gabriele, volaba, pero no era aviador. Estuvo en la infantería, pero no era infante, y siempre era igual en todo.»

Y el coronel recordó una vez cuando estuvo al frente de su pelotón de tropas de asalto, mientras que llovía en uno de aquellos inviernos interminables, en que llueve sin cesar; o por lo menos siempre que hay desfiles o discursos a las tropas, y D'Annunzio, con su ojo de menos, cubierto por el parche, y su blanco rostro, tan blanco como el vientre de un lenguado recién llegado al mercado y muerto treinta horas antes, gritaba: «Morire non è basta», y el coronel, que era entonces un teniente, pensó: «¿Qué demonio más quieren de nosotros?»

Pero escuchó el discurso y, al final, cuando el teniente coronel D'Annunzio, escritor y héroe nacional certificado y auténtico –el coronel no creía en héroes–, pidió un momento de silencio «por nuestros muertos gloriosos», él se mantuvo rígido en posición de firme.

Pero su pelotón, que no había escuchado el discurso, porque entonces no había altavoces, y por estar un poco alejado del orador, respondió, como un solo hombre, a la pausa de un momento de silencio «por nuestros muertos gloriosos» con un vibrante *Evviva d'Annunzio.*

Ya habían oído anteriormente las alocuciones de D'Annunzio, antes de las victorias y antes de las derrotas, y sabían lo que debían gritar en cuanto el orador hiciera una pausa.

El coronel, que era un teniente y que quería a su pelotón, se unió a él y profirió, en tono de mando un *Evviva d'Annunzio,* absolviendo así a todos los que no habían escuchado el discurso, alocución o arenga, tratando, en la medida limitada en que un teniente puede intentar cualquier cosa, salvo, defender una posición indefendible o dirigir inteligentemente a sus propias fuerzas en un ataque, de compartir su culpa.

Pero ahora estaba pasando frente a la casa donde aquel pobre hombre tan castigado había vivido con la grande, triste y nunca debidamente amada actriz, y pensó en las manos maravillosas de ella y en su rostro transformable, que no era hermoso, pero que os daba todo el amor y la gloria, el deleite y la tristeza del mundo; y el modo en que la curva de su antebrazo os podía partir el corazón, y pensó: «¡Cristo! Están muertos y ni siquiera sé dónde está enterrado cada cual. Pero espero de corazón que hayan sido felices en esa casa».

–Jackson –dijo–, esa pequeña villa de la izquierda perteneció a Gabriele d'Annunzio, que fue un gran escritor.

–Sí, mi coronel –repuso Jackson–. Me alegro de saber de él. Nunca le había oído nombrar.

–Si quiere leerlo yo le diré las cosas que escribió. Hay algunas traducciones inglesas aceptables.

–Sí, mi coronel. Me gustaría leerlo en cualquier oportunidad que tenga tiempo. Tenía una casa de aspecto simpático. ¿Cómo dice usted que se llamaba?

–D'Annunzio –dijo el coronel–. Escritor.

Y añadió para sí, no queriendo confundir a Jackson ni ponerse difícil, como había ocurrido en diversas oportunidades aquel día: «Escritor, poeta, héroe nacional, creador de la dialéctica del fascismo, egotista macabro, aviador, comandante o tripulante en una de las primeras lanchas torpederas rápidas, teniente coronel de infantería, sin saber cómo se manda una compañía ni un pelotón; el grande, deleitoso escritor de *Notturno,* que respetamos. Y con todo eso, un badulaque».

Al frente ahora se hallaba un lugar de cruce de góndolas en Santa María del Giglio y, más allá, el muelle de madera del Gritti.

–Ése es el hotel en donde vamos a hospedarnos, Jackson.

El coronel señaló el bello palacio de tres pisos color rosa, próximo al canal. Había sido antes una dependencia del Grand Hotel, pero ahora era un hotel independiente y de los buenos. Probablemente el mejor si no queréis que os revienten con ceremonias excesivas ni con barullo de más, en la ciudad de los grandes hoteles, y el coronel lo quería entrañablemente.

–Tiene muy buen aspecto –dijo Jackson.

–Es bueno –concluyó el coronel.

La lancha a motor llegó valientemente junto al muelle. «Cada movimiento que hace –pensó el coronel–, es un triunfo valeroso de la vieja máquina. Ahora no tenemos caballos de guerra como el remoto Traveller y Lyssette de Marbot, que lucharon personalmente en Eylau. Ahora contamos con la valentía de los émbolos desgastados que aguantan sin romperse, la cabeza del cilindro que no salta en pedazos aunque tenga derecho a hacerlo, y todo lo demás.»

–Estamos en el atracadero, mi coronel –dijo Jackson.

–¿Y en dónde demonios habríamos de estar sino aquí, hombre? Salte, mientras yo pago a este deportista.

El coronel se volvió hacia el botero, y le preguntó:

–¿Eran tres mil quinientas, no?

–Sí, mi coronel.

–No me olvidaré del viejo motor de jeep. Tome, para que le compre avena a su caballo.

El portero, que estaba recogiendo las maletas de manos de Jackson, se echó a reír al escuchar la última frase, y señaló:

–No hay veterinario capaz de curar a ese animal.

–Lo importante es que sigue andando –repuso el barquero.

–Sí, pero no gana ninguna carrera –concluyó el portero–. ¿Cómo está usted, mi coronel?

–Mejor, imposible –contestó–. ¿Y cómo están todos los de la Orden?

–Muy bien, mi coronel.

–Magnífico. Voy adentro a ver al *Gran Maestre.*

–Le espera, mi coronel.

–Pues no lo hagamos esperar, Jackson. Usted siga con este señor hasta el registro y dígales que me inscriban. Por favor, consígale una habitación al sargento –agregó dirigiéndose al portero–. Nos quedamos aquí solamente una noche.

–El barón Alvarito ha preguntado por usted.

–Lo veré en el Harry's.

–Bien, mi coronel.

–¿Dónde está el *Gran Maestre*?

–Le aviso en seguida.

–Dígale que estaré en el bar.

CAPÍTULO VII

El bar estaba al otro lado del vestíbulo del Gritti, aun cuando la palabra vestíbulo, pensó el coronel, no era el término adecuado para describir aquella graciosa entrada. ¿Acaso no describió Giotto un círculo? No, no, eso fue algún matemático. La anécdota de ese pintor al que recordaba, y que más le encantaba, era aquella de cuando había dibujado un círculo perfecto y exclamó: «Es muy facil». ¿Quién demonios había dicho aquello y dónde?

–Buenas tardes, Consejero Privado –le dijo al barman, que no era miembro integral de la Orden, pero al que no quería ofender–. ¿Qué puedo hacer por usted?

–Beber, mi coronel.

El coronel miró las aguas del Gran Canal a través de las ventanas y la puerta de entrada del hotel. Podía ver el grueso poste negro de amarre para las góndolas y la postrera luz vespertina de aquel día invernal, sobre la superficie de las aguas barridas por el viento. Al otro lado del canal se erguía un viejo palacio y veíase una barcaza de madera negra y ancha, con la proa cabeceando sobre las olas y con el viento a favor.

–Que sea un Martini muy seco –dijo el coronel–. Doble.

En aquel preciso instante entró el *Gran Maestre.* Vestía su atuendo formal de maître de hotel. Verdaderamente era todo lo elegante y apuesto que puede ser un hombre, pero de adentro hacia afuera; su sonrisa empezaba en el corazón, o en la parte que sea el centro del organismo, y emergía franca y bellamente a la superficie, que es el rostro.

Tenía una cara fina, con la nariz larga y derecha, los ojos cordiales, alegres, de fiar, y los blancos cabellos honorables, propios de sus años, que eran dos más que los del coronel.

Avanzó sonriendo, afectuoso, pero con un cierto aire conspirativo, puesto que los dos hombres compartían muchos secretos, y extendió su mano, que era grande, recia, de largos dedos espatulados, una mano bien cuidada, como correspondía y era imprescindible a un hombre de su posición; y el coronel le tendió la suya, que había sido herida dos veces y estaba algo deformada por ello. Así establecieron contacto los dos antiguos habitantes del Véneto, hombres los dos, y ambos hermanos en la comunidad de la raza humana, el único club en el que todos pagan su cuota, y hermanos, también, en el amor hacia un viejo país, derrotado muchas veces, pero siempre triunfante en la derrota, al que ambos defendieron en su juventud.

Su apretón de manos fue sólo lo suficientemente largo para sentir, firmemente, el contacto y el placer de encontrarse, y seguidamente el maître de hotel dijo:

–Mi coronel.

–¡*Gran Maestre!* –exclamó el coronel.

Entonces el coronel le pidió al *Gran Maestre* que bebiera con él, pero el maître de hotel le dijo que estaba trabajando; por tanto no sólo le resultaba imposible sino que estaba prohibido.

–Que se vaya al cuerno lo prohibido –dijo el coronel.

–Desde luego –repuso el *Gran Maestre*–. Pero cada cual debe cumplir con su deber, y aquí las normas son razonables, y todos debemos observarlas; especialmente yo, por principio.

–Por algo es usted el *Gran Maestre* –apuntó el coronel.

–Dame un pequeño *Carpano punto e mezzo* –dijo el *Gran Maestre* al barman, que aún no pertenecía a la Orden por alguna razón insignificante, indeclarada, no definida–. Para beber por la *Ordine.*

Así, violando órdenes y el principio del precepto y ejemplo en el mando, el coronel y el *Gran Maestre* vaciaron rápidamente un vaso. Aunque no se apresuraron ni el *Gran Maestre* se preocupó. Simplemente, bebieron de prisa.

–Bueno, estudiemos ahora los asuntos de la Orden –propuso el coronel–. ¿Estamos reunidos en cámara secreta?

–Estamos –afirmó el *Gran Maestre*–. O si no así la declaro.

–Pues, adelante.

La Orden era una organización puramente ficticia fundada en una serie de conversaciones entre el *Gran Maestre* y el coronel. Su designación era *La Orden Militar, Noble y Espirituosa de los Caba-*

lleros de Brusadelli. El coronel y el maître de hotel hablaban español, y como éste es el mejor idioma para fundar órdenes, habían recurrido a él para constituir la suya, que tomaba el nombre de un agiotista multimillonario de Milán, burlador de impuestos, particularmente notorio, que en el transcurso de un pleito por interés acusó a su joven esposa de haberle privado de la capacidad de razonar debido a su pasión avasalladora.

–*Gran Maestre* –dijo el coronel–. ¿Ha tenido usted noticias de nuestro jefe, el Reverenciado?

–Ni una palabra. Guarda silencio en estos días.

–Debe de estar meditando.

–Seguramente.

–Tal vez medita sobre la manera de efectuar algún acto vergonzoso más nuevo y distinguido.

–Quizá, pero no me ha pasado la consigna.

–Podemos tener confianza en él.

–Hasta que muera –puntualizó el *Gran Maestre*–. Después, que se achicharre en el infierno y nosotros desde aquí seguiremos reverenciando su memoria.

–Giorgio –dijo el coronel–, sirva al *Gran Maestre* otro *Carpano.*

–Si es una orden –declaró el maître de hotel–, no me queda sino obedecer.

Chocaron sus vasos.

–Jackson –gritó el coronel–. Ya está usted en la ciudad. Cuando quiera comer, firme la cuenta. No quiero verle hasta mañana. A las once, en el vestíbulo, a menos que tenga usted complicaciones. ¿Tiene usted dinero?

–Sí, mi coronel –respondió Jackson, y pensó: «Este viejo hijo de puta realmente está tan loco como dicen. Podría haberme llamado normalmente y no a gritos».

–Ya sabe, no quiero verle –reiteró el coronel. Jackson, que había entrado en el bar, estaba plantado ante su jefe en actitud casi de firme–. Estoy harto de verle porque no tiene el menor humor, ni se divierte. ¡Por el amor de Dios, diviértase un poco!

–Sí, mi coronel.

–¿Me ha comprendido?

–Sí, mi coronel.

–Repita lo que le he dicho.

–Ronald Jackson, T5, número de serie 100678, se presentará mañana a las once –ignoro la fecha–, en el vestíbulo de este Hotel Gritti, y estará fuera de la vista del coronel y se divertirá. O –agregó–, hará todos los esfuerzos razonables para alcanzar el objetivo.

–Lo siento, Jackson –dijo el coronel–. Soy una basura.

–Me permito no estar de acuerdo con el coronel –dijo Jackson.

–Gracias, Jackson. Tal vez no lo sea. Deseo que tenga usted razón. Bueno, dejemos el estiércol. Tiene usted una habitación aquí, o debe tenerla, y con la comida basta con que firme la cuenta. Ahora, trate de distraerse.

–Sí, mi coronel –repuso Jackson.

Cuando se hubo marchado, el *Gran Maestre* dijo al coronel:

–¿Qué es el muchacho? ¿Uno de esos norteamericanos *tristes*?

–Sí –replicó el coronel–. Y, por Jesucristo, que tenemos una buena cantidad de ellos. Tristes, con amor propio, excesivamente alimentados y deficientemente instruidos militarmente. Claro que si están poco instruidos la culpa es mía; pero también tenemos algunos buenos.

–¿Cree que se hubieran portado como nosotros en Grappa, Pasubio, y el Basso Piave?

–Los buenos, sí. Y tal vez mejor. Pero, ya sabe usted: en nuestro ejército ni siquiera fusilan a la gente por infligirse heridas leves para salir del frente de combate.

–¡Jesús! –dijo el *Gran Maestre*.

Él y el coronel se acordaron de los hombres que decidieron no morir, olvidándose de que quien muere el jueves ya no tiene que morir el viernes, y de cómo un soldado se envolvía una pierna en un saco terrero, para evitar que la pólvora al inflamarse dejara un tatuaje sobre la piel, y un compañero tiraba sobre ella de muy cerca, de modo que agujerease la carne de la pantorrilla sin siquiera rozar el hueso, e inmediatamente efectuaba un par de disparos por encima del parapeto para atraer el fuego enemigo y obtener así una coartada perfecta. Los dos sabían eso y por ese motivo, junto con su odio profundo hacia los aprovechadores de guerra, habían fundado la Orden.

Sabían ellos, que se querían y respetaban recíprocamente, cómo los pobres muchachos que se resistían a morir se repartían el contenido de una caja de fósforos llena de pus para producirse la infección que los arrancaría del frente, sustrayéndose así al próximo ataque frontal, mortífero.

Sabían, también, de los otros muchachos que se colocaban las grandes piezas de diez céntimos bajo las axilas, para provocarse ictericia. Y sabían, igualmente, que los hijos de los ricos se hacían inyectar parafina bajo la rótula, con lo cual evitaban el ir a la guerra.

Conocían la manera de utilizar el ajo para producir determinados efectos capaces de hacer posible la ausencia en el combate, y conocían, finalmente, todas o casi todas las tretas semejantes; y es que uno de ellos había sido sargento y el otro teniente de infantería y ambos habían luchado en los tres puntos, clave: Pasubio, Grappa y el Piave, en donde todo tenía sentido.

Los dos habían combatido, también, en la anterior carnicería inútil del Isonzo y el Carso. Y ambos se avergonzaban de quienes habían dado la orden que hiciera posible la matanza, y jamás pensaron en ello sino como en algo vergonzoso y estúpido que debía olvidarse, y el coronel se acordaba técnicamente, como de algo de que aprender. Por consiguiente, ahora habían fundado la Orden de Brusadelli, noble, militar y religiosa, integrada solamente por cinco miembros.

–¿Qué noticias hay de la Orden? –preguntó el coronel.

–Hemos ascendido al cocinero a Magnífico, con el grado de *Commendatore.* Se comportó como un hombre en tres ocasiones al cumplirse su quincuagésimo aniversario. Acepté su declaración de que cumplía cincuenta años, sin comprobarlo. Jamás mintió antes.

–No. Jamás mintió. Pero eso de los años es una cuestión con la cual debéis ser cauteloso en vuestra credulidad, *Gran Maestre.*

–Le creí. Tenía muy mal aspecto.

–Me acuerdo muy bien de cuando era un muchachón recio y le llamábamos *El Roble.*

–*Anch'io.*

–¿Tiene usted planes concretos para la Orden durante el invierno, *Gran Maestre*?

–No, Comandante Supremo.

–¿Cree que deberíamos rendirle homenaje al Honorable Pacciardi?

–Como usted guste.

–Bueno, propondremos el homenaje –concluyó el coronel, y con un gesto solicitó otro Martini seco.

–¿No cree que podríamos organizar un homenaje y una manifestación en algún lugar histórico como San Marcos o en la vieja iglesia de Torcello en favor de nuestro Gran Patrón, Brusadelli, el Reverenciado?

–Dudo que las autoridades religiosas nos lo permitan en estos momentos.

–Entonces, abandonemos cualquier propósito de manifestaciones públicas por este invierno y concentrémonos en el trabajo, dentro de nuestros cuadros, para bien de la Orden.

–Creo que es lo mejor –sentenció el *Gran Maestre* –. Nos reagruparemos.

–¿Y usted, personalmente, cómo está?

–Pésimo –dijo el *Gran Maestre*–. Tengo presión baja, úlceras y debo dinero.

–¿Es usted feliz?

–Eso sí. Me gusta mi trabajo y me tropiezo con personajes extraordinarios e interesantes, y también con muchos belgas. Que son lo que tenemos este año en lugar de la langosta. Antes tuvimos a los alemanes. Fue César quien dijo: «Y los más valientes de todos son los belgas». Pero no los mejor vestidos. ¿Está de acuerdo conmigo?

–Yo los he visto en Bruselas muy bien vestidos –señaló el coronel–. Bruselas, una capital alegre, bien alimentada. Gane, pierda o empate. Nunca los vi luchar, aun cuando me dijeron que combaten.

–Deberíamos haber luchado en Flandes en los viejos tiempos.

–No habíamos nacido en los viejos tiempos –especificó el coronel–. Por tanto, automáticamente resulta que no habríamos podido combatir entonces.

–Quisiera que hubiésemos sido *condottieri,* cuando todo lo que se precisaba era pensar mejor y ser más ingenioso que el adversario, y éste lo admitía. Usted concebiría los planes de campaña y yo ejecutaría sus órdenes.

–Le arrebataríamos unas cuantas ciudades al enemigo para que aprendiera a respetar nuestro ingenio estratégico.

–Y si se empeñaran en defenderlas, las saquearíamos –dijo el *Gran Maestre*–. ¿Qué ciudades tomaría usted?

–No ésta, por cierto –expresó el coronel–. Tomaría Vicenza, Bérgamo y Verona. Aunque no necesariamente en ese orden.

–Pero tendría que ocupar usted otras dos más.

–Ya sé –replicó el coronel. Ahora era de nuevo un general, y se sentía feliz–. Ocuparíamos Brescia de pasada. Caería por su propio peso.

–¿Y cómo está usted, Comandante Supremo? –inquirió el *Gran Maestre.*

Porque esa toma de ciudades lo tenía un poco inquieto. Se sentía a sus anchas en su casita de Treviso, cercana al río de rápida corriente que pasa al pie de las viejas murallas. Las plantas ondulaban sobre la corriente y los peces se estacionaban al amparo de aquéllas para devorar los insectos que se posaban sobre la superficie, al oscurecer. Y también se sentía a sus anchas en todas las operaciones que no comprometían más allá de una compañía; y las entendía con la misma claridad con que sabía cómo atender debidamente un comedor pequeño o un comedor grande. Pero cuando el coronel se convirtió nuevamente en un general, como lo fuera antes en la realidad, y empezó a pensar en términos tan distantes de él como lo está el cálculo infinitesimal del hombre que sólo sabe aritmética, entonces dejó de sentirse a sus anchas y comenzó a desear que el coronel volviera a hablar de temas comunes, de los temas que ambos conocían por haber combatido juntos, siendo el uno teniente y sargento el otro.

–¿Y qué haríamos con Mantua? –preguntó el coronel.

–No sé, mi coronel. No sé contra quién está usted combatiendo, ni las fuerzas que tiene el enemigo ni los efectivos de que usted dispone.

–Pensé que éramos *condottieri,* con base en esta ciudad o en Padua.

–Mi coronel –señaló el *Gran Maestre,* sin perder su dignidad–, realmente no sé nada sobre los *condottieri.* Ni siquiera sé cómo luchaban entonces. Yo lo único que dije es que me hubiera gustado combatir a las órdenes de usted en aquellos tiempos.

–Aquellos tiempos ya no existen –dijo el coronel, y el hechizo se desvaneció.

«¡Qué diablos –pensó el coronel–, tal vez no hubo jamás hechizo alguno! Vete al cuerno –se dijo a sí mismo–. Cierra el pico y compórtate como un ser humano ya que tienes cincuenta años.»

–Tómese otro *Carpano* –le dijo al *Gran Maestre.*

–Mi coronel, ¿me permitirá que le rechace la invitación por causa de mis úlceras?

–Sí, sí, desde luego. Chico, ¿cómo se llama..? Giorgio, otro Martini seco. *Secco, molto secco e doppio.*

«Después de todo –pensó–, romper hechizos no es mi oficio. Mi oficio es matar hombres armados. Para que yo quebrara un hechizo tendría que ir armado. Sin embargo, hemos matado muchas cosas que no iban armadas. Está bueno, destructor de hechizos.»

–*Gran Maestre* –dijo–. Usted sigue siendo el *Gran Maestre* y que revienten los *condottieri.*

–Ya los reventaron hace muchos años, Comandante Supremo.

–Exactamente –admitió el coronel.

Pero, de todos modos, el hechizo se había dispado.

–Nos veremos en la cena –dijo el coronel–. ¿Qué tiene por ahí?

–Tenemos cualquier cosa que usted pueda desear, y si no lo tenemos, lo enviamos a buscar.

–¿Espárragos frescos?

–No. Ya sabe que en estos meses es imposible. Los recibimos en abril y procedentes de Bassano.

–No importa. Además, ya sabe, el riñón... –replicó el coronel–. Piense usted en el menú, sin consultarme.

–¿Cuántos serán ustedes? –preguntó entonces el maître de hotel.

–Dos personas. ¿A qué hora cierran el *bistro*?

–Le serviremos la cena a cualquier hora que usted desee, mi coronel, por tarde que sea.

–Procuraremos cenar a una hora discreta. Adiós, *Gran Maestre* –exclamó el coronel, sonriendo, mientras tendía su mano deformada por las dos viejas heridas.

–Adiós, Comandante Supremo –respondió el *Gran Maestre,* y el hechizo quedó restablecido nuevamente de un modo casi total. Pero no absoluto, y el coronel lo sabía, y pensaba: «¿Por qué habré de ser siempre un bastardo y por qué no dejaré de ser un militar para convertirme en el hombre amable y bueno que me hubiera gustado ser? Siempre trato de ser justo, pero soy brusco y soy brutal, y no soy así porque haya erigido en torno a mí unas defensas frente a mis superiores y frente al mundo. En el corto tiempo que me queda de vida tendría que ser un hombre mejor y dominar mi sangre de jabalí. Esta noche lo intentaré. Con quién, y en dónde... y Dios me ayude a no ser malo.»

–Giorgio –dijo dirigiéndose al barman, que tenía una cara tan blanca como la de un leproso, pero sin protuberancias ni ese lustre plateado.

Giorgio no sentía gran simpatía por el coronel, o quizás es que, simplemente, era del Piamonte y no le importaba nada de nadie; cosa comprensible en gentes frías de una provincia fronteriza. Las gentes fronterizas no son de fiar. El coronel lo sabía.

–Giorgio –dijo el coronel, dirigiéndose al barman de blanco rostro–. Anóteme esto, por favor.

Y salió caminando como siempre había caminado, con una confianza levemente exagerada, incluso aun siendo innecesaria. Llevaba consigo su siempre renovado propósito de ser amable, decente y bueno. Saludó al portero, que era un amigo, y al ayudante del administrador, que hablaba *swahili* y que había estado en Kenya como prisionero de guerra; era un hombre joven, muy cordial, lleno de juicio, guapo y con experiencia, aun cuando probablemente no era miembro de la Orden todavía.

–¿Y el *cavaliere ufficiale* que dirige esta sección? –inquirió–. ¿Mi amigo?

–No está aquí –repuso el ayudante–. Por el momento, claro está –concluyó.

–Dele mis saludos –expresó el coronel–. Que me acompañe alguien a mi habitación.

–Tiene la misma de siempre, mi coronel. ¿Sigue queriendo instalarse en ella, no?

–Sí. ¿Atendieron al sargento?

–Descuide usted que está bien atendido.

–Magnífico –concluyó el coronel.

Y marchó hacia su habitación precedido por un muchacho que le llevaba su maleta.

–Por aquí, mi coronel –dijo el joven en cuanto se detuvo el ascensor, entre bruscos sobresaltos y con imprecisión, en el piso alto.

–¿No puedes manejar un ascensor debidamente? –le preguntó el coronel.

–No, mi coronel –dijo el muchacho–. La corriente es poco estable.

CAPÍTULO VIII

El coronel no contestó y precedió al muchacho por el corredor, que era largo, ancho y de elevado techo, con grandes espacios entre las puertas de las habitaciones que daban al Gran Canal. Naturalmente, como el edificio era un palacio no había dormitorios sin espléndidas vistas, con excepción de las habitaciones construidas para la servidumbre.

El coronel encontró aquel paseo demasiado largo, aun cuando no podía ser más breve, y cuando el mozo que atendía el piso apareció –pequeño, muy moreno, brillante el ojo de vidrio inserto en la cuenca de su ojo izquierdo, lo que restaba sinceridad a su sonrisa cordial– y trató de abrir, sonriente, la puerta, el coronel deseaba que la abriera en seguida, sin perder un segundo.

–Ábrala –exclamó.

–Lo estoy intentando, mi coronel –dijo el mozo–. Pero ya sabe usted, estas cerraduras...

«Sí –pensó el coronel–; ya sé, pero quisiera que abriese la puerta en el acto.»

–¿Cómo está su familia? –le preguntó al mozo que había abierto la puerta y sin responder, le cedía el paso.

El coronel entró en la habitación de enorme ropero con grandes espejos, dos camas excelentes y el gran candelabro. Cerradas las ventanas, que daban sobre las aguas del Gran Canal, eran batidas por el viento.

En aquel instante, el canal era gris como el acero bajo la decreciente claridad invernal del atardecer, y el coronel exclamó:

–Arnaldo, abra las ventanas.

–Hace mucho viento, mi coronel, y la habitación está poco caldeada debido a que no hay suficiente energía eléctrica para la calefacción.

–Sí, hay poca energía debido a la escasez de lluvias –dijo el coronel–. Abra las ventanas. Todas.

–Como usted guste, mi coronel.

El mozo abrió las ventanas y el viento norte penetró en la habitación.

–Por favor, llame a la mesa de entrada y dígales que me comuniquen con este número.

El mozo llamó, mientras el coronel permanecía en el cuarto de baño.

–La condesa no está en casa, mi coronel –dijo–. Creen que la podrá encontrar en Harry's.

–Todo se encuentra en Harry's.

–Sí, mi coronel. Salvo la felicidad, posiblemente.

–Ya me las arreglaré para encontrar también a la felicidad –le aseguró el coronel–. Como usted sabe, la felicidad es una fiesta movible.

–Ya lo sé –repuso el mozo–. Le traje bitters Campari y una botella de Gordon Gin. ¿Le preparo un Campari con ginebra y soda?

–Es usted un gran hombre. ¿De dónde se las trajo, del bar?

–No. Las compré durante su ausencia, de manera que no tuviera que gastarse el dinero en el bar. El bar es muy caro.

–De acuerdo –replicó el coronel–. Pero usted no debería utilizar su propio dinero en estas cosas.

–Corrí el albur. Tantos hemos corrido... La ginebra costó tres mil doscientas liras y es legítima. El Campari, ochocientas.

–Es usted una gran persona. ¿Qué tal los patos?

–Mi esposa todavía habla de ellos. Nunca habíamos comido patos salvajes, son muy caros y están fuera de nuestros alcances. Pero uno de los vecinos le dijo cómo tenía que prepararlos, y nos los comimos con esos vecinos. Yo no sabía que pudiera haber nada tan delicado ni fino que comer. Cuando se clavan los dientes en aquella carne es una delicia casi increíble.

–A mí también me gustan mucho. No hay nada más delicioso que esos patos gordos de la Cortina de Hierro. Supongo que sabrá que vienen volando desde los grandes campos de cereales del Danubio. Aquí sólo llegan una pequeña proporción, pero siempre por el mismo sitio y regularmente antes de que los matemos.

–Yo no sé gran cosa del deporte de la caza –contestó el mozo–. Somos demasiado pobres.

–Sin embargo, hay mucha gente pobre que caza en el Véneto.

–Sí, desde luego. Se les oye tirar toda la noche. Pero nosotros éramos más pobres que ésos. Éramos más pobres de lo que usted se puede imaginar, mi coronel.

–Creo que me lo puedo imaginar.

–Tal vez –contestó el mozo–. Mi mujer recogió todas las plumas de los patos y me dijo que le diera las gracias.

–Vamos a ver si tenemos suerte pasado mañana y conseguimos muchos. Me refiero a los patos grandes, de cabeza verde. Dígale a su esposa que si tenemos suerte le enviaré unos patos excelentes, gordos como cerdos, con hermosas plumas y alimentados por los rusos.

–¿Qué piensa usted de los rusos, mi coronel, si no es indiscreción?

–Que son nuestro enemigo potencial. Por lo tanto yo, como soldado, estoy dispuesto a luchar contra ellos. Sin embargo, los quiero mucho y jamás he conocido a gente mejor ni más parecida a nosotros.

–Yo jamás tuve la suerte de conocerlos.

–Ya la tendrá, ya la tendrá. A menos que el Honorable Pacciardi los detenga sobre la línea del Piave, que es un río que ya no lleva agua. Se la beben los saltos hidroeléctricos. Quizás el Honorable Pacciardi combata allí. Pero no creo que combata por mucho tiempo.

–Yo no conozco al Honorable Pacciardi.

–Yo sí –dijo el coronel–. Diga que llamen a Harry's y vean si la condesa se encuentra allí. Si no, que telefoneen nuevamente a la casa.

El coronel bebió del Campari preparado por Arnaldo, el mozo del ojo de vidrio. No deseaba tomarlo y, además, sabía que le perjudicaba. Pero se lo bebió con su acostumbrada truculencia de jabalí, igual que lo había tomado todo en su vida, y se desplazó, con la suavidad y la quietud de un gato, aunque ahora era un gato viejo, hacia una de las ventanas abiertas, y contempló el Gran Canal que se estaba volviendo de un gris particular, el gris que hubiera empleado Degas en uno de sus días grises.

–Muchas gracias por el trago –dijo el coronel, y Arnaldo, que estaba hablando por teléfono, cabeceó y le dirigió una sonrisa cristalizada en su ojo de vidrio.

«Quisiera que Arnaldo no tuviese el ojo de vidrio –pensó el coronel–. Por lo visto –se dijo–, sólo tomo cariño a la gente que ha combatido o que está mutilada. Hay otras gentes buenas a las que has querido y que fueron verdaderos amigos; pero la verdad es que sólo sientes auténtica ternura y amor para con los que estuvieron allá y recibieron el castigo al que no escapan los que permanecen algún tiempo. Eres un bobo sentimental para con los lisiados –se dijo, mientras bebía el trago que no deseaba beber–. Y le tomas cariño al primer pobre diablo que haya sido herido de veras, como le sucede a cualquiera que se quede algún tiempo por allá.» «Sí, lo quieres», dijo su lado bueno.

«Preferiría no querer a nadie –pensó el coronel–; preferiría divertirme.» «Pero es que si no amas –dijo su lado bueno–, no puedes divertirte realmente.»

«Perfectamente –dijo el coronel, aunque no en voz alta–: yo amo más que cualquier miserable reptil de dos patas.» Y añadió en alta voz:

–¿Qué pasa? ¿Con quién habla, Arnaldo?

–Cipriani aún no ha regresado –contestó el mozo–. Lo están esperando de un momento a otro y yo mantengo abierta la comunicación para poder hablar con él en cuanto llegue.

–Un procedimiento muy caro –advirtió el coronel–. Averigüe quién hay allí y así no perderemos tiempo. Quiero saber exactamente quién está allá.

Arnaldo habló por el teléfono en voz baja. Luego, tapó la boca del aparato con la mano, y le informó:

–Hablo con Ettore. Dice que el barón Alvarito no ha llegado. Está el conde Andrea y, según Ettore, se encuentra algo bebido, pero no lo suficiente como para que usted y él puedan divertirse juntos. También hay el grupo de señoras que va todas las tardes y se encuentran también la princesa griega que usted conoce y varias personas que usted no conoce. Está también la canalla del consulado norteamericano; llegaron al mediodía y allí siguen.

–Dígale que me llame cuando se haya ido la canalla. Entonces iré en seguida.

Arnaldo habló de nuevo por teléfono y después se volvió hacia el coronel que estaba mirando por la ventana la cúpula de la Dogana:

Ettore dice que procurará echarlos, pero que teme que a Cipriani no le guste.

–Dígale que no se esfuerce por echarlos. Esta tarde no trabajan y no hay motivos para que no se emborrachen como todo el mundo. Sencillamente, no quiero verlos.

–Ettore dice que volverá a llamar. Me encarga que le diga que la posición caerá por su propio peso.

–Dele las gracias –dijo el coronel.

Observó una góndola que con el viento en contra remontaba el canal, y pensó en los norteamericanos que bebían en Harry's. «Ya sé que se aburren. En esta ciudad, también... Ya sé que ésta es una ciudad fría, que sus sueldos no son muy altos y que el combustible está carísimo. Admiro a sus esposas por los valerosos esfuerzos que hacen para transportar Keokuk a Venecia. Admiro que sus hijos ya hablen el italiano como pequeños venecianos. Pero nada de instantáneas hoy, Jack. Nada de fotos de familia. Nada de confidencias en el bar y de tragos tomados en una camaradería indeseada. Y nada de aflicciones tediosas sobre los yerros de los servicios consulares.»

–Basta de segundos, terceros o cuartos vicecónsules hoy, Arnaldo.

–Bueno, en el consulado hay algunas gentes agradables –declaró el mozo.

–Sí –contestó el coronel–. En 1918 hubo aquí un cónsul encantador. Todo el mundo lo quería. Quiero acordarme de su nombre.

–Se va usted un poco para atrás, mi coronel.

–Sí, retrocedo tanto en el tiempo que deja de tener interés.

–¿Usted recuerda todo lo de los viejos tiempos?

–Todo –concluyó el coronel–. El cónsul ese se llamaba Carroll.

–Oí hablar de él.

–Entonces, usted aún no había nacido.

–¿Cree usted necesario haber nacido en el momento preciso para conocer las cosas que han ocurrido en esta ciudad?

–Tiene usted toda la razón. Dígame: ¿todo el mundo sabe siempre cuanto ocurre en esta ciudad?

–Todo el mundo no: pero casi todo el mundo, sí –replicó el mozo–. En fin de cuentas, las sábanas son sábanas y alguien tiene que cambiarlas y alguien más tiene que lavarlas. Naturalmente, no me refiero a las sábanas de un hotel como éste.

–Yo pasé en mi vida algunos ratos endiabladamente buenos, sin necesidad de sábanas.

–Naturalmente. Pero los gondoleros, aunque tienen un espíritu muy cooperativo y son, a mi entender, la mejor gente de entre nosotros, comentan entre ellos.

–Naturalmente.

–Luego está el clero. Aunque los curas nunca violan el secreto de confesión, también comentan entre ellos.

–Es de esperar.

–Y sus amas hablan entre ellas.

–Están en su derecho.

–Luego, llegamos a los mozos –prosiguió el mozo–. La gente habla en las mesas como si el camarero estuviera sordo como una tapia. El camarero, de acuerdo con su ética profesional no hace el menor esfuerzo para escuchar las conversaciones. Pero a veces no puede evitarlo, y oye. Naturalmente, tenemos nuestras conversaciones entre nosotros. Nunca en este hotel, por supuesto. Y puedo seguir así...

–Creo que me doy cuenta.

–Eso, sin mencionar los peluqueros y los peinadores.

–¿Y qué noticias hay ahora del Rialto?

–Se lo contarán todo en el Harry's, con la excepción de la parte en la que figura usted.

–Ah, ¿figuro yo también en los comentarios?

–Todo el mundo lo sabe todo.

–Bueno, pues maldita la gracia que me hace.

–Algunas gentes no comprenden la parte de Torcello.

–Que me maten si muchas veces yo mismo llego a entenderla.

–Si no es demasiado indiscreto, por mi parte, coronel. ¿cuántos años tiene usted?

–Cincuenta y uno. ¿Por qué no lo ha preguntado al encargado del registro de viajeros? Hay que llenar una hoja de filiación para la *Questura.*

–Deseaba oírlo de usted para felicitarle.

–No sé de qué está usted hablando.

–Permítame, de todos modos, que le felicite.

–No puedo aceptarlo.

–Usted es muy querido en esta ciudad.

–Gracias. Es un grandísimo cumplido.

Entonces sonó el teléfono.

–Yo atiendo –dijo el coronel, y oyó la voz de Ettore, que decía:

–¿Quién habla?

–Coronel Cantwell.

–La posición ha caído, mi coronel.

–¿Hacia dónde ha ido?

–Hacia el Piazza.

–Espléndido. En seguida estoy ahí.

–¿Quiere una mesa?

–La del rincón –dijo el coronel, y colgó.

Luego, dirigiéndose a Arnaldo, añadió:

–Me voy al Harry's.

–Buena caza.

–No, es pasado mañana cuando iré a cazar patos a los pantanos, antes de que amanezca. Iré en un *botte*.

–Seguramente hará frío.

–Me parece –sentenció el coronel, poniéndose su trinchera y mirándose al espejo, mientras se colocaba la gorra.

–Una cara horrible –le dijo al espejo–. ¿Vio usted alguna vez una cara más fea que la mía?

–Sí –dijo Arnaldo–. La mía. Todas las mañanas, al afeitarme.

–Ambos deberíamos afeitarnos en la oscuridad –concluyó el coronel antes de salir por la puerta.

CAPÍTULO IX

Al salir el coronel Cantwell por la puerta del Gritti Palace Hotel, declinaba la luz del día. Aún había sol en el lado opuesto de la plaza, pero los gondoleros preferían estar al abrigo del viento frío bajo el amparo del Gritti, que aprovechar el postrer calor solar y hallarse expuestos al viento que barría aquel costado de la plaza.

Tras observar esos detalles, el coronel dio media vuelta a la derecha y caminó por la plaza hacia la calle pavimentada que doblaba a la derecha. Al doblar se detuvo un momento y contempló la iglesia de Santa María del Giglio.

«¡Qué edificio hermoso, compacto y, sin embargo, aéreo! –pensó–. Nunca creía que una iglesia pequeña pudiera parecerse a un P-47. Tengo que averiguar quién y cuándo la construyó. ¡Rayos!, quisiera poder pasear por esta ciudad toda mi vida. Toda mi vida –pensó–. ¡Vaya chiste! Un chiste para sentir náuseas. Una válvula de asfixia. Vamos, vamos, amigo –se dijo–, ningún caballo llamado Morboso ganó jamás carrera alguna.»

«Además –pensó mientras contemplaba de pasada los escaparates de las tiendas–, no me siento tan mal.» Y observó la fiambrería con los quesos parmesanos, los jamones de San Daniele y los chorizos y longanizas *alla cacciatora;* el almacén con sus botellas de excelente whisky escocés y Gordon Gin legítimo, la cuchillería, una tienda de antigüedades con algunos objetos de calidad y mapas y ediciones antiguas, un restaurante de segunda categoría costosamente disfrazado para simular ser de primera clase, y después llegó al primer puente que cruzaba uno de los canales y subió los escalones de piedra. «No, no me siento tan mal. Sólo esos zumbidos. Recuerdo cuando empezaron los zumbidos y yo pensé que sin duda había algunas cigarras en los árboles, y no quería preguntarle al joven Lowry, pero al fin le pregunté. Y me contestó: No, mi general, no oigo grillos ni cigarras. La noche está absolutamente en calma y no hay sino los ruidos habituales.»

Entonces, mientras subía los escalones del puente, sintió aquella punzada aguda, al mismo tiempo que advirtió que llegaban, en dirección opuesta, dos hermosas jóvenes. Eran muy bellas, no llevaban sombrero y estaban vestidas pobremente, pero con gusto; hablaban entre sí muy velozmente y el viento agitaba sus cabelleras mientras subían el puente con ágiles y largas zancadas de sus piernas venecianas, y el coronel se dijo que era preferible dejar de mirar escaparates por aquella calle, cruzar el puente, doblar a la derecha dos manzanas más allá y seguir derecho hasta el Harry's.

Así lo hizo, soportando el dolor mientras cruzaba el puente, pero sin dejar de caminar con su paso enérgico de siempre y viendo solamente, de una manera fugaz, la gente al pasar. «Hay mucho oxígeno en este aire», pensó, mientras daba cara al viento para aspirarlo profundamente.

Luego empujó la puerta del bar del Harry's y se encontró dentro. Había superado la cosa una vez más y ya estaba en su casa.

En el bar, un hombre alto, muy alto, de cara torturada, esmerada educación, alegres ojos azules y cuerpo elástico como el de un lobo, le dijo:

–¡Mi viejo y depravado coronel!

–¡Mi malvado Andrea!

Se dieron un abrazo y el coronel sintió la rugosa superficie de la elegante chaqueta del tweed que llevaba Andrea, y que debía tener, por lo menos, veinte años de uso.

–Tiene usted buen aspecto, Andrea –dijo el coronel.

Era una mentira y ambos lo sabían.

–Me siento muy bien –replicó Andrea, devolviendo la mentira–. En verdad, jamás me sentí mejor. Usted tiene una apariencia extraordinariamente buena.

–Gracias, Andrea. Nosotros, los bastardos llenos de salud heredaremos la tierra.

–Excelente idea. Debo confesar que no me importaría heredar algo en estos días.

–No se preocupe, que ya llegará la hora en que heredará un metro ochenta de tierra.

–Un metro noventa y dos –contestó Andrea–. Y usted, viejo perverso, ¿sigue esclavizado por allá en *la vie militaire*?

–Sí, pero no demasiado esclavizado –puntualizó el coronel–. Por ejemplo, ahora he venido para cazar en San Relajo.

–Ya sé. Y no me haga chistes en español a estas horas. Lo estaba buscando Alvarito. Me encargó decirle que volverá.

–Bien. ¿Cómo están su encantadora esposa y los niños?

–Perfectamente, y me pidieron que le saludara si le veía. Están en Roma. Ahí viene su novia. O una de sus novias. –Andrea era tan alto que podía ver, desde allí, la calle que comenzaba a oscurecer; pero aquélla era una muchacha fácilmente reconocible incluso en una mayor oscuridad que la presente–. Pídale que acceda a beber con nosotros, antes de que se la lleve a la mesa del rincón. ¿No es una muchacha encantadora?

–Lo es.

Entonces entró ella en la habitación, refulgente en su belleza juvenil y esbelta, y los cabellos revueltos por el viento. Tenía un cutis pálido, casi color de aceituna, un perfil capaz de partirle el corazón a cualquiera y unos cabellos negros y vivos que se derramaban sobre los hombros.

–¡Hola, mi gran belleza! –dijo el coronel.

–¡Hola! ¡Hola! –dijo ella–. Creí que no iba a encontrarte. Lamento llegar con retraso.

Su voz era baja y delicada; hablaba el inglés cuidadosamente.

–*Ciao,* Andrea –añadió la joven–. ¿Cómo están Emilia y los chicos?

–Probablemente igual que cuando te contesté a la misma pregunta hace cuatro horas.

–Oh, lo siento –contestó ella, ruborizándose–. Estoy tan nerviosa... y, además, siempre digo las cosas que no debo. ¿Qué podría decir? ¡Ah, sí! ¿Pasaste bien la tarde?

–Sí –repuso Andrea–. Con mi viejo amigo y crítico más severo.

–¿Quién es?

–El whisky con agua.

–Supongo que si Andrea quiere molestarme, me molesta –dijo ella, dirigiéndose al coronel–. Pero tú no quieres molestarme, ¿verdad?

–Llévatelo a la mesa del rincón y háblale –intervino Andrea–. Estoy harto de los dos.

–Yo no estoy harto de usted –le dijo el coronel–. Pero creo que es una buena idea. ¿Tomamos algo los tres juntos, y sentados, Renata?

–Me gustaría, si Andrea no está enojado.

–Yo nunca me enojo.

–Entonces, ¿beberás con nosotros, Andrea?

–No. Vayan a su mesa. Estoy cansado de verla vacía.

–Adiós, *caro.* Gracias por el trago que no nos bebimos.

–*Ciao,* Ricardo –repuso Andrea, y eso fue todo.

Le volvió su espalda ancha, larga, hermosa y miró hacia ese espejo que está colocado tras los bares para que los hombres puedan darse cuenta de cuando están bebiendo de más, y decidió que no le gustaba lo que vio allí reflejado.

–Ettore –dijo–. Anótame en la cuenta estas bagatelas.

Y salió, no sin antes esperar por su sobretodo, girando sobre sí para ponérselo, y darle de propina al hombre que se lo trajo exactamente lo que se le debe dar, más un veinte por ciento.

En la mesa del rincón, Renata dijo:

–¿Crees que lo hemos ofendido?

–No. Te adora a ti y siente simpatía por mí.

–¡Andrea es tan encantador! Y tú eres tan encantador...

–Mozo –llamó el coronel; luego, preguntó–. ¿Quieres también un Martini seco?

–Sí –contestó ella–. Me gusta mucho.

–Dos Martinis muy secos –pidió el coronel–. Montgomerys. Quince a uno.

El mozo, que había combatido en el desierto, sonrió antes de irse, y el coronel se dirigió a Renata:

–Eres adorable. Y también muy hermosa, encantadora y te adoro.

–Siempre dices eso y yo no sé muy bien lo que significa, pero me gusta oírlo.

–¿Cuántos años tienes?

–Casi diecinueve. ¿Por qué?

–¿Y no sabes lo que significa?

–No. ¿Por qué habría de saberlo? Los norteamericanos siempre dicen eso antes de irse. Parece que les es necesario. Pero yo también te adoro, signifique lo que fuere.

–Bueno, procuremos divertirnos –dijo el coronel–. Mejor que no pensemos en nada.

–Yo también lo prefiero. De cualquier modo no puedo pensar muy bien a estas horas del día.

–Aquí están las copas –advirtió el coronel–. Y recuerda: no hay que decir salud.

–Me acuerdo perfectamente. Nunca digo salud, ni a su salud ni hasta el fondo.

–Justo. Simplemente levantamos los vasos frente a frente y, a lo sumo, chocamos suavemente los bordes.

–De acuerdo.

Los Martinis estaban muy fríos y eran auténticos Montgomerys, y, después de chocar los bordes de las copas, sintieron penetrar en sus cuerpos el agradable líquido.

–¿Qué estuviste haciendo? –preguntó el coronel.

–Nada. Espero terminar con la universidad e irme.

–¿Adónde?

–Dios lo sabe. A cualquier sitio en donde pueda aprender bien el inglés.

–Ponte de perfil una vez más y levanta la barbilla. Hazlo por mí.

–¿No te estás burlando?

–No me estoy burlando.

Renata volvió la cabeza y elevó la barbilla, sin vanidad ni coquetería, y el coronel sintió que su corazón le daba un vuelco, como si algún animal dormido se hubiera revuelto en su madriguera, espantando deliciosamente a otro animal dormido junto a él.

–¡Oh! –exclamó–. ¿No te gustaría presentarte para Reina del Cielo?

–Sería sacrilegio.

–Sí –contestó él–. Supongo que sería sacrilegio y retiro la sugerencia.

–Richard... No, no puedo decirlo.

–Dilo.

El coronel pensó: «Te ordeno que lo digas.» Y ella exclamó:

–Por favor, nunca me mires así.

–Lo siento. Acabo de meterme en mi profesión sin darme cuenta.

–¿Y si fuéramos algo así como casados, practicarías tu profesión en el hogar?

–No. Lo juro. Nunca me dejaría arrastrar por mi oficio. Lo digo de todo corazón.

–¿Con nadie?

–Con nadie de tu sexo.

–No me gustan las palabras «tu sexo». Suena como si estuvieras practicando tu oficio.

–Me despojo de mi maldita profesión y la arrojo al Gran Canal por esa ventana.

–Ahí tienes –contestó ella–. ¿Ves cómo en seguida vuelves a tu profesión?

–Está bien, rectifico. Te quiero y me despojo suavemente de mi profesión.

–Déjame tocar tu mano –pidió ella–. Está bien. Puedes ponerla sobre la mesa.

–Gracias –dijo el coronel.

–Quería tocarla porque la semana pasada, todas las noches o casi todas las noches, soñé con ella. Unos sueños extrañamente mezclados. Soñaba que tu mano era la de Nuestro Señor.

–Malo. No deberías hacer eso.

–Ya lo sé. Pero eso es lo que precisamente soñé.

–¿No estarás un poco neura?

–No sé lo que quieres decir con eso, pero te ruego que no te burles cuando hablo seriamente. Soñé lo que te estoy diciendo.

–¿Qué hacía la mano?

–Nada. Es decir, no sé exactamente. Era una mano, eso es todo.

–¿Parecida a ésta? –preguntó el coronel, mirando con disgusto su mano deformada, y recordando las dos veces que la había mirado de ese modo.

–No parecida. *Era* esa mano. ¿Puedo tocarla con mis dedos, cuidadosamente, si no duele?

–No duele. Donde duelen las heridas es en la cabeza, las piernas y los pies. Pero no creo que esa mano tenga la menor sensibilidad.

–Te equivocas, Richard. Hay mucha sensibilidad en esa mano.

–A mí no me gusta mirarla. ¿No te parece que podríamos cambiar de tema?

–Desde luego. Pero tú no tienes que soñar con ella.

–No. Yo tengo otros sueños.

–Sí. Me los imagino. Mas yo soñé últimamente con esa mano. Ahora que ya la he tocado cuidadosamente podemos, si gustas, hablar de cosas divertidas. ¿Cuáles se te ocurren, por ejemplo?

–Podemos mirar a la gente y criticarla.

–Me encanta. Pero no lo hagamos con malicia, sino con ingenio. Los dos.

–Muy bien –aceptó el coronel–. Mozo, *ancora due Martini.*

No quiso agregar lo de Montgomery en voz alta, porque en la mesa inmediata había una pareja, a todas luces británica. «El hombre –pensó el coronel–, tal vez haya sido herido, aunque a juzgar por su aspecto, no lo creo. Dios me ayude a evitar la brutalidad. Contempla los ojos de Renata. Probablemente son lo más hermoso de todas las cosas hermosas que tiene; con las pestañas más largas y honestas que haya visto en mi vida, que jamás utiliza para otra cosa que no sea mirarte derecha y honestamente. ¡Qué muchacha tan endiabladamente maravillosa! ¿Y qué demonios estoy haciendo yo aquí? Esto es perversión. Ella es tu último y único y verdadero amor –pensó–, lo cual no es malo, sino infortunado. No –se dijo–; es endiabladamente afortunado y tú eres muy afortunado.»

Estaban sentados en una mesita de un rincón de la sala y a su derecha había cuatro mujeres en una mesa mayor. Una de ellas iba de luto; un luto tan teatral que le recordó al coronel a Lady Diana Manners interpretando el papel de la monja en «El Milagro», de Max Reinhardt. La mujer en cuestión tenía un rostro atractivo, gordinflón, naturalmente alegre y su luto resultaba incongruente.

En la misma mesa había otra mujer con los cabellos tres veces más blancos de lo que pueden ser los cabellos de cualquiera, según observó el coronel. También tenía una cara agradable. Los rostros de las otras dos no le sugirieron nada.

–¿Son normales? –le preguntó a la joven.

–No lo sé –respondió Renata–. Las cuatro son personas muy amables.

–Yo diría que no son como todas. Pero tal vez sean simplemente buenas amigas. O quizá sean ambas cosas. A mí no me importa y lo que yo he dicho no tiene el menor propósito de crítica.

–Cuando eres bondadoso resultas adorable.

–¿Presumes que la palabra adorable quiere decir hombre al cual se adora?

–No lo sé –replicó la joven, deslizando sus dedos levemente sobre la mano deformada por las cicatrices–. Pero cuando eres amable te quiero mucho.

–Trataré de ser amable a toda costa –afirmó el coronel–. ¿Quién será aquel cretino de la tercera mesa?

–No te dura mucho tiempo la amabilidad –contestó Renata–. Preguntémosle a Ettore.

Miraron al hombre de la tercera mesa. Tenía un rostro extraño; parecía un hurón irritado o una comadreja contrariada. La piel de su cara estaba tan manchada y picada de viruela como la luna vista a través de un telescopio barato y, pensó el coronel, se asemejaba a Goebbels, siempre que Herr Goebbels hubiera estado alguna vez en un avión incendiado y no hubiera logrado salir antes de que las llamas lo alcanzasen.

Sobre ese rostro, constantemente inquisitivo, como si pudiera hallarse la respuesta sólo con dirigir debidamente miradas interrogantes, surgía un cabello negro que parecía no tener conexión alguna con la raza humana. Daba la impresión de que los pieles rojas le hubieran arrancado el cuero cabelludo, el cual hubiese sido reemplazado posteriormente.

«Muy interesante –pensó el coronel–. ¿Podría ser un compatriota? Sí, tiene que serlo.»

Un poco de saliva se acumulaba en las comisuras de los labios del hombre mientras hablaba, sin dejar de atisbar con la mujer, ya entrada en años y de aspecto saludable, que estaba con él. «Ella –pensó el coronel– parece una madre cualquiera del *The Ladie's Home Journal.*» *The Ladie's Home Journal* era una de las revistas que se recibían regularmente en el Club de Oficiales, en Trieste, y el coronel le echaba siempre una ojeada. «Es una revista maravillosa –pensó–, porque combina el *sex-appeal* con hermosos alimentos. Me despierta el apetito en ambos sentidos. ¿Quién podrá ser el sujeto en cuestión? Parece la caricatura de un norteamericano asado a medias y luego frito ligeramente en aceite. No estoy siendo muy amable», pensó.

Ettore, con su cara delgada, su afición por las bromas y su falta de respeto permanente y fundamental, se plantó ante el coronel, que le dijo:

–¿Quién es aquel personaje tan espiritual?

Ettore movió la cabeza.

El hombre en cuestión era de pequeña estatura y moreno, con unos relucientes cabellos negros que no armonizaban con su extraña cara. Daba la impresión, pensó el coronel, de que había llegado a hombre maduro, olvidando el cambiarse la peluca. «Tiene una cara maravillosa –observó–. Se parece a algunas colinas de las inmediaciones de Verdún. No creo que sea Goebbels y que se haya conseguido esa cara en los últimos días, cuando jugaban todos al Götterdämmerung. *Komm' Süsser Tod.* Bueno, seguramente se compraron todos ellos un buen trozo de Süsser Tod, a última hora.»

–¿Quiere usted un lindo sandwich Süsser Tod, señorita Renata? –dijo el coronel.

–No creo –contestó ella–. Prefiero a Bach y estoy segura de que Cipriani puede hacerme uno.

–Yo no hablaba contra Bach –advirtió el coronel.

–Ya lo sé.

–Demonios –prosiguió el coronel–. Bach era prácticamente un cobeligerante. Como lo fuiste tú.

–No creo que tengas que hablar contra mí –protestó la joven.

–Hija –añadió él–, ¿cuándo aprenderás que si te gasto bromas es porque te quiero?

–Ahora lo he aprendido. Pero debes saber que es más divertido no gastar bromas muy rudas.

–Bien, Renata. Ya lo sé ahora.

–¿Cuántas veces pensaste en mí durante la semana, Richard?

–Todo el tiempo.

–No. Dime la verdad.

–La verdad: todo el tiempo.

–¿Crees que eso es malo para alguien?

–No quiero saberlo. Ésa es una de las cosas que no quiero saber.

–Confío en que no sea malo para nadie. Yo no tenía la menor idea de que pudiera ser malo.

–Bueno, ahora ya la tienes.

–Sí. Ahora sé. Ahora sé y para guardarme, y para siempre. ¿Está correctamente dicho?

–Ahora sé que bastante correctamente –dijo el coronel, y luego, volviéndose–: Ettore, aquel personaje de luminoso rostro y la simpática dama que está con él ¿no viven en el Gritti?

–No –informó Ettore–. Viven aquí al lado. Él va algunas veces al Gritti a comer.

–Bien. Sería maravilloso verle si algún día me siento descorazonado. ¿Quién es la mujer que le acompaña? ¿Su esposa? ¿Su madre? ¿Su hija?

–Ahí me atrapó usted –contestó Ettore–. No le hemos seguido la pista en Venecia, porque es un tipo que no ha despertado amor ni odio, desagrado, temores ni recelos. ¿Le interesa realmente saber algo de él? Puedo preguntarle a Cipriani.

–Dejémoslo estar –dijo la joven–. ¿No es así como dices tú?

–Dejémoslo estar –repitió el coronel.

–Puesto que tenemos tan poco tiempo, Richard, realmente es desperdiciarlo.

–Lo miraba como a un dibujo de Goya. Las caras son también cuadros.

–Mira la mía y yo miraré la tuya. Por favor, deja estar al hombre. No ha venido aquí para hacerle daño a nadie.

–Permíteme que te mire a la cara, pero tú no mires la mía.

–No –repuso ella–. No sería justo. Tengo que acordarme de tu rostro durante toda la semana.

–¿Y yo? –preguntó el coronel.

En ese momento llegó Ettore, que había sido incapaz de no organizar la conspiración, y que tras haber reunido rápidamente su servicio de inteligencia, como corresponde a un veneciano, dijo:

–Mi colega, que trabaja en un hotel, dice que el hombre se bebe tres o cuatro *highballs*, y que luego escribe larga y fluidamente hasta bien entrada la noche.

–No me cabe duda de que escribe cosas maravillosas de leer.

–No me cabe duda –reafirmó Ettore–. Pero no se parece en nada al método seguido por el Dante.

–Dante era otro *vieux con* –dijo el coronel–. Quiero decir como hombre, no como escritor.

–De acuerdo –concedió Ettore–. Creo que no encontrará a nadie, fuera de Florencia, que haya estudiado su vida que no esté de acuerdo.

–Y encima, Florencia.

–¿Por qué no le gusta Florencia, mi coronel? –preguntó Ettore.

–Demasiado difícil de explicar. Fue el *depósito* de mi viejo regimiento, cuando yo era un muchacho.

–Entonces lo comprendo. Yo también tengo mis razones para que no me guste. ¿Conoce usted alguna buena ciudad, mi coronel?

–Sí –contestó–. Ésta. Aparte de Milán y Bolonia. Y Bérgamo.

–Cipriani tiene una gran reserva de vodka para el caso de que vinieran los rusos –dijo Ettore, al que le gustaban las bromas pesadas.

–Los rusos traerán su propio vodka, sin pagar aduanas.

–De todos modos, creo que Cipriani está bien preparado.

–Entonces, es el único hombre que lo está. Dígale que no acepte cheques de los oficiales jóvenes sobre el Banco de Odesa, y gracias por los informes acerca de mi compatriota. No quiero hacerle perder más tiempo.

Ettore se fue y la joven miró al coronel en sus viejos ojos de acero, colocó ambas manos en la mano herida de él, y exclamó:

–Estuviste muy amable.

–Y tú eres la más hermosa de todas, y te quiero.

–De todas formas resulta agradable oírtelo decir.

–¿Qué hacemos con respecto a la cena?

–Tendré que llamar a mi casa y ver si puedo salir.

–¿Por qué estás triste ahora?

–¿Estoy triste?

–Sí.

–Realmente no lo estoy. Soy tan feliz como siempre. De veras. Créeme, Richard, por favor. ¿Pero cómo te sentirías tú si fueras una muchacha de diecinueve años y estuvieras enamorada de un hombre que pasa de los cincuenta y que sabes que se va a morir?

–Lo planteas un poco crudamente –dijo el coronel–. Pero estás muy hermosa al decirlo.

–Yo nunca lloro –replicó ella–. Nunca. Me lo impuse como norma. Pero ahora voy a llorar.

–No llores. Ahora soy amable y que se vaya todo al diablo.

–Di nuevamente que me quieres.

–Te quiero, y te quiero, y te quiero.

–¿Harás todo cuanto esté a tu alcance para no morirte?

–Sí.

–¿Qué te dijo el médico?

–Que estoy más o menos igual.

–¿No estás peor?

–No –mintió él.

–Entonces, bebamos otro Martini. Ya sabes, nunca bebo Martini más que cuando estamos juntos.

–Lo sé. Y también sé que los bebes maravillosamente bien.

–Richard, ¿no tienes que tomarte la medicina?

–Sí. Debería tomar la medicina.

–¿Quieres que te la dé yo?

–Sí. Me gustaría.

Ambos siguieron sentados a la mesa. Algunas gentes salieron y entraron otras.

El coronel sintió ciertos vahídos a causa de la medicina, pero los dio de lado. «Siempre ocurre así –pensó–. Al diablo con los mareos.»

Vio que la joven lo observaba y él le sonrió. Era una vieja sonrisa que había venido utilizando desde hacía cincuenta años, desde el primer día en que sonrió, y seguía siendo tan segura como la escopeta del abuelo Purdey. «Creo que la tiene mi hermano mayor

–pensó–. Bueno, él siempre ha tirado mejor que yo y merece tenerla.»

–Escúchame, hija –dijo–. No tengas pena por mí.

–No tengo pena. En absoluto. Sencillamente te quiero.

–No es un gran *oficio,* ¿verdad?

Dijo *oficio,* en lugar de emplear la voz inglesa porque a veces hablaban también en español cuando no lo hacían en francés, siempre que deseaban no recurrir a la lengua inglesa en presencia de otras gentes. «El español es una lengua áspera –pensó el coronel–, más áspera, a veces, que la mazorca del maíz. Pero permite decir lo que uno quiere decir y derechamente.»

–Quererme *es un oficio bastante malo* –insistió él, en español.

–Sí –respondió ella–. Pero es el único que tengo.

–¿Ya no escribes más poesías?

–¡Oh! Eran poesías juveniles. Lo mismo que la pintura juvenil. A determinada edad todo el mundo tiene algún talento.

«¿A qué edad os hacéis viejos en este país? –pensó el coronel–. Aunque en Venecia nadie es viejo nunca. Pero crecéis y maduráis muy rápidamente. Yo mismo maduré aprisa en el Véneto, sin pasar siquiera de los veintiún años.»

-¿Cómo está tu madre? –inquirió el coronel, cariñosamente.

–Está bien. Sigue sin recibir a nadie y apenas ve a ninguno de sus amigos o conocidos por causa de su pesar...

–¿Crees que le importaría si tuviéramos un hijo?

–Lo ignoro. Pero ya sabes que es muy inteligente. Supongo que yo tendría que casarme con alguien. Aunque en realidad no tengo interés.

–Podríamos casarnos tú y yo.

–No. He pensado mucho sobre eso y he llegado a la conclusión de que no debemos casarnos. Es una decisión como esa otra de no llorar nunca.

–Tal vez es que adoptas decisiones equivocadas. Dios sabe bien que yo formulé algunas decisiones erróneas y debido a ello murieron muchos hombres.

–Pienso que, tal vez, estés exagerando. No puedo creer que hayas adoptado decisiones equivocadas.

–No muchas, pero las suficientes. En mi profesión, tres errores son muchos. Y yo me equivoqué tres veces.

–Me gustaría conocer esos tres errores.

–Te aburrirías. A mí, sólo el acordarme me causa malhumor. ¿Qué no será con un extraño?

–¿Soy yo una extraña?

–No. Tú eres mi auténtico amor. Mi último, único y verdadero amor.

–¿Las llevaste a cabo pronto o tarde? Me refiero a las decisiones.

–Pronto, en el medio y tarde.

–¿Por qué no me hablas de ellas? Quisiera compartir de algún modo tu triste oficio.

–Que se vayan al diablo las decisiones –contestó el coronel–. Ya están hechas y se pagaron caras. Lo malo es que uno no puede pagar por ellas.

–¿Puedes contarme algo del asunto y decirme por qué hablas así?

–No –dijo él. Y ahí concluyó el tema.

–Entonces, tratemos de distraernos.

–Tratemos. Distraigámonos con nuestra única vida.

–Tal vez haya otras. Otras vidas.

–No creo. Vuélvete de perfil, hermosura.

–¿Así?

–Así. Exactamente así.

«De este modo –pensó el coronel– llegamos al último *round* y ni siquiera sé el número de este *round.* Amé a tres mujeres y las perdí a las tres.»

«Las perdiste lo mismo que pierdes un batallón. Por errores de juicio, órdenes que son imposibles de cumplir, bajo condiciones igualmente imposibles y también por brutalidad.»

«He perdido en mi vida tres batallones y tres mujeres y ahora tengo una cuarta, la más adorable de todas ¿y en qué demonios parará todo esto?»

«Dime, general, incidentalmente mientras discutimos la cuestión, y se trata de una discusión franca sobre la situación y en modo alguno de un Consejo de Guerra; dime, general, como tantas veces me has dicho: *General, ¿dónde está tu caballería?»*

«Ya lo he pensado –se dijo–. El Comandante en Jefe no sabe dónde está su caballería, y su caballería no conoce muy precisamente su situación ni cuál es su misión, y algunos de los jinetes, bastantes, meterán la pata como siempre la ha metido la caballería en todas las guerras, pues para eso la caballería tiene grandes caballos.»

–Hermosura –exclamó–. *Ma très chere et bien aimée.* Soy torpe y lo siento.

–Tú nunca eres torpe, al menos para mí, y te quiero, y sólo deseo que esta noche estemos alegres.

–Podemos estar condenadamente alegres –dijo el coronel–. ¿Sabes de algo en particular por lo que debamos alegrarnos?

–Podemos estar alegres por nosotros y por la ciudad. Tú has estado frecuentemente muy alegre.

–Sí. He estado.

–¿No crees que podemos intentarlo una vez más?

–Seguro. Por supuesto. ¿Por qué no?

–¿Ves aquel joven con una onda en el cabello, que es natural, y que él simplemente se la acentúa un poquito, con habilidad, para estar más hermoso?

–Lo veo.

–Es un pintor muy bueno, pero todos los dientes de delante son postizos porque era un poquito *pédéraste* y otros *pédérastes* lo atacaron en el Lido una noche de luna llena.

–¿Cuántos años tienes?

–Pronto cumpliré diecinueve.

–¿Y cómo supiste eso?

–Me enteré por el gondolero. En la actualidad, ese joven es un pintor muy bueno. Hoy día no abundan los pintores buenos. Pero tiene los dientes postizos, con sus veinticinco años. ¡Qué cosa!

–Te quiero con toda mi alma –dijo el coronel.

–Y yo te quiero también con toda el alma. Te lo repito en norteamericano, signifique lo que sea. Y también te quiero en italiano, contra mi sentido común y contra mis deseos.

–No deberíamos desear demasiado, porque somos capaces de lograr nuestros deseos.

–De acuerdo. Pero ahora quisiera obtener lo que deseo.

Ambos callaron por un momento, y la joven fue la primera en romper el silencio.

–Ese muchacho, que ahora es un hombre, desde luego, y que frecuenta muchas mujeres, pintó hace tiempo mi retrato. Si quieres, te lo doy.

–Gracias –repuso el coronel–. Me encantaría tenerlo.

–Un retrato muy romántico. Mi cabello es dos veces más largo de lo que fue jamás y yo parezco como si emergiese del mar, aunque sin la cabeza mojada. En realidad, una sale del mar con los cabellos pegados y hechos un cordel en los extremos, con un aspecto muy semejante al de una rata moribunda. Pero papá le pagó debidamente por el retrato y aunque no soy realmente yo, soy la imagen de como tú me ves.

–Yo también te veo saliendo del mar.

–Desde luego. Muy fea. Pero tal vez te gustaría tener ese retrato como recuerdo.

–¿No le importaría a tu encantadora madre?

–A mamá no le importaría. Creo que se alegraría de librarse del retrato ese. Tenemos mejores cuadros en la casa.

–Te quiero a ti. Y quiero mucho a tu madre.

–Tengo que decírselo.

–¿Crees que ese tarado picado de viruela es realmente un escritor?

–Sí. Cuando Ettore lo dice... Le gusta bromear, pero nunca miente. Richard, ¿qué es un tarado? Dime la verdad.

–Es un poco difícil de explicar. Pero creo que es un hombre que nunca ha trabajado auténticamente en su oficio y que es presuntuoso de algún modo inaguantable.

–Tengo que aprender a utilizar el vocablo debidamente.

–Mejor que no lo emplees –dijo el coronel–. ¿Cuándo puedo conseguir ese retrato?

–Esta noche, si quieres. Haré que alguien te lo envuelva y lo envíe al hotel. ¿Donde lo colgarás?

–En mi despacho.

–¿Y no entrará nadie y hará observaciones y hablará mal de mí?

–No. Por todos los diablos te aseguro que nadie hablará mal. Además, les diré que es el retrato de mi hija.

–¿Has tenido alguna hija?

–No. Y siempre deseé tener una.

–Yo puedo ser tu hija perfectamente.

–Pero eso sería..., digamos, incompatible.

–Tampoco creo que fuera una cosa tan terrible en una ciudad tan vieja como ésta y que ha visto lo que esta ciudad ha visto.

–Escucha, hija.

–Eso que has dicho ha estado bien. Me ha gustado.

–Bueno –dijo el coronel, y su voz se volvió un poco ronca–, a mí también me ha gustado.

–¿Ves ahora por qué te quiero?

–Dime, hija, ¿en dónde te parece que cenemos?

–Donde tú quieras.

–¿Te gustaría el Gritti?

–Desde luego.

–Entonces telefonea a tu casa y pide permiso.

–No. He decidido no pedir permiso; enviaré un recado diciendo en dónde voy a cenar, para que no se inquieten por mí.

–¿Prefieres el Gritti, de verdad?

–Sí. Lo prefiero porque es un restaurante encantador, porque tú vives allí y porque puede mirarnos quien le dé la gana mirarnos.

–¿Desde cuándo tienes ese carácter?

–Siempre lo tuve. Jamás me importó nada lo que pensara la gente y nunca hice nada de lo que tuviera que avergonzarme, salvo el decir mentiras de niña y ser poco amable con la gente.

–Desearía que nos pudiéramos casar y tener cinco hijos.

–Yo también lo quisiera –dijo ella–. Y los enviaríamos a los cinco rincones del mundo.

–¿Tiene el mundo cinco rincones?

–No sé –respondió Renata–. Pero cuando lo he dicho sonaba como si los tuviera. Y ahora somos otra vez felices, ¿verdad?

–Sí, hija –contestó el coronel.

–Dilo otra vez.

–Sí, hija.

–¡Oh! –dijo ella–. La gente debe ser muy complicada. Por favor, ¿me dejas tu mano entre las mías?

–Es endemoniadamente fea y me disgusta mirarla.

–Tú no sabes nada sobre tu mano.

–Eso es cuestión de opiniones. Yo diría que estás equivocada, hija.

–Tal vez lo esté. Pero ahora nos estamos divirtiendo de nuevo y la cosa mala que haya habido hace un momento, se ha disipado ahora.

–Se ha disipado como se esfuma la niebla en los hoyos del terreno cañoneado, cuando sale el sol. Y tú eres el sol.

–Quiero ser también la luna.

–Lo eres –le dijo el coronel–. Y también cualquier planeta particular que quieras ser y yo te daré la situación exacta de ese planeta. ¡Cristo!, hija, tú puedes ser una constelación si gustas. Sólo que es un aeroplano (1).

–No. Yo seré la luna. Ella también tiene muchos pesares.

–Sí. Sus penas llegan regularmente. Pero las enjuga antes de desaparecer.

–A veces, la veo tan triste sobre el canal que no puedo resistirlo.

–Es que lleva viviendo mucho tiempo –dijo el coronel.

–¿No crees que debiéramos tomarnos otro Montgomery más? –preguntó ella, y el coronel advirtió que la pareja británica se había ido.

No había estado atento a nada más que al rostro adorable de Renata. «Algún día –pensó– me matarán así. Por otra parte, supongo que es una forma de concentración. Pero endiabladamente descuidada.»

–Sí –le contestó–. ¿Por qué no?

(1) Juego de palabras intraducible. Constelación, en inglés *constellation*, es una marca de aeroplano.

–Me hacen sentir muy bien los Montgomerys.

–En la forma en que los hace Cipriani también me hacen algún efecto.

–Cipriani es muy inteligente.

–Es más que inteligente. Es capaz.

–Algún día –agregó ella–, será el dueño de toda Venecia.

–No. De toda no. Jamás te tendrá a ti.

–No –dijo ella–. Ni él ni nadie a menos que tú no me quieras.

–Te quiero, hija. Pero no quiero tenerte.

–Lo sé. Y ésa es una razón más por la cual te quiero.

–Llamemos a Ettore para que avise a tu casa. Puedes decirles lo del retrato.

–Justamente. Si quieres el retrato esta noche, tendré que hablarle al mayordomo para que lo envuelva y lo envíe. Hablaré también con mamá y le diré en dónde estamos cenando y, si así lo quieres, le pediré permiso.

–No –dijo el coronel–. Ettore, dos Montgomerys, super Montgomerys, con aceitunas al ajo, no de las grandes, y, por favor, llame a casa de la señorita y avísenos cuando haya conseguido la comunicación. Todo eso, lo más rápidamente posible.

–Bien, mi coronel.

–Ahora, hija, reanudemos nuestra diversión.

–Quedó reanudada desde que hablaste –dijo ella.

CAPÍTULO X

Ahora caminaban por la mano derecha de la calle que conducía al Gritti. Soplaba el viento a sus espaldas aventando hacia delante los cabellos de la joven. Partía en dos sus cabellera, desde atrás, y la arremolinaba en torno a su rostro. Ambos miraban los escaparates de las tiendas y la joven se detuvo frente al de una joyería iluminada.

Había en el escaparate algunas magníficas joyas antiguas y ambos las contemplaron indicándose las mejores, sin soltarse por eso las manos, que siguieron enlazadas.

–¿Hay alguna que desees realmente? Te la podría comprar mañana por la mañana. Cipriani me prestaría el dinero.

–No. No deseo nada, pero advierto que nunca me regalas nada.

–Eres mucho más rica que yo. Pero te traigo cositas del PX y te invito a beber y a comer.

–Y me paseas en góndola y me llevas a sitios encantadores en el campo.

–Nunca pensé que pudieras querer regalos en forma de piedras preciosas.

–Ni los quiero. Es sólo la idea de regalarlas y entonces una las mira y piensa en ellas cuando estén desgastadas.

–Estoy aprendiendo la lección –dijo el coronel–. Pero, ¿qué te podría comprar yo con mi paga militar que pudiera compararse con tus magníficas esmeraldas?

–Pero no me comprendes. Esas esmeraldas las heredé. Vienen de mi abuela, que a su vez las heredó de su madre, que también las había heredado de la suya. ¿Crees que es lo mismo llevar piedras procedentes de personas muertas?

–Jamás pensé en ello.

–Puedes tenerlas si quieres, si te gustan las piedras. Para mí son sólo algo semejante a llevar un vestido de París. ¿A ti no te gusta llevar el uniforme, verdad?

–No.

–¿No te gusta llevar una espada, no es cierto?

–No, repito que no.

–Porque tú no perteneces a ese tipo de militares como yo no soy de esa clase de muchachas. Pero de vez en cuando puedes darme algo duradero que yo pueda llevar y que me sienta feliz cada vez que lo lleve.

–Ya entiendo –dijo el coronel–. Y así será.

–Aprendes muy pronto sobre cuestiones que no entiendes. Y

adoptas rápidamente decisiones adorables. Me gustaría que tuvieras mis esmeraldas y que las llevaras siempre en el bolsillo como un amuleto que trae suerte, para que las acaricies cuando te sientas solo.

–Mientras trabajo apenas me llevo las manos a los bolsillos. Habitualmente doblo un bastoncito, o algo parecido, o bien señalo las cosas con un lápiz.

–Pero aunque sea de tarde en tarde puedes meter la mano en el bolsillo y tocarlas.

–Cuando trabajo no me siento solo. Tengo que pensar muy intensamente como para sentirme solo.

–Pero ahora no estás trabajando.

–No. Sólo preparando el mejor camino para ser invadidos.

–De cualquier forma te las voy a dar. Estoy segura de que mamá lo comprenderá. Además, no tengo por qué decírselo hasta después de mucho tiempo. No lleva la fiscalización de mis cosas. Estoy segura de que mi doncella jamás se lo dirá.

–No creo que deba aceptarlas –dijo el coronel.

–Sí, debes. Por favor, dame ese gusto.

–No estoy seguro de que sea digno.

–Eso es como no estar seguro de si eres un hombre. Cuanto hagas para satisfacer a otra persona a la cual quieres es de lo más digno.

–Está bien. Las aceptaré, para bien o para mal.

–Ahora di: muchas gracias –dijo la joven, deslizándole las esmeraldas en el bolsillo con la rapidez y habilidad de un ladrón de joyas–. Las traje conmigo porque estuve pensando en ello y tomé la decisión en esta semana.

–Yo pensé que pensabas en mi mano.

–No seas impertinente, Richard. Y, además, *tú* no deberías ser nunca estúpido. Es tu mano la que habrá de tocar esas esmeraldas. ¿No te se ocurrió pensarlo?

–No. He sido un estúpido. ¿Qué te gusta de este escaparate?

–Me gustaría ese negrito miniatura con la cara de ébano, el turbante de chispitas de diamante con el rubí en la parte superior. Lo utilizaría como un prendedor. Todo el mundo lo llevaba antiguamente en esta ciudad y las caras de los negritos eran las de sus servidores confidenciales. Lo deseo desde hace mucho tiempo, pero quería que me lo regalaras tú.

–Te lo enviaré mañana por la mañana.

–No. Dámelo cuando almorcemos, antes de que te vayas.

–De acuerdo –dijo el coronel.

–Bueno, ahora debemos apurarnos o llegaremos tarde para cenar.

Reanudaron la marcha, cogidos del brazo, y cuando pasaron el primer puente fueron azotados por el viento.

El coronel sintió nuevamente el dolor agudo, y se dijo: «Al diablo el dolor.»

–Richard –dijo la joven–. Métete la mano en el bolsillo y tócalas. Hazlo para complacerme.

El coronel obedeció.

–Tienen un tacto maravilloso –dijo.

CAPÍTULO XI

Entraron por la puerta principal del Gritti Palace Hotel, pasando del viento y el frío a la luminosidad y tibieza del vestíbulo.

–Buenas noches, *contessa* –dijo el portero–. Buenas noches, mi coronel. Debe hacer frío afuera.

–Hace frío –contestó el coronel, sin agregar ninguna de las frases groseras que habitualmente hubiera empleado, para satisfacción mutua, de haber estado a solas con el portero.

Al entrar en el largo corredor que conducía a las amplias escalinatas y al ascensor, dejando a la derecha, la entrada al bar, la puerta que daba al Gran Canal y la de acceso al comedor, salió del bar el *Gran Maestre.* Llevaba un smoking blanco y, sonriéndoles, les dijo:

–Buenas noches, condesa. Buenas noches, mi coronel.

–*Gran Maestre* –saludó el coronel.

El *Gran Maestre* sonrió de nuevo y, aún levemente inclinado, agregó:

–Estamos cenando en el bar, al final. En invierno hay muy poca gente y el comedor es demasiado grande. Les reservé mesa. Si quieren, tenemos una langosta excelente para empezar.

–¿Está realmente fresca?

–La vi esta mañana cuando la trajeron del mercado en un cesto. Estaba viva, era de un color verde oscuro y mantenía una actitud poco amistosa.

–¿No querrías langosta, hija, para empezar la cena?

El coronel empleó la palabra conscientemente, y tanto la muchacha como el *Gran Maestre* lo advirtieron. Pero para cada uno de ellos significaba una cosa distinta.

–Quise reservarla para ustedes ante la posibilidad de que llegara algún *pescecane*. Están ahora jugando en el Lido. No estaba tratando de hacerles la propaganda de la langosta.

–Sí, me gustaría comer algo de langosta –dijo la joven–. Fría y con mayonesa. La mayonesa más bien sólida –dijo en italiano. Y volviéndose hacia el coronel, agregó–: ¿No será demasiado cara?

–*¡Ay hija mía!* –exclamó el coronel, en español.

–Toca en tu bolsillo derecho –sugirió ella.

–Procuraré que no resulte demasiado cara –dijo el *Gran Maestre*–. O la pago yo. Con el sueldo de una semana la pago fácilmente.

–Vendida a TRUST –manifestó el coronel; TRUST era la palabra clave con que se designaba a las fuerzas de ocupación en Trieste–: La langosta a mí me cuesta solamente el salario de un día.

–Mete la mano en el bolsillo y te sentirás muy rico –dijo la joven.

El *Gran Maestre* comprendió que se trataba de una broma privada entre ambos, y se retiró discretamente. Se sentía feliz por la muchacha, a la que respetaba y admiraba, y se sentía feliz también por su coronel.

–Soy rico –dijo el coronel–. Pero si me sigues cargando con eso, te las devolveré, y sobre el mantel de la mesa y en público.

Ahora la estaba haciendo rabiar él a ella y un poco rudamente, lanzándose al contraataque sin detenerse a pensar demasiado.

–No. No lo harás –afirmó ella–, porque ya les has tomado cariño.

–Soy capaz de coger cualquier cosa a la que le tenga cariño y arrojarla desde lo alto de un precipicio, sin esperar siquiera a oírla caer en el fondo.

–No es cierto. Por ejemplo, a mí no me echarías por ningún precipicio.

–No –admitió el coronel–. Y perdóname por hablar mal.

–No hablaste muy mal y, de cualquier modo, no creí en lo que decías. Ahora ¿debo ir a los lavabos de señoras para peinarme y ponerme un poco presentable o subo a tu habitación?

–¿Qué prefieres?

–Ir a tu habitación, naturalmente, y ver cómo vives y las cosas que tienes allí.

–¿Qué dirán en el hotel?

–De cualquier forma aquí en Venecia se sabe todo. Pero, además, saben quién es mi familia y que yo soy una buena chica. También te conocen a ti. Tenemos bastante crédito todavía para utilizarlo.

–Bien –dijo el coronel–. ¿Por la escalera o por el ascensor?

–Por el ascensor –contestó ella, y percibió que su propia voz cambiaba un poco–. ¿Llamas a un empleado o lo podemos manejar nosotros?

–Nosotros. Yo sé manejarlo perfectamente.

Ascendieron bien y el ascensor se detuvo con bastante brusquedad y hubo que rectificar antes de salir. «¿De modo que sabes manejarlo perfectamente, eh? –se dijo el coronel–. Más te valdría practicar un poco.»

El corredor ya no era sencillamente hermoso, sino excitante, y meter la llave en la cerradura no era una operación simple y común, sino un rito.

–¡Ya está! –exclamó el coronel al abrir la puerta–. ¿Qué te parece?

–Encantador. Pero resulta algo fría la habitación con todas las ventanas abiertas.

–Las cierro en seguida.

–No, por favor. Déjalas abiertas si a ti te gusta así.

El coronel la besó, sintiendo su cuerpo maravilloso, largo, juvenil, flexible y perfecto, contra su propio cuerpo, que era duro y bueno, pero que había sido muy castigado, y no pensó en nada mientras la besaba.

Se besaron durante largo rato, apasionadamente, de pie frente al frío de las ventanas abiertas que daban al Gran Canal.

–¡Oh! –suspiró ella–. ¡Oh!

–No debemos nada –dijo el coronel–. Absolutamente nada.

–¿Te casarás conmigo y tendremos cinco hijos?

–¡Sí! Sí.

–La cuestión es ésta: ¿querrás?

–Desde luego que sí.

–Bésame de nuevo y haz que los botones de tu uniforme me lastimen, pero no mucho.

Siguieron allí besándose con auténtico amor.

–Richard: tengo una contrariedad para ti –dijo ella–. Tengo una contrariedad respecto a todo.

Dijo eso de un modo terminante, y el coronel lo oyó como el mensaje de uno de los tres batallones, cuando el comandante del batallón dice la verdad absoluta e informa de lo peor.

–¿Estás segura?

–Sí.

–Pobre hija mía –dijo, y en aquel momento no había nada turbio en la palabra, y ella era su hija, de verdad, y él la amaba y la compadecía.

–No importa –añadió el coronel–. Péinate, píntate la boca, y vamos a cenar bien.

–Di, antes y una vez más, que me quieres y clávame los botones con fuerza.

–Te quiero –dijo el coronel muy seriamente.

Después le susurró al oído, suavemente, como él sabía susurrar cuando el enemigo estaba a cinco metros de distancia y uno era un joven teniente al mando de una patrulla:

–Te quiero; eres mi único, mi mejor y último, y exclusivo, y verdadero amor.

–Bien –dijo ella, y lo besó tan fuertemente que él pudo sentir la dulce sal de la sangre en el interior de sus labios. «Me gusta», pensó.

–Ahora –dijo Renata–, me peinaré y me pintaré los labios; y tú, si quieres, puede mirarme.

–¿No quieres que cierre las ventanas?

–No. Nos arreglaremos en medio de este frío.

–¿A quién quieres, Renata?

–A ti. Y no tenemos mucha suerte, ¿verdad?

–No sé –replicó el coronel–. Anda y péinate.

El coronel entró en el cuarto de baño para lavarse un poco antes de la cena. El baño era la única parte fea de aquellas habitaciones. Como el Gritti fue construido para palacio, en el tiempo en que se edificó no dejaron lugar para los cuartos de baño y luego, al ser necesarios para el hotel, hubo que construirlos en el corredor y sus usuarios avisaban previamente para que les calentasen agua y les diesen toallas.

Este cuarto de baño había sido cortado, arbitrariamente, de un ángulo de la habitación, y el coronel pensó que era un cuarto de baño más bien defensivo que ofensivo. Al lavarse se vio forzado a mirarse la cara para ver si había huellas de carmín.

«Es un rostro como tallado en madera por un artesano indiferente», pensó.

Recordó los diversos costurones protuberantes que habían quedado antes de la cirugía plástica y palpó las finas líneas, sólo perceptibles para los iniciados, que habían subsistido en la cabeza después de las excelentes intervencionnes quirúrgicas.

«Bueno –pensó–, esto es todo lo que puedo ofrecer como *gueule* o *façade*. Una oferta endiabladamente pobre. Lo único que el rostro está curtido y se disimula un poco. Pero, ¡Cristo!, qué hombre tan feo.»

No se fijó en el viejo acero gastado de sus ojos, ni en las finas y breves arrugas trazadas por la risa en los ángulos, ni tampo co en que su nariz partida le daba cierta semejanza con los gladiadores de las estatuas antiguas. No reparó, igualmente, en su boca fundamentalmente bondadosa que podía ser también despiadada.

«Vete al diablo –le dijo al espejo–, ruina miserable. ¿Volvemos con las señoras?»

Salió del baño y entró en la habitación, tan joven como el día de su primer ataque. Toda cosa indigna o de poco valor había quedado en el cuarto de baño.

Où sont les neiges d'antan? Où sont les neiges d'autrefois? Dans le pissoir toute la chose comme ça?

La joven tenía abiertas las puertas del alto ropero, que estaban totalmente recubiertas de espejos. Se estaba peinando.

No se peinaba por vanidad, ni para causarle al coronel el efecto que ella sabía que podía causarle y le causaría. Se estaba peinando con dificultad y sin el menor respeto por sus cabellos, pues eran unos cabellos muy tupidos y vivos, como los de los campesinos, o bien como los de las bellas de la gran aristocracia, y se resistían al peine.

–El viento me los ha enredado muchísimo –dijo ella–. ¿Me sigues queriendo?

–Sí –dijo el coronel–. ¿Puedo ayudarte?

–No, lo he hecho yo sola toda mi vida.

–Deberías ponerte de lado.

–No. Todos los perfiles son para nuestros cinco hijos y para que descanse tu cabeza.

–Estaba pensando solamente en el perfil de tu cara –dijo el coronel–. Pero gracias por llamarme la atención. Atención que ha fallado una vez más.

–Estoy algo provocativa.

–No. En Norteamérica hacen esas cosas con hilo de alambre y caucho esponjoso, como el de los asientos de los tanques. De manera que, allí, uno nunca sabe si son de verdad o no, a menos que sea un mal sujeto como yo.

–Aquí no es así –dijo ella, mientras, con el peine, partía en dos sus cabellos que cayeron a lo largo de sus mejillas y se derramaron sobre los hombros y la espalda.

–¿Te gusta el peinado muy esmerado?

–El tuyo no es demasiado esmerado, pero lo encuentro endiabladamente adorable.

–Podría peinarlo alto con toda una serie de cosas si tú apreciases los peinados muy elaborados. Pero, aunque parezca tonto, no sé manejar las horquillas.

Su voz era adorable y siempre le recordaba a Pablo Casals tocando el violoncelo, que le causó la misma sensación de una herida imposible de soportar. «Pero puedes soportarla, de todos modos», pensó.

–Te adoro tal y como eres –dijo el coronel–. Eres la mujer más hermosa que haya conocido o visto jamás, incluso en los cuadros de los mejores pintores.

–Me pregunto por qué no ha llegado todavía mi retrato.

–Es encantador tener el retrato –manifestó el coronel, y ahora era nuevamente un general, aunque sin darse cuenta–, pero es como despellejar a un caballo muerto.

–Por favor, no seas grosero –replicó ella–. No me gusta esta noche la rudeza.

–Me deslicé, sin querer, a la jerga de mi *sale métier.*

–No. Por favor, rodéame con tus brazos. Suavemente y bien. Por favor. No es un sucio oficio el tuyo. Es el más antiguo y el mejor, aun cuando la mayor parte de las gentes que lo ejercen son indignas de él.

El coronel la abrazó todo lo fuertemente que pudo, sin lastimarla, y la joven dijo:

–No quisiera que fueses abogado o sacerdote. Ni tampoco comerciante. Además, serías un fracaso. Me encanta que seas militar, y te quiero. Por favor, susúrrame al oído, si gustas.

El coronel susurró; la mantuvo estrechamente abrazada, con el corazón honrada y sinceramente partido y murmuró a su oído, en un susurro apenas audible, como el silbato silencioso para perros:

–Te quiero, diablo. Y, además, eres mi hija. Y no me importan nuestras pérdidas porque la luna es nuestra madre y nuestro padre. Y ahora vámonos a cenar.

Y dijo esto último en un murmullo tan bajo que hubiera resultado inaudible para cualquiera que no amase.

–Sí –dijo ella–. Sí. Pero antes bésame una vez más.

CAPÍTULO XII

Estaban en una mesa, en el rincón más retirado del bar, en donde el coronel tenía ambos flancos cubiertos y la espalda protegida contra el ángulo de la pared. El *Gran Maestre* entendía de eso porque había sido un magnífico sargento en una buena compañía de infantería de un regimiento de primer orden, y jamás se le hubiera ocurrido sentar al coronel en el medio de la habitación ni ocupar una posición estúpidamente defensiva.

–La langosta –dijo el *Gran Maestre.*

La langosta resultaba imponente. Su tamaño era el doble de lo que correspondía a cualquier langosta y su belicosidad había desaparecido al hervirla, de manera que ahora parecía un monumento a su propia muerte; venía íntegra, con los ojos saltones y las antenas, larguísimas y delicadas, hechas para conocer lo que sus ojos más bien estúpidos eran incapaces de informarle.

«Se parece un poco a Georgie Patton– pensó el coronel–. Pero probablemente jamás lloró en su vida al conmoverse.»

–¿Crees que será dura? –le preguntó el coronel a la joven, en italiano.

–No –terció el *Gran Maestre–*. Ciertamente que no es dura. Sólo es grande. Ya conoce usted el tipo.

–Muy bien –repuso el coronel–. Sírvala.

–¿Qué van a beber?

–¿Qué quieres, hija?

–Lo que tú digas.

–Capri Bianco –ordenó el coronel–. *Secco* y bien frío.

–Lo tengo preparado –dijo el *Gran Maestre.*

–Lo estamos pasando bien –declaró la joven–. Somos dichosos nuevamente y sin pesares. ¿No es una langosta imponente?

–Lo es –contestó él–. Y esperemos que sea tierna.

–Será tierna –aseguró la muchacha–. El *Gran Maestre* no miente. ¿No es maravilloso tener amigos que no mientan?

–Tan maravilloso como raro –repuso el coronel–. Precisamente ahora estaba pensando en un hombre llamado Georgie Patton que tal vez no dijo nunca la verdad en su vida.

–¿Tú nunca mientes?

–Mentí cuatro veces en toda mi vida. Pero en las cuatro ocasiones me hallaba muy cansado. Lo cual no es una excusa –aclaró él.

–Yo de niña era muy mentirosa. Pero la mayoría de las veces era que me inventaba historias, o así lo espero. Pero jamás mentí en mi propio provecho.

–Yo sí –dijo el coronel–. Cuatro veces.

–¿Hubieras sido general si no hubieras mentido?

–Si hubiera mentido como mintieron los demás ahora sería un general de ejército.

–¿Serías más dichoso si tuvieras el grado de general de ejército?

–No –respondió el coronel–. No lo sería.

–Pon tu mano derecha, tu verdadera mano, en el bolsillo, y dime otra vez cómo te sientes.

El coronel obedeció.

–Maravillosamente bien. Pero tengo que devolvértelas, ya sabes.

–No. Por favor, no.

–Bueno, dejémoslo estar por el momento.

En aquel instante quedó servida la langosta.

Era tierna, con esa gracia peculiar resbaladiza de ese músculo hecho para golpear, que es la cola; y las patas eran también excelentes: ni demasiado finas ni excesivamente gruesas.

–Las langostas engordan con la luna –informó el coronel a la joven–. Cuando no hay luna no vale la pena comerlas.

–No sabía eso.

–Creo que la causa es que cuando hay luna llena la langosta

come durante toda la noche. O tal vez que la luna llena les trae el alimento.

–¿Éstas proceden de las costas dálmatas, verdad?

–Sí. Es de todas vuestras costas la más rica en peces y mariscos. Quizá debiera decir: de todas *nuestras* costas.

–Dilo –ordenó ella–. No sabes lo importante que es decir las cosas que deben decirse.

–Resultan más importantes si las dices por escrito.

–No. No estoy de acuerdo –contestó ella–. Lo escrito no significa nada; lo que importa es decir las cosas de todo corazón.

–¿Y qué ocurre si no tienes corazón o el corazón de uno carece de valor?

–Tú tienes corazón y vale mucho.

«Con mil diablos que lo cambiaría por uno nuevo –pensó el coronel–. No sé por qué, entre todos los músculos, me tiene que fallar ése.» Pero no expresó sus pensamientos en voz alta y se limitó a llevar la mano al bolsillo.

–Su tacto es maravilloso –dijo–. Y tú también eres maravillosa.

–Gracias. Lo recordaré toda la semana.

–Para darte cuenta no necesitas más que mirarte al espejo.

–El espejo me harta. Ponerse lápiz labial y mover la boca, de manera que se reparta la pintura debidamente sobre ambos labios, y peinar unos cabellos demasiado espesos no es vida para una mujer, y ni siquiera para una joven solitaria, que está enamorada. Cuando una quiere ser la luna o ser alguna estrella y vivir con el hombre que ama y tener cinco hijos, mirarse al espejo y efectuar los artificios de cualquier mujer no tiene nada de interesante.

–Entonces, casémonos en seguida.

–No –contestó ella–. Tomé una decisión a ese respecto, como sobre otras cosas más. Tengo toda la semana para adoptar decisiones.

–Yo también las adopto –le dijo el coronel–. Pero soy muy vulnerable en ésta.

–No hablemos de ello. Produce un dolor dulce, pero creo que haríamos mucho mejor en ver qué nos ha preparado el *Gran*

Maestre. Por favor, bébete tu vino. Ni siquiera lo has probado.

–Voy a probarlo –dijo el coronel. Lo bebió, y era pálido y frío como los vinos de Grecia, pero no resinoso, y de cuerpo pleno y adorable como el de Renata.

–Este vino es como tú –declaró el coronel.

–Lo sé. Por eso quería que lo probaras.

–Ya lo he probado. Ahora me beberé un vaso entero.

–Eres un hombre bueno.

–Gracias. Lo recordaré toda la semana y trataré de serlo –y agregó–: *Gran Maestre.* –Y cuando el *Gran Maestre* se acercó, satisfecho, conspirativo, desdeñando sus úlceras, el coronel le preguntó–: ¿Qué clase de carne tiene que valga la pena?

–No estoy muy seguro, pero voy a informarme –dijo el *Gran Maestre*–. Su compatriota está ahí, cerca como para oírles. No me dejó que lo sentara en el extremo opuesto.

–Bien –exclamó el coronel–. Le daremos tema para que escriba.

–Escribe todas las noches, ¿sabe usted? Me lo dijo uno de mis colegas que trabaja en su hotel.

–Bien –declaró el coronel–. Eso demuestra que es trabajador.

–Todos somos trabajadores –afirmó el *Gran Maestre.*

–Pero de diversos modos.

–Bueno, voy a ver qué hay de carne que merezca la pena.

–Estudie el asunto cuidadosamente.

–Yo soy trabajador.

–Usted es endemoniadamente sagaz.

El *Gran Maestre* se fue, y la joven dijo:

–Es un hombre encantador y me enamora lo mucho que te quiere.

–Somos buenos amigos –repuso el coronel–. Confío en que te consiga un buen bistec.

–Hay un bistec excelente –dijo el *Gran Maestre* reapareciendo.

–¿Lo quieres, hija? Yo siempre como bistec durante la semana. ¿Lo quieres poco asado?

–Sí, poco hecho –contestó ella.

–*Al sangue* –sentenció el coronel–, como dice John cuando le habla al camarero en francés. *Crudo, bleu* o sencillamente poco hecho.

–Muy bien –dijo el *Gran Maestre*–. ¿Y usted, mi coronel?

–Un *scaloppine* al Marsala y coliflor dorada con manteca. Además, una alcachofa a la vinagreta, si puede conseguirla. ¿Qué quieres con el bistec, hija?

–Puré de patatas y ensalada.

–Eres una nenita muy mayor.

–Sí, pero no quiero seguirme haciendo mayor ni crecer en una dirección equivocada.

–Bueno –dijo el coronel–. Creo que eso es todo. ¿Qué te parece un *fiasco* de Valpolicella?

–No tenemos *fiascos* –dijo el *Gran Maestre*–. Éste es un buen hotel, y usted lo sabe. Viene embotellado.

–Lo había olvidado –admitió el coronel–. ¿Se acuerda de cuando costaba treinta *centesimi* el litro?

–¿Y cuando desde los trenes militares arrojábamos los cascos vacíos contra los guardas de la estación?

–¿Y cuando lanzábamos las granadas a contramano haciéndolas estallar al pie de la ladera, en la parte de Grappa?

–Y ellos creían que había una irrupción, al ver las explosiones, y usted nunca se afeitaba y llevábamos las *fiamme nere* en las guerreras grises, abiertas sobre los suéters también grises.

–Y yo bebía grappa y ni siquiera le sentía el gusto.

–Hemos debido ser duros entonces, ¿eh? –dijo el coronel.

–Éramos duros –recalcó el *Gran Maestre*–. Éramos malos sujetos y usted el peor de todos los malos sujetos.

–Sí, –exclamó el coronel–. Creo que en verdad éramos malos sujetos. ¿Me perdonarás por ello, hija?

–¿No tienes ninguna foto con tus compañeros de entonces?

–No. Nuestros muchachos no salieron en fotos salvo cuando estuvo entre ellos el señor D'Annunzio. Además, la mayoría de ellos tuvo un mal fin.

–Casi todos, menos nosotros dos –dijo el *Gran Maestre*–. Bueno, iré a ver cómo marcha el bistec.

El coronel, que ahora era nuevamente un subteniente que viajaba en un camión, con el rostro cubierto de polvo al punto de que sólo se le veían los ojos metálicos, irritados y doloridos, pensaba:

«Los tres puntos clave. El macizo de Grappa con Assalone y Pertica y la colina de cuyo nombre no me acuerdo, a la derecha. Ahí fue donde me hice hombre y todas las noches me despertaba sudando, al soñar que no podría sacarles de los camiones. Desde luego, jamás debieran haber saltado. ¡Qué oficio éste!»

–En nuestro ejército, sabes –dijo el coronel a la joven–, prácticamente no hay ningún coronel que haya combatido jamás. Es algo muy extraño y a la organización superior le desagradan aquéllos que combatieron.

–Pero, ¿luchan realmente los generales?

–Por supuesto. Cuando son tenientes y capitanes. Después, salvo en las retiradas, resultaría estúpido.

–¿Tú combatiste mucho? No me lo has contado. Dime.

–Combatí lo suficiente para ser clasificado como un estúpido por los grandes pensadores.

–Anda, cuéntame.

–De jovencito combatí contra Erwin Rommel, a mitad de camino entre Cortina y Grappa, donde manteníamos posiciones. Él era entonces capitán y yo capitán accidental, es decir, un subteniente en realidad, con mando de compañía.

–¿Lo conociste?

–No. Hasta después de la guerra, en que charlamos bastante. Era muy simpático y yo le apreciaba. Solíamos esquiar juntos.

–¿Sientes simpatía por muchos alemanes?

–Por muchos. Entre ellos está Ernst Udet en primer término.

–Pero los alemanes no tenían razón.

–Desde luego. Pero, ¿a quién no le ha pasado eso alguna vez?

–Yo nunca pude sentir simpatía por ellos ni tener una actitud tan tolerante como la tuya, ya que mataron a mi padre, incendiaron nuestra *villa* junto al Brenta y un día vi a un oficial alemán matar palomas en la plaza de San Marcos, con un fusil.

–Te comprendo –contestó el coronel–. Pero, hija, por favor, trata de comprender también mi actitud. Cuando hemos matado a tantos, podemos permitirnos el ser tolerantes.

–¿A cuántos has matado?

–Seguros, ciento veintidós. No cuento los probables.

–¿No has sentido remordimiento?

–Jamás.

–¿Ni has tenido pesadillas sobre ellos?

–Pesadillas, no; pero sueños extraños, sí. Casi siempre, sueños en donde combato y en los que aparecen extraños lugares. Los militares vivimos gracias a los accidentes del terreno, ¿sabes? Y el terreno es lo que queda, en el subconsciente de cada cual, con mayor fuerza que todo otro detalle.

–¿Nunca sueñas conmigo?

–Lo intenté, pero no pude lograrlo.

–Tal vez te ayude el retrato.

–Así lo espero –contestó el coronel–. Por favor, no te olvides de recordarme que te devuelva las esmeraldas.

–Te ruego que no seas cruel.

–Yo tengo mis pequeñas necesidades de honor en la misma proporción en que tenemos nuestro gran amor que todo lo cubre. No se puede tener el uno sin el otro.

–Pero puedes concederme algunos privilegios.

–Los tienes. Las piedras están en mi bolsillo.

En ese momento llegó el *Gran Maestre* portando el bistec, el *scaloppine* y las verduras; los mencionados platos los llevaba un joven de cabellos planchados, que no creía en nada, pero que se esforzaba por llegar a ser un buen camarero segundo. Era miembro de la Orden. El *Gran Maestre* sirvió directamente y con gran respeto tanto hacia los alimentos como para con los comensales.

–Y ahora, coman –dijo–. Descorcha ese Valpolicella –agregó, dirigiéndose al mozo, que tenía los ojos de un perro de aguas escéptico.

–¿Qué sabe usted de aquel personaje? –preguntó el coronel refiriéndose a su compatriota picado de viruela, que rumiaba su comida, mientras la dama entrada en años que lo acompañaba comía con gracia suburbana.

–Es usted el que tendría que contarme algo, no yo.

–Hasta hoy –respondió el coronel–, no lo había visto en mi vida. Es difícil de soportar su vista mientras come.

–El hombre se deja guiar por mí en la cuestión alimentos. Habla mal italiano asiduamente. Va a todas partes con el Baedeker, y no tiene el menor gusto en cuanto a los platos ni los vinos. La mujer es simpática. Creo que es su tía, pero no tengo informaciones fidedignas.

–El tipo tiene la apariencia de algo sin lo cual podríamos pasarnos.

–Creo que podríamos pasarnos sin él.

–¿Habla de nosotros?

–Me preguntó quiénes eran ustedes. Estaba familiarizado con el nombre de la condesa y había visitado varios palacios que pertenecieron a la familia. Se quedó impresionado por su nombre, señorita, que yo le dije precisamente para impresionarle.

–¿Cree usted que nos meterá en su libro?

–Estoy seguro. Mete a todo el mundo en su libro.

–Deberíamos estar en un libro –declaró el coronel–. ¿Te importaría, hija?

–Por supuesto que no –dijo ella–. Pero preferiría que fuese Dante quien lo escribiera.

–Bueno, pero Dante no anda por aquí –dijo el coronel.

–¿No podrías contarme algo de la guerra? –preguntó la joven–. Algo que yo pueda saber.

-Claro que sí. Lo que tú quieras.

–¿Cómo era el general Eisenhower?

–Muy Liga Epworth. Aunque probablemente la definición es injusta. Se hallaba también complicado por otras influencias. Un político excelente. Un general político. Muy capaz como tal.

–¿Y los otros jefes?

–No los nombremos. Ya se han nombrado bastante ellos en sus memorias. La mayoría extremadamente plausibles, salidos de algo que se llama el Rotary Club, del que jamás habrás oído hablar. En ese club, tienes insignias esmaltadas para las solapas con el nombre de cada cual y te ponen una multa si los llamas por sus apellidos. No combatieron nunca. Nunca.

–¿Había alguno bueno?

–Sí, muchos. Bradley, el maestro, y otros muchos. Por ejemplo, Joe Relámpago figura entre los más notables. Muy bueno.

–¿Quién era?

–El comandante del Séptimo Cuerpo cuando yo estuve allí. Muy seguro. Rápido. Preciso. Ahora es jefe de estado mayor.

–¿Y los grandes jefes de que tanto oímos hablar, como los generales Montgomery y Patton?

–Olvídate de ellos, hija. Monty era un jefe que necesitaba quince a uno para moverse, y aun entonces se movía tardíamente.

–Siempre creí que era un gran general.

–No lo es –contestó el coronel–. Lo peor del caso es que él lo sabe. Yo lo he visto llegar a su hotel y cambiarse el uniforme adecuado por un atuendo para fascinar muchedumbres, para salir por la noche y animar al populacho.

–¿Le tienes antipatía?

–No. Simplemente pienso que es un general británico. Sea eso lo que fuere. Y no utilices tú ese término.

–Pero derrotó al general Rommel.

–Sí. Pero, ¿no crees que cualquier otro lo hubiera derrotado igual? ¿Quién no vence con quince a uno? Cuando nosotros combatimos allí, el *Gran Maestre* y yo, de jóvenes, luchamos en una proporción de tres a cuatro contra uno y fuimos ganando todo un año. Ese año tuvimos más de ciento cuarenta mil muertos. Por eso podemos hablar alegremente y sin pomposidad.

–¡La tuya es una ciencia tan triste! Si es que se trata de una ciencia –dijo la joven–. Yo odio los monumentos de guerra, aun cuando los respeto.

–A mí tampoco me gustan. Y menos aún el proceso que lleva a su construcción. ¿Has visto alguna vez el extremo de la cosa?

–No. Pero me gustaría.

–Mejor que no te enteres –dijo el coronel–. Cómete tu bistec antes de que se enfríe y perdóname por hablarte de mi oficio.

–Yo lo odio, pero lo adoro.

–Creo que compartimos las mismas emociones –expresó el coronel–. Pero, ¿qué estará pensando mi compatriota picado de viruela, tres mesas más allá?

–Piensa en su próximo libro o sobre lo que dice el Baedeker.

–¿Qué te parece si, después de cenar, damos un paseo en góndola, bajo el viento?

–Me encanta la idea.

–¿Le diremos al picado de viruela que nos vamos? Pienso que también tiene picados de viruela el corazón y el alma, e incluso es posible que su curiosidad.

–No le digamos nada –propuso la joven–. El *Gran Maestre* puede facilitarle cualquier información que desee. –Dicho esto, se lanzó enérgicamente sobre su bistec, comió un poco y agregó–: ¿Tú crees que es cierto que cada hombre es responsable de su propia cara después de los cincuenta años?

–Espero que no. Al menos, yo no suscribiría la mía.

–Tonto –dijo ella–. Tonto.

–¿Está bueno el bistec? –preguntó el coronel.

–Maravilloso. ¿Qué tal tu *scaloppine*?

–Muy tierno. La salsa tampoco está mal. ¿Están bien preparadas las verduras?

–La coliflor está crujiente: parece apio.

–Deberíamos comer un poco de apio. Pero no creo que se consiga, si no ya nos lo hubiera traído el *Gran Maestre.*

–¿Verdad que ha sido una cena muy agradable? Imagínate si pudiéramos comer siempre juntos.

–Bueno, ya te propuse la fórmula.

–No hablemos de eso.

–Está bien –dijo el coronel–.Yo también he adoptado una decisión. Voy a plantar al ejército y vivir en esta ciudad, muy modestamente, con la paga de coronel retirado.

–¡Es una idea maravillosa! ¿Qué aspecto tienes de paisano?

–Ya me has visto.

–Lo sé, mi amor. Lo he dicho en broma. Tú también gastas bromas un poco pesadas a veces.

–Estaré muy bien, de paisano. Es decir, si hay por aquí algún sastre capaz de cortar bien.

–Bueno de verdad, no tenemos ninguno, pero en Roma, sí. ¿Podríamos irnos en coche los dos a retirar los trajes?

–Claro que sí. Y viviríamos fuera de la ciudad, en Viterbo, de donde sólo saldríamos para ir en busca de las cosas y para cenar. Luego, regresaríamos en coche, ya entrada la noche.

–Veríamos a las gentes del cine y hablaríamos de ellas con candor y quizá beberíamos alguna vez con ellas.

–Conoceríamos a millares de personas del cine.

–Veríamos cómo se casaban por segunda y tercera vez y, luego, cómo los bendecía el Papa.

–Si estás en favor de ese tipo de cosa.

–No. No lo estoy –respondió ella–. Ésa es una de las razones por la cuales no puedo casarme contigo.

–Comprendo –dijo el coronel–. Gracias.

–Pero te quiero, sea eso lo que fuere, y tú y yo sabemos muy bien lo que es, y nos querremos mientras vivamos uno de los dos e incluso después.

–No creo que se pueda querer mucho después de muerto –señaló el coronel, atacando la alcachofa, a la que arrancaba hoja por hoja que iba sumergiendo por un extremo en la profunda salsera llena de *sauce vinaigrette.*

–No sé si tú podrás –dijo la muchacha–, pero yo lo intentaré. ¿No te sientes mejor cuando eres amado?

–Sí. Me siento como si me hallara en alguna montaña pelada, demasiado rocosa para excavar defensas, y las rocas demasiado duras, sin la menor ondulación ni desnivel, y, de pronto, en lugar de hallarme allí tan desprotegido, estuviera acorazado. Acorazado y sin los ochenta y ocho enfrente.

–Deberías decirle eso a tu amigo el escritor con la cara llena de cráteres lunares, de manera que pueda escribirlo esta noche.

–Se lo contaría al Dante si anduviese por aquí. –Súbitamente, el coronel cobró la rudeza del mar cuando lo agitan repentinos golpes de viento–. Y también le diría qué es lo que debe hacer si en tales circunstancias subiera o lo subieran a un vehículo blindado.

En ese momento entró en el comedor el barón Alvarito. Los buscaba y, por ser cazador, los vio al instante.

Se acercó a la mesa y besó la mano de Renata, diciendo:

–*Ciao,* Renata.

Resultaba casi alto, de hermosa figura dentro de sus ropas de ciudad, y era el hombre más tímido que hubiera conocido el coronel en su vida, No era tímido por ignorancia, ni por falta de trato, incapacidad de adaptación o por cualquier defecto. Era fundamentalmente tímido como lo son ciertos animales, como por ejemplo el bongo, ese antílope africano al que jamás se ve en la selva y que para cazarlo hay que recurrir a los perros rastreadores.

–Mi coronel –dijo. Y sonrió, de esa manera como sólo los muy tímidos saben sonreír.

No era la mueca fácil del hombre resuelto, ni la sonrisa tajante de los fuertes ni de los perversos. No tenía relación alguna con la sonrisa equilibrada, bien calculada, del cortesano y el político. Era ese tipo de sonrisa extraña, rara, que brota de las honduras más profundas que un pozo, más aún que un pozo de mina, que esos seres tienen en su interior.

–Sólo puedo quedarme un momento. He venido para decirle que las perspectivas para la caza son excelentes. Están viniendo los patos en cantidad, del Norte. Muchos patos grandes. Los que a usted le gustan.

Y sonrió nuevamente.

–Siéntese, Alvarito. Hágame el favor.

–No –dijo el barón Alvarito–. ¿Le parece que nos encontremos en el garaje a las dos y media? ¿Ha traído usted su coche?

–Sí.

–Perfectamente. Saliendo a esa hora podremos instalarnos antes del amanecer.

–Espléndido –contestó el coronel.

–*Ciao,* Renata. Adiós, mi coronel. Hasta las dos y media.

–Nos conocemos desde niños –dijo la joven–. Tiene tres años más que yo. Es un joven que nació ya viejo.

–Lo sé. Es un buen amigo mío.

–¿Crees que tu compatriota habrá buscado al barón Alvarito en el Baedeker?

–No sé –contestó el coronel–. *Gran Maestre*... ¿Mi ilustre compatriota consultó el Baedeker con respecto al *barone*?

–La verdad, mi coronel, es que no lo he visto sacar su Baedeker durante toda la comida.

–Bueno, dele todas las informaciones que pida. Ahora escuche: creo que el Valpolicella es mejor nuevo que añejo. No es un *grand vin* y embotellarlo y dejarlo dormir por años sólo le agrega sedimentos. ¿Está de acuerdo?

–Completamente de acuerdo.

–Entonces, ¿qué podemos hacer?

–Mi coronel, usted sabe que en un Gran Hotel, el vino tiene que costar dinero. No se puede conseguir vino común en el Ritz. Ahora bien, se podría decir que son vinos procedentes de las posesiones de la condesa y que son un regalo. Entonces yo los haría embotellar para usted. De esa forma tendríamos vino del mejor y lograríamos una economía impresionante. Se lo voy a proponer al administrador. Es un hombre muy bueno.

–Explíqueselo –dijo el coronel–. De cualquier forma no es de los hombres que beben por la etiqueta.

–De acuerdo. Mientras tanto podría beber éste. Es muy bueno, sabe.

–Lo es. Pero no se le acerca al Chambertin –dijo el coronel.

–¿Qué acostumbrábamos a beber?

–Cualquier cosa –contestó el coronel–. Pero ahora busco la perfección. O mejor aún, no la perfección absoluta sino la perfección de mi dinero.

–Yo también la busco –afirmó el *Gran Maestre*–. Pero más bien en vano. ¿Qué quieren ustedes como postre?

–Yo, queso –dijo el coronel–. ¿Y tú, hija?

La joven se había mantenido callada y un tanto ausente, desde la llegada de Alvarito. Algo trabajaba en su cabeza, y era una cabeza de primer orden. Pero, por el momento, no estaba allí.

–Queso –dijo–. Por favor.

–¿De qué clase?

–Traiga de todas clases y les echaremos una mirada antes de elegir –dijo el coronel.

El *Gran Maestre* alejóse y el coronel inquirió:

–¿Qué te pasa, hija?

–Nada. Nunca nada. Siempre nada.

–Podrías expresarte más claramente. No tenemos tiempo para tales lujos.

–No. Concedido. Nos dedicaremos al queso.

–¿Debo tomar la cosa como una patata ardiendo?

–No –repitió ella, sin comprender la expresión familiar, pero entendiendo exactamente lo que quería decir, puesto que estaba en relación con lo que había estado pensando–. Mete la mano en tu bolsillo.

–Bueno –dijo el coronel–. Obedezco.

Metió la mano en el bolsillo y tocó las emeraldas, primero con la punta de los dedos, después con la parte inferior, luego con la palma de su mano, de su mano deformada.

–Lo siento –dijo la joven–. Y ahora, volvamos a estar alegres como antes. Nos dedicaremos al queso con toda felicidad.

–Excelente –dijo el coronel–. Veremos qué quesos tienen.

–Háblame de la última gran guerra. Luego, navegaremos en nuestra góndola, bajo el viento frío.

–No fue muy interesante –contestó el coronel–. Para nosotros, naturalmente, tales cosas siempre son interesantes. Pero sólo hubo tres, o quizá cuatro fases que me interesaron realmente.

–¿Por qué?

–Porque combatíamos contra un enemigo ya vencido cuyas comunicaciones habían sido destruidas. Nosotros aniquilábamos divisiones sobre el papel, pero eran fantasmas de divisiones. No reales. Habían sido destruidas previamente por nuestra aviación táctica. La cosa solamente fue difícil de verdad en Normandía, debido al terreno, y cuando abrimos la brecha para que entraran los acorazados de Georgie Patton y la mantuvimos abierta en ambos costados.

–¿Cómo se hace una brecha para que penetren las fuerzas acorazadas? Cuéntame, te lo ruego.

–Primeramente se ocupa una ciudad que controla todas las carreteras principales. Llamémosle Saint-Lô a esa ciudad. Después, tienes que mantener abiertas las carreteras, ocupando otros pueblos y ciudades. El enemigo tiene una línea principal de resistencia, pero no puede traer sus divisiones para contraatacar, porque los cazas bombarderos las atraparían por el camino. ¿Te aburre todo esto? A mí me aburre endemoniadamente.

–Pues a mí no. Jamás, hasta ahora, me lo explicaron de una manera tan comprensible.

–Gracias –dijo el coronel–. ¿Estás segura de que quieres saber algo más de esa triste ciencia?

–Te lo ruego. Ya sabes que te quiero y deseo compartirla contigo.

–Nadie comparte este oficio con nadie. Simplemente, te estoy diciendo cómo funciona. Puedo insertar anécdotas para hacerlo más interesante, o plausible.

–Cuenta algunas, por favor.

–La toma de París no fue nada –prosiguió el coronel–. Sólo fue una experiencia emocional. No una operación militar. Matamos a un cierto número de mecanógrafos y las tropas de cobertura que habían dejado los alemanes, como siempre hacen, para proteger su retirada. Supongo que pensaron que no iban a necesitar en el futuro una endemoniada cantidad de empleados de oficinas militares y los dejaron atrás, como soldados.

–¿De modo que no fue gran cosa?

–Las gentes de Leclercq, otro tarado de tercera o cuarta agua, cuya muerte yo celebré con una botella gigante de Perrier-Jouet Brut 1942, disparó muchos tiros para hacerla parecer importante y porque le habíamos suministrado los elementos con qué tirar. Pero no fue importante.

–¿Tomaste parte en la operación?

–Sí. Creo que puedo decir sí, honradamente.

–¿No te causó ninguna gran impresión? Al fin y al cabo se trataba de París, que nadie había conquistado hasta entonces.

–En realidad, los propios franceses habían reconquistado la ciudad cuatro días antes. Pero el gran plan de lo que denominábamos el SHAEF, o Supremo –ojo con la frase– Cuartel General de las Fuerzas Expedicionarias Aliadas, que incluía a todos los militares políticos de la retaguardia, y que llevaban una divisa de vergüenza bajo la forma de algo que emitía llamitas, mientras que nosotros teníamos como distintivo y como cosa que trae suerte un trébol de cuatro hojas, tenía un plan maestro para el cerco de la ciudad. Pero como la habían tomado los franceses, no pudo tomarla el SHAEF. Por otra parte –prosiguió el coronel–, tuvimos que esperar la posible llegada del general o mariscal de campo Bernard Law Montgomery, que ni siquiera había logrado cerrar la brecha de Falaise y que hallaba el camino más bien pegajoso y pesado por lo cual no pudo llegar a tiempo.

–Pero debisteis haber prescindido de él –dijo la joven.

–¡Oh! Así lo hicimos –dijo el coronel–. Sin demora.

–Pero, ¿en la reconquista de París no hubo nada de noble o realmente afortunado?

–Naturalmente. Combatimos desde Bas Meudon, y luego por la Porte de Saint Cloud, a través de calles que yo conocía y amaba, y no tuvimos muertos y causamos los menores daños posibles. En la Étoile hice prisionero al mayordomo de Elsa Maxwell. Fue una operación muy complicada. Lo denunciaron como tirador japonés. Una cosa muy original. Sostenían que había dado muerte a varios parisienses. Por tanto, enviamos tres hombres al tejado en donde se había refugiado y resultó que era un muchacho indochino.

–Comienzo a entender un poco. Pero es descorazonador.

–Siempre es endiabladamente descorazonador. Pero en este oficio se supone que uno no tiene corazón.

–¿Y crees que sería lo mismo en la época de los grandes capitanes?

–Estoy plenamente convencido de que era peor.

–¿Pero a ti te hirieron la mano honorablemente?

–Sí. Muy honorablemente. En una colina rocosa y desnuda.

–Déjame que la toque, por favor.

–Ten cuidado en el centro –dijo el coronel–. Ahí está partida y los huesos quedaron astillados.

–Tendrías que escribir. Te lo digo en serio. Así las gentes se enterarían de esas cosas.

–No –dijo él–. No tengo talento para escribir y, además, sé demasiadas cosas. Cualquier embustero escribe más convincentemente que un hombre que haya estado allí.

–Pero otros soldados han escrito.

–Sí. Mauricio de Sajonia. Federico el Grande. T'sun Su.

–Pero también los soldados de nuestro tiempo.

–Empleas la palabra con facilidad. Pero creo que me gusta.

–Dime, ¿no han escrito muchos soldados modernos?

–Muchos. ¿Pero los has leído alguna vez?

–No. He leído a los clásicos, principalmente, y leo las revistas, por los escándalos. También leo tus cartas.

–Quémalas –dijo el coronel–. No valen la pena.

–No seas grosero, por favor.

–No lo soy. ¿Qué podría contarte que no te aburriese?

–Háblame de cuando eras general.

–¡Oh, eso! –y le pidió al *Gran Maestre* que trajera champaña; un Roederer Brut 1942, que le gustaba mucho–. Cuando eres general vives en un remolque y tienes whisky del bueno cuando los demás no lo tienen. Tus secciones viven en el P. M. Tendría que decirte lo que son las secciones, pero te aburriría. Debería explicarte que hay la sección primera, la segunda, la tercera, la cuarta y la quinta, pero te cansaría. Por otra parte, dispones de un mapa cubierto con material plástico, sobre el cual tienes los símbolos de tres regimientos, compuestos cada uno de tres batallones. Todo ello está marcado con lápices de colores. Figuran asimismo los puntos de enlace de los batallones y las líneas que los separan, de manera que cuando crucen esos límites los batallones no combatan entre sí. Cada batallón está compuesto de cinco compañías. Todos deberían ser buenos, pero algunos lo son y otros no lo son tanto. Cuentas también con artillería divisionaria, un batallón de tanques y muchas piezas de repuesto. Vives por coordinadas. –Hizo una pausa mientras el *Gran Maestre* servía el Roederer Brut 1942–. Del cuerpo –prosiguió, traduciendo involuntariamente *cuerpo d'Armata*– te dicen lo que debes hacer, y luego tú decides cómo hacerlo. Dictas las órdenes o, en la mayoría de los casos, las das por teléfono. Exprimes a personas a quienes en realidad respetas para obligarles a hacer cosas que sabes en justicia que son imposibles, pero órdenes son órdenes. Además, tienes que cavilar mucho, permanecer levantado hasta bien avanzada la noche y levantarte muy de madrugada.

–¿Y no quieres escribir sobre todo eso?

–No. Los muchachos muy sensibles y algo chiflados y que conservan todas las primeras impresiones válidas de su primer día de batalla, o de los dos o tres, o incluso cuatro primeros días, son los que escriben libros; que suelen ser buenos, pero a veces resultan insípidos para quien haya estado allí. Luego, hay otros que escriben para aprovecharse rápidamente de la guerra en la que nunca lucharon. Y los que corren hacia la retaguardia para llevar las noticias. Noticias que apenas son exactas. Pero corren con ellas velozmente. Los escritores profesionales que ocuparon puestos que les evitaron el combatir, escriben sobre los combates que no pueden comprender, como si hubieran estado allí. No sé qué categoría de pecado sigue después. Asimismo, algún capitán de navío de guante blanco, incapaz de comandar ni un bote a remos, escribe sobre el aspecto íntimo de tal o cual batalla naval. Todo el mundo escribirá su libro más pronto o más tarde. Yo podría esbozar también uno bueno. Pero yo no escribo, hija.

Le hizo una seña al *Gran Maestre* para que les llenara las copas.

–*Gran Maestre* –le dijo–, ¿le gusta a usted combatir?

–No.

–Sin embargo, combatimos.

–Sí. Y demasiado.

–¿Cómo va su salud?

–Espléndida, salvo las úlceras de estómago y una pequeña lesión cardíaca.

–No –exclamó el coronel, y su corazón se sobresaltó, y sintió que se le paralizaba–. Usted solamente me había hablado de sus úlceras.

–Bueno, pues ahora ya lo sabe... –y no concluyó la frase, limitándose a sonreír con su sonrisa mejor y mas límpida que surgía tan rotunda como la salida del sol.

–¿Cuántas veces?

El *Gran Maestre* levantó dos dedos como un hombre que acepta una apuesta.

–Yo le gano –dijo el coronel–. Pero no seamos macabros. Pregunte a Donna Renata si desea un poco más de este excelente vino.

–Pero no me habías dicho nada de que habías sufrido otro ataque –dijo la joven–. Tendrías que habérmelo dicho.

–No he tenido nada desde que nos vimos la última vez.

–¿Crees que tu corazón se enferma por mí? De ser así, me iría allá para estar contigo y cuidarte.

–No es sino un músculo. Claro que el músculo principal. Funciona tan perfectamente como un Rolex Oyster Perpetual. Lo malo es que no se le puede enviar al representante de la Rolex cuando marcha mal. Y cuando se para, no sabes la hora. Simplemente, estás muerto.

–Por favor, no hablemos de esto.

–Tú preguntaste.

–¿Y ese hombre picado de viruela con cara de caricatura, no tiene nada semejante?

–Por supuesto que no –replicó el coronel–. Si es un escritor mediocre, vivirá eternamente.

–Pero tú no eres escritor. ¿Cómo sabes eso?

–No lo soy, por la gracia de Dios. Pero he leído varios libros. Cuando somos solteros se tiene mucho tiempo para leer. No tanto, claro, como un marino mercante. Pero mucho, de todos modos. Puedo distinguir a un escritor de otro y estoy en condiciones de decirte que un escritor mediocre vive mucho tiempo. Todos ellos deberían recibir una pensión por longevidad.

–¿Por qué no me cuentas algunas anécdotas y dejamos este tema que me duele mucho?

–Puedo contarte centenares de anécdotas. Todas verídicas.

–Bueno, cuéntame una. Luego nos terminamos este vino y, después, paseamos en góndola.

–¿Estás lo suficientemente abrigada?

–Seguro que sí.

–Pues no sé qué contarte. Las cosas de la guerra aburren a

los que no han combatido. Salvo los relatos de los embusteros.

–Quisiera conocer más cosas sobre la reconquista de París.

–¿Por qué? ¿Porque te dije que parecías María Antonieta en el cadalso?

–No. Me sentí muy halagada por el cumplido y sé que nos parecemos un poco en el perfil. Pero jamás he estado en un cadalso y me gustaría oírte contar cosas sobre París. Cuando se quiere a alguien y ese alguien es tu héroe, agrada oír hablar de cosas y lugares.

–Por favor, ponte de perfil –dijo el coronel– y te contaré. *Gran Maestre,* ¿queda algo en esa maltrecha botella?

–No –dijo el *Gran Maestre.*

–Entonces, traiga otra.

–Ya tengo una bien helada.

–Espléndido. Sírvala. Ahora, hija, prosigo. Nos separamos de la columna del general Leclercq en Clamart. Siguieron hasta Montrouge y la Porte d'Orléans, y nosotros marchamos a Bas Meudon y aseguramos el puente de la Porte de Saint Cloud. ¿Esto es demasiado técnico y te aburre?

–No.

–Lo haría mejor con un mapa delante.

–Sigue.

–Aseguramos el puente y establecimos una cabeza de puente al otro lado del río, y echamos a los alemanes, vivos y muertos, que habían defendido el puente, al río Sena. Desde luego, fue un regalo. No sé por qué no habían volado el puente. Lanzamos a todos esos soldados al Sena. Creo que la mayoría eran escribientes de oficinas militares.

–Continúa.

–A la mañana siguiente se nos informó que los alemanes tenían puntos de resistencia en diversos lugares, artillería en el Monte Valérien y que sus tanques deambulaban por las calles. Una parte de esto era verdad. Asimismo se nos explicó que no entráramos en París muy rápidamente para permitir al general Leclercq que tomara la ciudad. Obedecí la demanda y penetré todo lo lentamente que me fue posible.

–¿Cómo se hace eso?

–Demoras el ataque por dos horas y bebes champaña dondequiera que te lo ofrecen los patriotas, colaboradores o entusiastas.

–¿Pero no hubo nada de grande ni maravilloso, tal y como figura en los libros?

–Desde luego. Primero estaba la ciudad en sí. La gente era feliz. Viejos comandantes en jefe paseaban por las calles con sus uniformes oliendo a naftalina. Y nosotros también éramos felices al no tener que combatir.

–Pero, ¿realmente no tuvisteis que combatir para tomar París?

–Tres veces solamente. Y ninguna de ellas muy en serio.

–Pero, ¿eso fue todo lo que tuvisteis que luchar para ocupar una ciudad como ésa?

–Hija, sostuvimos doce combates desde Rambouillet hasta la ciudad. Pero únicamente dos de ellos pueden calificarse honradamente de combates: los de Toussus le Noble y Le Buc. El resto fue el aderezo imprescindible en cualquier plato. Al menos, yo no tuve que luchar, con excepción de los dos puntos mencionados.

–Dime algunos aspectos auténticos de la lucha.

–Primero, dime que me quieres.

–Te quiero –dijo la joven–. Puedes publicarlo en el *Gazettino* si te parece. Adoro tu cuerpo magro y duro, y tus ojos extraños que me asustan cuando se ponen perversos. Adoro tu mano y todas tus heridas.

–He de intentar decirte algo bueno –dijo el coronel–. Para empezar diré que adoro tu adolescencia.

–¿Por qué no compras algún vaso de cristal bueno? –preguntó Renata–. Podríamos ir juntos a Murano.

–No entiendo nada de cristalería.

–Yo te enseñaría. Creo que nos divertiríamos.

–Los militares llevamos una vida demasiado nómada para tener vasos de cristal.

–Para cuando te retires y vivas aquí.

–Los compraremos entonces.

–Quisiera que ese entonces fuese ahora.

–Y yo también, pero resulta que mañana voy a cazar patos y que esta noche es esta noche.

–¿No podría yo ir de caza con vosotros?

–Solamente si te invita Alvarito.

–Puedo hacer que me invite.

–Lo dudo.

–No es muy cortés dudar de lo que dice tu hija cuando ella es lo suficientemente mayor como para no mentir.

–Está bien, hija. Retiro la duda.

–Gracias. Sólo por eso no iré y no seré un estorbo. Me quedaré en Venecia. Iré a misa con mamá, mi tía y mi tía abuela y visitaré a mis pobres. Soy hija única y, por lo tanto, tengo muchas obligaciones.

–Siempre me preguntaba qué es lo que hacías.

–Eso es lo que hago. Y también que mi doncella me lave la cabeza y me haga las uñas de las manos y de los pies.

–Pero el día en que yo esté de caza no podrás hacerlo porque es domingo.

–Entonces, lo haré el lunes. El domingo me dedicaré a leer revistas, incluso las sensacionalistas.

–A lo mejor proyectan alguna película de Ingrid Bergman. ¿Todavía sigues queriendo ser como ella?

–Ya no –contestó la joven–. Quiero ser como yo, sólo que mucho, mucho mejor, y que tú me quieras. Además –exclamó repentina y abiertamente– quisiera ser como tú. ¿No podría ser como tú un ratito esta noche?

–Desde luego –dijo el coronel–. De cualquier forma, ¿en qué ciudad estamos?

–Venecia –replicó ella–. La mejor de las ciudades, en mi opinión.

–Estoy de acuerdo. Y gracias por no interrogarme más sobre episodios de guerra.

–Oh, de todos modos tendrás que contarme algo más sobre el particular, otro día.

–*¿Tendrás?* –dijo el coronel, y en sus extraños ojos brillaron la crueldad y la resolución tan claramente como cuando la boca encaperuzada del cañón de un tanque gira lentamente y os apunta–. ¿Has dicho *tendrás,* hija?

–Lo he dicho. Pero no quería ser tan imperativa. O si lo he sido, perdóname. Lo que quería decir es que me harás el favor de contarme más episodios. Y explicarme las cosas que yo no entienda.

–Puedes utilizar el *tendrás,* hija, si quieres. ¡Que se vaya al diablo!

El coronel sonrió y sus ojos eran tan bondadosos como siempre: que no era mucho y él lo sabía. Pero nada podía hacer, salvo el tratar de ser bondadoso con su último, auténtico y único amor.

–No me importa realmente, hija –agregó–. Créeme, por favor. Yo sé lo que es mandar y, a tus años, sentía un gran placer mandando.

–Pero yo no quiero mandar –protestó ella. Y a pesar de su resolución de no llorar jamás, sus ojos estaban húmedos–. Yo sólo quiero servirte.

–Lo sé. Pero yo quiero que tú mandes también. No tiene nada de malo. Toda la gente como nosotros tiene cualidades de mando.

–Gracias por emplear el nosotros.

–No me ha costado trabajo decirlo –dijo el coronel, y agregó–: Hija.

Entonces el portero se acercó a la mesa, y dijo:

–Perdóneme, coronel. Hay un hombre ahí afuera; creo que es un criado suyo, condesa; viene con un gran envoltorio que dice es para el coronel. ¿Lo guardamos o lo subimos a su habitación?

–A mi habitación –dispuso el coronel.

–Por favor –terció la joven–. ¿No podríamos verlo aquí? ¿No nos importa lo que piense la gente, verdad?

–Que lo desenvuelvan y que lo traigan aquí –ordenó el coronel al portero.

–Está bien.

–Después, lo lleva a mi habitación y lo envuelven cuidadosamente y de una manera firme, para llevármelo mañana al mediodía.

–Muy bien, mi coronel.

–¿Estás muy ansioso por verlo? –preguntó la joven.

–Mucho –contestó el coronel–. *Gran Maestre,* por favor traiga un poco más de Roederer, y sea tan amable de situar una silla de madera que podamos colocar sobre ella un retrato y contemplarlo. Somos devotos de las artes pictóricas.

–Roederer frío no queda –señaló el *Gran Maestre–*. Pero si quiere un Perrier-Jouet...

–Tráigalo –mandó el coronel, y agregó–: Por favor. –Y, tras una pausa–: Yo no hablo como Georgie Patton –le dijo el coronel a la joven–. No debo hablar. Además, él está muerto.

–Pobre hombre.

–Sí. Pobre hombre toda su vida. Aun cuando muy rico en dinero y con un montón de vehículos acorazados.

–¿Tienes algo contra las unidades acorazadas?

–Sí; contra la mayor parte de la gente que va dentro de los vehículos blindados. Éstos convierten a los hombres en valentones, que es el primer paso hacia la cobardía; hacia la verdadera cobardía, se entiende. Quizás un tanto complicado por la claustrofobia. –Luego la miró y se sonrió, lamentando arrancarle su inocencia sobre la vida en la misma forma en que se puede arrancar a un nadador novicio de una playa poco profunda y de tranquilas aguas para arrojarlo a un paraje hondo y tempestuoso; en consecuencia trató de tranquilizarla–. Perdóname, hija. Muchas de las cosas que digo son injustas. Aunque más ciertas que las que puedes leer en las memorias de los generales. Después que un hombre obtiene una estrella de general, o más de una, la verdad empieza a ser para él tan inaccesible como el Santo Grial en los tiempos de nuestros antepasados.

–Pero tú fuiste general.

–No por mucho tiempo –dijo el coronel–. Ahora bien, los capitanes –agregó el general– conocen la verdad exacta y pueden decírtela casi totalmente. Si no pueden, hay que rebajarlos de grado.

–¿Me rebajarías de grado si mintiera?

–Depende de sobre qué mintieses.

–No mentiré sobre nada. No quiero que me degraden. Suena a algo horrible.

–Lo es –afirmó el coronel–. Se los envía a la retaguardia para que efectúen la reclasificación, acompañándolos de once copias documentando los motivos, todas las cuales firmas.

–¿Degradaste a muchos?

–A bastantes.

Entró el portero con el retrato con su enorme marco y se parecía a un buque cuando lleva demasiado velamen.

–Traiga dos sillas –ordenó el coronel al segundo camarero– y colóquelas ahí. Tenga cuidado de que la tela no toque las sillas. Y póngalo de manera que no se resbale.

Después agregó, dirigiéndose a la joven:

–Tendremos que cambiar el marco.

–Lo sé. No es culpa mía. Llévatelo sin marco y le elegiremos aquí uno bueno la semana próxima. Ahora, míralo. No el marco, sino lo que dice o no dice de mí.

Era un hermoso retrato; ni frío, ni servil, ni convencional, ni estilizado, ni moderno. Estaba pintado a la manera con que se quisiera que el Tintoretto, de estar a mano, pintara a la mujer que uno ama y si no, Velázquez. No es que se pareciera a un Tintoretto o un Velázquez. Era simplemente un retrato espléndidamente pintado, como se suelen pintar de vez en cuando en nuestra época.

–Es maravilloso –declaró el coronel–. Realmente magnífico.

El portero y el segundo camarero lo sujetaban, para que no resbalase y lo miraban, también, desde los ángulos superiores. El *Gran Maestre* lo admiraba de lleno. El norteamericano picado de viruela, dos mesas más allá, lo contemplaba con sus ojos periodísticos, preguntándose quién lo había pintado. Los restantes comensales sólo podían mirar el reverso del cuadro.

–Es maravilloso –reiteró el coronel–. Pero no puedes darme una cosa así.

–Ya te lo he dado –contestó ella–. Estoy segura de que mis cabellos jamás fueron tan largos.

–Sin embargo, yo creo que sí.

–Si te gusta, trataré de que sean tan largos como ahí.

–Hazlo –respondió el coronel–. ¡Ay, hermosura, cómo te quiero! Te quiero a ti y a tu retrato.

–Díselo a los mozos, si gustas. Estoy convencida de que no se sentirán muy sorprendidos.

–Llévense el cuadro a mi habitación –ordenó el coronel al portero–. Y muchas gracias por traerlo. Si el precio no es excesivo lo compraré.

–No es excesivo –replicó la joven–. ¿No crees que deberíamos colocarlo de manera que tu compatriota pudiera contemplarlo a su sabor? El *Gran Maestre* podría informarle dónde queda el estudio del pintor y tu compatriota podría visitar un estudio pintoresco.

–Es un retrato delicioso –dijo el *Gran Maestre*–. Pero debemos llevarlo a la habitación del coronel. No hay que dejar que el comentario corra a cargo del Roederer o del Perrier-Jouet.

–Hágalo llevar, por favor.

–Oh, has dicho por favor sin hacer una pausa.

–Gracias –contestó el coronel–. Estoy tan profundamente conmovido por el retrato que no soy del todo responsable de lo que digo.

–No seamos responsables ninguno de los dos.

–Concedido –admitió el coronel–. El *Gran Maestre* es muy responsable. Siempre lo ha sido.

–No –contestó la joven–. Creo que no se trata de responsabilidad sino de malicia. En esta ciudad, ¿sabes?, todos tenemos malicia, de un tipo o de otro. Tengo la impresión de que no le gusta que nadie, ni siquiera un periodista, mire la felicidad.

–Sea eso lo que fuere.

–Aprendí esa frase de ti, y ahora tú la has reaprendido de mí.

–Así son las cosas –repuso él–. Lo que ganas en Boston lo pierdes en Chicago.

–No entiendo esa frase en absoluto.

–Demasiado difícil de explicar. No. No lo es. Poner las cosas en claro es uno de los aspectos de mi oficio. Al diablo con eso de que es muy difícil de explicar. Es como el fútbol profesional, el *calcio;* lo que se gana en Milán se pierde en Turín.

–No me interesa el fútbol.

–Ni a mí. Especialmente cuando es el encuentro entre los equipos del ejército y de la armada, y cuando los grandes jefazos hablan en términos de fútbol norteamericano para poderse entender entre sí, menos.

–Pienso que podemos pasarlo muy bien esta noche. Incluso en las presentes circunstancias, sea eso lo que fuere...

–¿Nos llevamos a la góndola esta nueva botella?

–Sí –dijo la joven–. Pero con vasos grandes. Se lo diré al *Gran Maestre.* Pongámonos los abrigos y marchémonos.

–Bueno. Tomaré un poco de esta medicina, firmo la cuenta para el *Gran Maestre,* y nos vamos.

–Preferiría ser yo quien tuviera que tomar la medicina y no tú.

–Y yo me alegro más que el demonio de que no sea así –respondió el coronel–. ¿Tomaremos nuestra góndola o alquilamos una en el embarcadero?

–Corramos el albur y alquilemos una. ¿Qué podemos perder?

–Supongo que nada. Probablemente nada.

CAPÍTULO XIII

Salieron al *imbarcadero* por una de las puertas laterales del hotel y fueron azotados por el viento. Las luces del hotel brillaban sobre la negrura de la góndola y daban a las aguas un color verdoso. «Esta góndola –pensó el coronel–, es tan hermosa como un caballo de carreras. ¿Por qué no había visto hasta ahora una góndola? ¿Qué mano y qué ojo dieron forma a esa armónica simetría?»

–¿Adónde vamos? –inquirió la muchacha.

Sus cabellos, luminosos bajo la luz de la ventana y la puerta del hotel, arrebatados hacia atrás por el viento, mientras permanecía junto a la góndola en el embarcadero, le daban cierta semejanza con el mascarón de proa de un barco de vela. «Y el resto de ella, también», se dijo el coronel.

–Demos un paseo por el parque –contestó el coronel–. O por

el Bois de Boulogne, con el techo descubierto. Que nos lleve a Armenonville.

–¿Iremos a París?

–Naturalmente. Dile que nos dé un paseo de una hora por donde las aguas estén menos agitadas. No quiero hacerle trabajar mucho, con este viento.

–Con este viento la marea está muy alta –añadió la joven–. En algunos sitios ni siquiera se puede pasar por debajo de los puentes. ¿Puedo decirle adónde vamos?

–Claro que sí, hija. –Señaló el cubo para hielo–. Meta eso en la góndola –ordenó al segundo camarero.

–El *Gran Maestre* –dijo el mozo– me encargó decirles que esta botella de vino es regalo suyo.

–Dele las gracias encarecidamente y dígale que no puede hacer eso.

–Mejor es que vayamos a favor del viento un poco –aconsejó la muchacha– y luego ya sé hacia dónde hemos de ir.

–El *Gran Maestre* les envía esto –dijo, reapareciendo, el segundo camarero, y entregándoles una manta militar doblada. Renata estaba hablando con el gondolero, flameantes sus cabellos. El gondolero llevaba un *pullover* marino y nada en la cabeza.

–Dele las gracias de nuevo –repitió el coronel, deslizando un billete en la mano del segundo camarero, quien lo devolvió, diciéndole:

–La propina ya va incluida en la cuenta. Ni usted, ni yo ni el *Gran Maestre,* nos morimos de hambre.

–Pero, ¿y la *moglie* y los *bambini*?

–No tengo. Los bombarderos medianos de ustedes pulverizaron nuestra casa en Treviso.

–Lo siento.

–No tiene por qué sentirlo. Usted fue un soldado de infantería, como lo fui yo.

–Permítame que lo lamente.

–Bueno. Pero eso no cambia las cosas. Felicidades, mi coronel, y felicidades, señorita.

Subieron a la góndola y se reprodujo la misma magia de siempre con el primer balanceo al pisar el frágil cascarón: el brusco separarse de la embarcación del muelle, con el impulso; el nuevo balanceo ya en la íntima oscuridad de la góndola y, finalmente, el tercero, con el impulso del gondolero al arrancar.

–Ahora –dijo la joven–, estamos en nuestro hogar y yo te quiero. Bésame, por favor, y pon todo tu amor en el beso.

El coronel la estrechó entre sus brazos, tirada hacia atrás la juvenil cabeza, y la besó hasta que del beso no quedó nada más que desesperación.

–Te adoro.

–Sea eso lo que fuere –interrumpió ella.

–Te adoro, y sé muy bien lo que es eso. El retrato es encantador, pero no existe la palabra para definir lo que eres tú.

–¿Salvaje? –dijo ella–. ¿Desenfadada? ¿Descuidada?

–No.

–Ésa fue la primera palabra que aprendí de mi institutriz. Significa que una no se peina el pelo lo suficiente. Negligente es cuando no te cepillas cien veces los cabellos durante la noche.

–Voy a pasar mi mano por ellos para hacerlos más negligentes aún.

–¿Tu mano lastimada?

–Bueno.

–Entonces, cambiemos el lugar, pues estamos mal sentados para eso. ¡Cambio!

–Bien. Es una orden sensible envuelta en un lenguaje sencillo y fácilmente comprensible.

Resultó divertido cambiar de lugares, tratando de no perturbar el equilibrio de la góndola, y seguir su balanceo cuidadosamente.

–Ahora –dijo ella–. Pero sujétame fuertemente con el otro brazo.

–¿Sabes realmente lo que quieres?

–Claro que lo sé. ¿Es impúdico? También aprendí esa palabra de mi institutriz.

–No –contestó él–. Es adorable. Pongámonos la manta por encima y sintamos ese viento.

–Viene de las altas montañas.

–Sí. Y tras ellas viene de cualquier otra parte.

El coronel oyó el chapoteo de las olas, y sintió la aguda caricia del viento, y la ruda familiaridad de la manta militar, y luego el cuerpo fino y cálido de la joven adorable. Entonces recorrió nuevamente sus cabellos con la mano lastimada, una vez, dos, tres veces, y luego la besó, y fue peor que la desesperación.

–Por favor –dijo ella, casi oculta bajo la manta–. Déjame que te bese yo ahora.

–No –dijo él–. Yo otra vez.

El viento era muy frío y azotaba sus rostros, pero bajo la manta no había viento ni nada; solamente su mano lastimada que buscaba la isla en el gran río de altas orillas escarpadas.

–Así –susurró ella.

Él la besó entonces y buscó la isla, hallándola y perdiéndola, y luego encontrándola definitivamente. «Para bien y para mal –pensó él–, y para siempre.»

–Amor mío –dijo él–. Mi bien amada. Por favor.

–No. Tenme muy apretada y mantén las tierras altas también.

El coronel no dijo nada porque estaba asistiendo, o haciendo acto de presencia, en el único misterio en el cual creía, con excepción de la ocasional bravura del hombre.

–Por favor, no te muevas –dijo la joven.

El coronel, tendido bajo la manta frente al viento, sabedor de que solamente lo que retiene el hombre es lo que hace por una mujer, con excepción de lo que hace por su patria o por su región, estaba callado.

–Por favor, querido –dijo la muchacha–. Creo que no puedo soportarlo.

–No pienses en nada. No pienses en nada de nada.

–No pienso.

–No pienses.

–¡Oh, por favor, no hablemos!

–¿Está bien?

–Tú sabrás.

–Tú estás segura.

–¡Oh, por favor, no hables! Por favor.

«Sí –pensó él–. Por favor y por favor de nuevo.»

Ella no dijo nada, ni él tampoco, y cuando el gran pájaro hubo volado lejos de la ventana cerrada de la góndola, y desapareció, perdiéndose, tampoco dijeron nada él ni ella. Él siguió aprisionando levemente su cabeza con el brazo sano, mientras que con el otro retenía las tierras altas.

–Te amo de verdad –repuso él, y en aquel instante la góndola viró a la izquierda, bruscamente, y el viento azotó su mejilla izquierda, y al ver con sus viejos ojos la línea del Palacio, le dijo a ella:

–Estás a sotavento, hija.

–Pero es demasiado pronto, aún. ¿No sabes cómo se siente una mujer?

–No. Sólo lo que tú me digas.

–Gracias por el tú. Pero, ¿realmente no lo sabes?

–No. Jamás lo he preguntado. Lo imagino.

–Pues imagina ahora –concluyó ella–. Pero, por favor, espera hasta que hayamos entrado en el segundo puente.

–Tómate una copa de esto –dijo el coronel, alcanzando con seguridad y precisión el cubo de hielo y destapando la botella que había descorchado previamente el *Gran Maestre,* tapándola, luego, con un corcho corriente. Sirvió y repuso el tapón en su lugar.

–Esto es bueno para ti, hija. Es bueno para todas las enfermedades que padecemos todos nosotros, y para la tristeza y la indecisión.

–No tengo ninguna de ambas –dijo ella, hablando gramaticalmente, como le había enseñado su institutriz–. Soy solamente una mujer, una muchacha, o lo que fuere, que está haciendo lo que no debiera hacer.

–¿Dónde está ahora la isla y en qué río?

–Tú estás haciendo el descubrimiento. Yo soy simplemente el país inexplorado.

–No tan inexplorado –dijo el coronel.

–Por favor, no seas grosero –exclamó ella.

«Ella habla como un gato suave y dócil, aunque los pobres gatos no hablan», pensó el coronel.

Pero dejó de pensar a poco y ya no pensó nada durante un rato.

La góndola marchaba ahora por uno de los canales secundarios. Al girar desde el Gran Canal, el viento la ladeó de tal manera que el gondolero tuvo que cargar todo su cuerpo como contrapeso, y el coronel y la joven tuvieron que cambiar, también, de lugar, bajo la manta, con el viento penetrando por debajo de ella salvajemente.

No hablaron nada durante largo rato y el coronel percibió que la góndola casi rozaba con el techo al pasar bajo los últimos puentes.

–¿Cómo estás, hija?

–Maravillosamente bien.

–¿Me quieres?

–No preguntes tonterías.

–La marea está muy alta y acabamos de pasar a duras penas el último puente.

–Creo que sé adónde vamos. No te olvides que yo nací aquí.

–Yo he cometido errores en mi propia ciudad –dijo el coronel–. Haber nacido en un sitio no lo es todo.

–Pero es mucho –contestó la joven–. Tú lo sabes. Por favor, tenme abrazada muy fuertemente para que formemos parte uno de otro un rato.

–Podemos intentarlo.

–¿No puedo yo ser tú?

–Es algo muy complicado. Pero, por supuesto, lo intentaremos.

–Ahora, yo soy tú –dijo ella– y acabo de reconquistar la ciudad de París.

–¡Jesús, hija! Te has echado un montón de problemas endiablados entre las manos. La próxima cosa a hacer es el desfile de la vigesimoctava división por las calles de la ciudad.

–No me procupa.

–A mí, sí.

–¿No era buena esa unidad?

–Ya lo creo. Tenía buenos jefes. Pero «muy guardia nacional» y mala suerte. Lo que llamamos nosotros una división T.S.

–No entiendo una palabra.

–No vale la pena que te lo aclare.

–¿Me contarás algunas cosas auténticas de París? Quiero mucho a esa ciudad y cuando pienso que tú la tomaste, entonces es como si estuviera paseando en esta góndola con el *maréchal* Ney.

–No es un buen empleo –dijo el coronel–. De cualquier modo, no hasta después de librar todas las acciones de retaguardia al regresar de aquella gran ciudad rusa. Solía combatir diez, doce, quince veces por día. Y hasta más. Después, no podía reconocer a la gente. Por favor, no subas con él en ninguna góndola.

–Siempre fue uno de mis grandes héroes.

–Sí. También mío. Hasta Quatre Bras. O quizá no fuera, Quatre Bras. Me estoy oxidando. Puedes darle el título genérico de Waterloo.

–¿Estuvo mal en esa batalla?

–Horriblemente mal. Olvídate. Libró demasiadas acciones de retaguardia al volver de Moskowa.

–Pero lo calificaron del más bravo entre los bravos.

–De eso no se vive. Hay que ser el más bravo entre los bravos siempre, y también el más listo entre los listos. Y hay que tener muchas cosas más.

–Háblame de París, por favor. No tendríamos que hacer más el amor.

–¿Sí? ¿Quién dice eso?

–Lo digo yo porque te quiero.

–Bueno. Tú lo has dicho y me quieres. O sea que vamos a hacerlo. Al diablo lo demás.

–¿Crees que podríamos volver a hacerlo sin que te perjudicase?

–¿Perjudicarme? –dijo el coronel–. ¿Cuándo demonios ha habido algo que me perjudicara?

CAPÍTULO XIV

–Voy a decirte un secreto militar –dijo el coronel–. Alto secreto, que decimos nosotros, igual a secreto máximo de los británicos: «Te quiero.»

–Me agrada. Lo has dicho de un modo muy simpático.

–Soy simpático –dijo el coronel, y observó el puente que se aproximaba y comprobó que la góndola podía pasar–. Eso es la primera cosa que la gente advierte en mí.

–No te burles. Por lo visto siempre empleo la palabra equivocada. Pero quiéreme mucho, por favor.

Ahora la góndola iba a favor del viento; los dos se sentían cansados.

–No piensas que...

–Yo no pienso –dijo la muchacha.

–Bueno, procura pensar.

–Procuraré.

–¿No piensas que un vaso de esto nos vendría bien?

–¿Por qué no? Es muy rico.

Lo era. Todavía quedaba hielo en el pequeño cubo y el vino estaba frío y cristalino.

–Puedo quedarme en el Gritti.

–No.

–¿Por qué no?

–No estaría bien. Por ti. Y por los tuyos. En cuanto a mí, ¡al diablo!

–Entonces, supongo que debo irme a casa.

–Sí. Ésa es la suposición lógica.

–¿No es ésa una manera horrorosa de decirme una cosa triste? ¿Es que ni siquiera podemos aspirar a ciertas cosas?

–No. Te voy a llevar a casa y dormirás profundamente y mañana nos encontraremos cuando y donde tú digas.

—¿Puedo llamarte al Gritti?

—Desde luego. Estaré despierto en cualquier momento. ¿Me llamarás en cuanto te despiertes?

—Sí. Pero, dime, ¿por qué te despiertas siempre tan temprano?

—Una costumbre de mi oficio.

—¡Oh, Dios, cómo quisiera que no tuvieras ese oficio y que no te hubieras de morir!

—Y yo también quisiera —dijo el coronel—. Pero voy a retirarme de mi profesión.

—Sí —dijo ella, adormilada y perezosamente—. Y entonces iremos a Roma en busca de tus trajes de civil.

—Y viviremos dichosos por los siglos de los siglos.

—Por favor, no seas así. No hables así. Ya sabes que adopté la resolución de no llorar.

—Ahora estás llorando —exclamó el coronel—. ¿Qué demonios te pasa para haber quebrantado tu resolución?

—Llévame a casa, por favor.

—En primer lugar, eso es lo que estaba haciendo —contestó el coronel.

—En primer lugar, sé bueno conmigo.

—Lo seré.

Una vez que el coronel hubo pagado al *gondoliere,* que era un ignorante que, sin embargo, lo sabía todo, sólido, saludable, respetuoso y digno de confianza, caminaron por la *piazetta* y luego cruzaron la enorme plaza fría, barrida por el viento, sintiéndola dura y vieja bajo sus pies. Caminaban muy juntos, y firmes en su dolor y su felicidad.

—Ésta es la plaza en donde el alemán mataba las palomas —dijo ella.

—Probablemente nosotros lo matamos a él. O a su hermano. Tal vez lo ahorcamos. No sé.

—¿Me sigues queriendo sobre estas viejas y frías piedras desgastadas por las aguas?

—Sí. Me gustaría demostrártelo.

—Hay cosas más bárbaras que el matar palomas a tiros.

—Yo soy un bárbaro —contestó el coronel.

–No siempre.

–Gracias por el no siempre.

–Doblamos por aquí.

–Creo que lo sabía. ¿Cuándo van a derribar ese maldito Cinema Palace y erigir una verdadera Catedral? Eso es lo que quiere T5 Jackson.

–Cuando alguien vuelva a traer de Alejandría los restos de San Marcos bajo una carga de puerco.

–Ése fue un muchacho de Torcello.

–Tú eres un muchacho de Torcello.

–Sí. Soy un muchacho del Basso Piave, y un muchacho de Grappa, llegado aquí desde Pertica. Y también un muchacho de Pasubio, si sabes lo que eso quiere decir. Simplemente, vivir en el Pasubio era peor que luchar en cualquier parte. Aquello era intolerable.

–Pero tú te quedaste.

–Naturalmente. Yo soy siempre el último hombre en abandonar la *fiesta.* Soy el genuino huésped impopular.

–¿Debemos separarnos ahora?

–Pensé que habías tomado la decisión de hacerlo.

–La había tomado. Pero cuando dijiste eso del huésped impopular, me volví atrás.

–Manténla.

–Soy capaz de mantener una decisión.

–Ya sé. Tú puedes mantener lo que quieras. Pero, hija, no siempre hay que aferrarse inflexiblemente. Eso queda para los estúpidos. A veces conviene dar media vuelta rápidamente.

–Si quieres doy media vuelta.

–No. Creo que la decisión era acertada.

–Pero, ¿no será un plazo horrorosamente largo de aquí a mañana por la mañana?

–Si tenemos suerte, no. Todo depende.

–Yo tendría que dormir profundamente.

–Claro. A tu edad si no puedes dormir profundamente mereces que te ahorquen.

–¡Oh, por favor!

–Perdona. Quise decir que mereces ser fusilada.

–Estamos ya muy cerca de casa y podías ser cariñoso, si quieres.

–Soy tan cariñoso que apesto. Que lo sea otro.

Ahora se hallaban frente al palacio. Allí estaba el palacio. No había nada más que hacer sino tirar del cordón de la campanilla o entrar con la llave. «Yo me he perdido en este palacio –pensó el coronel–, y eso que jamás me perdí en mi vida.»

–Por favor, dame el beso de despedida, cariñosamente.

El coronel la besó y sintió que la quería tanto que no podía soportarlo.

La joven abrió la puerta con la llave, que sacó del bolso, y desapareció. El coronel se quedó solo, sobre el pavimento desgastado y el viento, que seguía soplando del norte, y las sombras por entre las cuales emergía una luz. Se encaminó hacia el hotel.

«Sólo los turistas y los amantes alquilan góndolas –pensó–. Salvo para cruzar el canal en los lugares donde no hay puentes. Debería irme a Harry's o a cualquier otro maldito lugar. Pero creo que me voy a casa.»

CAPÍTULO XV

Y se fue realmente a su casa, si es que se puede llamar así a un hotel. El pijama se hallaba extendido sobre la cama. En la mesita de luz había una botella de Valpolicella y otra de agua mineral en un cubo para hielo, con un vaso al lado, sobre una bandeja de plata. Al retrato le habían quitado el marco y estaba puesto sobre dos sillas, de manera que podía verlo desde la cama.

La edición parisiense del *New York Herald Tribune* estaba en la cama junto a las tres almohadas. Porque él utilizaba tres almohadas y Arnaldo lo sabía; y su botella extra de medicina, no la que llevaba en el bolsillo, estaba igualmente junto a la cabecera. La parte interior de las puertas del armario, recubiertas de espejos, hallábase abierta de tal modo que podía ver el retrato de lado. Sus pantuflas estaban junto al lecho.

«Me lo quedo», se dijo el coronel.

Abrió el Valpolicella que había sido descorchado y tapado, cuidadosamente, con precisión, con cariño, y llenó el vaso; un vaso mucho mejor de lo que cualquier hotel, enfrentado con los destrozos de vajilla, se hubiera atrevido a utilizar.

–Brindo por ti, hija, belleza adorable –exclamó–. ¿Sabías que, entre otras cosas, siempre hueles bien? Siempre hueles maravillosamente bien incluso cuando hace mucho viento, o bajo la manta, o al darte el beso de despedida. Sabes de sobra que casi ninguna huele bien, y tú no usas perfume.

Ella lo miró desde el retrato, pero no dijo nada.

–¡Que se vaya al diablo! –agregó–. No voy a hablar con un retrato.

«¿Qué piensas que hubo de malo esta noche? –se preguntó–. Yo, supongo. Bien, trataré de ser un buen chico mañana durante todo el día; empezaré desde el amanecer.»

–Hija –dijo, y ahora le hablaba a ella y no al retrato–. Por favor, créeme que te quiero y que deseo ser delicado y bueno. Y por favor, quédate ahora siempre junto a mí.

El retrato siguió inmutable.

El coronel sacó las esmeraldas de su bolsillo y las contempló, sintiéndolas escurrirse –frías y cálidas al mismo tiempo, pues cobraban calor, como todas las piedras preciosas– de su mano lastimada a su mano sana.

«Debería haberlas metido en un sobre y guardarlas en la caja fuerte –pensó–. Pero, ¿por qué han de estar más seguras allí? Tengo que devolvértelas rápidamente, hija.»

«Resulta entretenido –pensó también–. Y no valen más allá de un cuarto de millón. Cifra que yo lograría reunir en cuatrocientos años. Comprobaré la exactitud de la cifra.»

Metió las piedras en un bolsillo de su pijama y colocó el pañuelo sobre ellas. Después, abrochó el bolsillo. «La primera cosa útil que uno aprende –pensó–, es a llevar tapitas y botones en todos los bolsillos. Creo que yo lo aprendí demasiado pronto.»

Era agradable sentir las piedras, duras y cálidas contra su viejo pecho, ancho, duro y cálido. Oyó soplar al viento con fuerza, miró el retrato, se sirvió otro vaso de Valpolicella y comenzó a leer la edición parisiense del *New York Herald Tribune.*

«Debería tomar las píldoras –pensó–. ¡Que se vayan al cuerno las píldoras!»

Pero de todos modos, las ingirió, y siguió leyendo el diario. Leyó a Red Smith, y le gustó mucho.

CAPÍTULO XVI

El coronel se despertó poco antes del amanecer y comprobó que nadie dormía junto a él.

El viento seguía soplando con fuerza y se asomó a las abiertas ventanas para observar el tiempo. Aún no apuntaba la luz por el Este, al otro lado del Gran Canal, pero sus ojos podían distinguir que las aguas se hallaban agitadas. «Vamos a tener hoy una marejada endiablada –pensó–. Probablemente inundará la plaza. Lo cual siempre es agradable, salvo para las palomas.»

Tomó el *Herald Tribune* y Red Smith, así como un vaso de Valpolicella. «Rayos, me alegrará mucho que el *Gran Maestre* consiga los *fiascos* grandes –pensó–. Este vino tiene mucho poso al final.»

Sentóse, con su diario, pensando en las cosas del día.

Habría una llamada telefónica. Pero quizá bien entrada la mañana, por cuanto ella dormiría sin duda hasta tarde. «Los jóvenes duermen hasta tarde –pensó–, y las jóvenes hermosas duermen hasta más tarde aún.» Ella indudablemente no lo llamaría temprano y las tiendas tampoco abren hasta las nueve de la mañana e incluso un poco después.

«¡Diablos! –pensó–. Tengo todavía esas malditas piedras. ¿Cómo puede nadie hacer una cosa así?»

«Tú sabes cómo –se dijo, leyendo los anuncios del reverso del diario–. Tú has llevado las cosas al extremo muchas veces. No tiene nada de estúpido ni de morboso. Ella quería simplemente llevar las cosas al extremo. Menos mal que soy yo.»

«Eso es lo único bueno de ser yo –reflexionó–. Bueno, soy yo, maldita sea. Para mucho mejor o mucho peor. ¿Cómo te hubieras sentido en el frente con esto en el bolsillo?»

No se dirigía a nadie salvo, quizás, a la posteridad.

«¿Cuántas mañanas has estado en primera línea con todos los demás? Eso es lo peor de todo. O bien te apartas para estar solo, para pensar o no pensar, y eliges un lugar bien resguardado y te encuentras con que ya está ocupado por dos fusileros o por algún muchacho dormido.»

«Hay tanta soledad en el ejército como en una de esas casas donde el amor tiene tarifa. Yo nunca he estado en una casa así, pero me imagino que funciona de un modo parecido. Creo que podría aprender a dirigir una. Luego, a los personajes más destacados los nombraría embajadores y los más desgraciados podrían ser comandantes de ejército o comandantes de distritos militares en tiempo de paz.» «No seas cruel, muchacho –se dijo después–. Es muy temprano todavía y aún no han concluido tus deberes.»

«¿Y qué haría con las esposas de los sujetos? –pensó también–. Les compraría sombreros nuevos o las fusilaría. Todo es parte del mismo proceso.»

Se miró al espejo de la puerta entornada. Lo reflejaba en ángulo oblicuo. «Un tiro de rebote –pensó–. Chico –se dijo–, realmente eres un viejo bastardo ruinoso. Ahora, no tienes más remedio que afeitarte y mirarte la cara mientras te afeitas. Luego, debes cortarte el cabello. Lo cual es fácil en esta ciudad. Eres un coronel de infantería, amigo. No puedes ir por ahí con los cabellos como Juana de Arco o el general, tan por casualidad, George Armstrong Custer. Aquel lindo jinete. Presumo que debe ser agradable ser así, tener una bella esposa y usar aserrín en lugar de sesos. Pero supongo que no le habrá parecido una carrera tan acertada cuando estaba en aquella colina sobre Little Big Horn, con los jinetes indios corriendo en torno de ellos entre el polvo, sin que le quedara otra cosa para el resto de su vida que aquel grato olor a pólvora negra de sus propios soldados matándose entre sí o suicidándose, por temor a lo que les harían los indios de caer vivos en sus manos. El cuerpo de Custer estaba mutilado hasta lo increíble; lo publicaron en este mismo diario. Y sobre aquella colina fue cuando se enteró de que había cometido un verdadero error, definitivo y completo, con manijas y todo. ¡Pobre gallardo jinete! Ahí fue el fin de todos tus sueños. Eso es lo que tiene de bueno ser de infantería. Jamás tienes sueños, salvo pesadillas. Bueno, ya hemos terminado aquí, y pronto amanecerá y podré ver el retrato a la luz del día. ¡Que me maten si se lo devuelvo! Me lo quedo. ¡Oh, Cristo! Me pregunto qué parecerá ahora estando dormida. Sé muy bien lo que parece: maravillosa. Duerme como si no estuviera durmiendo. Simplemente, como si descansara. Y espero que esté descansando. Espero que esté descansando bien. Por Jesucristo, ¡cómo la quiero y cómo deseo no hacerle daño jamás.»

CAPÍTULO XVII

Cuando empezó a amanecer el coronel vio el retrato. Muy probablemente lo vio con la rapidez con que cualquier hombre civilizado –que tiene que percibir y suscribir formas en las cuales no cree– puede ver un objeto, apenas se hace visible. «Sí –se dijo–, tengo ojos y éstos cuentan todavía con una percepción bastante rápida, y antaño tenían ambición. Conduje a mis rufianes a un duro castigo. De doscientos cincuenta sólo quedaron tres vivos, y ésos están condenados a mendigar por el resto de sus días.»

«Eso es de Shakespeare –le dijo al retrato–. El campeón invicto e indiscutido. Algunos pueden atacarlo en pleno ataque de beodez. Pero yo me inclino a reverenciarlo. ¿No has leído nunca al Rey Lear, hija? El señor Gene Tunney lo leyó, y era el campeón del mundo. Pero yo también lo he leído. También los soldados se preocupan del señor Shakespeare, aunque parezca imposible. Porque escribe como un soldado.»

«¿Tienes algo que decir en tu defensa, además de echar la cabeza hacia atrás? –le preguntó al retrato–. ¿Quieres algo más de Shakespeare?»

«No tienes por qué defenderte. Limítate a descansar y dejemos las cosas como están. Es inútil. Tu defensa y la mía no sirven para nada. Mas, ¿quién podría decirte anda y cuélgate en la forma como lo hacemos?»

«Nadie –se dijo a sí mismo y al retrato–. Y no yo, por cierto.»

Al extender su mano sana descubrió que el mozo había dejado una segunda botella de Valpolicella junto a donde estuvo la primera.

«Si amas a un país deberías admitirlo –pensó el coronel–. Naturalmente. Admítelo, muchacho.»

«Yo amé a tres y a los tres los perdí. No pierdas la esperanza. Hemos retomado dos. Recuperado –se corrigió–. Y recuperaremos el otro, general Asno Gordo, con su coto de caza, el consejo de su doctor, sus patos domesticados y una barrera de caballería mora cuando caza.»

«Sí –le dijo con suavidad a la joven que lo miraba límpidamente, ahora bajo las primeras y mejores luces del día–. Lo recuperaremos y ellos colgarán cabeza abajo en la parte de afuera de las estaciones de gasolina. Estás advertido –agregó–. Retrato –añadió–. ¿Por qué diablos no estás ahora conmigo en lugar de hallarte a tus buenas dieciocho manzanas de distancia de mí? O quizá más. No soy tan preciso como antes; en cualquier momento.»

–Retrato –le dijo a la joven, y al retrato, a los dos; pero no había joven alguna y el retrato simplemente era una pintura–. Retrato, mantén en alto tu endemoniada barbilla de manera que puedas partirme el corazón con mayor facilidad.

«Ciertamente es un regalo adorable», pensó el coronel.

–¿Puedes maniobrar? –le preguntó al retrato–. ¿Bien y con rapidez? –El retrato no dijo nada y el coronel se contestó–: Tú sabes de sobra que ella puede maniobrar. Puede dominarte por la maniobra el día que quiera y quedarse y luchar allá donde tú te escurres, discretamente.

»Retrato –dijo–. Muchacho o hija o mi único amor o lo que sea; tú sabes lo que es, retrato.

Como antes, el retrato no contestó. Pero el coronel, que ahora era otra vez un general, en la mañana temprano y con Valpolicella, sabía de una manera tan rotunda como si acabara de leer su tercer Wasserman, que nada había de reprochable en el retrato, y se sintió avergonzado por haberle hablado rudamente.

–Seré hoy el mejor muchacho que hayas visto jamás. Y puedes decírselo a tu ama.

El retrato, de acuerdo con su manera de ser, siguió silencioso.

«Probablemente, ella le dirigiría la palabra a un jinete militar», se dijo el general, porque ahora era general de división con dos estrellas, que le arañaban los hombros, y parecían blancas contra el rojo vago y un tanto desvaído de la chapa delantera de su jeep. Él nunca utilizaba coche de mando, ni vehículos semiblindados con protección concluida a base de sacos terreros.

–Vete al diablo, retrato –dijo–. O sácate un boleto para el demonio.

–Vete al diablo –contestó el retrato sin hablar–, soldado de baja estofa.

–Sí –dijo el coronel, que ahora era coronel nuevamente, y que había renunciado a sus grados anteriores–. Te amo, retrato, y mucho. Pero no seas brutal conmigo. Te quiero mucho porque eres hermosa. Pero quiero mucho más a la muchacha, millones de veces más. ¿Me oyes?

Pero el retrato no dio muestras de haberlo oído, y él se cansó.

–Tú estás en una posición fija, retrato –prosiguió él–. Con o sin marco. Y yo voy a maniobrar.

El retrato siguió tan callado como desde que el portero, auxiliado por el segundo camarero, lo había llevado al bar para mostrárselo al coronel y a la joven.

El coronel la miró en el lienzo y vio que estaba indefensa, ahora que la luz del día ya era plena o semiplena.

Advirtió asimismo que era el retrato de su verdadero amor, y dijo:

–Lamento todas las estupideces que he dicho. Nunca quiero ser brutal. Tal vez podríamos dormir los dos algo, con un poquito de suerte y, entonces, quizá tu ama llamaría por teléfono.

«A lo mejor no llama», pensó.

CAPÍTULO XVIII

El portero del *hall* le arrojó el *Gazzetino* por debajo la puerta y el coronel, silenciosamente, lo atrapó apenas había pasado por la hendidura. Le faltó muy poco para arrancárselo de la mano.

No sentía simpatías por ese portero desde el día en que, al volver de improviso a su habitación en busca de la botellita de medicina que se había olvidado, lo sorprendió revolviendo sus maletas afanosamente.

–Supongo que esto no es una orden del hotel –le dijo–. No es usted una honra para la ciudad.

Se hizo un silencio denso, pues el hombre del chaleco a rayas y la cara de fascista guardó silencio, y el coronel añadió:

–¡Adelante, muchacho, termina la inspección! No llevo secretos militares entre mis artículos de aseo.

Desde entonces, las relaciones entre ambos se mantuvieron tirantes, y el coronel se divertía arrebatándole el diario de la mano apenas lo introducía por debajo de la puerta. En cuanto, llegada la hora, percibía un ruido en el corredor, se aproximaba silenciosamente hacia la puerta.

–Está bien, tarado, hoy me ganaste –dijo en el mejor dialecto veneciano que pudo manejar a aquellas horas tan tempranas–. Anda, ve y ahórcate.

«Pero no se ahorcan –pensó–. Simplemente siguen echando diarios por debajo de las puertas de gentes que ni siquiera los odian. Sin duda, resulta un oficio muy complicado ser un ex fascista. Vaya usted a saber. No puedo odiar a los fascistas –se dijo–. Ni tampoco a los boches ya que, desgraciadamente, soy un soldado.»

–Óyeme, retrato –dijo–. ¿Tengo que odiar a los boches puesto que les damos muerte? ¿Debo odiarlos como soldados y como seres humanos? A mí me parece una solución demasiado fácil.

«Bueno, retrato. Olvídate. Olvídate. No tienes la edad suficiente como para entender de estas cosas. Tienes dos años menos que la joven a la cual representas. Y ella es más joven y más vieja que el infierno; que es un lugar muy antiguo.»

«Escucha, retrato –insistió el coronel, y al decirlo sabía que mientras viviera tendría a alguien con quien hablar a aquellas horas de la madrugada en que solía despertarse–. Como iba diciendo, retrato. No, al infierno eso también. Es algo demasiado viejo para que lo entiendas. Ésa es una de las cosas que no puedes decir, por cierta que sea. Hay muchas cosas que nunca podré decirte, y quizá sea para mi bien. Ya es hora de que algo sea bueno para mí. ¿Qué pasa, retrato? –le preguntó–. ¿Tienes hambre? Yo también.» Tocó el timbre para llamar al mozo.

Sabía perfectamente que a aquellas horas, aunque ya había amanecido de manera que se veían todas las olas sobre el Gran Canal, color plomo y denso bajo el viento, y con la marea cubriendo los escalones del desembarcadero del palacio, frente a su habitación misma, no lo llamaría por teléfono. No lo llamaría hasta dentro de algunas horas. «Los jóvenes duermen bien –pensó–. Se lo merecen.»

–¿Por qué tenemos que hacernos viejos? –le preguntó al mozo, que había entrado con su ojo de vidrio y el menú.

–No sé, mi coronel. Supongo que es un proceso natural.

–Sí. Creo que yo también me lo imagino. Los huevos fritos boca arriba. Té y tostadas.

–¿No quiere nada norteamericano?

–Al demonio todo lo norteamericano, salvo yo. ¿Se ha levantado ya el *Gran Maestre*?

–Sí. Ha llenado de Valpolicella los grandes *fiascos* de dos litros y aquí le traigo una garrafa.

–¡Qué hombre! –exclamó el coronel–. ¡Cristo, cómo me gustaría darle el mando de un regimiento!

–No creo que él quiera realmente un regimiento.

–No –contestó el coronel–. Ni yo tampoco.

CAPÍTULO XIX

El coronel desayunó despaciosamente, como un boxeador derribado sobre la lona, que oye contar cuatro y que sabe cómo descansar a fondo por espacio de cinco segundos más.

–Retrato –dijo–. Tú también deberías descansar. Eso es lo único que va a resultar difícil contigo. Por eso lo llaman elemento estático de la pintura. Tú sabes perfectamente, retrato, que son muy pocos los cuadros que tienen movimiento. Unos pocos sí tienen. Pero son escasos. Me gustaría –agregó– que tu ama estuviera aquí y pudiéramos tener movimiento. ¿Cómo es posible que les gustes a las muchachas, siendo ella tan endiabladamente joven y tan hermosa?

«Entre nosotros, si una joven es realmente hermosa ha nacido en Texas y a lo sumo sabe decirte, con mucha suerte, el mes en que estamos. Pero todas saben contar, no obstante.»

«Les enseñan a contar, a ser terriblemente púdicas, y a peinarse con ganchos para hacer rulos. Alguna vez, retrato, para purgar tus pecados, si es que los tienes, deberías dormir con una chica que se haya puesto los ganchos para hacer rulos con el fin de estar hermosa al día siguiente. No esa noche. Ellas no tienen por qué estar lindas esa noche, sino mañana. Mañana, que es cuando entablamos la competencia. Renata, la muchacha que tú eres, está durmiendo ahora sin haberle hecho nada de eso a su cabello. Está durmiendo con la cabellera esparcida sobre la almohada, y sus cabellos no son para ella más que una oscura, gloriosa, sedeña molestia que apenas sabe cómo peinar, salvo en la forma en que le enseñó su institutriz.»

«La veo en la calle con sus piernas encantadoras y su caminar a grandes pasos, con el viento haciéndole lo que le da la gana a sus cabellos, y su busto auténtico bajo el suéter, y en seguida veo las noches en Texas con los ganchos de hacer rulos; cabellos aplastados y sujetos por instrumentos metálicos.»

–Eres tan endiabladamente hermoso –le dijo al retrato– que cansas. Y eres, también, cebo de presidio. Renata tiene dos años más que tú, que apenas llegas a los diecisiete.

«¿Y por qué no puedo tenerla y amarla y protegerla y no ser nunca brusco con ella, ni malo, y tener cinco hijos que vayan a los cinco rincones del mundo, estén donde estén? No lo sé. Imagino que uno tiene que jugar las cartas que le dan. ¿Quisieras que volvieran a repartir los naipes?»

«No. Sólo te los reparten una vez, y tú los coges y los juegas.»

«Yo puedo jugarlos con tal de pintar algún maldito triunfo –le dijo al retrato, que no pareció impresionarse–. Retrato –siguió–. Es preferible que mires hacia otro lado si no quieres ser impúdico. Voy a darme una ducha y afeitarme, algo que tú no tendrás que hacer jamás. Me pondré mi traje de soldado e iré a dar una vuelta por la ciudad, aunque es muy temprano.»

Saltó de la cama, sin apoyarse en su pierna lastimada, que siempre le dolía. Apagó el velador de la mesita de noche con su mano herida. Había suficiente luz y estuvo desperdiciando energía eléctrica casi por espacio de una hora. Y lo lamentó, como lamentaba todos sus errores. Pasó junto al retrato, echándole una mirada al desgaire, llegó ante el espejo y se contempló: se había quitado las dos prendas del pijama y se miró en el espejo crítica y sinceramente.

–Eres un viejo bastardo destrozado –le dijo al espejo. El retrato ya era cosa del pasado. El espejo era la actualidad y la actualidad de este día.

«La barriga está planchada –se dijo, sin meter el vientre hacia dentro–. El pecho perfecto, salvo ahí donde le falta un músculo. Estamos aceptables, para bien o para mal, o para lo que sea.»

«Tienes la mitad de un siglo, viejo bastardo. Ahora ve y date una ducha, friégate bien y luego ponte el traje de soldado. Hoy es otro día.»

CAPÍTULO XX

El coronel se detuvo junto a la recepción, pero aún no había llegado el empleado y sólo estaba el portero nocturno.

–¿Podría guardarme algo en la caja fuerte?

–No, mi coronel. Nadie puede abrirla hasta que no lleguen el ayudante del director o el portero de día. Pero le guardaré lo que usted quiera.

–Gracias. No vale la pena –replicó pegando un sobre del Gritti, con las esmeraldas adentro, en el que había escrito su propio nombre, y se lo metió en el bolsillo interior de la guerrera.

–Por aquí nunca hay verdaderos crímenes –dijo el portero nocturno, que había pasado solo la larga noche y se sentía satisfecho de poder hablar con alguien–. Jamás los hubo realmente, mi coronel. Aquí sólo hay diferencias de opinión y política.

–¿Y cuáles son sus ideas políticas? –preguntó el coronel, que también se sentía solo.

–Aproximadamente las que usted se imagina.

–¡Ajá! ¿Y cómo van las cosas?

–Yo creo que van muy bien. Tal vez no tan bien como el año pasado. Pero muy bien, de todas formas. Fuimos derrotados y tenemos que esperar un poco.

–¿Participa usted activamente?

–Apenas. Se trata más de política de mi corazón que de mi cabeza. Creo en la política con la cabeza también, pero como tengo poca instrucción...

–Cuando la tenga, dejará de tener corazón.

–A lo mejor, no. ¿Hacen ustedes política en el ejército?

–Muchísima. Pero no la que usted se imagina.

–Bueno, mejor que no hablemos de eso. No quise ser indiscreto.

–No. Fui yo quien planteó la cuestión, la primera pregunta,

más bien. Lo hice sólo por hablar. No con propósitos de interrogarlo.

–Ni se me ocurrió que así fuera. Usted no tiene cara de inquisidor, mi coronel, y sé lo de la Orden, aunque no soy miembro.

–Usted puede ser miembro activo; hablaré del asunto con el *Gran Maestre.*

–Somos de la misma ciudad, aunque de distinto barrio.

–Una buena ciudad.

–Mi coronel, yo tengo tan poca formación política que creo que todos los hombres honorables son honorables.

–Oh, ya se le pasará eso –le tranquilizó el coronel–. No se aflija, muchacho. Usted está afiliado a un partido juvenil. Y naturalmente, cometen errores.

–No hable así, por favor.

–Lo digo en broma.

–Dígame, mi coronel. ¿Qué piensa realmente de Tito?

–Pienso varias cosas. Pero es mi vecino inmediato y no me gusta hablar de mis vecinos.

–Es que me gusta aprender.

–¿Le gusta? Bueno, entonces aprenda por el camino más duro. ¿No sabía usted que las gentes no contestan a esas preguntas?

–Yo pensaba que sí.

–Pues no –dijo el coronel–. Sobre todo, no cuando están en mi situación, por ejemplo. Todo cuanto puedo decirle es que el señor Tito tiene muchos problemas.

–Bueno, ahora ya sé eso de verdad –dijo el portero nocturno, que en realidad era un muchacho.

–Así lo espero –sentenció el coronel–. Aunque, como conocimiento, yo no lo consideraría como una perla de gran precio. Y ahora, buenos días. Debo dar un paseo en bien de mi hígado, o lo que sea.

–Buenos días, mi coronel. *Fa brutto tempo.*

–*Bruttissimo* –respondió el coronel, que tras ajustarse firmemente el cinturón de su impermeable, se lanzó hacia el viento de la calle.

CAPÍTULO XXI

El coronel tomó la góndola del *centesimi* a través del canal, pagando con el acostumbrado billete mugriento y mezclándose con la masa de los condenados a madrugar.

Miró el Gritti y vio, aún abiertas, las ventanas de su habitación. No había promesa ni amenaza de lluvia: simplemente persistía el mismo viento fuerte, salvaje y frío de las montañas. Todos los que iban en la góndola parecían estar congelados y el coronel pensó que le gustaría darle a cada uno de ellos un abrigo-impermeable a prueba de frío. ¡Dios!, y cada oficial que había llevado una de esas prendas sabía que no servían contra la lluvia. ¿Quién demonios se habría hecho el negocio con ese engaño?

«El agua no pasa a través de un piloto Burberry –pensó–. Pero supongo que algún poderoso tarado tiene a su hijo en Groton, o quizás en Canterbury, que es a donde van los hijos de los grandes proveedores, porque nuestros impermeables dejan pasar el agua.»

«A un oficial amigo mío se le partió de arriba abajo. ¿Me pregunto quiénes eran los Benny Meyers de las fuerzas de tierra? Probablemente no fue solamente uno. Probablemente habrán sido varios. Por lo visto no estás despierto todavía ya que estás diciendo tales simplezas. Te protegen contra el viento y el frío. Los impermeables. Impermeables, asno.»

La góndola atracó en la orilla opuesta del canal, entre las estacas, y el coronel observó a aquellas gentes vestidas de negro ir saliendo del vehículo, también pintado de negro. «¿Es un vehículo la góndola? –pensó–. ¿O un vehículo debe forzosamente tener ruedas y tracción? No creo que nadie te diera un centavo por tus reflexiones –se dijo–. Al menos esta mañana. Sin embargo, en ocasiones en que las cosas estaban feas han llegado a valer mucho dinero.»

Penetró en la parte extrema de la ciudad, la parte que daba finalmente al Adriático, y que le gustaba más. Iba por una callejuela angosta y el coronel no iba a llevar cuenta de las calles norte y sur que cruzara en su camino ni contar los puentes, procurando luego orientarse de manera que fuera a salir al mercado sin meterse en un callejón sin salida.

Era un viejo juego que él jugaba, lo mismo que hay gentes que gustan jugar a los solitarios con los naipes. Pero tenía la ventaja de que mientras practicabas el juego te movías y veías las casas, las tiendas, las *trattorias* y los viejos palacios de la ciudad de Venecia, sin dejar de caminar. Para uno que amase a la ciudad de Venecia era un juego inmejorable.

Era algo así como un *solitaire ambulante* y lo que se ganaba en él era la alegría de tus ojos y tu corazón. Si lograbas llegar al mercado, de este lado de la ciudad, sin rectificaciones ni rodeos, ganabas la partida. Pero había que complicarlo un poco y no contar las calles ni los puentes para orientarse a ojo.

En el lado opuesto de la ciudad el juego era salir del Gritti y llegar al Rialto por las *Fondamente Nuove,* sin errores.

Después, se cruzaba el puente y se iba hasta el mercado derechamente. Lo que más le gustaba de todo era el mercado. Era el lugar de cualquier ciudad adonde primero iba.

En ese instante oyó a los dos jóvenes que caminaban tras él hacer comentarios sobre su persona. Sabía que eran jóvenes por sus voces y no miró hacia atrás, sino que escuchó cuidadosamente y esperó a la próxima esquina para verlos con disimulo.

«Van a trabajar –decidió–. Tal vez sean ex fascistas o cualquier otra cosa, o bien es que hablan así porque corresponden a un tipo que piensa así. Pero ahora los ataques son demasiado personales. No se trata sólo de los norteamericanos, sino de mí, también, de mis cabellos grises, mi manera de andar ligeramente encorvada, las botas de campaña (los tipos de esa calaña no gustan de las botas de combate prácticas y cómodas, prefieren los zapatos que crujen sobre el pavimiento y que tienen un brillo charolado). Es mi uniforme, que carece de gracia. Ahora es el por qué estoy en la calle a estas horas tan tempranas, y seguidamente es su absoluta seguridad de que ya no puedo hacer el amor.»

El coronel torció bruscamente a la izquierda, al llegar a la próxima esquina, viendo lo que tenía que hacer y la distancia exacta, y cuando los dos jóvenes llegaron al ángulo formado por el ábside de la iglesia de Frari, no lo vieron. Estaba en el ángulo muerto tras el ábside de la vieja iglesia y cuando llegaron cerca, al oírlos hablar próximos, salió del rincón con ambas manos en los bolsillos de su piloto militar y, bruscamente, dio media vuelta y quedó frente a ellos.

Ambos jóvenes se detuvieron y él los miró a la cara, sonriéndoles con su vieja y desgastada sonrisa de muerte. Seguidamente les miró a los pies, como siempre se miran los pies de esa gente, ya que llevan los zapatos muy ajustados y cuando se los quitan sus dedos están prensados. El coronel escupió en el suelo, frente a ellos, y no dijo una palabra.

Los dos *eran* lo que había sospechado primero. Lo miraron con odio y con esa otra cosa. Luego se escabulleron como patos, aunque caminando a largas zancadas como las garzas, y pareciéndose también un poco a los chorlitos; los dos caminaron de prisa, mirando hacia atrás con odio, esperando hallarse a una distancia que les diera un margen de seguridad suficiente, para lanzar un último insulto.

«Es una lástima que no fueran diez contra uno –pensó el coronel–. Podrían haber luchado. No los culpo puesto que han sido vencidos.»

«Pero sus maneras para con un hombre de mi edad y mi rango han sido pésimas. Y, además, es muy poco inteligente creer que todos los coroneles de cincuenta años no entienden su lengua. Tampoco ha sido inteligente pensar que un viejo soldado de infantería no presentaría batalla a estas horas de la mañana contra una proporción tan simple como dos a uno.»

«Me repugnaría pelearme en esta ciudad a cuyos pobladores quiero sinceramente. Lo evitaré siempre a toda costa. Pero, ¿esos jóvenes mal educados no descubrieron inmediatamente con qué clase de animal tenían que entendérselas? ¿No han sido capaces de descubrir cómo era yo por la forma de caminar? ¿Ni por cualquier otro de los indicios que se advierten en las personas combativas con tanta claridad como las manos de un pescador os revelan que es un pescador por las huellas dejadas en la piel por las redes?»

«Cierto que sólo me vieron la espalda, las piernas y las botas. Pero cuando me planté frente a ellos pensando: "Los voy a estrangular a los dos", creo que comprendieron. Sí, comprendieron y con absoluta claridad.»

«De cualquier forma, ¿qué vale la vida de un hombre? Diez mil dólares en nuestro ejército, si está pagado el seguro. Y esto, ¿qué cuernos tiene que ver con el caso? Ah, sí; eso es lo que estaba pensando antes de que me perturbasen esos dos tarados: cuánto dinero le habré ahorrado a mi Gobierno en mis días, cuando las gentes como Benny Meyers estaban forrándose los bolsillos.»

«Sí –se dijo–, ¿y cuánto perdiste en el Château aquella vez a razón de diez fragatas por cabeza? Bueno, presumo que nadie lo comprendió realmente nunca, salvo yo. No hay motivo para contárselo ahora. Tu comandante en jefe atribuye a veces esas cosas a los Azares de la Guerra. Allá, en el alto mando, saben que tales cosas tienen que suceder forzosamente. Tú las haces, pues te lo han ordenado, a costa de una gran carnicería, y eres un héroe.»

«¡Cristo!, yo siempre me opuse a esas carnicerías. Pero recibes las órdenes y tienes que cumplirlas. Son el tipo de errores que no acompañan para dormir bien. Pero, ¿por qué demonios tienes que dormir con ellos? Nunca hicieron bien a nadie. Se deslizan y se meten bajo las mantas. Se te meten y se quedan contigo.»

«¡Arriba esos ánimos, muchacho! –se dijo–. Acuérdate de que llevabas una fortuna encima cuando buscaste camorra hace un momento. Y te hubieran podido despojar si hubieras perdido. Ya no puedes pelearte con tus manos solamente, y no llevabas encima ningún arma.»

«Por tanto, no estés de malhumor, muchacho, u hombre, o coronel o general con estatua. Ya estamos llegando al mercado sin que te hayas dado cuenta.»

«No haberme dado cuenta es mala cosa», concluyó.

CAPÍTULO XXII

Le encantaba el mercado. Estaba en su mayor parte tan colmado de gente que era imposible avanzar sin empujar o codear, involuntariamente, a las personas, y cada vez que te detenías a mirar, comprar o admirar algo, formabas un *îlot de résistance* frente a la corriente atacante de los compradores matutinos.

Al coronel le gustaba estudiar los quesos, esparcidos y amontonados en grandes pilas, y las enormes piezas de embutidos. «Las gentes en Norteamérica creen que la *mortadella* es una salchicha», pensó.

Entonces le dijo a la mujer que estaba al frente del puesto.

–¿Me deja probar ese salchichón? Córteme una rodajita, por favor.

La mujer cortó una rodaja fina como un papel de seda, feroz y amorosamente, y cuando el coronel la probó percibió el sabor de la carne en salmuera, ligeramente ahumada y sazonada con pimienta negra, de los cerdos que se alimentan sólo de bellotas, allá en las montañas.

–Deme un cuarto de kilo.

Los almuerzos del barón, durante las excursiones de caza, eran de calidad espartana, cosa que el coronel respetaba, pues sabía perfectamente, que nadie debía comer mucho mientras estuviera cazando. Pero pensó que podía aumentar la reserva de alimentos con aquel salchichón, que compartiría con el barquero y el que cobraba las piezas. Le daría también un pedazo a *Bobby*, el sabueso, que se mojaría hasta los huesos varias veces y que, aun cuando no perdería su entusiasmo, estaría temblando de frío.

–¿Es el mejor salchichón que tiene? –le preguntó a la mujer–. ¿No tiene nada que no esté a la vista, reservado para los clientes habituales?

–Éste es el mejor salchichón. Hay de muchos otros tipos, ya lo sabe. Pero éste es el mejor.

–Entonces deme ciento veinticinco gramos de un salchichón que sea reconfortante, pero que no esté muy sazonado.

–También tengo –contestó la mujer–. Está un poco tierno todavía, pero es exactamente como usted dice.

Esos ciento veinticinco gramos eran para *Bobby*.

Pero no hay que decir que uno compra salchichón para un perro en Italia, donde el peor crimen es el ser considerado como un necio y donde mucha gente pasa hambre. Se le puede dar salchichón a un perro delante de un hombre que trabaja para vivir y que sabe la labor que cumple el perro entrando y saliendo en el agua con un frío terrible. Pero no se puede comprar declarando para qué lo quieres a menos que seas un estúpido o un millonario de la guerra o de la posguerra.

El coronel pagó, recibió el paquete de la compra y siguió deambulando por el mercado, aspirando los olores a café tostado y examinando atentamente las reses muertas, en las carnicerías, como si estuviera disfrutando de esos pintores holandeses cuyos nombres nadie recuerda, que pintaron, con gran perfección de detalles, piezas de caza y otros comestibles.

«Un mercado es la cosa que más se parece a un buen museo como el Prado o la *Accademia*», pensó el coronel.

Poco después, se hallaba en el mercado de pescados. Tendidos sobre el piso de piedra resbaladizo, o en los cestos, o en las cajas con asas de cuerda, estaban las pesadas langostas de color verde grisáceo, con matices purpúreos, presintiendo su muerte en el agua hirviente. Pensó el coronel que todas ellas habían sido capturadas a traición. Sus poderosas pinzas estaban inutilizadas.

Estaban, también, los pequeños lenguados, y había *albacore* y bonitos. Estos últimos, pensó el coronel, parecían torpedos; se hallaban dignificados por la muerte, pese a sus grandes ojos de peces pelágicos. No estaban hechos para caer en la trampa, pero los perdía su voracidad. El pobre lenguado, en cambio, existe solamente para alimentar al hombre y vive en aguas poco profundas. Pero esos otros torpedos errantes viven en aguas azules y viajan, en grandes bandas, por todos los mares y océanos.

«Un *nickel* por tus reflexiones –se dijo–. Veamos qué más tienen.»

Había igualmente anguilas, vivas todavía, que habían perdido la fe en su capacidad escurridiza. Y también finos langostinos que podían dar origen a un *scampi brochetto,* espetados y asados en un espetón parecido a los pinchos que se usan en Brooklyn para partir el hielo. No faltaban los camarones, grises y opalescentes, esperando también su turno para el agua hirviente y la inmortalidad, que concluiría con el flotar de sus cáscaras vacías en la marea menguante del Gran Canal.

«El veloz camarón –pensó el coronel– de tentáculos más largos que los bigotes de aquel viejo almirante japonés, viene hasta aquí para morir en beneficio nuestro. ¡Oh, camarón cristiano, maestro en retiradas, con tu maravilloso servicio de espionaje montado sobre tus sutiles antenas! ¿Cómo no te enseñaron nada sobre el peligro de las redes y las luces?»

«Debe haberse producido alguna distracción», pensó.

Empezó a observar después a los crustáceos de pequeño tamaño, con bordes afilados como cuchillas de afeitar, que no se pueden comer crudos salvo que uno se haya puesto la vacuna antitífica, y que son deliciosos. Preguntó en un puesto de dónde venían aquellos mariscos. Venían de un buen lugar, donde no había desagües y el coronel pidió que le abrieran seis de ellos. Sorbió el sabroso jugo y separó a ras de la cáscara el cuerpo de los moluscos, utilizando el cuchillo curvo que el vendedor le facilitó. El hombre le había prestado su cuchillo porque sabía por experiencia que el coronel cortaba el molusco más a ras de lo que él mismo podía hacerlo.

El coronel le pagó la pitanza en su valor, sin duda superior a lo recibido por los hombres que los sacaron de las aguas, y se dijo: «Ahora voy a ver los pescados de río y del canal, y me voy al hotel.»

CAPÍTULO XXIII

El coronel llegó al vestíbulo del Hotel Gritti Palace. Había pagado y despedido a sus gondolieros y dentro del hotel no soplaba el viento. Contrató los servicios de dos hombres para llevar la góndola, canal arriba, desde el mercado. Ambos habían tenido que trabajar duramente contra el viento, y él les había pagado lo que merecía su esfuerzo, y algo más.

–¿Hubo alguna llamada para mí? –preguntó al portero.

El portero era un hombre ágil, rápido, de rostro anguloso, inteligente y correcto, pero jamás servil. Llevaba las llaves cruzadas de su oficio en la solapa de su uniforme azul, sin ostentación. Era el portero. «Un rango muy próximo al de capitán –pensó el coronel–. Un oficial y no un caballero. Pongamos que fuera sargento mayor en los viejos tiempos; salvo que siempre está tratando con los grandes.»

–La señorita llamó dos veces –contestó el portero en inglés.

«O como se llame ese idioma que hablamos nosotros –pensó el coronel–. Dejémoslo en inglés. Que es aproximadamente en lo que lo han dejado. Deberían permitir que se mantuviera el nombre de la lengua. De todos modos, lo más probable es que Cripps la racione dentro de poco.»

–Por favor, póngame con la condesa –le dijo al portero.

El portero comenzó a marcar los números.

–Puede hablar desde aquí, mi coronel. Ya está la comunicación.

–Es usted rápido.

–Por aquí, mi coronel.

Dentro de la cabina, el coronel descolgó el auricular y dijo, automáticamente:

–Habla el coronel Cantwell.

–Te he llamado dos veces, Richard –dijo la joven–. Pero me dijeron que habías salido. ¿Dónde has estado?

–En el mercado. ¿Cómo estás, mi hermosura?

–Nadie escucha por aquí a estas horas. Yo soy tu hermosura, sea eso lo que fuere.

–¿Has dormido bien?

–Ha sido como esquiar en la oscuridad. No realmente esquiar, pero sí en la oscuridad.

–Así debe ser. ¿Por qué te has despertado tan temprano? Has asustado a mi portero.

–Si no es impúdico preguntarlo: ¿Cuándo nos vemos y dónde?

–Donde y cuando tú quieras.

–¿Sigues teniendo las piedras y la señorita Retrato te ha sido de alguna utilidad?

–Sí, para las dos preguntas. Las piedras están en el bolsillo izquierdo superior de la guerrera, abotonado. La señorita Retrato y yo charlamos anoche y esta madrugada, y así todo resultó más agradable.

–¿La quieres a ella más que a mí?

–Todavía no soy un anormal, aunque quizás estoy fanfarroneando. Pero es adorable.

–¿Dónde podemos encontrarnos?

–¿Qué te parece si desayunamos en el Florian, en el lado derecho de la plaza? La plaza estará inundada y siempre resulta un espectáculo distraído.

–Estaré allí dentro de veinte minutos, si tú me quieres.

–Te quiero –dijo el coronel, y colgó el receptor.

Al salir de la cabina telefónica se sintió mal, súbitamente, y luego tuvo la sensación de que el diablo lo había encerrado en una jaula de hierro, algo así como un pulmón de acero, y caminó con la cara lívida hasta el mostrador, y dijo en italiano al portero:

–Domenico, *Ico,* ¿podría traerme un vaso de agua, por favor?

El portero desapareció y el coronel se quedó apoyado contra el mostrador, descansando. Descansaba ligeramente y sin ilusión. Entonces vino el portero con el vaso de agua, y se tomó cuatro tabletas de esas que sólo deben tomarse dos, y continuó descansando con la ligereza con que reposa un indio.

–Domenico –dijo.

–Mi coronel.

–Tengo algo aquí en un sobre que quisiera meter en la caja fuerte. Puedo retirarlo yo, en persona o mediante unas líneas escritas, o bien la dama con quien acaba de comunicarme. ¿Quiere que se lo escriba?

–No hace falta.

–Pero ¿y no puede pasarle a usted nada? ¿Acaso es usted inmortal?

–Casi, casi –le contestó el portero–. Pero pensaba dejar una nota sobre el encargo y tras de mí vienen el director y el ayudante del director.

–Buenas personas los dos.

–¿No querría sentarse, mi coronel?

–No. ¿Quién se sienta en los hoteles salvo los hombres y mujeres que están en la edad crítica? ¿Usted se sienta?

–No.

–Yo puedo descansar de pie o apoyado contra un cochino árbol. Mis compatriotas se sientan, se acuestan o se tumban. Y es necesario darles unas cuantas galletas de energía para reanimarlos.

Estaba hablando hasta por los codos para recuperar prontamente la confianza perdida.

–Pero, ¿tienen realmente esas galletas de energía?

–Claro que sí. Reforzadas, y contienen algo que impiden toda excitación. Es como la bomba atómica, sólo que al revés.

–Parece increíble.

–Sí. Tenemos los secretos militares más terribles que jamás haya contado la esposa de un general a otra. Las galletas energéticas son lo de menos. La próxima vez infestaremos a Venecia de botulismo desde 17.000 metros de altura. Y eso no es nada. Ellos te infestan con ántrax y tú les infectas con botulismo.

–Pero sería horrible.

–Peor aún –lo tranquilizó el coronel–. Esto que le digo no está clasificado. Mientras la cosa se propaga se podrá oír a Margaret por radio, si se sintoniza bien, cantando el *Star Spangled Banner* (1). Yo creo que eso podría arreglarse. No me atrevería a calificar

(1) Himno patriótico norteamericano.

a esa voz de grande. Especialmente teniendo en cuenta las buenas voces que hemos oído en nuestro tiempo. Pero ahora todo es un truco. La radio sola casi puede hacer la voz.

–¿Cree usted que dejarán caer algo aquí?

–No. Nunca lo harán.

El coronel, que era ahora general del ejército, en su cólera y su agonía y en su necesidad de confianza, restablecida temporalmente merced a la absorción de las tabletas, dijo:

–*Ciao*, Domenico –y salió del Gritti.

Calculó que tardaría unos doce minutos y medio en llegar a la plaza adonde su verdadero amor llegaría, sin duda, con un pequeño retraso. Comenzó a caminar lentamente y a la velocidad a la que debía andar. Los puentes seguían allí.

CAPÍTULO XXIV

Su verdadero amor se sentó a la mesa en el minuto preciso en que prometió llegar. Estaba tan hermosa como siempre bajo la cruda luz matinal que llegaba de la plaza inundada, y exclamó:

–¿Por favor, Richard, estás bien?

–Claro que sí, hermosura maravillosa.

–¿Has ido a todos nuestros lugares en el mercado?

–Sólo a unos pocos. Por ejemplo, no fui al puesto de los patos salvajes.

–Te lo agradezco.

–No hay de qué –contestó el coronel–. Jamás voy allí si no es contigo.

–¿No crees que debería irme de caza contigo?

–No. Tendría que haberte invitado Alvarito.

–Tal vez no me haya invitado porque me quiere.

–Tienes razón –contestó el coronel, y meditó sobre eso por unos segundos–. ¿Qué quieres desayunar?

–Lo que tienen aquí no vale la pena y no me gusta la plaza

cuando está inundada. Resulta triste y las palomas no tienen lugar para posarse. Sólo resulta distraída hacia el final, cuando vienen los niños a jugar. ¿Por qué no vamos a desayunar al Gritti?

–Si así lo quieres...

–Sí.

–Muy bien. Desayunaremos allí. Aunque yo ya he desayunado.

–¿Ya?

–Sí, he tomado café y bollos calientes, y apenas los toqué con los dedos. ¿Tienes hambre de veras?

–Y tan de veras –contestó ella con sinceridad.

–Pues desayunaremos en forma. Y cuando hayas concluido desearás no haber oído mentar jamás la palabra desayuno.

Mientras caminaban, con el viento a la espalda que hacía flamear los cabellos de Renata mejor que cualquier bandera, le preguntó la joven, pegándose a él:

–¿Me sigues queriendo, bajo la luz fría y dura de una mañana veneciana? ¿Porque es realmente fría y dura, verdad?

–Te quiero, y es fría y dura.

–Te he amado durante toda la noche mientras esquiaba en la oscuridad.

–¿Cómo logras hacer eso?

–Lo mismo que si esquiara de verdad, salvo que está oscuro y que la nieve es negra en vez de blanca. Pero se esquía igual, de un modo seguro y perfecto.

–¿Estuviste esquiando toda la noche? Es muy fatigoso.

–No. Después me dormí profundamente y a gusto, y me desperté feliz. Tú estabas junto a mí y dormías como un niño.

–Yo no estaba junto a ti y no dormía.

–Pero ahora sí estás –dijo ella, aferrándose a él con fuerza.

–Y casi hemos llegado al hotel.

–Sí.

–¿Te he dicho alguna vez, de manera adecuada, que te quiero?

–Me lo has dicho, pero repítelo.

–Te quiero –dijo él–. Tómalo frontalmente y formalmente, por favor.

–Lo tomo como quieras, con tal de que sea cierto.

–Es la actitud adecuada, mi amor bueno, valeroso y adorable. Ladea tus cabellos en cuanto lleguemos al centro del puente y déjalos ondear.

–Nada más fácil –respondió ella–. ¿Te gusta?

Él miró y vio el perfil y su maravilloso color matinal y el pecho prominente bajo el *pullover* y sus ojos en el viento, y dijo:

–Sí. Me gusta.

–Me alegro mucho –contestó la joven.

CAPÍTULO XXV

En el Gritti el *Gran Maestre* los sentó en la mesa de junto a la ventana que daba al Gran Canal. No había nadie más en el comedor.

El *Gran Maestre* estaba festivo y bien con la mañana. Tomaba sus úlceras y su corazón al día; cuando no lo molestaban, él tampoco los molestaba.

–Su compatriota picado de viruela –informó al coronel– desayuna en la cama, según me cuenta mi colega del hotel donde vive. Van a llegar unos cuantos huéspedes belgas. «Los más bravos eran los belgas» –citó–. Hay un par de *pescecani* de donde usted sabe. Pero están cansados y creo que almorzarán, como cerdos, en su habitación.

–Un excelente informe de la situación –dijo el coronel–. Nuestro problema, *Gran Maestre*, es que yo ya he desayunado en mi habitación como lo hizo el picado de viruela y como harán los *pescecani*. Pero la dama...

–La joven –interrumpió el *Gran Maestre* sonriendo con toda la cara. Se sentía feliz puesto que era otro día completamente nuevo.

–Bien. Esta jovencita quiere un desayuno de marca mayor.

–Entiendo –dijo el *Gran Maestre;* miró a Renata y su corazón rodó como una marsopa en el mar. Es un hermoso movimiento y muy pocas gentes de este mundo son capaces de sentirlo y llevarlo a cabo.

–¿Qué quieres comer, hija? –preguntó el coronel, contemplando a su belleza morena, fresca como la mañana, sin afeites ni cosméticos.

–Todo.

–¿No podrías sugerir algo?

–Té en lugar de café y cualquier sobra que consiga el *Gran Maestre.*

–Nada de sobras, hija –respondió el *Gran Maestre.*

–Yo soy el único que la llama hija –exclamó el coronel.

–Lo dije honestamente –puntualizó el *Gran Maestre*–. Podemos hacer o *fabricar rognons* asados con *champignons* cosechados por gentes que conozco personalmente. Y una tortilla con trufas excavadas por cerdos distinguidos. Pueden también comer jamón canadiense auténtico que incluso tal vez sea del Canadá.

–Sea eso lo que fuere –dijo la muchacha alegremente, pero sin entusiasmo.

–Sea eso lo que fuere –repitió el coronel seriamente–. Y yo sé muy bien lo que es.

–Creo que deberíamos dejar de bromear y meterle mano al desayuno.

–Si no es impúdico decirlo, yo pienso lo mismo. Yo quiero también un frasco de Valpolicella.

–¿Nada más?

–Sí –agregó el coronel–. Tráigame, además, el supuesto jamón canadiense.

Seguidamente, apenas se hubo ido el *Gran Maestre,* inquirió:

–¿Cómo estás, mi amor querido?

–Creo que muy hambrienta. Pero gracias por ser bueno tanto tiempo.

–Me ha sido muy fácil –le dijo el coronel, en italiano.

CAPÍTULO XXVI

Sentados a la mesa contemplaban la luz tormentosa que se cernía sobre el Gran Canal. El gris se había tornado amarillo grisáceo por la fuerza del sol, y las olas parecían avanzar contra la marea decreciente.

—Mamá dice que no puede vivir aquí mucho tiempo porque no hay árboles —dijo la joven—. Por eso se va al campo.

—Por esa misma causa se van al campo las gentes. Si encontrásemos aquí un jardín bastante grande, podríamos plantar unos cuantos árboles.

—A mí me gustan los álamos temblones de Lombardía y los plátanos silvestres, pero estoy muy poco educada todavía.

—A mí también me gustan, y los cipreses y castaños. Pero nunca sabrás lo que es un árbol hasta que no vayas a los Estados Unidos. Espera a ver un pino blanco o un pino ponderosa.

—Los veremos cuando hagamos una jira en automóvil por todo el país y nos detengamos en las estaciones de servicio, estaciones de *confort*, o como se llamen.

—Se llaman albergues y refugios de turistas —aclaró el coronel—. En esas otras que tú dices también pararemos, pero no durante la noche.

—Tengo tantas ganas de llegar con el coche a una de esas estaciones de *confort*, sacar unos billetes y decir al hombre, «Mac, lléname el depósito», como he visto en las películas norteamericanas.

—Eso se llama estaciones de servicio, o también puestos de gasolina.

—Entonces, ¿qué es eso de estación de *confort*?

—Pues..., es el lugar en que entras cuando... necesitas entrar..., ¿comprendes?

—¡Oh! —dijo la joven, ruborizándose—. Lo siento. Es que tengo tantas ganas de aprender el norteamericano. Pero presumo que diré muchas barbaridades, como te pasa a ti algunas veces con el italiano.

–Es un idioma muy fácil. Cuanto más al oeste vayas más directo y sencillo resulta.

El *Gran Maestre* trajo el desayuno y el olor de los platos, pese a estar cubiertos con tapas de plata, llegó hasta ellos; olía a jamón y riñoncitos asados entremezclándose con un grato olor a setas doradas.

–Parece delicioso –exclamó la joven–. Muchas gracias, *Gran Maestre.* ¿Puedo hablar en norteamericano? –le preguntó al coronel. Y extendiendo una mano velozmente, como un florete, exclamó–: Déjelo ahí, hermano. Huele sensacional.

–Muchas gracias, señorita –dijo el *Gran Maestre.*

–¿Está bien dicho? –preguntó la joven al coronel.

–Está bien.

–¿Hablaban así en el Oeste norteamericano cuando tú eras niño? ¿Qué hubieras dicho en el desayuno?

–El desayuno lo servía o lo ofrecía el cocinero, que decía: «Vengan por el desayuno, hijos de perra, o lo tiro a la basura.»

–Tengo que aprenderlo para cuando esté en el campo. A veces, tenemos al embajador británico y a la tonta de su esposa a comer; haré que el lacayo anuncie la comida diciendo: «Vengan por ella, hijos de perra, o la tiramos a la basura.»

–No lo apreciarían –dijo el coronel–. Pero de todos modos, sería un experimento muy interesante.

–Dime algo que pueda yo decirle, en norteamericano auténtico, al hombre picado de viruela, en el caso de que se acerque. Algo para susurrárselo al oído como si estuviera dándole una cita, como hacían en los viejos tiempos.

–Depende del aspecto que presente. Si parece muy acobardado, le susurras al oído: «Oye, Mac, te contrataron para matón, ¿no?»

–¡Espléndido! –dijo ella, y repitió la frase con una voz que había aprendido de Ida Lupino.

–¿Puedo decírselo al *Gran Maestre?*

–Claro que sí. *¡Gran Maestre!*

El *Gran Maestre* se acercó, inclinándose atentamente.

–Oye, Mac, te contrataron para matón, ¿no? –le espetó la muchacha.

–Por supuesto que sí –replicó el *Gran Maestre*–. Gracias por decirlo tan exactamente.

–Si el tipo se te acerca después de comer y tú quieres hablarle, susúrrale al oído: «Límpiate la barbilla, Jack, que estás de huevo, y pícatela.»

–Me acordaré de las frases y practicaré en casa.

–¿Qué hacemos después del desayuno?

–Podemos ir arriba y contemplar el cuadro para ver si, a la luz del día, parece seguir valiendo algo.

–De acuerdo –dijo el coronel.

CAPÍTULO XXVII

Arriba, la habitación estaba arreglada y el coronel, que había previsto encontrársela en pleno desorden, se sintió satisfecho.

–Quédate donde estás –le ordenó a la joven, acordándose después de añadir–: Por favor.

Ella se quedó junto al cuadro y él lo contempló desde donde lo había mirado la noche pasada.

–No hay comparación posible, desde luego –exclamó el coronel–. No digo parecido, pues el parecido es excelente.

–¿Llegaste a pensar que había comparación posible? –preguntó la joven, echando la cabeza hacia atrás, quedándose allí con el suéter negro del retrato.

–Claro que no. Pero anoche, con mala luz, le hablé al retrato como si fueras tú.

–Eso es muy simpático de tu parte y demuestra que ha servido para algo.

Se tendieron en la cama, y la joven le dijo:

–¿Nunca cierras las ventanas?

–Nunca. ¿Y tú?

–Solamente cuando llueve.

–Somos muy semejantes, ¿verdad?

–No sé. Nunca hemos tenido grandes posibilidades de averiguarlo.

–Nunca tuvimos posibilidades completas. Pero yo he tenido las suficientes para saberlo.

–Y una vez que lo sabes, ¿qué diablos consigues con eso? –preguntó el coronel.

–No sé. Parece que mejoran las cosas, creo yo.

–Cierto. Por eso deberíamos tratar de profundizar. Yo no creo en los objetivos limitados. Sin embargo, a uno lo obligan a veces.

–¿Cuál es tu pesadumbre mayor?

–Las órdenes que recibo de otras gentes –respondió él–. ¿Y tu mayor pesar?

–Tú.

–Yo no quiero ser una pesadumbre. He sido muchas veces un lamentable cretino. Pero jamás pesadumbre para nadie.

–Bueno, pues ahora lo eres para mí.

–Está bien. Lo aceptaremos así.

–Es una amabilidad agradable el aceptarlo. Eres muy bondadoso esta mañana. Estoy tan avergonzada por las cosas como son. Por favor, estréchame fuerte y no hablemos ni pensemos en las cosas que pudieran haber sido distintas.

–Hija, ésa es una de las pocas cosas que sé hacer bien.

–Pocas, no. Tú sabes muchas, muchas cosas. No digas eso.

–Cierto. Sé cómo combatir avanzando y cómo luchar replegándome. ¿Y qué más?

–Sabes también de pintura, de libros y de la vida.

–Nada más fácil. Basta con contemplar los cuadros sin prejuicios y leer los libros con criterio amplio y flexible, y vivir la vida.

–No te quites la guerrera, por favor.

–Perfectamente.

–Cuando digo «por favor», haces cualquier cosa.

–He hecho muchas cosas sin que me lo pidieran por favor.

–Pero no muy a menudo.

–No –admitió el coronel–. «Por favor», es una hermosa expresión.

–Por favor, por favor, por favor.

–*Per piacere.* Significa por placer. Quisiera que siempre hablásemos en italiano.

–Podemos hablarlo en la oscuridad. Aun cuando hay cosas que se expresan mejor en inglés. Te adoro, mi último, único y auténtico amor. Por ejemplo. Cuando florecen las últimas lilas del patio. Fuera de la cuna, meciéndose incesantemente. Y vengan por ella, hijos de perra, o la tiro a la basura. ¿No quisieras oírlas en otra lengua, verdad, Richard?

–No.

–Bésame, por favor.

–Un por favor innecesario.

–Yo terminaré probablemente como un por favor innecesario. Eso es lo único bueno de que te hayas de morir: que no puedes abandonarme.

–Un poco duro eso que dices. Debes cuidar tu boquita para no hablar así.

–Yo me vuelvo dura cuando tú te pones duro –respondió ella–. ¿No quisieras que yo fuese de otro modo, verdad?

–No quiero que seas más que como eres y te amo de verdad, finalmente y para siempre.

–A veces dices cosas encantadoras con gran claridad. ¿Qué ocurrió entre tu esposa y tú, si es que se puede saber?

–Ella era una mujer ambiciosa y yo estaba lejos de ella demasiado tiempo.

–¿Quieres decir que ella se alejó de ti, por ambición, mientras que tú estabas lejos por el cumplimiento del deber?

–Justamente –contestó el coronel, y recordó, con el menor resentimiento posible–: Era más ambiciosa que Napoleón y tenía el talento medio de la High School Valedictorian.

–Sea eso lo que fuere. Pero no hablemos de ella. Lamento haberte hecho la pregunta. Ahora debe estar muy arrepentida de no haberte retenido.

–No. Es demasiado presuntuosa para lamentarlo, y se casó

conmigo para penetrar mejor en los círculos militares y tener mejores contactos útiles para lo que ella consideraba su profesión o su arte. Era una periodista.

–¿Una periodista? Son horrorosas.

–Completamente de acuerdo.

–Pero no puedo creer que te hayas casado con una periodista teniendo ella el propósito de seguirlo siendo.

–Ya te dije que he cometido algunos errores –afirmó el coronel.

–Hablemos de algo más agradable.

–Bueno.

–Pero es algo terrible. ¿Cómo pudiste hacer una cosa así?

–No sé. Podría hablarte en detalle de la cuestión, pero dejémoslo estar.

–Sí, por favor. Dejémoslo estar. Pero no tenía idea de que fuera algo tan horrendo como todo eso. ¿Ahora no harías una cosa así, verdad?

–Te lo prometo, querida mía.

–¿Y jamás le escribiste, después de eso?

–Naturalmente que no.

–¿No le escribirías sobre nosotros, de manera que pudiera escribir ella sobre esto nuestro?

–No. En otros tiempos le conté cosas y ella escribió sobre ellas. Pero eso ocurrió en otro país y, además, ya murió.

–¿Está muerta? ¿De verdad?

–Más muerta que Febo el Fenicio. Pero todavía no lo sabe.

–¿Qué harías si fuéramos juntos por la *Piazza* y te la tropezaras?

–Miraría derechamente a través de ella para que viera lo muerta que está.

–Muchas gracias –dijo la joven–. Ya sabes que otra mujer, o el recuerdo de otra mujer, es una cosa terrible para una muchacha sin experiencia.

–No hay ninguna otra mujer –le dijo el coronel, y sus ojos eran malos y recordaban–. Ni tampoco hay el recuerdo de ninguna mujer.

–Muchas gracias –repitió ella–. Cuando te miro estoy segura de que es la verdad. Pero por favor, jamás me mires a mí así ni pienses eso de mí.

–¿Quieres que le demos caza y que la colguemos en un árbol bien alto? –dijo el coronel.

–No. Olvidémonos de ella.

–Está olvidada –dijo el coronel, y por extraño que fuera, lo estaba. Era extraño porque había estado presente en la habitación por un momento, y casi le había provocado el pánico. «El pánico, que es una de las cosas más extrañas», pensó el coronel. Y él sabía mucho de pánicos.

Pero ahora ella había desaparecido, y para siempre; estaba cauterizada, exorcizada y con las once copias de sus papeles de degradación, entre las cuales figuraba el acta formal del divorcio legalizada y por triplicado.

–Está olvidada –reiteró el coronel. Y era muy cierto.

–Estoy tan contenta –exclamó la joven–. No sé por qué la dejaron entrar en el hotel.

–Nos parecemos mucho tú y yo –dijo el coronel–. Pero no llevemos demasiado lejos esta cochina historia.

–Puedes ahorcarla si quieres porque si no podemos casarnos es por culpa suya.

–Está olvidada –insistió el coronel–. Quizás algún día se mire bien al espejo y decida colgarse por su cuenta.

–Ahora que ha salido de la habitación no tenemos por qué desearle mala suerte. Pero como buena veneciana que soy, desearía que estuviera muerta de veras.

–Lo mismo digo. Y puesto que no está muerta, olvidémosla para siempre.

–Sí, para siempre, para siempre. Espero que lo haya expresado con la dicción correcta. O bien lo diré en español *para siempre*.

–*Para siempre*, y su tía –concluyó el coronel.

CAPÍTULO XXVIII

Estaban tendidos sobre la cama, sin hablar palabra, y el coronel percibía los latidos del corazón de la joven. Nada más fácil que oír los latidos de un corazón bajo un suéter negro tejido por alguien de la familia, y sus negros cabellos, largos y densos, se derramaban sobre su brazo. «No pesan nada –se dijo el coronel–: son la cosa más liviana del mundo.» Ella estaba quieta y amante, y fuera cual fuese el secreto de ambos, se hallaban en plena comunicación. Él la besó en la boca suavemente y hambriento, y en aquel momento la comunicación alcanzó su grado máximo de perfección.

–Richard –dijo ella–. Lamento esas cosas.

–Nunca lamentes nada –repuso el coronel–. Nunca comentes sobre las bajas, hija.

–Dilo otra vez.

–Hija.

–¿Me dirás algunas cosas agradables para recordarlas durante la semana y algunas otras de guerra para completar mi educación?

–Dejemos estar la guerra.

–No. La necesito para mi educación.

–Yo también –dijo el coronel–. Pero no maniobras. Tú sabes, una vez en nuestro ejército, un alto jefe consiguió, mediante trampas, el plan general de las maniobras a realizarse. Por consiguiente, pudo anticipar todos los movimientos de las fuerzas «enemigas» y sus acciones resultaron tan brillantes que el mando supremo lo ascendió por encima de otros jefes que valían mucho más que él. Y a eso se debió que en cierta ocasión nos dieran una paliza. A eso, y al mantenimiento de los fines de semana.

–Ahora estamos en un fin de semana.

–Lo sé –contestó el coronel–. Todavía puedo contar hasta siete.

–Pero, ¿es que con todo eres tan amargo?

—No es que sea amargo y crítico. Es que tengo cincuenta años y he visto algunas cosas.

—Dime algunas cosas más de París porque me encantaría durante la semana poder pensar en París y en ti.

—Hija, ¿por qué no olvidas París?

—Pero yo he estado en París, pienso volver y quiero saber cosas. Es la ciudad más adorable del mundo, después de la nuestra, y quiero conocer cosas auténticas sobre ella para llevarlas conmigo.

—Iremos juntos y te las contaré allí mismo.

—Gracias. Pero cuéntame unas pocas para esta semana solamente.

—Bueno. Leclercq era un tarado de cuna ilustre, como creo haberte dicho ya. Muy bravo, muy arrogante, y extremadamente ambicioso. Murió, como ya te dije.

—Sí. Me lo dijiste.

—Dicen que jamás se debe hablar más de los muertos. Pero yo creo que es el momento más adecuado para decir la verdad sobre ellos. Yo nunca dije nada de un muerto que no se lo hubiera dicho en su propia cara y sin rodeos.

—No hablemos más de él. Lo he degradado *in mente.*

—Entonces, ¿qué quieres? ¿Algo pintoresco?

—Sí, por favor. Tengo mal gusto en la boca por la lectura de las revistas. Pero leeré a Dante toda la semana mientras tú estás ausente. Iré a misa todas las mañanas. Creo que eso bastará.

—Ve también a Harry's antes del almuerzo.

—Iré —dijo ella—. Por favor, cuéntame algo pintoresco.

—¿No te parece mejor que durmiésemos un poco?

—¿Cómo vamos a dormir quedándonos tan poco tiempo? Mira esto —y echó la cabeza hacia atrás, poniéndose de perfil.

—Está bien, hablaré.

—Dame primero tu mano. Pensaré que la tengo entre las mías mientras leo a Dante y hago las demás cosas durante la semana.

—Dante fue un personaje execrable. Más presuntuoso que Leclercq.

—Ya lo sé. Pero no escribía execrablemente.

—No. Y Leclercq podía combatir, también, y muy bien.

–Ahora, cuéntame.

Dejó caer su cabeza sobre el pecho de él, y el coronel dijo:

–¿Por qué no quisiste que me quitase la guerrera?

–Porque me gusta sentir el contacto de los botones. ¿Crees que hice mal?

–Sería yo un lamentable cretino –dijo el coronel–. ¿Cuántos combatieron en tu familia?

–Todos –replicó ella. Hubo también comerciantes y alguno que otro fue Dux de esta ciudad.

–Pero, ¿todos combatieron?

–Todos. Al menos que yo sepa.

–Está bien –declaró el coronel–. Te diré todo lo que quieras saber.

–Solamente algo pintoresco. Pero tan malo o peor que lo de las revistas.

–¿*Domenica del Corriere* o *Tribuna Illustrata?*

–Peor si es posible.

–Bésame primero.

Ella lo besó cariñosamente, y fuerte y desesperadamente, y el coronel no pudo pensar en ningún combate ni en incidentes extraños o pintorescos. Sólo pensaba en ella, en el perfume de su carne, y en lo próximas que están la vida y la muerte cuando se produce el éxtasis. «¿Y qué demonios es éxtasis y qué grado y número de serie lleva? Y qué suave su tacto con el suéter negro. ¿Y quién hizo en ella toda su suavidad, tanta delicia, su extraño orgullo y sacrificio, y su infantil sabiduría? Sí, éxtasis es lo que hubieras podido obtener y en lugar de eso te has de conformar con un sueño.»

«La muerte es una buena porquería –pensó–. Se te entra a pequeños fragmentos que apenas denuncian que ya ha entrado. A veces llega en forma atroz. Puede surgir de un vaso de agua sin hervir; de la picadura de un mosquito; o puede llegar con el trueno enorme, clamoroso, al rojo vivo, en el que hemos vivido. Llega con los minúsculos chasquidos que preceden al empleo de las armas automáticas. O con el humeante arco que describe la granada, o la aguda caída y explosión de un morterazo.»

«Yo la he visto venir, ampliándose en el espacio al salir del soporte de las bombas, cayendo con esa extraña curva. Aparece con el choque metálico del coche lanzado a toda velocidad o el simple despiste en una carretera resbaladiza.»

«Viene para la mayoría de las gentes mientras están en cama, lo sé, como la antítesis del amor. Yo he vivido con ella durante casi toda mi existencia y mi oficio ha consistido en producirla. Pero, ¿qué puedo decirle a esta chica en esta mañana fría y ventosa en el Gritti Palace Hotel?»

–¿Qué te gustaría saber, hija? –le preguntó.

–Todo.

–Está bien –dijo el coronel–. Allá va.

CAPÍTULO XXIX

Yacían sobre la cama agradablemente dura, recién hecha, con las piernas entrelazadas. La cabeza de ella reposaba en el pecho de él y sus cabellos se derramaban sobre su viejo y firme cuello. Y él le dijo:

–Desembarcamos sin mucha oposición. La verdadera resistencia se produjo en la otra playa. Luego teníamos que enlazar con las fuerzas lanzadas desde el aire, y tomar y asegurar varias poblaciones. Entonces tomamos Cherburgo. Esto era difícil y había que obrar con celeridad, y las órdenes procedían de un general llamado Joe Relámpago, del que nunca habrás oído hablar. Buen general.

–Continúa, por favor. Ya hablaste antes de Joe Relámpago.

–Tras lo de Cherburgo nos apoderamos de todo. Yo no me quedé con nada salvo una brújula de almirante, porque en aquel entonces yo tenía un barquito en la bahía de Chesapeake. Pero cayeron en nuestras manos todos los Martell marcados por la Wehrmacht y algunas gentes recogieron hasta seis millones de francos franceses impresos por los alemanes. Sirvieron hasta hace un año, y en aquel entonces valían a razón de cincuenta por dólar, y más de uno tiene ahora un tractor en lugar de una simple mula por haber sabido cómo enviarlos a casa por cualquier procedimiento. Yo jamás robé nada, salvo la brújula, porque siempre he creído que trae mala suerte robar, innecesariamente, en la guerra. Pero me bebí el coñac y traté de imaginarme algunas correcciones con la brújula cuando dispuse de algún tiempo. La brújula era el único amigo que yo tenía, y el teléfono era mi vida.

»Nos preparamos para aquella irrupción de porquería –prosiguió el coronel, volviendo la cabeza hacia ella. No le estaba dando una conferencia sino haciéndole una confesión–. El primer día vinieron los aparatos y arrojaron los adornos de los árboles de Navidad, lo cual confundió al radar de los otros tipos y aplazaron la embestida. Nosotros estábamos listos para arrancar, pero lo aplazaron. Muy acertadamente, estoy seguro. Yo siento por los altos jefazos el mismo cariño que por cerdos, ¿sabes?

–Sigue contando y no seas malo.

–Las condiciones no eran propicias –prosiguió el coronel–. Pero al segundo día lo eran, y también para nuestros primos británicos, que no podían abrirse paso a través de una toalla mojada, y entonces comenzaron a venir los del salvaje y azul más allá. Aún estaban despegando de los aeródromos en que vivían, sobre aquel portaaviones de hierba verde que llaman Inglaterra, cuando vimos a los primeros. Brillantes, relucientes y hermosos, porque les habían raspado la pintura de invasión, o a lo mejor todavía, no; mi memoria no es muy precisa a este respecto. De cualquier modo, hija, se les podía ver en formación, yendo hacia el este, hasta donde alcanzaba la vista. Era como un gran tren. Volaban muy alto, en el cielo, y jamás hubo nada más bello. Yo le dije a mi ayudante que les podíamos llamar el Walhalla Express. ¿Te canso?

–No. Me imagino al Walhalla Express. Aquí nunca los vimos en tal cantidad, pero los vimos, y muchas veces.

–Nosotros estábamos a mil ochocientos metros de las posiciones que debíamos conquistar. ¿Tú sabes, hija, lo que son mil ochocientos metros en guerra, cuando atacas?

–No. ¿Cómo habría de saberlo?

–Entonces, la parte delantera del Walhalla Express dejó caer humo coloreado, dio la vuelta y emprendió el regreso a casa. Los humos cayeron con toda precisión, y mostraban exactamente el objetivo, o sea las posiciones de los boches. Eran excelentes posiciones y hubiera sido imposible desalojarlos de ellas sin algo poderoso y pintoresco, como lo que se estaba llevando a cabo. A continuación, hija, las siguientes formaciones del Walhalla Express dejaron caer todo lo del mundo sobre los boches y sobre donde vivían y actuaban para contener nuestra embestida. Luego, parecía como si toda la tierra hubiera entrado en erupción y los prisioneros que hicimos temblaban como tiembla un hombre atacado de malaria. Eran tipos valientes de la Sexta División de Paracaidistas, pero temblaban todos y no lo podían evitar aunque lo intentaban. Por consiguiente –siguió el coronel–, puedes darte cuenta de que fue un buen bombardeo. Justamente, la cosa que todos necesitamos en la vida: algo que nos haga temblar por temor a la justicia y al poderío. En fin, hija, para no cansarte, comenzó a soplar el viento desde el este y la línea de humo se situó sobre nosotros. En consecuencia, nos bombardearon a nosotros lo mismo que habían bombardeado a los boches. Primero fueron los pesados, y nadie tuvo que preocuparse por saber cómo es el infierno, puesto que allí estaba el infierno aquel día. Luego, para facilitar nuestra ruptura y dejar la menor cantidad de gente posible en ambos bandos, llegaron los medianos y nos dejaron caer lo que les quedaba. A continuación atacamos, apenas el Valhalla Express se hubo retirado, extendiendo su belleza y su majestad desde aquella parte de Francia hasta Inglaterra.

«Si un hombre tiene conciencia –pensó el coronel–, debería meditar de vez en cuando sobre el poderío aéreo.»

–Dame una copa de Valpolicella –dijo el coronel, y se acordó de añadir–: Por favor. Perdóname. Tranquilízate, mi gatita mimosa, por favor. Fuiste tú quien me pediste que te contara.

–Yo no soy tu gatita mimosa. Debe ser otra.

–De acuerdo. Tú eres mi último, auténtico y único amor. ¿Está bien así? Pero tú me pediste que hablara.

–Por favor, continúa. Me gustaría ser tu gatita mimosa si supiera cómo proceder. Pero soy simplemente una chica de esta ciudad, que te quiere.

–Bien. Operaremos sobre esa base –dijo el coronel–. Te quiero. Probablemente se me quedó esa expresión en las Filipinas.

–Probablemente. Pero yo prefiero ser el amor de tu vida.

–Lo eres.

–Quiéreme de veras y cuéntame todas las verdades que puedas sin que te lastimen de ningún modo.

–Te contaré la verdad. Tan verdadera como pueda contarla y que lastime al que sea. Mejor que la oigas de mi boca, si tienes curiosidad sobre el tema, que no que la leas en algún libro de tapa dura.

–No seas mordaz, por favor. Simplemente dime la verdad y tenme bien apretada a tí; dime la verdad hasta que estés liberado de ella. Si eso es posible.

–No necesito liberarme –contestó él–. Salvo respecto al empleo táctico de los bombarderos pesados. No tengo nada contra ellos si se utilizan adecuadamente, aunque me maten. Pero para prestar apoyo a las tropas de tierra darme a un hombre como Pete Quesada. Éste es un hombre que les sabe sacar partido.

–Por favor.

–Si alguna vez quieres deshacerte de un personaje maltratado como yo, ese tipo puede darte apoyo aéreo.

–Tú no eres un personaje maltratado, sea eso lo que fuere, y te quiero.

–Por favor, dame dos tabletas de ese frasco y lléname esa copa de Valpolicella que te olvidaste de llenar, y te contaré parte del final de la historia.

–No quiero que me cuentes nada más. Ahora me doy cuenta de que no te hace ningún bien hablar de eso. Especialmente del día del Walhalla Express. No soy ninguna inquisidora, o sea lo que fuere una mujer inquisidor. Limitémonos a seguir tranquilos aquí y a mirar por la ventana para ver lo que pasa por el Gran Canal.

–Tal vez sea lo mejor. Además, ¿a quién se le importa un pepino de la guerra?

–A ti y a mí, seguramente –dijo ella, sacudiendo la cabeza–. Ahí van las dos tabletas del frasco cuadrado. Y aquí tienes el *vino* servido. Pienso enviártelo mejor de mis viñedos. Por favor, sé buen chico y quedémonos tranquilos, reposando así, el uno junto al otro y queriéndonos mucho. Y pon tu mano aquí.

–¿La buena o la mala?

–La mala. La mano que amo y sobre la cual estaré pensando toda la semana. No puedo quedarme con ella por lo mismo que tú no puedes quedarte con las esmeraldas.

–Están en la caja fuerte del hotel –le advirtió el coronel–. A tu nombre.

–Mejor que durmamos y no que hablemos de cosas materiales ni de penas.

–Al diablo las penas –dijo el coronel con los ojos cerrados y su cabeza descansando blandamente en el suéter negro que era su patria. «Porque uno tiene que tener alguna patria –pensó–. Ésta es la mía.»

–¿Por qué no eres presidente? –preguntó la joven–. Podrías ser un magnífico presidente.

–¿Presidente, yo? A los dieciséis años serví en la Guardia Nacional de Montana. Pero jamás llevé una corbata de moñito y tampoco soy un tendero fracasado. No estoy, pues, calificado para la presidencia. Ni puedo encabezar la oposición y ni siquiera sentarme sobre unas guías telefónicas para que me retraten. Ni tampoco soy un general de retaguardia. Diablo, ni siquiera estuve jamás en el *SHAEF*. Ni podría ser un estadista serio. No soy lo bastante viejo. Ahora estamos gobernados, en cierta medida, por las heces. Estamos gobernados por eso que se encuentra en el fondo de los vasos de cerveza, una vez bebidos, con colillas de cigarrillos y ceniza. Aún no han barrido el local y todavía sigue el pianista aficionado aporreando el piano.

–No te entiendo, porque mi norteamericano es muy imperfecto. Pero suena terriblemente. Pero no te encolerices por eso. Deja que me encolerice yo por ti.

–¿Tú no sabes lo que es un tendero fracasado?

–No.

–No es vergonzoso. En mi país hay muchos. Por lo menos uno en cada población. No, hija, yo soy solamente un soldado de combate y eso es la cosa más baja de la tierra. Siendo así estás destinado a Arlington (1) si es que llevan el cuerpo allá. La familia tiene la palabra.

–¿Es hermoso Arlington?

–No sé –contestó el coronel–. Jamás he estado enterrado allí.

–¿Dónde quisieras que te enterrasen?

–En lo alto de alguna montaña –repuso él, tomando una rápida decisión–. En cualquier parte de las tierras altas en donde derrotamos al enemigo.

–Supongo que quisieras que te enterrasen en Grappa.

–Sí, en algún ángulo muerto de cualquier ondulación perforada por la artillería, siempre que haya hierba para que el ganado pase sobre mí, paciendo, durante el verano.

–¿Hay ganado por allí?

–Por supuesto. Siempre hay rebaños donde crece pasto bueno en el verano, y muchachas de las casas construidas en lo alto, muchachos de sólida construcción como las casas que resisten las nieves invernales, y colocan trampas para zorros en otoño, cuando bajan con el ganado hacia el valle. Allá abajo lo alimentan con heno almacenado en los graneros.

–¿Y no te gusta Arlington ni el Père Lachaise ni lo que tenemos aquí?

–Vuestro miserable osario.

–Ya sé que es la cosa más indigna de la población. De la ciudad, mejor. Aprendí de ti a llamar poblaciones a las ciudades. Pero yo me encargo de que vayas donde quieras ir y, si quieres, me iré contigo.

–No quiero. Morir es una cosa que se hace a solas. Como ir al lavabo.

–Por favor, no seas grosero.

–Quiero decir que me encantaría estar eternamente contigo. Pero es un proceso muy feo y egoísta.

El coronel se detuvo y pensó, sinceramente, pero desentonado, y dijo:

–No. Cásate y ten cinco hijos y llámales a todos Richard.

(1) Cementerio norteamericano

–Corazón de león –dijo la joven, aceptando la situación sin siquiera una mirada, como un jugador que arroja sobre la mesa la carta adecuada, sin mirar.

–Corazón piojoso –gruñó el coronel–. El crítico, amargo e injusto que habla mal de todo el mundo.

–No hables así, por favor –contestó ella–. Y recuerda que de quien hablas peor que de nadie es de tu propia persona. Pero estréchame fuertemente contra ti y no pensemos en nada.

Él la estrechó lo más fuertemente que pudo y procuró no pensar en nada.

CAPÍTULO XXX

El coronel y la joven siguieron tendidos quietamente en la cama y él procuraba no pensar en nada; como no había pensado en nada tantas veces en tantos lugares. Pero ahora era inútil. El empeño resultaba vano porque era demasiado tarde.

El y ella no eran Otelo y Desdémona, a Dios gracias, aun cuando estaban en la misma ciudad y la muchacha seguramente era más hermosa que el personaje shakespeariano, y el coronel había combatido tantas o más veces que aquel moro charlatán.

«Son excelentes soldados –pensó–. Esos malditos moros. ¿A cuántos de ellos hemos matado en mis tiempos? Creo que hemos matado a más de una generación, contando el final de la compañía marroquí contra Abd el Krim. Y a cada uno había que matarlo separadamente. Nadie los mató en masa, como nosotros matamos a los boches antes de que descubrieran *Einheit.*»

–Hija –dijo el coronel–. ¿Quieres que te cuente las cosas, siempre que no las diga muy rudamente?

–Prefiero que me cuentes lo que quieras. Así puedo compartirlo contigo.

–Es algo demasiado delgado para poder compartirlo –replicó el coronel–. Es todo tuyo, hija. Pero sólo las partes más salientes.

No entenderías las campañas en detalle, y pocas personas lograrían entenderlas. Rommel, sí. Pero en Francia siempre lo tuvieron atado de pies y manos y, además, habíamos destruido sus comunicaciones. Fueron las dos fuerzas aéreas tácticas; la nuestra y la RAF. Pero me gustaría poder conversar con él sobre algunas cosas. Me gustaría charlar con él y con Ernst Udet.

–Cuéntame lo que quieras contarme. Bébete esta copa de Valpolicella y deja de hablar si te afecta el recordar esas cosas. Cállate si quieres.

–Al principio yo era un coronel de repuesto –explicó él, cuidadosamente–. Hay coroneles volantes que se remiten a tal o cual jefe de división para remplazar a algún otro que haya muerto o al que han relevado. Mueren pocos, pero relevan a muchos. Todos los buenos son ascendidos. Muy rápidamente cuando las cosas comienzan a progresar como un incendio en un bosque.

–Continúa, por favor. ¿No tienes que tomarte la medicina?

–¡Al diablo la medicina! –dijo el coronel–. ¡Y al diablo con el *SHAEF*!

–Ya me explicaste eso antes.

–Me gustaría que fueras un soldado, con tu cerebro y tu hermosa memoria.

–Yo quisiera ser un soldado si pudiera combatir a tus órdenes.

–Nunca combatas bajo mis órdenes –declaró él–. Soy astuto, pero no afortunado. Napoleón quería que sus oficiales fueran afortunados y tenía razón.

–Nosotros tenemos alguna suerte.

–Sí –repuso él–. Buena y mala.

–Pero suerte, fundamentalmente.

–Claro que sí. Aunque tampoco se puede luchar simplemente contando con la suerte. Sencillamente, es algo que se necesita. Las gentes que lucharon basándose nada más que en la suerte han muerto todas gloriosamente, como la caballería napoleónica.

–¿Por qué odias a la caballería? Casi todos los buenos chicos que conozco estuvieron en tres magníficos regimientos de caballería, o en la marina.

–Yo no odio nada, hija –manifestó el coronel, y bebió un poco del vino rojo, seco y liviano, que era tan cordial como la casa de tu hermano, siempre que tu hermano y tú seáis buenos amigos–. Yo me limito a tener un punto de vista, al que he llegado tras cuidadosas consideraciones, y cálculos sobre sus posibilidades.

–¿Realmente no sirve la caballería?

–No sirve para nada –dijo el coronel. Y luego, acordándose de que debía ser amable, agregó–: En nuestros tiempos.

–Cada día es una desilusión.

–No. Cada día es una ilusión buena y nueva. Pero puedes cortar todo lo que haya de falso en la ilusión, como si lo cortases con una navaja de afeitar bien afilada.

–Por favor, nunca me cortes a mí.

–Tú no eres cortable.

–¿Por qué no me besas y me aprietas fuerte, y miramos al Gran Canal donde ahora la luz es encantadora, y me sigues contando?

Una vez que se besaron y contemplaron el Gran Canal, cuya luminosidad era realmente encantadora, el coronel prosiguió:

–Me dieron el mando de un regimiento porque el comandante en jefe relevó a un muchacho al que yo conocía desde que tenía dieciocho años. Bueno, ya no era un muchacho, desde luego. Era mucho regimiento para él y para mí era la unidad que yo podía haber soñado, hasta que lo perdí. –Y agregó–: Cumpliendo órdenes, por supuesto.

–¿Cómo perdiste un regimiento?

–Yo estaba trabajando para conquistar unas posiciones situadas en lo alto y todo lo que quedaba por hacer era enviar un parlamentario, y los de enfrente lo hubieran aceptado y se hubieran rendido de estar yo en lo justo. Los profesionales son muy inteligentes y aquellos boches eran todos profesionales; no fanáticos. Suena el teléfono y llama alguien al Cuerpo diciendo que tiene órdenes del Ejército o tal vez del Grupo de Ejércitos o incluso del SHAEF, porque habían leído el nombre de la población a conquistar en un diario, posiblemente enviado desde Spa, por un corresponsal, y la orden era que debíamos tomarla por asalto. Era importante porque figuraba en los diarios. Había que tomarla.

»Por tanto –continuó–, sacrificas toda una compañía. Pierdes otra compañía completa y destruyes tres más. Los tanques son pulverizados con la misma rapidez con que se mueven. Y eso que pueden moverse rápidamente, hacia delante, y hacia atrás. Hacen impacto en uno, dos, tres, cuatro, cinco tanques. Usualmente salen tres hombres, de los cinco que hay adentro de cada tanque, y corren como jugadores que tratan de abrir brecha en el equipo contrario, cuando tú eres del equipo de Minnesota y los otros son de Beloit, Wisconsin. ¿Te aburro?

–No. Aunque no comprendo las alusiones locales. Pero puedes aclarármelas cuando resulte necesario. Continúa.

–Por fin ocupas la ciudad, y algún lindo tarado te mete un bombardeo. Sin duda, se trata de una misión aérea ordenada anteriormente, cuando estaban los otros, y que se les ha olvidado cancelar. Dejemos que disfrute cada cual del beneficio de la duda. Yo me limito a contarte cómo pasaron las cosas de una manera general. Es preferible no especificar porque un civil no lo entendería. Ni siquiera tú. La misión aérea no ayuda mucho, hija –prosiguió–. Porque tal vez te resulte imposible mantenerte en la ciudad debido a que te queda poca gente y, ahora, los estás sacando de entre los escombros; o dejándolos en los escombros. Sobre eso hay dos escuelas de pensamiento. Por tanto, dicen que hay que tomarla por asalto. Y repiten la orden. Esto ha sido rígidamente confirmado por algún político uniformado que no ha matado a nadie en su vida, salvo con la boca y por teléfono, o sobre el papel, y que jamás ha sido herido. Puedes imaginártelo como nuestro próximo presidente, si gustas. Imagínatelo como quieras. Pero imagínatelo a él y a su gente, tan lejos que la mejor manera de comunicarse con ellos rápidamente son las palomas mensajeras. Salvo que, debido al margen de seguridad que adoptan con respecto a sus personas, probablemente habrían derribado a las palomas mensajeras con sus cañones antiaéreos. De poderles dar.

–¿De manera que otra vez me matáis mis palomas? Entonces te diré lo que pienso de eso.

El coronel siguió con la mirada el juego de las luces sobre el techo. Eran reflejo, en parte, del canal. Efectuaban extraños pero constantes movimientos, cambiantes, como la corriente de un río en donde hay truchas; cambiando y subsistiendo con el sol.

Después miró a su bello amor, con su extraño rostro moreno de niña crecida, que iba a perder de vista antes de las 13,35 (era seguro), y dijo:

–No hablemos de la guerra, hija, te lo ruego.

–Por favor –le pidió ella–. Por favor. Cuenta, y así podré recordarlo toda la semana.

–Ésa es una sentencia muy corta. Utilizo la palabra sentencia como sentencia carcelaria.

–Tú no puedes imaginarte lo larga que puede ser una semana cuando tienes diecinueve años.

–En diversas oportunidades he podido comprobar lo larga que puede ser una hora –dijo el coronel–. Incluso podría decirte lo largos que pueden ser dos minutos y medio.

–Por favor, cuéntame.

–Bueno. Tuve dos días de licencia en París entre el combate de Schnee-Eifel y el otro, y debido a mi amistad con una o dos personas me concedieron el privilegio de estar presente en una especie de reunión, a la que sólo los acreditados y de confianza podrían asistir, y el general Walter Bedell Smith nos explicó lo fácil que era la operación que después tomó el nombre de Bosque Hurtgen. No era realmente todo el bosque Hurtgen, sino un pequeño sector solamente. Era el Stadtswald y era allí, exactamente allí, donde el Alto Comando alemán había pensado luchar después de la toma de Aquisgrán, cuando se había abierto el camino hacia el corazón de Alemania. Espero que no te aburras.

–Nunca me aburres. Nada respecto a la guerra me aburre, salvo las mentiras.

–Eres una muchacha extraña.

–Sí. Lo sé desde hace mucho tiempo.

–¿Realmente te gustaría combatir?

–No sé si podría –repuso ella–. Pero lo intentaría si tú me enseñaras.

–Nunca te enseñaré. Simplemente te contaré anécdotas.

–Historias tristes de los reyes muertos.

–No. De los GI, como alguno los bautizó. ¡Dios, y cómo odio

esa palabra y cuánto la utilizaron! Lectores de historietas. Todos de determinado lugar. La mayor parte de ellos contra su voluntad. No todos. Pero todos leen un diario llamado *The Stars and Stripes* y tienes que llevarlo a tu unidad si no quieres ser un fracaso como comandante. Yo procuré simpatizar con los corresponsales, y en la reunión que te digo había algunos buenos. No mencionaré nombres porque podría omitir a alguno de los mejores y sería injusto. Había algunos muy buenos de cuyos nombres no me acuerdo. Estaban también los estafadores movilizados, los simuladores que anunciaban estar heridos apenas los rozaba algún pedazo de metal, gentes que llevaban el Corazón de Púrpura por haber sufrido un accidente de jeep, emboscados, cobardes, embusteros. Faltaban algunos de entre ellos. Porque ellos también tenían sus muertos. Un alto porcentaje. Pero, como te digo, ninguno de los muertos estaba presente. Había asimismo mujeres con maravillosos uniformes.

–¿Pero cómo pudiste casarte con una periodista?

–Por el error que te expliqué antes.

–Sigue contando.

–Había en aquella habitación más mapas de los que podría leer nuestro Señor en su mejor día. Estaba el Gran Plano, el Semi Gran Plano y el Super Gran Plano. Todas aquellas gentes pretendían ser capaces de leer los mapas, mientras señalaban con los punteros, una especie de tacos de billar mochos que utilizaban para señalar durante la explicación.

–No digas palabrotas. No sé lo que quiere decir mocho.

–Quiere decir acortado o abreviado de un modo ineficaz –le explicó el coronel–. O deficiente como instrumento. Es un viejo vocablo.

–Continúa.

–¿Para qué? ¿Por qué tengo que perpetuar la ignominia con mi propia boca?

–Lo escribiré si quieres. Puedo escribir fielmente lo que oiga o piense. Desde luego que incurriría en algunos errores.

–Eres una chica afortunada si tienes la capacidad de escribir lo que oyes o piensas. Pero jamás escribas una palabra de esto. –Y continuó–: El lugar estaba lleno de corresponsales vestidos con arreglo a su gusto. Unos eran cínicos y otros extremadamente mordaces. Para atenderlos y para manejar los punteros había un grupo de pistola-cadera. Llamamos pistola-cadera a los tipos de combatientes que, disfrazados de uniforme, sienten de un modo raro cada vez que el arma les golpea la cadera. Incidentalmente, hija, el arma –no la pistola clásica, sino la auténtica– ha errado a más gentes en combate que cualquier otra arma del mundo. No dejes nunca que nadie te dé una pistola de ésas si quieres herir a alguien en la cabeza en el bar de Harry's.

–Yo nunca quise herir a nadie, con excepción, tal vez, de Andrea.

–Si alguna vez quieres herirlo, golpéalo con el cañón, no con la culata. El mango es lamentablemente lento, y se puede errar, y si aciertas te manchas de sangre las manos al empuñar la pistola de nuevo. Y, además, nunca lastimes a Andrea porque es mi amigo. Y tampoco creo que fuera fácil golpearlo.

–No. Yo tampoco lo creo. Por favor, cuéntame algo más sobre esa reunión o asamblea. Creo que ahora sabría reconocer a un pistola-cadera. Pero quisiera informarme más concienzudamente.

–Bueno. Los pistola-cadera, con todo el orgullo de su pistolacaderería, estaban aguardando la llegada del gran general que iba a explicar la operación. Los corresponsales estaban murmurando o gruñendo, y los más inteligentes estaban silenciosos y malhumorados o alegremente pasivos. Todo el mundo estaba sentado en sillones mullidos como para una conferencia en Chautauqua. Lamento emplear estos términos locales, pero somos gentes muy localistas. Llega el general –prosiguió el coronel–. No es un pistola-cadera; sino un gran hombre de negocios; un político excelente, del tipo ejecutivo. El ejército es, en ese momento, el negocio más importante del mundo. Toma el puntero y nos muestra, con absoluta convicción y sin presentimientos, lo que será exactamente el ataque, por qué lo hacemos y cuán fácilmente va a ser un éxito. No hay problema.

–Sigue –dijo la joven–. Permíteme que te llene el vaso, y tú, por favor, sigue mirando las luces del techo.

–Llénalo y seguiré mirando al techo. Dicho supervendedor, y no digo esto como una falta de respeto, sino con admiración hacia todos sus talentos, o su talento, también nos informó de todo cuanto íbamos a precisar. No nos faltaría nada. La organización llamada SHAEF tenía entonces su base en una población próxima a París, en Versalles. Nosotros íbamos a atacar al este de Aquisgrán, o sea, a una distancia de 380 kilómetros de donde estaba situado el SHAEF. Un ejército puede ser grande; pero uno siempre puede acercarse un poquito más. Finalmente se acercaron hasta Reims, que estaba a 240 kilómetros del frente de combate. Eso ocurrió muchos meses después. Comprendo la necesidad de que los grandes ejecutivos estén apartados del contacto con sus trabajadores. Comprendo la cuestión sobre el tamaño de un ejército y sus múltiples problemas. Comprendo incluso la logística, que no es nada difícil. Pero nadie en la historia ha mandado desde tan lejos.

–Cuéntame sobre la población.

–Te contaré –dijo el coronel–. Pero no quisiera hacerte padecer.

–Tú nunca me haces padecer. Soy hija de esta vieja ciudad en la que siempre tuvimos combatientes. Los respetamos más que a todos los demás e incluso creo que los comprendemos un poco. También sabemos que son gentes difíciles. Habitualmente, como personas, resultan muy aburridos para las mujeres.

–¿Yo te resulto aburrido?

–¿Por quién me tomas?

–Pues yo me aburro a mí mismo, hija.

–No te creo, Richard; tú nunca hubieras hecho en tu vida nada que te aburriera. No me mientas, por favor, querido mío, pues tenemos poco tiempo por delante.

–No mentiré.

–¿No ves que necesitas decirme las cosas ésas para liberarte de tu amargura?

–Lo sé.

–¿No te das cuenta de que quiero que mueras con la gracia de una muerte feliz? ¡Oh, estoy cayendo en la confusión! No dejes que me confunda.

–No dejaré que caigas en la confusión.

–Sigue contándome, por favor, y da rienda suelta a toda la amargura que te sea necesaria.

CAPÍTULO XXXI

–Escucha, hija –dijo el coronel–. Vamos a suprimir todas las referencias a las falsedades y a los grandes jefazos, incluidos los de Kansas, que es en donde crecen más abundantes y alcanzan mayor altura que los naranjos silvestres que bordean las carreteras de este estado. Esos naranjos dan un fruto que no se puede comer y que es genuinamente kansiano. Nadie, salvo los de Kansas, tiene nada que ver con esas frutas, con excepción de nosotros, los combatientes. Las comíamos cada día. Naranjas silvestres de Kansas. Sólo que las llamábamos Raciones K. No eran malas del todo. Las raciones C. eran malas. Las Diez en Una, muy buenas. En esas condiciones luchábamos. Es tonto, pero ilustrativo. Ésta es la forma en que debe exponerse si alguien está interesado en oírlo; cosa que pongo en duda. Bien –prosiguió el coronel–. Las cosas se produjeron así: A las 13, Rojo S-3 informa que los Blancos saltaron a la hora convenida. Rojo informa que estaban esperando para enlazar con los Blancos. A las 13.05 (o sea la una y cinco minutos de la tarde, te lo digo por si puedes retener ese dato, hija). Azul S-3 –tú sabes lo que es S-3, supongo– dice: «Infórmenos cuando comience usted a avanzar.» Rojo informa que sigue esperando para enlazar con los Blancos. Ya estás viendo lo fácil que es. Todo el mundo tenía que completar su misión antes de la hora del almuerzo.

–No todos podemos ser combatientes de infantería –le dijo la joven dulcemente–. Yo los respeto más que a nada, con excepción de a los aviadores honrados. Por favor, continúa, te estoy escuchando.

–Los buenos aviadores son excelentes y merecen el respeto debido –afirmó el coronel.

Miró los reflejos de la luz del canal juguetear con el techo y se sintió completamente desesperado ante el recuerdo de la pérdida de sus batallones y de sus soldados, uno por uno. Jamás podría esperar disponer de un regimiento como aquel en el futuro. No lo había formado él; lo había heredado. Pero, por un tiempo, fue su gran alegría. Ahora, casi todos sus subordinados estaban muertos o gravemente heridos. En el vientre, la cabeza, los pies o las manos, el cuello, la espalda, las afortunadas nalgas, el infortunado pecho y otros lugares. Las explosiones a ras de los árboles herían a los hombres en donde jamás hubieran sido heridos en campo abierto. Y casi todos los heridos quedarían inutilizados para el resto de sus días.

–Era un buen regimiento –dijo–. Incluso podría decir que era un hermoso regimiento hasta que lo destruí obedeciendo órdenes ajenas.

–Pero, ¿por qué tienes que obedecerlas sabiendo que son erróneas y que tú tienes la razón?

–En nuestro ejército se obedece como un perro. Y uno siempre tiene la esperanza de encontrar un buen amo.

–¿Qué clase de amos tuviste tú?

–Hasta hoy solamente dos buenos. Después que alcancé una cierta graduación, tuve a algunos muy agradables, pero buenos amos, solamente dos.

–¿Y por eso no eres ahora general? Me encantaría que fueras general.

–A mí también –dijo el coronel–. Pero creo que no lo deseo con tanta intensidad como tú.

–¿No me harías el favor de dormirte, aunque no sea más que por complacerme?

–Sí –respondió el coronel.

–Es que pienso que si duermes, te liberarás de muchas cosas; así que duérmete.

–Sí. Muchas gracias –dijo él.

No fue nada, caballeros. Todo cuanto debe hacer un hombre es obedecer.

CAPÍTULO XXXII

–Has dormido muy bien durante un rato –le dijo la joven cariñosamente–. ¿Quieres algo?

–Nada –contestó el coronel–. Muchas gracias.

Pero entonces se volvió malo y agregó:

–Hija, yo puedo dormir derecho en la silla eléctrica con mis pantalones rajados y la cabeza afeitada. Yo duermo cómo y cuando quiero.

–Pues yo no –contestó ella, adormilada–. Yo duermo cuando tengo sueño.

–Tú eres adorable –le dijo el coronel–. Y duermes mejor de lo que haya dormido nadie jamás.

–No estoy orgullosa de ello –contestó ella, muy soñolienta–. Es algo que hago naturalmente.

–Pues hazlo ahora.

–No. Sigue hablando suave y bajito, y pon tu mano lastimada en la mía.

–¡Que se vaya al diablo mi mano lastimada! –exclamó el coronel–. La tengo tan estropeada desde entonces...

–Por favor, sigue contándome sobre ese combate, sin ser demasiado brutal.

–Nada más fácil –dijo el coronel–. Dejaré a un lado las horas. El tiempo está nuboso y el lugar es 986.342. ¿Cuál es la situación? Estamos martillando al enemigo con fuego de artillería y morteros, S-3 advierte que S-6 quiere que Rojo haya concluido su misión a las 17. S-6 quiere que termine y utiliza mucha artillería. Los Blancos informan que están en excelentes condiciones. S-6 informa que la compañía A dará un rodeo para enlazar con la B. La compañía B quedó detenida por el enemigo y permaneció allí por su propia decisión. A S-6 le va peor. Esto no es oficial. Pide más artillería, pero no hay más artillería. ¿Querías combate, para qué? –prosiguió el coronel–. Realmente no sé por qué. O realmente sí lo sé.

¿Quién quiere combatir de verdad? Pero ahí está, hija, sobre el teléfono y posteriormente le pondré los sonidos y los olores y las anécdotas sobre quién resultó muerto, cuándo y dónde, si así lo deseas.

–Yo sólo quiero que me sigas contando.

–Bueno. Te contaré cómo fue, aunque el general Walter Bedell Smith todavía no lo sabe. Aun cuando también pudiera ocurrir que yo estuviese equivocado, como me ha sucedido tantas veces.

–Me alegra no tener que conocerlo ni al hombre vestido de *nylon* –dijo la joven.

–No tenemos por qué conocerlos de este lado del infierno –la tranquilizó el coronel–. Y pienso poner un destacamento a la puerta del infierno para que no pueda entrar ningún personaje.

–Eso suena a Dante –dijo ella, soñolienta.

–Yo soy el señor Dante –concluyó él–. Por el momento.

Y por unos instantes lo fue y trazó los círculos. Fue tan injusto como Dante, pero los trazó.

CAPÍTULO XXXIII

–Dejaremos aparte los detalles, puesto que tú estás, justificada y adecuadamente, durmiendo –dijo el coronel, y observó otra vez el extraño juego de las luces sobre el techo. Después miró a la joven, que era más hermosa que cualquier mujer que hubiera visto en su vida.

Las había visto venir e irse pronto, pues cuando se van se alejan con mayor rapidez que cualquier otra cosa que vuele. «Puedes ir más prontamente que cualquier animal –pensó–, de la belleza integral al matadero. Pero creo que ésta podría mantener el paso y seguir la carrera. Las morenas duran más –pensó, contemplando la estructura angulosa del rostro dormido–. Ésta es de buena raza, y puede ser para siempre. La mayor parte de nuestras encantadoras bellezas proceden de los establecimientos de venta de refrescos y no saben el apellido de su abuelo, salvo que sea Schultz o Schiltz.»

«Ésta es la peor actitud a adoptar», se dijo, puesto que no deseaba expresar ninguno de aquellos sentimientos a la joven, a la cual no le iban a gustar, de todos modos, y que ahora dormía llena de vida, como un gato que se repliega sobre sí mismo para dormir.

—Descansa bien, mi amor adorable —expresó el coronel.

La joven dormía, aferrada a su mano lastimada, que él despreciaba, y el coronel podía sentir su respiración, que era la característica de los jóvenes cuando duermen profundamente.

El coronel se lo siguió contando todo, pero sin articular palabra:

«Así, una vez que gocé del privilegio de oír al general Bedell Smith explicarnos lo fácil que iba a ser el ataque, lo llevamos a cabo. Estaba allí el Gran Rubio, que creía en su propia publicidad. Se hallaba la Novena, que era una división mejor que la nuestra. Estábamos nosotros, que casi siempre habíamos hecho las cosas antes de que nos las ordenasen. Nosotros no teníamos tiempo de leer historietas, ni prácticamente tiempo para nada, porque siempre avanzábamos al amanecer de cada día. Lo cual es difícil y para llevarlo a cabo no hay más remedio que darle una patada al Gran Plano y ser una división de verdad. Llevábamos un trébol de cuatro hojas, que no significaba nada, salvo para nosotros, que estábamos encariñados con el emblema. Y cada vez que veo un trébol se me revuelven las tripas. Algunas gentes creían que era hiedra. Pero era trébol disfrazado de hiedra.»

«Las órdenes decían que atacaríamos junto con el Gran Rubio y la primera división de infantería del ejército de los Estados Unidos, y los mandamases y su oficial de información, nueva Calipso canturreante, nunca dejaron que nos olvidáramos. Era un buen tipo. Y cumplía su misión.»

«Pero llegas a hartarte de tanta boñiga de caballo, a menos que te guste el aroma. A mí nunca me gustó. Aunque me agradaba caminar entre la bosta de vaca cuando era niño y pisarla con la punta de los pies. Pero la bosta de caballo cansa. A mí me cansa en seguida y soy capaz de descubrirla a mil metros de distancia.»

«Bueno, atacamos, las tres unidades en línea, exactamente por el punto donde los alemanes deseaban que atacásemos. No volveremos a mencionar al general Bedell Smith en lo sucesivo. No es él el villano. Él solamente hizo promesas y explicó cómo se desarrollaría. Presumo que en una democracia no hay villanos. Simplemente, la cosa estuvo tan equivocada como el infierno.»

«Los parches con el emblema del trébol los habíamos arrancado de cada uniforme incluso hasta en los más remotos escalones de la retaguardia, de manera que los boches no supieran que eran las nuestras, las tres divisiones tan conocidas, las que íbamos a lanzar el ataque. Íbamos a atacar las tres en línea y sin ninguna reserva. No trataré de explicarte lo que eso implica, hija. Pero sí te diré que no es nada bueno. Y el lugar en donde íbamos a combatir, al que yo había echado una buena ojeada, sería Passchendaele. Atacaríamos con explosiones a ras de los árboles. Digo que la cosa me parecía excesiva. Pienso que era excesiva.»

«La pobre veintiocho, que estaba a nuestra derecha en lo alto, bastante mutilada, había estado empantanada allí por algún tiempo, y por eso disponíamos de bastante información y muy precisa sobre las condiciones que íbamos a encontrar en dichos bosques. Condiciones que, expresándome muy moderadamente, diré que eran desfavorables.»

«Entonces se nos ordenó que lanzáramos un regimiento al ataque antes de iniciar la ofensiva. Lo que significaba que el enemigo haría, por lo menos, un prisionero, con lo cual todo eso de haber quitado los parches con los emblemas en toda la división había sido una estupidez. Naturalmente, el enemigo estaría esperándonos. Estaría esperando a las viejas gentes del trébol de cuatro hojas para enviarlas directamente al infierno como unas mulas, durante ciento cinco días. Las cifras, desde luego, no significaban nada para los civiles. Ni tampoco para los personajes del SHAEF, a los cuales jamás vimos en esos bosques. Incidentalmente, y como es natural –tales cosas son siempre incidentales para el SHAEF–, el regimiento en cuestión fue destruido. Nadie tuvo la cochina culpa, y menos que nadie el hombre que lo mandaba. Un hombre con quien me pasaría muy a gusto la mitad del tiempo que tenga que estar en el infierno. Y puede que así sea.»

«Ciertamente, resultaría extraño que en vez de ir al infierno, como siempre supusimos, fuéramos a una de esas cosas aparte de los boches, como el Walhalla, y no pudiéramos estar con las gentes. Pero tal vez uno podría sentarse en una esquina de la mesa con Rommel y Udet, y entonces sería igual que cualquier hotel situado en la zona de los deportes de invierno. Es muy probable, sin embargo, que exista el infierno, y yo ni siquiera creo en el infierno.»

«Bien. De todos modos se reconstruyó el regimiento, como siempre ocurre con los regimientos norteamericanos, por el sistema de reemplazos. No voy a describirte cómo es, ya que puedes enterarte en cualquier libro de lo que es un reemplazo. Se reduce al hecho de que todos están en el regimiento hasta que la mayoría de la gente cae muerta, gravemente herida o se vuelve loca y pasa a la sección dieciocho. Pero supongo que esto es lógico, y tan bueno como cualquier otra cosa, dadas las dificultades del transporte. De cualquier forma, siempre queda un núcleo de personajes supervivientes que conocen el asunto a fondo y ninguno de ellos quería ni oler los bosques aquellos. La actitud de aquellos supervivientes podía resumirse en esta frase: "Jack, no me embromes".»

«Y como yo desde hace veintiocho años soy un superviviente, puedo comprender su actitud. Pero eran soldados y la mayoría murió en aquellos bosques, y entonces tomamos los tres pueblos que tan inocentes parecían, pero que eran unas verdaderas fortalezas. Las habían construido exclusivamente para tentarnos y nosotros no teníamos ni noticia. Para seguir empleando la necia palabrería de mi oficio: podía o no podía ser un fallo del servicio de espionaje.»

—Tengo una pena terrible por el regimiento ese —dijo la muchacha. Se había despertado, pero parecía hablar aún entre sueños.

—Sí —contestó él—. Yo también. Pasemos el trago de una vez. Y vuélvete a dormir, hija, por favor. La guerra está terminada y olvidada.

«No creas que soy un jactancioso, hija», dijo él, sin hablar. Su verdadero amor dormía nuevamente. Dormía de manera distinta a cómo dormía su periodista. No le gustaba recordar cómo dormía la periodista. Sí, le gustaba. Pero quería olvidarse. «No dormía bellamente –pensó–. Ni mucho menos como esta joven, que duerme como si estuviera despierta y viva; sólo que está dormida. Por favor, duerme bien.»

«¿Quién diablos eres tú para criticar a las periodistas? –pensó también–. ¿Qué miserable carrera emprendiste para fracasar en ella?»

«Quise ser, y fui, un comandante en jefe dentro del ejército de los Estados Unidos. Fracasé y hablo mal de todos los que triunfaron.»

Pero su contrición no duró y se dijo: «Salvo los aprovechados, los del diez y el veinte por ciento y todos los tarados que jamás combatieron en parte alguna y obtuvieron mandos.»

«Mataron a varios hombres de la academia en Gettysburg. Fue el día de la gran matanza entre las matanzas cuando hubo una cierta oposición por ambos bandos.»

«No seas resentido. Mataron al general McNair por error, el día en que se nos vino encima el Walhalla Express. Deja de ser un resentido. La gente de la academia tuvo muchos muertos y ahí están las estadísticas para probarlo.»

«Pero, ¿cómo puedo recordarlo y no estar amargado? Sé todo lo amargo que quieras.»

Y le dijo a la joven, en silencio, que no la haría sufrir jamás, porque dormía adorablemente. Lo dijo para sí, tiernamente, ya que su manera de pensar resultaba a veces muy antigramatical.

CAPÍTULO XXXIV

«Duerme dulcemente, mi verdadero amor, y cuando despiertes todo habrá concluido y yo te gastaré bromas por tratar de aprender los detalles de mi *triste métier* guerrero e iremos a comprar el negrito aquel, o el monito, tallado en ébano, con sus finos rasgos y su turbante enjoyado. Entonces te lo pondrás como un prendedor y nos iremos a tomar un trago al Harry's para ver a cualquiera de nuestros amigos que esté ya en pie a estas horas.»

«Almorzaremos en Harry's o regresaremos aquí, y después haremos las maletas. Nos despediremos y luego me montaré en el *motoscafo* con Jackson, le gastaré alguna alegre broma al *Gran Maestre*, saludaré a los restantes miembros de la Orden, y diez a uno, tal como me siento ahora, nos separaremos quizá para no volver a vernos jamás.»

«Demonios, no se lo digas a nadie, pero me he sentido como ahora muchas veces, antes de entrar en combate y casi siempre en alguna ocasión hacia fin de año e, invariablemente, cada vez que me iba de París. Probablemente es un presentimiento que no significa nada.»

«¿A quién se le importa un comino, con excepción de a esta chica y al *Gran Maestre*? Me refiero a los mandos superiores.»

«A mí tampoco se me importa nada lo que pueda ser de mí. Sin duda es que estoy entrenado y ajustado para que no se me importe nada de nada.»

«Pero no quiero pensar en eso, muchacho, teniente, capitán, comandante, coronel, general, señor. Seguiremos como siempre, una vez más, y que se vaya la muerte al diablo, con la horrible cara que le pintó el viejo Jerónimo Bosch. Pero ya puedes desenvainar tu guadaña, vieja muerte hermana, si es que tienes vaina. O –agregó, pensando ahora en Hürtgen–, puedes sacar tu guadaña y con ella limpiarte las uñas.»

«Era Passchendaele de nuevo con explosiones a ras de los árboles», le dijo a los maravillosos reflejos luminosos del techo. Después miró a la joven, para ver si estaba lo suficientemente dormida de modo que ni siquiera sus pensamientos pudieran herirla.

Luego, contempló el retrato y pensó: «La tengo en dos posiciones, tendida, ligeramente de costado, y mirándome de frente. Soy un hijo de perra afortunado y jamás me sentiré triste por nada».

CAPÍTULO XXXV

«El primer día perdimos tres comandantes de batallón. Uno muerto en los veinte primeros minutos de acción y los otros dos, después. Para un periodista esto es sólo una estadística. Pero los buenos comandantes de batallón nunca crecieron en los árboles; ni siquiera en los árboles de Navidad, que eran en su mayoría los que constituían aquel bosque. No sé cuántas veces perdimos a los comandantes de compañía. Pero podría averiguarlo.»

«Tampoco crecen ni se producen con la rapidez de las cosechas de patatas. Nos enviaron los sustitutos para reemplazarlos, pero yo recuerdo que pensé que hubiera sido más sencillo, y más eficaz, fusilarlos en el lugar mismo en que bajaban de los vehículos, con lo cual se ahorrarían la tarea de traerlos de nuevo a retaguardia para enterrarlos. Esta operación exige gasolina y hombres para enterrarlos. Y esos hombres podrían estar luchando también, al mismo tiempo, y resultar muertos igualmente.»

«Nevaba, o algo así; nevaba o llovía o había niebla constantemente y los caminos estaban minados, en algunos lugares hasta con catorce profundas minas, de manera que cuando los vehículos se desplazaban de la huella ya abierta en el fango, saltaban, y siempre estábamos perdiendo vehículos y, desde luego, la gente que iba en ellos.»

«Además de castigarte infernalmente con morteros y de cubrir todos los accesos con fuego de ametralladora y otras armas automáticas, tenían todo aquello tan perfectamente minado que, hicieras lo que hicieras, tenías que desembocar en algún campo minado. También castigaban con el fuego de la artillería pesada y, por lo menos, con un cañón montado sobre rieles.»

«Era un lugar donde le resultaba muy difícil a cualquier hombre seguir viviendo aunque no hiciera otra cosa que estar allí. Y nosotros atacábamos constantemente y cada día.»

«Bueno, no pensemos en ello. ¡Al diablo el asunto! Sólo dos

cosas necesito recordar para desembarazarme de ellas. Una era una colina truncada que era preciso cruzar para entrar en Grosshau. Justamente antes de recorrer ese trecho, que estaba bajo los puestos de observación de las baterías del 88, había un pedazo de terreno desenfilado al que sólo podían batir con howitzers y con morteros desde la derecha, y únicamente fuegos de barrera. Pero cuando limpiamos aquello, descubrimos que también tenían excelentes observatorios para dirigir el fuego de sus morteros.»

«Mas era, comparativamente, un lugar seguro, y lo cierto es que no miento en absoluto. Ni yo ni nadie puede mentir a los que estuvieron en Hürtgen, y al que mintiera se le descubriría al minuto de abrir la boca, coronel o no coronel. En ese lugar nos encontramos con un camión y acortamos la marcha, y él tenía la acostumbrada cara gris, y dijo: "Señor, hay un GI muerto en mitad del camino, y cada vez que llega un vehículo hasta acá tiene que pasar por encima del cuerpo, y temo que esto cause mala impresión a los soldados." "Lo sacaremos del medio" –dije yo–. Y lo retiramos de la carretera. Todavía me acuerdo de su tacto, al levantarlo, y de cómo estaba de aplastado; aplastado de una manera extraña.»

«Luego recuerdo otra cosa. Habíamos arrojado una gran cantidad de fósforo blanco sobre el pueblo antes de que lo ocupáramos definitivamente. Entonces fue la primera vez que vi a un perro comiéndose a un alemán carbonizado. Después vi a un gato escarbando también en el cadáver. Era un gato hambriento, aunque muy simpático. ¿Tú jamás creerías que un buen gato alemán fuera capaz de comerse a un buen soldado alemán, verdad, hija? ¿Ni a un buen perro alemán comiéndole las nalgas a un buen soldado alemán al que habíamos achicharrado con fósforo blanco?»

«¿Cuántas cosas como ésta podría contarte? Muchas; pero, ¿para qué servirían y qué beneficio reportarían? Podría contar millares de cosas parecidas, pero todas juntas no bastarían para impedir la guerra. La gente diría que no estamos luchando contra los boches y, además, el gato no me comió a mí ni tampoco a mi hermano Gordon, porque él estaba en el Pacífico. Tal vez a Gordon se lo comieron los cangrejos de tierra. O quizá se derritió.»

«En Hürtgen se congelaban terriblemente; hacía tanto frío que al helarse, las caras se les quedaban de un rojo amoratado. Muy extraño. En el verano, los muertos siempre tenían una cara de un gris cerúleo, como las figuras de cera. Pero con la llegada del invierno quedaban con unos rostros encarnados.»

«Los verdaderos soldados jamás cuentan a nadie lo que parecían sus propios muertos –le dijo al retrato–. Hay que concluir con este tema.»

«¿Y qué hay sobre aquella compañía que mataron íntegra? ¿Qué dices de eso, tú, soldado profesional?»

«Están muertos –contestó él–, así me ahorquen.»

«Ahora, ¿me acompañarás a beber un vaso de Valpolicella? ¿A qué horas consideras que debo despertar a tu otro yo, jovencita? Tenemos que ir a la joyería aquella. Y tengo que gastar bromas y hablar de cosas alegres.»

«¿Qué es la alegría, retrato? Tú eres más inteligente que yo, aun cuando has vivido menos. Tendrías que saberlo.»

–Muy bien, joven de la tela –le dijo el coronel, ahora en voz alta–, dejemos de lado el asunto y dentro de once minutos despertaré a la chica, nos iremos al centro, estaremos alegres y te dejaremos a ti aquí para que te embalen bien.

«No quise ser brusco –pensó el coronel–. Lo que ocurre es que estaba bromeando toscamente. No quiero ser jamás brusco contigo porque de ahora en adelante viviremos juntos tú y yo. Así lo espero.» Y se bebió el vaso de vino.

CAPÍTULO XXXVI

Era un día brillante, de intenso frío, pero ambos se quedaron largamente detenidos ante el escaparate de la joyería, estudiando los torsos negros, tallados en ébano, y las cabecitas con turbantes tachonados de diminutas piedras preciosas. «Los dos negritos son igualmente hermosos», pensó el coronel.

–¿Cuál de los dos te gusta más, hija?

–Creo que el de la derecha. ¿No te parece que tiene el rostro más simpático?

–Ambos tienen una cara simpática. Pero también creo que es preferible el de la derecha, puesto que quieres que se parezca a los que se usaban antes.

–Bien. Nos lo quedaremos. Entremos a verlos más de cerca. Voy a preguntar el precio.

–Deja, yo preguntaré.

–No, déjame a mí. Me cobrarán menos que a ti. Después de todo, eres un norteamericano acaudalado.

–*Et toi,* Rimbaud? –dijo el coronel.

–Hubieras hecho un Verlaine terriblemente extraño –le contestó la joven–. Seremos otros personajes famosos.

–Pasa adentro, Majestad, y compraremos la dichosa joya.

–Tampoco harías un Luis XVI perfecto.

–Habría subido al cadalso aquel contigo y aun hubiera sido capaz de escupir.

–Dejemos estar los cadalsos y los pesares de cada cual, y compremos la cosita esa; después iremos caminando hasta casa de Cipriani y seremos personajes famosos.

Entraron en la tienda, examinaron las dos cabezas y ella preguntó precio, y entonces se produjo una conversación muy rápida y el precio resultó mucho más bajo. Pero así y todo era una suma superior a la que el coronel llevaba encima.

–Iré a ver a Cipriani para que me dé dinero.

–No –le contestó ella. Y luego, dirigiéndose al empleado, añadió–: Métalo en una cajita y envíeselo a Cipriani diciéndole que lo pague, de parte del coronel, y que lo tenga allí.

–No faltaba más –contestó el empleado–. Lo haremos como usted dice.

Entonces salieron a la calle, bajo la luz del sol, entre el viento incesante.

–A propósito –dijo el coronel–. Tus piedras están en la caja fuerte del Gritti, a tu nombre.

–Tus piedras.

–No –respondió él, sin dureza, pero tratando de hacerla comprender–. Hay ciertas cosas que una persona no puede hacer. Tú lo sabes. No puedes casarte conmigo y yo lo comprendo, aun cuando no lo apruebo.

–Muy bien –exclamó ella–. Comprendo. Pero, ¿no te quedarías con una sola esmeralda como amuleto de la suerte?

–Imposible. Son demasiado valiosas.

–Pero el retrato también es valioso.

–Eso es distinto.

–Sí –admitió ella–. Supongo que es así. Creo que empiezo a comprender.

–Yo te aceptaría un caballo de regalo si fuera pobre y joven, y montase muy bien. Pero no podría aceptarte un automóvil.

–Ahora lo entiendo perfectamente. ¿Dónde podríamos ir, en este mismo minuto, para que me besaras?

–A esta callejuela lateral; no conocemos a nadie de los que viven aquí.

–No me importa los que viven aquí. Quiero que me estreches entre tus brazos y que me beses.

Entraron en el callejón sin salida y caminaron hacia el extremo.

–Richard –dijo ella–. Richard. Querido.

–Te quiero.

–Por favor, quiéreme.

–Te quiero.

El viento desparramaba sus cabellos sobre el cuello del coronel, quien la besó una vez más, sintiendo que su cabellera de seda le azotaba ambas mejillas.

Entonces ella se separó bruscamente, con dureza, lo miró, y dijo:

–Creo preferible que nos vayamos a Harry's.

–De acuerdo. ¿Quieres encarnar a personajes históricos?

–Sí. Juguemos a que tú eres tú y yo soy yo.

–Juguemos –dijo el coronel.

CAPÍTULO XXXVII

No había nadie en Harry's, salvo algunos madrugadores sedientos que el coronel no conocía, y dos hombres que hablaban de negocios en la parte trasera del bar.

Había horas en que Harry's se llenaba de gentes conocidas, con la misma regularidad apresurada con que subía la marea en el Mont Saint Michel. «Salvo –pensó el coronel–, que las horas de las mareas cambian cada día con la luna y las de Harry's son tan estables como las del meridiano de Greenwich, o el metro tipo que se conserva en París, o la buena opinión que los militares franceses tienen de sí mismos.»

–¿No conoces a ninguno de estos bebedores matutinos? –le preguntó a la joven.

–No. Como no soy bebedora matutina, jamás vi a ninguno de ellos.

–Seguramente son barridos cuando llega la marea.

–No. Seguramente se van, en cuanto asciende la marea, por su propia voluntad.

–¿No te importa estar aquí fuera de temporada?

–¿Crees que soy una esnob porque vengo de una familia linajuda? Nosotros somos los que no tenemos nada de esnobs. Los esnobs son ésos a los que tú llamas tarados, y las gentes con dinero reciente. ¿Viste alguna vez tanto dinero nuevo como ahora?

–Sí –contestó el coronel–. Lo vi en Kansas City cuando acostumbraba a ir allá desde Fuerte Riley para jugar al polo en el Country Club.

–¿Era tan malo como aquí?

–No. Era bastante agradable. Me gustaba, y aquella parte de Kansas City era muy hermosa.

–¿De veras? Me gustaría ir allá. ¿Tienen también campamentos para turistas los sitios esos en donde nos alojaremos cuando vayamos?

–Por supuesto. Nos alojaremos en el Hotel Muehlebach, que tiene las camas más amplias del mundo y nos haremos pasar por petroleros millonarios.

–¿En dónde dejaremos el Cadillac?

–¿Ahora es un Cadillac?

–Sí. A menos que prefieras un Buick Roadmaster, de los grandes, con tracción Dynaflow. He recorrido con él casi toda Europa. Figuraba en el último *Vogue* que tú me enviaste.

–Lo mejor, probablemente, será que utilicemos un coche cada vez. Sea cual fuere el que deseemos usar, lo dejaremos en el garaje que hay junto al Muehlebach.

–¿Es Muehlebach muy hermoso?

–Maravilloso. Te gustará. Cuando salgamos de la ciudad iremos rumbo al Norte, hacia St. Joe, y nos beberemos un Martini en el bar de Roubidoux, o quizá dos, y luego cruzaremos el río e iremos hacia el Oeste. Puedes comenzar conduciendo tú, pero luego organizamos el relevo.

–¿Qué es eso?

–Conducir por turno, para descansar.

–Bueno –dijo ella–. Ahora estoy conduciendo yo.

–Bien. Demos de lado la parte monótona y vayamos a Chimney Rock para seguir a Scott's Bluff y Torrington, y a partir de entonces empezarás a ver cosas.

–Tengo los mapas de carreteras y las guías y el hombrecito ese que señala dónde se debe comer, y la guía del Automóvil Club sobre albergues y hoteles.

–¿Te preocupas mucho de esto?

–Me paso toda la semana organizando excursiones por Norteamérica con las cosas que tú me envías. ¿Qué matrícula llevaremos en el coche?

–Missouri. Compraremos el coche en Kansas City. Iremos en avión a Kansas City, ¿recuerdas? O, si quieres, llegaremos en un buen tren.

–Pero, ¿no íbamos a volar hasta a Albuquerque?

–Eso era otra vez.

–Nos detendremos al anochecer en el mejor albergue que señale la guía del Automóvil Club, te tomarás las copas que quieras mientras lees el diario, *Time, Life* y *Newsweek*, y yo leeré los últimos números de *Vogue* y de *Harper's Bazaar*.

–Sí. Pero también volveremos aquí.

–Por supuesto. Con nuestro coche. En un trasatlántico italiano; el mejor que haya entonces. Y vendremos en coche hasta aquí desde Génova, directamente.

–¿No quieres que hagamos alto en algún lado, para pasar la noche?

–¿Para qué? Lo que queremos es llegar cuanto antes a nuestra casa, a nuestro hogar.

–¿Dónde estará nuestra casa? –preguntó él.

–Ya lo decidiremos oportunamente. Siempre hay viviendas de sobra en esta ciudad. ¿Te gustaría también vivir en el campo?

–Sí –repuso el coronel–. ¿Por qué no?

–Así podríamos ver los árboles al despertarnos. ¿Qué clase de árboles veremos durante el viaje?

–Pinos, principalmente, y algodonales junto a los cursos de agua de los valles, y álamos temblones. Ya verás cuando los álamos temblones se vuelvan amarillos con la llegada del otoño.

–Ya lo creo que los veré. ¿Dónde nos quedaremos? ¿En Wyoming?

–Primero iremos a Sheridan y luego decidiremos.

–¿Es bonito Sheridan?

–Es maravilloso. Iremos en el coche hasta donde se realizan los combates de boxeo y te contaré cosas pintorescas. Luego, mientras seguimos viaje hacia Billings, nos detendremos donde mataron a aquel tonto de George Armstrong Custer, y podrás ver las señales indicadoras de donde murió cada cual y te explicaré la lucha que libraron.

–¡Qué maravilloso! ¿A qué se parece Sheridan, a Mantua, a Verona o a Vicenza?

–A ninguna de ellas. Está allá arriba, contra las montañas. Es casi como Schio.

–¿Como Cortina, entonces?

–Nada de eso. Cortina está en un valle alto en las montañas.

Sheridan está más arriba y contra las montañas mismas. Las montañas Big Horns carecen de estribaciones. Se alzan abruptamente desde una meseta. Puedes ver desde allí el Cloud's Peak.

–¿Podrán subir nuestros coches?

–Claro que sí. Pero preferiría no llevar un coche con tracción hidromática.

–Puedo pasarme sin ella –dijo la joven. Y antes de agregar nada, se mantuvo un instante erguida, envarada, para no llorar, y añadió:

–¿Cómo puedo pasarme sin lo que sea?

–¿Qué vas a beber? –preguntó el coronel–. Aún no hemos pedido nada.

–Creo que no voy a beber nada.

–Dos Martini muy secos –ordenó el coronel al barman–, y un vaso de agua fría.

Metió la mano en el bolsillo, descorchó el frasquito de la medicina y colocó dos tabletas en la mano izquierda. Con ellas en la mano volvió a tapar la botellita, lo cual no constituía ninguna hazaña para un hombre que tenía la mano derecha totalmente inutilizada.

–Te dije que no quería beber nada.

–Ya lo sé, hija. Pero pensé que quizá pudieras necesitarlo. Y si no quieres tomarlo, pues lo dejas. O me lo bebo yo. Perdón –añadió–. No quise ser brusco.

–No hemos reclamado al negrito, que me estará buscando.

–No. Porque no quiero pedirlo hasta que llegue Cipriani y pueda pagarle.

–¿Ha de ser todo tan rígido?

–Por lo que a mí toca, creo que sí –le contestó el coronel–. Lo lamento, hija.

–Di hija tres veces seguidas.

–Hija, figlia, daughter.

–No sé. Creo que deberíamos irnos de aquí. Me gusta que la gente nos vea, pero no quiero ver a nadie.

–La caja con el negrito está encima de la registradora.

–Lo sé. Hace rato que la he visto.

El barman llegó con los dos Martini, helados doblemente dentro de los vasos rezumando frío, y el vaso de agua.

–Deme aquel paquetito que llegó a mi nombre y que está sobre la caja registradora –le dijo el coronel–. Dígale a Cipriani que le enviaré un cheque.

Había cambiado de opinión.

–¿Quieres beber algo, hija?

–Sí –respondió ella–. Siempre que no te importe que yo haya cambiado también de criterio.

Bebieron después de chocar los vasos levemente, tan levemente que el contacto fue apenas perceptible.

–Tenías razón –dijo ella, sintiendo el calor del alcohol y la destrucción momentánea de su pesar.

–Tú también la tenías –exclamó él, jugueteando con las dos tabletas.

Pensó que tomarlas con agua era de mal gusto. Así, cuando la joven volvió la cabeza un instante para ver salir a un bebedor matutino, se las tragó con el Martini.

–¿Nos vamos, hija?

–Sí, evidentemente.

–Barman –llamó el coronel–. ¿Cuánto es esto? Y no olvide de decirle a Cipriani que le envío un cheque por esta cosita.

CAPÍTULO XXXVIII

Almorzaron en el Gritti, donde la joven sacó de su cajita al negro de cara y torso de ébano, y se lo prendió en el hombro. Tendría cerca de ocho centímetros de largo y resultaba delicioso contemplarlo para quien gustara de esas cosas. «Y quien no guste es que es estúpido», pensó el coronel.

«No seas grosero ni siquiera con el pensamiento –se dijo–. Tienes que ser bueno por todos los medios hasta que le digas adiós. Adiós, vaya una palabra», pensó.

«*Hasta la vista, bonne chance y good-bye.* Nosotros siempre nos despedíamos diciendo *merde* y lo dejábamos estar así. Adiós –pensó–, es una palabra bonita. Suena bien. Adiós –pensó–, un largo adiós y llévalo contigo adonde vayas.»

–Hija –dijo él–. ¿Cuánto tiempo hace que no te digo que te adoro?

–Desde que nos sentamos a la mesa.

–Bueno, pues te lo digo ahora.

La joven se había peinado con paciencia, cuando llegaron al hotel, en el lavabo de señoras. Aunque le desagradaban los lavabos.

Había utilizado el lápiz labial para dibujarse el tipo de boca que ella sabía que él deseaba más que ninguna otra, y mientras se pintaba los labios exclamó en voz alta: «No pienses en eso. No pienses. Y por encima de todo que no te vea triste él, ahora que se va».

–Estás maravillosa.

–Gracias. Quisiera ser hermosísima para ti si pudiera serlo.

–El italiano es una hermosa lengua.

–Sí. El señor Dante también pensaba así.

–*Gran Maestre* –dijo el coronel–. ¿Qué tienen de comer en este *Wirtschaft*?

El *Gran Maestre* había estado observando, sin observar, con afecto y sin envidia.

–¿Quiere carne o pescado?

–¿Hoy es sábado? –señaló el coronel–. El pescado no es obligatorio. Entonces, comeré pescado.

–Hay lenguado –dijo el *Gran Maestre*–. ¿Y usted, señorita?

–Lo que usted decida. Usted entiende de comidas más que yo, y a mí me gusta todo.

–Toma una decisión, hija.

–No. Prefiero dejarla en manos de alguien que entiende más que yo. Tengo un apetito de casa de pensión.

–Así llegarán los platos como una sorpresa –dijo el *Gran Maestre* con su larga y amable cara de cejas grises sobre los ojos tiernos y entrecerrados; su cara feliz de viejo soldado que aún está vivo y sabe apreciarlo.

–¿No hay ninguna novedad de la Orden? –preguntó el coronel.

–Únicamente que nuestro jefe, en persona, está en apuros. Le han confiscado todos sus bienes. O por lo menos se los han intervenido.

–Espero que no sea nada grave.

–Debemos tener confianza en nuestro jefe. Ha capeado tempestades peores que ésta.

–Por nuestro jefe –dijo el coronel, y levantó el vaso, que había llenado con Valpolicella, recién servido y legítimo–. Bebe por él, hija.

–Yo no puedo beber por ese marrano –exclamó la joven–. Además, no pertenezco a la Orden.

–Ya es usted miembro ahora –declaró el *Gran Maestre–*. Por méritos de guerra.

–Entonces, beberé por él –manifestó la joven–. ¿Soy realmente miembro de la Orden?

–Sí –dijo el *Gran Maestre–*. Todavía no ha recibido su pergamino, pero la nombro Secretaria Super Honoraria. El coronel le revelará los secretos de la Orden. Revéleselos, por favor, mi coronel.

–Lo haré –admitió el coronel–. ¿No anda por aquí el tipo picado de viruela?

–No. Está con su señora, miss Baedeker.

–Entonces, perfectamente. Hablaré. Sólo hay un secreto fundamental que debas conocer. Corríjame, *Gran Maestre,* si incurro en error.

–Proceda con la revelación –sentenció el *Gran Maestre.*

–Procedo. Escucha cuidadosamente, hija. Éste es el Secreto Supremo. Escucha: «El amor es el amor y la diversión, diversión. Pero siempre reina la tranquilidad cuando muere el pez de oro.»

–Está revelado –anunció el *Gran Maestre.*

–Me siento muy orgullosa de pertenecer a la Orden –dijo ella–. Aun cuando, en cierta medida, es una orden un tanto severa.

–Ciertamente –admitió el coronel–. Y ahora, *Gran Maestre,* ¿qué podemos comer, sin misterios?

–Algunos cangrejos *enchillada*, al estilo de esta ciudad, pero primero en frío. Servidos con su cáscara. Después, lenguado para usted, y para la señorita unas perdices asadas. ¿Y de verduras?

–Lo que tenga –decidió el coronel.

El *Gran Maestre* desapareció y el coronel miró a la joven y luego al Gran Canal, por la ventana, y admiró los puntos mágicos y los cambios de luces, que aún seguían allí, al otro extremo del bar, convertido hábilmente en comedor, y dijo:

–¿Te he dicho, hija, que te adoro?

–No me lo has dicho hace mucho tiempo. Pero te quiero.

–¿Qué les sucede a las gentes que se aman mutuamente?

–Supongo que lo tienen todo y que son más afortunadas que las demás gentes. Hasta que un día uno de los dos se pierde en el vacío para siempre.

–No quiero ser brusco –dijo el coronel–. Podría haber contestado bruscamente. Por favor, dejemos estar el vacío.

–Procuraré –manifestó ella–. Lo estoy intentando desde que me desperté. Lo estoy intentando desde que nos conocimos.

–Sigue intentándolo, hija –dijo el coronel.

Entonces, se volvió hacia el *Gran Maestre,* que después de haber impartido órdenes, estaba de regreso, y le pidió:

–Una botella de aquel *vino secco,* del Vesubio, para los lenguaditos. Tenemos el Valpolicella para otras cosas.

–¿Puedo beber el vino del Vesubio con mis perdices? –preguntó la joven.

–Renata, hija –repuso el coronel–. Desde luego. Puedes hacer lo que quieras.

–Me gusta beber el vino que tú bebes.

–A tu edad lo que va bien con unas perdices es un buen vino blanco –le dijo el coronel.

–No quisiera que hubiese diferencias de edades.

–A mí me encantaría –dijo el coronel–. Salvo... –pero no continuó la frase–. Seamos *fraîche et rose comme au jour de bataille.*

–¿Quién dijo eso?

–No tengo la menor idea. Me lo aprendí cuando pasé un curso en el Collège des Maréchaux. Un título más bien pretencioso. Pero me gradué. Lo mejor que aprendí, sin embargo, me lo enseñaron los boches, estudiándolos y combatiéndolos. Son los mejores soldados. Aunque siempre se engañan.

–Seamos como tú dices y dime que me quieres.

–Te quiero. Puedes estar segura. De veras.

–Hoy es sábado –dijo ella–. ¿Cuándo será el próximo sábado?

–El próximo sábado, hija, es una fiesta movible. Encuéntrame un hombre capaz de decirme cuándo es el próximo sábado.

–Tú podrías decirlo si quisieras.

–Le preguntaré al *Gran Maestre.* Tal vez él lo sepa. *Gran Maestre,* ¿cuándo es el próximo sábado?

–*À Pâques ou à la Trinité* –respondió el *Gran Maestre.*

–¿Por qué no nos llegan olores de la cocina para estimularnos?

–Porque tienen el viento en contra.

«Sí –pensó el coronel–, tuve el viento en contra, y lo feliz que hubiera podido ser de haberme casado con esta joven en vez de aquella mujer, a la que paso una pensión por alimentos, y que era incluso incapaz de tener hijos. Se vendió por eso. Límpiate de esa basura –se dijo–, y dedícate al amor de tu amada.»

Allí estaba ella, junto a él, deseando que la amase, si es que él tenía algún amor que ofrecer. Retrocedió, pues, como siempre le ocurría cuando la miraba a ella, y dijo:

–¿Cómo te sientes con ese cabello de azabache y la carita pesarosa?

–Me siento bien.

–*Gran Maestre* –dijo el coronel–. Produzca unos cuantos olores o algo semejante en su cocina, aunque el viento esté en contra.

CAPÍTULO XXXIX

El portero del vestíbulo telefoneó, por orden del portero principal, y arribó la misma lancha a motor que lo había traído el día de su llegada.

T5 Jackson estaba en la embarcación, con el equipaje y el retrato, envuelto y bien empaquetado. Seguía soplando el viento intensamente.

El coronel había pagado la cuenta y repartido las propinas adecuadas. La gente del hotel había colocado el equipaje y el retrato en la lancha, y procurado que Jackson se sentara adecuadamente. Luego se retiraron.

–Bueno, hija –dijo el coronel.

–¿Puedo ir contigo hasta el garaje?

–En el garaje será también igualmente triste.

–Por favor, déjame ir contigo hasta el garaje.

–Muy bien –dijo el coronel–. Allá tú. Sube.

No hablaron durante el trayecto y el viento, como soplaba de popa, permitía marchar más rápidamente a aquella vieja calamidad de motor.

Al llegar al desembarcadero, mientras Jackson entregaba el equipaje a un mozo de cuerda y se hacía cargo personalmente del retrato, el coronel le preguntó:

–¿Quieres que nos despidamos aquí, hija?

–¿Es necesario que sea así?

–No.

–¿Puedo subir hasta el bar del garaje mientras sacan el coche?

–Así será peor todavía.

–No me importa.

–Meta estas cosas en el garaje y encargue a alguien de cuidarlas hasta que saque el coche –le ordenó el coronel a Jackson–. Revise si está todo, incluidas mis escopetas, y disponga las cosas de manera que quede el máximo espacio en el asiento trasero.

–Bien, mi coronel –contestó Jackson.

–Entonces, ¿me dejas ir contigo? –preguntó la joven.

–No –respondió el coronel.

–¿Por qué no puedo ir de caza contigo?

–Porque no te han invitado.

–Por favor, no seas malo.

–¡Cristo! Hija, si supieras lo que me estoy esforzando por no serlo. Resulta fácil si eres malo. Bueno, paguémosle a este buen hombre y vamos a sentarnos un momento en aquel banco bajo el árbol.

Le pagó al dueño de la embarcación y le dijo que no se olvidaría del motor del *jeep*. También le dijo que no lo diera por hecho, pero que había bastantes posibilidades de que lo consiguiera.

–Siempre será un motor usado –agregó el coronel–. Pero de cualquier modo, mucho mejor que la cafetera que ahora tiene.

Subieron por los desgastados escalones del desembarcadero y caminaron por la grava, sentándose en un banco que había bajo los árboles. Los árboles estaban negros y se movían bajo el viento; no tenían ni una hoja. Aquel año las hojas habían caído muy pronto y las barrieron en seguida, tiempo atrás.

Llegó un hombre ofreciéndoles tarjetas postales y el coronel le dijo:

–Sigue tu camino, hijo. Queremos estar solos.

Finalmente, Renata había roto a llorar, aun cuando había tomado la decisión de no llorar jamás.

–Mira, hija –dijo el coronel–. No tenemos nada que decir. En este vehículo en el que estamos viajando ahora no han colocado amortiguadores contra los golpes.

–Ya no lloro –manifestó ella–. No soy ninguna histérica.

–Yo no diría que eres histérica. Yo diría que eres la joven más hermosa y más adorable que haya conocido en mi vida. En cualquier época. En cualquier lugar. En todas partes.

–De ser verdad, ¿qué diferencia establecería eso ahora?

–Ahí me has ganado –admitió el coronel–. Pero es verdad.

–Entonces, ¿ahora qué?

–Ahora nos ponemos en pie, nos damos un beso y nos despedimos.

–¿Qué es eso?

–No sé –dijo el coronel–. Supongo que es una de esas cosas que todo el mundo dice.

–Yo también lo diré.

–Bueno, hija, tómalo con la calma que puedas.

–Sí –repuso ella–. En este vehículo sin amortiguadores de golpes.

–Desde el principio fuiste cebo de cadalso.

–¿No puedes hacer nada amablemente?

–Supongo que no. Pero lo intento.

–Pues sigue intentándolo, por favor. Ésa es toda la esperanza que nos queda.

–Seguiré intentándolo.

Y entonces los dos se abrazaron, besándose intensa y sinceramente, y el coronel llevó a la joven por el sendero de grava y descendieron unos peldaños.

–Deberías tomar una buena lancha. No aquélla, la del motor estropeado.

–Prefiero la del motor estropeado, si no te importa.

–¿Importarme? –concluyó el coronel–. En absoluto. Yo sólo doy órdenes y obedezco órdenes. No me importa. Adiós, mi amor, mi adorada, mi bella.

–Adiós –contestó Renata.

CAPÍTULO XL

Estaba en el tonel de roble, hundido en el barro y el agua, que se utiliza en el Véneto como puesto emboscado. Un puesto es el artificio a que se recurre para ocultar el cazador a los ojos de la caza, que en ese caso eran los patos.

El viaje había sido agradable, con los compañeros, desde que se reunieron en el garaje, y por la tarde gozaron de la excelente comida preparada en la cocina al aire libre. En el camino hacia los puestos fueron tres cazadores en el asiento trasero. Los que no mintieron se permitieron algunas exageraciones y los mentirosos no llegaron a florecer plenamente.

Un mentiroso floreciente, había pensado el coronel, es como un hermoso cerezo o como los manzanos en flor. ¿Quién sería capaz de desanimar a un mentiroso, a menos que esté pasando coordenadas?

El coronel había coleccionado mentirosos durante toda su vida como algunos hombres se dedican a coleccionar sellos de correos. No los clasificaba, salvo en el mismo momento, ni los conservaba mucho tiempo. Se limitaba a gozar oyéndolos mentir en el momento, a menos que la mentira estuviera relacionada con el cumplimiento de su deber profesional. La noche anterior se había mentido en forma, después de beber la grappa, y el coronel lo había pasado bien. Estuvieron fumando junto a la chimenea en donde ardía un buen fuego de carbón: «No, de leños», pensó. De cualquier modo un embustero miente mejor con un poco de humo y cuando el sol se ha puesto.

Él había estado dos veces a punto de mentir, pero se había frenado limitándose a exagerar. «Al menos, así lo espero», se dijo.

Ahora la laguna estaba helada, para estropearlo todo. Pero no estaba todo estropeado.

Llegaba un par de patos, repentinamente, de cualquier parte, lanzándose hacia abajo en un picado perfecto que jamás aeroplano alguno había intentado hacer, y el coronel al sentir la emplumada trayectoria giró certeramente, hizo fuego y mató al macho, que se precipitó contra el hielo con la violencia propia de un pesado pato. Y antes de que el animal hubiera caído, el coronel hirió de muerte a la hembra, que se remontaba rápidamente, tenso el cuello.

La hembra cayó casi junto a su compañero.

«Esto es un asesinato –pensó el coronel–. ¿Y qué no lo es? Pero, mozo, todavía andas bien de puntería.»

«Mozo –pensó–, ¡al diablo! Bastardo físicamente hecho polvo. Pero, ¡ojo, ahí vienen!»

Se aproximaba una bandada de marecas con un susurro de alas que pareció coagularse y luego reducirse a la nada. Entonces refrenaron su marcha de nuevo y el pato traidor sujeto en el hielo, como reclamo, comenzó a hablarles.

«Dejémosles que giren nuevamente –se dijo el coronel–. Ten la cabeza baja y ni siquiera pestañees, que van a volver.»

Volvieron, puesto que la traición les seguía hablando.

De pronto bajaron las alas, como cuando uno baja la cartera de su bolsillo. Pero al ver que toda el agua estaba congelada, reemprendieron la ascensión.

El cazador, que ahora no era coronel ni nada, sino un tirador, se irguió en el barril y mató a dos, que se estrellaron contra el hielo casi con la misma violencia que los dos grandes patos anteriores. «Dos de ellos bastan para una familia –se dijo el coronel–. ¿O era una tribu?»

El coronel oyó un disparo a sus espaldas, proveniente de un lugar en donde él sabía que no había ningún otro puesto, y volvió la cabeza para mirar sobre la laguna congelada, hacia la lejana línea de la costa.

«Naturalmente», se dijo.

Una bandada de ánades salvajes, que venían volando bajo hacia él, comenzó a ganar altura en el cielo; parecían sostenerse sobre la cola de tan verticalmente como ascendían.

Vio caer a uno y luego oyó otro disparo.

Era el botero gruñón que estaba haciendo fuego contra los patos que venían hacia el coronel, espantándolos así.

«Pero ¿cómo puede hacer una cosa así?», pensó el coronel.

El hombre tenía una escopeta con el fin de rematar a las aves heridas que trataran de escapar, allá donde el perro no pudiera atraparlas. Pero disparar contra los patos que venían hacia el coronel era, dentro del código de la caza, una ruindad que ningún hombre podía permitirse hacer a otro.

El botero se hallaba demasiado lejos para oír un grito. Por consiguiente, el coronel disparó dos veces en su dirección.

Estaba demasiado alejado como para que le alcanzaran los perdigones, pero, al menos, comprendería que él sabía lo que estaba haciendo. «¿Qué demonios es esto? ¿Y precisamente en una cacería tan buena como ésta? Es la cacería de patos mejor organizada en la que yo haya tomado parte jamás y me he divertido tanto aquí cazando como en el resto de mi vida. ¿Qué le pasa a ese miserable?»

Él sabía que la ira le perjudicaba. Por consiguiente sacó dos tabletas y las ingirió con un trago de Gordon's Gin, ya que no había agua.

También sabía que la ginebra le hacía daño y pensó que todo le hacía daño, salvo el descansar y un ejercicio muy ligero.

«Está bien, muchacho, descansa y haz ejercicio liviano. ¿Es éste un ejercicio ligero o no?»

«Hermosa mía –se dijo–. Quisiera que estuvieses aquí ahora, en el puesto, aunque solamente pudiéramos sentir nuestro contacto hombro contra hombro o espalda contra espalda. Yo me volvería para mirarte de vez en cuando y derribaría a los patos por altos que volasen, procurando que uno de ellos cayera dentro del barril mismo, sin lastimarte. Trataría de meterlo adentro, como éste, por ejemplo», se dijo al escuchar un batir de alas. Se alzó, giró sobre sí mismo, vio al macho solitario, hermoso, largo de cuello, batiendo rápidamente las alas en su viaje hacia el mar. Lo vio neta y claramente, recortándose en el cielo, con las montañas atrás. Le apuntó cuidadosamente e hizo fuego lo más verticalmente que le fue posible. El pato cayó, justamente al lado del barril, rompiendo el hielo en su caída. Era el hielo que habían quebrado anteriormente para colocar a los reclamos y que se había vuelto a producir, aunque en una capa mucho más liviana. La hembra de reclamo miró al macho muerto y se irguió sobre sus patas.

–Nunca lo habías visto en tu vida ¿eh? –le dijo el coronel a la hembra–. No creo que lo hayas visto venir. Aunque es posible. Pero no has dicho nada.

El pato muerto había quedado con la cabeza debajo del hielo. Pero el coronel podía contemplar su hermoso plumaje de invierno en las alas y el pecho.

«Me gustaría poder regalarle a Renata un traje de plumas hecho de manera semejante a como los antiguos mejicanos adornaban a sus dioses –pensó–. Pero supongo que estos patos habrán de ir al mercado y nadie sabrá cómo curtir las pieles de manera que queden las plumas intactas. Resultaría hermoso, con plumajes de ánade salvaje en la espalda, en la parte de delante marecas y dos franjas longitudinales de cercetas. Una de ellas cruzándole el pecho. Diablo de vestido. Seguro que le gustaría.»

«Quisiera que emprendieran el vuelo –pensó después–. Podrían venir unos cuantos patos tontos. Tengo que estar preparado por si acaso aparecen.» Pero no apareció ninguno y tuvo que seguir pensando.

No se oía disparo alguno en los demás puestos y sólo algunos tiros ocasionales en la dirección del mar.

Con la mayor claridad de la mañana los patos podían ver el hielo y en lugar de adentrarse en la laguna se iban hacia el mar libre para posarse. Por consiguiente, no se escuchaba casi ningún disparo, y él pensó sin atención, tratando de descubrir cómo ocurrió. Sabía que no se lo merecía, pero lo aceptaba y vivía por ello, pero siempre trató de comprenderlo.

Una vez se cruzaron con dos marineros cuando él paseaba con la muchacha, durante la noche. Los marinos silbaron admirativamente y el coronel pensó que era una cosa inofensiva, y lo dejó pasar.

Pero había algún error en ello. Lo percibió antes de saberlo. Y entonces lo comprendió rotundamente, porque se había detenido bajo una luz, a fin de que los marinos pudieran ver lo que llevaba sobre los hombros, para que siguieran por la otra acera de la callejuela.

Lo que él llevaba sobre cada hombro era una pequeña águila con las alas tendidas. Estaban bordadas sobre las jinetas con hilo de plata. No se destacaban grandemente, pues llevaban allí bastante tiempo; pero estaban bien visibles.

Los dos marineros silbaron de nuevo.

–Quédate aquí, pegada a la pared, si quieres presenciarlo –le dijo el coronel a la joven–. O bien aléjate un poco y mira desde lejos.

–Los dos son muy grandes y jóvenes.

–Lo serán por poco tiempo –le prometió él.

El coronel se acercó a los dos silbadores.

–¿Dónde está su patrulla de vigilancia? –les preguntó.

–¿Y yo qué sé? –respondió el marino más corpulento–. Todo lo que quiero es echarle un buen vistazo a la dama.

–¿La gente como ustedes tiene nombre y número de filiación?

–No sé –replicó el otro.

Y su compañero añadió:

–Y aunque lo supiéramos no se lo diríamos a un coronel de pacotilla.

«Es un veterano –pensó el coronel, antes de pegarle–. Un abogado del mar. Conoce sus derechos.»

Lo golpeó primero con la izquierda y luego tres veces más antes de que el hombre cayera.

El otro, el que había silbado primero, se había aproximado con una rapidez notable para un hombre algo bebido, y el coronel le dio con el codo en la boca y luego, bajo la luz, le descargó un buen derechazo. En ese instante, miró al otro y advirtió que estaba listo. Entonces le disparó un gancho de izquierda, lo sujetó un poco con la derecha, le dirigió otro gancho de izquierda y dio media vuelta, marchando hacia la joven porque no quería oír la cabeza chocar contra el suelo.

Al pasar miró al que había derribado primero y advirtió que dormía pacíficamente, hundida la barbilla en el pecho, con un hilillo de sangre en la comisura de los labios.

«Pero tenía buen color», pensó el coronel.

–Bueno, ahí se va mi carrera –le dijo a la joven–. Sea lo que fuere. Pero ciertamente esa gente lleva unos pantalones muy raros.

–¿Cómo estás tú? –le preguntó ella.

–Yo, bien. ¿Lo viste todo?

–Sí.

–Mañana tendré las manos destrozadas –dijo él, sin darse cuenta–. Pero creo que podemos seguir caminando. Aunque despacio.

–Sí. Caminemos despacio.

–No lo decía en ese sentido. Lo decía porque nuestro alejamiento del lugar no debe ser una fuga.

–Caminaremos todo lo despacio que pueden caminar dos personas.

Y anduvieron lentamente.

–¿Quieres que hagamos un experimento?

–Bueno.

–Caminemos de modo que hasta la parte de atrás de nuestras piernas parezca peligrosa.

–Bueno, lo intentaré. Pero no creo que pueda lograrlo.

–Bien. Sigamos entonces.

–¿Ellos no llegaron a golpearte?

–Sí, el segundo muchacho me colocó un buen derechazo detrás de la oreja.

–¿Así son siempre las peleas?

–Cuando uno tiene suerte, sí.

–¿Y cuando no tienes suerte?

–Entonces se te doblan las rodillas, ya sea para atrás o hacia delante.

–¿Me sigues queriendo después de la pelea?

–Te quiero más que antes, si eso fuera posible.

–¿No es posible? Lástima, sería encantador. Yo te quiero más desde que vi la lucha. ¿Camino lo bastante despacio?

–Caminas como una gacela en el bosque, aunque algunas veces andas con la gracia de un lobo, o de un coyote grande cuando no tiene prisa.

–No estoy muy segura de que me gustara ser un gran coyote.

–Espera hasta que veas uno –dijo el coronel–. Entonces querrás parecerte. Tú caminas como todas las grandes fieras carniceras, aunque no lo eres.

–Eso te lo aseguro.

–Anda un poco delante de mí, para que pueda verte.

Ella anduvo delante de él, y el coronel dijo:

–Andas como un campeón antes de ser campeón. Si fueras un caballo, te compraría, aunque tuviera que pedir el dinero prestado a un interés del veinte por ciento mensual.

–No necesitas comprarme.

–Ya lo sé. Pero no hablábamos de eso. Hablábamos de tu manera de andar.

–Dime –le preguntó ella–. ¿Qué les sucederá a esos hombres? Ésa es una de las cosas que ignoro acerca de las peleas. ¿No debiéramos habernos quedado y cuidarlos?

–Jamás –dijo el coronel–. Recuérdalo: jamás. Espero que disfruten de una buena conmoción. Por mí pueden pudrirse. Ellos fueron los que provocaron el accidente. No hay responsabilidad civil alguna. Estábamos todos asegurados, ellos y yo. ¿Quieres que te diga una cosa sobre la lucha, Renata?

–Dímela, por favor.

—Siempre que te decidas a luchar, debes salir vencedor. Todo lo que cuenta es eso. El resto es basura, como dijo mi viejo amigo el doctor Rommel.

—Realmente sentías simpatía por Rommel.

—Mucha.

—Pero era enemigo vuestro.

—A veces quiero a mis enemigos más que a mis amigos. Y la Marina, ya sabes, siempre gana todas las peleas. Esto lo aprendí en un lugar llamado el Pentágono, cuando aún se me permitía entrar en dicho edificio por la puerta grande. Si quieres podemos volver atrás por esta misma calle y hacerles la pregunta esa a los dos marinos noqueados.

—Si quieres que te diga la verdad, Richard, ya tengo bastante lucha por esta noche.

—Yo también, para serte franco —declaró el coronel. Pero lo dijo en italiano y comenzó—: *Anche io.* Vamos a beber algo al Harry's y después te llevaré a casa.

—¿No te duele la mano lastimada?

—No —aclaró él—. Solamente pegué con ella a la cabeza del tipo una vez. Las otras veces golpeé al cuerpo.

—¿Puedo tocarla?

—Sí, pero sin apretarla.

—¡Pero está terriblemente hinchada!

—Sí. Pero no hay nada roto y ese tipo de hinchazón siempre desaparece.

—¿Me quieres?

—Sí. Te quiero con dos manos moderadamente hinchadas y con todo mi corazón.

CAPÍTULO XLI

Y así ocurrió, y tal vez fue ese mismo día o al siguiente cuando se consumó el milagro. «Uno nunca sabe», pensó. Fue el gran milagro y él jamás lo había advertido con conciencia plena. «Ni tampoco te opusiste, farsante», se dijo.

Hacía más frío que antes y el hielo roto previamente se había solidificado de nuevo. El pato de reclamo ni siquiera levantaba ahora la vista. Había abandonado la traición a cambio de un intento de seguridad.

«Mala pécora –pensó el coronel–. Aunque es injusto que los atraigas, es tu oficio. Pero, ¿por qué el reclamo de la hembra es mejor que el del macho? Tendrías que saberlo. Pero tampoco es verdad. ¿Y qué demonios es verdad? El pato macho llama mejor como reclamo que la hembra.»

«No pienses en ella, no pienses en Renata porque no te hará ningún bien pensar en ella, chico. Incluso será malo para ti. Os habéis despedido. ¡Y qué despedida! Completa, con cadalso y todo. Ella hubiera subido al cadalso contigo. Dura cosa ésta de querer y separarse. La gente sufre con ello.»

«¿Quién te dio permiso para conocer a una joven como ella?»

«Nadie –se respondió–. Pero me la presentó Andrea.»

«Pero, ¿cómo es posible que ella se haya enamorado de un triste miserable como tú?»

«No lo sé –pensó sinceramente–. De veras que no lo entiendo.»

No sabía, entre otras muchas cosas, que la joven lo amaba porque era un hombre que jamás había estado triste durante ninguna mañana de su vida, a partir del instante de despertar, hubiera o no ataque. Había experimentado angustia o pesar, pero tristeza, jamás; jamás se sintió triste por la mañana.

Había muy pocos así; casi ninguno, y la joven, aunque era muy joven, sabía cuándo se hallaba frente a uno de ellos.

«Ahora –pensó el coronel–, está en casa, durmiendo. O sea en donde debe estar, y no en un maldito tonel transformado en puesto para cazar patos, rodeados de reclamos helados.»

«Sin embargo, me gustaría como el diablo que estuviera aquí conmigo y que mirase hacia el Oeste para el caso de que viniera una bandada de patos. Sería agradable, siempre que ella estuviera bien abrigada. Tal vez podría conseguirle alguna de esas estupendas pellizas de abrigo que nadie vende nunca. Del tipo de las que les dieron a los de la Fuerza Aérea una vez, sin duda por error.»

«Ya me cuidaría yo de que estuviera bien acolchada, e incluso forrada con el plumón suave de los patos de aquí. Haría que cortase la pelliza un buen sastre, que la acolchase, forrada por el pecho y sin ningún bolsillo a la derecha. Le pondríamos un parche reforzado para apoyar la culata de la escopeta.»

«Se la voy a encargar –se dijo–. Se la voy a mandar a hacer o bien se la pediré prestada a algún compañero y haré que se la corten y cosan sin que ella se entere. Me gustaría conseguirle también una buena Purdey del 12, que no fuera muy pesada, o un par de Boss. Al menos tendría que tener unas escopetas tan buenas como es ella. Supongo que lo mejor serían un par de Purdeys.»

En ese momento oyó un raudo batir de alas y miró hacia arriba. Pero pasaban demasiado altos. El coronel miró hacia lo alto sin mover la cabeza. Sólo con los ojos. Pero iban tan altos que podían ver el barril y a él dentro, y los reclamos helados con el pato hembra desalentado, que los llamó intensamente, leal en su traición. Los patos, que eran de los de cola larga, prosiguieron su vuelo hacia el mar.

«Nunca le he regalado nada –como ella me dijo–. Sí, el morito de ébano, pero eso no significa nada. Lo eligió ella y yo lo pagué. Pero eso no es manera de regalar una cosa.»

«Lo que yo quisiera darle es seguridad, cosa que ya no existe; todo mi amor, que no vale nada; todos mis bienes terrenales, que son prácticamente inexistentes, salvo dos buenas escopetas, mis trajes de soldado, las medallas y condecoraciones con las citaciones, y algunos libros. Y la paga de coronel retirado.»

«¡Y te doto con todos mis bienes terrenales!»

«Ella me ha dado todo su amor, algunas piedras preciosas, que devolví, y el retrato. Bueno, siempre estoy a tiempo de devolverle el retrato. Podría regalarle mi anillo, pero ¿dónde diablos lo perdí?»

«Tampoco querría ella la Cruz de Servicios Distinguidos con el racimo, ni las dos estrellas de plata, ni los otros desechos, así como tampoco las medallas de su propio país. Ni las que tengo de Francia. O las de Bélgica. Ni las falsas. Eso sería morboso.»

«Lo mejor es darle todo mi amor. Pero, ¿cómo demonios se remite? ¿Y cómo se conserva fresco? Porque no lo pueden empaquetar con hielo seco.»

«A lo mejor sí pueden. Debo averiguarlo. ¿Y cómo hago para conseguirle ese condenado motor de *jeep* al viejo?»

«Piensa y encuentra el sistema –se dijo–. Imaginarte las cosas ha sido tu oficio. Imaginarte las cosas mientras estaban haciendo fuego contra ti.»

«Quisiera que aquel tunante que me está espantando los patos tuviera un fusil y yo otro. Íbamos a ver muy pronto quién era capaz de imaginarse las cosas mejor. Incluso dentro de un barril hundido en un pantano es posible maniobrar. Él se vería obligado a acercarse a mí.»

«Déjate de esas cosas y piensa en tu amor. De todos modos no quieres matar a nadie más en tu vida.»

«¿Qué es lo que te pasa? –se preguntó–. ¿Te estás convirtiendo en un buen cristiano? Podrías intentarlo honradamente. Ella te querría más de ese modo. ¿O no? Pues no lo sé –se dijo francamente–. ¡Por Cristo que no sé! Tal vez me convierta en un buen cristiano hacia el final. Sí –pensó–, tal vez. ¿Quién quiere apostar sobre eso?»

«¿Quieres hacer una apuesta?», le preguntó a la pata de reclamo. Pero la pata estaba mirando hacia arriba, y empezaba a parlotear en su idioma.

Los ánades vinieron volando demasiado alto y no describieron círculo alguno. Se limitaron a mirar hacia abajo y prosiguieron hacia el mar abierto.

«Realmente debe haber una gran cantidad de ellos en el mar –pensó el coronel–. A estas horas, sin duda habrá algún cazador tratando de escurrirse entre ellos. Alguien que se habrá puesto a sotavento para acercárseles. Bueno, cuando haga fuego, algunos tal vez vuelvan aquí. Aunque con este frío que lo mantiene todo congelado creo que lo mejor sería que me marchase en lugar de quedarme aquí metido como un estúpido.»

«Ya he matado bastantes y tiré los mejores tiros que puedo esperar. Hice los mejores blancos que soy capaz de hacer. Los mejores, ¡qué demonios! Nadie tira mejor que tú por estos andurriales, con excepción de Alvarito, que es un muchacho y tira más rápido que tú. Pero lo cierto es que has cazado menos patos que muchos malos y medianos cazadores.»

«Sí, ya sé. Y sé también qué y por qué, y que no nos guiamos más por los números y que le dimos una patada al libro también, ¿recuerdas?»

Recordó cómo, por algún milagro de la suerte en una guerra, él se había reunido con su mejor amigo en los Árdenas, durante un período de acción en que perseguían al enemigo.

Era a principios de otoño y marchaban sobre tierras altas con caminos arenosos y senderos. Los árboles eran robles y pinos. Las huellas de un tanque enemigo y otros vehículos se marcaban claramente sobre la arena húmeda.

Había llovido el día anterior, mas ahora estaba aclarando, la visibilidad era buena y se podía ver a distancia por sobre aquella región ondulada y montañosa, y él y su amigo la observaban cuidadosamente con los prismáticos como si estuvieran de caza mayor.

El coronel, que entonces era general, y un segundo comandante de división, conocía la impronta individual de cada vehículo de los que estaban persiguiendo. También sabía cuándo los vehículos enemigos habían plantado una mina y el número de municiones que les quedaban, aproximadamente. También se imaginó dónde habría que luchar antes de alcanzar la Sigfrido. Estaba seguro de que no lucharían en ninguno de los dos puntos posibles, sino de que seguirían retirándose hacia donde iban ahora.

—Nos estamos adentrando demasiado para gentes de nuestro elevado rango, George —le dijo a su mejor amigo.

—Sí, vamos delante de la vanguardia, general.

—Está bien —dijo el coronel—. Ahora le damos una patada al libro de reglamentos y seguimos la caza por nuestra cuenta.

—No estoy totalmente de acuerdo, general. Porque yo soy el autor del libro en cuestión —dijo su mejor amigo—. Pero supongamos que el enemigo ha dejado algo atrás —agregó, señalando un lugar lógico para resistir.

—Estoy seguro de que no han dejado a nadie ahí —afirmó el

coronel–. No cuentan con los elementos suficientes para librar una lucha en un gallinero.

–Todo el mundo tiene razón hasta que se equivoca –repuso su mejor amigo, que agregó–: General.

–Yo tengo razón –insistió el coronel. Tenía razón aun cuando al obtener su conocimiento exacto no hubiera observado plenamente el espíritu de la Convención de Ginebra, que se supone debe dirigir las operaciones bélicas.

–Pues sigamos la caza –dijo su mejor amigo.

–No hay nada para detenernos y garantizo que el enemigo no se detendrá en ninguno de esos dos puntos. No aprendí eso de los boches. Lo saqué de mi cabeza.

Miró una vez más la región, y escuchó el viento entre los árboles y olió el perfume de los brezos que pisaban sus botas y examinó de nuevo las huellas dejadas por el enemigo sobre la arena húmeda y ése fue el final de aquella historia.

«Me pregunto si a ella le hubiera gustado –pensó–. No. Me ensalza demasiado. Me habría gustado que alguien se lo hubiera contado a ella. George podría habérselo contado. Es el único que pudiera haberlo hecho, pero no puede. Tan seguro como el infierno que no puede.»

«Tuve razón en más de un noventa y cinco por ciento, lo cual es un promedio abrumador incluso en algo tan sencillo como la guerra. Pero también puede ser algo ese cinco por ciento de error.»

«Jamás te hablaré de eso, hija. Ha sido simplemente una exigencia producida en las afueras de mi corazón. Mi piojoso corazón. Este bastardo corazón que evidentemente no puede seguir la marcha.»

«A lo mejor puede», pensó, tomándose dos tabletas acompañadas de un trago de ginebra y mirando por sobre el hielo gris.

«Voy a llamar a ese sujeto gruñón para irme a la casa o a la cabaña, como sin duda debe llamarse. La caza ha terminado.»

CAPÍTULO XLII

El coronel atrajo la atención del botero, poniéndose en pie en el barril hundido y disparando dos tiros hacia el cielo vacío, haciéndole después señas para que se acercara.

El bote llegó lentamente, quebrando el hielo en toda su trayectoria, y el hombre recogió los reclamos de madera. Tomó el pato hembra y lo metió en la bolsa, y, con el perro resbalándose sobre el hielo, reunió los patos muertos. La cólera del botero parecía haberse disipado y hallarse reemplazada por una sólida satisfacción.

–Ha cazado usted muy poco –le dijo al coronel.

–Con su ayuda.

Eso fue todo lo que hablaron y el barquero colocó los patos cuidadosamente, con las pechugas hacia arriba; el coronel le entregó sus dos escopetas y la caja de municiones y el soporte de tiro.

El coronel saltó al bote y el barquero examinó el puesto, desenganchó la especie de delantal de lona con bolsillos colgando en el interior del barril para contener los cartuchos. Después regresó a la barca e iniciaron su lento y laborioso avance a través del hielo hacia las aguas libres del oscuro canal. El coronel trabajó tan intensamente como a la ida con el remo. Pero ahora, bajo la brillante luz solar, con las nevadas montañas del Norte, y la línea de juncos que indicaba la presencia del canal frente a ellos, procedieron con una absoluta coordinación de esfuerzos.

Finalmente llegaron al canal, resbalando entre chasquidos por sobre la postrera capa de hielo; entonces, súbitamente, el avance del bote pasó a ser ligero, y el coronel entregó el enorme remo al botero y se sentó. Estaba sudando.

El perro, que había venido temblando a los pies del coronel, avanzó hacia la regala de la borda, se arrojó al canal, nadó y ganó la orilla. Ya en tierra se sacudió el agua de su piel blanca manchada de lodo; se hallaba entre los juncos y el coronel lo miró dirigirse hacia su casa siguiendo los movimientos de los matorrales por donde pasaba el animal. No le había dado su salchichón.

El coronel, sintiéndose empapado de sudor, aun cuando se sabía protegido del viento por su cazadora, sacó dos tabletas y se las tomó acompañándolas de un trago de ginebra.

El frasco de ginebra era chato y de plata, forrado de cuero. Bajo el cuero, que estaba manchado y desgastado por el uso, había una inscripción grabada en la plata que decía: *A Richard, De Renata Con Todo Amor.* Nadie había visto esta inscripción, salvo la joven, el coronel y el hombre que la grabó. No se grabó en el mismo sitio donde se compró. «Eso fue en los primeros días –pensó el coronel–. Ahora ¿a quién le importaría?»

En la tapa a rosca del frasco se leía: *De R. a R. C.*

El coronel le ofreció el frasco al botero, quien lo examinó, y dijo:

–¿Qué es?

–Grappa inglesa.

El hombre bebió un largo trago; el tipo de trago que los campesinos toman de un frasco.

–Gracias.

–¿Ha tenido buena caza? –le preguntó el coronel.

–He matado cuatro patos. El perro descubrió a tres patos heridos por los otros cazadores.

–¿Por qué disparó usted contra la bandada?

–Siento haberlo hecho. Lo hice enojado.

«Yo también he procedido así algunas veces», pensó el coronel, y no le preguntó por qué estaba enfadado.

–Lamento que no volaran mejor –dijo el hombre.

–Esta mañana de caza ha sido una basura –declaró el coronel.

El coronel seguía el movimiento del perro entre los juncos. De pronto advirtió que se detenía; el animal quedóse inmóvil. Luego saltó. Un salto en alto y un alboroto aquí y allá.

–Ha cazado un pato herido –le dijo al botero.

–Bobby –llamó el botero–. Tráelo, tráelo.

Los juncos se movieron y apareció el perro con un lavanco macho entre los dientes. El cuello gris blanco y la verde cabeza del pato se debatían con el movimiento de una serpiente. Pero era un movimiento sin esperanza.

El botero dirigió la embarcación hacia la orilla.

–Yo lo recojo –dijo el coronel–. ¡Bobby!

Y cogió el pato de la boca del perro, que lo retenía sin lastimarlo, y lo sintió intacto, sano y experimentó placer en tocarlo, sintiendo latir su corazón y contemplando sus ojos desesperanzados, denunciando la captura.

Lo contempló cuidadosamente, acariciándolo como se acaricia a un caballo.

–Solamente está herido en la punta del ala –dijo–. Lo guardaré como reclamo o para dejarlo libre en la primavera. Tome, métalo en la bolsa con la hembra.

El barquero lo cogió cuidadosamente y lo metió en la bolsa que estaba bajo la proa. El coronel oyó a la hembra que le hablaba. Pero no podía entender el lenguaje de los patos encerrados en una bolsa.

–Tómese otro trago de esto –le dijo al barquero–. Hace hoy un frío que pela.

El barquero tomó el frasco y bebió largamente de nuevo.

–Gracias –dijo–. Su grappa es buena, muy buena.

CAPÍTULO XLIII

En el desembarcadero, frente a la casa de piedra, larga y baja, que estaba junto al canal, los patos se hallaban tendidos en filas junto a la orilla.

Yacían en grupos que no tenían el mismo número de piezas. Había unos cuantos pelotones de patos, pero ninguna compañía, pensó el coronel, y ninguna escuadra.

El jefe de los guardas de la caza se hallaba junto a la orilla con sus altas botas, su cazadora corta y su viejo sombrero, mirando con ojos críticos el número de patos que venían en la proa de la barca, mientras se aproximaba al embarcadero.

–Estaba congelado nuestro puesto –dijo el coronel.

–Me lo supongo –dijo el guarda–. Lo siento. Creímos que sería el mejor puesto.

–¿Quién batió el record?

–El *barone* mató cuarenta y dos. Hubo una ligera corriente que mantuvo su puesto libre de hielo. Usted probablemente no oyó los disparos porque tenía el viento en contra.

–¿Dónde está la gente?

–Se fueron todos, menos el *barone,* que lo está esperando. Su chófer duerme en la casa.

–No me extraña –dijo el coronel.

–Extienda las piezas adecuadamente –le dijo el jefe de los guardas al barquero, que también era guarda–. Voy a anotarlos en el libro de caza.

–Hay un pato de cabeza verde en la bolsa, que apenas está herido en el ala.

–Bien. Lo cuidaré.

–Voy adentro con el *barone.* Hasta luego.

–Procure entrar en calor –dijo el jefe de los guardas–. Ha sido un día muy crudo, mi coronel.

El coronel comenzó a caminar hacia la puerta de la casa.

–Hasta luego –le dijo al barquero.

–Hasta luego, mi coronel.

Alvarito, el *barone,* estaba frente al fuego de la chimenea, de pie en el medio de la sala. Sonrió con su sonrisa tímida y dijo con su voz más baja:

–Lamento que no haya tenido mejor caza.

–Estaba el puesto completamente helado. Pero de todos modos me he divertido mucho.

–¿Tiene usted mucho frío?

–No demasiado.

–Podemos comer algo.

–Gracias. No tengo hambre. ¿Ha comido usted?

–Sí. Los otros se fueron y les dejé mi coche. ¿Podría usted

llevarme hasta Latisana o un poco más arriba? ¿Desde allí puedo conseguir medio de transporte?

–Naturalmente.

–Fue una vergüenza que se helara. Las perspectivas eran tan buenas...

–Debe de haber por ahí fuera todo un ejército de patos.

–Sí. Pero no se quedarán por causa del hielo. Seguirán su marcha hacia el Sur esta noche.

–¿Se irán todos?

–Todos, menos nuestros patos locales, los que han nacido y se han criado aquí. Seguirán aquí mientras haya algunos espacios de aguas sin congelar.

–Lamento haber cobrado tan pocas piezas.

–Lo que siento es que haya venido de tan lejos por tan pocos patos.

–Siempre me ha gustado cazar –dijo el coronel–. Y quiero mucho a Venecia.

El barón Alvarito desvió la mirada y extendió sus manos hacia el fuego.

–Sí –dijo–. Todos amamos a Venecia. Pero quizás usted la ama más que todos.

El coronel se limitó a contestar a la indirecta:

–Amo a Venecia, como usted sabe.

–Sí. Lo sé –respondió el barón. Miró al vacío y luego dijo–: Tendremos que despertar a su chófer.

–¿Ha comido?

–Ha comido, ha dormido, ha vuelto a comer y luego se ha vuelto a dormir. También ha leído algunos libritos ilustrados que trajo consigo.

–Libros de historietas –dijo el coronel.

–Me gustaría aprender a leerlas –dijo el barón. Sonrió, tímida y oscuramente, y añadió–: ¿Podría traerme algunos de Trieste?

–Los que usted quiera –le dijo el coronel–. Desde el Superhombre hasta lo improbable. Lea algunos por mí. Oiga, Alvarito, ¿qué pasa con aquel guarda que me llevó hasta el puesto? Parecía odiarme desde el comienzo. Y después, también.

–Es la vieja cazadora de combate que usted lleva. Los uniformes aliados lo ponen de ese humor. Es que el hombre ha sido liberado quizás un poco de más.

–Cuénteme.

–Cuando llegaron las tropas marroquíes aquí, los moros violaron a su hija y a su mujer.

–Creo que me gustaría tomarme un trago –dijo el coronel.

–Hay grappa sobre la mesa.

CAPÍTULO XLIV

Dejaron al barón frente a una mansión de amplias verjas de hierro y sendero de grava, mansión que, por hallarse a unos doce kilómetros de cualquier objetivo militar, había tenido la buena fortuna de no ser bombardeada.

El coronel se había despedido de Alvarito, quien le dijo que viniera a cazar siempre que se le antojara o todos los fines de semana.

–¿De veras que no quiere entrar?

–No. Debo regresar a Trieste. ¿Le dará mis cariñosos saludos a Renata?

–Descuide usted. ¿Es su retrato el que lleva usted envuelto en la trasera del coche?

–Sí.

–Le diré que usted tuvo una buena caza y que el retrato está en excelentes condiciones.

–Transmítale también mi amor.

–También su amor.

–*Ciao,* Alvarito, y muchas gracias.

–*Ciao,* mi coronel. Si es que se le puede decir *ciao* a un coronel.

–No me considere coronel.

–Es muy difícil. Adiós, mi coronel.

–En el caso de alguna contingencia imprevista, ¿sería tan amable de decirle a Renata que reclame el retrato en el Gritti?

–Sí, mi coronel.

–Bueno, eso es todo.

–Adiós, mi coronel.

CAPÍTULO XLV

Iban ahora carretera adelante y comenzaba a caer la noche.

–Doble a la izquierda –dijo el coronel.

–Ése no es el camino hacia Trieste, mi coronel –replicó Jackson.

–Al diablo la carretera hacia Trieste. Le he ordenado que doble a la izquierda. ¿Cree usted que para llegar a Trieste no hay más que un camino?

–No, mi coronel. Solamente me he permitido indicarle...

–No me indique nada y, mientras yo no disponga lo contrario, no me hable hasta que le dirija la palabra.

–Sí, mi coronel.

–Lo siento, Jackson. Lo que quiero decir es que sé hacia dónde voy y que quiero pensar.

–Bien, mi coronel.

Iban por la vieja carretera que él conocía tan bien. El coronel pensó: «Bueno, he enviado cuatro patos a quienes se los había prometido en el Gritti. Pero no he cobrado las piezas suficientes para reunir las plumas que necesitaba la mujer del muchacho aquel. Pero todos los patos derribados son gordos y resultarán deliciosos de comer. Me he olvidado de darle el salchichón a *Bobby*. No hubo tiempo de escribirle una nota a Renata. Pero, ¿qué podría decirle en una nota que no le haya dicho ya?»

Metió la mano en el bolsillo y halló un cuaderno y un lápiz. Llevó el cuaderno bajo la luz para la lectura del mapa y, con su mano lisiada, redactó un breve mensaje con letra de imprenta.

–Métase estas instrucciones en el bolsillo, Jackson, y proceda de acuerdo con ellas, de ser necesario. Si las circunstancias descritas se producen, proceda de acuerdo con ello, es una orden.

–Está bien, mi coronel –dijo Jackson, y tomando la hoja de papel doblada se la metió en el bolsillo superior derecho de su guerrera.

«Ahora, tómalo con calma –se dijo el coronel–. Cualquier preocupación que debas tener en adelante es respecto a tu persona, y eso precisamente es un lujo.»

«Ya no eres realmente de utilidad para el ejército de los Estados Unidos. Eso está más que claro.»

«Te has despedido de la mujer que quieres y ella se ha despedido de ti.»

«Eso es ciertamente sencillo.»

«Cazas bien y Alvarito comprende. Eso es.»

«Por tanto, ¿de qué demonios tienes que preocuparte, muchacho? Espero que no pertenezcas a ese tipo de tarado que se inquieta por lo que le pueda suceder a él cuando ya no hay nada que hacer. Espero que no.»

Entonces sintió el dolor tal y como sabía que le atacaría desde que recogieron los reclamos.

«Tres ataques son más que suficientes y yo he tenido cuatro. Siempre he sido un cretino afortunado.»

Le volvió a doler más intensamente.

–Jackson –dijo–. ¿Sabe usted lo que dijo el general Thomas J. Jackson en una ocasión? En la ocasión de su infortunada muerte. Me lo aprendí de memoria. No puedo responder de su exactitud, desde luego. Pero así lo cuentan: «Orden de que A. P. Hill se disponga para la acción». Luego, delirando ya, agregó: «No, no; crucemos el río y descansemos bajo la sombra de los árboles».

–Muy interesante, mi coronel –replicó Jackson–. Así debió haber sido Stonewall Jackson.

El coronel comenzó a hablar, pero se detuvo al sentir que le atacaba el dolor por tercera vez, oprimiéndole de forma tal que supo que no podía vivir.

–Jackson –dijo el coronel–. Arrime a un lado de la carretera y apague las luces de estacionamiento. ¿Conoce usted el camino a Trieste desde aquí?

–Sí, mi coronel. Tengo mi mapa.

–Bien. Voy a pasar al amplio asiento trasero de este maldito coche de gran tamaño y de lujo.

Ésa fue la última frase que dijo el coronel en su vida. Pero llegó hasta el asiento trasero y cerró la portezuela. La cerró cuidadosamente y bien.

Al cabo de un instante, Jackson llevó el coche junto a la cuneta, con las luces encendidas, buscando un lugar en donde dar la vuelta. Al fin lo halló y viró cuidadosamente. Al llegar al costado derecho de la carretera, frente al Sur, hacia el cruce de caminos que lo situaría en el que conducía a Trieste, que era familiar para él, encendió la luz con que se ven los mapas y sacó las instrucciones escritas por el coronel, leyendo:

En el caso de mi muerte el cuadro envuelto y las dos escopetas de este coche deben ser devueltas al Hotel Gritti de Venecia, en donde serán reclamadas por su dueño legítimo. Firmado: Richard Cantwell, Coronel de Infantería de los Estados Unidos.

«Serán devueltas las cosas, por conducto regular», pensó Jackson, y puso el coche en marcha.

EL VIEJO Y EL MAR

Título original:
THE OLD MAN & THE SEA
Traducción:
LINO NOVÁS CALVO

A
Charles Scribner
y Max Perkins

Era un viejo que pescaba solo en un bote en el Gulf Stream y hacía ochenta y cuatro días que no cogía un pez. En los primeros cuarenta días había tenido consigo a un muchacho. Pero después de cuarenta días sin haber pescado los padres del muchacho le habían dicho que el viejo estaba definitiva y rematadamente *salao* (1), lo que era la peor forma de la mala suerte, y por orden de sus padres el muchacho había salido en otro bote que cogió tres buenos peces la primera semana. Entristecía al muchacho ver al viejo regresar todos los días con su bote vacío y siempre bajaba a ayudarle a cargar los rollos de sedal o el bichero y el arpón y la vela arrollada al mástil. La vela estaba remendada con sacos de harina y, arrollada, parecía una bandera en permanente derrota.

El viejo era flaco y desgarbado, con arrugas profundas en la parte posterior del cuello. Las pardas manchas del benigno cáncer de la piel que el sol produce con sus reflejos en el mar tropical estaban en sus mejillas. Estas pecas corrían por los lados de su cara hasta bastante abajo y sus manos tenían las hondas cicatrices que causa la manipulación de las cuerdas cuando sujetan los grandes peces. Pero ninguna de estas cicatrices era reciente. Eran tan viejas como las erosiones de un árido desierto.

Todo en él era viejo, salvo sus ojos; y éstos tenían el color mismo del mar y eran alegres e invictos.

–Santiago –le dijo el muchacho trepando por la orilla desde donde quedaba varado el bote–: Yo podría volver con usted. Hemos hecho algún dinero.

El viejo había enseñado al muchacho a pescar y el muchacho le tenía cariño.

(1) Todas las palabras compuestas en cursiva figuran en castellano en el original inglés. *(N. del E.)*

–No –dijo el viejo–. Tú sales en un bote que tiene buena suerte. Sigue con ellos.

–Pero recuerde que una vez llevaba ochenta y siete días sin pescar nada y luego cogimos peces grandes todos los días durante tres semanas.

–Lo recuerdo –dijo el viejo–. Y yo sé que no me dejaste porque hubieses perdido la esperanza.

–Fue papá quien me obligó. Soy un chiquillo y tengo que obedecerle.

–Lo sé –dijo el viejo–. Es completamente normal.

–Papá no tiene mucha fe.

–No. Pero nosotros, sí, ¿verdad?

–Sí –dijo el muchacho–. ¿Me permite invitarle a una cerveza en la Terraza? Luego llevaremos las cosas a casa.

–¿Por qué no? –dijo el viejo–. Entre pescadores.

Se sentaron en la Terraza. Muchos de los pescadores se reían del viejo, pero él no se molestaba. Otros, entre los más viejos, lo miraban y se ponían tristes. Pero no lo manifestaban y se referían cortésmente a la corriente y a las hondonadas donde habían tendido sus sedales, al continuo buen tiempo y a lo que habían visto. Los pescadores que aquel día habían tenido éxito habían llegado y habían limpiado sus agujas y las llevaban tendidas sobre dos tablas, dos hombres tambaleándose al extremo de cada tabla, a la pescadería, donde esperaban a que el camión de hielo las llevara al mercado, a La Habana. Los que habían pescado tiburones los habían llevado a la factoría de tiburones, al otro lado de la ensenada, donde eran izados en aparejos de polea; les sacaban los hígados, les cortaban las aletas y los desollaban y cortaban su carne en trozos para salarla.

Cuando el viento soplaba del Este el hedor se extendía a través del puerto, procedente de la fábrica de tiburones; pero hoy no se notaba más que un débil tufo porque el viento había vuelto al Norte y luego había dejado de soplar. Era agradable estar allí, al sol, en la Terraza.

–Santiago –dijo el muchacho.

–Qué –dijo el viejo–. Con el vaso en la mano pensaba en las cosas de hacía muchos años.

–¿Puedo ir a buscarle sardinas para mañana?

–No. Ve a jugar al béisbol. Todavía puedo remar y Rogelio tirará la atarraya.

–Me gustaría ir. Si no puedo pescar con usted me gustaría servirlo de alguna manera.

–Me has pagado una cerveza –dijo el viejo–. Ya eres un hombre.

–¿Qué edad tenía cuando me llevó por primera vez en un bote?

–Cinco años. Y por poco pierdes la vida cuando subí aquel pez demasiado vivo que estuvo a punto de destrozar el bote. ¿Te acuerdas?

–Recuerdo cómo brincaba y pegaba coletazos, y que el banco se rompía, y el ruido de los garrotazos. Recuerdo que usted me arrojó a la proa, donde estaban los sedales mojados y enrollados. Y recuerdo que todo el bote se estremecía, y el estrépito que usted armaba dándole garrotazos, como si talara un árbol, y el pegajoso olor a sangre que me envolvía.

–¿Lo recuerdas realmente o es que yo te lo he contado?

–Lo recuerdo todo, desde la primera vez que salimos juntos.

El viejo lo miró con sus amorosos y confiados ojos quemados por el sol.

–Si fueras hijo mío me arriesgaría a llevarte –dijo–. Pero tú eres de tu padre y de tu madre y trabajas en un bote que tiene suerte.

–¿Puedo ir a buscarle las sardinas? También sé dónde conseguir cuatro carnadas.

–Tengo las mías, que me han sobrado de hoy. Las puse en sal en la caja.

–Déjeme traerle cuatro cebos frescos.

–Uno –dijo el viejo. Su fe y su esperanza no le habían fallado nunca. Pero ahora empezaban a revigorizarse como cuando se levanta la brisa.

–Dos –dijo el muchacho.

–Dos –aceptó el viejo–. ¿No los has robado?

–Lo hubiera hecho –dijo el muchacho–. Pero éstos los compré.

–Gracias –dijo el viejo. Era demasiado simple para preguntarse cuándo había alcanzado la humildad. Pero sabía que la había alcanzado y sabía que no era vergonzoso y que no comportaba pérdida de orgullo verdadero.

–Con esta brisa ligera, mañana va a hacer un buen día –dijo.

–¿Adónde piensa ir? –le preguntó el muchacho.

–Saldré lejos para regresar cuando cambie el viento. Quiero estar fuera antes de que sea de día.

–Voy a hacer que mi patrón salga lejos a trabajar –dijo el muchacho–. Si usted engancha algo realmente grande podremos ayudarle.

–A tu patrón no le gusta salir demasiado lejos.

–No –dijo el muchacho–. Pero yo veré algo que él no podrá ver: un ave trabajando, por ejemplo. Así haré que salga siguiendo a los dorados.

–¿Tan mala tiene la vista?

–Está casi ciego.

–Es extraño –dijo el viejo–. Jamás ha ido a la pesca de tortugas. Eso es lo que mata los ojos.

–Pero usted ha ido a la pesca de tortuga durante varios años, por la costa de los Mosquitos, y tiene buena vista.

–Yo soy un viejo extraño.

–Pero ¿ahora se siente bastante fuerte como para un pez realmente grande?

–Creo que sí. Y hay muchos trucos.

–Vamos a llevar las cosas a casa –dijo el muchacho–. Luego cogeré la atarraya y me iré a buscar las sardinas.

Recogieron el aparejo del bote. El viejo se echó el mástil al hombro y el muchacho cargó la caja de madera de los enrollados sedales pardos de apretada malla, el bichero y el arpón con su mango. La caja de las carnadas estaba bajo la popa, junto a la porra que usaba para rematar a los peces grandes cuando los arrimaba al bote. Nadie sería capaz de robarle nada al viejo, pero era mejor llevar a casa la vela y los sedales gruesos puesto que el rocío los dañaba, y aunque estaba seguro de que ninguno de la localidad le robaría nada, el viejo pensaba que el arpón y el bichero eran tentaciones y que no había por qué dejarlos en el bote.

Marcharon juntos camino arriba hasta la cabaña del viejo y entraron; la puerta estaba abierta. El viejo inclinó el mástil con su vela arrollada contra la pared y el muchacho puso la caja y el resto del aparejo junto a él. El mástil era casi tan largo como el cuarto único de la choza. Ésta estaba hecha de las recias pencas de la palma real que llaman *guano*, y había una cama, una mesa, una silla y un lugar en el piso de tierra para cocinar con carbón. En las paredes, de pardas, aplastadas y superpuestas hojas de *guano* de resistente fibra había una imagen en colores del Sagrado Corazón de Jesús y otra de la Virgen del Cobre. Éstas eran reliquias de su esposa. En otro tiempo había habido una desvaída foto de su esposa en la pared, pero la había quitado porque le hacía sentirse demasiado solo al verla, y ahora estaba en el estante del rincón, bajo su camisa limpia.

–¿Qué tiene para comer? –preguntó el muchacho.

–Una cazuela de arroz amarillo con pescado. ¿Quieres un poco?

–No. Comeré en casa. ¿Quiere que le encienda la candela?

–No. Yo la encenderé luego. O quizá coma el arroz frío.

–¿Puedo llevarme la atarraya?

–Desde luego.

No había ninguna atarraya. El muchacho recordaba que la habían vendido. Pero todos los días pasaban por esta ficción. No había ninguna cazuela de arroz amarillo con pescado, y el muchacho lo sabía perfectamente.

–El ochenta y cinco es un número de suerte –dijo el viejo–. ¿Qué te parece si me vieras volver con un pez que, en canal, pesara más de mil libras?

–Voy a coger la atarraya y salir a pescar las sardinas. ¿Se quedará sentado al sol, a la puerta?

–Sí. Tengo ahí el periódico de ayer y voy a leer los partidos de béisbol.

El muchacho se preguntó si el periódico de ayer no sería

también una ficción. Pero el viejo lo sacó de debajo de la cama.

–Perico me lo dio en la *bodega* –explicó.

–Volveré cuando haya cogido las sardinas. Guardaré las suyas junto con las mías en el hielo y por la mañana nos las repartiremos. Cuando vuelva me contará lo del béisbol.

–Los Yankees no pueden perder.

–Pero yo les tengo miedo a los Indios de Cleveland.

–Ten fe en los Yankees, hijo. Piensa en el gran Di Maggio.

–Les tengo miedo a los Tigres de Detroit y a los Indios de Cleveland.

–Ten cuidado, no vayas a tenerles miedo también a los Rojos de Cincinnati y a los White Sox de Chicago.

–Usted estudia eso y me lo cuenta cuando vuelva.

–¿Crees que debiéramos comprar unos billetes de la lotería que terminen en un ochenta y cinco? Mañana hace el día ochenta y cinco.

–Podemos hacerlo –dijo el muchacho–. Pero ¿qué me dice de su gran récord, el ochenta y siete?

–No podría suceder dos veces. ¿Crees que puedas encontrar un ochenta y cinco?

–Puedo pedirlo.

–Un billete entero. Eso hace dos pesos y medio. ¿Quién podría prestárnoslo?

–Eso es fácil. Yo siempre encuentro quien me preste dos pesos y medio.

–Creo que yo también. Pero trato de no pedir prestado. Primero pides prestado; luego pides limosna.

–Abríguese, viejo –dijo el muchacho–. Recuerde que estamos en septiembre.

–El mes en que vienen los grandes peces –dijo el viejo–. En mayo cualquiera es pescador.

–Ahora voy por las sardinas –dijo el muchacho.

Cuando volvió el muchacho el viejo estaba dormido en la silla. El sol se estaba poniendo. El muchacho cogió la frazada del viejo de la cama y se la echó sobre los hombros. Eran unos hombros extraños, todavía poderosos, aunque muy viejos, y el cuello era también fuerte todavía, y las arrugas no se veían tanto cuando el viejo estaba dormido y con la cabeza derribada hacia delante. Su camisa había sido remendada tantas veces, que era como la vela y los remiendos descoloridos por el sol eran de varios tonos. La cabeza del viejo era sin embargo muy vieja y con sus ojos cerrados no había vida en su rostro. El periódico yacía sobre sus rodillas y el peso de sus brazos lo sujetaba allí contra la brisa del atardecer. Estaba descalzo.

El muchacho lo dejó allí, y cuando volvió, el viejo estaba todavía dormido.

–Despierte, viejo –dijo el muchacho, y puso su mano en una de sus rodillas.

El viejo abrió los ojos y por un momento fue como si regresara de muy lejos. Luego sonrió.

–¿Qué traes? –preguntó.

–La comida –dijo el muchacho–. Vamos a comer.

–No tengo mucha hambre.

–Vamos, venga a comer. No puede pescar sin comer.

–Habrá que hacerlo –dijo el viejo, levantándose y cogiendo el periódico y doblándolo. Luego empezó a doblar la frazada.

–No se quite la frazada –dijo el muchacho–. Mientras yo viva no saldrá a pescar sin comer.

–Entonces vive mucho tiempo y cuídate –dijo el viejo–. ¿Qué vamos a comer?

–Fríjoles negros con arroz, plátanos fritos y un poco de asado.

El muchacho lo había traído de la Terraza en una cantina. Traía en el bolsillo dos juegos de cubiertos, cada uno envuelto en una servilleta de papel.

–¿Quién te ha dado esto?

–Martín. El dueño.

–Tengo que darle las gracias.

–Ya se las he dado yo –dijo el muchacho–. No tiene que dárselas usted.

–Le daré la ventrecha de un gran pescado –dijo el viejo–. ¿Ha hecho esto por nosotros más de una vez?

–Creo que sí.

–Entonces tendré que darle más que la ventrecha. Es muy considerado con nosotros.

–Mandó dos cervezas.

–Me gusta más la cerveza en lata.

–Lo sé. Pero ésta es en botella. Cerveza Hatuey. Y yo devuelvo las botellas.

–Muy amable de tu parte –dijo el viejo–. ¿Comemos?

–Es lo que yo proponía –le dijo el muchacho–. No he querido abrir la cantina hasta que estuviera usted listo.

–Ya estoy listo –dijo el viejo–. Sólo necesitaba tiempo para lavarme.

¿Dónde se lavaba?, pensó el muchacho. El pozo del pueblo estaba a dos cuadras de distancia, camino abajo. «Debí de haberle traído agua –pensó el muchacho–; y jabón y una buena toalla. ¿Por qué seré tan desconsiderado? Tengo que conseguirle otra camisa y una chaqueta para el invierno y alguna clase de zapatos y otra frazada.»

–Tu asado es excelente –dijo el viejo.

–Hábleme de béisbol –le pidió el muchacho.

–En la liga americana, como te dije, los Yankees –dijo el viejo muy contento.

–Hoy perdieron –le dijo el muchacho.

–Eso no significa nada. El gran Di Maggio vuelve a ser lo que era.

–Tienen otros hombres en el equipo.

–Naturalmente. Pero con él la cosa es diferente. En la otra liga, entre el Brooklyn y el Filadelfia, tengo que quedarme con el Brooklyn. Pero luego pienso en Dick Sisler y en aquellos lineazos suyos en el viejo parque.

–Nunca hubo nada como ellos. Jamás he visto a nadie mandar la pelota tan lejos.

–¿Recuerdas cuando venía a la Terraza? Yo quería llevarlo a pescar, pero era demasiado tímido para proponérselo. Luego te pedí a ti que se lo propusieras y tú eras también demasiado tímido.

–Lo sé. Fue un gran error. Pudiera haber ido con nosotros. Luego eso nos quedaría por toda la vida.

–Me hubiera gustado llevar a pescar al gran Di Maggio –dijo el viejo–. Dicen que su padre era pescador. Quizá fuese tan pobre como nosotros y comprendiese.

–El padre del gran Sisler no fue nunca pobre, y jugó en las grandes ligas cuando tenía mi edad.

–Cuando tenía tu edad me hallaba de marinero en un velero de altura que iba a África y vi leones en las playas al atardecer.

–Lo sé. Usted me lo ha dicho.

–¿Hablamos de África o de béisbol?

–Mejor de béisbol –dijo el muchacho–. Hábleme del gran John J. McGraw.

–A veces, en los viejos tiempos, solía venir también a la Terraza. Pero era rudo y bocón y difícil cuando estaba bebido. No sólo pensaba en la pelota, sino también en los caballos. Por lo menos llevaba listas de caballos constantemente en el bolsillo y con frecuencia pronunciaba nombres de caballos por teléfono.

–Era un gran manager –dijo el muchacho–. Mi padre cree que era el más grande.

–¿Quién es realmente el mejor manager, Luque o Mike González?

–Creo que son iguales.

–El mejor pescador es usted.

–No. Conozco otros mejores.

–*Qué va* –dijo el muchacho–. Hay muchos buenos pescadores y algunos grandes pescadores. Pero como usted ninguno.

–Gracias. Me haces feliz. Ojalá no se presente un pez tan grande que nos haga quedar mal.

–No existe tal pez, si está usted tan fuerte como dice.

–Quizá no esté tan fuerte como creo –dijo el viejo–. Pero conozco muchos trucos y tengo voluntad.

–Ahora debiera ir a acostarse para estar descansado por la mañana. Yo llevaré otra vez las cosas a la Terraza.

–Entonces buenas noches. Te despertaré por la mañana.

–Usted es mi despertador –dijo el muchacho.

–La edad es mi despertador –dijo el viejo–. ¿Por qué los viejos se despertarán tan temprano? ¿Será para tener un día más largo?

–No lo sé –dijo el muchacho–. Lo único que sé es que los jovencitos duermen profundamente y hasta tarde.

–Lo recuerdo –dijo el viejo–. Te despertaré temprano.

–No me gusta que el patrón me despierte. Es como si yo fuera inferior.

–Comprendo.

–Que duerma bien, viejo.

El muchacho salió. Habían comido sin luz en la mesa y el viejo se quitó los pantalones y se fue a la cama a oscuras. Enrolló los pantalones para hacer una almohada, poniendo el periódico dentro de ellos. Se envolvió en la frazada y durmió sobre los otros periódicos viejos que cubrían los muelles de la cama.

Se quedó dormido en seguida y soñó con África, en la época en que era muchacho y con las largas playas doradas y las playas blancas, tan blancas que lastimaban los ojos, y los altos promontorios y las grandes montañas pardas.Vivía entonces todas las noches a lo largo de aquella costa y en sus sueños sentía el rugido de las olas contra el rompiente y veía venir a través de ellas los botes de los nativos. Sentía el olor a brea de la cubierta mientras dormía y sentía el olor de África que la brisa de tierra traía por la mañana.

Generalmente, cuando olía la brisa de tierra despertaba y se vestía y se iba a despertar al muchacho. Pero esta noche el olor de la brisa de tierra vino muy temprano y él sabía que era demasiado temprano en su sueño y siguió soñando para ver los blancos picos de las islas que se levantaban del mar y luego soñaba con los diferentes puertos y fondeaderos de las Islas Canarias.

No soñaba ya con tormentas ni con mujeres ni con grandes acontecimientos ni con grandes peces ni con peleas ni con competencia de fuerza ni con su esposa. Sólo soñaba ya con lugares y con los leones en la playa. Jugaban como gatitos a la luz del crepúsculo y él les tenía cariño lo mismo que al muchacho. No soñaba jamás con el muchacho. Simplemente despertaba, miraba por la puerta abierta a la luna y desenrollaba sus pantalones y se los ponía. Orinaba junto a la choza y luego subía al camino a despertar al muchacho. Temblaba del frío de la mañana. Pero sabía que temblando se calentaría y que pronto estaría remando.

La puerta de la casa donde vivía el muchacho no estaba cerrada con llave; la abrió calladamente y entró descalzo. El muchacho estaba dormido en un catre en el primer cuarto y el viejo podía verlo claramente a la luz de la luna moribunda. Le cogió suavemente un pie y lo apretó hasta que el muchacho despertó y se volvió y lo miró. El viejo le hizo una seña con la cabeza y el muchacho cogió sus pantalones de la silla junto a la cama y, sentándose en ella, se los puso.

El viejo salió afuera y el muchacho vino tras él. Estaba soñoliento y el viejo le echó el brazo sobre los hombros y dijo:

–Lo siento.

–*Qué va* –dijo el muchacho–. Es lo que debe hacer un hombre.

Marcharon camino abajo hasta la cabaña del viejo; y todo a lo largo del camino, en la oscuridad, se veían hombres descalzos portando los mástiles de sus botes.

Cuando llegaron a la choza del viejo el muchacho cogió los rollos de sedal de la cesta, el arpón y el bichero y el viejo llevó el mástil con la vela arrollada al hombro.

–¿Quiere usted café? –preguntó el muchacho.

–Pondremos el aparejo en el bote y luego tomaremos un poco.

Tomaron café en latas de leche condensada en un puesto que abría temprano y servía a los pescadores.

–¿Qué tal ha dormido, viejo? –preguntó el muchacho.

Ahora estaba despertando aunque todavía le era difícil dejar su sueño.

–Muy bien, Manolín –dijo el viejo–. Hoy me siento confiado.

–Lo mismo yo –dijo el muchacho–. Ahora voy a buscar sus sardinas y las mías y sus carnadas frescas. El dueño trae él mismo nuestro aparejo. No quiere nunca que nadie lleve nada.

–Somos diferentes –dijo el viejo–. Yo te dejaba llevar las cosas cuando tenías cinco años.

–Lo sé –dijo el muchacho–. Vuelvo en seguida. Tome otro café. Aquí tenemos crédito.

Salió, descalzo, por las rocas de coral hasta la nevera donde se guardaban las carnadas.

El viejo tomó lentamente su café. Era lo único que tomaría en todo el día y sabía que debía tomarlo. Hacía mucho tiempo que le mortificaba comer y jamás se llevaba almuerzo. Tenía una botella de agua en la proa del bote y eso era lo único que necesitaba para todo el día.

El muchacho estaba de vuelta con las sardinas y las dos carnadas envueltas en un periódico y bajaron por la vereda hasta el bote, sintiendo la arena con piedrecitas debajo de los pies, y levantaron el bote y lo empujaron al agua.

–Buena suerte, viejo.

–Buena suerte –dijo el viejo.

Ajustó las amarras de los remos a los toletes y echándose adelante contra los remos empezó a remar, saliendo del puerto en la oscuridad. Había otros botes de otras playas que salían a la mar y el viejo sentía sumergirse las palas de los remos y empujar aunque no podía verlos ahora que la luna se había ocultado detrás de las lomas.

A veces alguien hablaba en un bote. Pero en su mayoría los botes iban en silencio, salvo por el rumor de los remos. Se desplegaron después de haber salido de la boca del puerto y cada uno se dirigió hacia aquella parte del océano donde esperaba encontrar peces. El viejo sabía que se alejaría mucho de la costa y dejó atrás el olor a tierra y entró remando en el limpio olor matinal del océano. Vio la fosforescencia de los sargazos en el agua mientras remaba sobre aquella parte del océano que los pescadores llaman el gran hoyo porque se producía una súbita hondonada de setecientas brazas, donde se congregaba toda suerte de peces debido al remolino que hacía la corriente contra las escabrosas paredes del lecho del océano. Había aquí concentraciones de camarones y peces de carnada y a veces manadas de calamares en los hoyos más profundos y de noche se levantaban a la superficie donde todos los peces merodeadores se cebaban en ellos.

En la oscuridad el viejo podía sentir venir la mañana y mientras remaba oía el tembloroso rumor de los peces voladores que salían del agua y el siseo que sus rígidas alas hacían surcando el aire en la oscuridad. Sentía una gran atracción por los peces voladores que eran sus principales amigos en el océano. Sentía compasión por las aves, especialmente las pequeñas, delicadas y oscuras golondrinas de mar que andaban siempre volando y buscando y casi nunca encontraban, y pensó: las aves llevan una vida más dura que nosotros, salvo las de rapiña y las grandes y fuertes. ¿Por qué habrán hecho pájaros tan delicados y tan finos como esas golondrinas de mar cuando el océano es capaz de tanta crueldad? El mar es dulce y hermoso. Pero puede ser cruel, y se encoleriza tan súbitamente, y esos pájaros que vuelan picando y cazando, con sus tristes vocecillas son demasiado delicados para la mar.

Decía siempre *la mar.* Así es como le dicen en español cuando la quieren. A veces los que la quieren hablan mal de *ella,* pero lo hacen siempre como si fuera una mujer. Algunos de los pescadores más jóvenes, los que usaban boyas y flotadores para sus sedales y tenían botes de motor comprados cuando los hígados de tiburón se cotizaban altos, empleaban el artículo masculino, le llamaban *el mar.* Hablaban del mar como de un contendiente o un lugar, o aun un enemigo. Pero el viejo lo concebía siempre como perteneciente al género femenino y como algo que concedía o negaba grandes favores, y si hacía cosas perversas y terribles era porque no podía remediarlo. La luna, pensaba, le afectaba lo mismo que a una mujer.

Remaba firme y seguidamente y no le costaba un esfuerzo excesivo porque se mantenía en su límite de velocidad y la superficie del océano era plana, salvo por los ocasionales remolinos de la corriente. Dejaba que la corriente hiciera un tercio de su trabajo y cuando empezó a clarear vio que se hallaba ya más lejos de lo que había esperado estar a esa hora.

«Durante una semana –pensó– he trabajado en las profundas hondonadas, y no hice nada. Hoy trabajaré allá donde están las manchas de bonitos y albacras y acaso haya un pez grande con ellos.»

Antes de que se hiciera realmente de día había sacado sus carnadas y estaba derivando con la corriente. Un cebo llegaba a una profundidad de cuarenta brazas. El segundo a sesenta y cinco y el tercero y el cuarto descendían allá hasta el agua azul a cien y ciento veinticinco brazas.

Cada cebo pendía cabeza abajo con el asta o tallo del anzuelo dentro del pescado que servía de carnada, sólidamente cosido y amarrado; toda la parte saliente del anzuelo, la curva y el garfio, estaba recubierto de sardinas frescas. Cada sardina había sido empalada por los ojos, de modo que hacían una semiguirnalda en el acero saliente. No había ninguna parte del anzuelo que pudiera dar a un gran pez la impresión de que no era algo sabroso y de olor apetecible.

El muchacho le había dado dos pequeños bonitos frescos, que colgaban de los sedales más profundos como plomadas, y en los otros tenía una abultada cojinúa y un cibele que habían sido usados antes, pero estaban en buen estado y las excelentes sardinas les prestaban aroma y atracción. Cada sedal, del espesor de un lápiz grande, iba enroscado a una varilla verdosa, de modo que cualquier tirón o picada al cebo haría sumergir la varilla; y cada sedal tenía dos adujas o rollos de cuarenta brazas que podían empatarse a los rollos de repuesto, de modo que, si era necesario, un pez podía llevarse más de trescientas brazas.

El hombre vio ahora descender las tres varillas sobre la borda del bote y remó suavemente hasta mantener los sedales estirados y a su debida profundidad. Era día pleno y el sol podía salir en cualquier momento.

El sol se levantó tenuemente del mar y el viejo pudo ver los otros botes, bajitos en el agua, y bien hacia la costa, desplegados a través de la corriente. El sol se tornó más brillante y su resplandor cayó sobre el agua; luego, al levantarse más en el cielo, el plano mar lo hizo rebotar contra los ojos del viejo, hasta causarle daño; y siguió remando sin mirarlo. Miraba al agua y vigilaba los sedales que se sumergían verticalmente en la tiniebla del agua. Los mantenía más rectos que nadie, de manera que a cada nivel en la tiniebla de la corriente hubiera un cebo esperando exactamente donde él quería que estuviera por cualquier pez que pasara por allí. Otros los dejaban correr a la deriva con la corriente y a veces estaban a sesenta brazas cuando los pescadores creían que estaban a cien.

«Pero –pensó el viejo– yo los mantengo con precisión. Lo que pasa es que ya no tengo suerte. Pero ¿quién sabe? Acaso hoy. Cada día es un nuevo día. Es mejor tener suerte. Pero yo prefiero ser exacto. Luego, cuando venga la suerte, estaré dispuesto.»

El sol estaba ahora a dos horas de altura y no le hacía tanto daño a los ojos mirar al Este. Ahora sólo había tres botes a la vista y lucían muy bajo y muy lejos hacia la orilla.

«Toda mi vida me ha hecho daño en los ojos el sol naciente –pensó–. Sin embargo todavía están fuertes. Al atardecer puedo mirarlo de frente sin deslumbrarme. Y por la tarde tiene más fuerza. Pero por la mañana es doloroso.»

Justamente entonces vio una de esas aves marinas llamadas fragatas con sus largas alas negras girando en el cielo sobre él. Hizo una rápida picada, ladeándose hacia abajo, con sus alas tendidas hacia atrás, y luego siguió girando nuevamente.

–Ha cogido algo –dijo en voz alta el viejo–. No sólo está mirando.

Remó lentamente y con firmeza hacia donde estaba el ave trazando círculos. No se apuró y mantuvo los sedales verticalmente. Pero había forzado un poco la marcha a favor de la corriente, de modo que todavía estaba pescando con corrección, pero más lejos de lo que hubiera pescado si no tratara de guiarse por el ave.

El ave se elevó más en el aire y volvió a girar, sus alas inmóviles. Luego picó de súbito y el viejo vio una partida de peces voladores que brotaban del agua y navegaban desesperadamente sobre la superficie.

–Dorados –dijo en voz alta el viejo–. Dorados grandes.

Montó los remos y sacó un pequeño sedal de debajo de la proa. Tenía un alambre y un anzuelo de tamaño mediano y lo cebó con una de las sardinas. Lo soltó por sobre la borda y luego lo amarró a una argolla a popa. Luego cebó el otro sedal y lo dejó enrollado a la sombra de la proa. Volvió a remar y a mirar al ave negra de largas alas que ahora trabajaba a poca altura sobre el agua.

Mientras él miraba, el ave picó de nuevo ladeando sus alas para el buceo y luego salió agitándolas fiera y fútilmente siguiendo a los peces voladores. El viejo podía ver la leve comba que formaba en el agua el dorado grande siguiendo a los peces fugitivos. Los dorados corrían, disparados, bajo el vuelo de los peces y estarían, corriendo velozmente, en el lugar donde cayeran los peces voladores. «Es un gran bando de dorados –pensó–. Están desplegados ampliamente: pocas probabilidades de escapar tienen los peces voladores. El ave no va a conseguir nada. Los peces voladores son demasiado grandes para ella, y van demasiado velozmente.»

El hombre observó cómo los peces voladores irrumpían una y otra vez y los inútiles movimientos del ave. «Esa mancha de peces se me ha escapado –pensó–. Se están alejando demasiado rápidamente, y van demasiado lejos. Pero acaso coja alguno extraviado, y es posible que mi pez grande esté en sus alrededores. Mi pescado grande tiene que estar en alguna parte.»

Las nubes se levantaban ahora sobre la tierra como montañas y la costa era sólo una larga línea verde con las lomas azulgrís detrás de ella. El agua era ahora de un azul profundo, tan oscuro que casi resultaba violado. Al bajar la vista vio el cernido color rojo del plancton en el agua oscura y la extraña luz que ahora daba el sol. Examinó sus sedales y los vio descender rectamente hacia abajo y perderse de vista; y se sintió feliz viendo tanto plancton porque eso significaba que había peces.

La extraña luz que el sol hacía en el agua, ahora que el sol estaba más alto, significaba buen tiempo, y lo mismo la forma de las nubes sobre la tierra. Pero el ave estaba ahora casi fuera del alcance de la vista y en la superficie del agua no aparecía más que algunos parches de amarillo sargazo requemado por el sol y la violada, redondeada, iridiscente, gelatinosa y violada vejiga de una medusa flotando a corta distancia del bote. Flotaba alegremente como una burbuja con sus largos y mortíferos filamentos purpurinos a remolque por espacio de una yarda.

–*Agua mala* –dijo el hombre–. Puta.

Desde donde se balanceaba suavemente contra sus remos bajó la vista hacia el agua y vio los diminutos peces que tenían el color de los largos filamentos y nadaban entre ellos y bajo la breve sombra que hacía la burbuja en su movimiento a la deriva. Eran inmunes a su veneno. Pero el hombre, no, y cuando algunos de los filamentos se enredaban en el cordel y permanecían allí, viscosos y violados, mientras el viejo laboraba por levantar un pez, sufría verdugones y excoriaciones en los brazos y manos como los que producen el guao y la hiedra venenosa. Pero estos envenenamientos por el *agua mala* actuaban rápidamente y como latigazos.

Las burbujas iridiscentes eran bellas. Pero eran la cosa más falsa del mar y el viejo gozaba viendo cómo se las comían las tortugas marinas. Las tortugas las veían, se les acercaban por delante, luego cerraban los ojos, de modo que, con su carapacho, estaban completamente protegidas, y se las comían con filamentos y todo. El viejo gustaba de ver a las tortugas comiéndoselas y gustaba de caminar sobre ellas en la playa, después de una tormenta, y oírlas reventar cuando les ponía encima sus pies callosos.

Le encantaban las tortugas verdes y los careyes con su elegancia y velocidad y su gran valor y sentía un amistoso desdén, por las estúpidas tortugas llamadas caguamas, amarillosas en su carapacho, extrañas en sus copulaciones, y comiendo muy contentas las *aguas malas* con los ojos cerrados.

No sentía ningún misticismo acerca de las tortugas, aunque había navegado muchos años en barcos tortugueros. Les tenía lástima; lástima hasta a los grandes baúles, que eran tan largos como el bote y pesaban una tonelada. Por lo general, la gente no tenía piedad de las tortugas porque el corazón de una tortuga sigue latiendo varias horas después de que han sido muertas. Pero el viejo pensó: «También yo tengo un corazón así y mis pies y mis manos son como los suyos.» Se comía sus blancos huevos para darse fuerza. Los comía todo el mes de mayo para estar fuerte en septiembre y salir en busca de los peces verdaderamente grandes.

También tomaba diariamente una taza de aceite de hígado de tiburón sacándolo del tanque que había en la barraca donde muchos de los pescadores guardaban su aparejo. Estaba allí, para todos los pescadores que lo quisieran. La mayoría de los pescadores detestaba su sabor. Pero no era peor que levantarse a las horas en que se levantaban y era muy bueno contra todos los catarros y gripes y era bueno para sus ojos.

Ahora el viejo alzó la vista y vio que el ave estaba girando de nuevo en el aire.

–Ha encontrado peces –dijo en voz alta.

Ningún pez volador rompía la superficie y no había desparrame de peces de carnada. Pero mientras miraba el anciano, un pequeño bonito se levantó en el aire, giró y cayó de cabeza en el agua. El bonito emitió unos destellos de plata al sol y después que hubo vuelto al agua, otro y otro más se levantaron y estaban brincando en todas las direcciones, batiendo el agua y dando largos saltos detrás de sus presas, cercándolas, espantándolas.

«Si no van demasiado rápidos los alcanzaré», pensó el viejo, y vio la mancha batiendo el agua, de modo que era blanca de espuma, y ahora el ave picaba y buceaba en busca de los peces, forzados a subir a la superficie por el pánico.

–El ave es una gran ayuda –dijo el viejo.

Justamente entonces el sedal de popa se tensó bajo su pie, en el punto donde había guardado un rollo de sedal, y soltó los remos y tanteó el sedal para ver qué fuerza tenían los tirones del pequeño bonito; y sujetando firmemente el sedal, empezó a levantarlo. El retemblor iba en aumento según tiraba y pudo ver en el agua el negro-azul del pez, y el oro de sus costados, antes de levantarlo sobre la borda y echarlo en el bote. Quedó tendido a popa, al sol, compacto y en forma de bala, sus grandes ojos sin inteligencia mirando fijamente mientras dejaba su vida contra la tablazón del bote con los rápidos y temblorosos golpes de su cola.

El viejo le pegó en la cabeza para que no siguiera sufriendo y le dio una patada. El cuerpo del pez temblaba todavía a la sombra de popa.

–Bonito –dijo en voz alta–. Hará una linda carnada. Debe de pesar diez libras.

No recordaba cuánto tiempo hacía que había empezado a hablar solo en voz alta cuando no tenía nadie con quien hablar. En los viejos tiempos, cuando estaba solo, cantaba; a veces de noche, cuando hacía su guardia al timón de las chalupas y los tortugueros cantaba también. Probablemente había empezado a hablar en voz alta cuando se había ido el muchacho. Pero no recordaba. Cuando él y el muchacho pescaban juntos, generalmente hablaban únicamente cuando era necesario. Hablaban de noche o cuando los cogía el mal tiempo. Se consideraba una virtud no hablar innecesariamente en el mar y el viejo siempre lo había considerado así y lo respetaba. Pero ahora expresaba sus pensamientos en voz alta muchas veces, puesto que no había nadie a quien pudiera mortificar.

–Si los otros me oyeran hablar en voz alta creerían que estoy loco –dijo en voz alta–. Pero puesto que no estoy loco no me importa. Los ricos tienen radios que les hablan en sus embarcaciones y les dan las noticias del béisbol.

«Ésta no es hora de pensar en el béisbol –pensó–. Ahora hay que pensar en una sola cosa. Aquélla para la que he nacido. Pudiera haber un pez grande en torno a esa mancha –pensó–. Sólo he cogido un bonito extraviado de los que estaban comiendo. Pero están trabajando rápidamente y a lo lejos. Todo lo que asoma hoy a la superficie viaja muy rápidamente y hacia el Nordeste. ¿Será la hora? ¿O será alguna señal del tiempo que yo no conozco?»

Ahora no podía ver el verdor de la costa; sólo las cimas de las verdes colinas que asomaban blancas como si estuvieran coronadas de nieve y las nubes parecían altas montañas de nieve sobre ellas. El mar estaba muy oscuro y la luz hacía prisma en el agua. Y las miriadas de lunares del plancton eran anuladas ahora por el alto sol y el viejo sólo veía los grandes y profundos prismas en el agua azul que tenía una milla de profundidad y en la que sus largos sedales descendían verticalmente.

Los pescadores llamaban bonitos a todos los peces de esa especie y sólo distinguían entre ellos por sus nombres propios cuando venían a cambiarlos por carnadas. Los bonitos estaban de nuevo abajo. El sol calentaba fuerte y el viejo lo sentía en la parte de atrás del cuello, y sentía el sudor que le corría por la espalda mientras remaba.

«Pudiera dejarme ir a la deriva –pensó– y dormir y echar un lazo al dedo gordo del pie para despertar si pican. Pero hoy hace ochenta y cinco días y tengo que aprovechar el tiempo.»

Justamente entonces, mientras vigilaba los sedales, vio que una de las varillas verdes se sumergía vivamente.

–Sí –dijo–. Sí –y montó los remos sin golpear el bote.

Cogió el sedal y lo sujetó suavemente entre el índice y el pulgar de la derecha. No sintió tensión ni peso y aguantó ligeramente. Luego volvió a sentirlo. Esta vez fue un tirón de tanteo, ni sólido ni fuerte, y el viejo se dio cuenta, exactamente, de lo que era. A cien brazas más abajo una aguja estaba comiendo las sardinas que cubrían la punta y el cabo del anzuelo en el punto donde el anzuelo, forjado a mano, sobresalía de la cabeza del pequeño bonito.

El viejo sujetó delicada y blandamente el sedal y con la mano izquierda lo soltó del palito verde. Ahora podía dejarlo correr entre sus dedos sin que el pez sintiera ninguna tensión.

«A esta distancia de la costa, en este mes, debe de ser enorme –pensó el viejo–. Cómelas, pez. Cómelas. Por favor, cómelas. Están de lo más frescas; y tú ahí, a seiscientos pies en el agua fría y a oscuras. Da otra vuelta en la oscuridad y vuelve a comértelas.»

Sentía el leve y delicado tirar y luego un tirón más fuerte cuando la cabeza de una sardina debía de haber sido más difícil de arrancar del anzuelo. Luego, nada.

–Vamos, ven –dijo el viejo en voz alta–. Da otra vuelta. Da otra vuelta. Ven a olerlas. ¿Verdad que son sabrosas? Cómetelas ahora, y luego tendrás un bonito. Duro y frío y sabroso. No seas tímido, pez. Cómetelas.

Esperó con el sedal entre el índice y el pulgar, vigilándolo y vigilando los otros al mismo tiempo, pues el pez pudiera virar arriba o abajo. Luego volvió a sentir la misma y suave tracción.

–Lo cogerá –dijo el viejo en voz alta–. Dios lo ayude a cogerlo.

No lo cogió, sin embargo. Se fue y el viejo no sintió nada más.

–No puede haberse ido –dijo–. ¡No se puede haber ido, maldito! Está dando una vuelta. Es posible que haya sido enganchado alguna vez y que recuerde algo de eso.

Luego sintió un suave contacto en el sedal y se sintió feliz.

–No fue más que una vuelta –dijo–. Lo cogerá.

Era feliz sintiendo tirar suavemente y luego tuvo sensación de algo duro e increíblemente pesado. Era el peso del pez y dejó que el sedal se deslizara abajo, abajo, abajo, llevándose los dos primeros rollos de reserva. Según descendía, deslizándose suavemente entre los dedos del viejo, todavía él podía sentir el gran peso, aunque la presión de su índice y de su pulgar era casi imperceptible.

–¡Qué pez! –dijo–. Lo lleva atravesado en la boca y se está yendo con él.

«Luego virará y se lo tragará», pensó. No dijo esto porque sabía que cuando uno dice una buena cosa posiblemente no sucede. Sabía que éste era un pez enorme y se lo imaginó alejándose en la tiniebla con el bonito atravesado en la boca. En ese momento sintió que había dejado de moverse, pero el peso persistía todavía. Luego el peso fue en aumento, y el viejo le dio más sedal. Acentuó la presión del índice y el pulgar por un momento y el peso fue en aumento. Y el sedal descendía verticalmente.

–Lo he cogido –dijo–. Ahora dejaré que se lo coma a su gusto.

Dejó que el sedal se deslizara entre sus dedos mientras bajaba la mano izquierda y amarraba el extremo suelto de los dos rollos de reserva al lazo de los rollos de reserva del otro sedal. Ahora estaba listo. Tenía tres rollos de cuarenta brazas de sedal de reserva, además del que estaba usando.

–Come un poquito más –dijo–. Come bien.

«Cómetelo de modo que la punta del anzuelo penetre en tu corazón y te mate –pensó–. Sube sin cuidado y déjame clavarte el arpón. Bueno. ¿Estás listo? ¿Llevas suficiente tiempo a la mesa?»

–¡Ahora! –dijo en voz alta y tiró fuerte con ambas manos; ganó un metro de sedal; luego tiró de nuevo, balanceando cada brazo alternativamente y girando sobre sí mismo.

No sucedió nada. El pez seguía, simplemente, alejándose lentamente y el viejo no podía levantarlo una pulgada. Su sedal era fuerte; era *cordel* catalán y nuevo, de este año, hecho para peces pesados, y lo sujetó contra su espalda que estaba tan tirante que soltaba gotas de agua. Luego empezó a hacer un lento sonido de siseo en el agua.

El viejo seguía sujetándolo, afincándose contra el banco e inclinándose hacia atrás. El bote empezó a moverse lentamente hacia el Noroeste.

El pez seguía moviéndose sin cesar y viajaban ahora lentamente en el agua tranquila. Los otros cebos estaban todavía en el agua, pero no había nada que hacer.

–Ojalá estuviera aquí el muchacho –dijo en voz alta–. Voy a

remolque de un pez grande y yo soy la bita de remolque. Podría amarrar el sedal. Pero entonces pudiera romperlo. Debo aguantarlo todo lo posible y darle sedal cuando lo necesite. Gracias a Dios, que va hacia delante, y no hacia abajo. No sé qué haré si decide ir hacia abajo. Pero algo haré. Puedo hacer muchas cosas.

Sujetó el sedal contra su espalda y observó su sesgo en el agua; el bote seguía moviéndose ininterrumpidamente hacia el Noroeste.

«Esto lo matará –pensó el viejo–. Alguna vez tendrá que parar.» Pero cuatro horas después el pez seguía tirando, llevando el bote a remolque, y el viejo estaba todavía sólidamente afincado, con el sedal atravesado a la espalda.

–Eran las doce cuando lo enganché –dijo–. Y todavía no lo he visto ni una sola vez.

Se había calado fuertemente el sombrero de paja en la cabeza antes de enganchar el pez; ahora el sombrero le cortaba la frente. Tenía sed. Se arrodilló y, cuidando de no sacudir el sedal, estiró el brazo cuanto pudo por debajo de la proa y cogió la botella de agua. La abrió y bebió un poco. Luego reposó contra la proa. Descansó sentado en la vela y el palo que había quitado de la carlinga y trató de no pensar: sólo aguantar.

Luego miró hacia atrás y vio que no había tierra alguna a la vista. «Eso no importa –pensó–. Siempre podré orientarme por el resplandor de La Habana. Todavía quedan dos horas de sol y posiblemente suba antes de la puesta del sol. Si no, acaso suba al venir la luna. Si no hace eso, puede que suba a la salida del sol. No tengo calambres y me siento fuerte. Él es quien tiene el anzuelo en la boca. Pero para tirar así, tiene que ser un pez de marca mayor. Debe de llevar la boca fuertemente cerrada contra el alambre. Me gustaría verlo. Me gustaría verlo aunque sólo fuera una vez, para saber con quién tengo que vérmelas.»

El pez no varió su curso ni dirección en toda la noche; al menos hasta donde el hombre podía juzgar guiado por las estrellas. Después de la puesta del sol hacía frío y el sudor se había secado en su espalda, sus brazos y sus piernas. De día había cogido el saco que cubría la caja de las carnadas y lo había tendido a secar al sol. Después de la puesta del sol se lo enrolló al cuello de modo que le caía sobre la espalda. Se lo deslizó con cuidado por debajo del sedal, que ahora le cruzaba los hombros. El saco mullía el sedal y el hombre había encontrado la manera de inclinarse hacia delante contra la proa en una postura que casi le resultaba cómoda. La postura era, en realidad, tan sólo un poco menos intolerable, pero la concibió como casi cómoda.

«No puedo hacer nada con él, y él no puede hacer nada conmigo –pensó–. Al menos mientras siga este juego.»

Una vez se enderezó y orinó por sobre la borda y miró a las estrellas y verificó el rumbo. El sedal lucía como una lista fosforescente en el agua, que se extendía, recta, partiendo de sus hombros. Ahora iban más lentamente y el fulgor de La Habana no era tan fuerte. Esto le indicaba que la corriente debía de estar arrastrándolo hacia el Este. «Si pierdo el resplandor de La Habana, será que estamos yendo más hacia el Este», pensó.

Pues si el rumbo del pez se mantuviera invariable vería el fulgor durante muchas horas más. «Me pregunto quién habrá ganado hoy en las grandes ligas –pensó–. Sería maravilloso tener una radio para enterarse. –Luego pensó–: Piensa en esto; en lo que estás haciendo. No hagas ninguna estupidez.» Luego dijo en voz alta:

–Ojalá estuviera aquí el muchacho. Para ayudarme y para que viera esto.

«Nadie debiera estar solo en su vejez –pensó–. Pero es inevitable. Tengo que acordarme de comer el bonito antes de que se eche a perder a fin de conservar las fuerzas. Recuerda: por poca gana que tengas tendrás que comerlo por la mañana. Recuerda», se dijo.

Durante la noche acudieron delfines en torno al bote. Los oía rolando y resoplando. Podía percibir la diferencia entre el sonido del soplo del macho y el suspirante soplo de la hembra.

–Son buena gente –dijo–. Juegan y bromean y se hacen el amor. Son nuestros hermanos, como los peces voladores.

Entonces empezó a sentir lástima por el gran pez que había enganchado. «Es maravilloso y extraño y quién sabe qué edad tendrá –pensó–. Jamás he cogido un pez tan fuerte, ni que se portara de un modo tan extraño. Puede que sea demasiado prudente para subir a la superficie. Brincando y precipitándose locamente pudiera acabar conmigo. Pero es posible que haya sido enganchado ya muchas veces y que sepa que ésta es la manera de pelear. No puede saber que no hay más que un hombre contra él, ni que este hombre es un anciano. Pero ¡qué pez más grande! Y qué bien lo pagarán en el mercado si su carne es buena. Cogió la carnada como un macho y tira como un macho y no hay pánico en su manera de pelear. Me pregunto si tendrá algún plan o si estará, como yo, en la desesperación.»

Recordó aquella vez en que había enganchado una de las dos agujas que iban en pareja. El macho dejaba siempre que la hembra comiera primero, y el pez enganchado, la hembra, presentó una pelea fiera, desesperada y llena de pánico que no tardó en agotarla. Durante todo ese tiempo el macho permaneció con ella, cruzando el sedal y girando con ella en la superficie. Había permanecido tan cerca, que el viejo había temido que cortara el sedal con la cola, que era afilada como una guadaña y casi de la misma forma y tamaño. Cuando el viejo la había enganchado con el bichero, la había golpeado sujetando su mandíbula en forma de espada y de áspero borde, y golpeado en la cabeza hasta que su color se había tornado como el de la parte de atrás de los espejos; y luego cuando, con ayuda del muchacho, la había izado a bordo, el macho había permanecido junto al bote. Después, mientras el viejo levantaba los sedales y preparaba el arpón, el macho dio un brinco en el aire junto al bote para ver dónde estaba la hembra. Y luego se había sumergido en la profundidad con sus alas azul-rojizas, que eran sus aletas pectorales, desplegadas ampliamente y mostrando todas sus franjas del mismo color. Era hermoso, recordaba el viejo. Y se había quedado junto a su hembra.

«Es lo más triste que he visto jamás en ellos –pensó–. El muchacho había sentido también tristeza, y le pedimos perdón a la hembra y le abrimos el vientre prontamente.»

–Ojalá estuviera aquí el muchacho –dijo en voz alta y se acomodó contra las redondeadas tablas de la proa y sintió la fuerza del gran pez en el sedal que sujetaba contra sus hombros, moviéndose sin cesar hacia no sabía dónde: adonde el pez hubiese elegido.

«Por mi traición ha tenido que tomar una decisión», pensó el viejo.

«Su decisión había sido permanecer en aguas profundas y tenebrosas, lejos de todas las trampas y cebos y traiciones. Mi decisión fue ir allá a buscarlo, más allá de toda gente. Más allá de toda gente en el mundo. Ahora estamos solos uno para el otro y así ha sido desde mediodía. Y nadie que venga a valernos, ni a él ni a mí.»

«Tal vez yo no debiera ser pescador –pensó–. Pero para eso he nacido. Tengo que recordar sin falta comerme el bonito tan pronto como sea de día.»

Algo antes del amanecer cogió uno de los sedales que tenía detrás. Sintió que el palito se rompía y que el sedal empezaba a correr precipitadamente sobre la regala del bote. En la oscuridad sacó el cuchillo de la funda y, echando toda la presión del pez, sobre el hombro izquierdo, se inclinó hacia atrás y cortó el sedal contra la madera de la regala. Luego cortó el otro sedal más próximo y en la oscuridad sujetó los extremos sueltos de los rollos de reserva. Trabajó diestramente con una sola mano y puso su pie sobre los rollos para sujetarlos mientras apretaba los nudos. Ahora tenía seis rollos de reserva. Había dos de cada carnada, que había cortado, y los dos del cebo que había cogido el pez. Y todos estaban enlazados.

«Tan pronto como sea de día –pensó– me llegaré hasta el cebo de cuarenta brazas y lo cortaré también y enlazaré los rollos de reserva. Habré perdido doscientas brazas del buen *cordel* catalán y los anzuelos y alambres. Eso puede ser reemplazado. Pero este pez, ¿quién lo reemplaza? Si engancho otros peces, pudiera soltarse. Me pregunto qué peces habrán sido los que acaban de picar. Pudiera ser una aguja, o un emperador o un tiburón. No llegué a tomarle el peso. Tuve que deshacerme de él demasiado pronto.»

En voz alta dijo:

–Me gustaría que el muchacho estuviera aquí.

«Pero el muchacho no está contigo», pensó.

«No cuentas más que contigo mismo, y harías bien en llegarte hasta el último sedal, aunque sea en la oscuridad y empalmar los dos rollos de reserva.»

Fue lo que hizo. Fue difícil en la oscuridad y una vez el pez dio un tirón que lo lanzó de bruces y le causó una herida bajo el ojo. La sangre le corrió un poco por la mejilla. Pero se coaguló y secó antes de llegar a su barbilla y el hombre volvió a la proa y se apoyó contra la madera. Ajustó el saco y manipuló cuidadosamente el sedal de modo que pasara por otra parte de sus hombros y, sujetándolo en éstos, tanteó con cuidado la tracción del pez y luego metió la mano en el agua para sentir la velocidad del bote.

«Me pregunto por qué habrá dado ese nuevo impulso –pensó–. El alambre debe de haber resbalado sobre la comba de su lomo. Con seguridad, su lomo no puede dolerle tanto como me duele el mío. Pero no puede seguir tirando eternamente de este bote, por grande que sea. Ahora todo lo que pudiera estorbar está despejado y tengo gran reserva de sedal: no hay más que pedir.»

–Pez –dijo dulcemente en voz alta–, seguiré hasta la muerte.

«Y él seguirá también conmigo, me figuro», pensó el viejo, y se puso a esperar a que fuera de día. Ahora, a esta hora próxima al amanecer, hacía frío y se apretó contra la madera en busca de calor. «Voy a aguantar tanto como él», pensó. Y con la primera luz el sedal se extendió a lo lejos y hacia abajo en el agua. El bote se movía sin cesar y cuando se levantó el primer filo de sol fue a posarse sobre el hombro derecho del viejo.

–Se ha dirigido hacia el Norte –dijo el viejo.

«La corriente nos habrá desviado mucho al Este –pensó–. Ojalá virara con la corriente. Eso indicaría que se estaba cansando.»

Cuando el sol se hubo levantado más, el viejo se dio cuenta de que el pez no se estaba cansando. Sólo había una señal favorable. El sesgo del sedal indicaba que nadaba a menos profundidad. Eso no significaba, necesariamente, que fuera a brincar a la superficie. Pero pudiera hacerlo.

–Dios quiera que suba –dijo el viejo–. Tengo suficiente sedal para manejarlo.

«Puede que si aumento un poquito la tensión le duela y surja a la superficie –pensó–. Ahora que es de día, conviene que salga para que llene de aire los sacos a lo largo de su espinazo y no pueda luego descender a morir a las profundidades.»

Trató de aumentar la tensión, pero el sedal había sido estirado ya todo lo que daba desde que había enganchado el pez y, al inclinarse hacia atrás, sintió la dura tensión de la cuerda y se dio cuenta de que no podía aumentarla. «Tengo que tener cuidado de no sacudirlo –pensó–. Cada sacudida ensancha la herida que hace el anzuelo y, si brinca, pudiera soltarlo. De todos modos me siento mejor al venir el sol y por esta vez no tengo que mirarlo de frente.»

Había algas amarillas en el sedal, pero el viejo sabía que eso no hacía más que aumentar la resistencia del bote, y el viejo se alegró. Eran las algas amarillas del Golfo –el sargazo– las que habían producido tanta fosforescencia de noche.

–Pez –dijo–, yo te quiero y te respeto muchísimo. Pero acabaré con tu vida antes de que termine este día.

«Ojalá», pensó.

Un pajarito vino volando hacia el bote, procedente del Norte. Era una especie de curruca que volaba muy bajo sobre el agua. El viejo se dio cuenta de que estaba muy cansado.

El pájaro llegó hasta la popa del bote y descansó allí. Luego voló en torno a la cabeza del viejo y fue a posarse en el sedal, donde estaba más cómodo.

–¿Qué edad tienes? –preguntó el viejo al pájaro–. ¿Es éste tu primer viaje?

El pájaro lo miró al oírlo hablar. Estaba demasiado cansado siquiera para examinar el sedal y se balanceó asiéndose fuertemente a él con sus delicadas patas.

–Estás firme –le dijo el viejo–. Demasiado firme. Después de una noche sin viento no debieras estar tan cansado. ¿A qué vienen los pájaros?

«Los gavilanes –pensó– salen al mar a esperarlos.» Pero no le dijo nada de esto al pajarito que de todos modos no podía entenderlo y que ya tendría tiempo de conocer a los gavilanes.

–Descansa, pajarito, descansa –dijo–. Luego ve a correr fortuna como cualquier hombre o pájaro o pez.

Lo estimulaba a hablar porque su espalda se había endurecido de noche y ahora le dolía realmente.

–Quédate en mi casa si quieres, pajarito –dijo–. Siento que no pueda izar la vela y llevarte a tierra, con la suave brisa que se está levantando. Pero estás con un amigo.

Justamente entonces el pez dio una súbita sacudida; el viejo fue a dar contra la proa y hubiera caído por la borda si no se hubiera aferrado y soltado un poco de sedal.

El pájaro levantó el vuelo cuando el sedal se sacudió y el viejo ni siquiera lo había visto irse. Palpó cuidadosamente el sedal con la mano derecha y notó que su mano sangraba.

–Algo la ha lastimado –dijo en voz alta y tiró del sedal para ver si podía virar el pez. Pero cuando llegaba a su máxima tensión sujetó firme y se echó para atrás para tomar contrapeso.

–Ahora lo estás sintiendo, pez –dijo–. Y bien sabe Dios que también yo lo siento.

Miró en derredor a ver si veía el pájaro porque le hubiera gustado tenerlo de compañero. El pájaro se había ido.

«No te has quedado mucho tiempo –pensó el viejo–. Pero a donde vas va a ser más difícil, hasta que llegues a la costa. ¿Cómo me habré dejado cortar por esa rápida sacudida del pez? Me debo de estar volviendo estúpido. O quizá sea que estaba mirando al pájaro y pensando en él. Ahora prestaré atención a mi trabajo y luego me comeré el bonito para que las fuerzas no me fallen.»

–Ojalá estuviera aquí el muchacho y tuviese un poco de sal –dijo en voz alta.

Pasando la presión del sedal al hombro izquierdo y arrodillándose con cuidado lavó la mano en el mar y la mantuvo allí, sumergida, por más de un minuto, viendo correr la sangre y deshacerse en estela y el continuo movimiento del agua contra su mano al moverse el bote.

–Ahora va mucho más lentamente –dijo.

Al viejo le hubiera gustado mantener la mano en el agua salada por más tiempo, pero temía otra súbita sacudida del pez y se levantó y se afianzó y levantó la mano contra el sol. Era sólo un roce del sedal lo que había cortado su carne. Pero era en la parte con que tenía que trabajar. El viejo sabía que antes de que esto terminara necesitaría sus manos, y no le gustaba nada estar herido antes de empezar.

–Ahora –dijo cuando su mano se hubo secado– tengo que comer ese pequeño bonito. Puedo alcanzarlo con el bichero y comérmelo aquí tranquilamente.

Se arrodilló y halló el bonito bajo la popa con el bichero y lo atrajo hacia sí evitando que se enredara en los rollos de sedal. Sujetando el sedal nuevamente con el hombro izquierdo y apoyándose en el brazo izquierdo sacó el bonito del garfio del bichero y puso de nuevo el bichero en su lugar. Plantó una rodilla sobre el pescado y arrancó tiras de carne oscura longitudinalmente desde la parte posterior de la cabeza hasta la cola. Eran tiras en forma de cuña y las arrancó desde la proximidad del espinazo hasta el borde del vientre. Cuando hubo arrancado seis tiras las tendió en la madera de la popa, limpió su cuchillo en el pantalón y levantó el resto del bonito por la cola y lo tiró por sobre la borda.

–No creo que pueda comerme uno entero –dijo, y cortó por la mitad una de las tiras. Sentía la firme tensión del sedal y su mano izquierda tenía calambre. La corrió hacia arriba sobre el duro sedal y la miró con disgusto.

–¿Qué clase de mano es ésta? –dijo–. Puedes coger calambres, si quieres. Puedes convertirte en una garra. De nada te va a servir.

«Vamos –pensó, y miró al agua oscura y al sesgo del sedal–. Cómetelo ahora y le dará fuerza a la mano. No es culpa de la mano, y llevas muchas horas con el pez. Pero puedes quedarte siempre con él. Cómete ahora el bonito.»

Cogió un pedazo y se lo llevó a la boca y lo masticó lentamente. No era desagradable.

«Mastícalo bien –pensó– y no pierdas ningún jugo. Con un poco de limón o lima o con sal no estaría mal.»

–¿Cómo te sientes, mano? –preguntó a la que tenía calambre, y que estaba casi rígida como un cadáver–. Ahora comeré un poco para ti.

Comió la otra parte del pedazo que había cortado en dos. La masticó con cuidado y luego escupió el pellejo.

–¿Cómo va eso, mano? ¿O es demasiado pronto para saberlo?

Cogió otro pedazo entero y lo masticó.

«Es un pez fuerte y de calidad –pensó–. Tuve suerte de engancharlo a él, en vez de un dorado. El dorado es demasiado dulce. Éste no es nada dulce y guarda toda la fuerza.»

«Sin embargo, hay que ser prácticos –pensó–. Otra cosa no tiene sentido. Ojalá tuviera un poco de sal. Y no sé si el sol secará o pudrirá lo que me queda. Por tanto será mejor que me lo coma todo aunque no tengo hambre. El pez sigue tirando firme y tranquilamente. Me comeré todo el bonito y entonces estaré preparado.»

–Ten paciencia, mano –dijo–. Esto lo hago por ti.

«Me gustaría dar de comer al pez –pensó–. Es mi hermano. Pero tengo que matarlo y cobrar fuerzas para hacerlo.» Lenta y deliberadamente se comió todas las tiras en forma de cuña del pescado.

Se enderezó, limpiándose la mano en el pantalón.

–Ahora –dijo–, mano, puedes soltar el sedal. Yo sujetaré el pez con el brazo hasta que se te pase esa bobería.

Puso su pie izquierdo sobre el pesado sedal que había aguantado la mano izquierda y se echó hacia atrás para llevar con la espalda la presión.

–Dios quiera que se me quite el calambre –dijo–. Porque no sé qué hará el pez.

«Pero parece tranquilo –pensó– y sigue su plan. Pero, ¿cuál será su plan? ¿Y cuál es el mío? El mío tendré que improvisarlo de acuerdo con el suyo porque es muy grande. Si brinca podré matarlo. Pero no acaba de salir de allá abajo. Entonces, seguiré con él allá abajo.»

Se frotó la mano que tenía calambre contra el pantalón y trató de obligar los dedos. Pero éstos se resistían a abrirse. «Puede que se abra con el sol –pensó–. Puede que se abra cuando el fuerte bonito crudo haya sido digerido. Si la necesito, la abriré cueste lo que cueste. Pero no quiero abrirla ahora por la fuerza. Que se abra por sí misma y que vuelva por su voluntad. Después de todo abusé mucho de ella de noche cuando era necesario soltar y unir los varios sedales.»

Miró por sobre el mar y ahora se dio cuenta de cuán solo se encontraba. Pero veía los prismas en el agua profunda y oscura, el sedal estirado adelante y la extraña ondulación de la calma. Las nubes se estaban acumulando ahora para la brisa y miró adelante y vio una bandada de patos salvajes que se proyectaban contra el cielo sobre el agua, luego formaban un borrón y volvían a destacarse como un aguafuerte; y se dio cuenta de que nadie está jamás solo en el mar.

Recordó cómo algunos hombres temían hallarse fuera de la vista de tierra en un botecito; y en los mares de súbito mal tiempo tenían razón. Pero ahora era el tiempo de los ciclones, y cuando no hay ciclón en el tiempo de los ciclones es el mejor tiempo del año.

«Si hay ciclón, siempre puede uno ver las señales varios días antes en el mar. En tierra no las ven porque no saben reconocerlas –pensó–. En tierra debe notarse también por la forma de las nubes. Pero ahora no hay ciclón a la vista.»

Miró el cielo y vio la formación de los blancos cúmulos, como sabrosas pilas de mantecado, y más arriba se veían las tenues plumas de los cirros contra el alto de septiembre.

–*Brisa* ligera –dijo–. Mejor tiempo para mí que para ti, pez.

Su mano izquierda estaba todavía presa del calambre, pero la iba soltando poco a poco.

«Detesto el calambre –pensó–. Es una traición del propio cuerpo. Es humillante ante los demás tener diarrea producida por envenenamiento de ptomaínas o vomitar por lo mismo. Pero el calambre lo humilla a uno, especialmente cuando está solo.»

«Si el muchacho estuviera aquí podría frotarme la mano y soltarla, desde el antebrazo –pensó–. Pero ya se soltará.»

Luego palpó con la mano derecha para conocer la diferencia de tensión en el sedal; después vio que el sesgo cambiaba en el agua. Seguidamente, al inclinarse contra el sedal y golpear fuerte con la mano izquierda contra el muslo, vio que cobraba un lento sesgo ascendente.

–Está subiendo –dijo–. Vamos, mano. Ven, te lo pido.

El sedal se alzaba lenta y continuadamente. Luego la superficie del mar se combó delante del bote y salió el pez. Surgió interminablemente y manaba agua por sus costados. Brillaba al sol y su cabeza y lomo eran de un púrpura oscuro y al sol las franjas de sus costados lucían anchas y de un tenue color azul rojizo. Su espada era tan larga como un palo de béisbol, yendo de mayor a menor como un estoque. El pez apareció sobre el agua en toda su longitud y luego volvió a entrar en ella dulcemente, como un buzo, y el viejo vio la gran hoja de guadaña de su cola sumergiéndose y el sedal comenzó a correr velozmente.

—Es dos pies más largo que el bote —dijo el viejo.

El sedal seguía corriendo veloz, pero gradualmente, y el pez no tenía pánico. El viejo trataba de mantener con ambas manos el sedal a la mayor tensión posible sin que se rompiera. Sabía que si no podía demorar al pez con una presión continuada, el pez podía llevarse todo el sedal y romperlo.

«Es un gran pez y tengo que convencerlo —pensó—. No debo permitirle jamás que se dé cuenta de su fuerza ni de lo que podría hacer si rompiera a correr. Si yo fuera él echaría ahora toda la fuerza y seguiría hasta que algo se rompiera. Pero, a Dios gracias, los peces no son tan inteligentes como los que los matamos, aunque son más nobles y más hábiles.»

El viejo había visto muchos peces grandes. Había visto muchos que pesaban más de mil libras y había cogido dos de aquel tamaño en su vida, pero nunca solo. Ahora, solo, y fuera de la vista de tierra, estaba sujeto al pez más grande que había visto jamás, más grande que cuantos conocía de oídas, y su mano izquierda estaba todavía tan rígida como las garras convulsas de un águila.

«Pero ya se soltará —pensó—. Con seguridad que se le quitará el calambre para que pueda ayudar a la mano derecha. Tres cosas se pueden considerar hermanas: el pez y mis dos manos. Tiene que quitársele el calambre.» El pez había aminorado de nuevo su velocidad y seguía a su ritmo habitual.

«Me pregunto por qué habrá salido a la superficie —pensó el viejo—. Brincó para mostrarme lo grande que era. Ahora ya lo sé —pensó—. Me gustaría demostrarle qué clase de hombre soy. Pero entonces vería la mano con calambre. Que piense que soy más hombre de lo que soy, y lo seré. Quisiera ser el pez —pensó— con todo lo que tiene frente a mi voluntad y mi inteligencia solamente.»

Se acomodó confortablemente contra la madera y aceptó sin protestar su sufrimiento. Y el pez seguía nadando sin cesar y el bote se movía lentamente sobre el agua oscura. Se estaba levantando un poco de oleaje con el viento que venía del Este y a mediodía la mano izquierda del viejo estaba libre del calambre.

–Malas noticias para ti, pez –dijo, y movió el sedal sobre los sacos que cubrían sus hombros.

Estaba cómodo, pero sufría, aunque era incapaz de confesar su sufrimiento.

–No soy religioso –dijo–. Pero rezaría diez padrenuestros y diez avemarías por pescar este pez y prometo hacer una peregrinación a la Virgen del Cobre si lo pesco. Lo prometo.

Comenzó a decir sus oraciones mecánicamente. A veces se sentía tan cansado que no recordaba la oración, pero luego las decía rápidamente, para que salieran automáticamente.

«Las avemarías son más fáciles de decir que los padrenuestros», pensó.

–Dios te salve, María, llena eres de gracia, el Señor es contigo, bendita tú eres entre todas las mujeres y bendito es el fruto de tu vientre, Jesús. Santa María, madre de Dios, ruega por nosotros, pecadores, ahora y en la hora de nuestra muerte, Amén.

Luego añadió:

–Virgen bendita, ruega por la muerte de este pez. Aunque es tan maravilloso.

Dichas sus oraciones y sintiéndose mejor, pero sufriendo igualmente, y acaso un poco más, se inclinó contra la madera de la proa y empezó a activar mecánicamente los dedos de su mano izquierda.

El sol calentaba fuerte ahora, aunque se estaba levantando ligeramente la brisa.

–Será mejor que vuelva a poner cebo al sedal de popa –dijo–. Si el pez decide quedarse otra noche necesitaré comer de nuevo y queda poca agua en la botella. No creo que pueda conseguir aquí más que un dorado. Pero si lo como bastante fresco no será malo.

Me gustaría que viniera a bordo esta noche un pez volador. Pero no tengo luz para atraerlo. Un pez volador es excelente para comerlo crudo y no tendría que limpiarlo. Tengo que ahorrar ahora toda mi fuerza.

«¡Cristo! ¡No sabía que fuera tan grande!»

–Sin embargo lo mataré –dijo–. Con toda su gloria y su grandeza.

«Aunque es injusto –pensó–. Pero le demostraré lo que puede hacer un hombre y lo que es capaz de aguantar.»

–Ya le dije al muchacho que yo era un hombre extraño –dijo–. Ahora es la hora de demostrarlo.

El millar de veces que lo había demostrado no significaba nada. Ahora lo estaba probando de nuevo. Cada vez era una nueva circunstancia y cuando lo hacía no pensaba jamás en el pasado.

«Me gustaría que se durmiera y poder dormir yo y soñar con los leones –pensó–. ¿Por qué, de lo que queda, serán los leones lo principal? No pienses, viejo –se dijo–. Reposa dulcemente contra la madera y no pienses en nada. El pez trabaja. Trabaja tú lo menos que puedas.»

Estaba ya entrada la tarde y el bote todavía se movía lenta y seguidamente. Pero la brisa del Este contribuía ahora a la resistencia del bote y el viejo navegaba suavemente con el leve oleaje y el escozor del sedal en la espalda le era leve y llevadero.

Una vez, en la tarde, el sedal empezó a alzarse de nuevo. Pero el pez siguió nadando a un nivel ligeramente más alto. El sol le daba ahora en el brazo y el hombro izquierdo y en la espalda. Por eso sabía que el pez había virado al Nordeste.

Ahora que lo había visto una vez, podía imaginárselo nadando en el agua con sus purpurinas aletas pectorales desplegadas como alas y la gran cola erecta tajando la tiniebla. «Me pregunto cómo podrá ver a esa profundidad –pensó–. Sus ojos son enormes, y un caballo, con mucho menos ojo, puede ver en la oscuridad. En otro tiempo yo veía perfectamente en la oscuridad. No en la tiniebla completa. Pero casi como los gatos.»

El sol y el continuo movimiento de sus dedos habían librado completamente de calambre la mano izquierda y empezó a pasar más presión a esta mano contrayendo los músculos de su espalda para repartir un poco el escozor del sedal.

–Si no estás cansado, pez –dijo en voz alta–, debes de ser muy extraño.

Se sentía ahora muy cansado y sabía que pronto vendría la noche y trató de pensar en otras cosas. Pensó en las *Grandes Ligas*. Sabía que los Yankees de Nueva York estaban jugando contra los *Tigres* de Detroit.

«Éste es el segundo día en que no me entero del resultado de los *juegos* –pensó–. Pero debo tener confianza y debo ser digno del gran Di Maggio que hace todas las cosas perfectamente, aun con el dolor de la *espuela de hueso* en el talón. ¿Qué cosa es una espuela de hueso? –se preguntó–. Nosotros no las tenemos. ¿Será tan dolorosa como la espuela de un gallo de pelea en el talón de una persona? Creo que no podría soportar eso, ni la pérdida de uno de los ojos, o de los dedos, y seguir peleando como hacen los gallos de pelea. El hombre no es gran cosa junto a las grandes aves y fieras. Con todo preferiría ser esa bestia que está allá abajo en la tiniebla del mar.»

–Salvo que vengan los tiburones –dijo en voz alta–. Si vienen los tiburones, Dios tenga piedad de él y de mí.

«¿Crees tú que el gran Di Maggio seguiría con un pez tanto tiempo como estoy haciendo yo? –pensó–. Estoy seguro de que sí, y más, puesto que es joven y fuerte. También su padre fue pescador. Pero, ¿le dolería demasiado la espuela de hueso?»

–No sé –dijo en voz alta–. Nunca he tenido una espuela de hueso.

El sol se estaba poniendo. Para darse más confianza el viejo recordó aquella vez, cuando, en la taberna de Casablanca, había pulseado con el negrazo de Cienfuegos que era el hombre más fuerte de los muelles. Habían estado un día y una noche con sus codos sobre una raya de tiza en la mesa, y los antebrazos verticales, y las manos agarradas. Cada uno trataba de bajar la mano del otro hasta la mesa. Se hicieron muchas apuestas y la gente entraba y salía del local bajo las luces de queroseno, y él miraba el brazo y la mano del negro y a la cara del negro. Cambiaban de árbitro cada cuatro horas, después de las primeras ocho, para que los árbitros pudieran dormir. Por debajo de las uñas de los dedos manaba sangre y se miraban a los ojos y a los antebrazos y los apostadores entraban y salían del local y se sentaban en altas sillas contra la pared para mirar. Las paredes estaban pintadas de un azul brillante. Eran de madera y las lámparas arrojaban las sombras de los pulseadores contra ellas. La sombra del negro era enorme y se movía contra la pared según la brisa hacía oscilar las lámparas.

Los logros siguieron subiendo y bajando toda la noche, y al negro le daban ron y le encendían cigarrillos en la boca. Luego, después del ron, el negro hacía un tremendo esfuerzo y una vez había tenido al viejo, que entonces no era viejo, sino Santiago *El Campeón,* cerca de tres pulgadas fuera de la vertical. Pero el viejo había levantado de nuevo la mano y la había puesto a nivel. Entonces tuvo la seguridad de que tenía derrotado al negro, que era un hombre magnífico y un gran atleta. Y al venir el día, cuando los apostadores estaban pidiendo que se declarara tablas, había aplicado todo su esfuerzo y forzado la mano del negro hacia abajo, más y más, hasta hacerle tocar la madera. La competencia había empezado el domingo por la mañana y terminado el lunes por la mañana. Muchos de los apostadores habían pedido un empate porque tenían que irse a trabajar a los muelles, a cargar sacos de azúcar, o a la Havana Coal Company. De no ser por eso todo el mundo hubiera querido que continuara hasta el fin. Pero él la había terminado de todos modos antes de la hora en que la gente tenía que ir a trabajar.

Después de esto, y por mucho tiempo, todo el mundo le había llamado El Campeón y había habido un encuentro de desquite en la primavera. Pero no se había apostado mucho dinero y él había ganado fácilmente, puesto que en el primer match había roto la confianza del negro de Cienfuegos. Después había pulseado unas cuantas veces más y luego había dejado de hacerlo. Decidió que podía derrotar a cualquiera si lo quería de veras, pero pensó que perjudicaba su mano derecha para pescar. Algunas veces había practicado con la izquierda. Pero su mano izquierda había sido siempre una traidora y no hacía lo que le pedía, y no confiaba en ella.

«El sol la tostará bien ahora –pensó–. No debe volver a agarrotárseme, salvo que haga demasiado frío de noche. Me pregunto qué me traerá esta noche.»

Un aeroplano pasó por encima en su viaje hacia Miami y el viejo vio cómo su sombra espantaba a las manchas de peces voladores.

–Con tantos peces voladores, debe de haber dorados –dijo, y se echó hacia atrás contra el sedal para ver si era posible ganar alguna ventaja sobre su pez. Pero no: el sedal permaneció en esa tensión, temblor y rezumar de agua que precede a la rotura. El bote avanzaba lentamente y el viejo siguió con la mirada al aeroplano hasta que lo perdió de vista.

«Debe de ser muy extraño ir en un aeroplano –pensó–. Me pregunto cómo lucirá el mar desde esa altura. Si no volaran demasiado alto podrían ver los peces. Me gustaría volar muy lentamente a doscientas brazas de altura y ver los peces desde arriba. En los barcos tortugueros yo iba en las crucetas de los masteleros y aun a esa altura veía muchos. Desde allí los dorados lucen más verdes y se puede ver sus franjas y sus manchas violáceas y se ve todo el banco buceando. ¿Por qué todos los peces voladores de la corriente oscura tienen lomos violáceos y generalmente franjas o manchas del mismo color? El dorado parece verde, desde luego, porque es realmente dorado. Pero cuando viene a comer, realmente hambriento, aparecen franjas de color violáceo en sus costados, como en las agujas. ¿Será la cólera o la mayor velocidad lo que las hace salir?»

Justamente antes del anochecer, cuando pasaban junto a una gran isla de sargazo que se alzaba y bajaba y balanceaba con el leve oleaje, como si el océano estuviera haciendo el amor con alguna cosa, bajo una manta amarilla un dorado se prendió en su sedal pequeño. El viejo lo vio primero cuando brincó al aire, oro verdadero a los últimos rayos del sol, doblándose y debatiéndose fieramente. Volvió a surgir, una y otra vez, en las acrobáticas salidas que le dictaba su miedo. El hombre volvió como pudo a la popa y agachándose y sujetando el sedal grande con la mano y el brazo derechos tiró del dorado con su mano izquierda, plantando su descalzo pie izquierdo sobre cada tramo de sedal que iba ganando. Cuando el pez llegó a popa, dando cortes y zambullidas, el viejo se inclinó sobre la popa y levantó el bruñido pez de oro de pintas violáceas por sobre la popa. Sus mandíbulas actuaban convulsivamente en rápidas mordidas contra el anzuelo y batió el fondo del bote con su largo cuerpo plano, su cola y su cabeza hasta que el viejo le pegó en la brillante cabeza dorada. Entonces se estremeció y se quedó quieto.

El viejo desenganchó el pez, volvió a cebar el sedal con otra sardina y lo arrojó al agua. Después volvió lentamente a la proa. Se lavó la mano izquierda y se la secó en el pantalón. Luego pasó el grueso sedal de la mano derecha a la mano izquierda y lavó la mano derecha en el mar mientras clavaba la mirada en el sol que se hundía en el océano, y en el sesgo del sedal grande.

–No ha cambiado en absoluto –dijo. Pero observando el movimiento del agua contra su mano notó que era perceptiblemente más lento.

–Voy a amarrar los dos remos uno contra otro y colocarlos de través detrás de la popa: eso retardará de noche su velocidad –dijo–. Si el pez se defiende bien de noche, yo también.

«Sería mejor limpiar el dorado un poco después para que la sangre se quedara en la carne –pensó–. Puedo hacer eso un poco más tarde y amarrar los remos para hacer un remolque al mismo tiempo. Será mejor dejar tranquilo al pez por ahora y no perturbarlo demasiado a la puesta del sol. La puesta del sol es un momento difícil para todos los peces.»

Dejó secar su mano en el aire, luego cogió el sedal con ella y se acomodó lo mejor posible y se dejó tirar adelante contra la madera para que el bote aguantara la presión tanto o más que él.

«Estoy aprendiendo a hacerlo –pensó–. Por lo menos esta parte. Y luego, recuerda que el pez no ha comido desde que cogió la carnada y que es enorme y necesita mucha comida. Ya me he comido un bonito entero. Mañana me comeré el dorado. Quizá me coma un poco cuando lo limpie. Será más difícil de comer que el bonito. Pero después de todo, nada es fácil.

–¿Cómo te sientes, pez? –preguntó en voz alta–. Yo me siento bien y mi mano izquierda va mejor y tengo comida para una noche y un día. Sigue tirando del bote, pez.

No se sentía realmente bien porque el dolor que le causaba el sedal en la espalda había rebasado casi el dolor y pasado a un entumecimiento que le parecía sospechoso. «Pero he pasado cosas peores –pensó–. Mi mano sólo está un poco rozada y el calambre ha desaparecido de la otra. Mis piernas están perfectamente. Y además ahora te llevo ventaja en la cuestión del sustento.»

Ahora era de noche, pues en septiembre se hace de noche rápidamente después de la puesta del sol. Se echó contra la madera gastada de la proa y reposó todo lo posible. Habían salido las primeras estrellas. No conocía el nombre de Venus, pero la vio y sabía que pronto estarían todas a la vista y que tendría consigo todas sus amigas lejanas.

–El pez es también mi amigo –dijo el voz alta–. Jamás he visto un pez así, ni he oído hablar de él. Pero tengo que matarlo. Me alegro que no tengamos que tratar de matar las estrellas.

«Imagínate que cada día tuviera uno que tratar de matar la luna –pensó–. La luna se escapa. Pero ¡imagínate que tuviera uno que tratar diariamente de matar el sol! Nacimos con suerte», pensó.

Luego sintió pena por el gran pez que no tenía nada que comer y su decisión de matarlo no se aflojó por eso un instante. «Podría alimentar a mucha gente –pensó–. Pero ¿serán dignos de comerlo? No, desde luego que no. No hay persona digna de comérselo, a juzgar por su comportamiento y su gran dignidad.»

«No comprendo estas cosas –pensó–. Pero es bueno que no tengamos que tratar de matar el sol o la luna o las estrellas. Basta con vivir del mar y matar a nuestros verdaderos hermanos.»

«Ahora –pensó– tengo que pensar en el remolque para demorar la velocidad. Tiene sus peligros y sus méritos. Pudiera perder tanto sedal que pierda el pez si hace su esfuerzo y si el remolque de remos está en su lugar y el bote pierde toda su ligereza. Su ligereza prolonga el sufrimiento de nosotros dos, pero es mi seguridad, puesto que el pez tiene una gran velocidad que no ha empleado todavía. Pase lo que pase tengo que limpiar el dorado a fin de que no se eche a perder y comer una parte de él para estar fuerte.»

«Ahora descansaré una hora más y veré si continúa firme y sin alteración antes de volver a la popa y hacer el trabajo y tomar una decisión. En tanto veré cómo se porta y si presenta algún cambio. Los remos son un buen truco, pero ha llegado el momento de actuar sobre seguro. Todavía es mucho pez y he visto que el anzuelo estaba en el canto de su boca y ha mantenido la boca herméticamente cerrada. El castigo del anzuelo no es nada. El castigo del hambre y el que se halle frente a una cosa que no comprende lo es todo. Descansa ahora, viejo, y déjalo trabajar hasta que llegue tu turno.»

Descansó durante lo que creyó serían dos horas. La luna no se levantaba ahora hasta tarde y no tenía modo de calcular el tiempo. Y no descansaba realmente, salvo por comparación. Todavía llevaba con los hombros la presión del sedal, pero puso la mano izquierda en la regala de proa y fue confiando cada vez más resistencia al propio bote.

«Qué simple sería si pudiera amarrar el sedal –pensó–. Pero con una brusca sacudida podría romperlo. Tengo que amortiguar la tensión del sedal con mi cuerpo y estar dispuesto en todo momento a soltar sedal con ambas manos.»

–Pero todavía no has dormido, viejo –dijo en voz alta–. Ha pasado medio día y una noche y ahora otro día y no has dormido. Tienes que idear algo para poder dormir un poco si el pez sigue tirando tranquila y seguidamente. Si no duermes pudiera nublársete la cabeza.

«Ahora tengo la cabeza despejada –pensó–. Demasiado despejada. Estoy tan claro como las estrellas que son mis hermanas. Con todo, debo dormir. Ellas duermen, y la luna y el sol también duermen, y hasta el océano duerme a veces, en ciertos días, cuando no hay corriente y se produce una calma chicha.»

«Pero recuerda dormir –pensó–. Oblígate a hacerlo e inventa algún modo simple y seguro de atender a los sedales. Ahora vuelve allá y prepara el dorado. Es demasiado peligroso armar los remos en forma de remolque y dormirse.»

«Podría pasarme sin dormir –se dijo–. Pero sería demasiado peligroso.»

Empezó a abrirse paso de nuevo hacia la popa, a gatas, con manos y rodillas, cuidando de no sacudir el sedal del pez. «Éste pudiera estar ya medio dormido –pensó–. Pero no quiero que descanse. Debe seguir tirando hasta que muera.»

De vuelta en la popa se volvió de modo que su mano izquierda aguantara la tensión del sedal a través de sus hombros y sacó el cuchillo de la funda con la mano derecha..

Ahora las estrellas estaban brillantes y vio claramente el dorado y le clavó el cuchillo en la cabeza y lo sacó de debajo de la popa. Puso uno de sus pies sobre el pescado y lo abrió rápidamente desde la cola hasta la punta de su mandíbula inferior. Luego soltó el cuchillo y lo destripó con la mano derecha limpiándolo completamente y arrancándole de cuajo las agallas. Sintió la tripa pesada y resbaladiza en su mano y la abrió. Dentro había dos peces voladores. Estaban frescos y duros y los puso junto al otro y arrojó las tripas a las aguas por sobre la popa. Se hundieron dejando una estela de fosforescencia en el agua. El dorado estaba ahora frío y era de un leproso blanco-gris a la luz de las estrellas y el viejo le arrancó el pellejo de un costado mientras sujetaba su cabeza con el pie derecho. Luego lo viró y peló la otra parte y con el cuchillo levantó la carne de cada costado desde la cabeza a la cola.

Soltó el resto por sobre la borda y miró a ver si se producía algún remolino en el agua. Pero sólo se percibía la luz de su lento descenso. Se volvió entonces y puso los dos peces voladores dentro de los filetes de pescado y, volviendo el cuchillo a la funda, regresó lentamente a la proa. Su espalda era doblada por la presión del sedal que corría sobre ella mientras él avanzaba con el pescado en la mano derecha.

De vuelta en la proa puso los dos filetes de pescado en la madera y los peces voladores junto a ellos. Después de esto afirmó el sedal a través de sus hombros y en un lugar distinto y lo sujetó de nuevo con la mano izquierda apoyada en la regala. Luego se inclinó sobre la borda y lavó los peces voladores en el agua notando la velocidad del agua contra su mano. Su mano estaba fosforescente por haber pelado el pescado y observó el flujo del agua contra ella. El flujo era menos fuerte y al frotar el canto de su mano contra la tablazón del bote salieron flotando partículas de fósforo y derivaron lentamente hacia popa.

–Se está cansando o descansando –dijo el viejo–. Ahora déjame comer este dorado y tomar algún descanso y dormir un poco.

Bajo las estrellas en la noche, que se iba tornando cada vez más fría, se comió la mitad de uno de los filetes de dorado y uno de los peces voladores limpio de tripa y sin cabeza.

–Qué excelente pescado es el dorado para comerlo cocinado –dijo–. Y qué pescado más malo es crudo. Jamás volveré a salir en un bote sin sal o limones.

«Si hubiera tenido cerebro habría echado agua sobre la proa todo el día. Al secarse habría hecho sal –pensó–. Pero el hecho es que no enganché el dorado hasta cerca de la puesta del sol. Sin embargo, fue una falta de previsión. Pero lo he masticado bien y no siento náuseas.»

El cielo se estaba nublando sobre el Este y una tras otra las estrellas que conocía fueron desapareciendo. Ahora parecía como si estuvieran entrando en un gran desfiladero de nubes y el viento había amainado.

–Dentro de tres o cuatro días habrá mal tiempo –dijo–. Pero no esta noche ni mañana. Apareja ahora para dormir un poco, viejo, mientras el pez está tranquilo y sigue tirando seguido.

Sujetó firmemente el sedal en su mano derecha, luego empujó su muslo contra su mano derecha mientras echaba todo el peso contra la madera de la proa. Luego pasó el sedal un poco más abajo, en los hombros, y lo aguantó con la mano izquierda en forma de soporte.

«Mi mano derecha puede sujetarlo mientras tenga soporte –pensó–. Si se afloja en el sueño, mi mano izquierda me despertará cuando el sedal empiece a correr. Es duro para la mano derecha. Pero está acostumbrada al castigo. Aun cuando sólo duerma veinte minutos o media hora me hará bien.» Se inclinó hacia delante, afianzándose contra el sedal con todo su cuerpo, echando todo su peso sobre la mano derecha, y se quedó dormido.

No soñó con los leones marinos. Soñó con una vasta mancha de marsopas que se extendía por espacio de ocho a diez millas. Y esto era en la época de su apareamiento y brincaban muy alto en el aire y volvían al mismo hoyo que habían abierto en el agua al brincar fuera de ella.

Luego soñó que estaba en el pueblo, en su cama, y soplaba un Norte y hacía mucho frío y su mano derecha estaba dormida porque su cabeza había descansado sobre ella en vez de hacerlo sobre una almohada.

Después empezó a soñar con la larga playa amarilla y vio el primero de los leones que descendían a ella al anochecer. Y luego vinieron los otros leones. Y él apoyó la barbilla sobre la madera de la proa del barco que allí estaba fondeado sintiendo la vespertina brisa de tierra y esperando a ver si venían más leones. Y era feliz.

La luna se había levantado hacía mucho tiempo, pero él seguía durmiendo y el pez seguía tirando seguidamente del bote y éste entraba en un túnel de nubes.

Lo despertó la sacudida de su puño derecho contra su cara y el escozor del sedal pasando por su mano derecha. No tenía sensación en su mano izquierda, pero frenó todo lo que pudo con la derecha y el sedal seguía corriendo precipitadamente. Por fin su mano izquierda halló el sedal y el viejo se echó hacia atrás contra el sedal y ahora le quemaba la espalda y la mano izquierda y su mano izquierda estaba aguantando toda la tracción y se estaba desollando malamente. Volvió la vista a los rollos de sedal y vio que se estaba desenrollando suavemente. Justamente entonces el pez irrumpió en la superficie haciendo un gran desgarrón en el océano y cayendo pesadamente luego. Luego volvió a irrumpir, brincando una y otra vez, y el bote iba velozmente aunque el sedal seguía corriendo y el viejo estaba llevando la tensión hasta su máximo de resistencia, repetidamente, una y otra vez. El pez había tirado de él contra la proa y su cara estaba contra la tajada suelta de dorado y no podía moverse.

«Esto es lo que esperábamos –pensó–. Así, pues, vamos a aguantarlo.»

«Que tenga que pagar por el sedal –pensó–. Que tenga que pagarlo bien.»

No podía ver los brincos del pez sobre el agua: sólo sentía

la rotura del océano y el pesaado golpe contra el agua al caer.

La velocidad del sedal desollaba sus manos, pero nunca había ignorado que esto sucediera y trató de mantener el roce sobre sus partes callosas y no dejar escapar el sedal a la palma y evitar que le desollara los dedos.

«Si el muchacho estuviera aquí mojaría los rollos de sedal –pensó–. Sí. Si el muchacho estuviera aquí. Si el muchacho estuviera aquí.»

El sedal se iba más y más, pero ahora más lentamente, y el viejo estaba obligando al pez a ganar con trabajo cada pulgada de sedal. Ahora levantó la cabeza de la madera y la sacó de la tajada de pescado que su mejilla había aplastado. Luego se puso de rodillas y seguidamente se puso lentamente de pie. Estaba cediendo sedal, pero más lentamente cada vez. Logró volver adonde podía sentir con el pie los rollos de sedal que no veía.

Quedaba todavía suficiente sedal y ahora el pez tenía que vencer la fricción de todo aquel nuevo sedal a través del agua.

«Sí –pensó–. Y ahora ha salido más de una docena de veces fuera del agua y ha llenado de aire las bolsas a lo largo del lomo y no puede descender a morir a las profundidades de donde yo no pueda levantarlo. Pronto empezará a dar vueltas. Entonces tendré que empezar a trabajarlo. Me pregunto qué le habrá hecho brincar tan de repente fuera del agua. ¿Habrá sido el hambre, llevándolo a la desesperación o habrá sido algo que lo asustó en la noche? Quizás haya tenido miedo de repente. Pero era un pez tranquilo, tan fuerte, y parecía tan valeroso y confiado. Es extraño.»

–Mejor que tú mismo no tengas miedo y que tengas confianza, viejo –dijo–. Lo estás sujetando de nuevo, pero no puedes recoger sedal. Pronto tendrá que empezar a girar en derredor.

El viejo sujetaba ahora al pez con su mano izquierda y con sus hombros, y se inclinó y cogió agua en el hueco de la mano derecha para quitarse de la cara la carne aplastada del dorado. Temía que le diera náuseas y vomitara y perdiera sus fuerzas. Cuando hubo limpiado la cara, lavó la mano derecha en el agua por sobre la borda y luego la dejó en el agua salada mientras percibía la aparición de la primera luz que precede a la salida del sol.

«Va casi derecho al Este –pensó–. Eso quiere decir que está cansado y que sigue la corriente. Pronto tendrá que girar. Entonces empezará nuestro verdadero trabajo.»

Después de considerar que su mano derecha llevaba suficiente tiempo en el agua la sacó y la miró.

–No está mal –dijo–. Para un hombre el dolor no importa.

Sujetó el sedal con cuidado, de forma que no se ajustara a ninguna de las recientes rozaduras, y lo corrió de modo que pudiera poner su mano izquierda en el mar por sobre el otro costado del bote.

–Lo has hecho bastante bien y no en balde –dijo a su mano izquierda–. Pero hubo un momento en que no podía encontrarte.

«¿Por qué no habré nacido con dos buenas manos? –pensó–. Quizá yo haya tenido la culpa, por no entrenar ésta debidamente. Pero bien sabe Dios que ha tenido bastantes ocasiones de aprender. No lo ha hecho tan mal esta noche, después de todo, y sólo ha sufrido calambre una vez. Si le vuelve a dar, deja que el sedal le arranque la piel.»

Cuando le pareció que se le estaba nublando un poco la cabeza pensó que debía comer un poco más de dorado. «Pero no puedo –se dijo–. Es mejor tener la mente un poco nublada que perder fuerzas por la náusea. Y yo sé que no podré guardar la carne si me la como después de haberme embarrado la cara con ella. La dejaré para un caso de apuro hasta que se ponga mala. Pero es demasiado tarde para tratar de ganar fuerzas por medio de la alimentación. Eres estúpido –se dijo–. Cómete el otro pez volador.»

Estaba allí, limpio y listo, y lo recogió con la mano izquierda y se lo comió, masticando cuidadosamente las espinas, comiéndoselo todo, hasta la cola.

Era más alimenticio que casi cualquier otro pez, pensó. «Por lo menos el tipo de fuerza que necesito. Ahora he hecho lo que podía –pensó–. Que empiece a trazar círculos y venga la pelea.»

El sol estaba saliendo por tercera vez desde que se había hecho a la mar, cuando el pez empezó a dar vueltas.

El viejo no podía ver por el sesgo del sedal que el pez estaba girando. Era demasido pronto para eso. Sentía simplemente un débil aflojamiento de la presión del sedal y comenzó a tirar de él suavemente con la mano derecha. Se tensó, como siempre, pero justamente cuando llegó al punto en que se hubiera roto, el sedal empezó a ceder. El viejo sacó con cuidado la cabeza y los hombros de debajo del sedal y empezó a recogerlo suave y seguidamente. Usó las dos manos sucesivamente, balanceándose y tratando de efectuar la tracción lo más posible con el cuerpo y con las piernas. Sus viejas piernas y hombros giraban con ese movimiento de contoneo a que le obligaba la tracción.

–Es un ancho círculo –dijo–. Pero está girando.

Luego el sedal cesó de ceder y el viejo lo sujetó hasta que vio que empezaba a soltar las gotas al sol. Luego empezó a correr y el viejo se arrodilló y lo dejó ir nuevamente, a regañadientes, al agua oscura.

–Ahora está haciendo la parte más lejana del círculo –dijo.

«Debo aguantar todo lo posible –pensó–. La tirantez acortará su círculo cada vez más. Es posible que lo vea dentro de una hora. Ahora debo convencerlo y luego debo matarlo.»

Pero el pez seguía girando lentamente y el viejo estaba empapado en sudor y fatigado hasta la medula dos horas después. Pero los círculos eran mucho más cortos y por la forma en que el sedal se sesgaba podía apreciar que el pez había ido subiendo mientras giraba.

Durante una hora el viejo había estado viendo puntos negros ante los ojos y el sudor salaba sus ojos y salaba la herida que tenía en su ceja y en su frente. No temía a los puntos negros. Eran normales a la tensión a que estaba tirando del sedal. Dos veces, sin embargo, había sentido vahídos y mareos, y eso le preocupaba.

–No puedo fallarme a mí mismo y morir frente a un pez como éste –dijo–. Ahora que lo estoy acercando tan lindamente. Dios me ayude a resistir. Rezaré cien padrenuestros y cien avemarías. Pero no puedo rezarlos ahora.

«Considéralos rezados –pensó–. Los rezaré más tarde.»

Justamente entonces sintió de súbito una serie de tirones y sacudidas en el sedal que sujetaba con ambas manos. Era una sensación viva, dura y pesada.

«Está golpeando el alambre con su pico –pensó–. Tenía que suceder. Tenía que hacer eso. Sin embargo, puede que lo haga brincar fuera del agua, y yo preferiría que ahora siguiera dando vueltas.» Los brincos fuera del agua le eran necesarios para tomar aire. Pero después de eso, cada uno puede ensanchar la herida del anzuelo, y pudiera llegar a soltar el anzuelo.

–No brinques, pez –dijo–. No brinques.

El pez golpeó el alambre varias veces más, y cada vez que sacudía la cabeza, el viejo cedía un poco más de sedal.

«Tengo que evitar que aumente su dolor –pensó–. El mío no importa. Yo puedo controlarlo. Pero su dolor pudiera exasperarlo.»

Después de un rato el pez dejó de golpear el alambre y empezó a girar de nuevo lentamente. Ahora el viejo estaba ganando sedal gradualmente. Pero de nuevo sintió un vahído. Cogió un poco de agua del mar con la mano izquierda y se mojó la cabeza. Luego cogió más agua y se frotó la parte de atrás del cuello.

–No tengo calambres –dijo–. El pez estará pronto arriba y tengo que resistir. Tienes que resistir. De eso, ni hablar.

Se arrodilló contra lo proa y, por un momento, deslizó de nuevo el sedal sobre su espalda. «Ahora descansaré mientras él sale a trazar su círculo, y luego, cuando venga, me pondré de pie y lo trabajaré», decidió.

Era una gran tentación descansar en la proa y dejar que el pez trazara un círculo por sí mismo sin recoger sedal alguno. Pero cuando la tirantez indicó que el pez había virado para venir hacia el bote, el viejo se puso en pie y empezó a tirar en ese movimiento giratorio y de contoneo, hasta recoger todo el sedal ganado al pez.

«Jamás me he sentido tan cansado –pensó–, y ahora se está levantando la brisa. Pero eso me ayudará a llevarlo a tierra. Lo necesito mucho.»

–Descansaré en la próxima vuelta que salga a dar –dijo–. Me siento mucho mejor. Luego, en dos o tres vueltas más, lo tendré en mi poder.

Su sombrero de paja estaba allá en la parte de atrás de la cabeza. El viejo sintió girar de nuevo el pez, y un fuerte tirón del sedal lo hundió contra lo proa.

«Pez, ahora tú estás trabajando –pensó–. A la vuelta te pescaré.»

El mar estaba bastante más agitado. Pero era una brisa de buen tiempo y el viejo la necesitaba para volver a tierra.

–Pondré, simplemente, proa al Sur y al Oeste –dijo–. Un hombre no se pierde nunca en el mar. Y la isla es larga.

Fue en la tercera vuelta cuando primero vio el pez. Lo vio primero como una sombra oscura que tardó tanto tiempo en pasar bajo el bote que el viejo no podía creer que fuese tal su longitud.

–No –dijo–. No puede ser tan grande.

Pero era tan grande, y al cabo de su vuelta salió a la superficie sólo a treinta yardas de distancia y el hombre vio su cola fuera del agua. Era más alta que una gran hoja de guadaña y de un color azuloso rojizo muy pálido sobre la oscura agua azul. Volvió a hundirse y mientras el pez nadaba justamente bajo la superficie el viejo pudo ver su enorme bulto y las franjas purpurinas que lo ceñían. Su aleta dorsal estaba aplanada y sus enormes pectorales desplegadas a todo lo que daban.

En ese círculo pudo el viejo ver el ojo del pez y las dos rémoras grises que nadaban en torno a él. A veces se adherían a él. A veces salían disparadas. A veces nadaban tranquilamente a su sombra. Cada una tenía más de tres pies de largo, y cuando nadaban rápidamente meneaban todo su cuerpo como anguilas.

El viejo estaba ahora sudando, pero por algo más que por el sol. En cada vuelta que daba plácida y tranquilamente el pez el viejo iba ganando sedal y estaba seguro de que en dos vueltas más tendría ocasión de clavarle el arpón.

«Pero tengo que acercarlo, acercarlo, acercarlo –pensó–. No debo apuntar a la cabeza. Tengo que metérselo en el corazón.»

–Calma y fuerza, viejo –dijo.

En la vuelta siguiente el lomo del pez salió del agua, pero estaba demasiado lejos del bote. En la vuelta siguiente estaba todavía lejos, pero sobresalía más del agua y el viejo estaba seguro de que cobrando un poco más de sedal habría podido arrimarlo al bote.

Había preparado su arpón mucho antes y su rollo de cabo ligero estaba en una cesta redonda, y el extremo estaba amarrado a la bita en la proa.

Ahora el pez se estaba acercando, bello y tranquilo, a la mirada y sin mover más que su gran cola. El viejo tiró de él todo lo que pudo para acercarlo más. Por un instante el pez se viró un poco sobre un costado. Luego se enderezó y emprendió otra vuelta.

–Lo moví –dijo el viejo–. Esta vez lo moví.

Sintió nuevamente un vahído, pero siguió aplicando toda la presión de que era capaz al gran pez. «Lo he movido –pensó–. Quizás esta vez pueda virarlo. Tirad, manos –pensó–. Aguantad firmes, piernas. No me falles, cabeza. No me falles. Nunca te has dejado llevar. Esta vez voy a virarlo.»

Pero cuando puso en ello todo su esfuerzo empezando a bastante distancia antes de que el pez se pusiera a lo largo del bote y tirando con todas sus fuerzas, el pez se viró en parte y luego se enderezó y se alejó nadando.

–Pez –dijo el viejo–. Pez, vas a tener que morir de todas maneras. ¿Tienes que matarme también a mí?

«De ese modo no se consigue nada», pensó. Su boca estaba demasiado seca para hablar, pero ahora no podía alcanzar el agua. «Esta vez tengo que arrimarlo –pensó–. No estoy para muchas vueltas más. Sí, cómo no –se dijo a sí mismo–. Estás para eso y mucho más.»

En la siguiente vuelta estuvo a punto de vencerlo. Pero de nuevo el pez se enderezó y salió nadando lentamente.

«Me estás matando, pez –pensó el viejo–. Pero tienes derecho. Hermano, jamás en mi vida he visto cosa más grande, ni más hermosa, ni más tranquila ni más noble que tú. Vamos, ven a matarme. No me importa quién mate a quién.»

«Ahora se está confundiendo la mente –pensó–. Tienes que mantener tu cabeza despejada. Mantén tu cabeza despejada y aprende a sufrir como un hombre. O como un pez», pensó.

–Despéjate, cabeza –dijo en una voz que apenas podía oír–. Despéjate.

Dos veces más ocurrió lo mismo en las vueltas.

«No sé –pensó el viejo. Cada vez se había sentido a punto de desfallecer–. No sé. Pero probaré otra vez.»

Probó una vez más y se sintió desfallecer cuando viró el pez. El pez se enderezó y salió nadando de nuevo lentamente, meneando en el aire su gran cola.

«Probaré de nuevo», prometió el viejo, aunque sus manos estaban ahora pulposas y sólo podía ver bien a intervalos.

Probó de nuevo y fue lo mismo. «Vaya –pensó, y se sintió desfallecer antes de empezar–. Voy a probar otra vez.»

Cogió todo su dolor y lo que quedaba de su fuerza y del orgullo que había perdido hacía mucho tiempo y lo enfrentó a la agonía del pez. Y éste se viró sobre su costado y nadó suavemente de costado, tocando casi con el pico la tablazón del bote y empezó a pasarlo: largo, espeso, ancho, plateado y listado de púrpura e interminable en el agua.

El viejo soltó el sedal y puso su pie sobre él y levantó el arpón tan alto como pudo y lo lanzó hacia abajo con toda su fuerza, y más fuerza que acababa de crear, al costado del pez, justamente detrás de la gran aleta pectoral que se elevaba en el aire, a la altura del pecho de un hombre. Sintió que el hierro penetraba en el pez y se inclinó sobre él y lo forzó a penetrar más y luego le echó encima todo su peso.

Luego, el pez cobró vida, con la muerte en la entraña, y se levantó del agua, mostrando toda su gran longitud y anchura y todo su poder y su belleza. Pareció flotar en el aire sobre el viejo que estaba en el bote. Luego cayó en el agua con un estampido que arrojó un reguero de agua sobre el viejo y sobre todo el bote.

El viejo se sentía desfallecer y estaba mareado y no veía bien. Pero soltó el sedal del arpón y lo dejó correr lentamente entre sus manos en carne viva, y cuando pudo ver, vio que el pez estaba de espalda, con su plateado vientre hacia arriba. El mango del arpón se proyectaba en ángulo desde el hombro del pez, y el mar se estaba tiñendo de la sangre roja de su corazón. Primero era oscura como un bajío en el agua azul que tenía más de una milla de profundidad. Luego se distendió como una nube. El pez era plateado y estaba quieto y flotaba movido por las olas.

El viejo miró con atención en el intervalo de vista que tenía. Luego dio dos vueltas con el sedal del arpón a la bita de la proa y se sujetó la cabeza con las manos.

–Tengo que mantener clara la mente –dijo contra la madera de la proa–. Soy un hombre viejo y cansado. Pero he matado a este pez que es mi hermano y ahora tengo que terminar la faena.

«Ahora tengo que preparar los lazos y la cuerda para amarrarlo al costado –pensó–. Aun cuando fuéramos dos y anegáramos el bote para cargar el pez y achicáramos luego el bote no podría jamás con él. Tengo que prepararlo todo y luego arrimarlo y amarrarlo bien y encajar el mástil y largar vela de regreso.»

Empezó a tirar del pez para ponerlo a lo largo del costado, de modo que pudiera pasar un sedal por sus agallas, sacarlo por la boca y amarrar su cabeza al costado de proa. «Quiero verlo –pensó–, y tocarlo, y palparlo. Creo que sentí el contacto con su corazón –pensó–. Cuando empujé el mango del arpón la segunda vez. Acercarlo ahora y amarrarlo, y echarle el lazo a la cola y otro por el centro, y ligarlo al bote.»

–Ponte a trabajar, viejo –dijo. Tomó un trago muy pequeño de agua–. Hay mucha faena que hacer ahora que la pelea ha terminado.

Alzó la vista al cielo y luego la tendió hacia su pez. Miró al sol con detenimiento. «No debe ser mucho más de mediodía –pensó–. Y la brisa se está levantando. Los sedales no significan nada ya. El muchacho y yo los empalmaremos cuando lleguemos a casa.»

–Vamos, pescado, ven acá –dijo–. Pero el pez no venía. Seguía allí, flotando en el mar, y el viejo llevó el bote hasta él.

Cuando estuvo a su nivel y tuvo la cabeza del pez contra la proa no pudo creer que fuera tan grande. Pero soltó de la bita la soga del arpón, la pasó por las agallas del pez y la sacó por sus mandíbulas. Dio una vuelta con ella a la espalda y luego la pasó a través de la otra agalla. Dio otra vuelta al pico y anudó la doble cuerda y la sujetó a la bita de proa. Cortó entonces el cabo y se fue a popa a enlazar la cola. El pez se había vuelto plateado (originalmente era violáceo y plateado) y las franjas eran del mismo color violáceo pálido de su cola. Eran más anchas que la mano de un hombre con los dedos abiertos y los ojos del pez parecían tan neutros como los espejos de un periscopio o un santo en una procesión.

–Era la única manera de matarlo –dijo el viejo. Se estaba sintiendo mejor desde que había tomado el buche de agua y sabía que no desfallecería y su cabeza estaba despejada. «Tal como está, pesa mil quinientas libras –pensó–. Quizá más. ¿Si quedaran en limpio dos tercios de eso, a treinta centavos la libra?»

–Para eso necesito un lápiz –dijo–. Mi cabeza no está tan clara como para eso. Pero creo que el gran Di Maggio se hubiera sentido hoy orgulloso de mí. Yo no tenía espuelas de hueso. Pero las manos y la espalda duelen de veras.

«Me pregunto qué sería una espuela de hueso –pensó–. Puede que las tengamos sin saberlo.»

Sujetó el pez a la proa y a la popa y al banco del medio. Era tan grande, que era como amarrar un bote mucho más grande al costado del suyo. Cortó un trozo de sedal y amarró la mandíbula inferior del pez contra su pico a fin de que no se abriera la boca y que pudieran navegar lo más desembarazadamente posible. Luego encajó el mástil en la carlinga, y con el palo que era su bichero y el botalón aparejados, la remendada vela cogió viento, el bote empezó a moverse y, medio tendido en la popa, el viejo puso proa al Suroeste.

No necesitaba brújula para saber dónde estaba el Suroeste. No tenía más que sentir la brisa y el tiro de la vela. «Será mejor que eche un sedal con una cuchara al agua y trate de coger algo para comer y mojarlo con agua.» Pero no encontró ninguna cuchara y sus sardinas estaban podridas. Así que enganchó un parche de algas marinas con el bichero y lo sacudió y los pequeños camarones que había en él cayeron en el fondo del bote. Había más de una docena de ellos y brincaban y pataleaban como pulgas de playa. El viejo les arrancó las cabezas con el índice y el pulgar y se los comió, masticando las cortezas y las colas. Eran muy pequeñitos, pero él sabía que eran alimenticios y no tenían mal sabor.

El viejo tenía todavía dos tragos de agua en la botella y se tomó la mitad de uno después de haber comido los camarones. El bote navegaba bien, considerando los inconvenientes, y el viejo gobernaba con la caña del timón bajo el brazo. Podía ver el pez y no tenía más que mirar a sus manos y sentir el contacto de su espalda con la popa para saber que esto había sucedido realmente y que no era un sueño. Una vez, cuando se sentía mal, hacia el final de la pelea, había pensado que quizá fuera un sueño. Luego, cuando había visto saltar el pez del agua y permanecer inmóvil contra el cielo antes de caer, tuvo la seguridad de que era algo grandemente extraño y no podía creerlo. Luego empezó a ver mal. Ahora, sin embargo, había vuelto a ver como siempre.

Ahora sabía que el pez iba ahí y que sus manos y su espalda no eran un sueño. «Las manos curan rápidamente –pensó–. Las he desangrado, pero el agua salada las curará. El agua oscura del golfo verdadero es la mejor cura que existe. Lo único que tengo que hacer es conservar la claridad mental. Las manos han hecho su faena y navegamos bien. Con su boca cerrada y su cola vertical navegamos como hermanos. –Luego su cabeza empezó a nublarse un poco y pensó–: ¿Me llevará él a mí o lo llevaré yo a él? Si yo lo llevara a él a remolque no habría duda. Tampoco si el pez fuera en el bote ya sin ninguna dignidad.» Pero navegaban juntos, ligados costado con costado, y el viejo pensó: «Deja que él me lleve si quiere. Yo sólo soy mejor que él por mis artes y él no ha querido hacerme daño.»

Navegaban bien y el viejo empapó las manos en el agua salada y trató de mantener la mente clara. Había altos cúmulos y suficientes cirros sobre ellos: por eso sabía que la brisa duraría toda la noche. El viejo miraba al pez constantemente para cerciorarse de que era cierto. Pasó una hora antes de que le acometiera el primer tiburón.

El tiburón no era un accidente. Había surgido de la profundidad cuando la nube oscura de la sangre se había formado y dispersado en el mar a una milla de profundidad. Había surgido tan rápidamente y tan sin cuidado que rompió la superficie del agua azul y apareció al sol. Luego se hundió de nuevo en el mar y captó el rastro y empezó a nadar siguiendo el curso del bote y el pez.

A veces perdía el rastro. Pero lo captaba de nuevo, aunque sólo fuera por asomo, y se precipitaba rápida y fieramente en su persecución. Era un tiburón Mako muy grande, hecho para nadar tan rápidamente como el más rápido pez en el mar y todo en él era hermoso, menos sus mandíbulas.

Su lomo era tan azul como el de un pez espada y su vientre era plateado y su piel era suave y hermosa. Estaba hecho como un pez espada, salvo por sus enormes mandíbulas, que iban herméticamente cerradas mientras nadaba, justamente bajo la superficie, su alta aleta dorsal cortando el agua sin oscilar. Dentro del cerrado doble labio de sus mandíbulas sus ocho filas de dientes se inclinaban hacia dentro. No eran los ordinarios dientes piramidales de la mayoría de los tiburones. Tenían la forma de los dedos de un hombre cuando se crispaban como garras. Eran casi tan largos como los dedos del viejo y tenían filos como de navajas por ambos lados. Éste era un pez hecho para alimentarse de todos los peces del mar que fueran tan rápidos y fuertes y bien armados que no tuvieran otro enemigo. Ahora, al percibir el aroma más fresco, su azul aleta dorsal cortaba el agua más velozmente.

Cuando el viejo lo vio venir se dio cuenta de que era un tiburón que no tenía ningún miedo y que haría exactamente lo que quisiera. Preparó el arpón y sujetó el cabo mientras veía venir el tiburón. El cabo era corto, pues le faltaba el trozo que él había cortado para amarrar el pez.

El viejo tenía ahora la cabeza despejada y en buen estado y estaba lleno de decisión, pero no abrigaba mucha esperanza. «Era demasiado bueno para que durara», pensó. Echó una mirada al gran pez mientras veía acercarse el tiburón. «Tal parece un sueño –pensó–. No puedo impedir que me ataque, pero acaso pueda arponearlo. *Dentuso* –pensó–. ¡Maldita sea tu madre!»

El tiburón se acercó velozmente por la popa y cuando atacó al pez el viejo vio su boca abierta y sus extraños ojos y el tajante chasquido de los dientes al entrarle a la carne justamente sobre la cola. La cabeza del tiburón estaba fuera del agua y su lomo venía asomando y el viejo podía oír el ruido que hacía al desgarrar la piel y la carne del gran pez cuando clavó el arpón en la cabeza del tiburón en el punto donde la línea del entrecejo se cruzaba con la que corría rectamente hacia atrás partiendo del hocico. No había tales líneas: solamente la pesada y recortada cabeza azul y los grandes ojos y las mandíbulas que chasqueaban, acometían y se lo tragaban todo. Pero allí era donde estaba el cerebro y allí fue donde le pegó el viejo. Le pegó con sus manos pulposas y ensangrentadas, empujando el arpón con toda su fuerza. Le pegó sin esperanza, pero con resolución y furia.

El tiburón se volcó y el viejo vio que no había vida en sus ojos; luego el tiburón volvió a volcarse, se envolvió en dos lazos de cuerda. El viejo se dio cuenta de que estaba muerto, pero el tiburón no quería aceptarlo. Luego, de lomo, batiendo el agua con la cola y chasqueando las mandíbulas, el tiburón surcó el agua como una lancha de motor. El agua era blanca en el punto donde batía su cola y las tres cuartas partes de su cuerpo sobresalían del agua cuando el cabo se puso en tensión, retembló y luego se rompió. El tiburón se quedó un rato tranquilamente en la superficie y el viejo se paró a mirarlo. Luego el tiburón empezó a hundirse lentamente.

–Se llevó unas cuarenta libras –dijo el viejo en voz alta.

«Se llevó también mi arpón y todo el cabo –pensó– y ahora mi pez sangra y vendrán otros tiburones.»

No le agradaba ya mirar al pez porque había sido mutilado. Cuando el pez había sido atacado fue como si lo hubiera sido él mismo.

«Pero he matado al tiburón que atacó a mi pez –pensó–. Y era el *dentuso* más grande que había visto jamás. Y bien sabe Dios que yo he visto *dentusos* grandes.»

«Era demasiado bueno para durar –pensó–. Ahora pienso que ojalá hubiera sido un sueño y que jamás hubiera pescado el pez y que me hallara solo en la cama sobre los periódicos.»

–Pero el hombre no está hecho para la derrota –dijo–. Un hombre puede ser destruido, pero no derrotado.

«Pero siento haber matado el pez –pensó–. Ahora llega el mal momento y ni siquiera tengo el arpón. El *dentuso* es cruel y capaz y fuerte e inteligente. Pero yo fui más inteligente que él. Quizá no –pensó–. Acaso estuviera solamente mejor armado.»

–No pienses, viejo –dijo en voz alta–. Sigue tu rumbo y dale el pecho a la cosa cuando venga.

«Pero tengo que pensar –pensó–. Porque es lo único que me queda. Eso y el béisbol. Me pregunto qué le habría parecido al gran Di Maggio la forma en que le di en el cerebro. No fue gran cosa –pensó–. Cualquier hombre habría podido hacerlo. Pero ¿cree usted que mis manos hayan sido un inconveniente tan grande como las espuelas de hueso? No puedo saberlo. Jamás he tenido nada malo en el talón, salvo aquella vez en que la raya me lo pinchó cuando la pisé nadando y me paralizó la parte inferior de la pierna causando un dolor insoportable.»

–Piensa en algo alegre, viejo –dijo–. Ahora cada minuto que pasa estás más cerca de la orilla.

Tras haber perdido cuarenta libras navegaba más y más ligero.

Conocía perfectamente lo que pudiera suceder cuando llegara a la parte interior de la corriente. Pero ahora no había nada que hacer.

–Sí, cómo no –dijo en voz alta–. Puedo amarrar el cuchillo al cabo de uno de los remos.

Lo hizo así como la caña del timón bajo el brazo y la escota de la vela bajo el pie.

–Vaya –dijo–. Soy un viejo. Pero no estoy desarmado.

Ahora la brisa era fresca y navegaba bien. Vigilaba sólo la parte delantera del pez y empezó a cobrar parte de su esperanza.

«Es idiota no abrigar esperanzas –pensó–. Además, creo que es un pecado. No pienses en el pecado –pensó–. Hay bastantes problemas ahora sin el pecado. Además, yo no entiendo eso.»

«No lo entiendo y no estoy seguro de creer en el pecado. Quizás haya sido un pecado matar el pez. Supongo que sí, aunque lo hice para vivir y dar de comer a mucha gente. Pero entonces todo es pecado. No pienses en el pecado. Es demasiado tarde para eso y hay gente a la que se paga por hacerlo. Deja que ellos piensen en el pecado. Tú naciste para ser pescador y el pez nació para ser pez. San Pablo era pescador, lo mismo que el padre del gran Di Maggio.»

Pero le gustaba pensar en todas las cosas en que se hallaba

envuelto, y puesto que no había nada que leer y no tenía un aparato de radio pensaba mucho y seguía pensando acerca del pecado. «No has matado el pez únicamente para vivir y vender para comer –pensó–. Lo mataste por orgullo y porque eres pescador. Lo amabas cuando estaba vivo y lo amabas después. Si lo amas, no es pecado matarlo. ¿O será más que pecado?»

–Piensas demasiado, viejo –dijo en voz alta.

«Pero te gustó matar al *dentuso* –pensó–. Vive de los peces vivos como tú. No es un animal que se alimente de carroñas, ni un simple apetito ambulante, como otros tiburones. Es hermoso y noble y no conoce el miedo.»

–Lo maté en defensa propia –dijo el viejo en voz alta–. Y lo maté bien.

«Además –pensó–, todo mata a lo demás en cierto modo. El pescar me mata a mí exactamente igual que me da la vida. El muchacho sostiene mi vida –pensó–. No debo hacerme demasiadas ilusiones.»

Se inclinó sobre la borda y arrancó un pedazo de carne del pez donde la había desgarrado el tiburón. La masticó y notó su buena calidad y su buen sabor. Era firme y jugosa como carne de res, pero no era roja. No tenía nervios y él sabía que en el mercado se pagaría al más alto precio. Pero no había manera de impedir que su aroma se extendiera por el agua y el viejo sabía que se acercaban muy malos momentos.

La brisa era firme. Había retrocedido un poco hacia el Nordeste y el viejo sabía que eso significaba que no decaería. El viejo miró adelante, pero no se veía ninguna vela ni el casco ni el humo de ningún barco. Sólo los peces voladores que se levantaban de su proa abriéndose hacia los lados y los parches amarillos de los sargazos. Ni siquiera se veía un pájaro.

Había navegado durante dos horas, descansando en la popa y a veces masticando un pedazo de carne de la aguja, tratando de reposar para estar fuerte, cuando vio el primero de los dos tiburones.

–*¡Ay!* –dijo en voz alta.

No hay equivalente para esta exclamación. Quizá sea tan sólo un ruido, como el que pueda emitir un hombre, involuntariamente, sintiendo los clavos atravesar sus manos y penetrar en la madera.

–*Galanos* –dijo en voz alta.

Había visto ahora la segunda aleta que venía detrás de la primera y los había identificado como los tiburones de hocico en forma de pala por la parda aleta triangular y los amplios movimientos de cola. Habían captado el rastro y estaban excitados y en la estupidez de su voracidad estaban perdiendo y recobrando el aroma. Pero se acercaban sin cesar.

El viejo amarró la escota y trancó la caña. Luego cogió el remo al que había ligado el cuchillo. Lo levantó lo más suavemente posible porque sus manos se rebelaban contra el dolor. Luego las abrió y cerró suavemente para despegarlas del remo. Las cerró con firmeza para que ahora aguantaran el dolor y no cedieran y clavó la vista en los tiburones que se acercaban. Podía ver sus anchas y aplastadas cabezas de punta de pala y sus anchas aletas pectorales de blanca punta. Eran unos tiburones odiosos, malolientes, comedores de carroñas, así como asesinos, y cuando tenían hambre eran capacer de morder un remo o un timón de barco. Eran estos tiburones los que cercenaban las patas de las tortugas cuando éstas nadaban dormidas en la superficie, y atacaban a un hombre en el agua si tenían hambre aun cuando el hombre no llevara encima sangre ni mucosidad de pez.

–*¡Ay!* –dijo el viejo–. *Galanos.* ¡Vengan, *galanos*!

Vinieron. Pero no vinieron como había venido el Mako. Uno viró y se perdió de vista, abajo, y por la sacudida del bote el viejo sintió que el tiburón acometía al pez y le daba tirones. El otro miró al viejo con sus hendidos ojos amarillos y luego vino rápidamente con su medio círculo de mandíbula abierto para acometer al pez donde había sido ya mordido. Luego apareció claramente la línea en la cima de su cabeza parda y más atrás donde el cerebro se unía a la espina dorsal y el viejo clavó el cuchillo que había amarrado al remo en la articulación. Lo retiró, lo clavó de nuevo en los amarillos ojos felinos del tiburón. El tiburón soltó el pez y se deslizó hacia abajo tragando lo que había cogido mientras moría.

El bote retemblaba todavía por los estragos que el otro tiburón estaba causando al pez y el viejo arrió la escota para que el bote virara en redondo y sacar de debajo al tiburón. Cuando vio al tiburón, se inclinó sobre la borda y le dio de cuchilladas. Sólo encontró carne, y la piel estaba endurecida y apenas pudo hacer penetrar el cuchillo. El golpe lastimó, no sólo sus manos, sino también su hombro. Pero el tiburón subió rápido, sacando la cabeza, y el viejo le dio en el centro mismo de aquella cabeza plana al tiempo que el hocico salía del agua y se pegaba al pez. El viejo retiró la hoja y acuchilló de nuevo al tiburón exactamente en el mismo lugar. Todavía siguió pegado al pez que había enganchado con sus mandíbulas y el viejo lo acuchilló en el ojo izquierdo. El tiburón seguía prendido del pez.

–¿No? –dijo el viejo, y le clavó la hoja entre las vértebras y el cerebro. Ahora fue un golpe fácil y el viejo sintió romperse el cartílago. El viejo invirtió el remo y metió la pala entre las mandíbulas del tiburón para forzarlo a soltar.

Hizo girar la pala, y al soltar el tiburón, dijo:

–Vamos, *galano*. Baja, déjate ir hasta una milla de profundidad. Ve a ver a tu amigo. O quizá sea tu madre.

El viejo limpió la hoja de su cuchillo y soltó el remo. Luego cogió la escota y la vela se llenó de aire y el viejo puso el bote en su derrota.

–Deben de haberse llevado un cuarto del pez y de la mejor carne –dijo en voz alta–. Ojalá fuera un sueño y que jamás lo hubiera pescado. Lo siento, pez. Todo se ha echado a perder.

Se detuvo y ahora no quiso mirar al pez. Desangrando y a flor de agua parecía del color de la parte de atrás de los espejos, y todavía se veían sus franjas.

–No debí haberme alejado tanto de la costa, pez –dijo–. Ni por ti ni por mí. Lo siento, pez.

«Ahora –se dijo– mira la ligadura del cuchillo a ver si ha sido cortada. Luego pon tu mano en buen estado porque todavía no se ha acabado esto.»

–Ojalá hubiera traído una piedra para afilar el cuchillo –dijo el viejo después de haber examinado la ligadura en el cabo del remo–. Debí haber traído una piedra.

«Debiste haber traído muchas cosas –pensó–. Pero no las has

traído, viejo. Ahora no es el momento de pensar en lo que no tienes. Piensa en lo que puedes hacer con lo que hay.»

–Me estás dando muchos buenos consejos –dijo en voz alta–. Estoy cansado de eso.

Sujetó la caña bajo el brazo y metió las dos manos en el agua mientras el bote seguía avanzando.

–Dios sabe cuánto se habrá llevado ese último –dijo–. Pero ahora pesa mucho menos.

No quería pensar en la mutilada parte inferior del pez. Sabía que cada uno de los tirones del tiburón habían significado carne arrancada y que el pez dejaba ahora para todos los tiburones un rastro tan ancho como una carretera a través del océano.

«Era un pez capaz de mantener un hombre todo el invierno –pensó–. No pienses en eso. Descansa simplemente y trata de poner tus manos en orden para defender lo que queda. El olor a sangre de mis manos no significa nada, ahora que existe todo ese rastro en el agua. Además no sangran mucho. No hay ninguna herida de cuidado. La sangría puede impedir que le dé calambre a la izquierda.»

«¿En qué debo pensar ahora? –pensó–. En nada. No debo pensar en nada y esperar a los siguientes. Ojalá hubiera sido realmente un sueño –pensó–. Pero ¿quién sabe? Hubiera podido salir bien.»

El siguiente tiburón que apareció venía solo y era otro hocico de pala. Vino como un puerco a la artesa: si hubiera un puerco con una boca tan grande que cupiera en ella la cabeza de un hombre. El viejo dejó que atacara al pez. Luego le clavó el cuchillo del remo en el cerebro. Pero el tiburón brincó hacia atrás mientras rolaba y la hoja del cuchillo se rompió.

El viejo se puso al timón. Ni siquiera quiso ver cómo el tiburón se hundía lentamente en el agua, apareciendo primero en todo su tamaño; luego pequeño; luego diminuto. Eso le había fascinado siempre. Pero ahora ni siquiera miró.

Ahora me queda el bichero –dijo–. Pero no servirá de nada. Tengo los dos remos y la caña del timón y la porra.

«Ahora me han derrotado –pensó–. Soy demasiado viejo para

matar los tiburones a garrotazos. Pero lo intentaré mientras tengo los remos y la porra y la caña.»

Puso de nuevo sus manos en el agua para empaparlas. La tarde estaba avanzando y todavía no veía más que el mar y el cielo. Había más viento en el cielo que antes y esperaba ver pronto tierra.

–Estás cansado, viejo –dijo–. Estás cansado por dentro.

Los tiburones no le atacaron hasta justamente antes de la puesta del sol.

El viejo vio venir las pardas aletas a lo largo de la ancha estela que el pez debía de trazar en el agua. No venían siquiera siguiendo el rastro. Se dirigían derecho al bote, nadando a la par.

Trancó la caña, amarró la escota y cogió la porra que tenía bajo la popa. Era un mango de remo roto, serruchado a una longitud de dos pies y medio. Sólo podía usarlo eficazmente con una mano, debido a la forma de la empuñadura, y lo cogió firmemente con la derecha, flexionando la mano mientras veía venir los tiburones. Ambos eran *galanos*.

«Debo dejar que el primero agarre bien para pegarle en la punta del hocico o en medio de la cabeza», pensó.

Los tiburones se acercaron juntos y cuando vio al más cercano abrir las mandíbulas y clavarlas en el plateado costado del pez, levantó el palo y lo dejó caer con gran fuerza y violencia sobre la ancha cabezota del tiburón. Sintió la elástica solidez de la cabeza al caer el palo sobre ella. Pero sintió también la rigidez del hueso y otra vez pegó duramente al tiburón en la punta del hocico al tiempo que se deslizaba hacia abajo separándose del pez.

El otro tiburón había estado entrando y saliendo y ahora volvía con las mandíbulas abiertas. El viejo podía ver pedazos de carne del pez cayendo, blancas, de los cantos de sus mandíbulas cuando acometió al pez y cerró las mandíbulas. Le pegó con el palo y dio sólo en la cabeza y el tiburón lo miró y arrancó la carne. El viejo le pegó de nuevo con el palo al tiempo que se deslizaba alejándose para tragar y sólo dio en la sólida y densa elasticidad.

–Vamos, *galano* –dijo el viejo–. Vuelve otra vez.

El tiburón volvió con furia y el viejo le pegó en el instante en que cerraba sus mandíbulas. Le pegó sólidamente y de tan alto como había podido levantar el palo. Esta vez sintió el hueso, en la base del cráneo, y le pegó de nuevo en el mismo sitio mientras el tiburón arrancaba flojamente la carne y se deslizaba hacia abajo, separándose del pez.

El viejo esperó a que subiera de nuevo, pero no apareció ninguno de ellos. Luego vio uno en la superficie nadando en círculo. No vio la aleta del otro.

«No podía esperar matarlo –pensó–. Pudiera haberlo hecho en mis buenos tiempos. Pero los he magullado bien a los dos y se deben de sentir bastante mal. Si hubiera podido usar un bate con las dos manos habría podido matar el primero, seguramente. Aun ahora», pensó.

No quería mirar al pez. Sabía que la mitad de él había sido destruida. El sol se había puesto mientras el viejo peleaba con los tiburones.

–Pronto será de noche –dijo–. Entonces podré acaso ver el resplandor de La Habana. Si me hallo demasiado lejos al Este, veré las luces de una de las nuevas playas.

«Ahora no puedo estar demasiado lejos –pensó–. Espero que nadie se haya alarmado. Sólo el muchacho pudiera preocuparse, desde luego. Pero estoy seguro de que habrá tenido confianza. Muchos de los pescadores más viejos estarán preocupados. Y muchos otros también –pensó–. Vivo en un buen pueblo.»

Ya no le podía hablar al pez, porque éste estaba demasiado destrozado. Entonces se le ocurrió una cosa.

–Medio pez –dijo–. El pez que has sido. Siento haberme alejado tanto. Nos hemos arruinado los dos. Pero hemos matado muchos tiburones, tú y yo, y hemos arruinado a muchos otros. ¿Cuántos has matado tú en tu vida, viejo pez? Por algo debes de tener esa espada en la cabeza.

Le gustaba pensar en el pez y en lo que podría hacerle a un tiburón si estuviera nadando libremente. «Debí de haberle cortado la espada para combatir con ella a los tiburones», pensó. Pero no tenía un hacha, y después se quedó sin cuchillo.

«Pero si lo hubiera hecho y ligado la espada al cabo de un

remo, ¡qué arma! Entonces los habríamos podido combatir juntos. ¿Qué vas hacer ahora si vienen de noche? ¿Qué puedes hacer?»

–Pelear contra ellos –dijo–. Pelearé contra ellos hasta la muerte.

Pero ahora en la oscuridad y sin que apareciera ningún resplandor y sin luces y sólo el viento y sólo el firme tiro de la vela sintió que quizás estaba ya muerto. Juntó las manos y percibió la sensación de las palmas. No estaban muertas y él podía causar el dolor de la vida sin más que abrirlas y cerrarlas. Se echó hacia atrás contra la popa y sabía que no estaba muerto. Sus hombros se lo decían.

«Tengo que decir todas esas oraciones que prometí si pescaba el pez –pensó–. Pero estoy demasido cansado para rezarlas ahora. Mejor que coja el saco y me lo eche sobre los hombros.»

Se echó sobre la popa y siguió gobernando y mirando a ver si aparecía el resplandor en el cielo. «Tengo la mitad del pez –pensó–. Quizá tenga la suerte de llegar a tierra con la mitad delantera. Debiera quedarme alguna suerte. No –dijo–. Has violado tu suerte cuando te alejaste demasiado de la costa.»

–No seas idiota –dijo en voz alta–. Y no te duermas. Gobierna tu bote. Todavía puedes tener mucha suerte.

»Me gustaría comprar alguna si la vendieran en alguna parte.

«¿Con qué habría de comprarla? –se preguntó–. ¿Podría comprarla con un arpón perdido y un cuchillo roto y dos manos estropeadas?»

–Pudiera ser –dijo–. Has tratado de comprarla con ochenta y cuatro días en el mar. Y casi estuvieron a punto de vendértela.

«No debo pensar en tonterías –pensó–. La suerte es una cosa que viene en muchas formas, y ¿quién puede reconocerla? Sin embargo, yo tomaría alguna en cualquier forma y pagaría lo que pidieran. Mucho me gustaría ver el resplandor de las luces –pensó–. Me gustarían muchas cosas. Pero eso es lo que ahora deseo.» Trató de ponerse más cómodo para gobernar el bote y por su dolor se dio cuenta de que no estaba muerto.

Vio el fulgor reflejado de las luces de la ciudad a eso de las diez de la noche. Al principio eran perceptibles únicamente como la luz en el cielo antes de salir la luna. Luego se las veía firmes a través del mar que ahora estaba picado debido a la brisa creciente. Gobernó hacia el centro del resplandor y pensó que, ahora, pronto llegaría al borde de la corriente.

«Ahora ha terminado –pensó–. Probablemente me vuelvan a atacar. Pero ¿qué puede hacer un hombre contra ellos en la oscuridad y sin un arma?»

Ahora estaba rígido y adolorido y sus heridas y todas las partes castigadas de su cuerpo le dolían con el frío de la noche. «Ojalá no tenga que volver a pelear –pensó–. Ojalá, ojalá que no tenga que volver a pelear.»

Pero hacia medianoche tuvo que pelear y esta vez sabía que la lucha era inútil. Los tiburones vinieron en manada y sólo podía ver las líneas que trazaban sus aletas en el agua y su fosforescencia al arrojarse contra el pez. Les dio con el palo en las cabezas y sintió el chasquido de sus mandíbulas y el temblor del bote cada vez que debajo agarraban a su presa. Golpeó desesperadamente contra lo que sólo podía sentir y oír y sintió que algo agarraba la porra y se la arrebataba.

Arrancó la caña del timón y siguió pegando con ella, cogiéndola con ambas manos y dejándola caer con fuerza una y otra vez. Pero ahora llegaban hasta la proa y acometían uno tras otro y todos juntos, arrancando los pedazos de carne que emitían un fulgor bajo el agua cuando ellos se volvían para regresar nuevamente.

Finalmente vino uno contra la propia cabeza del pez y el viejo se dio cuenta de que había terminado. Tiró un golpe con la caña a la cabeza del tiburón donde las mandíbulas estaban prendidas a la resistente cabeza del pez, que no cedía. Tiró uno o dos golpes más. Sintió romperse la barra y arremetió al tiburón con el cabo roto. Lo sintió penetrar y sabiendo que era agudo lo empujo de nuevo. El tiburón lo soltó y salió rolando. Fue el último tiburón de la manada que vino a comer. No quedaba ya nada más que comer.

Ahora el viejo apenas podía respirar y sentía un extraño sabor en la boca. Era dulzón y como a cobre y por un momento tuvo miedo. Pero no era muy abundante.

Escupió en el mar y dijo:

–Cómanse eso, *galanos*. Y sueñen con que han matado a un hombre.

Ahora sabía que estaba finalmente derrotado y sin remedio y volvió a popa y halló que el cabo roto de la caña encajaba bastante bien en la cabeza del timón para poder gobernar.

Se ajustó el saco a los hombros y puso el bote sobre su derrota. Navegó ahora livianamente y no tenía pensamientos ni sentimientos de ninguna clase. Ahora estaba más allá de todo y gobernó el bote para llegar a puerto lo mejor y más inteligente posible. De noche los tiburones atacan las carroñas como pudiera uno recoger migajas de una mesa. El viejo no les hacía caso. No hacía caso de nada, salvo del gobierno del bote. Sólo notaba lo bien y ligeramente que navegaba el bote ahora que no llevaba un gran peso amarrado al costado.

«Un buen bote –pensó–. Sólido y sin ningún desperfecto, salvo la caña. Y ésta es fácil de sustituir.»

Podía percibir que ahora estaba dentro de la corriente y veía las luces de las colonias de la playa y a lo largo de la orilla. Sabía ahora dónde estaba y que llegaría sin ninguna dificultad.

«El viento es nuestro amigo, de todos modos –pensó. Luego añadió–: A veces. Y el gran mar con nuestros amigos y enemigos. Y la cama –pensó–. La cama es mi amiga. La cama y nada más –pensó–. La cama será una gran cosa. No es tan mala en derrota –pensó–. Jamás pensé que fuera tan fácil. ¿Y qué es lo que te ha derrotado, viejo?», pensó.

–Nada –dijo en voz alta–. Me alejé demasiado.

Cuando entró en el puertecito las luces de la Terraza estaban apagadas y se dio cuenta de que todo el mundo estaba acostado. La brisa se había ido levantando gradualmente y ahora soplaba con fuerza. Sin embargo había tranquilidad en el puerto y puso proa hacia la playita de grava bajo las rocas. No había nadie que pudiera ayudarle, de modo que adentró el bote todo lo posible en la playa. Luego se bajó y lo amarró a una roca.

Quitó el mástil de la carlina y enrolló la vela y la ató. Luego se echó el palo al hombro y empezó a subir. Fue entonces cuando se dio cuenta de la profundidad de su cansancio. Se paró un momento y miró hacia atrás y al reflejo de la luz de la calle vio la gran cola del pez levantada detrás de la popa del bote. Vio la blanca línea desnuda de su espinazo y la oscura masa de la cabeza con el saliente pico y toda la desnudez entre los extremos.

Empezó a subir nuevamente y en la cima cayó y permaneció algún tiempo tendido, con el mástil atravesado sobre su hombro. Trató de levantarse. Pero era demasiado difícil y permaneció allí sentado con el mástil al hombro, mirando al camino. Un gato pasó indiferentemente por el otro lado y el viejo lo siguió con la mirada. Luego siguió mirando simplemente al camino.

Finalmente soltó el mástil y se puso de pie. Recogió el mástil y se lo echó al hombro y partió camino arriba. Tuvo que sentarse cinco veces antes de llegar a su cabaña.

Dentro de la choza inclinó el mástil contra la pared. En la oscuridad halló una botella de agua y tomó un trago. Luego se acostó en la cama. Se echó la frazada sobre los hombros y luego sobre la espalda y las piernas y durmió boca abajo sobre los periódicos, con los brazos extendidos y las palmas hacia arriba.

Estaba dormido cuando el muchacho asomó a la puerta por la mañana. El viento soplaba tan fuerte, que los botes del alto no se harían a la mar y el muchacho había dormido hasta tarde. Luego vino a la choza del viejo como había hecho todas las mañanas. El muchacho vio que el viejo respiraba y luego vio sus manos y empezó a llorar. Salió muy calladamente a buscar un poco de café y no dejó de llorar en todo el camino.

Muchos pescadores estaban en torno al bote mirando a lo que traía amarrado al costado, y uno estaba metido en el agua, con los pantalones remangados, midiendo el esqueleto con un tramo de sedal.

El muchacho no bajó a la orilla. Ya había estado allí y uno de los pescadores cuidaba el bote en su lugar.

–¿Cómo está el viejo? –gritó uno de los pescadores.

–Durmiendo –respondió gritando el muchacho. No le importaba que lo vieran llorar–. Que nadie lo moleste.

–Tenía dieciocho pies de la nariz a la cola –gritó el pescador que lo estaba midiendo.

–Lo creo –dijo el muchacho.

Entró en la Terraza y pidió una lata de café.

–Caliente y con bastante leche y azúcar.

–¿Algo más?

–No. Después veré qué puede comer.

–¡Ése sí que era un pez! –dijo el propietario–. Jamás ha habido uno igual. También los dos que ustedes cogieron ayer eran buenos.

–¡Al diablo con ellos! –dijo el muchacho y empezó a llorar nuevamente.

–¿Quieres un trago de algo? –preguntó el dueño.

–No –dijo el muchacho–. Dígales que no se preocupen por Santiago. Vuelvo en seguida.

–Dile que lo siento mucho.

–Gracias –dijo el muchacho.

El muchacho llevó la lata de café caliente a la choza del viejo y se sentó junto a él hasta que despertó. Una vez pareció que iba a despertarse. Pero había vuelto a caer en su sueño profundo y el muchacho había ido al otro lado del camino a buscar leña para calentar el café.

Finalmente el viejo despertó.

–No se levante –dijo el muchacho–. Tómese esto –le echó un poco de café en un vaso.

El viejo cogió el vaso y bebió el café.

–Me derrotaron, Manolín –dijo–. Me derrotaron de verdad.

–No. *Él* no. Él no lo derrotó.

–No. Verdaderamente. Fue después.

–Perico está cuidando del bote y del aparejo. ¿Qué va a hacer con la cabeza?

–Que Perico la corte para usarla en las nasas.

–¿Y la espada?

–Puedes guardártela si la quieres.

–Sí, la quiero –dijo el muchacho–. Ahora tenemos que hacer planes para lo demás.

–¿Me han estado buscando?

–Desde luego. Con los guardacostas y con aeroplanos.

–El mar es muy grande y un bote es pequeño y difícil de ver –dijo el viejo. Notó lo agradable que era tener alguien con quien hablar en vez de hablar sólo consigo mismo y con el mar–. Te he echado de menos –dijo–. ¿Qué han pescado?

–Uno el primer día. Uno el segundo y dos el tercero.

–Muy bueno.

–Ahora pescaremos juntos otra vez.

–No. No tengo suerte. Yo ya no tengo suerte.

–Al diablo con la suerte –dijo el muchacho–. Yo llevaré la suerte conmigo.

–¿Qué va a decir tu familia?

–No me importa. Ayer pesqué dos. Pero ahora pescaremos juntos porque todavía tengo mucho que aprender.

–Tenemos que conseguir una buena lanza y llevarla siempre a bordo. Puedes hacer la hoja de una hoja de muelle de un viejo Ford. Podemos afilarlas en Guanabacoa. Debe ser afilada y sin temple para que no se rompa. Mi cuchillo se rompió.

–Conseguiré otro cuchillo y mandaré a afilar la hoja de muelle. ¿Cuántos días de *brisa* fuerte nos quedan?

–Tal vez tres. Tal vez más.

–Lo tendrá todo en orden –dijo el muchacho–. Cúrese sus manos, viejo.

–Yo sé cuidármelas. De noche escupí algo extraño y sentí que algo se había roto en mi pecho.

–Cúrese también eso –dijo el muchacho–. Acuéstese, viejo, y le traeré su camisa limpia. Y algo que comer.

–Tráeme algún periódico de cuando estuve ausente –dijo el viejo.

–Tiene que ponerse bien pronto, porque tengo mucho que aprender y usted puede enseñármelo todo. ¿Ha sufrido mucho?

–Bastante –dijo el viejo.

–Le traeré la comida y los periódicos –dijo el muchacho–. Descanse bien, viejo. Le traeré la medicina de la farmacia para las manos.

–No te olvides de decirle a Perico que la cabeza es suya.

–No. Se lo diré.

Al atravesar la puerta y descender por el camino tallado por el uso en la roca de coral iba llorando nuevamente.

Esa tarde había una partida de turistas en la Terraza, y mirando hacia abajo, al agua, entre las latas de cerveza vacías y las picúas muertas, una mujer vio un gran espinazo blanco con una inmensa cola que se alzaba y balanceaba con la marea mientras el viento del Este levantaba un fuerte y continuo oleaje a la entrada del puerto.

–¿Qué es eso? –preguntó la mujer al camarero, y señaló el largo espinazo del gran pez, que ahora no era más que basura esperando a que se la llevara la marea.

–Tiburón –dijo el camarero–. Un tiburón.

Quería explicarle lo que había sucedido.

–No sabía que los tiburones tuvieran colas tan hermosas, tan bellamente formadas.

–Ni yo tampoco –dijo el hombre que la acompañaba.

Allá arriba, junto al camino, en su cabaña, el viejo dormía nuevamente. Todavía dormía de bruces y el muchacho estaba sentado a su lado contemplándolo. El viejo soñaba con los leones marinos.

ÍNDICE